실용적인 내용과 핵심만으로
나를 위한 공부법 발견

수험서

# 🛈 나두공

🛈 **나두공**은 시스컴에서 상표 출원한
**공무원 임용 시험 전문 브랜드**입니다.

매년 변화하는 공무원 시험에 대비하여 핵심만을
담은 품격 있는 강의로 나두공과 나도 공무원을 할
수 있다는 자신감과 함께 공무원 시험 합격에 성공
하는 나를 위한 수험서를 제공하겠습니다.

나를 위한 🛈 **나두공** 합격전략

나두공은 공무원 시험을 처음 시작하는 수험생부터
매년 변화하는 시험에 적응하려는 수험생까지, 나를 위한
합격전략으로 공무원 시험의 합격에 다가갈 수 있게
핵심 내용만을 담은 양질의 수험서를 제작하고 있습니다.

검색창에 **N** 나두공 🔍 을 검색하세요.

베테랑 교수진과 함께하는
합격의지 급상승 강의

나를 위한 각종 수험 정보와
시험 합격 키포인트

## 강의

## 홈페이지

### 나를 위한 🙂나두공 합격강의

나두공은 공무원 시험의 베테랑인 교수진과 함께
브랜드 프리미엄의 거품을 걷어낸 체계적인 강의와
공무원 합격을 마무리하는 면접까지, 오직 수험생의
합격만을 바라보는 강의를 제공하겠습니다.

### 나를 위한 🙂나두공 합격정보

나두공 홈페이지는 공무원 시험을 처음 접하는
수험생과 기존 수험생에게 풍부한 수험 정보, 스터디
자료와 다양한 콘텐츠를 제공하여 나도 할 수 있는 공무원
합격 플랜을 진행 할 수 있게 도움을 주고 있습니다.

# ◀ 9급 공무원 응시자격 ▶

※ 경찰 공무원, 소방 공무원, 교사 등 특정직 공무원의 채용은 별도 법령에 의거하고 있어 응시자격 등이 다를 수 있으니 해당법령과 공고문을 참고하시기 바랍니다.

※ 매년 채용시험 관련 법령 개정으로 응시자격이 변경될 수 있으므로 필요한 경우 확인절차를 거치시기 바랍니다.

**01** 최종시험 예정일이 속한 연도를 기준으로 공무원 응시가능 연령(9급 : 18세 이상)에 해당한다.
(단, 9급 교정·보호직의 경우 20세 이상)

**02** 아래의 공무원 응시 결격사유 중 어느 하나에도 해당되지 않는다.

1. 피성년후견인
2. 파산선고를 받고 복권되지 아니한 자
3. 금고 이상의 실형을 선고받고 그 집행이 종료되거나 집행을 받지 아니하기로 확정된 후 5년이 지나지 아니한 자
4. 금고 이상의 형을 선고받고 그 집행유예 기간이 끝난 날부터 2년이 지나지 아니한 자
5. 금고 이상의 형의 선고유예를 받은 경우에 그 선고유예 기간 중에 있는 자
6. 법원의 판결 또는 다른 법률에 따라 자격이 상실되거나 정지된 자
7. 징계로 파면처분을 받은 때부터 5년이 지나지 아니한 자
8. 징계로 해임처분을 받은 때부터 3년이 지나지 아니한 자
단, 검찰직 지원자는 금고 이상의 형을 선고받은 경우 응시할 수 없습니다.

**03** 공무원으로서의 직무수행에 지장을 주지 않는 건강상태를 유지하고 있어, 공무원 채용 신체검사에서 불합격 판정기준에 해당되지 않는다.

**04** 9급 지역별 구분모집 지원자의 경우, 시험시행년도 1월 1일을 포함하여 1월 1일 전 또는 후로 연속하여 3개월 이상 해당 지역에 주민등록이 되어 있다.

**05** 지방직 공무원, 경찰 등 다른 공무원시험을 포함하여 공무원 임용시험에서 부정한 행위를 한 적이 없다.

**06** 국어, 영어, 한국사와 선택하고자 하는 직류의 시험과목 기출문제를 풀어보았으며, 합격을 위한 최소한의 점수는 과목별로 40점 이상임을 알고 있다.

- 위의 요건들은 7급, 9급 공무원 시험에 응시하기 위한 기본 조건입니다.
- 장애인 구분모집, 저소득층 구분모집 지원자는 해당 요건을 추가로 확인하시기 바랍니다.

나두공 2024

# 9급[기본과목]
# 국어/영어/한국사

## 연차별 3개년

기출문제집

2024
**나두공 9급** 기본과목 연차별 3개년 기출문제집

**인쇄일** 2023년 9월 1일 초판 1쇄 인쇄　　　**발행처** 시스컴 출판사
**발행일** 2023년 9월 5일 초판 1쇄 발행　　　**발행인** 송인식
**등　록** 제17-269호　　　　　　　　　　　**지은이** 나두공 수험연구소
**판　권** 시스컴2023

**ISBN** 979-11-6941-193-6 13350
**정　가** 18,000원

**주소** 서울시 금천구 가산디지털1로 225, 514호(가산포휴)　|　**시스컴** www.siscom.co.kr / **나두공** www.nadoogong.com
**E-mail** stscombooks@naver.com　|　**전화** 02)866-9311　|　**Fax** 02)866-9312

최근 10여 년 동안 직업으로서의 공무원에 대한 사회적 평가가 상당히 개선되었고 공직의 상대적 안정성에 대한 선호도 또한 현격히 높아짐에 따라 공무원 시험의 경쟁률도 그만큼 높아지게 되었다. 이로 인해 수험 준비에 수년이 걸리는 일이 다반사가 되었고, 오랜 공부에도 불구하고 합격을 장담하기 어려운 상황이 되었다.

이러한 상황에서는 결국 주어진 시간을 효율적으로 활용하여 출제 가능한 요점을 체계적으로 정리·숙지할 수 있느냐가 당락에 있어 가장 중요한 요소가 될 수밖에 없을 것이다.

이 책은 이러한 점을 충분히 고려하여 그동안 출제된 문제를 꼼꼼히 분석하여 이에 대한 상세한 해설을 제시하였고, 또한 관련된 핵심 내용을 덧붙임으로써 짧은 시간 내에 문제에 대한 충실한 이해와 관련 내용에 대한 체계적 정리가 모두 가능하도록 구성하였다.

이 책이 지닌 특성과 장점은 다음과 같다.

첫째, 최근 3년간의 〈국가직〉, 〈지방직〉, 〈서울시〉 공무원 시험의 기출문제를 연차별로 분류하여 수록하고, 이에 대한 풍부한 해설을 담아 개념서를 따로 참고하지 않고도 명쾌하게 이해할 수 있도록 하였다.

둘째, 중요한 문제의 상당수가 변형되어 반복 출제되고 있다는 점을 고려해 '정답해설' 뿐만 아니라 '오답해설'도 상세하게 하여 다양한 유형의 문제에도 보다 쉽게 대처할 수 있게 하였다.

셋째, 문제와 관련된 중요 내용이나 핵심정리를 '보충해설'을 통해 정리해둠으로써 효율적이면서도 충실한 수험공부가 가능하도록 하였다.

이 책이 여러분의 꿈을 이루는 데 많은 도움이 되기를 바라며, 수험생 여러분 모두의 건투를 빈다.

## 시험 과목

| 직렬 | 직류 | 시험 과목 |
|---|---|---|
| 행정직 | 일반행정 | 국어, 영어, 한국사, 행정법총론, 행정학개론 |
| | 고용노동 | 국어, 영어, 한국사, 행정법총론, 노동법개론 |
| | 선거행정 | 국어, 영어, 한국사, 행정법총론, 공직선거법 |
| 직업상담직 | 직업상담 | 국어, 영어, 한국사, 노동법개론, 직업상담·심리학개론 |
| 세무직(국가직) | 세무 | 국어, 영어, 한국사, 세법개론, 회계학 |
| 세무직(지방직) | | 국어, 영어, 한국사, 지방세법, 회계학 |
| 사회복지직 | 사회복지 | 국어, 영어, 한국사, 사회복지학개론, 행정법총론 |
| 교육행정직 | 교육행정 | 국어, 영어, 한국사, 교육학개론, 행정법총론 |
| 관세직 | 관세 | 국어, 영어, 한국사, 관세법개론, 회계원리 |
| 통계직 | 통계 | 국어, 영어, 한국사, 통계학개론, 경제학개론 |
| 교정직 | 교정 | 국어, 영어, 한국사, 교정학개론, 형사소송법개론 |
| 보호직 | 보호 | 국어, 영어, 한국사, 형사정책개론, 사회복지학개론 |
| 검찰직 | 검찰 | 국어, 영어, 한국사, 형법, 형사소송법 |
| 마약수사직 | 마약수사 | 국어, 영어, 한국사, 형법, 형사소송법 |
| 출입국관리직 | 출입국관리 | 국어, 영어, 한국사, 국제법개론, 행정법총론 |
| 철도경찰직 | 철도경찰 | 국어, 영어, 한국사, 형사소송법개론, 형법총론 |
| 공업직 | 일반기계 | 국어, 영어, 한국사, 기계일반, 기계설계 |
| | 전기 | 국어, 영어, 한국사, 전기이론, 전기기기 |
| | 화공 | 국어, 영어, 한국사, 화학공학일반, 공업화학 |
| 농업직 | 일반농업 | 국어, 영어, 한국사, 재배학개론, 식용작물 |
| 임업직 | 산림자원 | 국어, 영어, 한국사, 조림, 임업경영 |
| 시설직 | 일반토목 | 국어, 영어, 한국사, 응용역학개론, 토목설계 |
| | 건축 | 국어, 영어, 한국사, 건축계획, 건축구조 |
| | 시설조경 | 국어, 영어, 한국사, 조경학, 조경계획 및 설계 |

| 방재안전직 | 방재안전 | 국어, 영어, 한국사, 재난관리론, 안전관리론 |
|---|---|---|
| 전산직 | 전산개발 | 국어, 영어, 한국사, 컴퓨터일반, 정보보호론 |
| | 정보보호 | 국어, 영어, 한국사, 네트워크 보안, 정보시스템 보안 |
| 방송통신직 | 전송기술 | 국어, 영어, 한국사, 전자공학개론, 무선공학개론 |
| 법원사무직 (법원직) | 법원사무 | 국어, 영어, 한국사, 헌법, 민법, 민사소송법, 형법, 형사소송법 |
| 등기사무직 (법원직) | 등기사무 | 국어, 영어, 한국사, 헌법, 민법, 민사소송법, 상법, 부동산등기법 |
| 사서직 (국회직) | 사서 | 국어, 영어, 한국사, 헌법, 정보학개론 |
| 속기직 (국회직) | 속기 | 국어, 영어, 한국사, 헌법, 행정학개론 |
| 방호직 (국회직) | 방호 | 국어, 영어, 한국사, 헌법, 사회 |
| 경위직 (국회직) | 경위 | 국어, 영어, 한국사, 헌법, 행정법총론 |
| 방송직 (국회직) | 방송제작 | 국어, 영어, 한국사, 방송학, 영상제작론 |
| | 취재보도 | 국어, 영어, 한국사, 방송학, 취재보도론 |
| | 촬영 | 국어, 영어, 한국사, 방송학, 미디어론 |

● 교정학개론에 형사정책 및 행형학, 국제법개론에 국제경제법, 행정학개론에 지방행정이 포함되며, 공직선거법에 '제16장 벌칙'은 제외됩니다.

● 노동법개론은 근로기준법 · 최저임금법 · 노동조합 및 노동관계조정법에서 하위법령을 포함하여 출제됩니다.

● 시설조경 직류의 조경학은 조경일반(미학, 조경사 등), 조경시공구조, 조경재료(식물재료 포함), 조경생태(생태복원 포함), 조경관리(식물, 시설물 등)에서, 조경계획 및 설계는 조경식재 및 시설물 계획, 조경계획과 설계과정, 공원 · 녹지계획과 설계, 휴양 · 단지계획과 설계, 전통조경계획과 설계에서 출제됩니다.

※ 추후 변경 가능하므로 반드시 응시 기간 내 시험과목 및 범위를 확인하시기 바랍니다.

## 응시자격

1. 인터넷 접수만 가능
2. 접수방법 : 사이버국가고시센터(www.gosi.kr)에 접속하여 접수할 수 있습니다.
3. 접수시간 : 기간 중 24시간 접수
4. 비용 : 응시수수료(7급 7,000원, 9급 5,000원) 외에 소정의 처리비용(휴대폰 · 카드 결제, 계좌이체비용)이 소요됩니다.

※ 저소득층 해당자(국민기초생활 보장법에 따른 수급자 또는 한부모가족지원법에 따른 지원대상자)는 응시수수료가 면제됩니다.

※ 응시원서 접수 시 등록용 사진파일(JPG, PNG)이 필요하며 접수 완료 후 변경 불가합니다.

## 학력 및 경력

제한 없음

## 시험방법

1. 제1·2차시험(병합실시) : 선택형 필기
2. 제3차시험 : 면접

※ 교정직(교정) 및 철도경찰직(철도경찰)의 6급 이하 채용시험의 경우, 9급 제1 · 2차 시험(병합실시) 합격자를 대상으로 실기시험(체력검사)을 실시하고, 실기시험 합격자에 한하여 면접시험을 실시합니다.

## 원서접수 유의사항

1. 접수기간에는 기재사항(응시직렬, 응시지역, 선택과목 등)을 수정할 수 있으나, 접수기간이 종료된 후에는 수정할 수 없습니다.
2. 응시자는 응시원서에 표기한 응시지역(시 도)에서만 필기시험에 응시할 수 있습니다.

※ 다만, 지역별 구분모집[9급 행정직(일반), 9급 행정직(우정사업본부)] 응시자의 필기시험 응시지역은 해당 지역모집 시 · 도가 됩니다.(복수의 시 · 도가 하나의 모집단위일 경우, 해당 시 · 도 중 응시희망 지역을 선택할 수 있습니다.)
3. 인사혁신처에서 동일 날짜에 시행하는 임용시험에는 복수로 원서를 제출할 수 없습니다.

## 양성평등채용목표제

1. 대상시험 : 선발예정인원이 5명 이상인 모집단위(교정·보호직렬은 적용 제외)
2. 채용목표 : 30%

   ※ 시험실시단계별로 합격예정인원에 대한 채용목표 비율이며 인원수 계산 시, 선발예정인원이 10명 이상
   인 경우에는 소수점 이하를 반올림하며, 5명 이상 10명 미만일 경우에는 소수점 이하는 버립니다.

## 응시 결격 사유

해당 시험의 최종시험 시행예정일(면접시험 최종예정일) 현재를 기준으로 국가공무원법 제33조(외무공무
원은 외무공무원법 제9조, 검찰직·마약수사직 공무원은 검찰청법 제50조)의 결격사유에 해당하거나, 국
가공무원법 제74조(정년)·외무공무원법 제27조(정년)에 해당하는 자 또는 공무원임용시험령 등 관계법령
에 의하여 응시자격이 정지된 자는 응시할 수 없습니다.

## 가산점 적용

| 구분 | 가산비율 | 비고 |
| --- | --- | --- |
| 취업지원대상자 | 과목별 만점의 10% 또는 5% | • 취업지원대상자 가점과 의사상자 등 가점은 1개만 적용<br>• 취업지원대상자/의사상자 등 가점과 자격증 가산점은 각각 적용 |
| 의사상자 등 | 과목별 만점의 5% 또는 3% | |
| 직렬별 가산대상 자격증 소지자 | 과목별 만점의 3~5% (1개의 자격증만 인정) | |

## 기타 유의사항

1. 필기시험에서 과락(만점의 40% 미만) 과목이 있을 경우에는 불합격 처리됩니다. 필기시험의 합격선은
   공무원임용시험령 제4조에 따라 구성된 시험관리위원회의 심의를 통해 결정되며, 구체적인 합격자 결
   정 방법 등은 공무원임용시험령 등 관계법령을 참고하시기 바랍니다.
2. 9급 공채시험에서 가산점을 받고자 하는 자는 필기시험 시행 전일까지 해당요건을 갖추어야 하며, 반드
   시 필기시험 시행일을 포함한 3일 이내에 사이버국가고시센터(www.gosi.kr)에 접속하여 자격증의 종
   류 및 가산비율을 입력해야 합니다.

※ 반드시 응시 기간 내 공고문을 확인하시기 바랍니다.

# 구성 및 특징

## 연차별 기출문제

## 정답해설

최근 3년 간의 〈국가직〉, 〈지방직〉, 〈서울시〉 공무원 시험의 기출문제를 연차별로 묶어 100% 똑같이 수록함으로써 독자가 공무원 시험의 기출 흐름을 체득하도록 하였다.

해당 보기가 문제의 정답이 되는 이유를 논리적이고 명확하게 설명하였다. 또한 유사한 문제뿐만 아니라 응용문제까지도 폭넓게 대처할 수 있도록, 경우에 따라 정답과 관련된 배경 이론이나 참고 사항 등을 수록하였다.

## 오답해설

## 보충해설

다른 보기들이 오답이 되는 이유를 각 보기별로 세세하게 설명하고 유사문제에서 오답을 확실히 피할 수 있도록 문제의 요지에 초점을 맞추어 필요한 보충 설명을 제시하였다.

기출문제로 출제된 범위의 중요 이론을 보다 상세히 학습할 수 있도록, 해당문제의 주제를 면밀히 분석하고 그와 가장 밀접한 이론의 핵심만을 요약하여 보충하였다.

# 목 차

## 연차별 목차

## 체크리스트

**나두공**

"나두 공무원
할 수 있다"

효율적인 학습을 위한 CHECK LIST

| 과목 | 시행처 | 시행일 | 학습 기간 | | 문제 | 해설 |
|---|---|---|---|---|---|---|
| 국 어 | 국가직 | 2023년 04월 | ~ | | | |
| | | 2022년 04월 | ~ | | | |
| | | 2021년 04월 | ~ | | | |
| | 지방직 | 2023년 06월 | ~ | | | |
| | | 2022년 06월 | ~ | | | |
| | | 2021년 06월 | ~ | | | |
| | 서울시 | 2023년 06월 | ~ | | | |
| | | 2022년 02월 | ~ | | | |
| | | 2022년 06월 | ~ | | | |
| | | 2021년 06월 | ~ | | | |
| 영 어 | 국가직 | 2023년 04월 | ~ | | | |
| | | 2022년 04월 | ~ | | | |
| | | 2021년 04월 | ~ | | | |
| | 지방직 | 2023년 06월 | ~ | | | |
| | | 2022년 06월 | ~ | | | |
| | | 2021년 06월 | ~ | | | |
| | 서울시 | 2022년 02월 | ~ | | | |
| 한국사 | 국가직 | 2023년 04월 | ~ | | | |
| | | 2022년 04월 | ~ | | | |
| | | 2021년 04월 | ~ | | | |
| | 지방직 | 2023년 06월 | ~ | | | |
| | | 2022년 06월 | ~ | | | |
| | | 2021년 06월 | ~ | | | |
| | 서울시 | 2023년 06월 | ~ | | | |
| | | 2022년 02월 | ~ | | | |
| | | 2022년 06월 | ~ | | | |
| | | 2021년 06월 | ~ | | | |

3개년

# 2023~2021
# [국 어]
# 기출문제

QUESTIONS

## 01 '해양 오염'을 주제로 연설을 한다고 할 때, 다음에 제시된 조건을 모두 충족한 것은?

- 해양 오염을 줄일 수 있는 생활 속 실천 방법을 포함할 것.
- 설의적 표현과 비유적 표현을 활용할 것.

① 바다는 쓰레기 없는 푸른 날을 꿈꾸고 있습니다. 미세 플라스틱은 바다를 서서히 죽이는 보이지 않는 독입니다. 우리의 관심만이 다시 바다를 살릴 수 있을 것입니다.

② 우리가 버린 쓰레기는 바다로 흘러갔다가 해양 생물의 몸에 축적이 되어 해산물을 섭취하면 결국 다시 우리에게 돌아오게 됩니다. 분리수거를 철저히 하고 일회용품을 줄이는 것이 바다도 살리고 우리 자신도 살리는 길입니다.

③ 여름만 되면 피서객들이 마구 버린 쓰레기로 바다가 몸살을 앓는다고 합니다. 자기 집이라면 이렇게 함부로 쓰레기를 버렸을까요? 피서객들의 양심이 모래밭 위를 뒹굴고 있습니다. 자기 쓰레기는 자기가 집으로 되가져가도록 합시다.

④ 산업 폐기물이 바다로 흘러가 고래가 죽어 가는 장면을 다큐멘터리에서 본 적이 있습니다. 이대로 가다간 인간도 고통받게 되지 않을까요? 정부에서 산업 폐기물 관리 지침을 만들고 감독을 강화하지 않는다면 바다는 쓰레기 무덤이 되고 말 것입니다.

## 02 다음 대화에 나타난 말하기 방식을 설명한 것으로 적절하지 않은 것은?

백팀장: 이번 워크숍 장면을 사내 게시판에 올리는 게 좋겠어요. 워크숍 내용을 공유하면 좋을 것 같아서요.

고대리: 전 반대합니다. 사내 게시판에 영상을 공개하는 것은 부담스러워요. 타 부서와 비교될 것 같기도 하고요.

임대리: 저도 팀장님 말씀대로 정보를 공유한다는 취지는 좋다고 생각해요. 다만 다른 팀원들의 동의도 구해야 할 것 같고, 여러 면에서 우려되긴 하네요. 팀원들 의견을 먼저 들어 보고, 잘된 것만 시범적으로 한두 개 올리는 것이 어떨까요?

① 백 팀장은 팀원들에 대한 유대감을 드러내는 표현을 사용하며 자신의 바람을 전달하고 있다.

② 고 대리는 백 팀장의 제안에 반대하는 이유를 명시적으로 밝히며 백 팀장의 요청을 거절하고 있다.

③ 임 대리는 발언 초반에 백 팀장 발언의 취지에 공감하여 백 팀장의 체면을 세워 주고 있다.

④ 임 대리는 대화 참여자의 의견을 묻는 의문문을 사용하여 자신의 의견을 간접적으로 드러내고 있다.

**03** 관용 표현 ㉠~㉣의 의미를 풀이한 것으로 적절하지 않은 것은?

> • 그의 회사는 작년에 노사 갈등으로 ㉠홍역을 치렀다.
> • 우리 교장 선생님은 교육계에서 ㉡잔뼈가 굵은 분이십니다.
> • 유원지로 이어지는 국도에는 차가 밀려 ㉢입추의 여지가 없었다.
> • 그분은 세계 유수의 연구자들과 ㉣어깨를 나란히 하는 물리학자이다.

① ㉠: 심한 어려움을 겪었다
② ㉡: 오랫동안 일을 하여 그 일에 익숙한
③ ㉢: 돌아서 갈 수 있는 방법이 없었다
④ ㉣: 비슷한 지위나 힘을 가지는

**04** 다음 글에서 (가)~(다)의 순서를 자연스럽게 배열한 것은?

> 빅데이터가 부각된다는 것은 기업들이 빅데이터의 가치를 받아들이기 시작했다는 뜻이다. 여기에는 기업들이 데이터를 바라보는 시각이 변한 측면도 있다.
>
> (가) 기업들은 고객이 판촉 활동에 어떻게 반응하고 평소에 어떻게 행동하며 사물에 대해 어떤 태도를 보이는지 알기 위해 많은 돈을 투자해 마케팅 조사를 해 왔다.
>
> (나) 그런 상황에서 기업들은 SNS나 스마트폰 등 새로운 데이터 소스로부터 그러한 궁금증과 답답함을 해결할 수 있다는 것을 알게 되었다. 페이스북에 올리는 광고에 친구가 '좋아요'를 한 것에서 기업들은 궁금증과 답답함을 해결할 수 있다.
>
> (다) 그런데 기업들의 그런 노력이 효과가 있는 경우도 있었으나 아쉬운 점도 많았다. 쉬운 예로, 기업들은 많은 광고비를 쓰지만 그 돈이 구체적으로 어느 부분에서 효과를 내는지는 알지 못했다.
>
> 결국 데이터가 있는 곳에서 기업들은 점점 더 고객의 취향에 집중할 수 있게 되었으며, 이에 따라 기업들은 소셜 미디어의 빅데이터를 중요한 경영 수단으로 수용하기 시작한 것이다.

① (가) – (나) – (다)
② (가) – (다) – (나)
③ (나) – (가) – (다)
④ (다) – (나) – (가)

## 05 ㉠을 이해한 내용으로 적절하지 않은 것은?

"㉠무진(霧津)엔 명산물이……뭐 별로 없지요?" 그들은 대화를 계속하고 있었다. "별게 없지요. 그러면서도 그렇게 많은 사람들이 살고 있다는 건 좀 이상스럽거든요." "바다가 가까이 있으니 항구로 발전할 수도 있었을 텐데요?" "가 보시면 아시겠지만 그럴 조건이 되어 있는 것도 아닙니다. 수심(水深)이 얕은 데다가 그런 얕은 바다를 몇백 리나 밖으로 나가야만 비로소 수평선이 보이는 진짜 바다다운 바다가 나오는 곳이니까요." "그럼 역시 농촌이군요?" "그렇지만 이렇다 할 평야가 있는 것도 아닙니다." "그럼 그 오륙만이 되는 인구가 어떻게들 살아가나요?" "그러니까 그럭저럭이란 말이 있는 게 아닙니까!" 그들은 점잖게 소리 내어 웃었다. "원, 아무리 그렇지만 한 고장에 명산물 하나쯤은 있어야지." 웃음 끝에 한 사람이 말하고 있었다.

무진에 명산물이 없는 게 아니다. 나는 그것이 무엇인지 알고 있다. 그것은 안개다. 아침에 잠자리에서 일어나서 밖으로 나오면, 밤사이에 진주해 온 적군들처럼 안개가 무진을 뻥 둘러싸고 있는 것이었다. 무진을 둘러싸고 있는 산들도 안개에 의하여 보이지 않는 먼 곳으로 유배당해 버리고 없었다.

– 김승옥, 「무진기행」에서 –

① 수심이 얕아서 항구로 개발하기 어려운 공간이다.
② 산으로 둘러싸여 있고 평야가 발달하지 않은 공간이다.
③ 지역의 경제적 여건에 비해 인구가 적지 않은 공간이다.
④ 누구나 인정할 만한 지역의 명산물로 안개가 유명한 공간이다.

## 06 다음 글의 빈칸에 들어갈 사자성어로 적절한 것은?

세상에는 어려운 일들이 많지만 외국 여행 다녀온 사람의 입을 막는 것도 그중 하나이다. 특히 그것이 그 사람의 첫 외국 여행이었다면, 입 막기는 포기하고 미주알고주알 늘어놓는 여행 경험을 들어 주는 편이 정신 건강에 좋다. 그 사람이 별것 아닌 사실을 ☐☐☐☐하거나 특수한 경험을 지나치게 일반화한들, 그런 수다로 큰 피해를 입는 것도 아니지 않은가?

① 刻舟求劍
② 捲土重來
③ 臥薪嘗膽
④ 針小棒大

## 07 다음 글을 감상한 내용으로 가장 적절한 것은?

어이 못 오던가 무슴 일로 못 오던가
너 오눈 길 위에 무쇠로 성(城)을 쓰고 성안에 담 쓰고 담 안에란 집을 짓고 집 안에란 뒤주 노코 뒤주 안에 궤를 노코 궤 안에 너를 결박(結縛)ᄒ여 너코 쌍(雙)비목 외걸쇠에 용(龍)거북 ᄌ믈쇠로 수기수기 줌갓더냐 네 어이 그리 아니 오던가
ᄒᆞᆫ 둘이 서른 날이여니 날 보라 올 하루 업스랴

– 작자 미상, 「어이 못 오던가」 –

① 동일 구절을 반복하여 '너'에 대한 섭섭한 감정을 표출하고 있다.
② 날짜 수를 대조하여 헤어진 기간이 길다는 것을 강조하고 있다.
③ 동일한 어휘를 연쇄적으로 나열하여 감정의 기복을 표현하고 있다.
④ 단계적으로 공간을 축소하여 '너'를 만날 수 있다는 희망을 표현하고 있다.

## 08 (가)와 (나)에 들어갈 말로 가장 적절한 것은?

특정한 작업을 수행하기 위해 신체 근육의 특정 움직임을 조작하는 능력을 운동 능력이라고 한다. 언어에 관한 운동 능력은 '발음 능력'과 '필기 능력' 두 가지인데 모두 표현을 위한 능력이다.

말로 표현하기 위해서는 발음 능력이 필요한데, 이는 음성 기관을 움직여 원하는 음성을 만들어 내는 능력이다. 이 능력은 영·유아기에 수많은 시행착오와 꾸준한 훈련을 통해 습득된다. 이렇게 발음 능력을 습득하면 음성 기관의 움직임은 자동화되어 음성 기관의 어느 부분을 언제 어떻게 움직일지를 화자가 거의 의식하지 않는다. 우리가 모어에 없는 외국어 음성을 발음하기 어려운 이유는 　(가)　 있기 때문이다.

글로 표현하기 위해서는 필기 능력이 필요하다. 필기에서는 글자의 모양을 서로 구별되게 쓰는 것은 기본이고 그 수준을 넘어서서 쉽게 알아볼 수 있는 모양으로 잘 쓰는 것도 필요하다. 글씨를 쓰기 위해 손을 놀리는 것은 발음을 하기 위해 음성 기관을 움직이는 것에 비해 상당히 의식적이라 할 수 있다. 그렇지만 개인의 의지와 관계없이 필체가 꽤 일정하다는 사실은 손을 놀리는 데에 　(나)　 의미한다.

① (가): 음성 기관의 움직임이 모어의 음성에 맞게 자동화되어
　(나): 무의식적이고 자동적인 면이 있음을
② (가): 낯선 음성은 무의식적으로 발음하도록 훈련되어
　(나): 유아기에 수행한 훈련이 효과적이지 않음을
③ (가): 음성 기관의 움직임이 모어의 음성에 맞게 자동화되어
　(나): 유아기에 수행한 훈련이 효과적이지 않음을

④ (가): 낯선 음성은 무의식적으로 발음하도록 훈련되어
　(나): 무의식적이고 자동적인 면이 있음을

## 09 ㉠~㉣ 중 한글 맞춤법에 맞게 쓰인 것만을 모두 고르면?

- 혜인 씨에게 ㉠무정타 말하지 마세요.
- 재아에게는 ㉡섭섭치 않게 사례해 주자.
- 규정에 따라 딱 세 명만 ㉢선발토록 했다.
- ㉣생각컨대 그의 보고서는 공정하지 못했다.

① ㉠, ㉡　　　　　　　② ㉠, ㉢
③ ㉡, ㉣　　　　　　　④ ㉢, ㉣

## 10 ㉠~㉣의 한자로 적절하지 않은 것은?

예정보다 지연되긴 했으나 열 시쯤에는 마애불에 ㉠도착할 수가 있었다. 맑은 날씨에 빛나는 햇살이 환히 비쳐 ㉡불상들은 불그레 물들어 있었다. 만일 신비로운 ㉢경지라는 말을 할 수 있다면 바로 이런 경우가 아닐지 모르겠다. 꼭 보고 싶다는 숙원이 이루어진 기쁨에 가슴이 벅차 왔다. 아마 잊을 수 없는 ㉣추억의 한 토막으로 남을 것 같다.

① ㉠: 到着　　　　　　② ㉡: 佛像
③ ㉢: 境地　　　　　　④ ㉣: 記憶

**11** 다음 글을 이해한 내용으로 적절하지 않은 것은?

> 사람의 '지각과 생각'은 항상 어떤 맥락, 관점 혹은 어떤 평가 기준이나 가정하에서 일어난다. 이러한 맥락, 관점, 평가 기준, 가정을 프레임이라고 한다. 지각과 생각은 인간의 모든 정신 활동을 뜻한다. 따라서 우리의 모든 정신 활동은 진공 상태에서 일어나는 것이 아니라, 어떤 맥락이나 가정하에서 일어난다. 한마디로 우리가 프레임이라는 안경을 쓰고 세상을 보고 있음을 의미한다. 간혹 어떤 사람이 자신은 어떤 프레임의 지배도 받지 않고 세상을 있는 그대로, 객관적으로 본다고 주장한다면, 그 주장은 진실이 아닐 것이다.

① 인간의 정신 활동은 프레임 없이 일어나지 않는다.

② 프레임은 인간이 세상을 바라볼 때 어떤 편향성을 가지게 한다.

③ 인간의 지각과 사고를 확장하는 과정에서 프레임은 극복해야 할 대상이다.

④ 프레임은 인간의 정신 활동에 영향을 미치는 어떤 맥락이나 평가 기준이다.

**12** 다음 글을 이해한 내용으로 가장 적절한 것은?

> 전 세계를 대표하는 항공기인 보잉과 에어버스의 중요한 차이점은 자동조종시스템의 활용 정도에 있다. 보잉의 경우, 조종사가 대개 항공기를 조종간으로 직접 통제한다. 조종간은 비행기의 날개와 물리적으로 연결되어 있어서 어떤 상황에서도 조종사가 조작한 대로 반응한다. 이와 다르게 에어버스는 조종간 대신 사이드스틱을 설치하여 컴퓨터가 조종사의 행동을 제한하거나 조종에 개입할 수 있게 설계되었다. 보잉에서는 조종사가 항공기를 통제할 수 있는 전권을 가지지만 에어버스에서는 컴퓨터가 조종사의 조작을 감시하고 제한한다.
>
> 보잉과 에어버스의 이러한 차이는 기계를 다루는 인간을 바라보는 관점이 서로 다른 데서 비롯된다. 보잉사를 창립한 윌리엄 보잉의 철학은 "비행기를 통제하는 최종 권한은 언제나 조종사에게 있다."이다. 시스템은 불안정하고 완벽하지 않기 때문에 컴퓨터가 조종사의 판단보다 우선시될 수 없다는 것이다. 반면 에어버스의 아버지라고 불리는 베테유는 "인간은 실수할 수 있는 존재"라고 전제한다. 베테유는 이런 자신의 신념을 토대로 에어버스를 설계함으로써 조종사의 모든 조작을 컴퓨터가 모니터링하고 제한하게 만든 것이다.

① 보잉은 시스템의 불완전성을, 에어버스는 인간의 실수 가능성을 고려하여 설계되었다.

② 베테유는 인간이 실수할 수 있는 존재라고 보지만 윌리엄 보잉은 그렇지 않다고 본다.

③ 에어버스의 조종사는 항공기 운항에서 자동조종시스템을 통제하고 조작한다.

④ 보잉의 조종사는 자동조종시스템을 사용하지 않고 항공기를 조종한다.

## 13 다음 글에서 추론한 내용으로 가장 적절한 것은?

공포의 상태와 불안의 상태를 구분하는 것은 쉽지 않다. 왜냐하면 두 감정을 함께 느끼거나 한 감정이 다른 감정을 유발할 때가 많기 때문이다. 가령, 무시무시한 전염병을 목도하고 공포에 빠진 사람은 자신도 언젠가 그 병에 걸릴지 모른다는 불안 상태에 빠지게 된다. 이처럼 두 감정은 서로 밀접하게 얽혀 있다는 점에서 혼동하기 쉽다. 하지만 두 감정을 야기한 원인을 따져 보면 두 감정을 명확하게 구분할 수 있다. 공포는 실재하는 객관적 위협에 의해 야기된 상태를 의미하고, 불안은 현재 발생하지 않았으며 미래에 일어날지 모르는 불명확한 위협에 의해 야기된 상태를 의미한다. 공포와 불안의 감정은 둘 다 자아와 관련되어 있지만 여기에서도 차이를 찾을 수 있다. 공포를 느끼는 것은 '나 자신'이 위험한 상황에 놓여 있다는 사실을 아는 것이고, 불안의 경험은 '나 자신'이 위해를 입을까 봐 걱정하는 것이다.

① 자신이 처한 위험한 상황을 정확히 인식하는 경우에는 공포감에 비해 불안감이 더 크다.
② 전기·가스 사고가 날까 두려워 외출하지 못하는 사람은 불안한 상태에 있는 것이다.
③ 시험에 불합격할 수 있다는 생각에 사로잡힌 사람은 공포감에 빠져 있는 것이다.
④ 과거에 큰 교통사고를 경험한 사람은 공포감은 크지만 불안감은 작다.

## 14 다음 글의 내용과 부합하지 않는 것은?

과학 혁명 이전 아리스토텔레스 철학은 로마 가톨릭교의 정통 교리와 결합되어 있었기 때문에 오랜 시간 동안 지배적인 영향력을 발휘하였다. 천문 분야 또한 예외는 아니었다. 아리스토텔레스의 세계관을 따라 우주의 중심은 지구이며, 모든 천체는 원운동을 하면서 지구의 주위를 공전한다는 천동설이 정설로 자리 잡고 있었다. 프톨레마이오스가 천체들의 공전 궤도를 관찰하던 도중, 행성들이 주기적으로 종전의 운동과는 반대 방향으로 움직인다는 관찰 결과를 얻었을 때도 그는 이를 행성의 역행 운동을 허용하지 않는 천동설로 설명하고자 하였다. 그래서 지구를 중심으로 공전하는 원 궤도에 중심을 두고 있는 원, 즉 주전원(周轉圓)을 따라 공전 궤도를 그리면서 행성들이 운동한다고 주장하였다.

과학과 아리스토텔레스 철학의 결별은 서서히 일어났다. 그 과정에서 일어난 가장 중요한 사건은 1543년 코페르니쿠스가 행성들의 운동 이론에 관한 책을 발간한 일이다. 코페르니쿠스는 천체의 중심에 지구 대신 태양을 놓고 지구가 태양의 주위를 공전한다고 주장하였다. 태양을 우주의 중심에 둔 코페르니쿠스의 지동설은 행성들의 운동에 대해 프톨레마이오스보다 수학적으로 단순하게 설명하였다.

① 과학 혁명 이전 시기에는 천동설이 정설로 받아들여졌다.
② 프톨레마이오스의 주전원은 지동설을 지지하고자 만든 개념이다.
③ 천동설과 지동설은 우주의 중심을 어디에 두느냐에 따라 구분된다.
④ 행성의 공전에 대한 프톨레마이오스의 설명은 코페르니쿠스의 설명보다 수학적으로 복잡하였다.

## 15 밑줄 친 단어가 표준어 규정에 맞게 쓰인 것은?

① 저기 보이는 게 암염소인가, 수염소인가?
② 오늘 윗층에 사시는 분이 이사를 가신대요.
③ 봄에는 여기저기에서 아지랭이가 피어오른다.
④ 그는 수업을 마치면 으레 친구들과 운동을 한다.

## 16 ㉠~㉣을 문맥에 맞게 수정하는 방안으로 적절한 것은?

난독(難讀)을 해결하려면 정독을 해야 한다. 여기서 말하는 정독은 '뜻을 새겨 가며 자세히 읽음', 즉 '정교한 독서'라는 뜻으로 한자로는 '精讀'이다. '精讀'은 '바른 독서'를 의미하는 '正讀'과 ㉠소리는 같지만 뜻이 다르다. 무엇이 정교한 것일까? 모든 단어에 눈을 마주치면서 제대로 인식하는 것이다. 이와 같은 ㉡정독(精讀)의 결과로 생기는 어문 실력이 문해력이다. 문해력이 발달하면 결국 독서 속도가 빨라져, '빨리 읽기'인 속독(速讀)이 가능해진다. 빨리 읽기는 정독을 전제로 할 때 빛을 발한다. 짧은 시간에 같은 책을 제대로 여러 번 읽을 수 있기 때문이다. 그래서 문해력의 증가는 '정교하고 빠르게 읽기', 즉 ㉢정속독(正速讀)에서 일어나게 되어 있다. 정독이 생활화되면 자기도 모르게 정속독의 경지에 오르게 된다. 그런 경지에 오른 사람들은 뭐든지 확실히 읽고 빨리 이해한다. 자연스레 집중하고 여러 번 읽어도 빠르게 읽으므로 시간이 여유롭다. ㉣정독이 빠진 속독은 곧 빼먹고 읽는 습관, 즉 난독의 일종임을 잊지 말아야 한다.

① ㉠을 '다르게 읽지만 뜻이 같다'로 수정한다.
② ㉡을 '정독(正讀)'으로 수정한다.
③ ㉢을 '정속독(精速讀)'으로 수정한다.
④ ㉣을 '속독이 빠진 정독'으로 수정한다.

## 17 다음 글을 감상한 내용으로 적절하지 않은 것은?

막바지 뙤약볕 속
한창 매미 울음은
한여름 무더위를 그 절정까지 올려놓고는
이렇게 다시 조용할 수 있는가.
지금은 아무 기척도 없이
정적의 소리인 듯 쟁쟁쟁
천지(天地)가 하는 별의별
희한한 그늘의 소리에
멍청히 빨려 들게 하구나.

사랑도 어쩌면
그와 같은 것인가.
소나기처럼 숨이 차게
정수리부터 목물로 들이붓더니
얼마 후에는
그것이 아무 일도 없었던 양
맑은 구름만 눈이 부시게
하늘 위에 펼치기만 하노니.

– 박재삼, 「매미 울음 끝에」 –

① 갑작스럽게 변화한 자연 현상을 감각적으로 제시하고 있다.
② 청각적 이미지와 시각적 이미지를 활용하여 시상을 전개하고 있다.
③ 소나기가 그치고 맑은 구름이 펼쳐진 것을 통해 사랑의 속성을 드러내고 있다.
④ 매미 울음소리가 절정에 이르렀다가 사라진 직후의 상황을 반어법으로 표현하고 있다.

**18** 다음 글을 이해한 내용으로 가장 적절한 것은?

루카치는 그리스 세계를 신과 인간의 결합 정도를 가리키는 '총체성' 개념을 기준으로 세 시대로 구분하였다. 첫 번째 시대에서 후대로 갈수록 총체성의 정도는 낮아진다. 첫째는 총체성이 완전히 구현되어 있는 '서사시의 시대'이다. 호메로스의 『일리아드』와 『오디세이아』에서는 신과 인간의 세계가 하나로 얽혀 있다. 인간들이 그리스와 트로이 두 패로 나뉘어 전쟁을 벌일 때 신들도 인간의 모습을 하고 두 패로 나뉘어 전쟁에 참여했다. 둘째는 '비극의 시대'이다. 소포클레스나 에우리피데스의 비극에서는 총체성이 흔들려 신과 인간의 세계가 분리된다. 하지만 두 세계가 완전히 분리되지는 않고 신탁이라는 약한 통로로 이어져 있다. 비극에서 신은 인간의 행위에 직접 개입하지 않고 신탁을 통해서 자신의 뜻을 그저 전달하는 존재로 바뀐다. 셋째는 플라톤으로 대표되는 '철학의 시대'이다. 이 시대는 이미 계몽된 세계여서 신탁 같은 것은 신뢰할 수 없게 되었다. 신과 인간의 세계가 완전히 분리됨으로써 신의 세계는 인격적 성격을 상실하여 '이데아'라는 추상성의 세계로 바뀐다. 신의 세계와 인간의 세계는 그 사이에 어떤 통로도 존재할 수 없는, 절대적으로 분리된 세계가 되었다.

① 계몽사상은 서사시의 시대에서 철학의 시대로의 전환을 이끌었다.
② 플라톤의 이데아는 신탁이 사라진 시대의 비극적 세계를 표현한다.
③ 루카치는 각기 다른 기준에 따라 그리스 세계를 세 시대로 구분하였다.
④ 에우리피데스의 비극에 비해 『오디세이아』에서는 신과 인간의 결합 정도가 높다.

**19** 다음 글의 내용과 부합하지 않는 것은?

몽유록(夢遊錄)은 '꿈에서 놀다 온 기록'이라는 뜻으로, 어떤 인물이 꿈에서 과거의 역사적 인물을 만나 특정 사건에 대한 견해를 듣고 현실로 돌아온다는 특징이 있다. 이때 꿈을 꾼 인물인 몽유자의 역할에 따라 몽유록을 참여자형과 방관자형으로 구분할 수 있다. 참여자형에서는 몽유자가 꿈에서 만난 인물들의 모임에 초대를 받고 토론과 시연에 직접 참여한다. 방관자형에서는 몽유자가 인물들의 모임을 엿볼 뿐 직접 그 모임에 참여하지는 않는다. 16~17세기에 창작되었던 몽유록에는 참여자형이 많다. 참여자형에서는 몽유자와 꿈속 인물들이 동질적인 이념을 공유하고 현실의 고통스러운 문제에 대해 의견을 나누며 비판적 목소리를 낸다. 그러나 주로 17세기 이후에 창작된 방관자형에서는 몽유자가 꿈속 인물들과 함께 현실을 비판하는 것이 아니라 구경꾼의 위치에 서 있다. 이 시기의 몽유록이 통속적이고 허구적인 성격으로 변모하는 것은 몽유자의 역할 변화와 무관하지 않다.

① 몽유자가 꿈속 인물들의 모임에 직접 참여하는지, 참여하지 않는지에 따라 몽유록의 유형을 나눌 수 있다.
② 17세기보다 나중 시기의 몽유록에서는 몽유자가 현실을 비판하는 경향이 강하게 나타난다.
③ 몽유자가 모임의 구경꾼 역할을 하는 몽유록은 통속적이고 허구적인 성격이 강하다.
④ 몽유자가 꿈속 인물들과 함께 현실을 비판하는 몽유록은 참여자형에 해당한다.

## 20 다음 글을 이해한 내용으로 적절한 것은?

디지털 트윈은 현실 세계와 똑같은 가상의 세계이다. 최근 주목받고 있는 메타버스와 개념은 유사하지만 활용 목적의 측면에서 구별된다. 메타버스는 가상 세계와 현실 세계가 융합된 플랫폼으로 이용자들에게 새로운 경제·사회·문화적 경험을 제공하는 데 목적을 둔다. 반면 디지털 트윈은 현실 세계에 존재하는 사물, 공간, 환경, 공정 등을 컴퓨터상에 디지털 데이터 모델로 표현하여 똑같이 복제하고 실시간으로 서로 반응할 수 있도록 한다. 그래서 디지털 트윈의 이용자는 가상 세계에서의 시뮬레이션을 통해 미래 상황을 예측할 수 있게 된다. 디지털 트윈에 대한 수요가 증가하면서 관련 시장도 확대되고 있으며, 국내외의 글로벌 기업들은 여러 산업 분야에서 디지털 트윈을 도입하여 사전에 위험 요소를 제거하고 수익 모델의 효율성을 높이고 있다. 디지털 트윈이 이렇게 주목받는 이유는 안정성과 경제성 때문인데 현실 세계를 그대로 옮겨 놓은 가상 세계에 데이터를 전송, 취합, 분석, 이해, 실행하는 과정은 실제 실험보다 매우 빠르고 정밀하며 안전할 뿐 아니라 비용도 적게 든다.

① 디지털 트윈을 활용함에 따라 글로벌 기업들의 고용률이 향상되었다.

② 디지털 트윈의 데이터 모델은 현실 세계의 각종 실험 모델보다 경제성이 낮다.

③ 디지털 트윈에서의 시뮬레이션으로 현실 세계의 위험 요소를 찾아내고 방지할 수 있다.

④ 디지털 트윈은 현실 세계의 이용자에게 새로운 문화적 경험을 제공하는 데 목적이 있다.

국어
문제

영어
문제

한국사
문제

국어
해설

영어
해설

한국사
해설

## 01 밑줄 친 말의 쓰임이 옳지 않은 것은?

① 그는 아까운 능력을 <u>썩히고</u> 있다.

② 음식물 쓰레기를 <u>썩혀서</u> 거름으로 만들었다.

③ 나는 이제까지 부모님 속을 <u>썩혀</u> 본 적이 없다.

④ 그들은 새로 구입한 기계를 창고에서 <u>썩히고</u> 있다.

## 02 (가)~(라)를 고쳐 쓴 것으로 옳지 않은 것은?

(가) 오빠는 생김새가 나하고는 많이 틀려.
(나) 좋은 결실이 맺어졌으면 하는 바람입니다.
(다) 내가 오직 바라는 것은 네가 잘됐으면 좋
겠어.
(라) 신은 인간을 사랑하기도 하지만 시련을 주
기도 한다.

① (가): 오빠는 생김새가 나하고는 많이 달라.

② (나): 좋은 결실을 맺었으면 하는 바램입니다.

③ (다): 내가 오직 바라는 것은 네가 잘됐으면 좋
겠다는 거야.

④ (라): 신은 인간을 사랑하기도 하지만 인간에게
시련을 주기도 한다.

## 03 사자성어의 쓰임이 적절하지 않은 것은?

① 그는 구곡간장(九曲肝腸)이 끊어지는 듯한 슬
픔에 빠졌다.

② 학문의 정도를 걷지 않고 곡학아세(曲學阿世)
하는 이가 있다.

③ 이유 없이 친절한 사람은 구밀복검(口蜜腹劍)
일 수 있으니 조심해야 한다.

④ 신중한 태도로 문제의 본질에 접근하는 당랑거
철(螳螂拒轍)의 자세가 필요하다.

**04** 다음 대화에서 나타난 '지민'의 의사소통 방식으로 가장 적절한 것은?

> 정수: 지난번에 너랑 같이 들었던 면접 전략 강의가 정말 유익했어.
>
> 지민: 그랬어? 나도 그랬는데.
>
> 정수: 특히 아이스크림 회사의 면접 내용이 도움이 많이 됐어.
>
> 지민: 맞아. 그중에서도 두괄식으로 답변하라는 첫 번째 내용이 정말 인상적이더라. 핵심 내용을 먼저 말하는 전략이 면접에서 그렇게 효과적일 줄 몰랐어.
>
> 정수: 어! 그래? 나는 두 번째 내용이 훨씬 더 인상적이었는데.
>
> 지민: 그랬구나. 하긴 아이스크림 매출 증가에 관한 통계 자료를 인용해서 답변한 전략도 설득력이 있었어. 하지만 초두 효과의 효용성도 크지 않을까 해.
>
> 정수: 그렇긴 해.

① 자신의 면접 경험을 예로 들어 상대방을 설득하고 있다.

② 상대방의 약점을 공략하며 상대방의 이견을 반박하고 있다.

③ 상대방의 견해를 존중하면서 자신의 의견을 제시하고 있다.

④ 상대방과의 갈등 해소를 위해 자신의 감정을 표현하고 있다.

**05** 다음 글에 대한 이해로 적절하지 않은 것은?

> 승상이 말을 마치기도 전에 구름이 걷히더니 노승은 간 곳이 없고 좌우를 돌아보니 팔낭자도 간 곳이 없었다. 승상이 놀라 어찌할 바를 모르는 중에 높은 대와 많은 집들이 한순간에 사라지고 자기의 몸은 작은 암자의 포단 위에 앉아 있었는데, 향로의 불은 이미 꺼져 있고 지는 달이 창가에 비치고 있었다.
>
> 자신의 몸을 보니 백팔염주가 걸려 있고 머리를 손으로 만져보니 갓 깎은 머리털이 까칠까칠하더라. 완연한 소화상의 몸이요, 전혀 대승상의 위의가 아니었으니, 이에 제 몸이 인간 세상의 승상 양소유가 아니라 연화도량의 행자 성진임을 비로소 깨달았다.
>
> 그리고 생각하기를, '처음에 스승에게 책망을 들고 풍도옥으로 가서 인간 세상에 환도하여 양가의 아들이 되었지. 그리고 장원급제를 하여 한림학사가 된 후 출장입상하고 공명신퇴하여 두 공주와 여섯 낭자로 더불어 즐기던 것이 다 하룻밤 꿈이었구나. 이는 필시 사부가 나의 생각이 그릇됨을 알고 나로 하여금 이런 꿈을 꾸게 하시어 인간 부귀와 남녀 정욕이 다 허무한 일임을 알게 하신 것이로다.'
>
> – 김만중, 「구운몽」에서 –

① '양소유'는 장원급제를 하여 한림학사가 되었다.

② '양소유'는 인간 세상에 환멸을 느껴 스스로 '성진'의 모습으로 되돌아왔다.

③ '성진'이 있는 곳은 인간 세상이 아니다.

④ '성진'은 자신의 외양을 통해 꿈에서 돌아왔음을 인식한다.

## 06 (가)~(라)의 ㉠~㉣에 대한 설명으로 적절하지 않은 것은?

(가) 간밤의 부던 ᄇᆞ람에 눈서리 치단 말가
㉠낙락장송(落落長松)이 다 기우러 가노ᄆᆡ라
ᄒᆞ믈며 못다 픤 곳이야 닐러 무슴 ᄒᆞ리오.

(나) 철령 노픈 봉에 쉬여 넘ᄂᆞᆫ 져 구룸아
고신원루(孤臣冤淚)ᄅᆞᆯ 비 사마 ᄯᅴ여다가
㉡님 계신 구중심처(九重深處)에 ᄲᅮ려 본ᄃᆞᆯ 엇ᄃᆞ리.

(다) 이화우(梨花雨) 흣ᄲᅮ릴 제 울며 잡고 이별ᄒᆞᆫ 님
추풍낙엽(秋風落葉)에 ㉢저도 날 ᄉᆡᆼ각ᄂᆞᆫ가
천리(千里)에 외로온 ᄭᅮᆷ만 오락가락 ᄒᆞ노매.

(라) 삼동(三冬)의 뵈옷 닙고 암혈(巖穴)의 눈비 마자
구롬 ᄭᅵᆫ 볏뉘도 쬔 적이 업건마ᄂᆞᆫ
서산의 ㉣ᄒᆡ 디다 ᄒᆞ니 그ᄅᆞᆯ 설워 ᄒᆞ노라.

① ㉠은 억울하게 해를 입은 충신을 가리킨다.
② ㉡은 궁궐에 계신 임금을 가리킨다.
③ ㉢은 헤어진 연인을 가리킨다.
④ ㉣은 오랜 세월을 함께한 벗을 가리킨다.

## 07 ㉠~㉢에 들어갈 말로 가장 적절한 것은?

- 그들의 끈기가 이 경기의 승패를 [ ㉠ ]했다.
- 올해 영화제 시상식은 11개 [ ㉡ ]으로 나뉜다.
- 그 형제는 너무 닮아서 누가 동생이고 누가 형인지 [ ㉢ ]할 수 없다.

| | ㉠ | ㉡ | ㉢ |
|---|---|---|---|
| ① | 가름 | 부문 | 구별 |
| ② | 가름 | 부분 | 구분 |
| ③ | 갈음 | 부문 | 구별 |
| ④ | 갈음 | 부분 | 구분 |

## 08 다음 글의 '동기화 단계 조직'에 따라 (가)~(마)를 배열한 것으로 가장 적절한 것은?

설득하는 말하기의 메시지를 조직하는 방법으로 '동기화 단계 조직'이 있다. 이 방법의 세부 단계는 다음과 같다.
1단계: 주제에 대한 청자의 주의나 관심을 환기한다.
2단계: 특정 문제를 청자와 관련지어 설명함으로써 청자의 요구나 기대를 자극한다.
3단계: 해결 방안을 제시하여 청자의 이해와 만족을 유도한다.
4단계: 해결 방안이 청자에게 어떤 도움이 되는지 구체화한다.
5단계: 구체적인 행동의 내용과 방법을 제시하여 특정 행동을 요구한다.

(가) 지난주 제 친구는 일을 마친 후 자전거를 타고 집으로 돌아오다가 사고를 당해 머리를 다쳤습니다.

(나) 여러분이 자전거를 탈 때 헬멧을 착용하면 머리를 보호할 수 있습니다.

(다) 아마 여러분도 가끔 자전거를 타는 경우가 있을 것입니다. 그런데 매년 2천여 명이 자전거를 타다가 머리를 다쳐 고생한다고 합니다.

(라) 만약 자전거를 타는 모든 사람이 헬멧을 착용한다면 자전거 사고를 당해도 뇌손상을 비롯한 신체 피해를 75% 줄일 수 있습니다. 또 자전거 타기가 주는 즐거움과 편리함을 안전하게 누릴 수 있습니다.

(마) 자전거를 탈 때는 안전을 위해서 반드시 헬멧을 착용하시기 바랍니다.

① (가) – (나) – (다) – (라) – (마)
② (가) – (다) – (나) – (라) – (마)
③ (가) – (다) – (라) – (나) – (마)
④ (가) – (라) – (다) – (나) – (마)

## 09 다음 글에 대한 이해로 적절하지 않은 것은?

국가정보자원관리원과 ○○시는 빅데이터 기반의 맞춤형 복지 서비스 분석 사업을 수행했다. 국가정보자원관리원은 자체 확보한 공공 데이터와 ○○시로부터 받은 복지 사업 관련 데이터를 활용하여 '복지 공감 지도'를 제작하고, 복지 기관 접근성 분석을 통해 취약 지역 지원 방안을 제시했다.

복지 공감 지도는 공간 분석 시스템을 활용하여 ○○시에 소재한 복지 기관들의 다양한 지원 항목과 이를 필요로 하는 복지 대상자, 독거노인, 장애인 등의 수급자 현황을 한눈에 확인할 수 있도록 구현한 것이다. 이 지도를 활용하면 복지 혜택이 필요한 지역과 수급자를 빨리 찾아낼 수 있으며, 생필품 지원이나 방문 상담 등 복지 기관의 맞춤형 대응이 가능하고, 최적의 복지 기관 설립 위치를 선정할 수 있다.

이 사업을 통해 ○○시는 그동안 복지 기관으로부터 도보로 약 15분 내 위치한 수급자에게 복지 혜택이 집중되고 있는 것도 확인했다. 이에 교통이나 건강 등의 문제로 복지 기관 방문이 어려운 수급자를 위해 맞춤형 복지 서비스가 절실하게 필요한 상황임을 발견하고, 복지 셔틀버스 노선을 4개 증설할 계획을 수립했다.

① 빅데이터를 활용하여 복지 사각지대를 줄이는 방안을 마련할 수 있다.
② 복지 기관과 수급자 거주지 사이의 거리는 복지 혜택의 정도에 영향을 준다.
③ 복지 기관 접근성 분석 결과는 복지 셔틀버스 노선 증설의 근거가 된다.
④ 복지 공감 지도로 복지 혜택에 대한 수급자들의 개별 만족도를 파악할 수 있다.

## 10 ㉠~㉣의 사례로 적절하지 않은 것은?

단어의 의미가 변화하는 양상은 다양하다. 첫째, "아침 먹고 또 공부하자."에서 '아침'은 본래의 의미인 '하루 중의 이른 시간'을 가리키지 않고 '아침에 먹는 밥'이라는 의미로 쓰인다. '밥'의 의미가 '아침'에 포함되어 '아침'만으로도 '아침밥'의 의미를 표현하게 된 것으로, ㉠두 개의 단어가 긴밀한 관계여서 한쪽이 다른 한쪽의 의미까지 포함하는 의미로 변화하게 된 경우이다. 둘째, '바가지'는 원래 박의 껍데기를 반으로 갈라 썼던 물건을 가리켰는데, 오늘날에는 흔히 플라스틱 바가지를 가리킨다. 이것은 ㉡언어 표현은 그대로인데 시대의 변화에 따라 지시 대상 자체가 바뀌어서 의미 변화가 발생한 경우이다. 셋째, '묘수'는 본래 바둑에서 만들어진 용어이지만 일상적인 언어생활에서도 '쉽게 생각해 내기 어려운 좋은 방안'이라는 의미로 사용된다. 이는 ㉢특수한 영역에서 사용되던 말이 일반화되면서 단어의 의미가 변화한 경우에 해당한다. 넷째, 호랑이를 두려워하던 시절에 사람들은 '호랑이'라는 이름을 직접 부르기 꺼려서 '산신령'이라고 부르기도 했는데, 이는 ㉣심리적인 이유로 특정 표현을 피하려다 보니 그것을 대신하는 단어의 의미에 변화가 생긴 경우이다.

① ㉠: '아이들의 코 묻은 돈'에서 '코'는 '콧물'의 의미로 쓰인다.

② ㉡: '수세미'는 원래 식물의 이름이었지만 오늘날에는 '그릇을 씻는 데 쓰는 물건'이라는 의미로 쓰인다.

③ ㉢: '배꼽'은 일반적으로 '탯줄이 떨어지면서 배의 한가운데에 생긴 자리'를 가리키지만 바둑에서는 '바둑판의 한가운데'라는 의미로 쓰인다.

④ ㉣: 무서운 전염병인 '천연두'를 꺼려서 '손님'이라고 불렀다.

## 11 다음 글에 대한 이해로 적절하지 않은 것은?

△△시 시장님께

안녕하십니까? 저는 △△시에서 농장을 운영하는 □□□입니다. 이렇게 글을 쓰게 된 것은 우리 농장 근처에 신축된 골프장의 빛 공해 문제에 대해 말씀드리기 위함입니다. 빛이 공해가 될 수 있다는 말이 다소 생소하실 수도 있습니다. 하지만 지나친 야간 조명이 식물의 성장에 부정적인 영향을 끼쳐 작물 수확량을 감소시킬 수 있음은 이미 여러 연구를 통해 입증된 바 있습니다. 좀 늦었지만 △△시에서도 이 문제에 대해 경각심을 가질 필요가 있습니다. 실제로 골프장이 야간 운영을 시작했을 때를 기점으로 우리 농장의 수확률이 현저히 낮아졌음을 제가 확인했습니다. 물론, 이윤을 추구하는 골프장의 야간 운영을 무조건 막는다면 골프장 측에서 반발할 것입니다. 그래서 계절에 따라 야간 운영 시간을 조정하거나 운영 제한에 따른 손실금을 보전해 주는 등의 보완책도 필요합니다. 또한 ○○군에서도 빛 공해 문제를 해결하기 위해 야간 조명의 조도를 조정하는 프로젝트를 진행한 바 있으니 참고해 보시기 바랍니다. 모쪼록 시장님께서 이 문제에 관심을 가지고 농장과 골프장이 상생할 수 있는 정책을 펼쳐 주시기를 부탁드립니다.

① 시장에게 빛 공해로 농장이 겪는 어려움에 대해 관심을 촉구하고 있다.

② 건의에 대한 신뢰성을 높이기 위해 인용한 자료의 출처를 밝히고 있다.

③ 다른 지역에서 야간 조명으로 인한 폐해를 해결하기 위해 노력한 사례를 언급하고 있다.

④ 골프장의 야간 운영을 제한할 때 예상되는 문제점과 그 해결 방안에 대해 제시하고 있다.

## 12 다음 대화의 ⊙~⑩에 대한 설명으로 적절하지 않은 것은?

> 이진: 태민아, ⊙이 책 읽어 봤니?
> 태민: 아니, ⓛ그 책은 아직 읽어 보지 못했어.
> 이진: 그렇구나. 이 책은 작가의 문체가 독특해서 읽어 볼 만해.
> 태민: 응, 꼭 읽어 볼게. 한 권 더 추천해 줄래?
> 이진: 그럼 ⓒ저 책은 어때? 한국 대중문화를 다양한 시각에서 다룬 재미있는 책이야.
> 태민: 그래, ⓔ그 책도 함께 읽어 볼게.
> 이진: (두 책을 들고 계산대로 간다.) 읽어 보겠다고 하니, 생일 선물로 ⑩이 책 두 권 사 줄게.
> 태민: 고마워. 잘 읽을게.

① ⊙은 청자보다 화자에게, ⓛ은 화자보다 청자에게 가까이 있는 대상을 가리킨다.

② ⓒ은 화자보다 청자에게 멀리 있는 대상을 가리킨다.

③ ⓒ과 ⓔ은 같은 대상을 가리킨다.

④ ⑩은 ⓛ과 ⓒ 모두를 가리킨다.

## 13 다음 글에 대한 이해로 적절하지 않은 것은?

> 아동이 부모의 소유물 또는 종족의 유지나 국가의 방위를 위한 수단으로 간주되었던 전근대사회에서는 아동의 권리에 대한 인식이 존재하지 않았다. 산업혁명으로 봉건제도가 붕괴되고 자본주의가 탄생한 근대사회에 이르러 구빈법에 따른 국가 개입과 민간단체의 자발적인 참여로 아동보호가 시작되었다.
>
> 1922년 잽 여사는 아동권리사상을 담아 아동권리에 대한 내용을 성문화하였다. 이를 기초로 1924년 국제연맹에서는 전문과 5개의 조항으로 된 「아동권리에 관한 제네바 선언」을 채택하였다. 여기에는 "아동은 물질적으로나 정신적으로 정상적인 발달을 위해 필요한 조건이 충족되어야 한다."라든지 "아동의 재능은 인류를 위해 쓰인다는 자각 속에서 양육되어야 한다." 등의 내용이 포함되었다.
>
> 그러나 여기에서도 아동은 보호의 객체로만 인식되었을 뿐 생존, 보호, 발달을 위한 적극적인 권리의 주체로 인식되지는 않았다. 최근에 와서야 국제사회의 노력에 힘입어 아동은 보호되어야 할 수동적인 존재에서 자신의 권리를 주장할 수 있는 능동적인 존재로 자리매김할 수 있게 되었다. 1989년 유엔총회에서 채택된 「아동권리협약」이 그것이다.
>
> 우리나라는 이를 토대로 2016년 「아동권리헌장」 9개 항을 만들었다. 이 헌장은 '생존과 발달의 권리', '아동이 최선의 이익을 보장 받을 권리', '차별 받지 않을 권리', '자신의 의견이 존중될 권리' 등 유엔의 「아동권리협약」의 네 가지 기본 원칙을 포함하고 있다. 또한 전문에는 아동의 권리와 더불어 "부모와 사회, 국가와 지방자치단체는 아동의 이익을 최우선으로 고려해야 하며, 다음과 같은 아동의 권리를 확인하고 실현할 책임이 있다."라고 명시하여 아동을 둘러싼 사회적 주체들의 책임을 명확히 하였다.

① 아동의 권리에 대한 인식은 근대 이후에 형성되었다.
② 「아동권리헌장」은 「아동권리협약」을 토대로 만들어졌다.
③ 「아동권리에 관한 제네바 선언」, 「아동권리협약」, 「아동권리헌장」에는 모두 아동의 발달에 대한 내용이 들어가 있다.
④ 「아동권리에 관한 제네바 선언」은 아동을 적극적인 권리의 주체로 인식함으로써 아동의 권리에 대한 진전된 성과를 이루었다.

## 14 다음 시에 대한 이해로 적절하지 않은 것은?

봄은
남해에서도 북녘에서도
오지 않는다.

너그럽고
빛나는
봄의 그 눈짓은,
제주에서 두만까지
우리가 디딘
아름다운 논밭에서 움튼다.

겨울은,
바다와 대륙 밖에서
그 매운 눈보라 몰고 왔지만
이제 올
너그러운 봄은, 삼천리 마을마다
우리들 가슴속에서
움트리라.

움터서,
강산을 덮은 그 미움의 쇠붙이들
눈 녹이듯 흐물흐물
녹여버리겠지.

– 신동엽, 「봄은」 –

① 현실을 초월한 순수 자연의 세계를 노래하고 있다.
② 희망과 신념을 드러내는 단정적 어조로 표현하고 있다.
③ 시어들의 상징적인 의미를 통해 주제를 형성하고 있다.
④ '봄'과 '겨울'의 이원적 대립으로 시상을 전개하고 있다.

**15** 다음 글의 전개 순서로 가장 자연스러운 것은?

(가) 이 기관을 잘 수리하여 정련하면 그 작동도 원활하게 될 것이요, 수리하지 아니하여 노둔해지면 그 작동도 막혀 버릴 것이니 이런 기관을 다스리지 아니하고야 어찌 그 사회를 고취하여 발달케 하리오.

(나) 이러므로 말과 글은 한 사회가 조직되는 근본이요, 사회 경영의 목표와 지향을 발표하여 그 인민을 통합시키고 작동하게 하는 기관과 같다.

(다) 말과 글이 없으면 어찌 그 뜻을 서로 통할 수 있으며, 그 뜻을 서로 통하지 못하면 어찌 그 인민들이 서로 이어져 번듯한 사회의 모습을 갖출 수 있으리오.

(라) 그뿐 아니라 그 기관은 점점 녹슬고 상하여 필경은 쓸 수 없는 지경에 이를 것이니 그 사회가 어찌 유지될 수 있으리오. 반드시 패망을 면하지 못할지라.

(마) 사회는 여러 사람이 그 뜻을 서로 통하고 그 힘을 서로 이어서 개인의 생활을 경영하고 보존하는 데에 서로 의지하는 인연의 한 단체라.

– 주시경, 「대한국어문법 발문」에서 –

① (마) – (가) – (다) – (나) – (라)
② (마) – (가) – (라) – (다) – (나)
③ (마) – (다) – (가) – (라) – (나)
④ (마) – (다) – (나) – (가) – (라)

**16** 한자 표기가 옳지 않은 것은?

① 오늘 협상에서 만족(滿足)할 만한 성과를 거두었다.
② 김 위원의 주장을 듣고 그 의견에 동의하여 재청(再請)했다.
③ 우리 지자체의 해묵은 문제를 해결(解結)할 방안이 생각났다.
④ 다수가 그 의견에 동의하지 않았기에 재론(再論)이 필요하다.

**17** 다음 문장이 들어가기에 가장 적절한 곳을 ㉠~㉣에서 고르면?

신분에 따라 문체를 고착화하는 것을 인정하지 않았던 것이다.

유럽이 교회로부터 정신적으로 해방된 것은 그리스와 로마의 고대 작가들에 대한 재발견을 통해서였다. ㉠ 그 이후 고대 작가들의 문체는 귀족 중심의 유럽 문화에서 모범으로 여겨졌다. ㉡ 이러한 상황은 대략 1770년대에 시작되는 낭만주의에서부터 변화하기 시작했다. ㉢ 이 낭만주의 시기에 평등과 민주주의를 꿈꿨던 신흥 시민계급은 문학에서 운문과 영웅적 운명을 귀족에게만 전속시키고 하층민에게는 산문과 우스꽝스러운 상황을 배정하는 전통 시학을 거부했다. ㉣ 고전 문학은 더 이상 문학의 규범이 아니었으며, 문학을 현실의 모방으로 인식하는 태도도 포기되었다.

① ㉠
② ㉡
③ ㉢
④ ㉣

## 18 다음 글에 대한 이해로 적절하지 않은 것은?

정거장에 나온 박은 수염도 깎은 지 오래어 터부룩한 데다 버릇처럼 자주 찡그려지는 비웃는 웃음은 전에 못 보던 표정이었다. 그 다니는 학교에서만 지싯지싯※ 붙어 있는 것이 아니라 이 시대 전체에서 긴치 않게 여기는, 지싯지싯 붙어 있는 존재 같았다. 현은 박의 그런 지싯지싯※함에서 선뜻 자기를 느끼고 또 자기의 작품들을 느끼고 그만 더 울고 싶게 괴로워졌다.

한참이나 붙들고 섰던 손목을 놓고, 그들은 우선 대합실로 들어왔다. 할 말은 많은 듯하면서도 지껄여 보고 싶은 말은 골라낼 수가 없었다. 이내 다시 일어나 현은,

"나 좀 혼자 걸어 보구 싶네."

하였다. 그래서 박은 저녁에 김을 만나 가지고 대동강가에 있는 동일관이란 요정으로 나오기로 하고 현만이 모란봉으로 온 것이다.

오면서 자동차에서 시가도 가끔 내다보았다. 전에 본 기억이 없는 새 빌딩들이 꽤 많이 늘어섰다. 그중에 한 가지 인상이 깊은 것은 어느 큰 거리 한 뿌다귀※에 벽돌 공장도 아닐 테요 감옥도 아닐 터인데 시뻘건 벽돌만으로, 무슨 큰 분묘와 같이 된 건축이 웅크리고 있는 것이다. 현은 운전사에게 물어보니, 경찰서라고 했다.

― 이태준, 「패강랭」에서 ―

※ 지싯지싯: 남이 싫어하는지는 아랑곳하지 아니하고 제가 좋아하는 것만 짓궂게 자꾸 요구하는 모양.

※ 뿌다귀: '뿌다구니'의 준말로, 쑥 내밀어 구부러지거나 꺾어져 돌아간 자리.

① '현'은 예전과 달라진 '박'의 태도가 자신의 작품 때문이라고 생각하고 있다.

② '현'은 자신과 비슷한 처지에 있는 '박'을 통해 자신을 연민하고 있다.

③ '현'은 새 빌딩들을 보고 도시가 많이 변화하고 있음을 인지하고 있다.

④ '현'은 시뻘건 벽돌로 만든 경찰서를 보고 암울한 분위기를 느끼고 있다.

## 19 다음 규정에 근거할 때 옳지 않은 것은?

한글 맞춤법 제30항

사이시옷은 다음과 같은 경우에 받치어 적는다.

(가) 순우리말로 된 합성어로서 앞말이 모음으로 끝나면서 뒷말의 첫소리가 된소리로 나는 것

(나) 순우리말과 한자어로 된 합성어로서 앞말이 모음으로 끝나면서 뒷말의 첫소리가 된소리로 나는 것

① (가)에 따라 '아래+집'은 '아랫집'으로 적는다.

② (가)에 따라 '쇠+조각'은 '쇳조각'으로 적는다.

③ (나)에 따라 '전세+방'은 '전셋방'으로 적는다.

④ (나)에 따라 '자리+세'는 '자릿세'로 적는다.

## 20 글쓴이의 견해에 부합하는 것은?

문화란 공동체의 구성원들이 공유하는 생각과 행동 양식의 총체라고 할 수 있다. 문화를 연구하는 사람들의 주된 관심사는 특정 생각과 행동 양식이 하나의 공동체 안에서 전파되는 기제이다.

이에 대한 견해 중 하나는 문화를 생각의 전염이라는 각도에서 바라보는 것이다. 예컨대, 리처드 도킨스는 '밈(meme)'이라는 개념을 통해 생각의 전염 과정을 설명하고자 했다. 그에 따르면 문화는 복수의 밈으로 이루어져 있는데, 유전자에 저장된 생명체의 주요 정보가 번식을 통해 복제되어 개체군 내에서 확산되듯이, 밈 역시 유전자와 마찬가지로 공동체 내에서 복제를 통해 확산된다.

그러나 문화 전파의 기제를 설명하는 이론으로는 밈 이론보다 의사소통 이론이 더 적절해 보인다. 일례로, 요크셔 지역에 내려오는 독특한 푸딩 요리법은 누군가가 푸딩 만드는 것을 지켜본 후 그것을 그대로 따라 하는 방식으로 전파되었다기보다는 요크셔 푸딩 요리법에 대한 부모와 친척, 친구들의 설명을 통해 입에서 입으로 전파되고 공유되었을 가능성이 크다.

생명체의 경우와 달리 문화는 완벽하게 동일한 형태로 전파되지 않는다. 전파된 문화와 그것을 수용한 결과는 큰 틀에서는 비슷하더라도 세부적으로는 다를 수밖에 없다. 다시 말해 요크셔 지방의 푸딩 요리법은 다른 지방의 푸딩 요리법과 변별되는 특색을 지니는 동시에 요크셔 지방 내부에서도 가정이나 개인에 따라 약간씩의 차이를 보인다. 이는 푸딩 요리법의 수신자가 발신자가 전해 준 정보에다 자신의 생각을 덧붙였기 때문인데, 복제의 관점에서 문화의 전파를 설명하는 이론으로는 이와 같은 현상을 설명하기 어렵다. 반면, 의사소통 이론으로는 설명 가능하다. 이에 따르면 사람들은 자신이 들은 이야기를 남에게 전달할 때 들은 이야기에다 자신의 생각을 더해서 그 이야기를 전달하기 때문이다.

① 문화의 전파 기제는 밈 이론보다는 의사소통 이론으로 설명하는 것이 적절하다.
② 의사소통 이론에 따르면 문화의 수용 과정에는 수용 주체의 주관이 개입하지 않는다.
③ 의사소통 이론에 따르면 특정 공동체의 문화는 다른 공동체로 복제를 통해 전파될 수 있다.
④ 요크셔 푸딩 요리법이 요크셔 지방의 가정이나 개인에 따라 세부적인 차이를 보이는 현상은 밈 이론에 의해 설명할 수 있다.

## 01 맞춤법에 맞는 것만으로 묶은 것은?

① 돌나물, 꼭지점, 페트병, 낚시꾼
② 흡입량, 구름양, 정답란, 칼럼난
③ 오뚝이, 싸라기, 법석, 딱다구리
④ 찻간(車間), 홧병(火病), 셋방(貰房), 곳간(庫間)

## 02 ㉠의 단어와 의미가 같은 것은?

> 친구에게 줄 선물을 예쁜 포장지에 ㉠싼다.

① 사람들이 안채를 겹겹이 싸고 있다.
② 사람들은 봇짐을 싸고 산길로 향한다.
③ 아이는 몇 권의 책을 싼 보퉁이를 들고 있다.
④ 내일 학교에 가려면 책가방을 미리 싸 두어라.

## 03 가장 자연스러운 문장은?

① 날씨가 선선해지니 역시 책이 잘 읽힌다.
② 이렇게 어려운 책을 속독으로 읽는 것은 하늘의 별 따기이다.
③ 내가 이 일의 책임자가 되기보다는 직접 찾기로 의견을 모았다.
④ 그는 시화전을 홍보하는 일과 시화전의 진행에 아주 열성적이다.

## 04 다음 글의 설명 방식으로 적절하지 않은 것은?

> 빛 공해란 인공조명의 과도한 빛이나 조명 영역 밖으로 누출되는 빛이 인간의 건강하고 쾌적한 생활을 방해하거나 환경에 피해를 주는 상태를 말한다. 국제 과학 저널인 『사이언스 어드밴스』의 '전 세계 빛 공해 지도'에 따르면, 우리나라는 빛 공해가 심각한 국가이다. 빛 공해는 멜라토닌 부족을 초래해 인간에게 수면 부족과 면역력 저하 등의 문제를 유발하고, 농작물의 생산량 저하, 생태계 교란 등의 문제를 일으킨다.

① 빛 공해의 정의를 제시하고 있다.
② 빛 공해의 주요 요인인 인공조명의 누출 원인을 제시하고 있다.
③ 자료를 인용하여 빛 공해가 심각한 국가로 우리나라를 제시하고 있다.
④ 사례를 들어 빛 공해의 악영향을 제시하고 있다.

## 05 ㉠, ㉡의 사례로 옳은 것만을 짝 지은 것은?

> 용언의 불규칙활용은 크게 ㉠어간만 불규칙하게 바뀌는 부류, ㉡어미만 불규칙하게 바뀌는 부류, 어간과 어미 둘 다 불규칙하게 바뀌는 부류로 나눌 수 있다.

|  | ㉠ | ㉡ |
|---|---|---|
| ① | 걸음이 빠름 | 꽃이 노람 |
| ② | 잔치를 치름 | 공부를 함 |
| ③ | 라면이 불음 | 합격을 바람 |
| ④ | 우물물을 품 | 목적지에 이름 |

## 06 ㉠~㉣의 의미로 적절하지 않은 것은?

> 二月ㅅ 보로매 아으 노피 ㉠현 燈ㅅ블 다호라
> 萬人 비취실 즈싀샷다 아으 動動다리
> 三月 나며 開ᄒᆞᆫ 아으 滿春 둘 욋고지여
> ᄂᆞ미 브롤 ㉡즈슬 디녀 나샷다 아으 動動다리
> 四月 아니 ㉢니저 아으 오실셔 곳고리새여
> ㉣므슴다 錄事니믄 녯 나ᄅᆞᆯ 닛고신뎌 아으 動動다리
>
> – 작자 미상, 「動動」에서 –

① ㉠은 '켠'을 의미한다.
② ㉡은 '모습을'을 의미한다.
③ ㉢은 '잊어'를 의미한다.
④ ㉣은 '무심하구나'를 의미한다.

## 07 한자 표기가 옳은 것은?

① 그분은 냉혹한 현실(現室)을 잘 견뎌 냈다.
② 첫 손님을 야박(野薄)하게 대해서는 안 된다.
③ 그에게서 타고난 승부 근성(謹性)이 느껴진다.
④ 그는 평소 희망했던 기관에 채용(債用)되었다.

## 08 다음 토의에 대한 설명으로 적절하지 않은 것은?

> 사회자: 오늘의 토의 주제는 '통일 시대의 남북한 언어가 나아갈 길'입니다. 먼저 최○○ 교수님께서 '남북한 언어 차이와 의사소통'이라는 제목으로 발표해 주시겠습니다.
> 최 교수: 남한과 북한의 말은 비슷하지만 다른 점이 있습니다. 남한과 북한의 어휘 차이가 대표적입니다. 남한과 북한의 어휘 차이를 분석한 결과, …(중략)… 앞으로도 남북한 언어 차이에 대한 연구가 지속되어야 합니다.
> 사회자: 이로써 최 교수님의 발표를 마치겠습니다. 다음은 정○○ 박사님의 '남북한 언어의 동질성 회복 방안'에 대한 발표가 있겠습니다.
> 정 박사: 앞으로 통일을 대비해 남북한 언어의 다른 점을 줄여 나가는 노력이 필요합니다. 실제로도 남한과 북한의 학자들로 구성된 '겨레말큰사전 편찬위원회'에서는 남북한 공통의 사전인 『겨레말큰사전』을 만들며 서로의 차이를 이해하고 받아들이기 위한 노력을 하고 있습니다. …(중략)…
> 사회자: 그러면 질의응답이 있겠습니다. 시간상 간략하게 질문해 주시기 바랍니다.
> 청중 A: 두 분의 말씀 잘 들었습니다. 남북한 언어의 차이와 이를 극복하는 방안을 말씀하셨는데요. 그렇다면 통일 시대에 대비한 언어 정책에는 무엇이 있을까요?

① 학술적인 주제에 대해 발표 형식으로 진행되고 있다.
② 사회자는 발표자 간의 이견을 조정하여 의사결정을 유도하고 있다.
③ 발표자는 주제에 대한 자신의 견해를 밝혀 청중에게 정보를 제공하고 있다.

④ 청중 A는 발표자의 발표 내용을 확인하고 주제와 관련된 질문을 하고 있다.

## 09 ㉠~㉢은 '공손하게 말하기'에 대한 설명이다. ㉠~㉢을 적용한 B의 대답으로 적절하지 않은 것은?

㉠ 자신을 상대방에게 낮추어 겸손하게 말해야 한다.

㉡ 상대방의 처지를 고려하여 상대방이 부담을 갖지 않도록 말해야 한다.

㉢ 상대방이 관용을 베풀 수 있도록 문제를 자신의 탓으로 돌려 말해야 한다.

㉣ 상대방의 의견에서 동의하는 부분을 찾아 인정해 준 다음에 자신의 의견을 말해야 한다.

① ㉠ ┌ A: "이번에 제출한 디자인 시안 정말 멋있었어."
　　 └ B: "아닙니다. 아직도 여러모로 부족한 부분이 많습니다."

② ㉡ ┌ A: "미안해요. 생각보다 길이 많이 막혀서 늦었어요."
　　 └ B: "괜찮아요. 쇼핑하면서 기다리니 시간 가는 줄 몰랐어요."

③ ㉢ ┌ A: "혹시 내가 설명한 내용이 이해 가니?"
　　 └ B: "네 목소리가 작아서 내용이 잘 안 들렸는데 다시 한 번 크게 말해 줄래?"

④ ㉣ ┌ A: "가원아, 경희 생일 선물로 귀걸이를 사주는 것은 어때?"
　　 └ B: "그거 좋은 생각이네. 하지만 경희의 취향을 우리가 잘 모르니까 귀걸이 대신 책을 선물하는 게 어떨까?"

## 10 하버마스의 주장에 부합하는 사례로 가장 적절한 것은?

하버마스는 18세기부터 현대까지 미디어의 등장 배경과 발전 과정을 분석하면서, 공공 영역의 부상과 쇠퇴를 추적했다. 하버마스에게 공공 영역은 일반적 쟁점에 대한 토론과 의견을 형성하는 공공 토론의 민주적 장으로서 역할을 한다.

하버마스는 17세기와 18세기 유럽 도시의 살롱에서 당시의 공공 영역을 찾았다. 비록 소수의 사람들만이 살롱 토론 문화에 참여했으나, 공공 토론을 통해 정치적 문제를 해결하는 논리를 도입할 수 있었기 때문에 살롱이 초기 민주주의 발전에 중요한 역할을 했다고 그는 주장한다. 적어도 살롱 문화의 원칙에서 공개적 토론을 위한 공공 영역은 각각의 참석자들에게 동등한 자격을 부여했다.

그러나 하버마스에 따르면, 현대 사회에서 민주적 토론은 문화 산업의 발달과 함께 퇴보했다. 대중매체와 대중오락의 보급은 공공 영역이 공허해지는 원인으로 작용했다. 상업적 이해관계는 공공의 이해관계에 우선하게 되었다. 공공 여론은 개방적이고 합리적 토론을 통해서가 아니라 광고에서처럼 조작과 통제를 통해 형성되고 있다.

미디어가 점차 상업화되면서 하버마스가 주장한 대로 공공 영역이 침식당하고 있다. 상업화된 미디어는 광고 수입에 기대어 높은 시청률과 수익을 보장하는 콘텐츠 제작만을 선호하게 되었다. 그 결과 공적 주제에 대한 시민들의 논의와 소통의 장이 줄어들어 결과적으로 공공 영역이 축소되었다. 많은 것을 약속한 미디어는 이제 민주주의 문제의 일부로 변해 버린 것이다.

① 살롱 문화에서 특정 사회 계층에 대한 비판적인 토론은 허용되지 않았다.

② 인터넷의 발달과 보급은 상업적 광고뿐만 아니라 공익 광고도 증가시켰다.

③ 글로벌 미디어가 발달하더라도 국제 사회의 공공 영역은 공허해지지 않는다.

④ 수익성 위주의 미디어 플랫폼과 콘텐츠가 더 많아지면서 민주적 토론이 감소되었다.

## 11 ㉠~㉤의 전개 순서로 가장 자연스러운 것은?

> 폭설, 즉 대설이란 많은 눈이 시간적, 공간적으로 집중되어 내리는 현상을 말한다.
> ㉠ 그런데 눈은 한 시간 안에 5cm 이상 쌓일 수 있어 순식간에 도심 교통을 마비시키는 위력을 가지고 있다.
> ㉡ 또한, 경보는 24시간 신적설이 20cm 이상 예상될 때이다.
> ㉢ 다만, 산지는 24시간 신적설이 30cm 이상 예상될 때 발령된다.
> ㉣ 이때 대설의 기준으로 주의보는 24시간 새로 쌓인 눈이 5cm 이상이 예상될 때이다.
> ㉤ 이뿐만 아니라 운송, 유통, 관광, 보험을 비롯한 서비스 업종과 사회 전반에 영향을 미친다.

① ㉠-㉤-㉡-㉢-㉣
② ㉠-㉣-㉤-㉢-㉡
③ ㉣-㉡-㉢-㉠-㉤
④ ㉣-㉠-㉤-㉢-㉡

## 12 다음 글의 사례로 적절하지 않은 것은?

> 인간은 언어를 사용하며 언어는 인간의 사고, 사회, 문화를 반영한다. 인간의 지적 능력이 발달하게 된 것은 바로 언어를 사용하기 때문이다.
> 언어와 사고는 기본적으로 상호작용을 한다. 둘 중 어느 것이 먼저 발달하고 어떻게 영향을 주는지는 알 수 없다. 그러나 언어와 사고가 서로 깊은 관계를 맺고 있다는 사실은 여러 가지 근거를 통해서 뒷받침된다.

① 영어의 '쌀(rice)'에 해당하는 우리말에는 '모', '벼', '쌀', '밥' 등이 있다.

② 어떤 사람은 산도 파랗다고 하고, 물도 파랗다고 하고, 보행 신호의 녹색등도 파랗다고 한다.

③ 일상생활에서 어떠한 사물의 개념은 머릿속에서 맴도는데도 그 명칭을 떠올리지 못할 때가 있다.

④ 우리나라는 수박(watermelon)은 '박'의 일종으로 보지만 어떤 나라는 '멜론(melon)'에 가까운 것으로 파악한다.

## 13 다음 글의 주된 서술 방식은?

변지의가 천 리 길을 마다하지 않고 나를 찾아왔다. 내가 그 뜻을 물었더니, 문장 공부를 하기 위해 나를 찾아왔다고 했다. 때마침 이날 우리 아이들이 나무를 심었기에 그 나무를 가리켜 이렇게 말해 주었다.

"사람이 글을 쓰는 것은 나무에 꽃이 피는 것과 같다. 나무를 심는 사람은 가장 먼저 뿌리를 북돋우고 줄기를 바로잡는 일에 힘써야 한다. …(중략)… 나무의 뿌리를 북돋아 주듯 진실한 마음으로 온갖 정성을 쏟고, 줄기를 바로잡듯 부지런히 실천하며 수양하고, 진액이 오르듯 독서에 힘쓰고, 가지와 잎이 돋아나듯 널리 보고 들으며 두루 돌아다녀야 한다. 그렇게 해서 깨달은 것을 헤아려 표현한다면 그것이 바로 좋은 글이요, 사람들이 칭찬을 아끼지 않는 훌륭한 문장이 된다. 이것이야말로 참다운 문장이라고 할 수 있다."

① 서사
② 분류
③ 비유
④ 대조

## 14 다음 글에 대한 이해로 적절하지 않은 것은?

언어마다 고유의 표기 체계가 있는데, 이는 읽기 과정에 영향을 미친다. 알파벳 언어는 표기 체계에 따라 철자 읽기의 명료성 수준이 달라진다. 철자 읽기가 명료하다는 것은 한 글자에 대응되는 소리가 규칙적이어서 글자와 소리의 대응이 거의 일대일이라는 것을 의미한다. 그 예로 이탈리아어와 스페인어가 있다. 이 두 언어의 사용자는 의미를 전혀 모르는 새로운 단어를 발견하더라도 보자마자 정확한 발음을 할 수 있다. 이에 비해 영어는 철자 읽기의 명료성이 낮은 언어이다. 영어는 발음이 아예 나지 않는 묵음과 같은 예외도 많은 편이고 글자에 대응하는 소리도 매우 다양하다.

한편 알파벳 언어를 읽을 때 사용하는 뇌의 부위는 유사하지만 뇌의 부위에 의존하는 방식에는 차이가 있다. 영어와 이탈리아어를 읽는 사람은 동일하게 좌반구의 읽기 네트워크를 사용한다. 하지만 무의미한 단어를 읽을 때 영어를 읽는 사람은 암기된 단어의 인출과 연관된 뇌 부위에 더 의존하는 반면 이탈리아어를 읽는 사람은 음운 처리에 연관된 뇌 부위에 더 의존한다. 왜냐하면 무의미한 단어를 읽을 때 이탈리아어를 읽는 사람은 규칙적인 음운 처리 규칙을 적용하는 반면에, 영어를 읽는 사람은 암기해 둔 수많은 예외들을 떠올리기 때문이다.

① 알파벳 언어의 철자 읽기는 소리와 표기의 대응과 관련되는데, 각 소리가 지닌 특성은 철자 읽기의 명료성을 판단하는 기준이 된다.

② 영어 사용자는 무의미한 단어를 읽을 때 좌반구의 읽기 네트워크를 활용하면서 암기된 단어의 인출과 연관된 뇌 부위에 더욱 의존한다.

③ 이탈리아어는 소리와 글자의 대응이 규칙적이어서 낯선 단어를 발음할 때 영어에 비해 철자 읽기의 명료성이 높다.

④ 영어는 음운 처리 규칙에 적용되지 않는 예외들이 많아서 스페인어에 비해 소리와 글자의 대응이 덜 규칙적이다.

## 15 (가)~(라)에 대한 이해로 적절하지 않은 것은?

(가) 반중(盤中) 조홍(早紅)감이 고아도 보이느다
유자 안이라도 품엄즉도 ᄒ다마는
품어 가 반기리 업슬새 글노 설워ᄒᄂ이다

(나) 동짓ᄃᆞᆯ 기나긴 밤을 한 허리를 버혀 내여
춘풍 니불 아래 서리서리 너헛다가
어론 님 오신 날 밤이여든 구뷔구뷔 펴리라

(다) 말 업슨 청산(靑山)이오 태(態) 업슨 유수(流水)로다
갑 업슨 청풍(淸風)이오 님ᄌᆞ 업슨 명월(明月)이로다
이 중에 병 업슨 이 몸이 분별 업시 늘그리라

(라) 농암(籠巖)에 올라보니 노안(老眼)이 유명(猶明)이로다
인사(人事)이 변ᄒᆞᆫ들 산천이ᄯᆞᆫ 가샐가
암전(巖前)에 모수 모구(某水 某丘)이 어제 본 듯ᄒᆞ예라

① (가)는 고사의 인용을 통해 돌아가신 부모님에 대한 그리움을 표현하고 있다.
② (나)는 의태적 심상을 통해 임에 대한 기다림을 표현하고 있다.
③ (다)는 대구와 반복을 통해 자연에 귀의하려는 의지를 표현하고 있다.
④ (라)는 자연과의 대조를 통해 허약해진 노년의 무력함을 표현하고 있다.

## 16 다음 글에 대한 이해로 가장 적절한 것은?

암소의 뿔은 수소의 그것보다도 한층 더 겸허하다. 이 이상적인 뿔이 나를 받을 리 없으니 나는 마음 놓고 그 곁 풀밭에 가 누워도 좋다. 나는 누워서 우선 소를 본다.

소는 잠시 반추를 그치고 나를 응시한다.

'이 사람의 얼굴이 왜 이리 창백하냐. 아마 병인인가 보다. 내 생명에 위해를 가하려는 거나 아닌지 나는 조심해야 되지.'

이렇게 소는 속으로 나를 심리하였으리라. 그러나 오 분 후에는 소는 다시 반추를 계속하였다. 소보다도 내가 마음을 놓는다.

소는 식욕의 즐거움조차를 냉대할 수 있는 지상 최대의 권태자다. 얼마나 권태에 지질렸길래 이미 위에 들어간 식물을 다시 게워 그 시큼털털한 반소화물의 미각을 역설적으로 향락하는 체해 보임이리오?

소의 체구가 크면 클수록 그의 권태도 크고 슬프다. 나는 소 앞에 누워 내 세균 같이 사소한 고독을 겸손하면서 나도 사색의 반추는 가능할는지 불가능할는지 몰래 좀 생각해 본다.

− 이상, 「권태」에서 −

① 대상의 행위를 통해 글쓴이의 심리가 투사되고 있다.
② 과거의 삶을 회상하며 글쓴이의 처지를 후회하고 있다.
③ 공간의 이동을 통해 글쓴이의 무료함을 표현하고 있다.
④ 현실에 대한 글쓴이의 불만이 반성적 어조로 표출되고 있다.

**17** 다음 글에서 '황거칠'이 처한 상황에 어울리는 한자 성어로 가장 적절한 것은?

> 황거칠 씨는 더 참을 수가 없었다. 그는 거의 발작적으로 일어섰다.
>
> "이 개 같은 놈들아, 어쩌면 남이 먹는 식수까지 끊으려노?"
>
> 그는 미친 듯이 우르르 달려가서 한 인부의 괭이를 억지로 잡아서 저만큼 내동댕이쳤다.
> …(중략)…
>
> 경찰은 발포를—다행히 공포였지만—해서 겨우 군중을 해산시키고, 황거칠 씨와 청년 다섯 명을 연행해 갔다. 물론 강제집행도 일시 중단되었었다.
>
> 경찰에 끌려간 사람들은 밤에도 풀려나오지 못했다. 공무집행 방해에다, 산주의 권리행사 방해, 그리고 폭행죄까지 뒤집어쓰게 되었던 것이다. 그래서 그 이튿날도 풀려나오질 못했다. 쌍말로 썩어 갔다.
>
> 황거칠 씨는 모든 죄를 자기가 안아맡아서 처리하려고 했다. 그러나 그것이 뜻대로 되지 않았다. 면회를 오는 가족들의 걱정스런 얼굴을 보자, 황거칠 씨는 가슴이 아팠다. 그는 만부득이 담당 경사의 타협안에 도장을 찍기로 했다. 석방의 조건으로서, 다시는 강제집행을 방해하지 않겠다는 각서였다.
>
> 이리하여 황거칠 씨는 애써 만든 산수도를 포기하게 되고 '마삿등'은 한때 도로 물 없는 지대가 되고 말았다.
>
> — 김정한, 「산거족」에서 —

① 同病相憐
② 束手無策
③ 自家撞着
④ 輾轉反側

**18** 다음 글의 특징으로 가장 적절한 것은?

> 살아가노라면
> 가슴 아픈 일 한두 가지겠는가
>
> 깊은 곳에 뿌리를 감추고
> 흔들리지 않는 자기를 사는 나무처럼
> 그걸 사는 거다
>
> 봄, 여름, 가을, 긴 겨울을
> 높은 곳으로
> 보다 높은 곳으로, 쉬임 없이
> 한결같이
>
> 사노라면
> 가슴 상하는 일 한두 가지겠는가
> — 조병화, 「나무의 철학」 —

① 문답법을 통해 과거의 삶을 반추하고 있다.
② 반어적 표현을 활용하여 슬픔의 정서를 나타내고 있다.
③ 사물을 의인화하여 현실을 목가적으로 보여 주고 있다.
④ 설의적 표현을 활용하여 삶의 깨달음을 강조하고 있다.

## 19 ㉠에 들어갈 말로 가장 적절한 것은?

한 민족이 지닌 문화재는 그 민족 역사의 누적일 뿐 아니라 그 누적된 민족사의 정수로서 이루어진 혼의 상징이니, 진실로 살아 있는 민족적 신상(神像)은 이를 두고 달리 없을 것이다. 더구나 국보로 선정된 문화재는 우리 민족의 성력(誠力)과 정혼(精魂)의 결정으로 그 우수한 질과 희귀한 양에서 무비(無比)의 보(寶)가 된 자이다. 그러므로 국보 문화재는 곧 민족 전체의 것이요, 민족을 결속하는 정신적 유대로서 민족의 힘의 원천이라 할 것이다.

로마는 하루아침에 만들어지지 않는다는 말도 그 과거 문화의 존귀함을 말하는 것이요, ( ㉠ )는 말도 국보 문화재가 얼마나 힘 있는가를 밝힌 예증이 된다.

① 구르는 돌에는 이끼가 끼지 않는다
② 지식은 나눌 수 있지만 지혜는 나눌 수 없다
③ 사람은 겪어 보아야 알고 물은 건너 보아야 안다
④ 그 무엇을 내놓는다고 해도 셰익스피어와는 바꾸지 않는다

## 20 다음 글에서 추론한 내용으로 적절하지 않은 것은?

과학의 개념은 분류 개념, 비교 개념, 정량 개념으로 구분할 수 있다. 식물학과 동물학의 종, 속, 목처럼 분명한 경계를 가지고 대상들을 분류하는 개념들이 분류 개념이다. 어린이들이 맨 처음에 배우는 단어인 '사과', '개', '나무' 같은 것 역시 분류 개념인데, 하위 개념으로 분류할수록 그 대상에 대한 정보가 더 많이 전달된다. 또한, 현실 세계에 적용 대상이 하나도 없는 분류 개념도 있을 수 있다. 예를 들어 '유니콘'이라는 개념은 '이마에 뿔이 달린 말의 일종

임' 같은 분명한 정의가 있기에 '유니콘'은 분류 개념으로 인정되는 것이다.

'더 무거움', '더 짧음' 등과 같은 비교 개념은 분류 개념보다 설명에 있어서 정보 전달에 더 효과적이다. 이것은 분류 개념처럼 자연의 사실에 적용되어야 하지만, 분류 개념과 달리 논리적 관계도 반드시 성립해야 한다. 예를 들면, 대상 A의 무게가 대상 B의 무게보다 더 무겁다면, 대상 B의 무게가 대상 A의 무게보다 더 무겁다고 말할 수 없는 것처럼 '더 무거움' 같은 비교 개념은 논리적 관계를 반드시 따라야 한다.

마지막으로 정량 개념은 비교 개념으로부터 발전된 것인데, 이것은 자연의 사실로부터 파악할 수 있는 물리량을 측정함으로써 만들어진다. 물리량을 측정하기 위해서는 몇 가지 규칙이 필요한데, 그 규칙에는 두 물리량의 크기를 비교하는 경험적 규칙과 물리량의 측정 단위를 정하는 규칙 등이 포함된다. 이러한 정량 개념은 자연에 의해서 주어지는 것이 아니라 우리가 자연현상에 수를 적용하는 과정에서 생겨나는 것이다. 정량 개념은 과학의 언어를 수많은 비교 개념 대신 수를 사용할 수 있게 하여 과학 발전의 기초가 되었다.

① '호랑나비'는 '나비'와 동일한 종에 속하지만, 나비에 비해 정보량이 적다.
② '용(龍)'은 현실 세계에 적용할 수 있는 지시물이 없더라도 분류 개념으로 인정된다.
③ '꽃'이나 '고양이'와 같은 개념은 논리적 관계를 따라야 하는 것은 아니기 때문에 비교 개념에 포함되지 않는다.
④ 물리량을 측정할 수 있는 'cm'나 'kg'과 같은 측정 단위는 자연현상에 수를 적용할 수 있게 해 주었다.

## 01 ㉠~㉣의 말하기 방식을 설명한 내용으로 가장 적절한 것은?

김 주무관: AI에 대한 국민 이해도를 높이기 위해 설명회를 개최할 필요가 있다고 생각해요.

최 주무관: ㉠저도 요즘 그 필요성을 절감하고 있어요.

김 주무관: ㉡그런데 어떻게 준비해야 효과적으로 전달할 수 있을지 고민이에요.

최 주무관: 설명회에 참여할 청중 분석이 먼저 되어야겠지요.

김 주무관: 청중이 주로 어떤 분야에 관심이 있는지 알면 준비할 때 유용하겠네요.

최 주무관: ㉢그럼 청중의 관심 분야를 파악하려면 청중의 특성 중에서 어떤 것들을 조사하면 좋을까요?

김 주무관: ㉣나이, 성별, 직업 등을 조사할까요?

① ㉠: 상대의 의견에 대해 공감을 표현하고 있다.

② ㉡: 정중한 표현을 사용하여 직접 질문하고 있다.

③ ㉢: 자신의 반대 의사를 우회적으로 드러내고 있다.

④ ㉣: 의문문을 통해 상대의 의견을 반박하고 있다.

## 02 (가)~(다)를 맥락에 따라 가장 자연스럽게 배열한 것은?

독서는 아이들의 전반적인 뇌 발달에 큰 영향을 미친다.

(가) 그에 따르면 뇌의 전두엽은 상상력을 관장하는데, 책을 읽으면 상상력이 자극되어 전두엽을 많이 사용하게 된다.

(나) A교수는 책을 읽을 때와 읽지 않을 때의 뇌 변화를 연구해서 세계적인 명성을 얻었다.

(다) 이처럼 책을 많이 읽으면 전두엽이 훈련되어 전반적인 뇌 발달의 가능성이 높아지는데, 그 결과는 교육 현장에서 실증된 바 있다.

독서를 많이 한 아이는 학교에서 더 좋은 성적을 낼 뿐 아니라 언어 능력도 발달한다는 사실이 밝혀진 것이다.

① (나) - (가) - (다)

② (나) - (다) - (가)

③ (다) - (가) - (나)

④ (다) - (나) - (가)

**03** ㉠~㉢을 설명한 내용으로 적절하지 않은 것은?

- ㉠지원은 자는 동생을 깨웠다.
- 유선은 도자기를 ㉡만들었다.
- 물이 ㉢얼음이 되었다.
- ㉣어머나, 현지가 언제 이렇게 컸지?

① ㉠: 동작의 주체를 나타내는 주어이다.
② ㉡: 주어와 목적어를 요구하는 서술어이다.
③ ㉢: 서술어를 꾸며주는 부사어이다.
④ ㉣: 문장의 다른 성분과 직접적으로 관련을 맺지 않는 독립어이다.

**04** ㉠~㉣과 바꿔 쓸 수 있는 유사한 표현으로 적절하지 않은 것은?

- 서구의 문화를 ㉠맹종하는 이들이 많다.
- 안일한 생활에서 ㉡탈피하여 어려운 일에 도전하고 싶다.
- 회사의 생산성을 ㉢제고하기 위해 노력하자.
- 연못 위를 ㉣부유하는 연잎을 바라보며 여유를 즐겼다.

① ㉠: 무분별하게 따르는
② ㉡: 벗어나
③ ㉢: 끌어올리기
④ ㉣: 헤엄치는

**05** (가)와 (나)를 이해한 내용으로 적절하지 않은 것은?

(가) 청산(靑山)은 내 뜻이오 녹수(綠水)는 님의 정(情)이
녹수(綠水)ㅣ 흘너간들 청산(靑山)이야 변(變)홀손가
녹수(綠水)도 청산(靑山)을 못 니저 우러 녜여 가는고.

(나) 청산(靑山)는 엇뎨ㅎ야 만고(萬古)애 프르르며
유수(流水)는 엇뎨ㅎ야 주야(晝夜)애 긋디 아니는고
우리도 그치디 마라 만고상청(萬古常靑)호리라.

① (가)는 '청산'과 '녹수'의 대조를 활용하여 화자가 처한 상황을 제시하고 있다.
② (나)는 시각적 심상과 청각적 심상을 활용하여 주제를 강조하고 있다.
③ (가)와 (나) 모두 대구를 활용하여 시상을 전개하고 있다.
④ (가)와 (나) 모두 설의적 표현을 활용하여 화자의 정서를 드러내고 있다.

## 06 다음 글의 중심내용으로 가장 적절한 것은?

교환가치는 거래를 통해 발생하는 가치이며, 사용가치는 어떤 상품을 사용할 때 느끼는 가치이다. 전자가 시장에서 결정된다는 점에서 객관적이라면, 후자는 개인에 따라 다르다는 점에서 주관적이다. 상품에는 사용가치와 교환가치가 섞여 있는데, 교환가치가 아무리 높아도 '나'에게 사용가치가 없다면 해당 상품을 구매하지 않을 것이다.

하지만 이 같은 상식이 통하지 않는 경우를 종종 볼 수 있다. 예를 들어 보자. 인터넷 커뮤니티에서 백만 원짜리 공연 티켓을 판매하는데, 어떤 사람이 "이 공연의 가치는 돈으로 환산할 수 없어요." 등의 댓글들을 보고서 애초에 관심도 없던 이 공연의 티켓을 샀다. 그에게 그 공연의 사용가치는 처음에는 없었으나 많은 댓글로 인해 사용가치가 있을 것으로 잘못 판단한 것이다. 안타깝게도, 그는 그 공연에서 조금도 만족하지 못했다.

이 사례에서 볼 때 건강한 소비를 위해서는 구매하려는 상품의 사용가치가 어떤 과정을 거쳐 결정된 것인지 곰곰이 생각해봐야 한다. '나'에게 얼마나 필요한가에 대한 고민 없이 다른 사람들의 말에 휩쓸려 어떤 상품의 사용가치가 결정될 때, 그 상품은 '나'에게 쓸모없는 골칫덩이가 될 수 있다.

① 사용가치보다 교환가치가 큰 상품을 구매해야 한다.
② 상품을 구매할 때 사용가치와 교환가치를 두루 고려해야 한다.
③ 상품에 대한 다른 사람들의 평가를 반영해서 상품을 구매해야 한다.
④ 상품을 구매할 때 사용가치가 자신의 필요에 의해 결정된 것인지 신중하게 따져야 한다.

## 07 ㉠~㉢ 중 어색한 곳을 찾아 수정하는 방안으로 가장 적절한 것은?

조선 후기에 서학으로 불린 천주학은 '학(學)'이라는 말에서도 짐작할 수 있듯이 ㉠종교적인 관점에서보다 학문적인 관점에서 받아들여졌다. 당시의 유학자 중 서학 수용에 적극적인 이들까지도 서학을 무조건 따르자고 ㉡주장하지는 않았는데, 서학은 신봉의 대상이 아니라 분석의 대상이었기 때문이다. 그들은 조선 사회를 바로잡고 발전시키기 위해 새로운 학문과 지식이 필요하다고 생각했지만, 외부에서 유입된 사유 체계에는 양명학이나 고증학 등도 있어서 서학이 ㉢유일한 대안은 아니었다. 그들은 서학을 검토하며 어떤 부분은 수용했지만, 반대로 어떤 부분은 ㉣지향했다.

① ㉠: '학문적인 관점에서보다 종교적인 관점에서'로 수정한다.
② ㉡: '주장하였는데'로 수정한다.
③ ㉢: '유일한 대안이었다'로 수정한다.
④ ㉣: '지양했다'로 수정한다.

**08** 다음 글의 맥락을 고려할 때 빈칸에 들어갈 말로 가장 적절한 것은?

능숙한 필자와 미숙한 필자는 글쓰기 과정 중 '계획하기'에서 뚜렷한 차이를 보인다. 전자는 이 과정에 오랜 시간 공을 들이는 반면, 후자는 그렇지 않다. 글쓰기에서 계획하기는 글쓰기의 목적 수립, 주제 선정, 예상 독자 분석 등을 포함한다. 이 중 예상 독자 분석이 중요한 이유는 ☐☐☐ 때문이다. 글을 쓸 때 독자의 수준에 비해 너무 어려운 개념과 전문용어를 사용한다면 독자가 글을 이해하기 어렵게 된다. 글쓰기는 필자가 글을 통해 자신의 메시지를 독자에게 전달하는 행위라는 점을 고려하면 계획하기 단계에서 반드시 예상 독자를 분석해야 한다.

① 계획하기 과정이 글쓰기 전체 과정의 첫 단계이기
② 글에 어려운 개념이나 전문용어를 어느 정도 포함해야 하기
③ 필자의 메시지를 독자에게 효과적으로 전달하는 데 도움이 되기
④ 독자의 배경지식 수준을 고려해야 글의 목적과 주제가 결정되기

**09** 다음 시를 이해한 내용으로 적절하지 않은 것은?

사랑을 잃고 나는 쓰네

잘 있거라, 짧았던 밤들아
창밖을 떠돌던 겨울 안개들아
아무것도 모르던 촛불들아, 잘 있거라
공포를 기다리던 흰 종이들아
망설임을 대신하던 눈물들아
잘 있거라, 더 이상 내 것이 아닌 열망들아

장님처럼 나 이제 더듬거리며 문을 잠그네
가엾은 내 사랑 빈집에 갇혔네

— 기형도, 「빈집」 —

① 대상들을 호명하며 안타까운 심정을 표현하고 있다.
② '빈집'은 상실감으로 공허해진 내면을 상징하고 있다.
③ 영탄형 어조를 활용해 이별에 따른 정서를 부각하고 있다.
④ 글 쓰는 행위를 통해 잃어버린 사랑의 회복을 열망하고 있다.

**10** 다음 글을 이해한 내용으로 가장 적절한 것은?

반드시 갚는 조건임을 강조하면서 그는 마치 성경책 위에다 오른손을 얹고 말하듯이 엄숙한 표정을 했다. 하마터면 나는 잊을 뻔했다. 그가 적시에 일깨워 주었기 망정이지 안 그랬더라면 빌려주는 어려움에만 골똘한 나머지 빌려줬다 나중에 돌려받는 어려움이 더 클 거라는 사실은 생각도 못 할 뻔했다. 그렇다. 끼니조차 감당 못 하는 주제에 막벌이가 아니면 어쩌다 간간이 얻어걸리는 출판사 싸구려 번역 일 가지고 어느 해가※에 빚을 갚을 것인가. 책임이 따르는 동정은 피하는 게 상책이었다. 그리고 기왕 피할 바엔 저쪽에서 감히 두말을 못 하도록 야멸치게 굴 필요가 있었다.

"병원 이름이 뭐죠?" "원 산부인괍니다." "지금 내 형편에 현금은 어렵군요. 원장한테 바로 전화 걸어서 내가 보증을 서마고 약속할 테니까 권 선생도 다시 한번 매달려 보세요. 의사도 사람인데 설마 사람을 생으로 죽게야 하겠습니까. 달리 변통할 구멍이 없으시다면 그렇게 해 보세요."

내 대답이 지나치게 더디 나올 때 이미 눈치를 챈 모양이었다. 도전적이던 기색이 슬그머니 죽으면서 그의 착하디착한 눈에 다시 수줍음이 돌아왔다. 그는 고개를 좌우로 흔들어 보였다.

"원장이 어리석은 사람이길 바라고 거기다 희망을 걸기엔 너무 늦었습니다. 그 사람은 나한테서 수술 비용을 받아 내기가 수월치 않다는 걸 입원시키는 그 순간에 벌써 알아차렸어요."

– 윤흥길, 「아홉 켤레의 구두로 남은 사내」에서 –

※ 해가(奚暇): 어느 겨를

① 서술자가 등장인물의 심리를 전지적 위치에서 전달하고 있다.
② 서술자가 등장인물이 되어 다른 등장인물의 행동을 진술하고 있다.
③ 서술자가 주인공으로서 유년 시절을 회상하며 갈등 원인을 해명하고 있다.
④ 서술자가 주관을 배제하고 외부 관찰자의 시선으로 사건을 이야기하고 있다.

**11** 다음 대화를 분석한 내용으로 적절하지 않은 것은?

은지: 최근 국민 건강 문제와 관련해 '설탕세' 부과 여부가 논란인데, 나는 설탕세를 부과해야 한다고 생각해. 그러면 당 함유 식품의 소비가 감소하게 되고, 비만이나 당뇨병 등의 질병이 예방되니까 국민 건강 증진에 도움이 되기 때문이야.
운용: 설탕세를 부과하면 당 소비가 감소한다고 믿을 만한 근거가 있니?
은지: 세계보건기구 보고서를 보면 당이 포함된 음료에 설탕세를 부과하면 이에 비례해 소비가 감소한다고 나와 있어.
재윤: 그건 나도 알아. 그런데 설탕세 부과가 질병을 예방한다는 것은 타당하지 않아. 여러 연구 결과를 보면 당 섭취와 질병 발생은 유의미한 상관관계가 없어.

① 은지는 첫 번째 발언에서 화제를 제시하고 있다.
② 운용은 은지의 주장에 반대하고 있다.
③ 은지는 두 번째 발언에서 자신의 주장에 대한 근거를 제시하고 있다.
④ 재윤은 은지가 제시한 주장의 근거를 부정하고 있다.

## 12 ㉠~㉣에 들어갈 단어로 적절하지 않은 것은?

- 우리 회사는 올해 최고 수익을 창출해서 전성기를 ㉠ 하고 있다.
- 그는 오래 살아온 자기 명의의 집을 ㉡ 하려 했는데 사려는 사람이 없다.
- 그들 사이에 ㉢ 이 심해서 중재자가 필요하다.
- 제가 부족하니 앞으로 많은 ㉣ 을 부탁드립니다.

① ㉠: 구가(謳歌)　　② ㉡: 매수(買受)

③ ㉢: 알력(軋轢)　　④ ㉣: 편달(鞭達)

## 13 밑줄 친 단어의 쓰임이 올바르지 않은 것은?

① 이 일은 정말 힘에 부치는 일이다.
② 그와 나는 전부터 알음이 있던 사이였다.
③ 대문 앞에 서 있는데 대문이 저절로 닫혔다.
④ 경기장에는 걷잡아서 천 명이 넘게 온 듯하다.

## 14 ㉠~㉢의 한자 표기로 올바른 것은?

- 복지부 ㉠장관은 의료시설이 대도시에 편중된 문제에 대해 대책을 마련하라고 지시하였다.
- 박 주무관은 사유지의 국유지 편입으로 발생한 주민들의 피해를 ㉡보상하는 업무를 맡고 있다.
- 김 주무관은 이 팀장에게 부서 운영비와 관련된 ㉢결재를 올렸다.

| | ㉠ | ㉡ | ㉢ |
|---|---|---|---|
| ① | 長官 | 補償 | 決裁 |
| ② | 將官 | 報償 | 決裁 |
| ③ | 長官 | 報償 | 決濟 |
| ④ | 將官 | 補償 | 決濟 |

## 15 다음 글에서 추론한 내용으로 적절하지 않은 것은?

우리는 개별적으로 고립된 채 살아가는 존재일 수 없다. 사회 속에서 여럿이 모여 '복수(複數)'의 상태로 살아갈 수밖에 없는 존재라는 것이다. 복수의 상태로 살아가는 우리는 종(種)적인 차원에서 보면 보편적이고 동등한 존재이다. 그러나 우리는 각각 유일무이성을 지닌 '단수(單數)'이기도 하다. 즉 모든 인간은 개인으로서 고유한 인격체라는 특수성을 지닌다. 사회 속에서 우리는 보편적 복수성과 특수한 단수성을 겸비한 채 살아가고 있는 셈이다. 바로 이러한 이유로 우리는 다원적 존재이다. 이러한 존재들로 구성된 다원적 사회에서는 어떠한 획일화도 시도되어서는 안 된다. 우리가 이 같은 사회에서 살아가기 위해서는 타인을 포용하는 공존의 태도가 필요하다. 공동체 정화 등을 목적으로 개별적 유일무이성을 제거하는 것은 우리가 살아가는 사회의 다원성을 파괴하는 일이다.

① 우리는 고립된 상태에서 '단수'로 살아가는 존재가 아니다.
② 우리는 다원성을 지닌 존재로서 포용적으로 공존해야 한다.
③ 개인의 유일무이성을 보존하려는 제도는 개인의 보편적 복수성을 침해한다.
④ 개인의 특수한 단수성을 제거하려는 시도는 사회의 다원성을 파괴하는 결과로 이어질 수 있다.

## 16 다음 글을 이해한 내용으로 적절하지 않은 것은?

매우 치라 소리 맞춰, 넓은 골에 벼락치듯 후리쳐 딱 붙이니, 춘향이 정신이 아득하여, "애고 이것이 웬일인가?" 일자(一字)로 운을 달아 우는 말이, "일편단심 춘향이 일정지심 먹은 마음 일부종사 하겠더니 일신난처 이 몸인들 일각인들 변하리까? 일월 같은 맑은 절개 이리 힘들게 말으시오."

"매우 치라." "꽤 때리오." 또 하나 딱 부치니, "애고." 이자(二字)로 우는구나. "이부불경 이내 마음 이군불사와 무엇이 다르리까? 이 몸이 죽더라도 이도령은 못 잊겠소. 이 몸이 이러한들 이 소식을 누가 전할까? 이왕 이리 되었으니 이 자리에서 죽여 주오."

"매우 치라." "꽤 때리오." 또 하나 딱 부치니, "애고." 삼자(三字)로 우는구나. "삼청동 도련님과 삼생연분 맺었는데 삼강을 버리라 하소? 삼척동자 아는 일을 이내 몸이 조각조각 찢겨져도 삼종지도 중한 법을 삼생에 버리리까? 삼월삼일 제비같이 훨훨 날아 삼십삼천 올라가서 삼태성께 하소연할까? 애고애고 서러운지고."

— 「춘향전」에서 —

① 동일한 글자를 반복함으로써 리듬감을 조성하고 있다.
② 숫자를 활용하여 주인공이 처한 상황을 제시하고 있다.
③ 등장인물 간의 대화를 통해 주인공의 내적 갈등이 해결되고 있다.
④ 유교적 가치를 담고 있는 말을 활용하여 주인공의 의지를 드러내고 있다.

## 17 다음 글을 이해한 내용으로 적절하지 않은 것은?

고소설의 유통 방식은 '구연에 의한 유통'과 '문헌에 의한 유통'으로 나눌 수 있다. 구연에 의한 유통은 구연자가 소설을 사람들에게 읽어 주는 방식으로, 글을 모르는 사람들과 글을 읽을 수 있지만 남이 읽어 주는 것을 선호하는 이들을 대상으로 이루어졌다. 구연자는 '전기수'로 불렸으며, 소설 구연을 통해 돈을 벌던 전문적 직업인이었다. 하지만 이 방식은 문헌에 의한 유통에 비해 시간과 공간의 제약이 많아서 유통 범위를 넓히는 데 뚜렷한 한계가 있었다.

문헌에 의한 유통은 차람, 구매, 상업적 대여로 나눌 수 있다. 차람은 소설을 소유하고 있는 사람에게 직접 빌려서 보는 것으로, 알고 지내던 개인들 사이에서 이루어졌다. 구매는 서적 중개인에게 돈을 지불하고 책을 사는 것인데, 책값이 상당히 비쌌기 때문에 소설을 구매할 수 있는 사람은 그리 많지 않았다. 상업적 대여는 세책가에 돈을 지불하고 일정 기간 동안 소설을 빌려 보는 것이다. 세책가에서는 소설을 구매하는 것보다 훨씬 적은 비용으로 빌려 볼 수 있었기 때문에 경제적으로 넉넉하지 않은 사람도 소설을 쉽게 접할 수 있었다. 이로 인해 조선 후기 사회에서 세책가가 성행하게 되었다.

① 전기수는 글을 모르는 사람들에게 소설을 구연하였다.
② 차람은 알고 지내던 사람에게 대가를 지불하고 책을 빌려 보는 방식이다.
③ 문헌에 의한 유통은 구연에 의한 유통에 비해 시간과 공간의 제약이 적었다.
④ 조선 후기에 세책가가 성행한 원인은 소설을 구매하는 비용보다 세책가에서 빌리는 비용이 적다는 데 있다.

## 18 다음 글을 이해한 내용으로 가장 적절한 것은?

『삼국사기』는 본기 28권, 지 9권, 표 3권, 열전 10권의 체제로 되어 있다. 이 중 열전은 전체 분량의 5분의 1을 차지하며, 수록된 인물은 86명으로, 신라인이 가장 많고, 백제인이 가장 적다. 수록 인물의 배치에는 원칙이 있는데, 앞부분에는 명장, 명신, 학자 등을 수록했고, 다음으로 관직에 있지는 않았으나 기릴 만한 사람을 실었다.

반신(叛臣)의 경우 열전의 끝부분에 배치되어 있다. 이들을 수록한 까닭은 왕을 죽인 부정적 행적을 드러내어 반면교사로 삼는 데에 있었으나, 그 목적에 부합하지 않는 내용이 있어 흥미롭다. 가령 고구려의 연개소문은 반신이지만, 당나라에 당당히 대적한 민족적 영웅의 모습도 포함되어 있다. 흔히 『삼국사기』에 대해, 신라 정통론에 기반해 있으며, 유교적 사관에 따라 당시의 지배 질서를 공고히 하고자 했다고 평가한다. 하지만 연개소문의 사례에서 볼 수 있듯 『삼국사기』는 기존 평가와 달리 다면적이고 중층적인 역사 텍스트라고 할 수 있다.

① 『삼국사기』 열전에 고구려인과 백제인도 수록되었다는 점은 이 책이 신라 정통론을 계승하지 않았다는 것을 보여준다.

② 『삼국사기』 열전에 수록된 반신 중에는 이 책에 대한 기존 평가를 다르게 할 수 있는 사례가 있다.

③ 『삼국사기』 열전에는 기릴 만한 업적이 있더라도 관직에 오르지 못한 사람은 수록되지 않았다.

④ 『삼국사기』의 체제 중에서 열전이 가장 많은 권수를 차지한다.

## 19 다음 글에서 추론한 내용으로 적절하지 않은 것은?

프랑스에서 의무교육 제도를 실시하면서 정규학교에 입학하기 어려운 지적장애아, 학습부진아를 가려내고자 하였다. 이에 기초 학습 능력 평가를 목적으로, 1905년 최초의 IQ 검사가 이루어졌다. 이 검사를 통해 비로소 인간의 지능을 구체적으로 수치화하고 객관적으로 비교할 수 있게 되었다.

이후 오랫동안 IQ가 높으면 똑똑한 사람, 그렇지 않으면 머리가 좋지 않고 학습에도 부진한 사람으로 판단했다. 물론 IQ가 높은 아이는 그렇지 않은 아이에 비해 읽기나 계산 등 사고 기능과 관련된 과목에서 높은 성취도를 보이는 경우가 많다. 이는 IQ 검사가 기초 학습에 필요한 최소 능력인 언어 이해력, 어휘력, 수리력 등을 측정하기 때문이다. 학습의 기초 능력을 측정하는 IQ 검사에서 높은 점수를 받은 아이는 동일한 능력을 측정하는 학업 평가에서도 높은 점수를 받을 가능성이 크다. 하지만 문제는 IQ 검사가 인간의 지능 중 일부만을 측정한다는 점이다.

① 최초의 IQ 검사는 학습 능력이 우수한 아이를 고르기 위해 시행되었다.

② IQ 검사가 만들어지기 전에는 인간의 지능을 수치로 비교할 수 없었다.

③ IQ가 높은 아이라도 전체 지능은 높지 않을 수 있다.

④ IQ가 높은 아이가 읽기 능력이 좋을 확률이 높다.

**20** 다음 글에서 추론한 내용으로 적절하지 않은 것은?

한글은 소리를 나타내는 표음문자여서 한국어 문장을 읽는 데 학습해야 할 글자가 적지만, 한자는 음과 상관없이 일정한 뜻을 나타내는 표의문자여서 한문을 읽는 데 익혀야 할 글자 수가 훨씬 많다. 이러한 번거로움에도 한글과 달리 한자가 갖는 장점이 있다. 한글에서는 동음이의어, 즉 형태와 음이 같은데 뜻이 다른 단어가 많아 글자만으로 의미를 파악하지 못하는 경우가 많다. 하지만 한자는 그렇지 않다. 예컨대, 한글로 '사고'라고만 쓰면 '뜻밖에 발생한 사건'인지 '생각하고 궁리함'인지 구별할 수 없다. 한자로 전자는 '事故', 후자는 '思考'로 표기한다. 그런데 한자는 문맥에 따라 같은 글자가 다른 뜻으로 쓰이지는 않지만 다른 문장성분으로 사용되기도 해 혼란을 야기한다. 가령 '愛人'은 문맥에 따라 '愛'가 '人'을 수식하는 관형어일 때도, '人'을 목적어로 삼는 서술어일 때도 있는 것이다.

① 한문은 한국어 문장보다 문장성분이 복잡하다.

② '淨水'가 문맥상 '깨끗하게 한 물'일 때 '淨'은 '水'를 수식한다.

③ '愛人'에서 '愛'의 문장성분이 바뀌더라도 '愛'는 동음이의어가 아니다.

④ '의사'만으로는 '병을 고치는 사람'인지 '의로운 지사'인지 구별할 수 없다.

## 01 언어 예절로 가장 적절한 것은?

① 지금부터 회장님의 말씀이 계시겠습니다.
② (시누이에게) 고모, 오늘 참 예쁘게 차려 입으셨네요?
③ (처음 자신을 소개하면서) 처음 뵙겠습니다. 박혜정입니다.
④ (다른 사람에게 자기 아내를 가리키며) 이쪽은 제 부인입니다.

## 02 다음 글의 주된 서술 방식은?

이지러는 졌으나 보름을 가제 지난 달은 부드러운 빛을 흐붓이 흘리고 있다. 대화까지는 칠십 리의 밤길. 고개를 둘이나 넘고 개울을 하나 건너고, 벌판과 산길을 걸어야 된다. 길은 지금 긴 산허리에 걸려 있다. 밤중을 지난 무렵인지 죽은 듯이 고요한 속에서 짐승 같은 달의 숨소리가 손에 잡힐 듯이 들리며, 콩 포기와 옥수수 잎새가 한층 달에 푸르게 젖었다.

① 묘사
② 설명
③ 유추
④ 분석

## 03 다음 글에 대한 이해로 적절하지 않은 것은?

연출자가 자신의 저작권을 침해당했다고 주장하기 위해서는 우선 그가 유효한 저작권을 소유하고 있어야 한다. 즉 저작권 보호 가능성이 있는 창작물이 필요하다. 다음으로 창작적인 표현을 도용당했는지 밝혀야 하는데, 이것이 쉽지 않다. 왜냐하면 연출자가 주관적으로 창작성이 있다고 느끼는 부분일지라도 객관적인 시각에서는 이미 공연 예술 무대에서 흔히 사용되는 표현 기법일 수 있고, 저작권법상 보호 대상이 아닌 아이디어의 요소와 보호 가능한 요소인 표현이 얽혀 있는 경우가 있기 때문이다. 쉬운 예로 셰익스피어를 보자. 그의 명작 중에 선대에 있었던 작품에 의거하지 않고 탄생한 작품이 있는가. 대부분의 연출자는 선행 예술가로부터 영향을 받아 창작에 임하는 것이 너무도 당연하고 자연스럽다. 따라서 무대연출 작업 중에서 독보적인 창작을 걸러내서 배타적인 권한인 저작권을 부여하는 것은 매우 흔치 않은 경우이고, 후발 창작을 방해하는 요소로 작용할 수도 있다. 저작권법은 창작자에게 개인적인 인센티브를 제공하여 창작을 장려함과 동시에 일반 공중이 저작물을 원활하게 이용할 수 있도록 해야 하는 두 가지 가치의 균형을 이루는 것이 목표다.

① 무대연출의 창작적인 표현의 도용 여부를 밝히기는 쉽지 않다.
② 저작권 침해를 당했다고 주장하려면 유효한 저작권을 소유하고 있어야 한다.
③ 독보적인 무대연출 작업에 저작권을 부여한다

고 해서 후발 창작에 방해가 되지는 않는다.

④ 저작권법의 목표는 창작자의 창작을 장려하고 일반 공중의 저작물 이용을 원활하게 하는 것이다.

## 04 ㉠~㉣의 고쳐 쓰기로 적절하지 않은 것은?

파놉티콘(panopticon)은 원형 평면의 중심에 감시탑을 설치해 놓고, 주변으로 빙 둘러서 죄수들의 방이 배치된 감시 시스템이다. 감시탑의 내부는 어둡게 되어 있는 반면 죄수들의 방은 밝아 교도관은 죄수를 볼 수 있지만, 죄수는 교도관을 바라볼 수 없다. 죄수가 잘못했을 때 교도관은 잘 보이는 곳에서 처벌을 가한다. 그렇게 수차례의 처벌이 있게 되면 죄수들은 실제로 교도관이 자리에 ㉠있을 때조차도 언제 처벌을 받을지 모르는 공포감에 의해서 스스로를 감시하게 된다. 이렇게 권력자에 의한 정보 독점 아래 ㉡다수가 통제된다는 점에서 파놉티콘의 디자인은 과거 사회 구조와 본질적으로 같았다.

현대사회는 다수가 소수의 권력자를 동시에 감시할 수 있는 시놉티콘(synopticon)의 시대가 되었다. 시놉티콘에 가장 크게 기여한 것은 인터넷의 ㉢동시성이다. 권력자에 대한 비판을 신변 노출 없이 자유롭게 표현할 수 있게 되었기 때문이다. 정보화 시대가 오면서 언론과 통신이 발달했고, ㉣특정인이 정보를 수용하고 생산하게 되었다. 그로 인해 사회에서 일어나는 일에 대한 비판적 인식 교류와 부정적 현실 고발 등 네티즌의 활동으로 권력자들을 감시하는 전환이 일어났다.

① ㉠을 '없을'로 고친다.

② ㉡을 '소수'로 고친다.

③ ㉢을 '익명성'으로 고친다.

④ ㉣을 '누구나가'로 고친다.

## 05 ㉠~㉣에 대한 이해로 가장 적절한 것은?

㉠산(山)새도 오리나무
위에서 운다
산새는 왜 우노, 시메산골
영(嶺) 넘어가려고 그래서 울지

눈은 내리네, 와서 덮이네
오늘도 하룻길은
㉡칠팔십 리(七八十里)
돌아서서 육십 리는 가기도 했소

㉢불귀(不歸), 불귀, 다시 불귀
삼수갑산에 다시 불귀
사나이 속이라 잊으련만
십오 년 정분을 못 잊겠네

산에는 오는 눈, 들에는 녹는 눈
산새도 오리나무
㉣위에서 운다
삼수갑산 가는 길은 고개의 길

– 김소월, 「산」 –

① ㉠은 시적 화자와 상반되는 처지에 놓여 있다.

② ㉡은 시적 화자에게 놓인 방랑길을 비유한다.

③ ㉢은 시적 화자의 이국 지향 의식을 강조한다.

④ ㉣은 시적 화자가 지닌 분노의 정서를 대변한다.

## 06 다음 글에 대한 감상으로 적절하지 않은 것은?

> "같이 가시지. 내 보기엔 좋은 여자 같군."
>
> "그런 거 같아요."
>
> "또 알우? 인연이 닿아서 말뚝 박구 살게 될지. 이런 때 아주 뜨내기 신셀 청산해야지."
>
> 영달이는 시무룩해져서 역사 밖을 멍하니 내다보았다. 백화는 뭔가 쑤군대고 있는 두 사내를 불안한 듯이 지켜보고 있었다. 영달이가 말했다.
>
> "어디 능력이 있어야죠."
>
> "삼포엘 같이 가실라우?"
>
> "어쨌든……."
>
> 영달이가 뒷주머니에서 꼬깃꼬깃한 오백 원짜리 두 장을 꺼냈다.
>
> "저 여잘 보냅시다."
>
> 영달이는 표를 사고 삼립빵 두 개와 찐 달걀을 샀다. 백화에게 그는 말했다.
>
> "우린 뒤차를 탈 텐데……. 잘 가슈."
>
> 영달이가 내민 것들을 받아 쥔 백화의 눈이 붉게 충혈되었다. 그 여자는 더듬거리며 물었다.
>
> "아무도…… 안 가나요?"
>
> "우린 삼포루 갑니다. 거긴 내 고향이오."
>
> 영달이 대신 정 씨가 말했다. 사람들이 개찰구로 나가고 있었다. 백화가 보퉁이를 들고 일어섰다.
>
> "정말, 잊어버리지…… 않을게요."
>
> 백화는 개찰구로 가다가 다시 돌아왔다. 돌아온 백화는 눈이 젖은 채로 웃고 있었다.
>
> "내 이름 백화가 아니에요. 본명은요…… 이점례예요."
>
> 여자는 개찰구로 뛰어나갔다. 잠시 후에 기차가 떠났다.
>
> — 황석영, 「삼포 가는 길」에서 —

① 정 씨는 영달이 백화와 함께 떠날 것을 권유했군.

② 백화는 영달의 선택이 어떤 것일지 몰라 불안했군.

③ 영달은 백화를 신뢰할 수 없었기 때문에 같이 떠나지 않았군.

④ 백화가 자신의 본명을 말한 것은 정 씨와 영달에 대한 고마움의 표현이었군.

## 07 다음 글의 전개 순서로 가장 자연스러운 것은?

(가) 과거에는 고통만을 안겨 주었던 지정학적 조건이 이제는 희망의 조건이 되고 있습니다. 이제 한반도는 사람과 물자가 모여드는 동북아 물류와 금융, 비즈니스의 중심지가 될 것입니다. 우리가 주도해서 평화와 번영의 동북아 시대를 열어 나가야 합니다.

(나) 100년 전 우리는 수난과 비극의 역사를 겪었습니다. 해양으로 나가려는 세력과 대륙으로 진출하려는 세력이 한반도를 가운데 놓고 싸움을 벌였습니다. 마침내 우리는 국권을 상실하는 아픔을 감수해야 했습니다.

(다) 지금은 무력이 아니라 경제력이 국력을 좌우하는 시대입니다. 우리나라는 전쟁의 폐허를 극복하고 세계적인 경제 강국을 건설하고 있습니다. 우수한 인력과 세계 선두권의 정보화 기반을 갖추고 있습니다. 바다와 하늘과 땅을 연결하는 물류 기반도 손색이 없습니다.

(라) 그 아픔은 분단으로 이어져서 오늘에 이르고 있습니다. 그 과정에서는 정의가 패배하고 기회주의가 득세하는 불행한 역사를 겪었습니다. 그러나 이제 우리에게도 새로운 희망의 시대가 열리고 있습니다. 세계의 변방으로 머물러 왔던 동북아시아가 북미·유럽 지역과 함께 세계 경제의 3대 축으로 떠오르고 있습니다.

① (가)-(나)-(다)-(라)
② (가)-(라)-(나)-(다)
③ (나)-(가)-(라)-(다)
④ (나)-(라)-(다)-(가)

## 08 다음 대화에 대한 설명으로 가장 적절한 것은?

A: 예은 씨. 오늘 회의 내용을 팀원들에게 공유해 주시면 좋겠네요.

B: 네. 알겠습니다. 팀장님. 오늘 회의 내용을 요약 정리해서 메일로 공유하면 되겠지요?

A: (고개를 끄덕이며) 맞습니다.

B: 네. 그럼 회의 내용은 개조식으로 요약하고, 팀장님을 포함해서 전체 팀원에게 메일로 보내도록 하겠습니다.

A: 예은 씨. 그런데 개조식으로 회의 내용을 요약하는 방식에는 문제가 있지 않을까요?

B: (고개를 끄덕이며) 그렇겠네요. 개조식으로 요약할 경우 회의 내용이 과도하게 생략되어 이해가 어려울 수 있겠네요.

① A는 B에게 내용 요약 방식을 제안하고 있다.
② A와 B는 대화 중에 공감의 표지를 드러내며 상대방의 말을 듣고 있다.
③ B는 회의 내용 요약 방식에 대한 A의 문제 제기에 대해 자신이 다른 입장임을 드러내고 있다.
④ A는 개조식 요약 방식이 회의 내용을 과도하게 생략하여 이해에 어려움을 줄 수 있다고 명시하고 있다.

## 09 다음 글에 대한 이해로 적절하지 않은 것은?

올해 A시는 '청소년 의회 교실' 운영에 관한 조례를 발표함으로써 청소년들이 지방의회의 역할과 기능을 이해하고 민주 시민으로서의 소양과 자질을 함양할 수 있는 근거를 마련하였다. 청소년 의회 교실이란 청소년을 대상으로 실시하는 의회 체험 프로그램을 의미한다. 여기에 참여할 수 있는 대상은 A시에 있는 학교에 재학 중인 만 19세 미만의 청소년이다. 이 조례에 따르면 시의회 의장은 의회 교실의 참가자 선정 및 운영 방안을 결정할 수 있다. 운영 방안에는 지방자치 및 의회의 기능과 역할, 민주 시민의 소양과 자질 등에 관한 교육 내용이 포함된다. 또한 시의회 의장은 고유 권한으로 본회의장 시설 사용이 가능하도록 지원할 수 있다. 최근 A시는 '수업 시간 스마트폰 사용 제한에 관한 조례안'을 주제로 본회의장에서 첫 번째 의회 교실을 운영하였다. 참석 학생들은 1일 시의원이 되어 의원 선서를 한 후 주제에 관한 자유 발언 시간을 가졌다. 이어서 관련 조례안을 상정한 후 찬반 토론을 거쳐 전자 투표로 표결 처리하였다. 학생들이 의회 과정 전반에 대해 체험할 수 있었던 뜻깊은 시간이었다.

① A시에 있는 학교의 만 19세 미만 재학생은 청소년 의회 교실에 참여할 수 있는 대상이다.
② A시의 시의회 의장은 청소년 의회 교실의 민주 시민 소양과 관련된 교육 내용을 결정할 수 있다.
③ A시에서 시행된 청소년 의회 교실에서 시의회 의장은 본회의장 시설을 사용하도록 지원해 주었다.
④ A시의 올해 청소년 의회 교실은 의원 선서, 조례안 상정, 자유 발언, 찬반 토론, 전자 투표의 순서로 진행되었다.

## 10 단어에 대한 설명으로 적절하지 않은 것은?

① 가난: 한자어 '간난'에서 'ㄴ'이 탈락하면서 된 말이다.
② 어리다: '어리석다'는 뜻에서 '나이가 적다'는 뜻으로 바뀐 말이다.
③ 수탉: 'ㅎ'을 종성으로 갖고 있던 '숳'에 '닭'이 합쳐져 이루어진 말이다.
④ 점잖다: '의젓함'을 나타내는 '점잖이'에 '하다'가 붙어 형성된 말이다.

## 11 다음 글의 주제로 가장 적절한 것은?

예전에 '혐오'는 대중에게 관심을 끄는 말이 아니었지만, 요즘에는 익숙하게 듣는 말이 되었다. 이는 과거에 혐오가 존재하지 않았다는 말이 아니다. 단지 최근 몇 년 사이에 이 문제가 폭발하듯 가시화되었다는 뜻이다. 혐오 현상은 외계에서 뚝 떨어진 괴물이 만들어 낸 것이 아니라, 거기엔 자체의 역사와 사회적 배경이 반드시 선행한다.

이 문제를 바라볼 때 주의 사항이 있다. 혐오나 증오라는 특정 감정에 집착해선 안 된다는 것이다. 혐오가 주제인데 거기에 집중하지 말라니, 얼핏 이율배반처럼 들리지만 이는 매우 중요한 포인트다. 왜 혐오가 나쁘냐고 물어보면 많은 사람들은 이렇게 답한다. "나쁜 감정이니까 나쁘다.", "약자와 소수자를 차별하게 만드니까 나쁘다." 이 대답들은 분명 선량한 마음에서 나온 것이다. 하지만 문제의 성격을 오인하게 만들 수 있다. 혐오나 증오라는 감정에 집중할수록 우린 '달을 가리키는 손가락만 바라보는' 잘못을 범하기 쉬워진다.

인과관계를 혼동하면 곤란하다. 우리가 문제시하고 있는 각종 혐오는 자연 발생한 게 아니라 사회적으로 형성된 감정이다. 사회문제의 기원이나 원인이 아니라, 발현이며 결과다. 더 정확히 말하자면 혐오는 증상이다. 증상을 관찰하는 일은 중요하지만 거기에만 매몰되면 곤란하다. 우리는 혐오나 증오 그 자체를 사회악으로 지목해 도덕적으로 지탄하는 데서 그치지 말아야 한다.

① 혐오 현상에는 인과관계가 존재하지 않는다.
② 혐오 현상은 선량한 마음으로 바라보아야 한다.
③ 혐오 현상을 만들어 내는 근본 원인을 찾아야 한다.
④ 혐오라는 감정에 집중할수록 사회문제는 잘 보인다.

## 12 ㉠~㉣에 대한 이해로 적절하지 않은 것은?

有此茅亭好  이 멋진 ㉠초가 정자 있고
綠林細徑通  수풀 사이로 오솔길 나 있네
微吟一杯後  술 한 잔 하고 시를 읊조리면서
高座百花中  온갖 꽃 속에서 ㉡높다랗게 앉아 있네
丘壑長看在  산과 계곡은 언제 봐도 그대로건만
樓臺盡覺空  ㉢누대는 하나같이 비어 있구나
莫吹紅一點  붉은 꽃잎 하나라도 흔들지 마라
老去惜春風  늙어갈수록 ㉣봄바람이 안타깝구나

- 심환지, 「육각지하화원소정염운
(六閣之下花園小亭拈韻)」 -

① ㉠: 시간적 흐름에 따른 시상 전개를 매개하고 있다.
② ㉡: 시적 화자의 초연한 태도를 드러내고 있다.
③ ㉢: 자연에 대비되는 쇠락한 인간사를 암시하고 있다.
④ ㉣: 꽃잎을 흔드는 부정적 이미지로 기능하고 있다.

## 13 밑줄 친 단어 중 사람의 몸을 지시하는 말이 포함되지 않은 것은?

① 선생님께서는 슬하에 세 명의 자녀를 두셨다고 한다.
② 그는 수완이 좋아서 사람들에게 인정을 받는다.
③ 여러 팀이 우승을 위해 긴 시간 동안 각축을 벌였다.
④ 사업단의 발족으로 미뤄 뒀던 일들이 진행되기 시작했다.

## 14 ㉠과 ㉡에 대한 설명으로 가장 적절한 것은?

(가) ㉠계월이 여자 옷을 벗고 갑옷과 투구를 갖춘 후 용봉황월(龍鳳黃鉞)과 수기를 잡아 행군해 별궁에 자리를 잡았다. 그리고 군사를 시켜 보국에게 명령을 전하니 보국이 전해져 온 명령을 보고 화가 머리끝까지 났다. 그러나 보국은 예전에 계월의 위엄을 보았으므로 명령을 거역하지 못해 갑옷과 투구를 갖추고 군문에 대령했다.

이때 계월이 좌우를 돌아보며 말했다.

"보국이 어찌 이다지도 거만한가? 어서 예를 갖추어 보이라."

호령이 추상과 같으니 군졸의 대답 소리로 장안이 울릴 정도였다. 보국이 그 위엄을 보고 겁을 내어 갑옷과 투구를 끌고 몸을 굽히고 들어가니 얼굴에서 땀이 줄줄 흘러내렸다.

– 작자 미상, 「홍계월전」에서 –

(나) 장끼 고집 끝끝내 굽히지 아니하여 ㉡까투리 홀로 경황없이 물러서니, 장끼란 놈 거동 보소. 콩 먹으러 들어갈 제 열두 장목 펼쳐 들고 꾸벅꾸벅 고개 조아 조츰조츰 들어가서 반달 같은 혀뿌리로 들입다 꽉 찍으니, 두 고패 둥그레지며 …(중략)… 까투리 하는 말이

"저런 광경 당할 줄 몰랐던가. 남자라고 여자의 말 잘 들어도 패가하고, 계집의 말 안 들어도 망신하네."

까투리 거동 볼작시면, 상하평전 자갈밭에 자락머리 풀어 놓고 당굴당굴 뒹굴면서 가슴치고 일어앉아 잔디풀을 쥐어뜯어 애통하며, 두 발로 땅땅 구르면서 붕성지통(崩城之痛) 극진하니, 아홉 아들 열두 딸과 친구 벗님네들도 불쌍타 의논하며 조문 애곡하니 가련 공산 낙망천에 울음소리뿐이로다.

– 작자 미상, 「장끼전」에서 –

① ㉠과 ㉡은 모두 상대에 비해 우월한 지위를 가지고 있다.

② ㉠이 상대의 행동을 비판하는 반면, ㉡은 옹호하고 있다.

③ ㉠이 갈등 상황을 타개하는 데 적극적인 반면, ㉡은 소극적이다.

④ ㉠이 주변으로부터 호의적인 반응을 얻은 반면, ㉡은 적대적인 반응을 얻는다.

## 15 밑줄 친 말의 쓰임이 올바른 것은?

① 습관처럼 중요한 말을 되뇌이는 버릇이 있다.

② 나는 친구 집을 찾아 골목을 헤매이고 다녔다.

③ 너무 급하게 밥을 먹으면 목이 메이기 마련이다.

④ 그는 어린 시절 기계에 손가락이 끼이는 사고를 당했다.

## 16 밑줄 친 부분의 한자 표기가 옳지 않은 것은?

① 우리 시대 영웅으로 소방관(消防官)이 있다.

② 과학자(科學者)는 청소년들이 선망하는 직업이다.

③ 그는 인공지능 연구소의 연구원(研究員)이 되었다.

④ 그는 법원의 명령에 따라 변호사(辯護事)로 선임되었다.

## 17 다음 글에 대한 이해로 적절하지 않은 것은?

르네상스가 일어나게 된 요인으로 많은 것들이 거론되어 왔지만, 의학사의 관점에서 볼 때 흥미롭고 논쟁적인 원인은 페스트이다. 페스트가 유럽의 인구를 격감시킴으로써 사회 경제 구조가 급변하게 되었고, 사람들은 재래의 전통이 지니고 있던 강력한 권위에 의문을 품기 시작했다. 예컨대 사람들은 이 무시무시한 질병을 예측하지 못한 기존의 의학적 전통을 불신하게 되었으며, 페스트로 인해 '사악한 자'들만이 아니라 '선량한 자'들까지 무차별적으로 죽는 것을 보고 이전까지 의심하지 않았던 신과 교회의 막강한 권위에 대해서도 회의하게 되었다.

속수무책으로 당할 수밖에 없었던 죽음에 대한 경험은 사람들을 여러 방향에서 변화시켰다. 사람들은 거리에 시체가 널려 있는 광경에 익숙해졌고, 인간의 유해에 대한 두려움 또한 점차 옅어졌다. 교회에서 제시한 세계관 및 사후관에 대한 신뢰가 떨어지고, 삶과 죽음 같은 인간의 본질적인 문제에 대해 새롭게 사유하기 시작했다. 중세의 지적 전통에 대한 의구심은 고대의 학문과 예술, 언어에 대한 재평가로 이어졌으며, 이에 따라 신에 대한 무조건적 찬양과 복종 대신 인간에 대한 새로운 관심과 사유가 활발해졌다.

이러한 움직임은 미술사에서 두드러지게 포착된다. 인간에 대한 관심의 증대에 따라 인체의 아름다움이 재발견되었고, 인체를 묘사하는 다양한 화법도 등장했다. 인체에 대한 관심은 보이는 부분뿐만 아니라 보이지 않는 부분에 대한 관심으로 이어졌다. 기존의 의학적 전통을 여전히 신봉하던 의사들에게 해부학적 지식은 불필요한 것으로 인식되었던 반면, 당시의 미술가들은 예술가이면서 동시에 해부학자이기도 할 만큼 인체의 내부 구조를 탐색하는 데 골몰했다.

① 전염병의 창궐은 르네상스의 발생을 설명하는 다양한 요인 가운데 하나이다.
② 페스트로 인한 선인과 악인의 무차별적인 죽음은 교회가 유지하던 막강한 권위를 약화시켰다.
③ 예술가들이 인체의 아름다움을 재발견함으로써 고대의 학문과 언어에 대한 재평가도 이루어졌다.
④ 르네상스 시기에 해부학은 의사들보다도 미술가들의 관심을 끌었다.

## 18 밑줄 친 부분에 어울리는 한자 성어로 가장 적절한 것은?

추사 김정희의 '세한도'는 글씨를 쓰다 남은 먹을 버리기 아까워 그린 듯이 갈필(渴筆)의 거친 선 몇 개로 이루어져 있다. 정말 큰 기교는 겉으로 보기에는 언제나 서툴러 보이는 법이다. 그러나 대가의 덤덤한 듯, 툭 던지는 한마디는 예리한 비수가 되어 독자의 의식을 헤집는다.

① 巧言令色          ② 寸鐵殺人
③ 言行一致          ④ 街談巷說

## 19 다음 글에서 추론한 내용으로 가장 적절한 것은?

논리실증주의자들에 따르면, 만약 어떤 것이 과학일 경우 거기에서 사용되는 문장은 유의미하다. 그들은 유의미한 문장의 기준으로 소위 '검증 원리'라고 불리는 것을 제안했다. 검증 원리란, 경험을 통해 참이나 거짓을 검증할 수 있는 문장은 유의미하고 그렇지 않은 문장은 유의미하지 않다는 것이다. 다음 두 문장을 예로 생각해 보자.

(가) 달의 다른 쪽 표면에 산이 있다.

(나) 절대자는 진화와 진보에 관계하지만, 그 자체는 진화하거나 진보하지 않는다.

위 두 문장 중 경험을 통해 검증할 수 있는 것은 무엇인가? 비록 현실적으로 큰 비용이 들기는 하지만 (가)는 분명히 경험을 통해 진위를 밝힐 수 있다. 즉 우리는 (가)의 진위를 확정하기 위해서 무엇을 경험해야 하는지 알고 있다는 것이다. 이런 점에 근거하여 논리실증주의자들은 (가)는 검증할 수 있고, 유의미한 문장이라고 판단한다. 그럼 (나)는 어떠한가? 우리는 무엇을 경험해야 (나)의 진위를 확정할 수 있는가? 논리실증주의자들은 그런 것은 없다고 주장하고, 이에 (나)는 검증할 수 없고 과학에서 사용될 수 없는 무의미한 문장이라고 말한다.

① 논리실증주의자들에 따르면 무의미한 문장을 사용하는 것은 과학이 아니다.

② 논리실증주의자들에 따르면 과학의 문장들만이 유의미하다.

③ 검증 원리에 따르면 아직까지 경험되지 않은 것을 언급한 문장은 무의미하다.

④ 검증 원리에 따르면 거짓인 문장은 무의미하다.

## 20 다음 글에서 추론할 수 있는 것만을 〈보기〉에서 모두 고르면?

컴퓨터에는 자유의지가 있을까? 나아가 컴퓨터에 도덕적 의무를 귀속시킬 수 있을까? 컴퓨터는 다양한 전기회로로 구성되어 있고, 물리법칙, 프로그래밍 방식, 하드웨어의 속성 등에 따라 필연적으로 특정한 초기 상태로부터 다음 상태로 넘어간다. 마찬가지로 두 번째 상태에서 세 번째 상태로 이동하고, 이러한 과정이 계속해서 이어진다. 즉 컴퓨터는 결정론적 법칙의 지배를 받는 시스템이라는 것이다. 그럼 이러한 시스템에는 자유의지가 있을까?

결정론적 법칙의 지배를 받는 시스템의 중요한 특징은 주어진 조건에 따라 결과가 하나로 고정된다는 점이다. 다시 말해, 이러한 시스템에는 항상 하나의 선택지만 있을 뿐이다. 그런 뜻에서 결정론적 지배를 받는다는 것과 자유의지를 가진다는 것은 양립할 수 없음이 분명하다. 어떤 선택을 할 때 그것과 다른 선택을 할 수도 있다는 것은 자유의지의 필요조건이기 때문이다. 결국 결정론적 법칙의 지배를 받는 시스템은 자유의지를 가지지 않는다. 또한 자유의지를 가지지 않는 시스템에 도덕적 의무를 귀속시킬 수 없음은 당연하다.

---
보기

ㄱ. 컴퓨터는 자유의지를 가지지 않으며 도덕적 의무의 귀속 대상일 수도 없다.

ㄴ. 도덕적 의무를 귀속시킬 수 있는 시스템은 결정론적 법칙의 지배를 받지 않는다.

ㄷ. 어떤 선택을 할 때 그것과 다른 선택을 할 수 없는 시스템은 자유의지를 가지지 않는다.

① ㄱ, ㄴ   ② ㄱ, ㄷ

③ ㄴ, ㄷ   ④ ㄱ, ㄴ, ㄷ

국어
문제

영어
문제

한국사
문제

국어
해설

영어
해설

한국사
해설

**01** 밑줄 친 부분이 바르게 쓰이지 않은 것은?

① 바쁘다더니 여긴 웬일이야?

② 결혼식이 몇 월 몇 일이야?

③ 군은살이 박인 오빠 손을 보니 안쓰럽다.

④ 그는 주말이면 으레 친구들과 야구를 한다.

**02** 밑줄 친 조사의 쓰임이 옳은 것은?

① 언니는 아버지의 딸로써 부족함이 없다.

② 대화로서 서로의 갈등을 풀 수 있을까?

③ 드디어 오늘로써 그 일을 끝내고야 말았다.

④ 시험을 치는 것이 이로서 세 번째가 됩니다.

**03** 단어의 뜻풀이가 옳지 않은 것은?

① 반나절: 하루 낮의 반

② 달포: 한 달이 조금 넘는 기간

③ *그끄저께*: 오늘로부터 사흘 전의 날

④ 해거리: 한 해를 거른 간격

**04** 밑줄 친 부분과 바꿔 쓸 수 있는 관용 표현으로 적절하지 않은 것은?

① 몹시 가난한 형편에 누구를 돕겠느냐? - 가랑이가 찢어질

② 그가 중간에서 연결해 주어 물건을 쉽게 팔았다. - 호흡을 맞춰

③ 그는 상대편을 보고는 속으로 깔보며 비웃었다. - 코웃음을 쳤다

④ 주인의 말에 넘어가 실제보다 비싸게 이 물건을 샀다. - 바가지를 쓰고

## 05 ⊙~@에 대한 설명으로 옳지 않은 것은?

이때는 오월 단옷날이렷다. 일 년 중 가장 아름다운 시절이라. ⊙이때 월매 딸 춘향이도 또한 시서 음률이 능통하니 천중절을 모를쏘냐. 추천을 하려고 향단이 앞세우고 내려올 제, 난초같이 고운 머리 두 귀를 눌러 곱게 땋아 봉황 새긴 비녀를 단정히 매었구나. …(중략)… 장림 속으로 들어가니 ⓒ녹음방초 우거져 금잔디 좌르르 깔린 곳에 황금 같은 꾀꼬리는 쌍쌍이 날아든다. 버드나무 높은 곳에서 그네 타려할 때, 좋은 비단 초록 장옷, 남색 명주 홑치마 훨훨 벗어 걸어 두고, 자주색 비단 꽃신을 썩썩 벗어 던져두고, 흰 비단 새 속옷 턱밑에 훨씬 추켜올리고, 삼 껍질 그넷줄을 섬섬옥수 넌지시 들어 두 손에 갈라 잡고, 흰 비단 버선 두 발길로 훌쩍 올라 발 구른다. …(중략)… ⓒ한 번 굴러 힘을 주며 두 번 굴러 힘을 주니 발밑에 작은 티끌 바람 좇아 펄펄, 앞뒤 점점 멀어 가니 머리 위의 나뭇잎은 몸을 따라 흔들흔들. 오고갈 제 살펴보니 녹음 속의 붉은 치맛자락 바람결에 내비치니, 높고 넓은 흰 구름 사이에 번갯불이 쏘는 듯 잠깐 사이에 앞뒤가 바뀌는구나. …(중략)… 무수히 진퇴하며 한참 노닐 적에 시냇가 반석 위에 옥비녀 떨어져 쟁쟁하고, '비녀, 비녀' 하는 소리는 산호채를 들어 옥그릇을 깨뜨리는 듯. @그 형용은 세상 인물이 아니로다.

– 작자 미상, 「춘향전」에서 –

① ⊙: 설의적 표현을 통해 춘향이도 천중절을 당연히 알 것이라는 점을 서술하고 있다.

② ⓒ: 비유법을 사용하고 음양이 조화를 이룬 아름다운 봄날의 풍경을 서술하고 있다.

③ ⓒ: 음성상징어를 사용하여 춘향의 그네 타는 모습을 시각적으로 서술하고 있다.

④ @: 서술자의 편집자적 논평을 통해 춘향이의 내면적 아름다움을 서술하고 있다.

## 06 다음 대화에 대한 설명으로 적절한 것은?

A: 지난번 제안서 프레젠테이션을 마친 후 "검토하고 연락드리겠습니다."라고 답변을 받았는데 아직 별다른 연락이 없어서 고민이에요.

B: 어떤 연락을 기다리신다는 거예요?

A: 해당 사업에 관하여 제 제안서를 승낙했다는 답변이잖아요. 그런데 후속 사업 진행을 위해 지금쯤 연락이 와야 할 텐데 싶어서요.

B: 글쎄요. 보통 그런 상황에서는 완곡하게 거절하는 의사 표현이라 볼 수 있어요. 그리고 해당 고객이 제안서 내용은 정리가 잘되었지만, 요즘 같은 코로나 시기에는 이전과 동일한 사업적 효과가 있을지 궁금하다고 말한 것을 보면 알 수 있죠.

A: 네, 기억납니다. 하지만 궁금하다고 말한 것이지 사업을 수용하지 않는다는 것은 아니지 않나요? 답변을 할 때도 굉장히 표정도 좋고 박수도 쳤는데 말이죠. 목소리도 부드러웠고요.

① A와 B는 고객의 답변에 대해 제안서 승낙이라는 의미로 동일하게 이해한다.

② A는 동일한 사업적 효과가 있을지 궁금하다는 표현을 제안한 사업에 대한 부정적 평가라고 판단한다.

③ B는 고객이 제안서에 의문을 제기한 내용을 근거로 고객의 답변에 대해 판단한다.

④ A는 비언어적 표현을 바탕으로 하여 고객의 답변을 제안서에 대한 완곡한 거절로 해석한다.

## 07 다음 글의 내용과 부합하지 않는 것은?

> 무슈 리와 엄마는 재혼한 부부다. 내가 그를 아버지라고 부르기 어려운 것은 거의 그런 말을 발음해 본 적이 없는 습관의 탓이 크다.
>
> 나는 그를 좋아할뿐더러 할아버지 같은 이로부터 느끼던 것의 몇 갑절이나 강한 보호 감정―부친다움 같은 것도 느끼고 있다.
>
> 그러나 나는 그의 혈족은 아니다.
>
> 무슈 리의 아들인 현규와도 마찬가지다. 그와 나는 그런 의미에서는 순전한 타인이다. 스물두 살의 남성이고 열여덟 살의 계집아이라는 것이 진실의 전부이다. 왜 나는 이 일을 그대로 알아서는 안 되는가?
>
> 나는 그를 영원히 아무에게도 주기 싫다. 그리고 나 자신을 다른 누구에게 바치고 싶지도 않다. 그리고 우리를 비끄러매는 형식이 결코 '오누이'라는 것이어서는 안 될 것을 알고 있다.
>
> 나는 또 물론 그도 나와 마찬가지로 같은 일을 생각하고 있기를 바란다. 같은 일을―같은 즐거움일 수는 없으나 같은 이 괴로움을.
>
> 이 괴로움과 상관이 있을 듯한 어떤 조그만 기억, 어떤 조그만 표정, 어떤 조그만 암시도 내 뇌리에서 사라지는 일은 없다. 아아, 나는 행복해질 수는 없는 걸까? 행복이란, 사람이 그것을 위하여 태어나는 그 일을 말함이 아닌가?
>
> 초저녁의 불투명한 검은 장막에 싸여 짙은 꽃향기가 흘러든다. 침대 위에 엎드려서 나는 마침내 느껴 울고 만다.
>
> ― 강신재, 「젊은 느티나무」에서 ―

① '나'는 '현규'도 '나'와 같은 감정을 갖고 있기를 기대하고 있다.

② '나'와 '현규'는 혈연적으로는 아무런 관계가 없는 타인이며, 법률상의 '오누이'일 뿐이다.

③ '나'는 '현규'에 대한 감정 때문에 '무슈 리'를 아버지로 부르는 것에 거부감을 갖고 있다.

④ '나'는 사회적 인습이나 도덕률보다는 '현규'에 대한 '나'의 감정에 더 충실해지고 싶어 한다.

## 08 글쓴이의 견해에 부합하는 대응으로 가장 적절한 것은?

> 정중하고 단호한 태도를 보이는 것과, 수동적이거나 공격적인 반응을 하는 것은 엄청난 차이가 있다. 수동적인 사람들은 마음속에 있는 자신의 생각을 표현하면 분란이 일어날까 봐 두려워한다. 그러나 자신의 의견을 말하지 않는 한 자신이 원하는 것을 얻을 수는 없다. 이와 반대로 공격적인 태도는 자신의 권리를 앞세워 생각해서 남을 희생시켜서라도 자신이 원하는 것을 얻으려는 것이다. 공격적인 사람은 사람들이 싫어하는 행동을 하곤 한다. 그러나 단호한 반응은 공격적인 반응과 다르다. 단호한 반응은 다른 사람의 권리를 침해하지 않으면서 자신의 권리를 존중하고 지키겠다는 것이다. 이것은 상대방을 배려하는 태도를 보여 준다. 상대방을 존중하면서도 얼마든지 자신의 의견을 내세울 수 있다. 단호한 주장은 명쾌하고 직접적이며 요점을 찌른다.
>
> 그럼 실제로 연습해 보자. 어느 흡연자가 당신의 차 안에서 담배를 피워도 되는지 묻는다. 당신은 담배 연기를 싫어하고 건강에 해롭다는 것도 잘 알고 있어 달갑지 않다. 어떻게 대응하는 것이 좋을까?

① 좀 그러긴 하지만, 괜찮아요. 창문 열고 피우세요.

② 안 되죠. 흡연이 얼마나 해로운데요. 좀 참아 보시겠어요.

③ 안 피우시면 좋겠어요. 연기가 해롭잖아요. 피우고 싶으시면 차를 세워 드릴게요.

④ 물어봐 줘서 고마워요. 피워도 그렇고 안 피워도 좀 그러네요. 생각해 보시고서 좋은 대로 결정하세요.

## 09 (가)에 들어갈 한자성어로 적절한 것은?

"집안 내력을 알고 보믄 동기간이나 진배없고, 성환이도 이자는 대학생이 됐으니께 상의도 오빠겉이 그렇게 알아놔라."하고 장씨 아저씨는 말하는 것이었다. 그러나 상의는 처음 만났을 때도 그랬지만 두 번째도 거부감을 느꼈다. 사람한테 거부감을 느꼈기보다 제복에 거부감을 느꼈는지 모른다. 학교규칙이나 사회의 눈이 두려웠는지 모른다. 어쨌거나 그들은 청춘남녀였으니까. 호야 할매 입에서도 성환의 이름이 나오기론 이번이 처음이 아니었다.

" (가) , 손주 때문에 눈물로 세월을 보내더니, 이자는 성환이도 대학생이 되었으니 할매가 원풀이 한풀이를 다 했을 긴데 아프기는 와 아프는고, 옛말 하고 살아야 하는 긴데."

– 박경리, 「토지」에서 –

① 오매불망(寤寐不忘)

② 망운지정(望雲之情)

③ 염화미소(拈華微笑)

④ 백아절현(伯牙絕絃)

## 10 (가)와 (나)에 대한 설명으로 적절하지 않은 것은?

(가) 오백년 도읍지를 필마로 돌아드니
산천은 의구하되 인걸은 간 데 없네.
어즈버 태평연월이 꿈이런가 하노라.

(나) 벌레먹은 두리기둥 빛 낡은 단청(丹靑) 풍경 소리 날러간 추녀 끝에는 산새도 비둘기도 둥주리를 마구쳤다. 큰 나라 섬기다 거미줄 친 옥좌(玉座) 위엔 여의주(如意珠) 희롱하는 쌍룡(雙龍) 대신에 두 마리 봉황(鳳凰)새를 틀어올렸다. 어느 땐들 봉황이 울었으랴만 푸른 하늘 밑 추석을 밟고 가는 나의 그림자. 패옥(佩玉) 소리도 없었다. 품석(品石) 옆에서 정일품(正一品) 종구품(從九品) 어느 줄에도 나의 몸둘 곳은 바이 없었다. 눈물이 속된 줄을 모를 양이면 봉황새야 구천(九泉)에 호곡(呼哭)하리라.

① (가)는 '산천'과 '인걸'을 대비함으로써 인생의 무상함을 드러내고 있다.

② (나)는 '쌍룡'과 '봉황'을 대비함으로써 사대주의적 역사에 대한 비판적 시각을 드러내고 있다.

③ (가)와 (나) 모두 선경후정의 기법을 사용하고 있다.

④ (가)와 (나) 모두 정해진 율격과 음보에 맞춰 시상을 전개하고 있다.

## 11 다음 글의 내용과 부합하는 것은?

미국의 어머니들은 자녀와 함께 놀이를 할 때 특정 사물에 초점을 맞추고 그 사물의 속성을 아이들에게 가르친다. 사물의 속성 자체에 관심을 기울이도록 훈련받은 아이들은 스스로 독립적인 행동을 하도록 교육받는다. 미국에서는 아이들에게 의사소통을 가르칠 때 자신의 생각을 분명하게 표현하고 말하는 사람의 입장에서 대화에 임해야 하며, 대화 과정에서 오해가 발생하면 그것은 말하는 사람의 잘못이라고 강조한다.

반면에 일본의 어머니들은 대상의 '감정'에 특별히 신경을 써서 가르친다. 특히 자녀가 말을 안 들을 때에 그러하다. 예를 들어 "네가 밥을 안 먹으면, 고생한 농부 아저씨가 얼마나 슬프겠니?", "인형을 그렇게 던져 버리다니, 저 인형이 울잖아. 담장도 아파하잖아." 같은 말들로 꾸중하는 모습을 자주 볼 수 있다. 다른 사람과의 관계에 초점을 맞춘 훈련을 받은 아이들은 자신의 생각을 드러내기보다는 행동에 영향을 받는 다른 사람들의 감정을 미리 예측하도록 교육받는다. 곧 일본에서는 아이들에게 듣는 사람의 입장에서 말할 것을 강조한다.

① 미국의 어머니는 듣는 사람의 입장, 일본의 어머니는 말하는 사람의 입장을 강조한다.

② 일본의 어머니는 사물의 속성을 아는 것이 관계를 아는 것보다 더 중요하다고 생각한다.

③ 미국의 어머니는 어떤 일을 있는 그대로 보지 말고 이면에 있는 감정을 읽어야 한다고 생각한다.

④ 미국의 어머니는 자녀가 독립적인 행동을 하도록 교육하며, 일본의 어머니는 자녀가 타인의 감정을 예측하도록 교육한다.

## 12 다음 글의 결론으로 가장 적절한 것은?

인공지능(AI)은 비즈니스 패러다임을 획기적으로 바꾸고 있다. 인공지능은 생물학 분야에도 광범위하게 영향을 미칠 것이며, 애완동물이 인공지능(AI)으로 대체될 수도 있을 것이다. 인공지능(AI)은 스스로 수학도 풀고 글도 쓰고 바둑을 두며 사람을 이길 수도 있다. 어느 영화에서처럼 실제로 인간관계를 대신할 수도 있다. 인공지능(AI)은 배우면서 성장할 수도 있다. 인공지능(AI)이 사람보다 똑똑해질 수 있을지도 모른다.

인공지능(AI)이 사람보다 똑똑해질 수 있는지는 차치하고, 인공지능(AI)이 사람을 게으르게 만들 수도 있지 않을까? 이 게으름은 우리의 건강과 행복, 그리고 일상생활의 패턴을 바꿔 놓을 수도 있다.

인공지능(AI)이 앱을 통해 좀 더 편리한 삶을 제공하여 사람의 뇌를 어떻게 바꾸는지를 일상에서 보여 주는 대표적 사례가 바로 GPS다. 불과 몇 년 전만 해도 지도를 보고 스스로 거리를 가늠하고 도착 시간을 계산했던 운전자들은 이 내비게이션의 등장으로 어디에서 어떻게 가라는 기계 속 음성에 전적으로 의존하기 시작했다. 예전의 방식으로도 충분히 잘 찾아가던 길에서조차 습관적으로 내비게이션을 켠다. 이것이 없으면 자주 다니던 길도 제대로 찾지 못하고 멀쩡한 어른도 길을 잃는다.

이와 같이 기계에 의존해서 인간이 살아가는 사례는 오늘날 우리의 두뇌가 게을러진 것을 보여 주는 여러 사례 가운데 하나일 뿐이다. 삶을 더 편하게 해 준다며 지름길을 제시하는 도구들이 도리어 우리의 기억력과 창조력을 퇴보시키고 있다. 인간을 태만하고 나태하게 만들어 뇌의 가장 뛰어난 영역인 상상력을 활용하지 않도록 만드는 것이다.

① 인간의 인공지능(AI)에 대한 독립성은 지속적으로 증가하게 될 것이다.

② 인공지능(AI)으로 인해 인간의 두뇌가 게을러

지는 부작용이 발생하게 될 것이다.

③ 인공지능(AI)은 인간을 능가하는 사고력을 가질 것이다.

④ 인공지능(AI)은 궁극적으로 상상력을 가지게 될 것이다.

## 13 다음 글에 대한 이해로 적절한 것은?

국제기구인 유엔은 영어, 중국어, 러시아어, 프랑스어, 스페인어, 아랍어 등이 공용어로 사용되나 그곳에 근무하는 모든 외교관들이 이 공용어들을 전부 다 잘해야 하는 것은 아니다. 유럽연합에서의 공용어 개념도 유엔에서의 경우와 마찬가지로 여러 공용어 중 하나만 알아도 공식 업무상 불편이 없게끔 한다는 것이지 모든 유럽연합인들이 열 개가 넘는 공용어를 전부 다 배워야 하는 것은 아니다.

마찬가지 논리로 우리가 만일 한국어와 영어를 공용어로 지정한다면 이는 한국에서는 한국어와 영어 중 어느 하나를 알기만 하면 공식 업무상 불편이 없게끔 국가에서 보장한다는 뜻이지 모든 한국인들이 영어를 할 줄 알아야 된다는 뜻은 아니다. 따라서 우리가 영어를 한국어와 함께 공용어로 지정하기만 하면 모든 한국인이 영어를 잘할 수 있게 되리라는 믿음은 공용어의 개념을 제대로 이해하지 못한 데서 오는 망상에 불과하다.

① 유엔에서 근무하는 외교관들은 유엔의 공용어를 다 구사하지 않으면 안 된다.

② 유럽연합은 복수의 공용어를 지정하여 공무상 편의를 도모하였다.

③ 한국에서 영어를 공용어로 지정하면 한국인들은 영어를 다 잘할 수 있을 것이다.

④ 한국에서 머지않아 영어가 공용어로 지정될 것이다.

## 14 다음 글의 내용과 부합하지 않는 것은?

인터넷이 있는 곳이면 어디나 악플이 있기 마련이지만, 한국은 정도가 심하다. 악플러들 가운데는 피해의식과 열등감에 시달리는 이들이 많다고 한다. 그들에게 악플의 즐거움은 무엇인가. 자신이 올린 글 한 줄에 다른 사람들이 동요하는 모습을 보면서 자기 효능감(self-efficacy)을 맛볼 수 있다. 아무에게도 영향력을 행사하지 못하고 자신의 삶과 환경을 통제하지도 못하면서 무력감에 시달리는 사람일수록 공격적인 발설로 자기 효능감을 느끼려 한다.

그런데 자기 효능감은 상대방의 반응에 좌우된다. 마구 욕을 퍼부었는데 상대방이 별로 개의치 않는다면, 계속할 마음이 사라질 것이다. 무시당했다는 생각에 오히려 자괴감에 빠질 수도 있다. 개인주의가 안착된 사회에서는 자신을 향한 비판에 대해 '그건 너의 생각'이라면서 넘겨 버리는 사람들이 많다. 말도 안 되는 욕설이나 험담이 날아오면 제정신이 아닌 사람의 소행으로 웃어넘기거나 법적인 조치를 취할 것이다.

개인주의는 여러 속성을 지니고 있지만, 자신의 존재 가치를 스스로 매긴다는 긍정적 측면이 있다. 한국에는 그런 의미에서의 개인주의가 뿌리내리지 못했다. 남에 대해 신경을 너무 곤두세운다. 그것은 두 가지 차원으로 나뉘는데, 한편으로 타인에게 필요 이상의 관심을 보이면서 참견하고 타인의 영역을 침범한다. 다른 한편으로 자기에 대한 타인의 평가와 반응에 너무 예민하다. 이 두 가지 특성이 인터넷 공간에서 맞물려 악플을 양산한다. 우선 다른 사람들에게 너무 쉽게 험담을 늘어놓고 당사자에게 악담을 던진다. 그렇게 악을 올리면 상대방이 발끈하거나 움츠러든다. 이따금 일파만파로 사회가 요동을 치기도 한다. 악플러 입장에서는 재미가 쏠쏠하다. 예상했던 피드백을 즉각적으로 받으면서 자기 효능감을 맛볼 수 있기 때문이다.

① 악플러는 자신의 말에 타인이 동요하는 것을 보면서 자기 효능감을 느낀다.

② 개인주의자는 악플에 무반응함으로써 악플러를 자괴감에 빠지게 할 수 있다.

③ 자신의 삶을 잘 통제하는 악플러일수록 타인을 더욱 엄격한 잣대로 비판한다.

④ 한국에서 악플이 양산되는 것은 한국인들이 타인에 대해 신경을 많이 쓰는 것과 관계가 있다.

**15** 다음 글의 밑줄 친 부분이 지시하는 대상이 다른 것은?

> 수박을 먹는 기쁨은 우선 식칼을 들고 이 검푸른 ㉠구형의 과일을 두 쪽으로 가르는 데 있다. 잘 익은 수박은 터질 듯이 팽팽해서, 식칼을 반쯤만 밀어 넣어도 나머지는 저절로 열린다. 수박은 천지개벽하듯이 갈라진다. 수박이 두 쪽으로 벌어지는 순간, '앗!' 소리를 지를 여유도 없이 초록은 ㉡빨강으로 바뀐다. 한 번의 칼질로 이처럼 선명하게도 세계를 전환시키는 사물은 이 세상에 오직 수박뿐이다. 초록의 껍질 속에서, ㉢새까만 씨앗들이 별처럼 박힌 선홍색의 바다가 펼쳐지고, 이 세상에 처음 퍼져 나가는 비린 향기가 마루에 가득 찬다. 지금까지 존재하지 않던, ㉣한바탕의 완연한 아름다움의 세계가 칼 지나간 자리에서 홀연 나타나고, 나타나서 먹히기를 기다리고 있다. 돈과 밥이 나오지 않았다 하더라도, 이것은 필시 흥부의 박이다.
>
> — 김훈, 「수박」에서 —

① ㉠  
② ㉡  
③ ㉢  
④ ㉣

**16** (가)~(라)에 들어갈 말로 가장 적절한 것은?

> 정철, 윤선도, 황진이, 이황, 이조년 그리고 무명씨. 우리말로 시조나 가사를 썼던 이들이다. 황진이는 말할 것도 없고 무명씨도 대부분 양반이 아니었겠지만 정철, 윤선도, 이황은 양반 중에 양반이었다. (가) 그들이 우리말로 작품을 썼던 걸 보면 양반들도 한글 쓰는 것을 즐겨 했다는 것을 부정할 수는 없다. (나) 허균이나 김만중은 한글로 소설까지 쓰지 않았던가. (다) 이들이 특별한 취향을 가진 소수의 양반이었다면 이야기는 달라진다. 우리말로 된 문학 작품을 만들겠다는 생각을 가진 특별한 양반들을 제외하고 대다수 양반들은 한문을 썼기 때문에 한글을 모를 수도 있었기 때문이다. 실학자 박지원이 당시 양반 사회를 풍자한 작품 「호질」은 한문으로 쓰여 있다. (라) 한 가지 분명한 것은 양반 대부분이 한글을 이해하지 못하는 상황이었다면 정철도 이황도 윤선도도 한글로 작품을 쓰지는 않았을 것이란 사실이다.

| | (가) | (나) | (다) | (라) |
|---|---|---|---|---|
| ① | 그런데 | 게다가 | 그렇지만 | 그러나 |
| ② | 그런데 | 그리고 | 그래서 | 또는 |
| ③ | 그리고 | 그러나 | 하지만 | 즉 |
| ④ | 그래서 | 더구나 | 따라서 | 하지만 |

## 17 (가)~(라)의 고쳐 쓰기 방안으로 적절하지 않은 것은?

> (가) 현재 우리 구청 조직도에는 기획실, 홍보실, 감사실, 행정국, 복지국, 안전국, 보건소가 있었다.
> (나) 오늘은 우리 시청이 지양하는 '누구나 행복한 ○○시'를 실현하기 위한 추진 방안을 논의합니다.
> (다) 지난달 수해로 인한 준비 기간이 짧았기 때문에 지역 축제는 예년보다 규모가 줄어들었다.
> (라) 공과금을 기한 내에 지정 금융 기관에 납부하지 않으면 연체료를 내야 한다.

① (가): '있었다'는 문맥상 시제 표현이 적절하지 않으므로 '있다'로 고쳐 쓴다.

② (나): '지양'은 어떤 목표로 뜻이 쏠리어 향한다는 의미인 '지향'으로 고쳐 쓴다.

③ (다): '지난달 수해로 인한'은 '준비 기간'을 수식하는 절이 아니므로 '지난달 수해로 인하여'로 고쳐 쓴다.

④ (라): '납부'는 맥락상 금융 기관이 돈이나 물품 따위를 받아 거두어들인다는 '수납'으로 고쳐 쓴다.

## 18 다음 글을 잘못 이해한 것은?

> 서연: 여보게, 동연이.
> 동연: 왜?
> 서연: 자네가 본뜨려는 부처님 형상은 누가 언제 그렸는지 몰라도 흔히 있는 것을 베껴 놓은 걸세. 그런데 자넨 그 형상을 또 다시 베껴 만들 작정이군. 자넨 의심도 없는가? 심사숙고해 보게. 그런 형상이 진짜 부처님은 아닐세.
> 동연: 나에겐 전혀 의심이 없네.
> 서연: 의심이 없다니……?
> 동연: 무엇 때문에 의심해서 아까운 시간을 낭비해야 하는가?
> 서연: 음…….
> 동연: 공부를 하게, 괜히 의심 말고! (허공에 걸려 있는 탱화를 가리키며) 자넨 얼마나 형상 공부를 했는가? 이 십일면관세음보살의 머리 위에는 열한 개의 얼굴들이 있는데, 그 얼굴 하나하나를 살펴나 봤었는가? 귀고리, 목걸이, 손에 든 보병과 기현화란 꽃의 형태를 꼼꼼히 연구했었는가? 자네처럼 게으른 자들은 공부는 안 하고, 아무 의미 없다 의심만 하지!
> 서연: 자넨 정말 열심히 공부했네. 그렇다면 그 형태 속에 부처님 마음은 어디 있는지 가르쳐 주게.
>
> — 이강백, 「느낌, 극락 같은」에서 —

① 불상 제작에 대한 동연과 서연의 입장은 다르다.

② 서연은 전해지는 부처님 형상을 의심하는 인물이다.

③ 동연은 부처님 형상을 독창적으로 제작하는 인물이다.

④ 동연과 서연의 대화는 예술에 있어서 형식과 내용의 논쟁을 연상시킨다.

**19** 글의 통일성을 고려할 때 (가)에 들어갈 말로 가장 적절한 것은?

혼정신성(昏定晨省)이란 저녁에는 부모님의 잠자리를 봐 드리고 아침에는 문안을 드린다는 뜻으로 자식이 아침저녁으로 부모의 안부를 물어 살핌을 뜻하는 말로 '예기(禮記)'의 '곡례편(曲禮篇)'에 나오는 말이다. 아랫목 요에 손을 넣어 방 안 온도를 살피면서 부모님께 문안을 드리던 우리의 옛 전통은 온돌을 통한 난방 방식과 관련 깊다. 온돌을 통한 난방 방식은 방바닥에 깔려 있는 돌이 열로 인해 뜨거워지고, 뜨거워진 돌의 열기로 방바닥이 뜨거워지면 방 전체에 복사열이 전달되는 방법이다. 방바닥 쪽의 차가운 공기는 온돌에 의해 따뜻하게 데워지므로 위로 올라가고, 위로 올라간 공기가 다시 식으면 아래로 내려와 다시 데워져 위로 올라가는 대류 현상으로 인해 결국 방 전체가 따뜻해진다. 벽난로를 통한 서양식의 난방 방식은 복사열을 이용하여 상체와 위쪽 공기를 데우는 방식인데, 대류 현상으로 바닥 바로 위 공기까지는 따뜻해지지 않는다. 그 이유는 ［ (가) ］.

① 벽난로에 의한 난방은 방바닥의 따뜻한 공기가 위로 올라가 식으면 복사열로 위쪽의 공기만을 따뜻하게 하기 때문이다

② 벽난로에 의한 난방이 복사열에 의한 난방에서 대류 현상으로 인한 난방이라는 순서로 이루어졌기 때문이다

③ 대류 현상을 통한 난방 방식은 상체와 위쪽의 공기만 따뜻하게 하기 때문이다

④ 상체와 위쪽의 따뜻한 공기는 차가운 바닥으로 내려오지 않기 때문이다

**20** 다음 글에서 추론할 수 있는 것은?

포도주는 유럽 문명을 대표하는 술이자 동시에 음료수다. 우리는 대개 포도주를 취하기 위해 마시는 술로만 생각하기 쉬우나 유럽에서는 물 대신 마시는 '음료수'로서의 역할이 크다. 유럽의 많은 지역에서는 물이 워낙 안 좋아서 맨물을 그냥 마시면 위험하기 때문에 제조 과정에서 안전성이 보장된 포도주나 맥주를 마시는 것이다. 이런 용도로 일상적으로 마시는 식사용 포도주로는 당연히 고급 포도주와는 다른 저렴한 포도주가 쓰이며, 술이 약한 사람들은 여기에 물을 섞어서 마시기도 한다.

소비의 확대와 함께, 포도주의 생산을 다른 지역으로 확산시키려는 노력도 계속되어 왔다. 포도주 생산의 확산에서 가장 큰 문제는 포도 재배가 추운 북쪽 지역으로 확대되기 힘들다는 점이다. 자연 상태에서는 포도가 자라는 북방 한계가 이탈리아 정도에서 멈춰야 했지만, 중세 유럽에서 수도원마다 온갖 노력을 기울인 결과 포도 재배가 상당히 북쪽까지 올라갔다. 대체로 대서양의 루아르강 하구로부터 크림반도와 조지아를 잇는 선이 상업적으로 포도를 재배할 수 있는 북방한계선이다.

적정한 기온은 포도주 생산 가능 여부뿐 아니라 생산된 포도주의 질을 결정하는 중요한 요인이다. 너무 추운 지역이나 너무 더운 지역에서는 포도주의 품질이 떨어질 수밖에 없다. 추운 지역에서는 포도에 당분이 너무 적어서 그것으로 포도주를 담그면 신맛이 강하게 된다. 반면 너무 더운 지역에서는 섬세한 맛이 부족해서 '흐물거리는' 포도주가 생산된다(그 대신 이를 잘 활용하면 포르토나 셰리처럼 도수를 높인 고급 포도주를 만들 수 있다). 그러므로 고급 포도주 주요 생산지는 보르도나 부르고뉴처럼 너무 덥지도 않고 너무 춥지도 않은 곳이다. 다만 달콤한 백포도주의 경우는 샤토 디켐(Château d'Yquem)처럼 뜨거운 여름 날씨가 지속하는 곳에서 명품이 만들어진다.

포도주의 수요는 전 유럽적인 데 비해 생산은 이처럼 지리적으로 제한됐기 때문에 포도주는 일찍부터 원거리 무역 품목이 됐고, 언제나 고가품 취급을 받았다. 그런데 한 가지 기억해야 할 점은 이렇게 수출되는 고급 포도주는 오래된 포도주가 아니라 바로 그해에 만든 술이라는 점이다. 우리는 포도주는 오래될수록 좋아진다고 믿는 경향이 있지만, 대부분의 백포도주 혹은 중급 이하 적포도주는 시간이 지날수록 오히려 품질이 떨어진다. 시간이 흐를수록 품질이 개선되는 것은 일부 고급 적포도주에만 한정된 이야기이며, 그나마 포도주를 병에 담아 코르크 마개를 끼워 보관한 이후의 일이다.

① 고급 포도주는 모두 너무 덥지도 춥지도 않은 곳에서 재배된 포도로 만들어졌다.
② 루아르강 하구로부터 크림반도와 조지아를 잇는 선은 이탈리아보다 남쪽에 있을 것이다.
③ 유럽에서 일상적으로 마시는 식사용 포도주는 저렴한 포도주거나 고급 포도주에 물을 섞은 것이다.
④ 병에 담겨 코르크 마개를 끼운 고급 백포도주는 보관 기간에 비례하여 품질이 개선되지는 않을 것이다.

**01** 〈보기〉의 밑줄 친 부분에서 공통으로 일어나는 음운 현상에 대한 설명으로 가장 옳지 않은 것은?

> ──── 보기 ────
>
> 이는 국회가 국민을 대변하는 기관으로 정부에 책임을 묻는 것이다.

① 조음 위치가 바뀌는 음운 현상이다.
② 비음 앞에서 일어나는 음운 현상이다.
③ 동화 현상이다.
④ '읊는'에서도 일어나는 음운 현상이다.

**02** 밑줄 친 부분의 띄어쓰기가 가장 옳지 않은 것은?

① 포기는 생각해 본바가 없다.
② 모두 자기 생각대로 결정하자.
③ 결국 돌아갈 곳은 고향뿐이다.
④ 원칙만큼은 양보하기가 어렵다.

**03** 〈보기〉의 ㉠~㉣을 풀이한 것으로 가장 옳지 않은 것은?

> ──── 보기 ────
>
> 한때 우리나라에서는 우리의 대표적 음식이라고 할 수 있는 된장과 김치를 ㉠폄하한 적이 있었다. 곰팡이 균으로 만드는 된장은 암을 유발한다고 해서 ㉡기피하고, 맵고 짠 김치도 건강에 해롭다고 했다. 이러한 발상이 나왔던 것은 어떤 의미에서는 현대 과학의 선두 주자인 서구 지향적인 가치관이 그 배경으로 깔려 있었기 때문이다. 그러나 이제는 김치연구소까지 생기고, 마늘은 새로운 형태로 변모하면서 건강식품으로 등장하고, 된장(청국장) 또한 항암 효과까지 있다고 ㉢각광을 받는다. 그리고 비빔밥은 다이어트 음식으로서만이 아니라, 그 맛도 이제는 국제적으로 알려졌다. 굳이 신토불이라는 말을 들먹이지 않더라도 우리의 일상적인 식문화에서 가치 있는 것을 추출해 ㉣천착할 필요가 있다.

① ㉠: 가치를 깎아내린
② ㉡: 꺼리거나 피하고
③ ㉢: 사회적으로 관심을
④ ㉣: 잘못된 것을 바로잡을

## 04 어려운 표현을 이해하기 쉬운 표현으로 다듬은 것으로 가장 적절하지 않은 것은?

① 가능성은 상존하고 있다 → 가능성은 늘 있다
② 만 65세 도래자는 → 만 65세가 되는 사람은
③ 소정의 급여를 지급함으로써 → 소액의 급여를 지급함으로써
④ 확인서 발급에 따른 편의성을 제고함 → 확인서 발급에 따른 편의성을 높임

## 05 〈보기 1〉을 〈보기 2〉에 삽입하려고 할 때 문맥상 가장 적절한 곳은?

───── 보기 1 ─────

왜냐하면 학문의 세계에서는 하나의 객관적 진실이 백일하에 드러나 모든 다른 견해를 하나로 귀결시키는 일은 일어나지 않기 때문이다.

───── 보기 2 ─────

민족이 하나로 된다면 소위 "민족의 역사"가 하나로 통합되는 것은 너무나 당연한 일이라고 생각할 수 있다. ( ㉠ ) 그러나 좀 더 곰곰이 생각해 보면 역사학을 포함한 학문의 세계에서 통합이란 말은 성립되기 어렵다. ( ㉡ ) 학문의 세계에서는 진실에 이르기 위한 수많은 대안이 제기되고 서로 경쟁하면서 발전이 이루어진다. ( ㉢ ) 따라서 그 다양한 대안들을 하나로 통합한다는 것은 학문을 말살하는 것이나 다름없다. ( ㉣ ) 학문의 세계에서는 통합이 아니라 다양성이 더 중요한 덕목인 것이다.

① ㉠         ② ㉡
③ ㉢         ④ ㉣

## 06 〈보기〉의 ㉠~㉣ 중 가리키는 대상이 나머지 셋과 다른 것은?

───── 보기 ─────

댁들아 ㉠동난지이 사오 저 장사야 네 ㉡물건 그 무엇이라 외치는가 사자

외골내육(外骨內肉) 양목(兩目)이 상천(上天) 전행후행(前行後行), 소(小)아리 팔족(八足) 대(大)아리 이족(二足) ㉢청장 아스슥하는 동난지이 사오

장사야 너무 거북하게 외치지 말고 ㉣게젓이라 하려무나

① ㉠         ② ㉡
③ ㉢         ④ ㉣

## 07 표준어끼리 묶었을 때 가장 옳지 않은 것은?

① 가엽다, 배냇저고리, 감감소식, 검은엿
② 눈짐작, 세로글씨, 푸줏간, 가물
③ 상관없다, 외눈퉁이, 덩쿨, 귀퉁배기
④ 겉창, 뚱딴지, 툇돌, 들랑날랑

## 08 외래어 표기에 대한 설명으로 가장 옳지 않은 것은?

① 짧은 모음 다음의 어말 무성 파열음 [t]는 '보닛(bonnet)'처럼 받침으로 적는다.
② 어말의 [ʃ]는 '브러쉬(brush)'처럼 '쉬'로 적는다.
③ 중모음 [ou]는 '보트(boat)'처럼 '오'로 적는다.
④ 어말 또는 자음 앞의 [f]는 '그래프(graph)'처럼 '으'를 붙여 적는다.

**09** 〈보기〉에 드러난 글쓴이의 삶에 대한 인식과 가장 가까운 태도가 나타나는 것은?

───── 보기 ─────

그렇다. 그 흉터와, 흉터 많은 손꼴은 내 어려웠던 어린 시절의 모습이요. 그것을 힘들게 참고 이겨 낸 떳떳하고 자랑스런 내 삶의 한 기록일 수 있었다. 그 나이 든 선배님의 경우처럼, 우리 누구나가 눈에 보이게든 안 보이게든 삶의 쓰라린 상처들을 겪어 가며 그 흉터를 지니고 살아가게 마련이요. 어떤 뜻에선 그 상처의 흔적이야말로 우리 삶의 매우 단단한 마디요. 숨은 값이라 할 수도 있을 것이기 때문이다.

① 흔들리지 않고 피는 꽃이 어디 있으랴 / 이 세상 그 어떤 아름다운 꽃들도 다 흔들리면서 피었나니
② 연탄재 함부로 차지 마라 / 너는 / 누구에게 한 번이라도 뜨거운 사람이었느냐
③ 죽는 날까지 하늘을 우러러 / 한 점 부끄럼이 없기를 / 잎새에 이는 바람에도 / 나는 괴로워했다.
④ 나는 이제 너에게도 슬픔을 주겠다. / 사랑보다 소중한 슬픔을 주겠다.

**10** 〈보기〉의 작품에서 밑줄 친 시어에 대한 해석으로 가장 옳지 않은 것은?

───── 보기 ─────

바닷가 햇빛 바른 바위 위에
습한 간(肝)을 펴서 말리우자.

코카서스 산중(山中)에서 도망해 온 토끼처럼
들러리를 빙빙 돌며 간(肝)을 지키자.

내가 오래 기르던 여윈 독수리야!
와서 뜯어 먹어라, 시름없이

너는 살찌고
나는 여위어야지, 그러나

거북이야!
다시는 용궁의 유혹에 안 떨어진다.

프로메테우스 불쌍한 프로메테우스
불 도적한 죄로 목에 맷돌을 달고
끝없이 침전하는 프로메테우스

① '간(肝)'은 화자가 지켜야 하는 지조와 생명을 가리킨다.
② 코카서스 산중에서 도망해 온 '토끼'는 토끼전과 프로메테우스 신화를 연결한다.
③ '독수리'와 '거북이'는 이 시에서 유사한 의미를 갖는 존재이다.
④ '프로메테우스'는 끝없이 침전한다는 점에서 시대의 고통이 큼을 암시한다.

## 11 밑줄 친 말이 어문 규범에 맞는 것은?

① <u>옛부터</u> 김치를 즐겨 먹었다.

② <u>궁시렁거리지</u> 말고 빨리 해 버리자.

③ 찬물을 한꺼번에 <u>들이키지</u> 말아라.

④ 상처가 <u>곰겨서</u> 병원에 가야겠다.

## 12 〈보기〉의 설명 중 밑줄 친 부분에 해당하는 사례가 아닌 것은?

> ── 보기 ──
>
> 용언이 문장 속에 쓰일 때에는 어간에 어미가 붙어서 활용함으로써 다양한 문법적인 기능을 나타낸다. 대부분의 용언은 활용할 때에 어간이나 어미의 기본 형태가 그대로 유지되거나 혹은 다른 형태로 바뀌어도 그 현상을 일정한 규칙으로 설명할 수 있지만, 일부의 용언 가운데에는 활용할 때 '<u>어간의 형태가 불규칙하게 활용하는 것</u>', '어미의 형태가 불규칙하게 활용하는 것', '어간과 어미가 불규칙하게 활용하는 것'이 있다.

① 잇다 → 이으니

② 묻다(問) → 물어서

③ 이르다(至) → 이르러

④ 낫다 → 나으니

## 13 〈보기〉의 ㉠~㉣에 대한 이해로 가장 적절하지 않은 것은?

> ── 보기 ──
>
> 어미를 따라 잡힌
> 어린 게 한 마리
>
> 큰 게들이 새끼줄에 묶여
> 거품을 뿜으며 헛발질할 때
> 게장수의 ㉠구럭을 빠져나와
> 옆으로 옆으로 ㉡아스팔트를 기어간다.
> 개펄에서 숨바꼭질하던 시절
> 바다의 자유는 어디 있을까
> 눈을 세워 ㉢사방을 두리번거리다
> 달려오는 군용 트럭에 깔려
> 길바닥에 터져 죽는다
>
> ㉣먼지 속에 썩어가는 어린 게의 시체
> 아무도 보지 않는 찬란한 빛
>
>                                     ── 김광규, 「어린 게의 죽음」 ──

① ㉠: 폭압으로 자유를 잃은 구속된 현실을 의미한다.

② ㉡: 자유를 위해 도달하고자 하는 미래의 공간을 나타낸다.

③ ㉢: 약자가 돌파구를 찾기 어려운 현실을 나타낸다.

④ ㉣: 주목받지 못한 채 방치된 대상의 현실을 강조한다.

## 14 〈보기〉의 작품에 대한 설명으로 가장 옳지 않은 것은?

> **보기**
>
> 홍색(紅色)이 거룩하여 붉은 기운이 하늘을 뛰놀더니, 이랑이 소리를 높여 하여 나를 불러, "저기 물 밑을 보라."
>
> 외치거늘, 급히 눈을 들어 보니, 물 밑 홍운(紅雲)을 헤치고 큰 실오라기 같은 줄이 붉기가 더욱 기이(奇異)하며, 기운이 진홍(眞紅) 같은 것이 차차 나와 손바닥 넓이 같은 것이 그믐밤에 보는 숯불 빛 같더라. 차차 나오더니, 그 위로 작은 회오리밤 같은 것이 붉기가 호박(琥珀) 구슬 같고, 맑고 통랑(通朗)하기는 호박도곤 더 곱더라.
>
> 그 붉은 위로 흘흘 움직여 도는데, 처음 났던 붉은 기운이 백지(白紙) 반 장(半張) 넓이만치 반듯이 비치며, 밤 같던 기운이 해 되어 차차 커 가며, 큰 쟁반만 하여 불긋불긋 번듯번듯 뛰놀며, 적색(赤色)이 온 바다에 끼치며, 먼저 붉은 기운이 차차 가시며, 해 흔들며 뛰놀기 더욱 자주 하며, 항 같고 독 같은 것이 좌우(左右)로 뛰놀며, 황홀(恍惚)히 번득여 양목(兩目)이 어지러우며, 붉은 기운이 명랑(明朗)하여 첫 홍색을 헤치고, 천중(天中)에 쟁반 같은 것이 수레바퀴 같아 물속으로부터 치밀어 받치듯이 올라붙으며, 항·독 같은 기운이 스러지고, 처음 붉어 겉을 비추던 것은 모여 소 혀처럼 드리워져 물속에 풍덩 빠지는 듯싶더라.
>
> 일색(日色)이 조요(照耀)하며 물결의 붉은 기운이 차차 가시며, 일광(日光)이 청랑(淸朗)하니, 만고천하(萬古天下)에 그런 장관은 대두(對頭)할 데 없을 듯하더라.
>
> 짐작에 처음 백지(白紙) 반 장(半張)만치 붉은 기운은 그 속에서 해 장차 나려고 어리어 그리 붉고, 그 회오리밤 같은 것은 진짓 일색을 뿜아 내니 어린 기운이 차차 가시며, 독 같고 항 같은 것은 일색이 몹시 고운 고(故)로, 보는 사람의 안력(眼力)이 황홀(恍惚)하여 도무지 헛기운인 듯싶더라.

① 여성 작가의 작품으로 한글로 쓰여 전해지고 있다.
② 해돋이의 장면을 감각적이고 생동감 있게 묘사하고 있다.
③ 현실 세계에서 있음직한 이야기를 허구적으로 구성한 갈래이다.
④ '회오리밤', '큰 쟁반', '수레바퀴'는 동일한 대상을 비유적으로 표현한 것이다.

## 15 〈보기〉의 ㉠에 들어갈 사자성어로 가장 적절한 것은?

> **보기**
>
> ( ㉠ ), 오로지 베스 놈의 투지와 용맹을 길러서 금옥이네 누렁이를 꺾고 말겠다는 석구의 노력은 다시 열을 올리기 시작했다. 뿐만이 아니었다. 그는 전보다도 더 주의 깊게 베스 놈을 위해 주었고 그런 그의 정표 하나로 베스를 위해 암캐 한 마리를 더 얻어 들였을 만큼 따뜻한 배려를 아끼지 않았다.
>
> – 이청준, 「그 가을의 내력」 –

① 泥田鬪狗　　② 吳越同舟
③ 臥薪嘗膽　　④ 結草報恩

## 16 〈보기〉의 내용에 대한 이해로 가장 옳지 않은 것은?

> **보기 1**
>
> 『훈민정음』 서문은 "우리나라의 말이 중국과 달라 문자로 서로 통하지 아니하므로"로 시작합니다. 말 그대로 세종대왕 당시의 말이 중국과 다르다는 것인데 '다름'에 대해 말하려면 '있음'이 전제가 되어야 합니다. 세종대왕 당시에 우리말이 있었고, 말은 하루아침에 생겨난 것

이 아닐 테니 이전부터 계속 있어 왔던 것입니다. 우리에게도 말이 있고 중국에도 말이 있는데 이 둘이 서로 달라서 문자로 통하지 못한다는 것입니다. 이때의 문자는 당연히 한자입니다. 한자는 중국말을 적기 위한 것이어서 우리말을 적기에는 적합하지 않았습니다. 사실 한자로 우리말을 적는 것이 불가능한 것은 아닙니다. 고구려 때의 광개토대왕비를 보면 빼곡하게 한자가 기록되어 있는데 고구려 사람이 중국어를 적어 놓았을 리는 없습니다. 당시에 문자가 없으니 한자를 빌려 자신들이 남기고 싶은 기록을 남긴 것입니다. 한자는 뜻글자이니 한자의 뜻을 알고 문장이 어떻게 구성되는지 알면 그 뜻을 헤아려 자신의 말로 읽을 수 있습니다. …(중략)… 그런데 많은 이들이 세종대왕께서 우리글이 아닌 우리말을 만드신 것으로 오해하고 있습니다. 왜 그럴까요? 말과 글자를 같은 것으로 여기는 것은 흔한 일인데 유독 우리가 심합니다. 우리만 한글을 쓰는 것이 큰 이유입니다. 한자는 중국, 한국, 일본, 베트남 등 여러 곳에서 쓰이고 로마자는 훨씬 더 많은 나라에서 쓰입니다. 하지만 한글은 오로지 우리나라에서 우리말을 적는 데만 쓰입니다. 그러니 한글로 적힌 것은 곧 우리말이라는 등식이 성립되어 한글과 우리말을 같은 것으로 여기는 것입니다.

– 한성우, 『말의 주인이 되는 시간』 –

① 한글은 언어가 아니라 문자를 가리키는 것이다.
② 세종대왕이 만드신 것은 우리말이 아니라 우리글이다.
③ 한국어는 오로지 한글로만 표기할 수 있다.
④ 한글이 오로지 한국어를 표기하는 데 사용되기 때문에 많은 사람이 한글과 한국어를 혼동한다.

**17** 〈보기 1〉의 (가)~(다)에 들어갈 가장 적절한 문장을 〈보기 2〉에서 순서대로 바르게 나열한 것은?

보기 1

생존을 위해 진화한 우리 뇌는 본능적으로 생존에 이롭고 해로운 대상을 구분하는 능력이 있다. 단맛을 내는 음식은 영양분이 많을 가능성이 높고 역겨운 냄새가 나는 음식은 부패했거나 몸에 해로울 가능성이 높다. 딱히 배우지 않아도 우리는 자연적으로 선호하거나 혐오하는 반응을 보인다. _____(가)_____

초콜릿 케이크를 한 번도 먹어보지 못한 사람이 있다고 해보자. 처음 그에게 초콜릿 케이크의 냄새나 색은 전혀 '맛있음'과 연관이 없을 것이다. 하지만 일단 맛을 본 사람은 케이크 자체만이 아니라 케이크의 냄새, 색, 촉감 등도 무의식적으로 선호하게 된다. 그러면 밸런타인데이와 같이 초콜릿을 떠올릴 수 있는 신호만으로도 강한 반응을 이끌어 낼 수 있다. _____(나)_____

인공지능과 달리 동물은 생존과 번식에 대한 생물학적 조건을 기반으로 진화했다. 생물은 생존을 위해 에너지를 구하고 환경에 반응하며 유전자를 남기기 위해 번식을 한다. 이런 본능적인 목적을 달성하기 위한 여러 종류의 세부 목표가 있다. 유념할 점은 한 기능적 영역에서 좋은 것(목적 달성에 유용한 행동과 자극)이 다른 영역에서는 전혀 도움이 되지 않고 오히려 해로울 수 있다는 사실이다.

한 여우가 있다. 왼편에는 어린 새끼들이 금세 강물에 빠질 듯 위험하게 놀고 있고 오른쪽에는 토끼 한 마리가 뛰고 있다. 새끼도 보호해야 하고 먹이도 구해야 하는 여우는 어떤 선택을 해야 할까.

_____(다)_____ 우리는 그 과정을 의사결정이라고 한다. 우리는 의사 결정을 의식적으로 한다고 생각하지만 실제로는 선택지에 대한 계산의 상당 부분이 무의식적으로 빠르게 일어나기 때문에 다행히도 행동을 하는 데 어려움이나 갈등을 많이 느끼지 않는다. 그래서 위

와 같은 상황에서 여우는 두 선택지의 중요도가 비슷하더라도 중간에 멍하니 서 있지 않고 재빨리 반응한다. 그래야 순간적인 위험을 피하고 기회를 잡을 수 있다.

보기 2

ㄱ. 이와 더불어 동물은 경험에 따라 좋고 나쁜 것을 학습하는 능력을 가지고 있다.

ㄴ. 뇌는 여러 세부적인 동기와 감정적, 인지적 반응을 합쳐서 선택지에 가치를 매긴다.

ㄷ. 이렇듯 우리는 타고난 기본 성향과 학습 능력을 통해 특정 대상에 대한 기호를 형성한다.

|   | (가) | (나) | (다) |
|---|------|------|------|
| ① | ㄱ | ㄴ | ㄷ |
| ② | ㄱ | ㄷ | ㄴ |
| ③ | ㄴ | ㄱ | ㄷ |
| ④ | ㄷ | ㄱ | ㄴ |

## 18 자신의 생각, 물건, 일 등을 낮추어 겸손하게 이르는 말로 가장 옳지 않은 것은?

① 옥고(玉稿)　　② 관견(管見)

③ 단견(短見)　　④ 졸고(拙稿)

## 19 밑줄 친 단어의 품사가 나머지 셋과 다른 것은?

① 여기에 <u>다섯</u> 명이 있다.

② <u>하나</u>에 하나를 더하면 둘이다.

③ 선생님께서 <u>세</u> 번이나 말씀하셨다.

④ <u>열</u> 사람이 할 일을 그 혼자 해냈다.

## 20 복합어의 조어법이 나머지 셋과 다른 것은?

① 개살구　　② 돌미나리

③ 군소리　　④ 짚신

정답 및 해설 256p

**01** 밑줄 친 부분의 문장 성분이 나머지 셋과 다른 것은?

① 입은 비뚤어져도 말은 바로 해라.
② 호랑이도 제 말 하면 온다.
③ 아니 땐 굴뚝엔 연기 날까?
④ 꿀도 약이라면 쓰다.

**02** 〈보기〉에서 밑줄 친 설명과 같은 문법 범주에 속하는 문장은?

> (가) 온난화로 북극 빙하가 다 녹는다.
> (나) 온난화가 북극 빙하를 다 녹인다.
>
> '온난화'라는 사태와 '북극 빙하가 녹는 사태' 간에는 의미적으로 인과 관계가 성립하는데, (가)에서는 이 인과 관계를 드러내는 표지로 부사격조사 '로'가 쓰였다. (나)는 '녹이다'라는 사동사를 사용한 문장이다. 주동문일 때 부사어 위치에 있던 '온난화'가 사동문에서는 주어 자리를 차지함으로써 '온난화'라는 현상이 '북극 빙하'라는 대상이 '녹도록' 힘을 가하는 의미로 읽힌다. 이로써 '북극 빙하가 녹는 사태'에 대하여 '온난화'가 온전히 책임을 저야 할 것처럼 보인다.

① 회사는 이것이 전파 인증을 받은 제품이라고 우긴다.
② 사장이 사장실을 넓히기 위해 직원 회의실을 좁힌다.
③ 온갖 공장에서 폐수를 정화하지도 않고 강에 버린다.
④ 이산화탄소가 적외선을 흡수하여 열이 대기에 모인다.

**03** 밑줄 친 단어의 품사가 다른 것은?

① 이야기를 들어 보다.
② 일을 하다가 보면 요령이 생겨서 작업 속도가 빨라진다.
③ 이런 일을 당해 보지 않은 사람은 내 심정을 모른다.
④ 식구들이 모두 집에 돌아왔나 보다.

**04** 가장 자연스러운 문장은?

① 지금부터 회장님의 말씀이 계시겠습니다.
② 당신이 가리키는 곳은 시청으로 보입니다.
③ 푸른 산과 맑은 물이 흐르는 계곡으로 가자!
④ 이런 곳에서 생활한다는 것이 믿겨지지 않았다.

## 05 띄어쓰기가 가장 옳지 않은 것은?

① 이∨일도∨이제는∨할∨만하다.

② 나는∨하고∨싶은∨대로∨할∨테야.

③ 다음부터는∨일이∨잘될∨듯∨싶었다.

④ 그녀는∨그∨사실에∨대해∨아는∨체를∨하였다.

## 06 〈보기〉의 ㉠을 포함하고 있는 안은문장은?

> 관형사가 문장에 쓰이면 관형어로 기능한다. 그래서 관형사는 항상 관형어로 쓰인다. 즉 관형사는 문장에서 관형어로서 체언을 수식한다. 그런데 관형사만 관형어로 쓰이는 것이 아니라, ㉠관형사절이 관형어로 쓰이기도 한다. 즉 관형사절이 체언을 수식한다.

① 그는 갖은 양념으로 맛을 내었다.

② 꽃밭에는 예쁜 꽃이 활짝 피었다.

③ 오랜 가뭄 끝에 비가 내렸다.

④ 사무실 밖에서 여남은 명이 웅성대고 있었다.

## 07 〈보기〉에서 말하고 있는 생물 진화의 유전적 진화 원리가 아닌 것은?

> 문화의 진화도 역시 생물의 진화에 비유해서 설명할 수 있다. 문화변동은 다음과 같은 경우에 일어난다. 첫째, 생물진화의 돌연변이처럼 그 문화체계 안에서 새로운 문화요소의 발명 또는 발견이 있어 존재하는 문화에 추가됨으로써 일어난다. 둘째, 유전자의 이동처럼 서로 다른 두 문화가 접촉함으로써 한 문화에서 다른 문화로 어떤 문화요소의 전파가 생길 때 그 문화요소를 받아들인 사회의 문화에 변화가 일어난다. 셋째, 유전자 제거처럼 어떤 문화요소가 그 사회의 환경에 부적합할 때 그 문화요소를 버리고 더 적합한 다른 문화요소로 대치시킬 때 문화변동을 일으킨다. 넷째, 유전자 유실처럼 어떤 문화요소가 한 세대에서 다음 세대로 전달될 때 잘못되어 그 문화요소가 후세에 전해지지 못하고 단절되거나 소멸될 때 문화변동이 일어난다. 그러나 생물 유기체의 진화원리를 너무 지나치게 문화의 진화에 그대로 비유해서는 안 된다. 문화는 유기체의 진화와 유사하지만 초유기체이기 때문에 생식과정에 의한 유전과는 다른 학습과 모방에 의해 진화되기 때문이다.

① 돌연변이　　　　② 유전자 유실

③ 유전자 제거　　　④ 적자생존

**08** 밑줄 친 부분의 한자 표기가 가장 옳지 않은 것은?

① 이 책에는 이론이 체계적(體系的)으로 잘 정립되어 있다.

② 신문에서 사건의 진상에 대해 자세히 보고(報誥)를 했다.

③ 그는 이미제 제고(提高)를 위한 노력을 게을리하지 않았다.

④ 그 분야 전문가이기 때문에 유명세(有名稅)를 치를 수밖에 없었다.

**09** 〈보기〉의 내용과 일치하는 것은?

> **보기**
>
> 독일어식이나 일본어식으로 사용해오던 화학 용어가 국제기준에 맞는 표기법으로 바뀐다. 산업자원부 기술표준원은 주요 원소 이름 109종과 화합물 용어 325종의 새 표기법을 KS규격으로 제정, 다음 달 6일 고시해 시행키로 했다고 30일 밝혔다.
> 새 표기법은 세계적으로 통용되는 발음에 가깝게 정해진 것으로, '요오드'는 '아이오딘', '게르마늄'은 '저마늄' 등으로 바뀐다. 화합물 용어도 구성 원소 이름이 드러나도록 '중크롬산칼륨'을 '다이크로뮴산칼륨'으로 표기한다.
> 예외적으로 '나트륨'과 '칼륨'은 갑작스러운 표기 변경에 따른 혼란을 피하기 위해 지금까지 사용한 대로 표기를 허용하되 새 이름 '소듐', '포타슘'도 병행해 사용토록 했다. 또 '비타민'도 당분간 '바이타민'을 병행 표기한다.
> – 2005.03.30.자 ○○신문 –

① '요오드'가 '아이오딘'보다 세계적으로 통용되는 발음에 가깝다.

② '저마늄'은 화합물의 구성 원소 이름을 드러낸 표기이다.

③ '나트륨'보다는 '소듐'이 국제기준에 맞는 표기법이다.

④ '비타민'이라는 용어는 KS규격에 맞지 않으므로 쓰지 않아야 한다.

**10** 〈보기〉의 밑줄 친 부분에 사용된 표현법과 가장 유사한 것은?

> **보기**
>
> 순이, 벌레 우는 고풍한 뜰에
> 달빛이 밀물처럼 밀려왔구나.
>
> <u>달은 나의 뜰에 고요히 앉아 있다.</u>
> 달은 과일보다 향그럽다.
>
> 동해 바다 물처럼
> 푸른
> 가을
> 밤
>
> 포도는 달빛이 스며 곱다.
> 포도는 달빛을 머금고 익는다.

① 풀은 눕고 / 드디어 울었다.

② 가난하다고 해서 외로움을 모르겠는가

③ 구름은 / 보랏빛 색지 위해 / 마구 칠한 한 다발 장미

④ 아! 강낭콩꽃보다도 더 푸른 / 그 물결 위에 / 양귀비꽃보다도 더 붉은 / 그 마음 흘러라

## 11 〈보기〉의 내용에 대한 이해로 가장 옳지 않은 것은?

> ─ 보기 ─
>
> 참, 거짓을 판단할 수 있는 문장을 명제라고 한다. 문장이 나타내는 명제가 실제 세계의 사실과 일치하면 참이고 그렇지 않으면 거짓이다. 가령, '사과는 과일이다.'는 실제 세계의 사실과 일치하므로 참인 명제지만 '새는 무생물이다.'는 실제 세계의 사실과 일치하지 않으므로 거짓인 명제이다. 이와 같이 명제가 지닌 진리치가 무엇인지 밝혀주는 조건을 진리 조건이라고 한다. 명제 논리의 진리 조건을 간략하게 살펴보면 다음과 같다. 모든 명제는 참이든지 거짓이든지 둘 중 하나여야 하며 참도 아니고 거짓도 아니거나 참이면서 거짓인 경우는 없다. 명제 P가 참이면 그 부정 명제 ~P는 거짓이고 ~P가 참이면 P는 거짓이다. 명제 P와 Q가 AND로 연결되는 $P \land Q$는 P와 Q가 모두 참일 때에만 참이다. 명제 P와 Q가 OR로 연결되는 $P \lor Q$는 P와 Q 둘 중 적어도 하나가 참이기만 하면 참이 된다. 명제 P와 Q가 IF … THEN으로 연결되는 $P \rightarrow Q$는 P가 참이고 Q가 거짓이면 거짓이고 나머지 경우에는 모두 참이 된다.

① 명제 논리에서 '모기는 생물이면서 무생물이다.'는 성립하지 않는다.

② 명제 논리에서 '파리가 새라면 지구는 둥글다.'는 거짓이다.

③ 명제 논리에서 '개가 동물이거나 컴퓨터가 동물이다.'는 참이다.

④ 명제 논리에서 '늑대는 새가 아니고 파리는 곤충이다.'는 참이다.

## 12 〈보기〉의 밑줄 친 부분과 표현 방식이 가장 유사한 것은?

> ─ 보기 ─
>
> <u>동짓달 기나긴 밤 한 허리를 베어내어</u>
> 봄바람 이불 아래 서리서리 넣었다가
> 사랑하는 임 오신 날 밤이거든 구비구비 펴리라

① 아아 님은 갔지마는 나는 님을 보내지 아니하였습니다.

② 무사(無事)한세상이병원이고꼭치료를기다리는무병(無病)이곳곳에있다

③ 노란 해바라기는 늘 태양같이 태양같이 하던 화려한 나의 사랑이라고 생각하라.

④ 내 마음 속 우리 님의 고운 눈썹을 / 즈믄 밤의 꿈으로 맑게 씻어서

## 13 〈보기〉에서 말하고자 하는 바로 가장 적절한 것은?

> ─ 보기 ─
>
> 기존의 대부분의 일제 시기 근대화 문제에 관한 연구는 다양한 입장 차이에도 불구하고 대단히 대리적인 두 가지 주장으로 정리될 수 있다. 즉 일제가 조선을 지배하지 않았다면 조선에서는 근대적 변혁이 제대로 이루어지지 않았을 것이라는 주장과, 일제의 조선 지배는 한국 근대화를 압살하였기 때문에 결국 근대는 해방 이후부터 시작될 수밖에 없었다는 주장이 그것이다. 두 주장 모두 일제의 조선 지배에도 불구하고 조선인들이 주체적으로 대응했던 역사가 탈락되어 있다. 일제 시기의 역사가 한국 역사의 일부가 되기 위해서는 민족 해방 운동 같은 적극적인 항일 운동뿐만 아니라, 지배의 억압 속에서도 치열하게 삶을 영위해 가면서 자기 발전을 도모해 나간 조선인의 역사도 정당하게 평가되지 않으면 안 된다.

① 일제의 조선 지배는 한국에게서 근대화의 기회를 빼앗았다.

② 일제의 지배에 주체적으로 대응한 조선인의 역사도 정당하게 평가되어야 한다.

③ 일제가 조선을 지배하지 않았다면 조선에서는 근대화가 이루어지지 않았을 것이다.

④ 조선인들은 일제하에서도 적극적인 항일 운동으로 역사에 주체적으로 대응해 나갔다.

## 14 어문 규범에 맞게 표기한 것은?

① 제작년까지만 해도 겨울이 그렇게 춥지 않았지요.

② 범인은 오랫동안 치밀하게 범행을 계획한 것으로 드러났습니다.

③ 욕구가 억눌린 사람들이 공격성을 띄는 경우가 있습니다.

④ 다른 사람의 진심 어린 충고를 겸허히 받아드리는 자세가 필요합니다.

## 15 외래어 표기가 올바른 것으로만 묶은 것은?

① 플랭카드, 케익, 스케줄

② 텔레비전, 쵸콜릿, 플래시

③ 커피숍, 리더십, 파마

④ 캐비넷, 로켓, 슈퍼마켓

## 16 〈보기〉의 밑줄 친 부분을 통해 파악할 수 있는 서술자의 의도로 가장 적절한 것은?

보기

선불이에요? 근데…… 곱빼기면 오천오백 원 아니에요?

소희가 메뉴판을 가리키며 묻자 여자가 역시 메뉴판을 가리키며 맵게 추가하면 오백 원이라고 말했다. 모든 메뉴 아래에 빨간 고추가 그려져 있고 그 옆에 조그맣게 오백 냥이라고 적혀 있었다.

오백 원이나요?

여자가 앞치마 주머니에서 계산지를 꺼내 표시를 하고는 큰 인심 쓰듯이 말했다.

여기는 매운맛 소스를 안 쓰고 청양고추 유기농으로 맛을 내거든.

청양고추요?

그러니까 다만 오백 원이라도 안 받으면 장사가 안 된다고.

장사가 안 될지 어떨지는 알 수 없지만 육천 원이면 찌개용 돼지고기 한 근을 살 수 있다. 곱빼기도 말고 맵게도 말고 그냥 사천오백 원짜리 짬뽕을 먹을까 하다 소희는 자리에서 일어났다.

다음에 올게요.

그럼, 그러든지, 하더니 여자는 아니, 그럴거면 빨리빨리 결정을 져야지, 젊은 사람이 어째 매가리가 없이, 하고는 계산지를 구겨 쓰레기통에 던져 넣었다. 계단을 내려 오면서 소희는, 매가리가 없이, 매가리가 없이, 하고 중얼거려보지만 그게 무슨 말인지 모른다.

① 추가 요금을 받지 않으면 장사하기 어려운 현실을 적극적으로 비판하려 했다.

② 쉽게 결정을 내리지 못하는 사람들로 인해 식당 종업원들이 겪는 고충을 전하려 했다.

③ 짬뽕 한 그릇을 사먹는 것도 망설여야 하는 청년 세대의 가난을 간접적으로 드러내려 했다.

④ 소극적인 젊은이들의 의사 표현 방식을 비판하고 적극적인 태도를 가지도록 독려하려 했다.

**17** 어문 규범에 맞는 단어로만 묶은 것은?

① 곰곰이, 간질이다, 닦달하다

② 통채, 발자욱, 구렛나루

③ 귀뜸, 핼쑥하다, 널찍하다

④ 대물림, 구시렁거리다, 느지막하다

**18** 같은 의미의 '견'자가 사용된 사자성어를 옳게 짝지은 것은?

① 견마지로 – 견토지쟁

② 견문발검 – 견마지성

③ 견강부회 – 견물생심

④ 견원지간 – 견리사의

**19** 〈보기〉의 (가)~(다)에 대한 이해로 가장 적절하지 않은 것은?

---
보기
---

(가) 백호 임제가 말에 올라타려 할 때 종이 나서서 말했다. "나리, 취하셨습니다. 한쪽은 짚신을 신으셨네요." 그러나 백호가 냅다 꾸짖었다. "길 오른쪽을 가는 이는 내가 가죽신을 신었다고 할 테고 길 왼쪽을 가는 이는 내가 짚신을 신었다고 할 게다. 내가 염려할 게 뭐냐." 이것으로 따져보면 천하에서 발보다 쉽게 눈에 띄는 것이 없지만 보는 방향이 달라짐에 따라서 가죽신을 신었는지도 분간하기 어렵다.

(나) 늙은 살구나무 아래, 작은 집 한 채! 방은 시렁과 책상 따위가 삼분의 일이다. 손님 몇이 이르기라도 하면 무릎이 부딪치는 너무도 협소하고 누추한 집이다. 하지만 주인은 편안하게 독서와 구도(求道)에 열중한다. 나는 그에게 말했다. "이 작은 방에서 몸을 돌려 앉으면 방위가 바뀌고 명암이 달라지지. 구도란 생각을 바꾸는 데 달린 법, 생각이 바뀌면 그 뒤를 따르지 않을 것이 없지. 자네가 내 말을 믿는다면 자네를 위해 창문을 밀쳐줌세. 웃는 사이에 벌써 밝고 드넓은 공간으로 올라갈 걸세."

(다) 어항 속 금붕어의 시각은 우리의 시각과 다르지만, 금붕어도 둥근 어항 바깥의 물체들의 운동을 지배하는 과학 법칙들을 정식화(定式化)할 수 있을 것이다. 예컨대 힘을 받지 않는 물체의 운동을 우리라면 직선운동으로 관찰하겠지만, 어항 속 금붕어는 곡선운동으로 관찰할 것이다. 그럼에도 금붕어는 자기 나름의 왜곡된 기준 틀(Frame of Reference)을 토대로 삼아 과학 법칙들을 정식화할 수 있을 것이고, 그 법칙들은 항상 성립하면서 금붕어로 하여금 어항 바깥의 물체들의 미래 운동을 예측할 수 있도록 해줄 것이다. 금붕어가 세운 법칙들은 우리의 틀에서 성립하는 법칙들보다 복잡하겠지만, 복잡함이나 단순함은 취향의 문제이다. 만일 금붕어가 그런 복잡한 이론을 구성했다면, 우리는 그것을 타당한 실재상으로 인정해야 할 것이다.

① (가)의 임제는 사람들이 주관적 관점에서 대상을 인식한다고 여겼다.

② (나)의 집주인은 객관적 조건과 무관하게 자신만의 방식으로 대상을 수용했다.

③ (다)의 금붕어는 왜곡된 기준 틀로 과학 법칙을 수립할 수 있다.

④ (가), (나), (다)는 주관적 인식의 모순을 분명하게 밝혔다.

**20** 〈보기〉의 시에 대한 이해로 가장 적절한 것은?

> 보기

돌담 기대 친구 손 붙들고
토한 뒤 눈물 닦고 코 풀고 나서
우러른 잿빛 하늘
무화과 한 그루가 그마저 가렸다.

이봐
내겐 꽃 시절이 없었어
꽃 없이 바로 열매 맺는 게
그게 무화과 아닌가
어떤가
친구는 손 뽑아 등 다스려 주며
이것 봐
열매 속에서 속꽃 피는 게
그게 무화과 아닌가
어떤가

일어나 둘이서 검은 개굴창가 따라
비틀거리며 걷는다
검은 도둑괭이 하나가 날쌔게
개굴창을 가로지른다.

① 잿빛 하늘은 화자가 처한 현실의 반어적 형상이다.

② 화자는 굳은 의지로 전망 부재의 현실에 저항하고 있다.

③ 속으로 꽃이 핀다는 것은 화자가 내면화된 가치를 지녔음을 뜻한다.

④ 도둑괭이는 현실의 부정에 적극 맞서야 함을 일깨우는 존재다.

## 01 〈보기〉의 빈칸에 들어갈 단어로 가장 옳은 것은?

> **보기**
>
> 　군락의 생산성을 높이기 위해 개미가 채택한 경영방식은 철저한 분업제도이다. 개미사회가 성취한 분업 중에서 사회학적으로 볼 때 가장 신기한 것은 이른바 (　　) 분업이다. 여왕개미는 평생 오로지 알을 낳는 일에만 전념하고 일개미들은 그런 여왕을 도와 군락의 (　　)에 필요한 모든 제반 업무를 담당한다. 자신의 유전자를 보다 많이 후세에 남기고자 하는 것이 궁극적인 삶의 의미라는 진화학적 관점에서 볼 때, 자기 스스로 자식을 낳아 키우기를 포기하고 평생토록 여왕을 보좌하는 일개미들의 행동처럼 불가사의한 일도 그리 많지 않다.

① 경제(經濟)　　　② 번식(繁殖)

③ 국방(國防)　　　④ 교육(教育)

## 02 〈보기〉의 밑줄 친 ㉠과 ㉡의 사례로 옳지 않게 짝지은 것은?

> **보기**
>
> 제1항 한글 맞춤법은 표준어를 ㉠소리대로 적되, ㉡어법에 맞도록 함을 원칙으로 한다.

　　㉠　　　　　　㉡

① 마감　　　　무릎이

② 며칠　　　　없었고

③ 빛깔　　　　여덟에

④ 꼬락서니　　젊은이

## 03 〈보기〉의 밑줄 친 부분의 사례로 옳지 않은 것은?

> **보기**
>
> 제51항 부사의 끝음절이 분명히 '이'로만 나는 것은 '-이'로 적고, '히'로만 나거나 '이'나 '히'로 나는 것은 '-히'로 적는다.

① 꼼꼼히　　　　② 당당히

③ 섭섭히　　　　④ 정확히

## 04 〈보기〉의 ㉠~㉣에 들어갈 사자성어로 가장 적절하지 않은 것은?

보기

　투자자들은 제각기 제 살 구멍을 찾아 ( ㉠ )을 서두르는 거대한 개미 떼와도 같이 이리저리 쏠리고 있었다. 어린 시절 뛰놀던 동네는 재개발로 인해 ( ㉡ )라 할 만큼 큰 변화기 있었다. 오래 길들인 생활의 터전을 내준 걸 후회했다. 뒤늦게 후회해 봤자 ( ㉢ )이었다. 수사팀은 거기서부터 추리가 막히고 ( ㉣ )에 빠져드는 느낌이었다.

① ㉠ – 자가당착　　② ㉡ – 상전벽해
③ ㉢ – 만시지탄　　④ ㉣ – 오리무중

## 05 〈보기〉의 작품에 대한 감상으로 가장 옳지 않은 것은?

보기

껍데기는 가라.
사월도 알맹이만 남고
껍데기는 가라.

껍데기는 가라.
동학년(東學年) 곰나루의, 그 아우성만 살고
껍데기는 가라.

그리하여, 다시
껍데기는 가라.
이곳에선, 두 가슴과 그곳까지 내논
이사달 아사녀가
중립(中立)의 초례청 앞에 서서
부끄럼 빛내며
맞절할지니

껍데기는 가라.
한라에서 백두까지
향그러운 흙가슴만 남고
그 모오든 쇠붙이는 가라.

① 반어적 어조로 현실을 풍자하였다.
② 명령과 반복의 기법을 통하여 주제를 분명히 드러내었다.
③ 우리 민족이 처한 현실을 극복하려는 의지를 표현하였다.
④ 민족의 통일에 대한 염원을 담고 있다.

## 06 띄어쓰기가 가장 옳은 문장은?

① 예전에 가 본데가 어디쯤인지 모르겠다.
② 사람을 돕는데에 애 어른이 어디 있겠습니까?
③ 이 그릇은 귀한 거라 손님을 대접하는데나 쓴다.
④ 저분이 그럴 분이 아니신데 큰 실수를 하셨다.

## 07 〈보기〉의 설명에 해당하는 속담으로 가장 적절한 것은?

보기

　훌륭한 사람 밑에서 지내면 그의 덕이 미치고 도움을 받게 됨을 비유적으로 이르는 말

① 서 발 막대 거칠 것 없다
② 무른 땅에 말뚝 박기
③ 금강산 그늘이 관동 팔십 리
④ 우물에 가 숭늉 찾는다

**08** 음운규칙 중 동화의 예로 옳지 않은 것은?

① 권력(權力) → [궐력]

② 래일(來日) → [내일]

③ 돕는다 → [돕는다]

④ 미닫이 → [미다지]

**09** 〈보기〉의 ㉠~㉣ 중 조사를 포함하고 있지 않은 것은?

> 보기
>
> 시미 ㉠기픈 ㉡므른 ㉢ᄀᆞ매 아니 그츨씨
> ㉣내히 이러 바ᄅᆡ 가ᄂᆞ니

① ㉠ – 기픈　　　　② ㉡ – 므른

③ ㉢ – ᄀᆞ매　　　　④ ㉣ – 내히

**10** 표준 발음법에 따라 옳지 않은 것은?

① 금융[금늉/그뮹]

② 샛길[새ː낄/샏ː낄]

③ 나뭇잎[나묻닙/나문닙]

④ 이죽이죽[이중니죽/이주기죽]

**11** 〈보기〉의 작품 설명으로 가장 옳지 않은 것은?

> 보기
>
> 　이때 뚜우하고 정오 사이렌이 울었다. 사람들은 모두 네 활개를 펴고 닭처럼 푸드덕거리는 것 같고 온갖 유리와 강철과 대리석과 지폐와 잉크가 부글부글 끓고 수선을 떨고 하는 것 같은 찰나, 그야말로 현란을 극한 정오다.
> 　나는 불현듯 겨드랑이 가렵다. 아하, 그것은 내 인공의 (　　)가 돋았던 자국이다. 오늘은 없는 이 (　　), 머릿속에서는 희망과 양심의 말소된 페이지가 딕셔내리 넘어가듯 번뜩였다.

> 　나는 걷던 걸음을 멈추고 그리고 어디한번 이렇게 외쳐보고 싶었다.
> 　(　　)야 다시 돋아라.
> 　날자. 날자. 날자. 한번만 더 날자꾸나.
> 　한번만 더 날아 보았꾸나.

① 1936년에 발표한 작가 이상의 대표작이다.

② (　　) 안에 들어갈 공통 단어는 '날개'이다.

③ 모더니즘 계열의 소설이다.

④ 결혼을 앞둔 남녀관계를 다루고 있다.

**12** 외래어 표기법의 기본 원칙으로 옳지 않은 것은?

① 외래어는 국어의 현용 24자모만으로 적는다.

② 외래어의 1음운은 원칙적으로 1기호로 적는다.

③ 받침에는 'ㄱ, ㄴ, ㄷ, ㄹ, ㅁ, ㅂ, ㅅ, ㅇ'만을 적는다.

④ 파열음 표기에는 된소리를 쓰지 않는 것을 원칙으로 한다.

**13** 〈보기〉의 ㉠~㉣ 중 이 글의 주제문으로 가장 적절한 것은?

> 보기
>
> 　㉠남녀평등 문제는 앞으로 별 의미를 갖지 못할 것이다. ㉡현재의 출산율은 1.17명이다. 한 부부가 아들과 딸 중 하나를 낳아 기른다는 걸 의미한다. 아들 선호사상이야 사라지지 않겠지만 평등 문제는 크게 개선될 것이다. ㉢높아진 평등의식도 긍정적 요인이다. 최근 각계에 여성 진출이 두드러지고 있는 것은 이런 앞날을 예고하는 것이다. ㉣내 딸만큼은 나처럼 키우지 않겠다는 한국 어머니들의 한(恨)이 높은 여성교육 열기로 이어지고 쌓인 결과이기도 하다.

① ㉠

② ㉡

③ ㉢

④ ㉣

## 14 〈보기〉 작품의 전체 맥락을 고려할 때 ㉠에 들어갈 구절로 가장 적절한 것은?

> 보기
>
> 숲은 만조다
> 바람이란 바람 모두 밀려와 나무들 해초처럼
> 일렁이고 일렁임은 일렁임끼리 부딪쳐 자꾸만
> 파도를 만든다
> 숲은 얼마나 오래 웅웅거리는 벌떼들을 키워
> 온 것일까
> 아주 먼 데서 온 바람이 숲을 건드리자
> 숨죽이고 있던 모래알갱이들까지 우우 일어
> 나 몰려다닌다
> 저기 거북의 등처럼 낮게 엎드린 잿빛 바위,
> 그 완강한 침묵조차 남겨두지 않겠다는 듯
> ( ㉠ )
> 아니라 아니라고 온몸을 흔든다 스스로 범람
> 한다
> 숲에서 벗어나기 위해 숲은 육탈(肉脫)한다
> 부러진 나뭇가지들 떠내려간다

① 숲은 푸르다

② 숲은 출렁거린다

③ 바다는 조용하다

④ 바다는 깊다

## 15 밑줄 친 단어의 성격이 다른 것은?

① 새 책

② 갖은 양념

③ 이런 사람

④ 외딴 섬

## 16 〈보기〉를 읽은 독자가 가질 수 있는 의문으로 가장 적절하지 않은 것은?

> 보기
>
> '무지개'를 '공중에 떠 있는 물방울이 햇빛을 받아 나타나는, 반원 모양의 일곱 빛깔의 줄'이라고 사전적으로 풀이하면, '무지개'가 우리에게 주는 아름다운 연상이 사라질 정도로 '무지개'는 아름다운 우리말이다. 국어의 역사를 잘 알지 못하면 '무지개'가 '물'과 '지개'로 분석될 수 있다는 사실에 언뜻 수긍하지 못할 것이다. '무지개'는 원래 '물'과 '지개'의 합성어인데, 'ㅈ' 앞에서 'ㄹ'이 탈락하여 '무지개'가 되었다. '무지개'에 '물'이 관계되는 것에 이의를 달 사람은 없을 것이므로, '물'은 이해가 되겠는데, '지개'는 무엇이냐고 묻는 사람이 있을 것이다. 문헌에 처음 보이는 형태는 '므지게'인데, 15세기 『용비어천가』나 『석보상절』과 같은 훈민정음 창제 초기의 문헌에 등장한다. '믈[水]'의 15세기 형태인 '믈'에 '지게'가 합쳐진 것으로, '지게'의 'ㅈ' 앞에서 '믈'의 'ㄹ'이 탈락한 것이다.

① '물'의 'ㄹ'이 '지개'의 'ㅈ' 앞에서 탈락한 것이라면, 탈락의 조건은 무엇일까?

② '지개'가 '지게'에서 온 말이라면, 'ㅔ'와 'ㅐ'의 차이는 어떻게 설명할까?

③ '무지개'가 '물'과 '지게'가 합쳐져 변화한 말이라면, 변화한 때는 언제일까?

④ '무지개가 뜨다', '무지개가 걸리다'는 표현은 적절한 표현일까?

**17** 표준어 규정에 맞지 않는 단어로만 짝지은 것은?

① 숫양 – 숫기와
② 숫병아리 – 숫당나귀
③ 수퇘지 – 숫은행나무
④ 수캉아지 – 수탉

**18** 〈보기〉에 대한 설명으로 가장 옳지 않은 것은?

> **보기**
>
> 어이려뇨 어이려뇨 싀어마님아 어이려뇨
> 쇼대남진의 밥을 담다가 놋쥬걱 잘를 부르쳐
> 시니 이를 어이ᄒ려뇨 싀어마님아 져 아기 하
> 격졍 마스라
> 우리도 져머신 제 만히 것거 보왓노라

① 시어머니와 며느리의 대화로 작품이 전개되고 있다.
② 동일한 시어의 반복을 통해 리듬감을 형성하고 있다.
③ 인간의 범상한 욕구를 조명하여 희극적 묘미를 드러내고 있다.
④ 아랫사람의 잘못으로 인해 인물들의 갈등이 더욱 심화되고 있다.

**19** 밑줄 친 '당신' 중에서 인칭이 다른 것은?

① 할아버지께서는 생전에 <u>당신</u>의 장서를 소중히 다루셨다.
② <u>당신</u>에게 좋은 남편이 되도록 노력하겠소.
③ <u>당신</u>의 희생을 잊지 않겠습니다.
④ 이 일을 한 사람이 <u>당신</u>입니까?

**20** 〈보기〉의 (가)와 (나)의 공통점에 대한 설명으로 가장 옳지 않은 것은?

> **보기**
>
> (가) 강호(江湖)에 ᄀ을이 드니 고기마다 술져
>   잇다
>   소정(小艇)에 그물 시러 흘니 씌여 더져 두
>   고
>   이 몸이 소일(消日)하옴도 역군은(亦君恩)
>   이샷다
>
> (나) 추강(秋江)에 밤이 드니 물결이 ᄎ노미라
>   낙시 드리치니 고기 아니 무노미라
>   무심(無心)ᄒᆞᆫ 달빗만 싯고 빈비 저어 오노
>   라.

① 자연 속에서 한가롭게 지내는 삶을 표현하였다.
② 배를 타고 낚시를 즐기는 내용이 포함되어 있다.
③ 동일한 문학 장르의 정형시 작품들이다.
④ 임금의 은혜를 생각하는 마음이 표현되어 있다.

## 01 〈보기〉의 밑줄 친 말 중에서 맞춤법에 맞게 쓰인 것을 옳게 짝지은 것은?

> **보기**
>
> 휴일을 ㉠보내는 데에는 ㉡책만 한 것이 없다. 책을 읽다 보면 삶이 풍요로워짐을 느낀다. 독서의 중요성을 강조한 ㉢김박사님의 말씀이 떠오른다. 그런데 ㉣솔직이 말하면 이런 즐거움을 느끼게 된 것은 그다지 오래되지 않았다. 여태까지는 시험 문제의 답을 잘 ㉤맞추기 위한 목적에서 책을 읽는 것이 대부분이었기 때문이다. 이제부터는 지식과 지혜를 ㉥늘리고 삶을 윤택하게 하려는 목적에서 책을 ㉦읽으므로써 나 자신을 성장시키도록 ㉧해야 겠다.

① ㉠, ㉤
② ㉡, ㉥
③ ㉢, ㉦
④ ㉣, ㉧

## 02 밑줄 친 부분의 시제가 나머지 세 문장과 다른 것은?

① 세월이 많이 흐르긴 흘렀네, 너도 많이 늙었다.
② 너는 네 아버지 어릴 때를 꼭 닮았어.
③ 그 사람은 작년에 부쩍 늙었어.
④ 고생해서 그런지 많이 말랐네.

## 03 어문 규범에 맞는 표기로만 이루어진 것은?

① 아버님께서는 동생의 철없는 행동을 들으시고는 대노(大怒)하셨다.
② 차림새만 봐서는 여자인지 남자인지 갈음이 되지 않는다.
③ 새로 산 목거리가 옷과 잘 어울린다.
④ 욜로 가면 지름길이 나온다.

## 04 고사성어의 쓰임이 가장 옳지 않은 것은?

① 肝膽相照하던 벗이 떠나 마음이 쓸쓸하다.
② 두메 속에 사는 토박이 상놈들이 조 의정 집의 위력을 막을 수는 그야말로 螳螂拒轍이었다.
③ 우리의 거사는 騎虎之勢의 형국이니 목적을 달성할 때까지 버티어야 한다.
④ 부부의 연을 맺어 百年河淸하기 위해서는 끊임없이 노력해야 한다.

## 05 한글의 창제 원리에 대한 설명으로 가장 옳지 않은 것은?

① 중성자는 발음 기관의 상형을 통해 만들어졌다.
② 같은 조음 위치에 속하는 자음자들은 형태상 유사성을 지닌다.
③ 중성자는 기본자를 조합하여 초출자와 재출자를 만들었다.
④ 종성자는 따로 만들지 않았다.

## 06 〈보기〉의 시에 대한 이해로 가장 적절하지 않은 것은?

─ 보기 ─

나는 이제 너에게도 슬픔을 주겠다.
사랑보다 소중한 슬픔을 주겠다.
겨울밤 거리에서 귤 몇 개 놓고
살아온 추위와 떨고 있는 할머니에게
귤값을 깎으면서 기뻐하던 너를 위하여
나는 슬픔의 평등한 얼굴을 보여 주겠다.
내가 어둠 속에서 너를 부를 때
단 한 번도 평등하게 웃어 주질 않은
가마니에 덮인 동사자가 다시 얼어 죽을 때
가마니 한 장조차 덮어 주지 않은
무관심한 너의 사랑을 위해
흘릴 줄 모르는 너의 눈물을 위해
나는 이제 너에게도 기다림을 주겠다.
이 세상에 내리던 함박눈을 멈추겠다.
보리밭에 내리던 봄눈들을 데리고
추워 떠는 사람들의 슬픔에게 다녀와서
눈 그친 눈길을 너와 함께 걷겠다.
슬픔의 힘에 대한 이야기를 하며
기다림의 슬픔까지 걸어가겠다.
　　　　　　　　 – 정호승, 「슬픔이 기쁨에게」 –

① 기쁨으로 슬픔을 이겨내자는 주제를 전달하고 있다.
② 대결과 갈등이 아닌 화합과 조화를 통한 해결을 추구한다.
③ 겉으로 보기에는 모순된 말이지만, 그 속에 진리를 담아 표현하였다.
④ 현실 비판적이고 교훈적인 성격의 시이다.

## 07 〈보기〉의 외래어 표기가 옳은 것을 모두 고른 것은?

─ 보기 ─

ㄱ. 아젠다(agenda)
ㄴ. 시저(Caesar)
ㄷ. 레크레이션(recreation)
ㄹ. 싸이트(site)
ㅁ. 팸플릿(pamphlet)
ㅂ. 규슈(キュウシュウ, 九州)

① ㄱ, ㄷ, ㄹ
② ㄴ, ㅁ, ㅂ
③ ㄱ, ㄴ, ㄷ, ㅂ
④ ㄴ, ㄷ, ㄹ, ㅁ

## 08 〈보기〉에서 중의성이 발생한 원인이 같은 것을 옳게 짝지은 것은?

─ 보기 ─

ㄱ. 아버지께 꼭 차를 사드리고 싶습니다.
ㄴ. 철수는 아름다운 하늘의 구름을 바라보았다.
ㄷ. 철수는 아내보다 딸을 더 사랑한다.
ㄹ. 잘생긴 영수의 동생을 만났다.
ㅁ. 그것이 정말 사과냐?
ㅂ. 영희는 어제 빨간 모자를 쓰고 학교에 가지 않았다.

① ㄱ, ㄴ
② ㄴ, ㄹ
③ ㄷ, ㅁ
④ ㄹ, ㅂ

**09** 〈보기〉의 ㉠~㉣에 대한 설명으로 가장 옳지 않은 것은?

> ──── 보기 ────
>
> 생사(生死) 길은
> 예 있으매 머뭇거리고,
> 나는 간다는 말도
> 못다 이르고 어찌 갑니까.
> 어느 가을 ㉠이른 바람에
> 이에 저에 떨어질 잎처럼,
> ㉡한 가지에 나고
> 가는 곳 모르온저.
> ㉢아아, ㉣미타찰(彌陀刹)에서 만날 나
> 도(道) 닦아 기다리겠노라.
>
> ─ 월명사, 「제망매가」 ─

① ㉠은 예상보다 빠르게 닥쳐온 불행을 의미한다.
② ㉡은 친동기 관계라는 것을 의미한다.
③ ㉢은 다른 향가 작품에서는 찾기 어려운 생생한 표현이다.
④ ㉣은 불교적 세계관을 보여준다.

**10** 밑줄 친 단어의 사용이 옳지 않은 것은?

① 예산을 대충 걷잡아서 말하지 말고 잘 뽑아 보시오.
② 돌아가신 어머니의 모습이 방불하게 눈앞에 떠오른다.
③ 정작 일을 서둘고 보니 당초의 예상과는 딴판으로 돈이 잘 걷히지 않았다.
④ 여러분과 여러분 가정에 행운이 가득하기를 기원하는 것으로 치사를 갈음합니다.

**11** 〈보기〉에서 (가), (나)에 해당하는 예로 가장 옳은 것은?

> ──── 보기 ────
>
> (가) 어간 받침 'ㄴ(ㄵ), ㅁ(ㄻ)' 뒤에 결합되는 어미의 첫소리 'ㄱ, ㄷ, ㅅ, ㅈ'은 된소리로 발음한다.
> (나) 어간 받침 'ㄼ, ㄾ' 뒤에 결합되는 어미의 첫소리 'ㄱ, ㄷ, ㅅ, ㅈ'은 된소리로 발음한다.

|  | (가) | (나) |
|---|---|---|
| ① | (신을) 신기다 | 여덟도 |
| ② | (나이가) 젊지 | 핥다 |
| ③ | (신을) 신기다 | 핥다 |
| ④ | (나이가) 젊지 | 여덟도 |

**12** 밑줄 친 의미가 나머지 셋과 다른 것은?

① 연이 바람을 타고 하늘로 올라간다.
② 부동산 경기를 타고 건축 붐이 일었다.
③ 착한 일을 한 덕분에 방송을 타게 됐다.
④ 그녀는 아버지의 음악적 소질을 타고 태어났다.

**13** 밑줄 친 부분의 문장 성분이 관형어가 아닌 것은?

① 아기가 새 옷을 입었다.
② 군인인 형이 휴가를 나왔다.
③ 친구가 나에게 선물을 주었다.
④ 소녀는 시골의 풍경을 좋아한다.

**14** 밑줄 친 단어의 표기가 옳은 것은?

① 이 책은 머릿말부터 마음에 들었다.

② 복도에서 윗층에 사는 노부부를 만났다.

③ 햇님이 방긋 웃는 듯하다.

④ 북엇국으로 든든하게 아침을 먹었다.

**15** 띄어쓰기가 옳지 않은 것은?

① 너야말로 칭찬받을 만하다.

② 그 사실을 말할 수밖에 없었다.

③ 힘깨나 쓴다고 자랑하지 마라.

④ 밥은 커녕 빵도 못 먹었다.

**16** 의미 변화에 대한 설명으로 가장 옳지 않은 것은?

① '겨레'는 근대국어에서 '친족'을 뜻하였는데 오늘날에는 '민족'을 뜻하여 의미가 확대되었다.

② '얼굴'은 중세국어에서 '형체'를 뜻하였는데 오늘날에는 '안면'을 뜻하여 의미가 축소되었다.

③ '어리다'는 중세국어에서 '어리석다'를 뜻하였는데 오늘날에는 '나이가 적다'를 뜻하여 의미가 상승하였다.

④ '계집'은 중세국어에서 '여자'를 뜻하였는데 오늘날에는 '여자를 낮잡아 이르는 말'로 의미가 하락하였다.

**17** 밑줄 친 한자어를 쉬운 표현으로 바꾼 것으로 적절하지 않은 것은?

① 일부인을 찍은 접수증을 발급한다.

　→ 날짜 도장을 찍은 접수증을 발급한다.

② 굴삭기에는 굴삭 시건장치를 갖춰야 한다.

　→ 굴삭기에는 굴삭 멈춤장치를 갖춰야 한다.

③ 소작농에게 농지를 불하하였다.

　→ 소작농에게 농지를 매각하였다.

④ 공무상 지득한 사실을 누설하였다.

　→ 공무상 알게 된 사실을 누설하였다.

**18** 〈보기〉의 작품과 형식이 다른 것은?

> 우는 거시 벅구기가 프른 거시 버들숩가.
> 이어라 이어라
> 어촌 두어 집이 닛 속의 나락들락.
> 지국총 지국총 어스와
> 말가흔 기픈 소희 온갇 고기 뛰노ᄂ다.

① 「면앙정가」　　② 「오우가」

③ 「훈민가」　　④ 「도산십이곡」

**19** 〈보기〉의 ㉠, ㉡에 들어갈 접속어에 대한 설명으로 가장 옳은 것은?

───── 보기 ─────

　많은 과학자와 기술자가 과학 연구와 기술 훈련을 위하여 외국에 갔다 돌아오고, 또 많은 외국의 기술자가 이러한 목적을 위하여 우리나라에 왔다가 돌아간다. 이러한 일은 우리의 과학 기술 발전에 커다란 영향을 주고, 또 우리의 문화생활에 새로운 변화를 일으키며 더욱 우리 사회의 근대화에 실질적인 힘이 되고 있다.

　( ㉠ ) 이러한 선진 과학 기술을 우리의 것으로 완전히 소화하고, 다시 이것을 발전시켜 우리에게 유익하게 이용할 수 있는 만반의 계획과 태세를 갖추지 않는다면, 우리는 영원히 참다운 경제 자립을 이룩할 수 없게 될 뿐만 아니라, 경우에 따라서는 정치, 외교의 자주성을 굳게 지켜 나갈 수 없게 될 것이다.

　( ㉡ ) 선진 기술을 어떠한 원칙에서 받아들여, 어떠한 과학 기술 분야에서부터 진흥시켜 나갈 것인가 하는 구체적인 계획을 세워서 이것을 장기적으로 계속 추진하여 나간다는 것은, 과학 기술 진흥을 위하여 가장 중요하고도 기본적인 문제가 된다.

－ 박익수, 「우리 과학 기술 진흥책」 －

① ㉠은 조건, 이유에 대한 결과를 나타내는 '순접' 기능을 한다.

② ㉡은 대등한 자격으로 이어지는 '요약' 기능을 한다.

③ ㉠은 반대, 대립되는 내용을 나타내는 '역접' 기능을 한다.

④ ㉡은 다른 내용을 도입하는 '전환' 기능을 한다.

**20** 〈보기〉에서 (가)~(라)를 문맥에 맞게 순서대로 바르게 나열한 것은?

───── 보기 ─────

　생물의 동면을 결정하는 인자 중에서 온도는 매우 중요하다. 하지만 이상 기온이 있듯이 기온은 변덕이 심해서 생물체가 속는 일이 많다.

　(가) 하지만 위험은 날씨에 적응하지 못하고 얼어 죽는 것만이 아니다. 동면에 들어가기 위해서는 신체를 특정한 상태로 만들어야 하므로 이 과정에서 많은 에너지가 필요하다. 또 동면에서 깨어나는 것도 에너지 소모가 매우 많다.

　(나) 이런 위험을 피하려면 날씨의 변덕에 구애를 받지 않고 조금 더 정확한 스케줄에 따라 동면에 들어가고 깨어날 필요가 있다. 일부 동물들은 계절 변화에 맞추어진 생체 시계나 일광 주기를 동면의 신호로 사용한다는 것이 밝혀졌다.

　(다) 박쥐의 경우 동면하는 동안 이를 방해해서 깨우면 다시 동면에 들어가더라도 대다수는 깨어나지 못하고 죽어버린다. 잠시나마 동면에서 깨어나면서 에너지를 너무 많이 소모해버리기 때문이다.

　(라) 흔히 '미친 개나리'라고 해서 제철도 아닌데 날씨가 조금 따뜻하다고 꽃을 피웠다가 날씨가 추워져 얼어 죽는 일이 종종 있다. 이상 기온에 속기는 동물들도 마찬가지다. 겨울이 되었는데도 날씨가 춥지 않아 벌레들이 다시 나왔다가 얼어 죽기도 한다.

① (나) → (다) → (라) → (가)

② (나) → (다) → (가) → (라)

③ (라) → (가) → (다) → (나)

④ (라) → (가) → (나) → (다)

3개년

# 2023~2021
# [영 어]
# 기출문제

QUESTIONS

**[01~04] 밑줄 친 부분의 의미와 가장 가까운 것을 고르시오.**

## 01

Jane wanted to have a small wedding rather than a fancy one. Thus, she planned to invite her family and a few of her intimate friends to eat delicious food and have some pleasant moments.

① nosy
② close
③ outgoing
④ considerate

## 02

The incessant public curiosity and consumer demand due to the health benefits with lesser cost has increased the interest in functional foods.

① rapid
② constant
③ significant
④ intermittent

## 03

Because of the pandemic, the company had to hold off the plan to provide the workers with various training programs.

① elaborate
② release
③ modify
④ suspend

## 04

The new Regional Governor said he would abide by the decision of the High Court to release the prisoner.

① accept
② report
③ postpone
④ announce

## 05 밑줄 친 부분 중 어법상 옳지 않은 것은?

While advances in transplant technology have made ①it possible to extend the life of individuals with end—stage organ disease, it is argued ②that the biomedical view of organ transplantation as a bounded event, which ends once a heart or kidney is successfully replaced, ③conceal the complex and dynamic process that more ④accurately represents the experience of receiving an organ.

## 06 어법상 옳지 않은 것은?

① All assignments are expected to be turned in on time.

② Hardly had I closed my eyes when I began to think of her.

③ The broker recommended that she buy the stocks immediately.

④ A woman with the tip of a pencil stuck in her head has finally had it remove.

## 07 우리말을 영어로 잘못 옮긴 것은?

① 내 고양이 나이는 그의 고양이 나이의 세 배이다.

→ My cat is three times as old as his.

② 우리는 그 일을 이번 달 말까지 끝내야 한다.

→ We have to finish the work until the end of this month.

③ 그녀는 이틀에 한 번 머리를 감는다.

→ She washes her hair every other day.

④ 너는 비가 올 경우에 대비하여 우산을 갖고 가는 게 낫겠다.

→ You had better take an umbrella in case it rains.

## 08 다음 글의 내용과 일치하지 않는 것은?

Are you getting enough choline? Chances are, this nutrient isn't even on your radar. It's time choline gets the attention it deserves. A shocking 90 percent of Americans aren't getting enough choline, according to a recent study. Choline is essential to health at all ages and stages, and is especially critical for brain development. Why aren't we getting enough? Choline is found in many different foods but in small amounts. Plus, the foods that are rich in choline aren't the most popular: think liver, egg yolks and lima beans. Taylor Wallace, who worked on a recent analysis of choline intake in the United States, says, "There isn't enough awareness about choline even among health-care professionals because our government hasn't reviewed the data or set policies around choline since the late '90s."

① A majority of Americans are not getting enough choline.

② Choline is an essential nutrient required for brain development.

③ Foods such as liver and lima beans are good sources of choline.

④ The importance of choline has been stressed since the late '90s in the U.S.

## 09 다음 글의 내용과 일치하는 것은?

Around 1700 there were, by some accounts, more than 2,000 London coffeehouses, occupying more premises and paying more rent than any other trade. They came to be known as penny universities, because for that price one could purchase a cup of coffee and sit for hours listening to extraordinary conversations. Each coffeehouse specialized in a different type of clientele. In one, physicians could be consulted. Others served Protestants, Puritans, Catholics, Jews, literati, merchants, traders, Whigs, Tories, army officers, actors, lawyers, or clergy. The coffeehouses provided England's first egalitarian meeting place, where a man chatted with his tablemates whether he knew them or not.

① The number of coffeehouses was smaller than that of any other business.

② Customers were not allowed to stay for more than an hour in a coffeehouse.

③ Religious people didn't get together in a coffeehouse to chat.

④ One could converse even with unknown tablemates in a coffeehouse.

[10~11] 밑줄 친 부분에 들어갈 말로 알맞은 것을 고르시오.

## 10

> A: I got this new skin cream from a drugstore yesterday. It is supposed to remove all wrinkles and make your skin look much younger.
> B: _____
> A: Why don't you believe it? I've read in a few blogs that the cream really works.
> B: I assume that the cream is good for your skin, but I don't think that it is possible to get rid of wrinkles or magically look younger by using a cream.
> A: You are so pessimistic.
> B: No, I'm just being realistic. I think you are being gullible.

① I don't buy it.

② It's too pricey.

③ I can't help you out.

④ Believe it or not, it's true.

## 11

> A: I'd like to go sightseeing downtown. Where do you think I should go?
> B: I strongly suggest you visit the national art gallery.
> A: Oh, that's a great idea. What else should I check out?
> B: _____
> A: I don't have time for that. I need to meet a client at three.
> B: Oh, I see. Why don't you visit the national park, then?
> A: That sounds good. Thank you!

① This is the map that your client needs. Here you go.

② A guided tour to the river park. It takes all afternoon.

③ You should check it out as soon as possible.

④ The checkout time is three o'clock.

## 12 두 사람의 대화 중 자연스럽지 않은 것은?

① A: He's finally in a hit movie!

　B: Well, he's got it made.

② A: I'm getting a little tired now.

　B: Let's call it a day.

③ A: The kids are going to a birthday party.

　B: So, it was a piece of cake.

④ A: I wonder why he went home early yesterday.

　B: I think he was under the weather.

## 13 다음 글의 제목으로 알맞은 것은?

The feeling of being loved and the biological response it stimulates is triggered by nonverbal cues: the tone in a voice, the expression on a face, or the touch that feels just right. Nonverbal cues—rather than spoken words—make us feel that the person we are with is interested in, understands, and values us. When we're with them, we feel safe. We even see the power of nonverbal cues in the wild. After evading the chase of predators, animals often nuzzle each other as a means of stress relief. This bodily contact provides reassurance of safety and relieves stress.

① How Do Wild Animals Think and Feel?

② Communicating Effectively Is the Secret to Success

③ Nonverbal Communication Speaks Louder than Words

④ Verbal Cues: The Primary Tools for Expressing Feelings

## 14 다음 글의 주제로 알맞은 것은?

There are times, like holidays and birthdays, when toys and gifts accumulate in a child's life. You can use these times to teach a healthy nondependency on things. Don't surround your child with toys. Instead, arrange them in baskets, have one basket out at a time, and rotate baskets occasionally. If a cherished object is put away for a time, bringing it out creates a delightful remembering and freshness of outlook. Suppose your child asks for a toy that has been put away for a while. You can direct attention toward an object or experience that is already in the environment. If you lose or break a possession, try to model a good attitude ("I appreciated it while I had it!") so that your child can begin to develop an attitude of nonattachment. If a toy of hers is broken or lost, help her to say," I had fun with that."

① building a healthy attitude toward possessions

② learning the value of sharing toys with others

③ teaching how to arrange toys in an orderly manner

④ accepting responsibility for behaving in undesirable ways

## 15 다음 글의 요지로 알맞은 것은?

Many parents have been misguided by the "self-esteem movement," which has told them that the way to build their children's self-esteem is to tell them how good they are at things. Unfortunately, trying to convince your children of their competence will likely fail because life has a way of telling them unequivocally how capable or incapable they really are through success and failure. Research has shown that how you praise your children has a powerful influence on their development. Some researchers found that children who were praised for their intelligence, as compared to their effort, became overly focused on results. Following a failure, these same children persisted less, showed less enjoyment, attributed their failure to a lack of ability, and performed poorly in future achievement efforts. Praising children for intelligence made them fear difficulty because they began to equate failure with stupidity.

① Frequent praises increase self-esteem of children.

② Compliments on intelligence bring about negative effect.

③ A child should overcome fear of failure through success.

④ Parents should focus on the outcome rather than the process.

## 16 밑줄 친 부분에 들어갈 말로 알맞은 것은?

In recent years, the increased popularity of online marketing and social media sharing has boosted the need for advertising standardization for global brands. Most big marketing and advertising campaigns include a large online presence. Connected consumers can now zip easily across borders via the internet and social media, making it difficult for advertisers to roll out adapted campaigns in a controlled, orderly fashion. As a result, most global consumer brands coordinate their digital sites internationally. For example, Coca-Cola web and social media sites around the world, from Australia and Argentina to France, Romania, and Russia, are surprisingly _____. All feature splashes of familiar Coke red, iconic Coke bottle shapes, and Coca-Cola's music and "Taste the Feeling" themes.

① experimental     ② uniform

③ localized     ④ diverse

## 17 다음 글의 흐름상 어색한 문장은?

In our monthly surveys of 5,000 American workers and 500 U.S. employers, a huge shift to hybrid work is abundantly clear for office and knowledge workers. ①An emerging norm is three days a week in the office and two at home, cutting days on site by 30% or more. You might think this cutback would bring a huge drop in the demand for office space. ②But our survey data suggests cuts in office space of 1% to 2% on average, implying big reductions in density not space. We can understand why. High density at the office is uncomfortable and many workers dislike crowds around their desks. ③Most employees want to work from home on Mondays and Fridays. Discomfort with density extends to lobbies, kitchens, and especially elevators. ④The only sure-fire way to reduce density is to cut days on site without cutting square footage as much. Discomfort with density is here to stay according to our survey evidence.

## 18 주어진 문장이 들어갈 위치로 알맞은 것은?

They installed video cameras at places known for illegal crossings, and put live video feeds from the cameras on a Web site.

Immigration reform is a political minefield. ( ① ) About the only aspect of immigration policy that commands broad political support is the resolve to secure the U.S. border with Mexico to limit the flow of illegal immigrants. ( ② ) Texas sheriffs recently developed a novel use of the Internet to help them keep watch on the border. ( ③ ) Citizens who want to help monitor the border can go online and serve as "virtual Texas deputies." ( ④ ) If they see anyone trying to cross the border, they send a report to the sheriff's office, which follows up, sometimes with the help of the U.S. Border Patrol.

## 19 주어진 글 다음에 이어질 글의 순서로 알맞은 것은?

All civilizations rely on government administration. Perhaps no civilization better exemplifies this than ancient Rome.

(A) To rule an area that large, the Romans, based in what is now central Italy, needed an effective system of government administration.

(B) Actually, the word "civilization" itself comes from the Latin word *civis*, meaning "citizen."

(C) Latin was the language of ancient Rome, whose territory stretched from the Mediterranean basin all the way to parts of Great Britain in the north and the Black Sea to the east.

① (A) — (B) — (C)
② (B) — (A) — (C)
③ (B) — (C) — (A)
④ (C) — (A) — (B)

## 20 밑줄 친 부분에 들어갈 말로 알맞은 것은?

Over the last fifty years, all major subdisciplines in psychology have become more and more isolated from each other as training becomes increasingly specialized and narrow in focus. As some psychologists have long argued, if the field of psychology is to mature and advance scientifically, its disparate parts (for example, neuroscience, developmental, cognitive, personality, and social) must become whole and integrated again. Science advances when distinct topics become theoretically and empirically integrated under simplifying theoretical frameworks. Psychology of science will encourage collaboration among psychologists from various sub-areas, helping the field achieve coherence rather than continued fragmentation. In this way, psychology of science might act as a template for psychology as a whole by integrating under one discipline all of the major fractions/factions within the field. It would be no small feat and of no small import if the psychology of science could become a model for the parent discipline on how to combine resources and study science _____.

① from a unified perspective
② in dynamic aspects
③ throughout history
④ with accurate evidence

## [01~03] 밑줄 친 부분의 의미와 가장 가까운 것을 고르시오.

### 01

For years, detectives have been trying to unravel the mystery of the sudden disappearance of the twin brothers.

① solve
② create
③ imitate
④ publicize

### 02

Before the couple experienced parenthood, their four-bedroom house seemed unnecessarily opulent.

① hidden
② luxurious
③ empty
④ solid

### 03

The boss hit the roof when he saw that we had already spent the entire budget in such a short period of time.

① was very satisfied
② was very surprised
③ became extremely calm
④ became extremely angry

## [04~05] 밑줄 친 부분에 들어갈 말로 가장 적절한 것을 고르시오.

### 04

A mouse potato is the computer _____ of television's couch potato: someone who tends to spend a great deal of leisure time in front of the computer in much the same way the couch potato does in front of the television.

① technician
② equivalent
③ network
④ simulation

### 05

Mary decided to _____ her Spanish before going to South America.

① brush up on
② hear out
③ stick up for
④ lay off

## 06 어법상 옳은 것은?

① A horse should be fed according to its individual needs and the nature of its work.

② My hat was blown off by the wind while walking down a narrow street.

③ She has known primarily as a political cartoonist throughout her career.

④ Even young children like to be complimented for a job done good.

## 07 다음 글의 내용과 일치하지 않는 것은?

Umberto Eco was an Italian novelist, cultural critic and philosopher. He is widely known for his 1980 novel *The Name of the Rose*, a historical mystery combining semiotics in fiction with biblical analysis, medieval studies and literary theory. He later wrote other novels, including *Foucault's Pendulum and The Island of the Day Before*. Eco was also a translator: he translated Raymond Queneau's book *Exercices de style* into Italian. He was the founder of the Department of Media Studies at the University of the Republic of San Marino. He died at his Milanese home of pancreatic cancer, from which he had been suffering for two years, on the night of February 19, 2016.

① *The Name of the Rose* is a historical novel.

② Eco translated a book into Italian.

③ Eco founded a university department.

④ Eco died in a hospital of cancer.

## 08 밑줄 친 부분 중 어법상 옳지 않은 것은?

To find a good starting point, one must return to the year 1800 during ①which the first modern electric battery was developed. Italian Alessandro Volta found that a combination of silver, copper, and zinc ②were ideal for producing an electrical current. The enhanced design, ③called a Voltaic pile, was made by stacking some discs made from these metals between discs made of cardboard soaked in sea water. There was ④such talk about Volta's work that he was requested to conduct a demonstration before the Emperor Napoleon himself.

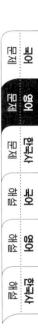

**107**

**09** 다음 글의 제목으로 가장 적절한 것은?

Lasers are possible because of the way light interacts with electrons. Electrons exist at specific energy levels or states characteristic of that particular atom or molecule. The energy levels can be imagined as rings or orbits around a nucleus. Electrons in outer rings are at higher energy levels than those in inner rings. Electrons can be bumped up to higher energy levels by the injection of energy—for example, by a flash of light. When an electron drops from an outer to an inner level, "excess" energy is given off as light. The wavelength or color of the emitted light is precisely related to the amount of energy released. Depending on the particular lasing material being used, specific wavelengths of light are absorbed (to energize or excite the electrons) and specific wavelengths are emitted (when the electrons fall back to their initial level).

① How Is Laser Produced?
② When Was Laser Invented?
③ What Electrons Does Laser Emit?
④ Why Do Electrons Reflect Light?

**10** 다음 글의 흐름상 가장 어색한 문장은?

Markets in water rights are likely to evolve as a rising population leads to shortages and climate change causes drought and famine. ① But they will be based on regional and ethical trading practices and will differ from the bulk of commodity trade. ② Detractors argue trading water is unethical or even a breach of human rights, but already water rights are bought and sold in arid areas of the globe from Oman to Australia. ③ Drinking distilled water can be beneficial, but may not be the best choice for everyone, especially if the minerals are not supplemented by another source. ④ "We strongly believe that water is in fact turning into the new gold for this decade and beyond, "said Ziad Abdelnour." No wonder smart money is aggressively moving in this direction."

**[11~12]** 밑줄 친 부분에 들어갈 말로 가장 적절한 것을 고르시오.

## 11

A: I heard that the university cafeteria changed their menu.
B: Yeah, I just checked it out.
A: And they got a new caterer.
B: Yes, Sam's Catering.
A: _____?
B: There are more dessert choices. Also, some sandwich choices were removed.

① What is your favorite dessert
② Do you know where their office is
③ Do you need my help with the menu
④ What's the difference from the last menu

## 12

A: Hi there. May I help you?
B: Yes, I'm looking for a sweater.
A: Well, this one is the latest style from the fall collection. What do you think?
B: It's gorgeous. How much is it?
A: Let me check the price for you. It's $120.
B: _____.
A: Then how about this sweater? It's from the last season, but it's on sale for $50.
B: Perfect! Let me try it on.

① I also need a pair of pants to go with it
② That jacket is the perfect gift for me
③ It's a little out of my price range
④ We are open until 7 p.m. on Saturdays

**[13~14]** 우리말을 영어로 잘못 옮긴 것을 고르시오.

## 13

① 우리가 영어를 단시간에 배우는 것은 결코 쉬운 일이 아니다.
→ It is by no means easy for us to learn English in a short time.
② 우리 인생에서 시간보다 더 소중한 것은 없다.
→ Nothing is more precious as time in our life.
③ 아이들은 길을 건널 때 아무리 조심해도 지나치지 않다.
→ Children cannot be too careful when crossing the street.
④ 그녀는 남들이 말하는 것을 쉽게 믿는다.
→ She easily believes what others say.

## 14

① 커피 세 잔을 마셨기 때문에, 그녀는 잠을 이룰 수 없다.
→ Having drunk three cups of coffee, she can't fall asleep.
② 친절한 사람이어서, 그녀는 모든 이에게 사랑받는다.
→ Being a kind person, she is loved by everyone.
③ 모든 점이 고려된다면, 그녀가 그 직위에 가장 적임인 사람이다.
→ All things considered, she is the best-qualified person for the position.
④ 다리를 꼰 채로 오랫동안 앉아 있는 것은 혈압을 상승시킬 수 있다.
→ Sitting with the legs crossing for a long period can raise blood pressure.

## 15 밑줄 친 (A), (B)에 들어갈 말로 가장 적절한 것은?

Beliefs about maintaining ties with those who have died vary from culture to culture. For example, maintaining ties with the deceased is accepted and sustained in the religious rituals of Japan. Yet among the Hopi Indians of Arizona, the deceased are forgotten as quickly as possible and life goes on as usual.　(A)　, the Hopi funeral ritual concludes with a break-off between mortals and spirits. The diversity of grieving is nowhere clearer than in two Muslim societies—one in Egypt, the other in Bali. Among Muslims in Egypt, the bereaved are encouraged to dwell at length on their grief, surrounded by others who relate to similarly tragic accounts and express their sorrow.　(B)　, in Bali, bereaved Muslims are encouraged to laugh and be joyful rather than be sad.

|  | (A) | (B) |
|---|---|---|
| ① | However | Similarly |
| ② | In fact | By contrast |
| ③ | Therefore | For example |
| ④ | Likewise | Consequently |

## 16 밑줄 친 부분에 들어갈 말로 가장 적절한 것은?

Scientists have long known that higher air temperatures are contributing to the surface melting on Greenland's ice sheet. But a new study has found another threat that has begun attacking the ice from below: Warm ocean water moving underneath the vast glaciers is causing them to melt even more quickly. The findings were published in the journal Nature Geoscience by researchers who studied one of the many "ice tongues" of the Nioghalvfjerdsfjorden Glacier in northeast Greenland. An ice tongue is a strip of ice that floats on the water without breaking off from the ice on land. The massive one these scientists studied is nearly 50 miles long. The survey revealed an underwater current more than a mile wide where warm water from the Atlantic Ocean is able to flow directly towards the glacier, bringing large amounts of heat into contact with the ice and _____ the glacier's melting.

① separating　　② delaying

③ preventing　　④ accelerating

**17** 다음 글의 제목으로 가장 적절한 것은?

Do people from different cultures view the world differently? A psychologist presented realistic animated scenes of fish and other underwater objects to Japanese and American students and asked them to report what they had seen. Americans and Japanese made about an equal number of references to the focal fish, but the Japanese made more than 60 percent more references to background elements, including the water, rocks, bubbles, and inert plants and animals. In addition, whereas Japanese and American participants made about equal numbers of references to movement involving active animals, the Japanese participants made almost twice as many references to relationships involving inert, background objects. Perhaps most tellingly, the very first sentence from the Japanese participants was likely to be one referring to the environment, whereas the first sentence from Americans was three times as likely to be one referring to the focal fish.

① Language Barrier Between Japanese and Americans
② Associations of Objects and Backgrounds in the Brain
③ Cultural Differences in Perception
④ Superiority of Detail-oriented People

**18** 주어진 문장이 들어갈 위치로 가장 적절한 곳은?

Thus, blood, and life-giving oxygen, are easier for the heart to circulate to the brain.

People can be exposed to gravitational force, or g-force, in different ways. It can be localized, affecting only a portion of the body, as in getting slapped on the back. It can also be momentary, such as hard forces endured in a car crash. A third type of g-force is sustained, or lasting for at least several seconds. ( ① ) Sustained, body-wide g-forces are the most dangerous to people. ( ② ) The body usually withstands localized or momentary g-force better than sustained g-force, which can be deadly because blood is forced into the legs, depriving the rest of the body of oxygen. ( ③ ) Sustained g-force applied while the body is horizontal, or lying down, instead of sitting or standing tends to be more tolerable to people, because blood pools in the back and not the legs. ( ④ ) Some people, such as astronauts and fighter jet pilots, undergo special training exercises to increase their bodies' resistance to g-force.

## 19 다음 글의 요지로 가장 적절한 것은?

If someone makes you an offer and you're legitimately concerned about parts of it, you're usually better off proposing all your changes at once. Don't say, "The salary is a bit low. Could you do something about it?" and then, once she's worked on it, come back with "Thanks. Now here are two other things I'd like…" If you ask for only one thing initially, she may assume that getting it will make you ready to accept the offer (or at least to make a decision). If you keep saying "and one more thing…," she is unlikely to remain in a generous or understanding mood. Furthermore, if you have more than one request, don't simply mention all the things you want—A, B, C, and D; also signal the relative importance of each to you. Otherwise, she may pick the two things you value least, because they're pretty easy to give you, and feel she's met you halfway.

① Negotiate multiple issues simultaneously, not serially.

② Avoid sensitive topics for a successful negotiation.

③ Choose the right time for your negotiation.

④ Don't be too direct when negotiating salary.

## 20 주어진 글 다음에 이어질 글의 순서로 가장 적절한 것은?

Today, Lamarck is unfairly remembered in large part for his mistaken explanation of how adaptations evolve. He proposed that by using or not using certain body parts, an organism develops certain characteristics.

(A) There is no evidence that this happens. Still, it is important to note that Lamarck proposed that evolution occurs when organisms adapt to their environments. This idea helped set the stage for Darwin.

(B) Lamarck thought that these characteristics would be passed on to the offspring. Lamarck called this idea *inheritance of acquired characteristics*.

(C) For example, Lamarck might explain that a kangaroo's powerful hind legs were the result of ancestors strengthening their legs by jumping and then passing that acquired leg strength on to the offspring. However, an acquired characteristic would have to somehow modify the DNA of specific genes in order to be inherited.

① (A) − (C) − (B)

② (B) − (A) − (C)

③ (B) − (C) − (A)

④ (C) − (A) − (B)

국어 문제

영어 문제

한국사 문제

국어 해설

영어 해설

한국사 해설

## [01~03] 밑줄 친 부분의 의미와 가장 가까운 것을 고르시오.

### 01

Privacy as a social practice shapes individual behavior in conjunction with other social practices and is therefore central to social life.

① in combination with
② in comparison with
③ in place of
④ in case of

### 02

The influence of Jazz has been so pervasive that most popular music owes its stylistic roots to jazz.

① deceptive
② ubiquitous
③ persuasive
④ disastrous

### 03

This novel is about the vexed parents of an unruly teenager who quits school to start a business.

① callous
② annoyed
③ reputable
④ confident

### 04 밑줄 친 부분에 들어갈 말로 가장 적절한 것은?

A group of young demonstrators attempted to _____ the police station.

① line up
② give out
③ carry on
④ break into

113

## 05 다음 글의 내용과 일치하는 것은?

The most notorious case of imported labor is of course the Atlantic slave trade, which brought as many as ten million enslaved Africans to the New World to work the plantations. But although the Europeans may have practiced slavery on the largest scale, they were by no means the only people to bring slaves into their communities: earlier, the ancient Egyptians used slave labor to build their pyramids, early Arab explorers were often also slave traders, and Arabic slavery continued into the twentieth century and indeed still continues in a few places. In the Americas some native tribes enslaved members of other tribes, and slavery was also an institution in many African nations, especially before the colonial period.

① African laborers voluntarily moved to the New World.
② Europeans were the first people to use slave labor.
③ Arabic slavery no longer exists in any form.
④ Slavery existed even in African countries.

## 06 어법상 옳은 것은?

① This guide book tells you where should you visit in Hong Kong.
② I was born in Taiwan, but I have lived in Korea since I started work.
③ The novel was so excited that I lost track of time and missed the bus.
④ It's not surprising that book stores don't carry newspapers any more, doesn't it?

## 07 다음 글의 제목으로 가장 적절한 것은?

Warming temperatures and loss of oxygen in the sea will shrink hundreds of fish species—from tunas and groupers to salmon, thresher sharks, haddock and cod—even more than previously thought, a new study concludes. Because warmer seas speed up their metabolisms, fish, squid and other water—breathing creatures will need to draw more oxygen from the ocean. At the same time, warming seas are already reducing the availability of oxygen in many parts of the sea. A pair of University of British Columbia scientists argue that since the bodies of fish grow faster than their gills, these animals eventually will reach a point where they can't get enough oxygen to sustain normal growth. "What we found was that the body size of fish decreases by 20 to 30 percent for every 1 degree Celsius increase in water temperature," says author William Cheung.

① Fish Now Grow Faster than Ever

② Oxygen's Impact on Ocean Temperatures

③ Climate Change May Shrink the World's Fish

④ How Sea Creatures Survive with Low Metabolism

## 08 밑줄 친 부분 중 어법상 옳지 않은 것은?

Urban agriculture (UA) has long been dismissed as a fringe activity that has no place in cities; however, its potential is beginning to ①be realized. In fact, UA is about food self-reliance: it involves ②creating work and is a reaction to food insecurity, particularly for the poor. Contrary to ③which many believe, UA is found in every city, where it is sometimes hidden, sometimes obvious. If one looks carefully, few spaces in a major city are unused. Valuable vacant land rarely sits idle and is often taken over— either formally, or informally—and made ④productive.

## 09 주어진 문장이 들어갈 위치로 가장 적절한 것은?

For example, the state archives of New Jersey hold more than 30,000 cubic feet of paper and 25,000 reels of microfilm.

Archives are a treasure trove of material:from audio to video to newspapers, magazines and printed material—which makes them indispensable to any History Detective investigation. While libraries and archives may appear the same, the differences are important. ( ① ) An archive collection is almost always made up of primary sources, while a library contains secondary sources. ( ② ) To learn more about the Korean War, you'd go to a library for a history book. If you wanted to read the government papers, or letters written by Korean War soldiers, you'd go to an archive. ( ③ ) If you're searching for information, chances are there's an archive out there for you. Many state and local archives store public records—which are an amazing, diverse resource. ( ④ ) An online search of your state's archives will quickly show you they contain much more than just the minutes of the legislature—there are detailed land grant information to be found, old town maps, criminal records and oddities such as peddler license applications.

※ treasure trove: 귀중한 발굴물(수집물)

※ land grant:(대학 · 철도 등을 위해) 정부가 주는 땅

## 10 다음 글의 흐름상 가장 어색한 문장은?

The term burnout refers to a "wearing out" from the pressures of work. Burnout is a chronic condition that results as daily work stressors take their toll on employees. ①The most widely adopted conceptualization of burnout has been developed by Maslach and her colleagues in their studies of human service workers. Maslach sees burnout as consisting of three interrelated dimensions. The first dimension—emotional exhaustion—is really the core of the burnout phenomenon. ②Workers suffer from emotional exhaustion when they feel fatigued, frustrated, used up, or unable to face another day on the job. The second dimension of burnout is a lack of personal accomplishment. ③This aspect of the burnout phenomenon refers to workers who see themselves as failures, incapable of effectively accomplishing job requirements. ④Emotional labor workers enter their occupation highly motivated although they are physically exhausted. The third dimension of burnout is depersonalization. This dimension is relevant only to workers who must communicate interpersonally with others (e.g. clients, patients, students) as part of the job.

## [11~12] 밑줄 친 부분에 들어갈 말로 가장 적절한 것을 고르시오.

## 11

A: Were you here last night?
B: Yes. I worked the closing shift. Why?
A: The kitchen was a mess this morning. There was food spattered on the stove, and the ice trays were not in the freezer.
B: I guess I forgot to go over the cleaning checklist.
A: You know how important a clean kitchen is.
B: I'm sorry. _____

① I won't let it happen again.
② Would you like your bill now?
③ That's why I forgot it yesterday.
④ I'll make sure you get the right order.

## 12

A: Have you taken anything for your cold?
B: No, I just blow my nose a lot.
A: Have you tried nose spray?
B: _____
A: It works great.
B: No, thanks. I don't like to put anything in my nose, so I've never used it.

① Yes, but it didn't help.
② No, I don't like nose spray.
③ No, the pharmacy was closed.
④ Yeah, how much should I use?

## 13 다음 글의 내용과 일치하지 않는 것은?

Deserts cover more than one-fifth of the Earth's land area, and they are found on every continent. A place that receives less than 25 centimeters (10 inches) of rain per year is considered a desert. Deserts are part of a wider class of regions called drylands. These areas exist under a "moisture deficit," which means they can frequently lose more moisture through evaporation than they receive from annual precipitation. Despite the common conceptions of deserts as hot, there are cold deserts as well. The largest hot desert in the world, northern Africa's Sahara, reaches temperatures of up to 50 degrees Celsius (122 degrees Fahrenheit) during the day. But some deserts are always cold, like the Gobi Desert in Asia and the polar deserts of the Antarctic and Arctic, which are the world's largest. Others are mountainous. Only about 20 percent of deserts are covered by sand. The driest deserts, such as Chile's Atacama Desert, have parts that receive less than two millimeters (0.08 inches) of precipitation a year. Such environments are so harsh and otherworldly that scientists have even studied them for clues about life on Mars. On the other hand, every few years, an unusually rainy period can produce "super blooms," where even the Atacama becomes blanketed in wildflowers.

① There is at least one desert on each continent.
② The Sahara is the world's largest hot desert.
③ The Gobi Desert is categorized as a cold desert.
④ The Atacama Desert is one of the rainiest deserts.

[14~15] 우리말을 영어로 가장 잘 옮긴 것을 고르시오.

## 14

① 나는 너의 답장을 가능한 한 빨리 받기를 고대한다.

→ I look forward to receive your reply as soon as possible.

② 그는 내가 일을 열심히 했기 때문에 월급을 올려 주겠다고 말했다.

→ He said he would rise my salary because I worked hard.

③ 그의 스마트 도시 계획은 고려할 만했다.

→ His plan for the smart city was worth considered.

④ Cindy는 피아노 치는 것을 매우 좋아했고 그녀의 아들도 그랬다.

→ Cindy loved playing the piano, and so did her son.

## 15

① 당신이 부자일지라도 당신은 진실한 친구들을 살 수는 없다.

→ Rich as if you may be, you can't buy sincere friends.

② 그것은 너무나 아름다운 유성 폭풍이어서 우리는 밤새 그것을 보았다.

→ It was such a beautiful meteor storm that we watched it all night.

③ 학위가 없는 것이 그녀의 성공을 방해했다.

→ Her lack of a degree kept her advancing.

④ 그는 사형이 폐지되어야 하는지 아닌지에 대한 에세이를 써야 한다.

→ He has to write an essay on if or not the death penalty should be abolished.

[16~17] 밑줄 친 부분에 들어갈 말로 가장 적절한 것을 고르시오.

## 16

Social media, magazines and shop windows bombard people daily with things to buy, and British consumers are buying more clothes and shoes than ever before. Online shopping means it is easy for customers to buy without thinking, while major brands offer such cheap clothes that they can be treated like disposable items—worn two or three times and then thrown away. In Britain, the average person spends more than £1,000 on new clothes a year, which is around four percent of their income. That might not sound like much, but that figure hides two far more worrying trends for society and for the environment. First, a lot of that consumer spending is via credit cards. British people currently owe approximately £670 per adult to credit card companies. That's 66 percent of the average wardrobe budget. Also, not only are people spending money they don't have, they're using it to buy things _____. Britain throws away 300,000 tons of clothing a year, most of which goes into landfill sites.

① they don't need

② that are daily necessities

③ that will be soon recycled

④ they can hand down to others

## 17

Excellence is the absolute prerequisite in fine dining because the prices charged are necessarily high. An operator may do everything possible to make the restaurant efficient, but the guests still expect careful, personal service: food prepared to order by highly skilled chefs and delivered by expert servers. Because this service is, quite literally, manual labor, only marginal improvements in productivity are possible. For example, a cook, server, or bartender can move only so much faster before she or he reaches the limits of human performance. Thus, only moderate savings are possible through improved efficiency, which makes an escalation of prices _____. (It is an axiom of economics that as prices rise, consumers become more discriminating.) Thus, the clientele of the fine-dining restaurant expects, demands, and is willing to pay for excellence.

① ludicrous

② inevitable

③ preposterous

④ inconceivable

## 18 주어진 글 다음에 이어질 글의 순서로 가장 적절한 것은?

To be sure, human language stands out from the decidedly restricted vocalizations of monkeys and apes. Moreover, it exhibits a degree of sophistication that far exceeds any other form of animal communication.

(A) That said, many species, while falling far short of human language, do nevertheless exhibit impressively complex communication systems in natural settings.

(B) And they can be taught far more complex systems in artificial contexts, as when raised alongside humans.

(C) Even our closest primate cousins seem incapable of acquiring anything more than a rudimentary communicative system, even after intensive training over several years. The complexity that is language is surely a species-specific trait.

① (A) − (B) − (C)

② (B) − (C) − (A)

③ (C) − (A) − (B)

④ (C) − (B) − (A)

## 19 다음 글의 주제로 가장 적절한 것은?

During the late twentieth century socialism was on the retreat both in the West and in large areas of the developing world. During this new phase in the evolution of market capitalism, global trading patterns became increasingly interlinked, and advances in information technology meant that deregulated financial markets could shift massive flows of capital across national boundaries within seconds. 'Globalization' boosted trade, encouraged productivity gains and lowered prices, but critics alleged that it exploited the low-paid, was indifferent to environmental concerns and subjected the Third World to a monopolistic form of capitalism. Many radicals within Western societies who wished to protest against this process joined voluntary bodies, charities and other non-governmental organizations, rather than the marginalized political parties of the left. The environmental movement itself grew out of the recognition that the world was interconnected, and an angry, if diffuse, international coalition of interests emerged.

① The affirmative phenomena of globalization in the developing world in the past

② The decline of socialism and the emergence of capitalism in the twentieth century

③ The conflict between the global capital market and the political organizations of the left

④ The exploitative characteristics of global capitalism and diverse social reactions against it

## 20 다음 글에 나타난 Johnbull의 심경으로 가장 적절한 것은?

In the blazing midday sun, the yellow egg-shaped rock stood out from a pile of recently unearthed gravel. Out of curiosity, sixteen-year-old miner Komba Johnbull picked it up and fingered its flat, pyramidal planes. Johnbull had never seen a diamond before, but he knew enough to understand that even a big find would be no larger than his thumbnail. Still, the rock was unusual enough to merit a second opinion. Sheepishly, he brought it over to one of the more experienced miners working the muddy gash deep in the jungle. The pit boss's eyes widened when he saw the stone. "Put it in your pocket," he whispered. "Keep digging." The older miner warned that it could be dangerous if anyone thought they had found something big. So Johnbull kept shoveling gravel until nightfall, pausing occasionally to grip the heavy stone in his fist. Could it be?

① thrilled and excited

② painful and distressed

③ arrogant and convinced

④ detached and indifferent

[01~04] 밑줄 친 부분의 의미와 가장 가까운 것을
고르시오.

## 01

Further explanations on our project will
be given in <u>subsequent</u> presentations.

① required      ② following

③ advanced      ④ supplementary

## 02

Folkways are customs that members of
a group are expected to follow to show
<u>courtesy</u> to others. For example, saying
"excuse me" when you sneeze is an
American folkway.

① charity      ② humility

③ boldness      ④ politeness

## 03

These children have been <u>brought up</u> on a
diet of healthy food.

① raised      ② advised

③ observed      ④ controlled

## 04

Slavery was not <u>done away with</u> until the
nineteenth century in the U.S.

① abolished      ② consented

③ criticized      ④ justified

## 05 밑줄 친 부분에 들어갈 말로 가장 적절한 것은?

Voters demanded that there should be
greater _____ in the election process
so that they could see and understand it
clearly.

① deception      ② flexibility

③ competition      ④ transparency

## 06 밑줄 친 부분 중 어법상 옳지 않은 것은?

One reason for upsets in sports—① <u>in</u>
<u>which</u> the team ② <u>predicted</u> to win and
supposedly superior to their opponents
surprisingly loses the contest—is ③ <u>what</u>
the superior team may not have perceived
their opponents as ④ <u>threatening</u> to their
continued success.

## 07 밑줄 친 부분이 어법상 옳지 않은 것은?

① I <u>should have gone</u> this morning, but I was feeling a bit ill.

② These days we do not save as much money <u>as we used to</u>.

③ The rescue squad was happy to discover <u>an alive man</u>.

④ The picture <u>was looked at</u> carefully by the art critic.

## 08 우리말을 영어로 잘못 옮긴 것은?

① 우리는 그의 연설에 감동하게 되었다.

→ We were made touching with his speech.

② 비용은 차치하고 그 계획은 훌륭한 것이었다.

→ Apart from its cost, the plan was a good one.

③ 그들은 뜨거운 차를 마시는 동안에 일몰을 보았다.

→ They watched the sunset while drinking hot tea.

④ 과거 경력 덕분에 그는 그 프로젝트에 적합하였다.

→ His past experience made him suited for the project.

## [09~10] 밑줄 친 부분에 들어갈 말로 가장 적절한 것을 고르시오.

## 09

A: Pardon me, but could you give me a hand, please?

B: _____

A: I'm trying to find the Personnel Department. I have an appointment at 10.

B: It's on the third floor.

A: How can I get up there?

B: Take the elevator around the corner.

① We have no idea how to handle this situation.

② Would you mind telling us who is in charge?

③ Yes. I could use some help around here.

④ Sure. Can I help you with anything?

## 10

A: You were the last one who left the office, weren't you?

B: Yes. Is there any problem?

A: I found the office lights and air conditioners on this morning.

B: Really? Oh, no. Maybe I forgot to turn them off last night.

A: Probably they were on all night.

B: _____

① Don't worry. This machine is working fine.

② That's right. Everyone likes to work with you.

③ I'm sorry. I promise I'll be more careful from now on.

④ Too bad. You must be tired because you get off work too late.

## 11 두 사람의 대화 중 자연스럽지 않은 것은?

① A: How would you like your hair done?

　B: I'm a little tired of my hair color. I'd like to dye it.

② A: What can we do to slow down global warming?

　B: First of all, we can use more public transportation.

③ A: Anna, is that you? Long time no see! How long has it been?

　B: It took me about an hour and a half by car.

④ A: I'm worried about Paul. He looks unhappy. What should I do?

　B: If I were you, I'd wait until he talks about his troubles.

## 12 다음 글의 제목으로 가장 적절한 것은?

Well-known author Daniel Goleman has dedicated his life to the science of human relationships. In his book *Social Intelligence* he discusses results from neuro-sociology to explain how sociable our brains are. According to Goleman, we are drawn to other people's brains whenever we engage with another person. The human need for meaningful connectivity with others, in order to deepen our relationships, is what we all crave, and yet there are countless articles and studies suggesting that we are lonelier than we ever have been and loneliness is now a world health epidemic. Specifically, in Australia, according to a national Lifeline survey, more than 80% of those surveyed believe our society is becoming a lonelier place. Yet, our brains crave human interaction.

① Lonely People

② Sociable Brains

③ Need for Mental Health Survey

④ Dangers of Human Connectivity

## 13 다음 글의 주제로 가장 적절한 것은?

Certainly some people are born with advantages (e.g., physical size for jockeys, height for basketball players, an "ear" for music for musicians). Yet only dedication to mindful, deliberate practice over many years can turn those advantages into talents and those talents into successes. Through the same kind of dedicated practice, people who are not born with such advantages can develop talents that nature put a little farther from their reach. For example, even though you may feel that you weren't born with a talent for math, you can significantly increase your mathematical abilities through mindful, deliberate practice. Or, if you consider yourself "naturally" shy, putting in the time and effort to develop your social skills can enable you to interact with people at social occasions with energy, grace, and ease.

① advantages some people have over others

② importance of constant efforts to cultivate talents

③ difficulties shy people have in social interactions

④ need to understand one's own strengths and weaknesses

## 14 다음 글의 요지로 가장 적절한 것은?

Dr. Roossinck and her colleagues found by chance that a virus increased resistance to drought on a plant that is widely used in botanical experiments. Their further experiments with a related virus showed that was true of 15 other plant species, too. Dr. Roossinck is now doing experiments to study another type of virus that increases heat tolerance in a range of plants. She hopes to extend her research to have a deeper understanding of the advantages that different sorts of viruses give to their hosts. That would help to support a view which is held by an increasing number of biologists, that many creatures rely on symbiosis, rather than being self-sufficient.

① Viruses demonstrate self-sufficiency of biological beings.

② Biologists should do everything to keep plants virus-free.

③ The principle of symbiosis cannot be applied to infected plants.

④ Viruses sometimes do their hosts good, rather than harming them.

## 15 다음 글의 내용과 일치하지 않는 것은?

The traditional way of making maple syrup is interesting. A sugar maple tree produces a watery sap each spring, when there is still lots of snow on the ground. To take the sap out of the sugar maple tree, a farmer makes a slit in the bark with a special knife, and puts a "tap" on the tree. Then the farmer hangs a bucket from the tap, and the sap drips into it. That sap is collected and boiled until a sweet syrup remains—forty gallons of sugar maple tree "water" make one gallon of syrup. That's a lot of buckets, a lot of steam, and a lot of work. Even so, most of maple syrup producers are family farmers who collect the buckets by hand and boil the sap into syrup themselves.

① 사탕단풍나무에서는 매년 봄에 수액이 생긴다.
② 사탕단풍나무의 수액을 얻기 위해 나무껍질에 틈새를 만든다.
③ 단풍나무시럽 1갤론을 만들려면 수액 40갤론이 필요하다.
④ 단풍나무시럽을 만들기 위해 기계로 수액 통을 수거한다.

## 16 다음 글의 흐름상 어색한 문장은?

I once took a course in short-story writing and during that course a renowned editor of a leading magazine talked to our class. ①He said he could pick up any one of the dozens of stories that came to his desk every day and after reading a few paragraphs he could feel whether or not the author liked people. ②"If the author doesn't like people," he said, "people won't like his or her stories." ③The editor kept stressing the importance of being interested in people during his talk on fiction writing. ④Thurston, a great magician, said that every time he went on stage he said to himself, "I am grateful because I'm successful." At the end of the talk, he concluded, "Let me tell you again. You have to be interested in people if you want to be a successful writer of stories."

125

**17** 주어진 글 다음에 이어질 글의 순서로 가장 적절한 것은?

Just a few years ago, every conversation about artificial intelligence (AI) seemed to end with an apocalyptic prediction.

(A) More recently, however, things have begun to change. AI has gone from being a scary black box to something people can use for a variety of use cases.

(B) In 2014, an expert in the field said that, with AI, we are summoning the demon, while a Nobel Prize winning physicist said that AI could spell the end of the human race.

(C) This shift is because these technologies are finally being explored at scale in the industry, particularly for market opportunities.

① (A) − (B) − (C)
② (B) − (A) − (C)
③ (B) − (C) − (A)
④ (C) − (A) − (B)

**18** 주어진 문장이 들어갈 위치로 가장 적절한 것은?

Yet, requests for such self-assessments are pervasive throughout one's career.

The fiscal quarter just ended. Your boss comes by to ask you how well you performed in terms of sales this quarter. How do you describe your performance? As excellent? Good? Terrible? ( ① ) Unlike when someone asks you about an objective performance metric (e.g., how many dollars in sales you brought in this quarter), how to subjectively describe your performance is often unclear. There is no right answer. ( ② ) You are asked to subjectively describe your own performance in school applications, in job applications, in interviews, in performance reviews, in meetings—the list goes on. ( ③ ) How you describe your performance is what we call your level of self-promotion. ( ④ ) Since self-promotion is a pervasive part of work, people who do more self-promotion may have better chances of being hired, being promoted, and getting a raise or a bonus.

[19~20] 밑줄 친 부분에 들어갈 말로 가장 적절한 것을 고르시오.

## 19

We live in the age of anxiety. Because being anxious can be an uncomfortable and scary experience, we resort to conscious or unconscious strategies that help reduce anxiety in the moment—watching a movie or TV show, eating, video-game playing, and overworking. In addition, smartphones also provide a distraction any time of the day or night. Psychological research has shown that distractions serve as a common anxiety avoidance strategy. _____, however, these avoidance strategies make anxiety worse in the long run. Being anxious is like getting into quicksand—the more you fight it, the deeper you sink. Indeed, research strongly supports a well-known phrase that "What you resist, persists."

① Paradoxically ② Fortunately
③ Neutrally ④ Creatively

## 20

How many different ways do you get information? Some people might have six different kinds of communications to answer—text messages, voice mails, paper documents, regular mail, blog posts, messages on different online services. Each of these is a type of in-box, and each must be processed on a continuous basis. It's an endless process, but it doesn't have to be exhausting or stressful. Getting your information management down to a more manageable level and into a productive zone starts by _____.
Every place you have to go to check your messages or to read your incoming information is an in-box, and the more you have, the harder it is to manage everything. Cut the number of in-boxes you have down to the smallest number possible for you still to function in the ways you need to.

① setting several goals at once
② immersing yourself in incoming information
③ minimizing the number of in-boxes you have
④ choosing information you are passionate about

127

[01~03] 밑줄 친 부분의 의미와 가장 가까운 것을 고르시오.

## 01

School teachers have to be <u>flexible</u> to cope with different ability levels of the students.

① strong
② adaptable
③ honest
④ passionate

## 02

Crop yields <u>vary</u>, improving in some areas and falling in others.

① change
② decline
③ expand
④ include

## 03

I don't feel inferior to anyone <u>with respect to</u> my education.

① in danger of
② in spite of
③ in favor of
④ in terms of

## 04 밑줄 친 부분에 들어갈 말로 가장 적절한 것은?

Sometimes we _____ money long before the next payday.

① turn into
② start over
③ put up with
④ run out of

[05~06] 어법상 옳지 않은 것을 고르시오.

## 05

① He asked me why I kept coming back day after day.
② Toys children wanted all year long has recently discarded.
③ She is someone who is always ready to lend a helping hand.
④ Insects are often attracted by scents that aren't obvious to us.

## 06

① You can write on both sides of the paper.
② My home offers me a feeling of security, warm, and love.
③ The number of car accidents is on the rise.
④ Had I realized what you were intending to do, I would have stopped you.

[07~08] 우리말을 영어로 잘못 옮긴 것을 고르시오.

## 07

① 나는 단 한 푼의 돈도 낭비할 수 없다.

→ I can afford to waste even one cent.

② 그녀의 얼굴에서 미소가 곧 사라졌다.

→ The smile soon faded from her face.

③ 그녀는 사임하는 것 외에는 대안이 없었다.

→ She had no alternative but to resign.

④ 나는 5년 후에 내 사업을 시작할 작정이다.

→ I'm aiming to start my own business in five years.

## 08

① 식사를 마치자마자 나는 다시 배고프기 시작했다.

→ No sooner I have finishing the meal than I started feeling hungry again.

② 그녀는 조만간 요금을 내야만 할 것이다.

→ She will have to pay the bill sooner or later.

③ 독서와 정신의 관계는 운동과 신체의 관계와 같다.

→ Reading is to the mind what exercise is to the body.

④ 그는 대학에서 의학을 공부했으나 결국 회계 회사에서 일하게 되었다.

→ He studied medicine at university but ended up working for an accounting firm.

## 09 두 사람의 대화 중 가장 어색한 것은?

① A: I like this newspaper because it's not opinionated.

B: That's why it has the largest circulation.

② A: Do you have a good reason for being all dressed up?

B: Yeah, I have an important job interview today.

③ A: I can hit the ball straight during the practice but not during the game.

B: That happens to me all the time, too.

④ A: Is there any particular subject you want to paint on canvas?

B: I didn't do good in history when I was in high school.

## 10 밑줄 친 부분에 들어갈 말로 가장 적절한 것은?

A: Hey! How did your geography test go?

B: Not bad, thanks. I'm just glad that it's over! How about you? How did your science exam go?

A: Oh, it went really well. _____. I owe you a treat for that.

B: It's my pleasure. So, do you feel like preparing for the math exam scheduled for next week?

A: Sure. Let's study together.

B: It sounds good. See you later.

① There's no sense in beating yourself up over this

② I never thought I would see you here

③ Actually, we were very disappointed

④ I can't thank you enough for helping me with it

## 11 주어진 글 다음에 이어질 글의 순서로 가장 적절한 것은?

For people who are blind, everyday tasks such as sorting through the mail or doing a load of laundry present a challenge.

(A) That's the thinking behind Aira, a new service that enables its thousands of users to stream live video of their surroundings to an on-demand agent, using either a smartphone or Aira's proprietary glasses.

(B) But what if they could "borrow" the eyes of someone who could see?

(C) The Aira agents, who are available 24/7, can then answer questions, describe objects or guide users through a location.

① (A) − (B) − (C)

② (A) − (C) − (B)

③ (B) − (A) − (C)

④ (C) − (A) − (B)

## 12 주어진 문장이 들어갈 위치로 가장 적절한 곳은?

The comparison of the heart to a pump, however, is a genuine analogy.

An analogy is a figure of speech in which two things are asserted to be alike in many respects that are quite fundamental. Their structure, the relationships of their parts, or the essential purposes they serve are similar, although the two things are also greatly dissimilar. Roses and carnations are not analogous. ( ① ) They both have stems and leaves and may both be red in color. ( ② ) But they exhibit these qualities in the same way; they are of the same genus. ( ③ ) These are disparate things, but they share important qualities: mechanical apparatus, possession of valves, ability to increase and decrease pressures, and capacity to move fluids. ( ④ ) And the heart and the pump exhibit these qualities in different ways and in different contexts.

## 13 다음 글의 제목으로 가장 적절한 것은?

One of the areas where efficiency can be optimized is the work force, through increasing individual productivity—defined as the amount of work (products produced, customers served) an employee handles in a given time. In addition to making sure you have invested in the right equipment, environment, and training to ensure optimal performance, you can increase productivity by encouraging staffers to put an end to a modern-day energy drain: multitasking. Studies show it takes 25 to 40 percent longer to get a job done when you're simultaneously trying to work on other projects. To be more productive, says Andrew Deutscher, vice president of business development at consulting firm The Energy Project, "do one thing, uninterrupted, for a sustained period of time."

① How to Create More Options in Life
② How to Enhance Daily Physical Performance
③ Multitasking is the Answer for Better Efficiency
④ Do One Thing at a Time for Greater Efficiency

## 14 글의 흐름상 가장 어색한 문장은?

The skill to have a good argument is critical in life. But it's one that few parents teach to their children. ①We want to give kids a stable home, so we stop siblings from quarreling and we have our own arguments behind closed doors. ②Yet if kids never get exposed to disagreement, we may eventually limit their creativity. ③Children are most creative when they are free to brainstorm with lots of praise and encouragement in a peaceful environment. ④It turns out that highly creative people often grow up in families full of tension. They are not surrounded by fistfights or personal insults, but real disagreements. When adults in their early 30s were asked to write imaginative stories, the most creative ones came from those whose parents had the most conflict a quarter-century earlier.

**[15~16]** 다음 글의 내용과 일치하지 않는 것을 고르시오.

## 15

Christopher Nolan is an Irish writer of some renown in the English language. Brain damaged since birth, Nolan has had little control over the muscles of his body, even to the extent of having difficulty in swallowing food. He must be strapped to his wheelchair because he cannot sit up by himself. Nolan cannot utter recognizable speech sounds. Fortunately, though, his brain damage was such that Nolan's intelligence was undamaged and his hearing was normal; as a result, he learned to understand speech as a young child. It was only many years later, though, after he had reached 10 years, and after he had learned to read, that he was given a means to express his first words. He did this by using a stick which was attached to his head to point to letters. It was in this 'unicorn' manner, letter-by-letter, that he produced an entire book of poems and short stories, *Dam-Burst of Dreams*, while still a teenager.

① Christopher Nolan은 뇌 손상을 갖고 태어났다.

② Christopher Nolan은 음식을 삼키는 것도 어려웠다.

③ Christopher Nolan은 청각 장애로 인해 들을 수 없었다.

④ Christopher Nolan은 10대일 때 책을 썼다.

## 16

In many Catholic countries, children are often named after saints; in fact, some priests will not allow parents to name their children after soap opera stars or football players. Protestant countries tend to be more free about this; however, in Norway, certain names such as Adolf are banned completely. In countries where infant mortality is very high, such as in Africa, tribes only name their children when they reach five years old, the age in which their chances of survival begin to increase. Until that time, they are referred to by the number of years they are. Many nations in the Far East give their children a unique name which in some way describes the circumstances of the child's birth or the parents' expectations and hopes for the child. Some Australian aborigines can keep changing their name throughout their life as the result of some important experience which has in some way proved their wisdom, creativity or determination. For example, if one day, one of them dances extremely well, he or she may decide to re-name him/herself 'supreme dancer' or 'light feet'.

① Children are frequently named after saints in many Catholic countries.

② Some African children are not named until they turn five years old.

③ Changing one's name is totally unacceptable in the culture of Australian aborigines.

④ Various cultures name their children in different ways.

## 17 다음 글의 요지로 가장 적절한 것은?

In one study, done in the early 1970s when young people tended to dress in either "hippie" or "straight" fashion, experimenters donned hippie or straight attire and asked college students on campus for a dime to make a phone call. When the experimenter was dressed in the same way as the student, the request was granted in more than two-thirds of the instances; when the student and requester were dissimilarly dressed, the dime was provided less than half the time. Another experiment showed how automatic our positive response to similar others can be. Marchers in an antiwar demonstration were found to be more likely to sign the petition of a similarly dressed requester and to do so without bothering to read it first.

① People are more likely to help those who dress like themselves.

② Dressing up formally increases the chance of signing the petition.

③ Making a phone call is an efficient way to socialize with other students.

④ Some college students in the early 1970s were admired for their unique fashion.

## 18 (A)와 (B)에 들어갈 말로 가장 적절한 것은?

Duration shares an inverse relationship with frequency. If you see a friend frequently, then the duration of the encounter will be shorter. Conversely, if you don't see your friend very often, the duration of your visit will typically increase significantly.   (A)  , if you see a friend every day, the duration of your visits can be low because you can keep up with what's going on as events unfold. If, however, you only see your friend twice a year, the duration of your visits will be greater. Think back to a time when you had dinner in a restaurant with a friend you hadn't seen for a long period of time. You probably spent several hours catching up on each other's lives. The duration of the same dinner would be considerably shorter if you saw the person on a regular basis.   (B)  , in romantic relationships the frequency and duration are very high because couples, especially newly minted ones, want to spend as much time with each other as possible. The intensity of the relationship will also be very high.

|  | (A) | (B) |
|---|---|---|
| ① | For example | Conversely |
| ② | Nonetheless | Furthermore |
| ③ | Therefore | As a result |
| ④ | In the same way | Thus |

**[19~20]** 밑줄 친 부분에 들어갈 말로 가장 적절한 것을 고르시오.

## 19

One of the most frequently used propaganda techniques is to convince the public that the propagandist's views reflect those of the common person and that he or she is working in their best interests. A politician speaking to a blue-collar audience may roll up his sleeves, undo his tie, and attempt to use the specific idioms of the crowd. He may even use language incorrectly on purpose to give the impression that he is "just one of the folks." This technique usually also employs the use of glittering generalities to give the impression that the politician's views are the same as those of the crowd being addressed. Labor leaders, businesspeople, ministers, educators, and advertisers have used this technique to win our confidence by appearing to be _____.

① beyond glittering generalities

② just plain folks like ourselves

③ something different from others

④ better educated than the crowd

## 20

As a roller coaster climbs the first lift hill of its track, it is building potential energy—the higher it gets above the earth, the stronger the pull of gravity will be. When the coaster crests the lift hill and begins its descent, its potential energy becomes kinetic energy, or the energy of movement. A common misperception is that a coaster loses energy along the track. An important law of physics, however, called the law of conservation of energy, is that energy can never be created nor destroyed. It simply changes from one form to another. Whenever a track rises back uphill, the cars' momentum—their kinetic energy—will carry them upward, which builds potential energy, and roller coasters repeatedly convert potential energy to kinetic energy and back again. At the end of a ride, coaster cars are slowed down by brake mechanisms that create _____ between two surfaces. This motion makes them hot, meaning kinetic energy is changed to heat energy during braking. Riders may mistakenly think coasters lose energy at the end of the track, but the energy just changes to and from different forms.

① gravity      ② friction

③ vacuum      ④ acceleration

문제 오답

영어 문제

한국사 문제

오답 해설

영어 오답 해설

한국사 오답 해설

## 01 밑줄 친 부분의 의미와 가장 가까운 것은?

For many compulsive buyers, the act of purchasing, rather than what they buy, is what leads to gratification.

① liveliness
② confidence
③ tranquility
④ satisfaction

## [02~04] 밑줄 친 부분에 들어갈 말로 가장 적절한 것을 고르시오.

## 02

Globalization leads more countries to open their markets, allowing them to trade goods and services freely at a lower cost with greater _____.

① extinction
② depression
③ efficiency
④ caution

## 03

We're familiar with the costs of burnout: Energy, motivation, productivity, engagement, and commitment can all take a hit, at work and at home. And many of the _____ are fairly intuitive: Regularly unplug. Reduce unnecessary meetings. Exercise. Schedule small breaks during the day. Take vacations even if you think you can't afford to be away from work, because you can't afford not to be away now and then.

① fixes
② damages
③ prizes
④ complications

## 04

The government is seeking ways to soothe salaried workers over their increased tax burdens arising from a new tax settlement system. During his meeting with the presidential aides last Monday, the President _____ those present to open up more communication channels with the public.

① fell on
② called for
③ picked up
④ turned down

135

## 05 밑줄 친 부분의 의미와 가장 가까운 것은?

> In studying Chinese calligraphy, one must learn something of the origins of Chinese language and of how they were originally written. However, except for those brought up in the artistic traditions of the country, its aesthetic significance seems to be very difficult to apprehend.

① encompass  ② intrude

③ inspect  ④ grasp

[06~07] 우리말을 영어로 잘못 옮긴 것을 고르시오.

## 06

① 그의 소설들은 읽기가 어렵다.
   → His novels are hard to read.
② 학생들을 설득하려고 해 봐야 소용없다.
   → It is no use trying to persuade the students.
③ 나의 집은 5년마다 페인트칠된다.
   → My house is painted every five years.
④ 내가 출근할 때 한 가족이 위층에 이사 오는 것을 보았다.
   → As I went out for work, I saw a family moved in upstairs.

## 07

① 경찰 당국은 자신의 이웃을 공격했기 때문에 그 여성을 체포하도록 했다.
   → The police authorities had the woman arrested for attacking her neighbor.
② 네가 내는 소음 때문에 내 집중력을 잃게 하지 말아라.
   → Don't let me distracted by the noise you make.
③ 가능한 한 빨리 제가 결과를 알도록 해 주세요.
   → Please let me know the result as soon as possible.
④ 그는 학생들에게 모르는 사람들에게 전화를 걸어 성금을 기부할 것을 부탁하도록 시켰다.
   → He had the students phone strangers and ask them to donate money.

## 08 어법상 옳은 것은?

① My sweet-natured daughter suddenly became unpredictably.
② She attempted a new method, and needless to say had different results.
③ Upon arrived, he took full advantage of the new environment.
④ He felt enough comfortable to tell me about something he wanted to do.

## 09 다음 글의 제목으로 가장 적절한 것은?

The definition of 'turn' casts the digital turn as an analytical strategy which enables us to focus on the role of digitalization within social reality. As an analytical perspective, the digital turn makes it possible to analyze and discuss the societal meaning of digitalization. The term 'digital turn' thus signifies an analytical approach which centers on the role of digitalization within a society. If the linguistic turn is defined by the epistemological assumption that reality is constructed through language, the digital turn is based on the assumption that social reality is increasingly defined by digitalization. Social media symbolize the digitalization of social relations. Individuals increasingly engage in identity management on social networking sites(SNS). SNS are polydirectional, meaning that users can connect to each other and share information.

※ epistemological: 인식론의

① Remaking Identities on SNS

② Linguistic Turn Versus Digital Turn

③ How to Share Information in the Digital Age

④ Digitalization Within the Context of Social Reality

## 10 주어진 글 다음에 이어질 글의 순서로 가장 적절한 것은?

Growing concern about global climate change has motivated activists to organize not only campaigns against fossil fuel extraction consumption, but also campaigns to support renewable energy.

(A) This solar cooperative produces enough energy to power 1,400 homes, making it the first large-scale solar farm cooperative in the country and, in the words of its members, a visible reminder that solar power represents "a new era of sustainable and 'democratic' energy supply that enables ordinary people to produce clean power, not only on their rooftops, but also at utility scale."

(B) Similarly, renewable energy enthusiasts from the United States have founded the Clean Energy Collective, a company that has pioneered "the model of delivering clean power-generation through medium-scale facilities that are collectively owned by participating utility customers."

(C) Environmental activists frustrated with the UK government's inability to rapidly accelerate the growth of renewable energy industries have formed the Westmill Wind Farm Co-operative, a community-owned organization with more than 2,000 members who own an onshore wind farm estimated to produce as much electricity in a year as that used by 2,500 homes. The Westmill Wind Farm Co-operative has inspired local citizens to form the Westmill Solar Co-operative.

① (C) − (A) − (B)

② (A) − (C) − (B)

③ (B) − (C) − (A)

④ (C) − (B) − (A)

## 11 밑줄 친 부분에 들어갈 말로 가장 적절한 것은?

A: Did you have a nice weekend?

B: Yes, it was pretty good. We went to the movies.

A: Oh! What did you see?

B: *Interstellar*. It was really good.

A: Really? _____

B: The special effects. They were fantastic. I wouldn't mind seeing it again.

① What did you like the most about it?

② What's your favorite movie genre?

③ Was the film promoted internationally?

④ Was the movie very costly?

## 12 두 사람의 대화 중 가장 어색한 것은?

① A: I'm so nervous about this speech that I must give today.

   B: The most important thing is to stay cool.

② A: You know what? Minsu and Yujin are tying the knot!

   B: Good for them! When are they getting married?

③ A: A two−month vacation just passed like one week. A new semester is around the corner.

   B: That's the word. Vacation has dragged on for weeks.

④ A: How do you say 'water' in French?

   B: It is right on the tip of my tongue, but I can't remember it.

## 13 다음 글의 내용과 일치하지 않는 것은?

Women are experts at gossiping, and they always talk about trivial things, or at least that's what men have always thought. However, some new research suggests that when women talk to women, their conversations are far from frivolous, and cover many more topics (up to 40 subjects) than when men talk to other men. Women's conversations range from health to their houses, from politics to fashion, from movies to family, from education to relationship problems, but sports are notably absent. Men tend to have a more limited range of subjects, the most popular being work, sports, jokes, cars, and women. According to Professor Petra Boynton, a psychologist who interviewed over 1,000 women, women also tend to move quickly from one subject to another in conversation, while men usually stick to one subject for longer periods of time. At work, this difference can be an advantage for men, as they can put other matters aside and concentrate fully on the topic being discussed. On the other hand, it also means that they sometimes find it hard to concentrate when several things have to be discussed at the same time in a meeting.

① 남성들은 여성들의 대화 주제가 항상 사소한 것들이라고 생각해 왔다.
② 여성들의 대화 주제는 건강에서 스포츠에 이르기까지 매우 다양하다.
③ 여성들은 대화하는 중에 주제의 변환을 빨리 한다.
④ 남성들은 회의 중 여러 주제가 논의될 때 집중하기 어렵다.

## 14 다음 글의 흐름상 적절하지 않은 문장은?

There was no divide between science, philosophy, and magic in the 15th century. All three came under the general heading of 'natural philosophy'. ①Central to the development of natural philosophy was the recovery of classical authors, most importantly the work of Aristotle. ②Humanists quickly realized the power of the printing press for spreading their knowledge. ③At the beginning of the 15th century Aristotle remained the basis for all scholastic speculation on philosophy and science. ④Kept alive in the Arabic translations and commentaries of Averroes and Avicenna, Aristotle provided a systematic perspective on mankind's relationship with the natural world. Surviving texts like his *Physics*, *Metaphysics*, and *Meteorology* provided scholars with the logical tools to understand the forces that created the natural world.

## 15 어법상 옳지 않은 것은?

① Fire following an earthquake is of special interest to the insurance industry.

② Word processors were considered to be the ultimate tool for a typist in the past.

③ Elements of income in a cash forecast will be vary according to the company's circumstances.

④ The world's first digital camera was created by Steve Sasson at Eastman Kodak in 1975.

## [16~17] 밑줄 친 부분에 들어갈 말로 가장 적절한 것을 고르시오.

## 16

The slowing of China's economy from historically high rates of growth has long been expected to _____ growth elsewhere. "The China that had been growing at 10 percent for 30 years was a powerful source of fuel for much of what drove the global economy forward", said Stephen Roach at Yale. The growth rate has slowed to an official figure of around 7 percent. "That's a concrete deceleration", Mr. Roach added.

① speed up     ② weigh on

③ lead to     ④ result in

## 17

As more and more leaders work remotely or with teams scattered around the nation or the globe, as well as with consultants and freelancers, you'll have to give them more _____. The more trust you bestow, the more others trust you. I am convinced that there is a direct correlation between job satisfaction and how empowered people are to fully execute their job without someone shadowing them every step of the way. Giving away responsibility to those you trust can not only make your organization run more smoothly but also free up more of your time so you can focus on larger issues.

① work     ② rewards

③ restrictions     ④ autonomy

**18** 다음 글의 요지로 가장 적절한 것은?

"In Judaism, we're largely defined by our actions," says Lisa Grushcow, the senior rabbi at Temple Emanu-El-Beth Sholom in Montreal. "You can't really be an armchair do-gooder." This concept relates to the Jewish notion of tikkun olam, which translates as "to repair the world." Our job as human beings, she says, "is to mend what's been broken. It's incumbent on us to not only take care of ourselves and each other but also to build a better world around us." This philosophy conceptualizes goodness as something based in service. Instead of asking "Am I a good person?" you may want to ask "What good do I do in the world?" Grushcow's temple puts these beliefs into action inside and outside their community. For instance, they sponsored two refugee families from Vietnam to come to Canada in the 1970s.

① We should work to heal the world.

② Community should function as a shelter.

③ We should conceptualize goodness as beliefs.

④ Temples should contribute to the community.

**19** (A)와 (B)에 들어갈 말로 가장 적절한 것은?

Ancient philosophers and spiritual teachers understood the need to balance the positive with the negative, optimism with pessimism, a striving for success and security with an openness to failure and uncertainty. The Stoics recommended "the premeditation of evils," or deliberately visualizing the worst-case scenario. This tends to reduce anxiety about the future: when you soberly picture how badly things could go in reality, you usually conclude that you could cope.    (A)   , they noted, imagining that you might lose the relationships and possessions you currently enjoy increases your gratitude for having them now. Positive thinking,    (B)   , always leans into the future, ignoring present pleasures.

| | (A) | (B) |
|---|---|---|
| ① | Nevertheless | in addition |
| ② | Furthermore | for example |
| ③ | Besides | by contrast |
| ④ | However | in conclusion |

## 20 주어진 문장이 들어갈 위치로 가장 적절한 것은?

And working offers more than financial security.

Why do workaholics enjoy their jobs so much? Mostly because working offers some important advantages. ( ① ) It provides people with paychecks—a way to earn a living. ( ② ) It provides people with self-confidence; they have a feeling of satisfaction when they've produced a challenging piece of work and are able to say, "I made that". ( ③ ) Psychologists claim that work also gives people an identity; they work so that they can get a sense of self and individualism. ( ④ ) In addition, most jobs provide people with a socially acceptable way to meet others. It could be said that working is a positive addiction; maybe workaholics are compulsive about their work, but their addiction seems to be a safe—even an advantageous—one.

[01~02] 밑줄 친 부분이 의미와 가장 가까운 것은?

## 01

Norwegians led by Roald Amundsen arrived in Antarctica's Bay of Whales on January 14, 1911. With dog teams, they prepared to race the British to the South Pole. Amundsen's ship, *Fram*, loaned b <u>renowned</u> Arctic explorer Fridtjof Nansen, was the elite polar vessel of her time.

① famous      ② intrepid
③ early      ④ notorious

## 02

In her presentation, she will give a <u>lucid</u> account of her future plan as a member of this organization.

① loquacious      ② sluggish
③ placid      ④ perspicuous

[03~05] 밑줄 친 부분에 들어갈 말로 가장 적절한 것은?

## 03

People need to _____ skills in their jobs in order to be competitive and become successful.

① abolish      ② accumulate
③ diminish      ④ isolate

## 04

Manhattan has been compelled to expand skyward because of the _____ of any other direction in which to grow. This, more than any other thing, is responsible for its physical majesty.

① absence      ② decision
③ exposure      ④ selection

## 05

_____ is using someone else's exact words or ideas in your writing, and not naming the original writer or book, magazine, video, podcast, or website where you found them.

① citation
② presentation
③ modification
④ plagiarism

## 06 두 사람의 대화 중 가장 어색한 것은?

① A: I need to ask you to do me a favor.
  B: Sure thing, what is it?
② A: I'm afraid I have to close my account.
  B: OK, please fill out this form.
③ A: That was a beautiful wedding.
  B: I'll say. And the wedding couple looked so right for each other.
④ A: I bought this jacket last Monday and already the zipper was broken. I'd like a refund.
  B: OK, I will fix the zipper.

## 07 어법상 가장 옳은 것은?

① The poverty rate is the percentage of the population which family income falls below an absolute level.
② Not surprisingly, any college graduate would rather enter the labor force in a year of economic expansion than in a year of economic contraction.
③ It is hard that people pick up a newspaper without seeing some newly reported statistic about the economy.
④ Despite the growth is continued in average income, the poverty rate had not declined.

## 08 어법상 가장 옳지 않은 것은?

① With nothing left, she would have to cling to that which had robbed her.
② Send her word to have her place cleaning up.
③ Alive, she had been a tradition, a duty, and a care.
④ Will you accuse a lady to her face of smelling bad?

## 09 어법상 가장 옳지 않은 것은?

① An ugly, old, yellow tin bucket stood beside the stove.
② It is the most perfect copier ever invented.
③ John was very frightening her.
④ She thought that he was an utter fool.

**[10~11] 밑줄 친 부분 중 어법상 가장 옳지 않은 것은?**

## 10

People have opportunities to behave in sustainable ways every day when they get dressed, and fashion, when ①creating within a broad understanding of sustainability, can sustain people as well as the environment. People have a desire to make ②socially responsible choices regarding the fashions they purchase. As designers and product developers of fashion, we are challenged to provide responsible choices. We need to stretch the perception of fashion to remain ③open to the many layers and complexities that exist. The people, processes, and environments ④that embody fashion are also calling for new sustainable directions. What a fabulous opportunity awaits!

## 11

Newspapers, journals, magazines, TV and radio, and professional or trade publications ①provide further ②information that may help interpret the facts ③given in the annual report or on developments since the report ④published.

**[12~13] 글의 흐름상 가장 어색한 문장은?**

## 12

Tropical forests are incredibly rich ecosystems, which provide much of the world's biodiversity. ①However, even with increased understanding of the value of these areas, excessive destruction continues. There are a few promising signs, however. ②Deforestation in many regions is slowing as governments combat this practice with intensive tree planting. Asia, for example, has gained forest in the last decade, primarily due to China's large-scale planting initiatives. ③One part of this challenge is to allow countries a more equitable share of the revenue from pharmaceutical products originating in the tropical forests. Moreover, the number of reserves designated for conservation of biodiversity is increasing worldwide with particularly strong gains in South America and Asia. ④Unfortunately, despite these gains, the capacity for humans to destroy forests continues to appear greater than their ability to protect them.

## 13

In the early 1980s, a good friend of mine discovered that she was dying of multiple myeloma, an especially dangerous, painful form of cancer. I had lost elderly relatives and family friends to death before this, but I had never lost a personal friend. ①I had never watched a relatively young person die slowly and painfully of disease. It took my friend a year to die, and ②I got into the habit of visiting her every Saturday and taking along the latest chapter of the novel I was working on. This happened to be *Clay's Ark*. With its story of disease and death, it was thoroughly inappropriate for the situation. But my friend had always read my novels. ③She insisted that she no longer wanted to read this one as well. I suspect that neither of us believed she would live to read it in its completed form — ④although, of course, we didn't talk about this.

## 14 글의 요지로 가장 적절한 것은?

From computers to compact-disc players, railway engines to robots, the origins of today's machines can be traced back to the elaborate mechanical toys that flourished in the eighteenth century. As the first complex machines produced by man, automata represented a proving ground for technology that would later be harnessed in the industrial revolution. But their original uses were rather less utilitarian. Automata were the playthings of royalty, both as a form of entertainment in palaces and courts across Europe and as gifts sent from one ruling family to another. As a source of amusement, the first automata were essentially scaled-down versions of the elaborate mechanical clocks that adorned cathedrals. These clocks provided the inspiration for smaller and increasingly elaborate automata. As these devices became more complicated, their time-keeping function became less important, and automata became first and foremost mechanical amusements in the form of mechanical theaters or moving scenes.

① The history of machine has less to do with a source of amusement.

② Modern machine has a non-utilitarian origin.

③ Royalty across Europe was interested in toy industry.

④ The decline of automata is closely associated with the industrial revolution.

## 15 글의 내용과 가장 일치하지 않는 것은?

When Ali graduated, he decided he didn't want to join the ranks of commuters struggling to work every day. He wanted to set up his own online gift-ordering business so that he could work from home. He knew it was a risk but felt he would have at least a fighting chance of success. Initially, he and a college friend planned to start the business together. Ali had the idea and Igor, his friend, had the money to invest in the company. But then just weeks before the launch, Igor dropped a bombshell: he said he no longer wanted to be part of Ali's plans. Despite Ali's attempts to persuade him to hand fire on his decision, Igor said he was no longer prepared to take the risk and was going to beat a retreat before it was too late. However, two weeks later Igor stole a march on Ali by launching his own online gift-ordering company. Ali was shell-shocked by this betrayal, but he soon came out fighting. He took Igor's behaviour as a call to arms and has persuaded a bank to lend him the money he needs. Ali's introduction to the business world has certainly been a baptism of fire, but I'm sure he will be really successful on his own.

① 본래 온라인 선물주문 사업은 Ali의 계획이었다.
② Igor가 먼저 그 사업에서 손을 떼겠다고 말했다.
③ Igor가 Ali보다 앞서서 자기 소유의 선물주문 회사를 차렸다.
④ Ali는 은행을 설득하여 Igor에게 돈을 빌려주게 했다.

## [16~17] (A)와 (B)에 들어갈 말로 가장 적절한 것은?

## 16

Scientists are working on many other human organs and tissues. For example, they have successfully generated, or grown, a piece of liver. This is an exciting achievement since people cannot live without a liver. In other laboratories, scientists have created a human jawbone and a lung. While these scientific breakthroughs are very promising, they are also limited. Scientists cannot use cells for a new organ from a very diseased or damaged organ. ___(A)___, many researchers are working on a way to use stem cells to grow completely new organs. Stem cells are very simple cells in the body that can develop into any kind of complex cells, such as skin cells or blood cells and even heart and liver cells. ___(B)___, stem cells can grow into all different kinds of cells.

|  | (A) | (B) |
|---|---|---|
| ① | Specifically | For example |
| ② | Additionally | On the other hand |
| ③ | Consequently | In other words |
| ④ | Accordingly | In contrast |

## 17

The speak of 'the aim' of scientific activity may perhaps sound a little __(A)__ ; for clearly, different scientists have different aims, and science itself (whatever that may mean) has no aims. I admit all this. And yet it seems that when we speak of science we do feel, more or less clearly, that there is something characteristic of scientific activity; and since scientific activity looks pretty much like a rational activity, and since a rational activity must have some aim, the attempt to describe the aim of science may not be entirely __(B)__ .

|     | (A)        | (B)        |
| --- | ---------- | ---------- |
| ①   | naive      | futile     |
| ②   | reasonable | fruitful   |
| ③   | chaotic    | acceptable |
| ④   | consistent | discarded  |

(A) That development is entirely under the control of the influences exerted by the socity in which the child may chance to live.

(B) If such society be altogether denied, the faculties perish, and the child grows up a best and not a man; if the society be uneducated and coarse, the growth of the faculties is early so stunted as never afterwards to be capable of recovery; if the society be highly cultivated, the child will be cultivated also, and will show, more or less, through life the fruits of that cultivation.

(C) Hence each generation receives the benefit of the cultivation of that which preceded it.

(D) But the equality of the natural faculties at starting will not prevent a vast difference in their ultimate development.

① (A) − (B) − (D) − (C)
② (A) − (D) − (B) − (C)
③ (D) − (A) − (B) − (C)
④ (D) − (B) − (A) − (C)

## 18 〈보기〉의 문장 다음에 이어질 글의 순서로 가장 적절한 것은?

**보기**

The child that is born today may possibly have the same faculties as if he had been born in the days of Noah; if it be otherwise, we possess no means of determining the difference.

[19~20] 밑줄 친 부분에 들어갈 말로 가장 적절한 것은?

## 19

It is quite clear that people's view of what English should do has been strongly influenced by what Latin does. For instance, there is (or used to be — it is very infrequently observed in natural speech today) a feeling that an infinitive in English should not be split. What this means is that you should not put anything between the *to* which marks an infinitive verb and the verb itself: you should say *to go boldly* and never *to boldly go*. This 'rule' is based on Latin, where the marker of the infinitive is an ending, and you can no more split it from the rest of the verb than you can split *-ing* from the rest of its verb and say *goboldlying* for *going boldly*. English speakers cleary do not feel that *to* and *go* belong together _____ *go* and *-ing*. They frequently put words between this kind of *to* and its verb.

① less closely than

② as closely as

③ more loosely than

④ as loosely as

## 20

A company may be allowed to revalue non-current assets. Where the fair value of non-current assets increases this may be reflected in an adjustment to the value of the assets shown in the statement of financial position. As far as possible, this should reflect the fair value of assets and liabilities. However, the increase in value of a non-current asset does not necessarily represent _____ for the company. A profit is made or realized only when the asset is sold and the resulting profit is taken through the income statement. Until this event occurs prudence — supported by common sense — requires that the increase in asset value is retained in the balance sheet. Shareholders have the right to any profit on the sale of company assets, so the shareholders' stake (equity) is increased by the same amount as the increase in asset valuation. A revaluation reserve is created and the balance sheet still balances.

① the fair value

② an actual cost

③ an immediate profit

④ the value of a transaction

2024 나두공  9급 공무원

[기본과목] 연차별 3개년  기출문제

3개년

# 2023~2021
# [한국사]
# 기출문제

QUESTIONS

## 01 다음 유물이 사용된 시대에 대한 설명으로 옳은 것은?

미송리식 토기, 팽이형 토기, 붉은 간 토기

① 비파형 동검이 사용되었다.
② 오수전 등의 화폐가 사용되었다.
③ 아슐리안형 주먹도끼가 사용되었다.
④ 철이 많이 생산되어 낙랑과 왜에 수출되었다.

## 02 밑줄 친 '왕'에 대한 설명으로 옳은 것은?

16년 겨울 10월, 왕이 질양(質陽)으로 사냥을 갔다가 길에 앉아 우는 자를 보았다. 왕이 말하기를 "아! 내가 백성의 부모가 되어 백성들이 이 지경에 이르게 하였으니 나의 죄로다." …(중략)… 그리고 관리들에게 명하여 매년 봄 3월부터 가을 7월까지 관청의 곡식을 내어 백성들의 식구 수에 따라 차등 있게 빌려주었다가, 10월에 이르러 상환하게 하는 것을 법규로 정하였다.

– 『삼국사기』 –

① 낙랑군을 축출하였다.
② 『진대법』을 시행하였다.
③ 백제의 침입으로 전사하였다.
④ 영락이라는 독자적인 연호를 사용하였다.

## 03 (가)에 대한 설명으로 옳은 것은?

신돈이 [(가)] 을/를 설치하자고 요청하자, …(중략)… 이제 도감이 설치되었다. …(중략)… 명령이 나가자 권세가 중에 전민을 빼앗은 자들이 그 주인에게 많이 돌려주었으며, 전국에서 기뻐하였다.

– 『고려사』 –

① 시전의 물가를 감독하는 임무를 담당하였다.
② 국가재정의 출납과 회계 업무를 총괄하였다.
③ 불법적으로 점유된 토지와 노비를 조사하였다.
④ 부족한 녹봉을 보충하고자 관료에게 녹과전을 지급하였다.

## 04 다음과 같이 말한 인물에 대한 설명으로 옳은 것은?

우리나라가 곧 고구려의 옛 땅이다. 그리고 압록강의 안팎 또한 우리의 지역인데 지금 여진이 그 사이에 몰래 점거하여 저항하고 교활하게 대처하고 있어서 …(중략)… 만일 여진을 내쫓고 우리 옛 땅을 되찾아서 성보(城堡)를 쌓고 도로를 통하도록 하면 우리가 어찌 사신을 보내지 않겠는가?

− 『고려사』 −

① 목종을 폐위하였다.
② 귀주에서 거란군을 물리쳤다.
③ 여진을 몰아내고 동북 9성을 쌓았다.
④ 소손녕과 담판하여 강동 6주를 획득하였다.

## 05 밑줄 친 '이곳'에 대한 설명으로 옳은 것은?

- 장수왕은 남진정책의 일환으로 수도를 이곳으로 천도하였다.
- 묘청은 이곳으로 수도를 옮길 것을 주장하였다.

① 쌍성총관부가 설치되었다.
② 망이·망소이가 반란을 일으켰다.
③ 제너럴 셔먼호 사건이 발생하였다.
④ 1923년 조선 형평사가 결성되었다.

## 06 다음 전투 이후에 일어난 사건으로 옳은 것만을 모두 고르면?

이근행이 군사 20만 명의 대군을 이끌고 매소성(買肖城)에 머물렀다. 우리 군사가 공격하여 달아나게 하고 전마 30,380필을 얻었는데, 남겨놓은 병장기도 그 정도 되었다.

− 『삼국사기』 −

ㄱ. 웅진도독부가 설치되었다.
ㄴ. 김흠돌이 반란을 일으켰다.
ㄷ. 교육 기관인 국학이 설립되었다.
ㄹ. 복신과 도침이 부여풍과 함께 백제 부흥 운동을 일으켰다.

① ㄱ, ㄴ         ② ㄱ, ㄹ
③ ㄴ, ㄷ         ④ ㄷ, ㄹ

## 07 다음 사건을 시기순으로 바르게 나열한 것은?

(가) 신라의 우산국 복속
(나) 고구려의 서안평 점령
(다) 백제의 대야성 점령
(라) 신라의 금관가야 병합

① (가) → (나) → (다) → (라)
② (가) → (라) → (나) → (다)
③ (나) → (가) → (라) → (다)
④ (나) → (다) → (가) → (라)

**08** 고려시대 문화유산에 대한 설명으로 옳지 않은 것은?

① 황해도 사리원 성불사 응진전은 다포 양식의 건물이다.

② 월정사 팔각 9층 석탑은 원의 석탑을 모방하여 제작하였다.

③ 여주 고달사지 승탑은 통일 신라의 팔각원당형 양식을 계승하였다.

④ 『직지심체요절』은 세계기록유산으로 등재된 현존하는 가장 오래된 금속활자본이다.

**09** 조선시대 지도와 천문도에 대한 설명으로 옳지 않은 것은?

① 대동여지도는 거리를 알 수 있도록 10리마다 눈금을 표시하였다.

② 혼일강리역대국도지도는 중국에서 들여온 곤여만국전도를 참고하였다.

③ 천상열차분야지도는 하늘을 여러 구역으로 나누고 별자리를 표시한 그림이다.

④ 동국지도는 정상기가 실제 거리 100리를 1척으로 줄인 백리척을 적용하여 제작하였다.

**10** (가)에 대한 설명으로 옳지 않은 것은?

> 임진왜란 이후에 우의정 유성룡도 역시 미곡을 거두는 것이 편리하다고 주장하였으나, 일이 성취되지 못하였다. 1608년에 이르러 좌의정 이원익의 건의로 ____(가)____ 을/를 비로소 시행하여, 민결(民結)에서 미곡을 거두어 서울로 옮기게 하였다.
>
> － 『만기요람』 －

① 장시의 확대에 기여하였다.

② 지주에게 결작을 부과하였다.

③ 공납의 폐단을 막기 위해 실시하였다.

④ 공인에게 비용을 지급하고 필요 물품을 조달하였다.

**11** (가) 인물이 추진한 정책으로 옳지 않은 것은?

> 선비들 수만 명이 대궐 앞에 모여 만동묘와 서원을 다시 설립할 것을 청하니, ____(가)____ 이/가 크게 노하여 한성부의 조례(皂隷)와 병졸로 하여금 한강 밖으로 몰아내게 하고 드디어 천여 곳의 서원을 철폐하고 그 토지를 몰수하여 관에 속하게 하였다.
>
> － 『대한계년사』 －

① 사창제를 실시하였다.

② 『대전회통』을 편찬하였다.

③ 비변사의 기능을 강화하였다.

④ 통상 수교 거부 정책을 추진하였다.

**12** 다음과 같은 선포문을 발표하면서 성립한 정부의 정책으로 옳지 않은 것은?

> 제1조 대한민국은 민주공화제로 함
> …(중략)…
> 민국 원년 3월 1일 우리 대한민족이 독립을 선언한 뒤 …(중략)… 이제 본 정부가 전 국민의 위임을 받아 조직되었으니 전 국민과 더불어 전심(專心)으로 힘을 모아 국토 광복의 대사명을 이룰 것을 선서한다.

① 독립 공채를 발행하였다.
② 기관지로『독립신문』을 발간하였다.
③ 비밀 행정 조직인 연통부를 설치하였다.
④ 재정 확보를 위하여 전환국을 설립하였다.

**13** 밑줄 친 '나'가 집권하여 추진한 사실로 옳은 것은?

> 나는 우리 국민이 선천적으로 타고난 재질을 최대한으로 활용하여 다각적인 생산 활동을 더욱 활발하게 하고, …(중략)… 공산품 수출을 진흥시키는 데 가일층 노력할 것을 요망합니다. 끝으로 나는 오늘 제1회「수출의 날」기념식에 즈음하여 …(중략)… 이 뜻깊은 날이 자립경제를 앞당기는 또 하나의 계기가 될 것을 기원합니다.

① 대통령 직선제 개헌을 추진하였다.
② 3·1 민주 구국 선언을 발표하였다.
③ 반민족 행위 특별 조사 위원회를 구성하였다.
④ 베트남 파병에 필요한 조건을 명시한 브라운 각서를 체결하였다.

**14** 다음과 같이 상소한 인물이 속한 붕당에 대한 설명으로 옳은 것만을 모두고르면?

> 상소하여 아뢰기를, "신이 좌참찬 송준길이 올린 차자를 보았는데, 상복(喪服) 절차에 대하여 논한 것이 신과는 큰 차이가 있었습니다. 장자를 위하여 3년을 입는 까닭은 위로 '정체(正體)'가 되기 때문이고 또 전중(傳重: 조상의 제사나 가문의 법통을 전함)하기 때문입니다. …(중략)… 무엇보다 중요한 것은 할아버지와 아버지의 뒤를 이은 '정체'이지, 꼭 첫째이기 때문에 참최 3년복을 입는 것은 아닙니다."라고 하였다.
> －『현종실록』－

> ㄱ. 기사환국으로 정권을 장악하였다.
> ㄴ. 인조반정을 주도하여 집권세력이 되었다.
> ㄷ. 정조 시기에 탕평정치의 한 축을 이루었다.
> ㄹ. 이이와 성혼의 문인을 중심으로 형성되었다.

① ㄱ, ㄴ
② ㄱ, ㄷ
③ ㄴ, ㄹ
④ ㄷ, ㄹ

**15** (나) 시기에 일어난 사실로 옳은 것은?

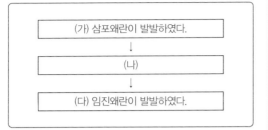

① 을사사화가 일어났다.
②『경국대전』이 반포되었다.
③『향약집성방』이 편찬되었다.
④ 금속활자인 갑인자가 주조되었다.

**16** 다음 법령이 시행된 시기에 있었던 사실로 옳은 것은?

제1조 회사의 설립은 조선 총독의 허가를 받아야 한다.
제5조 회사가 본령이나 본령에 따라 나오는 명령과 허가 조건을 위반하거나 공공질서와 선량한 풍속에 반하는 행위를 할 때 조선 총독은 사업의 정지, 지점의 폐쇄, 또는 회사의 해산을 명할 수 있다.

① 산미 증식 계획이 폐지되었다.
②「국가 총동원법」이 제정되었다.
③ 원료 확보를 위한 남면북양 정책이 추진되었.
④ 보통학교 수업 연한을 4년으로 정한「조선교육령」이 공포되었다.

**17** 다음과 같은 결의문에 근거하여 시행된 조치로 옳은 것은?

소총회는 …(중략)… 한국 인민의 대표가 국회를 구성하여 중앙정부를 수립할 수 있도록 선거를 시행함이 긴요하다고 여기며, 총회의 의결에 따라 국제연합 한국 임시위원단이 접근할 수 있는 지역에서 결의문 제2호에 기술된 계획을 시행함이 동 위원단에 부과된 임무임을 결의한다.

① 미 군정청이 설치되었다.
② 5 · 10 총선거가 실시되었다.
③ 좌우 합작 위원회가 구성되었다.
④ 미 · 소 공동 위원회가 개최되었다.

**18** (가), (나) 조약 사이의 시기에 있었던 사실로 옳은 것은?

(가) 제10관 일본국 인민이 조선국 지정의 각 항구에 머무는 동안에 죄를 범한 것이 조선국 인민에 관계되는 사건일 때에는 일본국 관원이 재판한다.
(나) 제4관 중국 상인이 조선의 양화진 및 한성에 영업소를 개설할 경우를 제외하고, 각종 화물을 내륙으로 운반하여 상점을 차리고 파는 것을 허가하지 않는다. 단, 내륙행상이 필요한 경우 지방관의 허가서를 받아야 한다.

① 개항장에서는 일본 화폐가 통용되었다.
② 러시아가 압록강 유역의 산림 채벌권을 획득하였다.
③ 황국 중앙 총상회가 조직되어 상권 수호 운동을 전개하였다.
④ 함경도의 방곡령에 불복하여 일본 상인이 손해 배상을 요구하였다.

**19** 밑줄 친 '14개 조목'에 해당하는 것만을 모두 고르면?

> 이제부터는 다른 나라를 의지하지 않으며 융성하도록 나라의 발걸음을 넓히고 백성의 복리를 증진하여 자주독립의 터전을 공고하게 할 것입니다. …(중략)… 이에 저 소자는 14개 조목의 홍범(洪範)을 하늘에 계신 우리 조종의 신령 앞에 맹세하노니, 우러러 조종이 남긴 업적을 잘 이어서 감히 어기지 않을 것입니다.

> ㄱ. 탁지아문에서 조세 부과
> ㄴ. 왕실과 국정 사무의 분리
> ㄷ. 지계 발급을 위한 지계아문 설치
> ㄹ. 대한 천일 은행 등 금융기관 설립

① ㄱ, ㄴ  　　　　② ㄱ, ㄹ
③ ㄴ, ㄷ  　　　　④ ㄷ, ㄹ

**20** (가) 시기에 볼 수 있었던 모습으로 옳지 않은 것은?

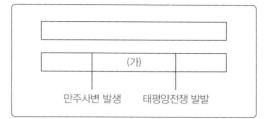

① 소학교에 등교하는 조선인 학생
② 황국 신민 서사를 암송하는 청년
③ 『제국신문』 기사를 작성하는 기자
④ 쌍성보에서 항전하는 한국독립당 군인

## 01 다음 풍습이 있었던 나라에 대한 설명으로 옳은 것은?

> • 가족이 죽으면 시체를 가매장하였다가 나중에 그 뼈를 추려서 가족 공동 무덤인 커다란 목곽에 안치하였다.
> • 목곽 입구에는 죽은 자가 먹을 양식으로 쌀을 담은 항아리를 매달아 놓기도 하였다.
> – 『삼국지』 위서 동이전 –

① 민며느리제라는 혼인 풍습이 있었다.
② 제가가 별도로 사출도를 다스렸다.
③ 소도라는 신성 구역이 존재하였다.
④ 무천이라는 제천행사를 열었다.

## 02 우리나라 유네스코 세계유산에 대한 설명으로 옳지 않은 것은?

① 미륵사지에는 목탑 양식의 석탑이 있다.
② 정림사지에는 백제의 5층 석탑이 남아 있다.
③ 능산리 고분군에는 계단식 돌무지무덤이 있다.
④ 무령왕릉에는 무덤 주인공을 알려주는 지석이 있었다.

## 03 조선 시대의 관청에 대한 설명으로 옳은 것은?

① 사간원 – 교지를 작성하였다.
② 한성부 – 시정기를 편찬하였다.
③ 춘추관 – 외교문서를 작성하였다.
④ 승정원 – 국왕의 명령을 출납하였다.

## 04 (가)에 대한 설명으로 옳은 것은?

> 3·1 운동 직후에 만들어진 (가) 은/는 연통제라는 비밀 행정 조직을 만들었으며, 국내 인사와의 연락과 이동을 위해 교통국을 두었다. 또 외교 선전물을 간행하여 일제 침략의 부당성을 널리 알리고자 하였다. 그러나 이러한 활동은 뚜렷한 성과를 내지 못하였다. 그러한 가운데 (가) 의 활동 방향을 두고 외교 운동 노선과 무장투쟁 노선 사이에서 갈등이 빚어지기도 하였다.

① 외교 운동을 위해 미국에 구미 위원부를 설치하였다.
② 비밀결사 운동을 추진하고자 독립 의군부를 만들었다.
③ 이인영, 허위 등을 중심으로 서울 진공 작전을 추진하였다.
④ 영국인 베델을 발행인으로 한 「대한매일신보」를 창간하였다.

## 05 다음 (가), (나) 승려에 대한 설명으로 옳은 것은?

(가) 중국 유학에서 돌아와 부석사를 비롯한 여러 사원을 건립하였으며, 문무왕이 경주에 성곽을 쌓으려 할 때 만류한 일화로 유명하다.

(나) 진골 귀족 출신으로 대국통을 역임하였으며, 선덕여왕에게 황룡사 9층탑의 건립을 건의하였다.

① (가)는 모든 것이 한마음에서 나온다는 일심사상을 제시하였다.
② (가)는『화엄일승법계도』를 만들었다.
③ (나)는『왕오천축국전』이라는 여행기를 남겼다.
④ (나)는 이론과 실천을 같이 강조하는 교관겸수를 제시하였다.

## 06 (가) 왕에 대한 설명으로 옳은 것은?

당 현종 개원 7년에 대조영이 죽으니, 그 나라에서 사사로이 시호를 올려 고왕(高王)이라 하였다. 아들 (가) 이/가 뒤이어 왕위에 올라 영토를 크게 개척하니, 동북의 모든 오랑캐가 겁을 먹고 그를 섬겼으며, 또 연호를 인안(仁安)으로 고쳤다.

－『신당서』－

① 수도를 상경성으로 옮겼다.
② '해동성국'이라고 불릴 만큼 전성기를 이루었다.
③ 장문휴를 시켜 당의 등주(산둥성)를 공격하였다.
④ 고구려 유민과 말갈족을 이끌고 동모산에 도읍을 정하였다.

## 07 (가)~(라) 국왕 대에 있었던 사실로 옳지 않은 것은?

조선 시대 국가를 운영하는 핵심 법전인『경국대전』은 세조 대에 그 편찬이 시작되어 (가) 대에 완성되었다. 이후 여러 차례의 전쟁으로 혼란에 빠진 국가 체제를 수습하고 새로운 정치·사회적 변화에 대응하기 위해 법전 정비가 필요하게 되었다. 이에 따라 (나) 대에『속대전』을 편찬하였으며, (다) 대에『대전통편』을, 그리고 (라) 대에는『대전회통』을 편찬하였다.

① (가)－홍문관을 두어 집현전을 계승하였다.
② (나)－서원을 붕당의 근거지로 인식하여 대폭 정리하였다.
③ (다)－사도세자의 무덤을 옮기고 화성을 축조하였다.
④ (라)－삼정의 문란을 바로잡기 위해 삼정이정청을 설치했다.

## 08 밑줄 친 '사건'의 명칭은?

중종에 의해 등용된 조광조는 현량과를 통해 사림을 대거 등용하였다. 그는 3사의 언관직을 통해 개혁을 추진해 나갔고, 위훈삭제를 주장하기도 하였다. 이러한 움직임은 반발을 불러일으켰으며, 중종도 급진적인 개혁 조치에 부담을 느껴 조광조 등을 제거하였다. 이 사건으로 사림은 큰 피해를 입었다.

① 갑자사화          ② 기묘사화
③ 무오사화          ④ 을사사화

## 09 (가), (나)에 대한 설명으로 옳은 것은?

(가) 역사서의 저자는 다음과 같은 글을 지어 왕에게 바쳤다. "성상 전하께서 옛 사서를 널리 열람하시고, '지금의 학사 대부는 모두 오경과 제자의 책과 진한(秦漢) 역대의 사서에는 널리 통하여 상세히 말하는 이는 있으나, 도리어 우리나라의 사실에 대하여서는 망연하고 그 시말(始末)을 알지 못하니 심히 통탄할 일이다. 하물며 신라·고구려·백제가 나라를 세우고 정립하여 능히 예의로써 중국과 통교한 까닭으로 범엽의 『한서』나 송기의 『당서』에는 모두 열전이 있으나 국내는 상세하고 국외는 소략하게 써서 자세히 실리지 않았다. …(중략)… 일관된 역사를 완성하고 만대에 물려주어 해와 별처럼 빛나게 해야 하겠다.'라고 하셨다."

(나) 역사서에는 다음과 같은 서문이 실려 있다. "부여씨와 고씨가 망한 다음에 김씨의 신라가 남에 있고, 대씨의 발해가 북에 있으니 이것이 남북국이다. 여기에는 마땅히 남북국사가 있어야 할 터인데, 고려가 그것을 편찬하지 않은 것은 잘못이다."

① (가)는 동명왕의 업적을 칭송한 영웅 서사시이다.

② (가)는 불교를 중심으로 고대 설화를 수록하였다.

③ (나)는 만주 지역까지 우리 역사의 범위를 확장하였다.

④ (나)는 고조선부터 고려에 이르는 역사를 체계적으로 정리하였다.

## 10 다음 주장을 한 실학자가 쓴 책은?

토지를 겸병하는 자라고 해서 어찌 진정으로 빈민을 못살게 굴고 나라의 정치를 해치려고 했겠습니까? 근본을 다스리고자 하는 자라면 역시 부호를 심하게 책망할 것이 아니라 관련 법제가 세워지지 않은 것을 걱정해야 할 것입니다. …(중략)… 진실로 토지의 소유를 제한하는 법령을 세워, "어느 해 어느 달 이후로는 제한된 면적을 초과해 소유한 자는 더는 토지를 점하지 못한다. 이 법령이 시행되기 이전부터 소유한 것에 대해서는 아무리 광대한 면적이라 해도 불문에 부친다. 자손에게 분급해 주는 것은 허락한다. 만약에 사실대로 고하지 않고 숨기거나 법령을 공포한 이후에 제한을 넘어 더 점한 자는 백성이 적발하면 백성에게 주고, 관(官)에서 적발하면 몰수한다."라고 하면, 수십 년이 못 가서 전국의 토지 소유는 균등하게 될 것입니다.

① 반계수록

② 성호사설

③ 열하일기

④ 목민심서

## 11 (가) 시기에 있었던 사실로 옳은 것은?

한국을 식민지로 삼은 일제는 헌병에게 경찰 업무를 부여한 헌병 경찰제를 시행했다. 헌병 경찰은 정식 재판 없이 한국인에게 벌금 등의 처벌을 가하거나 태형에 처할 수도 있었다. 한국인은 이처럼 강압적인 지배에 저항해 3·1 운동을 일으켰으며, 일제는 이를 계기로 지배 정책을 전환했다. 일제가 한국을 병합한 직후부터 3·1 운동이 벌어진 때까지를 (가) 시기라고 부른다.

① 토지 조사령이 공포되었다.
② 창씨개명 조치가 시행되었다.
③ 초등 교육 기관의 명칭이 국민학교로 변경되었다.
④ 전쟁 물자 동원을 내용으로 한 국가총동원법이 적용되었다.

## 12 밑줄 친 '그'에 대한 설명으로 옳은 것은?

한국 국민당을 이끌던 그는 독립운동 세력을 통합하고자 한국 독립당을 결성해 항일 운동을 주도하였다. 광복 직후 귀국한 그는 정부 수립을 위한 활동을 이어나갔으며, 남한 단독 선거가 결정되자 김규식과 더불어 남북 협상을 위해 평양을 방문하기도 하였다.

① 좌우 합작 위원회를 구성해 좌우 합작 7원칙을 발표하였다.
② 광복 직후 안재홍 등과 함께 조선 건국 준비 위원회를 만들었다.
③ 무장 항일투쟁을 위해 하와이로 건너가 대조선 국민 군단을 결성하였다.
④ 모스크바 3국 외상 회의의 결정 사항이 알려지자 신탁통치 반대 운동을 펼쳤다.

## 13 제헌 국회에 대한 설명으로 옳은 것은?

① 반민족 행위 특별 조사 위원회를 구성하였다.
② 한·일 기본 조약 체결에 반대하는 성명을 내놓았다.
③ 통일 3대 원칙이 언급된 7·4 남북 공동 성명을 발표하였다.
④ 통일 주체 국민 회의에서 대통령을 뽑는다는 내용의 개헌안을 통과시켰다.

## 14 밑줄 친 '그'에 대한 설명으로 옳은 것은?

고종이 즉위한 직후에 실권을 장악한 그는 러시아를 견제하기 위해 천주교 선교사를 통해 프랑스와 교섭하려 했다. 하지만 천주교를 금지해야 한다는 유생의 주장이 높아지자 다수의 천주교도와 선교사를 잡아들여 처형한 병인박해를 일으켰다. 이후 고종의 친정이 시작됨에 따라 물러난 그는 임오군란이 일어났을 때 잠시 권력을 장악했지만, 청군의 개입으로 곧 물러났다.

① 미국에 보빙사라는 사절단을 파견하였다.
② 전국 여러 곳에 척화비를 세우도록 했다.
③ 국경을 획정하고자 백두산정계비를 세웠다.
④ 통리기무아문을 설치하고 그 아래에 12사를 두었다.

## 15 밑줄 친 '이 왕'에 대한 설명으로 옳은 것은?

> 백제 개로왕은 장기와 바둑을 좋아하였는데, 도림이 고하기를 "제가 젊어서부터 바둑을 배워 꽤 묘한 수를 알게 되었으니 개로왕께 알려 드리기를 원합니다."라고 하였다. …(중략)… 개로왕이 (도림의 말을 듣고) 나라 사람을 징발하여 흙을 쪄서 성(城)을 쌓고 그 안에는 궁실, 누각, 정자를 지으니 모두가 웅장하고 화려하였다. 이로 말미암아 창고가 비고 백성이 곤궁하니, 나라의 위태로움이 알을 쌓아 놓은 것보다 더 심하게 되었다. 그제야 도림이 도망을 쳐 와서 그 실정을 고하니 이 왕이 기뻐하여 백제를 치려고 장수에게 군사를 나누어 주었다.
>
> – 『삼국사기』 –

① 평양으로 도읍을 천도하였다.

② 진대법을 처음으로 시행하였다.

③ 낙랑군을 점령하고 한 군현 세력을 몰아내었다.

④ 신라에 침입한 왜군을 낙동강 유역에서 물리쳤다.

## 16 다음 설명에 해당하는 문화유산은?

> 이 건물은 주심포 양식에 맞배지붕 건물로 기둥은 배흘림 양식이다. 1972년 보수 공사 중에 공민왕 때 중창하였다는 상량문이 나와 우리나라에서 가장 오래된 목조 건물로 보고 있다.

① 서울 흥인지문

② 안동 봉정사 극락전

③ 영주 부석사 무량수전

④ 합천 해인사 장경판전

## 17 (가) 단체에 대한 설명으로 옳은 것은?

> 아관파천 이후 러시아의 영향력이 강화되고 열강의 이권 침탈이 가속화되었다. 이러한 가운데 서재필 등은 　(가)　을/를 만들었다. 　(가)　은/는 고종에게 자주독립을 굳건히 하고 내정 개혁을 단행하라는 내용이 담긴 상소문을 제출하였으며, 만민공동회를 개최하여 외국의 간섭과 일부 관리의 부정부패를 비판하였다.

① 「교육 입국 조서」를 작성해 공포하였다.

② 영은문이 있던 자리 부근에 독립문을 세웠다.

③ 개혁의 기본 강령인 「홍범 14조」를 발표하였다.

④ 일본에 진 빚을 갚자는 국채 보상 운동을 일으켰다.

## 18 (가) 시기의 사실로 옳지 않은 것은?

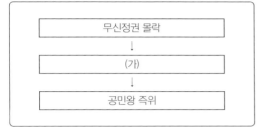

① 만권당이 만들어졌다.
② 정동행성이 설치되었다.
③ 쌍성총관부가 수복되었다.
④ 『제왕운기』가 저술되었다.

## 20 (가) 시기에 있었던 일로 옳은 것은?

① 을사늑약 체결
② 정미 의병 발생
③ 오페르트 도굴 미수 사건
④ 조·미 수호 통상 조약 체결

## 19 밑줄 친 '이 나라'의 경제 상황에 대한 설명으로 옳지 않은 것은?

이 나라에는 관리에게 정해진 면적의 토지에서 조세를 거둘 수 있는 권리를 나누어주는 전시과라는 제도가 있었다. 농민은 소를 이용해 깊이갈이를 하기도 했으며, 시비법의 발달로 휴경지가 점차 줄어들었다. 밭농사는 2년 3작의 윤작법이 점차 보급되었다. 이 나라의 말기에는 직파법 대신 이앙법이 남부 지방 일부에 보급될 정도로 논농사에 변화가 나타났다. 또한 이암에 의해 중국 농서인 『농상집요』도 소개되었다.

① 재정을 운영하는 관청으로 삼사를 두었다.
② 공물 부과 기준이 가호에서 토지로 바뀌었다.
③ 생산량의 10분의 1에 해당하는 조세를 거두었다.
④ '소'라는 행정구역의 주민이 국가에서 필요로 하는 물품을 생산하였다.

## 01 다음 시가를 지은 왕의 재위 기간에 있었던 사실은?

> 펄펄 나는 저 꾀꼬리
> 암수 서로 정답구나
> 외로울사 이 내 몸은
> 뉘와 더불어 돌아가랴

① 진대법을 시행하였다.
② 낙랑군을 축출하였다.
③ 졸본에서 국내성으로 천도하였다.
④ 율령을 반포하여 중앙집권 체제를 강화하였다.

## 02 밑줄 친 '유학자'에 대한 설명으로 옳은 것은?

> 풍기군수 주세붕은 고려시대 유학자의 고향인 경상도 순흥면 백운동에 회헌사(晦軒祠)를 세우고, 1543년에 교육시설을 더해서 백운동 서원을 건립하였다.

① 해주향약을 보급하였다.
② 원 간섭기에 성리학을 국내로 소개하였다.
③ 『성학십도』를 저술하여 경연에서 강의하였다.
④ 일본의 동정을 담은 『해동제국기』를 저술하였다.

## 03 밑줄 친 '왕'에 대한 설명으로 옳은 것은?

> 1919년 3월 1일 탑골 공원에서 민족대표 33인이 서명한 독립선언서가 낭독되었다. 이 공원에 있는 탑은 왕이 세운 것으로 경천사 10층 석탑의 영향을 받았다.

① 우리나라 전쟁사를 정리한 『동국병감』을 편찬하였다.
② 우리나라 역대 문장의 정수를 모은 『동문선』을 편찬하였다.
③ 6조 직계제를 실시하여 국왕 중심의 정치체제를 구축하였다.
④ 한양으로 다시 천도하면서 이궁인 창덕궁을 창건하였다.

## 04 (가)인물에 대한 설명으로 옳은 것은?

(가) 이/가 올립니다. "지방의 경우에는 관찰사와 수령, 서울의 경우에는 홍문관과 육경(六卿), 그리고 대간(臺諫)들이 모두 능력 있는 사람을 천거하게 하십시오. 그 후 대궐에 모아 놓고 친히 여러 정책과 관련된 대책 시험을 치르게 한다면 인물을 많이 얻을 수 있을 것입니다. 이는 역대 선왕께서 하지 않으셨던 일이요, 한나라의 현량과와 방정과의 뜻을 이은 것입니다. 덕행은 여러 사람이 천거하는 바이므로 반드시 헛되거나 그릇되는 일이 없을 것입니다."

① 기묘사화로 탄압받았다.
② 조의제문을 사초에 실었다.
③ 문정왕후의 수렴청정을 지지하였다.
④ 연산군의 생모 윤씨를 폐비하는 데 동조하였다.

## 06 (가) 시기에 신라에서 있었던 사실은?

| 고구려의 침입으로 한성이 함락되자, 수도를 웅진으로 옮겼다. |
|---|
| ↓ |
| (가) |
| ↓ |
| 성왕은 사비로 도읍을 옮겼다. |

① 대가야를 정복하였다.
② 황초령순수비를 세웠다.
③ 거칠부가 『국사』를 편찬하였다.
④ 이차돈의 순교를 계기로 불교가 공인되었다.

## 05 신석기시대 유적과 유물을 바르게 연결한 것만을 모두 고르면?

ㄱ. 양양 오산리 유적 – 덧무늬토기
ㄴ. 서울 암사동 유적 – 빗살무늬토기
ㄷ. 공주 석장리 유적 – 미송리식토기
ㄹ. 부산 동삼동 유적 – 아슐리안형 주먹도끼

① ㄱ, ㄴ  　　② ㄱ, ㄹ
③ ㄴ, ㄷ  　　④ ㄷ, ㄹ

## 07 시기별 대외 교류에 관한 설명으로 옳지 않은 것은?

① 백제: 노리사치계가 일본에 불경과 불상을 전하였다.
② 통일신라: 장보고가 청해진을 설치하여 해상권을 장악하였다.
③ 고려: 예성강 하구의 벽란도가 국제항으로 번성하였다.
④ 조선: 명과의 교류에서 중강개시와 책문후시가 전개되었다.

**08** 우리나라 세계유산과 세계기록유산에 대한 설명으로 옳은 것만을 모두 고르면?

> ㄱ. 공주 송산리 고분군에는 전축분인 6호분과 무령왕릉이 있다.
> ㄴ. 양산 통도사는 금강계단 불사리탑이 있는 삼보 사찰이다.
> ㄷ. 남한산성은 병자호란 때 인조가 피난했던 산성이다.
> ㄹ. 『승정원일기』는 역대 왕의 훌륭한 언행을 『실록』에서 뽑아 만든 사서이다.

① ㄱ, ㄴ
② ㄴ, ㄷ
③ ㄱ, ㄴ, ㄷ
④ ㄱ, ㄷ, ㄹ

**09** 다음은 발해 수도에 대한 답사 계획이다. 각 수도에 소재하는 유적에 대한 탐구 내용으로 옳은 것만을 모두 고르면?

| 발해 유적 답사 계획서 | |
|---|---|
| 일시 | 출발 ○○○○년 ○월 ○○일<br>귀국 ○○○○년 ○월 ○○일 |
| 인원 | ○○ 명 |
| 장소 | |
| 탐구 내용 | ㉠ 정효공주 무덤을 찾아 벽화에 그려진 인물들의 복식을 탐구한다.<br>㉡ 용두산 고분군을 찾아 벽돌무덤의 특징을 탐구한다.<br>㉢ 오봉루 성문터를 찾아 성의 구조를 당의 장안성과 비교해 본다.<br>㉣ 정혜공주 무덤을 찾아 고구려 무덤과의 계승성을 탐구한다. |

① ㉠, ㉡
② ㉠, ㉣
③ ㉡, ㉢
④ ㉢, ㉣

**10** 다음 상소문을 올린 왕대에 있었던 사실은?

> 석교(釋敎)를 행하는 것은 수신(修身)의 근본이
> 요, 유교를 행하는 것은 이국(理國)의 근원입니
> 다. 수신은 내생의 자(資)요, 이국은 금일의 요
> 무(要務)로서, 금일은 지극히 가깝고 내생은 지
> 극히 먼 것인데도 가까움을 버리고 먼 것을 구
> 함은 또한 잘못이 아니겠습니까.

① 양경과 12목에 상평창을 설치하였다.
② 균여를 귀법사 주지로 삼아 불교를 정비하였다.
③ 국자감에 7재를 두어 관학을 부흥하고자 하
였다.
④ 전지(田地)와 시지(柴地)를 지급하는 경정 전시
과를 실시하였다.

**11** 이승만 정부의 경제 정책으로 옳지 않은 것
은?

① 한미 원조 협정을 체결하였다.
② 농지개혁에 따른 지가증권을 발행하였다.
③ 제분, 제당, 면방직 등 삼백 산업을 적극 지원
하였다.
④ 제1차 경제개발 5개년 계획을 추진하였다.

**12** 중일전쟁 이후 조선총독부가 시행한 민족 말
살 정책이 아닌 것은?

① 아침마다 궁성요배를 강요하였다.
② 일본에 충성하자는 황국 신민 서사를 암송하게
하였다.
③ 공업 자원의 확보를 위하여 남면북양 정책을
시행하였다.
④ 황국 신민 의식을 강화하고자 소학교를 국민학
교로 개칭하였다.

**13** 밑줄 친 '조약'에 대한 설명으로 옳지 않은
것은?

> 1905년 8월 4일 오후 3시, 우리가 앉아있는 곳
> 은 새거모어 힐의 대기실. 루스벨트의 저택이
> 다. 새거모어 힐은 루스벨트의 여름용 대통령
> 관저로 3층짜리 저택이다. …(중략)… 대통령
> 과 마주하자 나는 말했다. "감사합니다. 각하.
> 저는 대한제국 황제의 친필 밀서를 품고 지난
> 2월에 헤이 장관을 만난 사람입니다. 그 밀서
> 에서 우리 황제는 1882년에 맺은 조약의 거중
> 조정 조항에 따른 귀국의 지원을 간곡히 부탁
> 했습니다."

① 영사재판권이 인정되었다.
② 임오군란을 계기로 체결되었다.
③ 최혜국 대우 조항이 포함되었다.
④ 『조선책략』의 영향을 받았다.

**14** 고려시대 향리에 대한 설명으로 옳은 것만을
모두 고르면?

> ㄱ. 부호장 이하의 향리는 사심관의 감독을 받
> 았다.
> ㄴ. 상층 향리는 과거로 중앙 관직에 진출할 수
> 있었다.
> ㄷ. 일부 향리의 자제들은 기인으로 선발되어
> 개경으로 보내졌다.
> ㄹ. 속현의 행정 실무는 향리가 담당하였다.

① ㄱ                    ② ㄱ, ㄴ
③ ㄴ, ㄷ, ㄹ            ④ ㄱ, ㄴ, ㄷ, ㄹ

**15** 밑줄 친 '이 농법'에 대한 설명으로 옳은 것만을 모두 고르면?

대개 이 농법을 귀중하게 여기는 이유는 다음과 같다. 두 땅의 힘으로 하나의 모를 서로 기르는 것이고, …(중략)… 옛 흙을 떠나 새 흙으로 가서 고갱이를 씻어 내어 더러운 것을 제거하는 것이다. 무릇 벼를 심는 논에는 물을 끌어들일 수 있는 하천이나 물을 댈 수 있는 저수지가 꼭 필요하다. 이러한 것이 없다면 볏논이 아니다.

– 『임원경제지』 –

ㄱ. 세종 때 편찬된 『농사직설』에도 등장한다.
ㄴ. 고랑에 작물을 심도록 하였다.
ㄷ. 『경국대전』의 수령칠사 항목에서도 강조되었다.
ㄹ. 직파법보다 풀 뽑는 노동력을 절약할 수 있었다.

① ㄱ, ㄴ
② ㄱ, ㄹ
③ ㄴ, ㄷ
④ ㄷ, ㄹ

**16** 밑줄 친 '헌법'이 시행 중인 시기에 일어난 사건은?

이 헌법은 한 사람의 집권자가 긴급조치라는 형식적인 법 절차와 권력 남용으로 양보할 수 없는 국민의 기본 인권과 존엄성을 억압하였다. 그리고 이러한 권력 남용에 형식적인 합법성을 부여하고자 …(중략)… 입법, 사법, 행정 3권을 한 사람의 집권자에게 집중시키고 있다.

① 부·마 민주 항쟁이 일어났다.
② 국민교육헌장을 선포하였다.
③ 7·4 남북공동성명이 발표되었다.
④ 한일 협정 체결을 반대하는 6·3 시위가 있었다.

**17** 밑줄 친 '회의'에서 있었던 사실은?

본 회의는 2천만 민중의 공정한 뜻에 바탕을 둔 국민적 대화합으로 최고의 권위를 가지고 국민의 완전한 통일을 공고하게 하며, 광복 대업의 근본 방침을 수립하여 우리 민족의 자유를 만회하며 독립을 완성하기를 기도하고 이에 선언하노라. …(중략)… 본 대표 등은 국민이 위탁한 사명을 받들어 국민적 대단결에 힘쓰며 독립운동이 나아갈 방향을 확립하여 통일적 기관 아래에서 대업을 완성하고자 하노라.

① 대한민국 건국 강령이 상정되었다.
② 박은식이 임시대통령으로 선출되었다.
③ 민족유일당운동 차원에서 조선혁명당이 참가하였다.
④ 임시정부를 대체할 새로운 조직을 만들자는 주장이 나왔다.

**18** 다음 법령에 따라 시행된 사업에 대한 설명으로 옳은 것은?

> 제1조 토지의 조사 및 측량은 본령에 따른다.
> 제4조 토지 소유자는 조선 총독이 정한 기간 내에 주소, 성명 또는 명칭 및 소유지의 소재, 지목, 자 번호, 사표, 등급, 지적, 결수를 임시토지조사국장에게 신고해야 한다. 단 국유지는 보관 관청이 임시토지조사국장에게 통지해야 한다.

① 농상공부를 주무 기관으로 하였다.
② 역둔토, 궁장토를 총독부 소유로 만들었다.
③ 토지약탈을 위해 동양척식회사를 설립하였다.
④ 춘궁 퇴치, 농가 부채 근절을 목표로 내세웠다.

**19** 개항기 무역에 대한 설명으로 옳지 않은 것은?

① 개항장에서 조선인 객주가 중개 활동을 하였다.
② 조·청 무역장정으로 청국에서의 수입액이 일본을 앞질렀다.
③ 일본 상인은 면제품을 팔고, 쇠가죽·쌀·콩 등을 구입하였다.
④ 조·일 통상장정의 개정으로 곡물 수출이 금지되기도 하였다.

**20** 밑줄 친 '그'에 대한 설명으로 옳은 것은?

> 군역에 뽑힌 장정에게 군포를 거두었는데, 그 폐단이 많아서 백성들이 뼈를 깎는 원한을 가졌다. 그런데 사족들은 한평생 한가하게 놀며 신역(身役)이 없었다. …(중략)… 그러나 유속(流俗)에 끌려 이행되지 못하였으나 갑자년 초에 그가 강력히 나서서 귀천이 동일하게 장정한 사람마다 세납전(歲納錢) 2민(緡)을 바치게 하니, 이를 동포전(洞布錢)이라고 하였다.
>
> – 『매천야록』 –

① 만동묘 건립을 주도하였다.
② 군국기무처 총재를 역임하였다.
③ 통리기무아문을 폐지하고 5군영을 부활하였다.
④ 탕평 정치를 정리한 『만기요람』을 편찬하였다.

## 01 밑줄 친 '주먹도끼'가 사용된 시대에 대한 설명으로 옳은 것은?

이 유적은 경기도 연천군 한탄강 언저리에 넓게 위치하고 있다. 이곳에서 아슐리안 계통의 주먹도끼가 다량으로 출토되어 더욱 많은 관심이 집중되었다. 이곳에서 발견된 주먹도끼는 그 존재 유무로 유럽과 동아시아 문화가 나뉘어진다고 한 모비우스의 학설을 무너뜨리는 결정적 증거가 되었다.

① 동굴이나 바위 그늘, 강가의 막집 등에서 살았다.
② 내부에 화덕이 있는 움집이 일반적인 주거 형태였다.
③ 토기를 만들어 음식을 조리하거나 식량을 저장하였다.
④ 구릉에 마을을 형성하고 그 주변에 도랑을 파고 목책을 둘렀다.

## 02 (가) 군사 조직에 대한 설명으로 옳은 것은?

고려 정부는 몽골과 강화를 맺고 개경으로 환도하였다. 대몽 항전에 적극적이었던 ___(가)___ 은/는 개경 환도를 반대하고 반란을 일으켰다. 이어 진도로 근거지를 옮기면서 항쟁을 전개하였다.

① 포수, 사수, 살수의 삼수병으로 편제되었다.
② 윤관의 건의로 편성된 기병 중심의 부대였다.
③ 도적을 잡기 위해 설치한 야별초에서 시작되었다.
④ 양계 지방에서 국경 지역 방어를 맡았던 상비적인 전투부대였다.

## 03 다음과 같은 주장을 한 인물은?

일단 강화를 맺고 나면 저 적들의 욕심은 물화를 교역하는 데 있습니다. …(중략)… 저들이 비록 왜인이라고 하나 실은 양적(洋賊)입니다. 강화의 일이 한번 이루어지면 사학(邪學)의 서적과 천주의 상(像)이 교역하는 가운데 섞여 들어갈 것입니다.

① 박규수
② 최익현
③ 김홍집
④ 김윤식

## 04 다음에서 설명하는 신문은?

> • 서재필이 정부 지원을 받아 창간하였다.
> • 한글판을 발행하여 서양의 문물과 제도를 소개하였다.
> • 영문판을 발행하여 국내 사정을 외국인에게도 전달하였다.

① 제국신문
② 독립신문
③ 한성순보
④ 황성신문

## 05 (가), (나)에 들어갈 왕의 업적으로 옳은 것은?

> 삼국의 역사서로는 고구려에 『유기』가 있었는데, 영양왕 때 이문진이 이를 간추려 『신집』 5권을 편찬하였다. 백제에서는 [ (가) ] 시기에 고흥이 『서기』를, 신라에서는 [ (가) ] 시기에 거칠부가 『국사』를 편찬하였다.

① (가) - 국호를 남부여로 바꾸었다.
② (가) - 동진으로부터 불교를 받아들여 공인하였다.
③ (나) - 화랑도를 국가적 조직으로 개편하였다.
④ (나) - 병부를 처음으로 설치하여 군권을 장악하였다.

## 06 다음 문화재와 이를 통해 알 수 있는 내용의 연결이 옳지 않은 것은?

① 사택지적비 - 백제가 영산강 유역까지 영역을 확장하였다.
② 임신서기석 - 신라에서 청년들이 유교 경전을 공부하였다.
③ 충주 고구려비 - 고구려가 5세기에 남한강 유역까지 진출하였다.
④ 호우명 그릇 - 5세기 초 고구려와 신라가 밀접한 관계를 맺고 있었다.

## 07 밑줄 친 '곽재우'에 대한 설명으로 옳지 않은 것은?

> 여러 도에서 의병이 일어났다. …(중략)… 도내의 거족(巨族)으로 명망 있는 사람과 유생 등이 조정의 명을 받들어 의(義)를 부르짖고 일어나니 소문을 들은 자들은 격동하여 원근에서 이에 응모하였다. …(중략)… 호남의 고경명 · 김천일, 영남의 곽재우 · 정인홍, 호서의 조헌이 가장 먼저 일어났다.
>
> - 『선조수정실록』 -

① 홍의장군이라 칭하였다.
② 의령을 거점으로 봉기하였다.
③ 행주산성에서 일본군을 크게 무찔렀다.
④ 익숙한 지리를 활용한 기습 작전으로 일본군에 타격을 주었다.

**08** 다음과 같은 취지로 전개된 운동에 대한 설명으로 옳은 것은?

> 지금 우리들은 정신을 새로이 하고 충의를 떨칠 때이니, 국채 1,300만 원은 우리 대한 제국의 존망에 직결된 것입니다. 이것을 갚으면 나라가 보존되고 이것을 갚지 못하면 나라가 망할 것은 필연적인 사실이나, 지금 국고에서는 도저히 갚을 능력이 없으며, 만일 나라에서 갚지 못한다면 그때는 이미 삼천리 강토는 내 나라 내 민족의 소유가 못 될 것입니다.
>
> － 『대한매일신보』 －

① 조선 형평사를 조직하였다.
② 조선 물산 장려회를 조직하였다.
③ 신사 참배 거부 운동을 전개하였다.
④ 1907년 대구에서 시작되어 전국으로 확산되었다.

**09** (가), (나)에 들어갈 말을 바르게 연결한 것은?

> 조선시대 과거 제도에는 문과·무과·잡과가 있었는데, 이 가운데 문과를 가장 중시하였다. 『경국대전』에 따르면 문과 시험 업무는 (가) 에서 주관하고, 정기 시험인 식년시는 (나) 마다 실시하는 것이 원칙이었다.

| | (가) | (나) | | (가) | (나) |
|---|---|---|---|---|---|
| ① | 이조 | 2년 | ② | 이조 | 3년 |
| ③ | 예조 | 2년 | ④ | 예조 | 3년 |

**10** 다음 원칙이 발표된 이후에 있었던 사실로 옳지 않은 것은?

> • 조선의 민주 독립을 보장한 삼상 회의 결정에 의하여 남북을 통한 좌우 합작으로 민주주의 임시 정부를 수립할 것
> • 토지 개혁에 있어서 몰수, 유조건 몰수, 체감 매상 등으로 토지를 농민에게 무상으로 나누어 주며, …(중략)… 민주주의 건국 과업 완수에 매진할 것
> • 입법 기구에 있어서는 일체 그 권능과 구성 방법 운영에 관한 대안을 본 합작 위원회에서 작성하여 적극적으로 실행을 기도할 것

① 3·15 부정선거에 대항하여 4·19 혁명이 일어났다.
② 친일파를 청산하기 위한 「반민족행위처벌법」이 공포되었다.
③ 제헌 국회에서 대통령에 이승만, 부통령에 이시영을 선출하였다.
④ 임시 민주 정부 수립을 논의하기 위해 제1차 미·소 공동 위원회가 개최되었다.

## 11 밑줄 친 '그'에 대한 설명으로 옳은 것은?

> 그는 화엄종을 중심으로 교종을 통합하고 해동 천태종을 창시하여 선종까지 포섭하려 하였다. 그러나 그의 사후에 교단은 다시 분열되었고, 권력층과 밀착되어 타락하는 양상까지 나타났다.

① 이론적인 교리 공부와 실천적인 수행을 아우를 것을 주장하였다.
② 참선과 독경은 물론 노동에도 힘을 쓰자고 하면서 결사를 제창하였다.
③ 삼국시대 이래 고승들의 전기를 정리하여 『해동고승전』을 편찬하였다.
④ 백련사를 결성하여 극락왕생을 기원하는 참회와 염불 수행을 강조하였다.

## 12 (가) 시기에 있었던 사실로 옳지 않은 것은?

① 인조반정이 발생하였다.
② 영창 대군이 사망하였다.
③ 강홍립이 후금에 항복하였다.
④ 청에 인질로 끌려갔던 봉림 대군이 귀국하였다.

## 13 여름 휴가를 맞아 강화도로 답사 여행을 떠나고자 한다. 다음 중 유적(지)과 주제의 연결이 옳지 않은 것은?

| 유적(지) | 주제 |
|---|---|
| ① 외규장각 | 동학 농민 운동 |
| ② 고려궁지 | 대몽 항쟁 |
| ③ 고인돌 | 청동기 문화 |
| ④ 광성보 | 신미양요 |

## 14 조선시대 붕당의 상황에 대한 설명으로 옳지 않은 것은?

① 선조 대 – 사림이 동인과 서인으로 분열하였다.
② 광해군 대 – 북인이 집권하였다.
③ 인조 대 – 남인이 정권을 독점하였다.
④ 숙종 대 – 서인이 노론과 소론으로 갈라졌다.

**15** 조선 세종 대에 있었던 사실로 옳지 않은 것은?

① 갑인자를 주조하였다.
② 화통도감을 설치하였다.
③ 역법서인 『칠정산』을 편찬하였다.
④ 간의를 만들어 천체를 관측하였다.

**16** 다음과 같은 강령을 발표한 단체의 활동으로 옳은 것은?

> 一. 우리는 정치적, 경제적 각성을 촉진함
> 一. 우리는 단결을 공고히 함
> 一. 우리는 기회주의를 일체 부인함

① 조선 민립 대학 기성회를 창립하였다.
② 파리 강화 회의에 대표를 파견하였다.
③ 6·10 만세 운동을 사전에 계획하였다.
④ 광주 학생 항일 운동이 일어나자 조사단을 파견하였다.

**17** 다음 글을 쓴 인물에 대한 설명으로 옳은 것은?

> 세상에서 동명왕의 신이(神異)한 일을 많이 말한다. …(중략)… 지난 계축년 4월에 『구삼국사』를 얻어 「동명왕 본기」를 보니 그 신기한 사적이 세상에서 얘기하는 것보다 더하였다. 그러나 처음에는 믿지 못하고 귀신이나 환상이라고만 생각하였는데, 두세 번 반복하여 읽어서 점점 그 근원에 들어가니 환상이 아닌 성스러움이며, 귀신이 아닌 신성한 이야기였다.

① 사실의 기록보다 평가를 강조한 강목체 사서를 편찬하였다.
② 단군부터 고려 충렬왕 때까지의 역사를 서사시로 기록하였다.
③ 단군신화와 전설 등 민간에서 전승되는 자료를 광범위하게 수록하였다.
④ 김부식의 『삼국사기』에 동명왕의 신이한 사적이 생략되어 있다고 평하였다.

**18** 1910년대에 있었던 사실로 옳은 것은?

① 중국 화북 지방에서 조선 독립 동맹이 결성되었다.
② 만주에서 참의부, 정의부, 신민부 등 3부가 조직되었다.
③ 임병찬이 주도한 독립 의군부는 항일 운동을 전개하였다.
④ 조선 혁명군이 양세봉의 지휘 아래 영릉가에서 일본군을 격파하였다.

**19** 다음 주장을 한 인물에 대한 설명으로 옳은 것은?

> 우리 조선의 역사적 발전의 전 과정은 가령 지리적 조건, 인종학적 골상, 문화 형태의 외형적 특징 등 다소의 차이는 인정되더라도, 다른 문화 민족의 역사적 발전 법칙과 구별되어야 하는 독자적인 것이 아니다. 세계사적인 일원론적 역사 법칙에 의해 다른 민족과 거의 같은 궤도로 발전 과정을 거쳐왔다.

① 민족정신으로서 조선 국혼을 강조하였다.
② 민족주의 사학을 계승하여 조선의 얼을 강조하였다.
③ 마르크스 유물 사관을 바탕으로 한국사를 연구하였다.
④ 진단 학회를 조직하여 문헌 고증을 중시하는 실증주의 사학을 정립하였다.

**20** 6 · 25 전쟁 중 있었던 사실로 옳지 않은 것은?

① 국군과 유엔군이 인천 상륙 작전을 감행하였다.
② 대통령 직선제를 포함한 발췌 개헌안이 국회에서 통과되었다.
③ 이승만 정부가 북한 송환을 거부하는 반공 포로를 석방하였다.
④ 미국이 한반도를 미국의 태평양 지역 방위선에서 제외한다는 애치슨 선언을 발표하였다.

## 01 밑줄 친 '그'에 대한 설명으로 옳은 것은?

이날 소정방이 부총관 김인문 등과 함께 기벌포에 도착하여 백제 군사와 마주쳤다. …(중략)… 소정방이 신라군이 늦게 왔다는 이유로 군문에서 신라 독군 김문영의 목을 베고자 하니, 그가 군사들 앞에 나아가 "황산 전투를 보지도 않고 늦게 온 것을 이유로 우리를 죄주려하는구나. 죄도 없이 치욕을 당할 수는 없으니, 결단코 먼저 당나라 군사와 결전을 한 후에 백제를 쳐야겠다."라고 말하였다.

① 살수에서 수의 군대를 물리쳤다.
② 김춘추의 신라 왕위 계승을 지원하였다.
③ 청해진을 설치하고 해상 무역을 전개하였다.
④ 대가야를 정벌하여 낙동강 유역을 확보하였다.

## 02 다음 사건이 있었던 시기의 신라 국왕에 대한 설명으로 옳은 것은?

이찬 이사부가 하슬라주 군주가 되어, '우산국 사람이 우매하고 사나워서 위엄으로 복종시키기는 어려우니 계책을 써서 굴복시키는 것이 좋겠다.'라고 생각하였다. 이에 나무로 사자 모형을 많이 만들어 배에 나누어 싣고 우산국 해안에 이르러, 속임수로 통고하기를 "만약에 너희가 항복하지 않는다면 곧바로 이 맹수들을 풀어 너희를 짓밟아 죽이겠다."라고 하였다. 그 나라 사람이 두려워 즉시 항복하였다.

① 독서삼품과를 실시하였다.
② 국호를 '신라'로 확정하였다.
③ 관료전을 지급하고 녹읍을 폐지하였다.
④ 장문휴를 보내 당의 등주를 공격하였다.

## 03 밑줄 친 '이 나라'에 대한 설명으로 옳은 것은?

• 이 나라에서 귀하게 여기는 것에는 태백산의 토끼, 남해부의 다시마, 책성부의 된장, 부여부의 사슴, 막힐부의 돼지, 솔빈부의 말, 현주의 베, 옥주의 면, 용주의 명주, 위성의 철, 노성의 쌀 등이 있다.

– 『신당서』 –

• 이 나라의 땅은 영주(營州)의 동쪽 2천 리에 있으며, 남으로는 신라와 서로 접한다. 월희말갈에서 동북으로 흑수말갈에 이르는데, 사방 2천 리, 호는 십여 만, 병사는 수만 명이다.

– 『구당서』 –

① 중앙에 6좌평의 관제를 마련하였다.
② 9서당 10정의 군사 조직을 갖추었다.
③ 지방을 5경 15부 62주로 편성하였다.
④ 제가회의에서 국가의 중대사를 결정하였다.

## 04 밑줄 친 '왕'의 업적으로 옳은 것은?

풍토에 따라 곡식을 심고 가꾸는 법이 다르니, 고을의 경험 많은 농부를 각 도의 감사가 방문하여 농사짓는 방법을 알아본 후 아뢰라고 왕께서 명령하셨다. 이어 왕께서 정초와 변효문 등을 시켜 감사가 아뢴 바 중에서 꼭 필요하고 중요한 것만을 뽑아 『농사직설』을 편찬하게 하셨다.

① 공법을 제정하였다.
② 한양으로 도읍을 옮겼다.
③ 『경국대전』을 완성하였다.
④ 조광조를 등용하여 개혁 정치를 실시하였다.

## 05 밑줄 친 '이들'에 해당하는 것은?

이들의 과거 응시와 벼슬을 제한한 것은 우리나라의 옛 법이 아니다. 그런데 『경국대전』을 편찬한 뒤부터 이들을 금고(禁錮)하였으니, 아직 백 년이 채 되지 않았다. 또한 다른 나라에 이러한 법이 있다는 말은 듣지 못했다. 경대부(卿大夫)의 자식인데 오직 어머니가 첩이라는 이유만으로 대대로 이들의 벼슬길을 막아, 비록 훌륭한 재주와 쓸만한 자질이 있어도 이를 발휘할 수 없게 하였으니, 참으로 안타깝다.

① 향리
② 노비
③ 서얼
④ 백정

## 06 밑줄 친 '왕'의 재위 기간에 있었던 일로 옳은 것은?

• 평농서사 권신(權信)이 대상(大相) 준홍(俊弘)과 좌승(佐丞) 왕동(王同) 등이 반역을 꾀한다고 참소하자 왕이 이들을 내쫓았다.
• 왕이 쌍기의 건의를 받아 처음으로 과거를 실시하였다. 시(詩)·부(賦)·송(頌) 및 시무책을 시험하여 진사를 뽑았으며, 더불어 명경업·의업·복업 등도 뽑았다.

① 노비안검법을 제정하였다.
② 전민변정도감을 설치하였다.
③ 토지제도로서 전시과를 시행하였다.
④ 12목을 설치하고 지방관을 파견하였다.

**07** 다음 글은 어떤 사건이 일어났을 때 발표되었는가?

> 1. 마산, 서울 기타 각지의 데모는 주권을 빼앗긴 국민의 울분을 대신하여 궐기한 학생들의 순수한 정의감의 발로이며 부정과 불의에는 언제나 항거하는 민족정기의 표현이다.
> …(중략)…
> 3. 합법적이고 평화적인 데모 학생에게 총탄과 폭력을 거리낌 없이 남용하여 참극을 빚어낸 경찰은 자유와 민주를 기본으로 한 대한민국의 국립 경찰이 아니라 불법과 폭력으로 권력을 유지하려는 일부 정부 집단의 사병이다.
> – 「대학 교수단 4·25 선언문」 –

① 4·19 혁명
② 5·18 민주화 운동
③ 6·3 시위
④ 6·29 민주화 선언

**08** 밑줄 친 '이 시기'에 있었던 사실로 옳은 것은?

> 이 시기의 불교 조각은 지역에 따라 다양하게 제작되었다. 처음에는 하남 하사창동의 철조 석가여래 좌상과 같은 대형 철불이 많이 제작되었다. 또한 덩치가 큰 석불이 유행하였는데, 논산 관촉사 석조 미륵보살 입상이 대표적이다. 이 불상은 큰 규모에 비해 조형미는 다소 떨어지지만, 소박한 지방 문화의 모습을 잘 보여 준다.

① 성골 출신의 국왕이 재위하였다.
② 지방 세력으로 호족이 존재하였다.
③ 풍양 조씨 등 특정 가문이 정권을 장악하였다.
④ 성리학에 투철한 사림 세력이 정국을 주도하였다.

**09** 역사서에 대한 설명으로 옳은 것만을 모두 고르면?

> ㄱ. 김부식의 『삼국사기』에는 단군 신화가 수록되어 있다.
> ㄴ. 이규보의 『동명왕편』은 고구려 계승 의식을 강조하였다.
> ㄷ. 안정복의 『동사강목』은 기사 본말체로 역사를 서술하였다.
> ㄹ. 유득공의 『발해고』에는 남북국이라는 용어가 사용되었다.

① ㄱ, ㄴ
② ㄱ, ㄷ
③ ㄴ, ㄹ
④ ㄷ, ㄹ

**10** 밑줄 친 '나'가 국왕으로 재위하던 기간에 있었던 일은?

> 팔순 동안 내가 한 일을 만약 나 자신에게 묻는다면
> 첫째는 탕평책인데, 스스로 '탕평'이란 두 글자가 부끄럽다.
> 둘째는 균역법인데, 그 효과가 승려에게까지 미쳤다.
> 셋째는 청계천 준설인데, 만세에 이어질 업적이다.
> …(하략)…
> – 『어제문업(御製問業)』 –

① 장용영이 창설되었다.
② 나선정벌이 단행되었다.
③ 홍경래의 난이 발생하였다.
④ 『동국문헌비고』가 편찬되었다.

## 11 (가) 시기에 있었던 사실로 옳은 것은?

① 독립문이 건립되었다.
② 통감부가 설치되었다.
③ 동양 척식 주식회사가 설립되었다.
④ 임진왜란 때 소실된 경복궁이 중건되었다.

## 12 밑줄 친 '왕'의 재위 기간에 있었던 일로 옳은 것은?

왕의 어릴 때 이름은 모니노이며, 신돈의 여종 반야의 소생이었다. 어떤 사람은 "반야가 낳은 아이가 죽어서 다른 아이를 훔쳐서 길렀는데, 공민왕이 자신의 아들이라고 칭하였다."라고 하였다. 왕은 공민왕이 죽은 뒤 이인임의 추대로 왕위에 올랐다. 이후 이인임, 염흥방, 임견미 등이 권력을 잡아 극심하게 횡포를 부렸다.

① 이종무가 왜구의 소굴인 대마도를 정벌하였다.
② 삼별초가 반란을 일으켜 대몽 항쟁을 계속하였다.
③ 쌍성총관부를 공격해 철령 이북 지역을 수복하였다.
④ 요동 정벌을 위해 출병한 이성계가 위화도에서 회군하였다.

## 13 다음과 관련된 운동에 대한 설명으로 옳은 것은?

① 가뭄과 홍수로 인해 중단되었다.
② 조선총독부의 「회사령」에 맞서기 위해 전개되었다.
③ 일부 사회주의자는 자본가 계급을 위한 운동이라고 비판하였다.
④ 조선에 사는 일본인이 일본 자본에 대항하기 위해 일으켰다.

## 14 다음과 같은 대통령 선출 방식이 포함된 헌법의 내용으로 옳지 않은 것은?

제39조 ① 대통령은 통일주체국민회의에서 토론없이 무기명투표로 선거한다.
② 통일주체국민회의에서 재적 대의원 과반수의 찬성을 얻은 자를 대통령 당선자로 한다.

① 대통령은 국회를 해산할 수 있다.
② 대통령의 임기는 7년으로 하며, 중임할 수 없다.
③ 대법원장은 대통령이 국회의 동의를 얻어 임명한다.
④ 대통령은 국정 전반에 걸쳐 필요한 긴급조치를 할 수 있다.

**15** 다음 사건을 시기순으로 바르게 나열한 것은?

> (가) 신라의 한강 유역 확보
> (나) 관산성 전투
> (다) 백제의 웅진 천도
> (라) 고구려의 평양 천도

① (가) → (라) → (나) → (다)
② (나) → (다) → (가) → (라)
③ (다) → (나) → (가) → (라)
④ (라) → (다) → (가) → (나)

**16** (가) 인물에 대한 설명으로 옳은 것은?

> 군대를 이끌고 통주성 남쪽으로 나가 진을 친 (가) 은/는 거란군에게 여러 번 승리를 거두었다. 하지만 자만하게 된 그는 결국 패해 거란군의 포로가 되었다. 거란의 임금이 그의 결박을 풀어 주며 "내 신하가 되겠느냐?"라고 물으니, (가) 은/는 "나는 고려 사람인데 어찌 너의 신하가 되겠느냐?"라고 대답하였다. 재차 물었으나 같은 대답이었으며, 칼로 살을 도려내며 물어도 대답은 같았다. 거란은 마침내 그를 처형하였다.

① 묘청의 난을 진압하였다.
② 별무반의 편성을 건의하였다.
③ 목종을 폐위하고 현종을 옹립하였다.
④ 거란과 협상하여 강동 6주 지역을 고려 영토로 확보하였다.

**17** 밑줄 친 '저'에 대한 설명으로 옳은 것은?

> 올해 초가을에 비로소 저는 책을 완성하여 그 이름을 『성학집요』라고 하였습니다. 이 책에는 임금이 공부해야 할 내용과 방법, 정치하는 방법, 덕을 쌓아 실천하는 방법과 백성을 새롭게 하는 방법이 실려 있습니다. 또한 작은 것을 미루어 큰 것을 알게 하고 이것을 미루어 저것을 밝혔으니, 천하의 이치가 여기에서 벗어나지 않을 것입니다. 따라서 이것은 저의 글이 아니라 성현의 글이옵니다.

① 예안향약을 만들었다.
②「동호문답」을 저술하였다.
③ 백운동서원을 건립하였다.
④ 왕자의 난 때 죽임을 당했다.

**18** 밑줄 친 '나'에 대한 설명으로 옳은 것만을 모두 고르면?

> 오늘날 사람은 모두 법에 의하여 생활하고 있는데 실제로 사람을 죽인 자가 벌을 받지 않고 생존할 도리는 없는 것이다. …(중략)… 나는 한국의 의병이며 지금 적군의 포로가 되어 와 있으므로 마땅히 만국공법에 의해 처단되어야 할 것으로 생각한다.

> ㄱ. 일본에서 순국하였다.
> ㄴ. 한인 애국단 소속이었다.
> ㄷ.「동양평화론」을 집필하였다.
> ㄹ. 연해주에서 의병 투쟁을 전개하였다.

① ㄱ, ㄴ          ② ㄱ, ㄹ
③ ㄴ, ㄷ          ④ ㄷ, ㄹ

**19** 다음 조항을 포함한 법률에 대한 설명으로 옳지 않은 것은?

> 제1조 일본 정부와 통모하여 한일 합병에 적극 협력한 자, 한국의 주권을 침해하는 조약 또는 문서에 조인한 자와 이를 모의한 자는 사형 또는 무기 징역에 처하고, 그 재산과 유산의 전부 혹은 2분의 1 이상을 몰수한다.

① 이 법률은 제헌국회에서 제정되었다.
② 이 법률은 농지개혁법이 제정된 후 제정되었다.
③ 이 법률에 의해 반민특위와 특별 재판부가 구성되었다.
④ 이 법률에 의해 친일 경력을 지닌 고위 경찰 간부가 체포되었다.

**20** 다음 글은 (가)의 부탁을 받고 (나)가 지은 것이다. (가)와 (나)에 대한 설명으로 옳은 것은?

> 우리는 '외교', '준비' 등의 미련한 꿈을 버리고 민중 직접 혁명의 수단을 취함을 선언하노라. 조선 민족의 생존을 유지하자면 강도 일본을 쫓아내야 하고, 강도 일본을 쫓아내려면 오직 혁명으로써만 가능하니, 혁명이 아니고는 강도 일본을 쫓아낼 방법이 없는 바이다.

① (가)는 조선 의용대를 결성하였고, (나)는 '국혼'을 강조하였다.
② (가)는 신흥 무관 학교를 세웠고, (나)는 형평사를 창립하였다.
③ (가)는 조선 건국 동맹을 조직하였고, (나)는 식민 사학의 한국사 정체성론을 반박하였다.
④ (가)는 황포 군관 학교에서 훈련받았고, (나)는 민족주의 역사 서술의 기본 틀을 제시하였다.

## 01 다음에 해당하는 나라에 대한 설명으로 옳은 것은?

- 은력(殷曆) 정월에 지내는 제천행사는 나라에서 여는 대회로 날마다 먹고 마시고 노래하고 춤추는데, 이를 영고라 하였다. 이때 형옥을 중단하고 죄수를 풀어주었다.
- 국내에 있을 때의 의복은 흰색을 숭상하며, 흰 베로 만든 큰 소매 달린 도포와 바지를 입고 가죽신을 신는다. 외국에 나갈 때는 비단옷·수 놓은 옷·모직옷을 즐겨입는다.

－『삼국지』 위서 동이전 －

① 사람이 죽으면 뼈만 추려 가족 공동 무덤인 목곽에 안치하였다.
② 읍군이나 삼로라고 불린 군장이 자기 영역을 다스렸다.
③ 가축 이름을 딴 마가, 우가, 저가, 구가 등이 있었다.
④ 천신을 섬기는 제사장인 천군이 있었다.

## 02 (가) 나라에 대한 설명으로 옳은 것은?

북쪽 구지에서 이상한 소리로 부르는 것이 있었다. …(중략)… 구간(九干)들은 이 말을 따라 모두 기뻐하면서 노래하고 춤을 추었다. 자줏빛 줄이 하늘에서 드리워져서 땅에 닿았다. 그 줄이 내려온 곳을 따라가 붉은 보자기에 싸인 금으로 만든 상자를 발견하고 열어보니, 해처럼 둥근 황금알 여섯 개가 있었다. 알 여섯이 모두 변하여 어린아이가 되었다. …(중략)… 가장 큰 알에서 태어난 수로(首露)가 왕위에 올라 ┌──(가)──┐ 를/을 세웠다.

－『삼국유사』 －

① 해상 교역을 통해 우수한 철을 수출하였다.
② 박, 석, 김씨가 교대로 왕위를 계승하였다.
③ 경당을 설치하여 학문과 무예를 가르쳤다.
④ 정사암 회의를 통해 재상을 선발하였다.

## 03 (가)에 들어갈 기구로 옳은 것은?

고려 시대 중서문하성과 중추원의 고위 관료들은 도병마사와 ┌──(가)──┐ 에서 국가의 중요한 일을 논의하였다. 도병마사에서는 국방과 군사 문제를 다루었고, ┌──(가)──┐ 에서는 제도와 격식을 만들었다.

① 삼사           ② 상서성
③ 어사대         ④ 식목도감

## 04 (가)에 대한 설명으로 옳은 것은?

> 건국 초부터 북진 정책을 추진한 고려는 발해를 멸망시킨 [ (가) ]를/을 견제하고 송과 친선 관계를 맺었다. 이에 송과 대립하던 [ (가) ]는/은 고려를 경계하여 여러 차례 고려에 침입하였다.

① 강조의 정변을 구실로 고려를 침략하였다.
② 고려에 동북 9성을 돌려달라고 요구하였다.
③ 다루가치를 배치하여 고려의 내정을 간섭하였다.
④ 쌍성총관부를 두어 철령 이북의 땅을 지배하였다.

## 05 (가)에 들어갈 기구로 옳은 것은?

> • 무릇 관직을 받은 자의 고신(임명장)은 5품 이하일 때는 [ (가) ]과/와 사간원의 서경(署經)을 고려하여 발급한다.
> • [ (가) ]는/은 시정(時政)을 논하고, 모든 관원을 규찰하며, 풍속을 바르게 하는 등의 일을 맡는다.
>
> — 『경국대전』 —

① 사헌부          ② 교서관
③ 승문원          ④ 승정원

## 06 밑줄 친 '그'에 대한 설명으로 옳은 것은?

> 그가 왕에게 아뢰었다. "삼교는 솥의 발과 같아서 하나라도 없어서는 안 됩니다. 지금 유교와 불교는 모두 흥하는데 도교는 아직 번성하지 않으니, 소위 천하의 도술(道術)을 갖추었다고 할 수 없습니다. 엎드려 청하오니 당에 사신을 보내 도교를 구해 와서 나라 사람들을 가르치게 하소서."
>
> — 『삼국사기』 —

① 당나라와 동맹을 체결하였다.
② 천리장성의 축조를 맡아 수행하였다.
③ 수나라의 군대를 살수에서 격퇴하였다.
④ 남진 정책을 추진하여 한성을 점령하였다.

## 07 (가) 인물에 대한 설명으로 옳은 것은?

> [ (가) ]가/이 귀산 등에게 말하기를 "세속에도 5계가 있으니, 첫째는 충성으로써 임금을 섬기는 것, 둘째는 효도로써 어버이를 섬기는 것, 셋째는 신의로써 벗을 사귀는 것, 넷째는 싸움에 임하여 물러서지 않는 것, 다섯째는 생명 있는 것을 죽이되 가려서 한다는 것이다. 그대들은 이를 실행함에 소홀히 말라."라고 하였다.
>
> — 『삼국사기』 —

① 모든 것이 한마음에서 나온다는 일심 사상을 제시하였다.
② 화엄 사상을 연구하여 『화엄일승법계도』를 작성하였다.
③ 왕에게 수나라에 군사를 청하는 글을 지어 바쳤다.
④ 인도를 여행하여 『왕오천축국전』을 썼다.

**08** (가), (나)에 들어갈 이름을 바르게 연결한 것은?

> [ (가) ]는/은 『북학의』를 저술하여 청의 선진 기술을 적극적으로 수용할 것과 상공업 육성 등을 역설하였다. 한편, [ (나) ]는/은 중국 및 일본의 방대한 자료를 참고하여 『해동역사』를 편찬함으로써, 한·중·일 간의 문화 교류를 잘 보여주었다.

|   | (가) | (나) |
|---|------|------|
| ① | 박지원 | 한치윤 |
| ② | 박지원 | 안정복 |
| ③ | 박제가 | 한치윤 |
| ④ | 박제가 | 안정복 |

**09** 다음 사건을 시기순으로 바르게 나열한 것은?

> (가) 정중부와 이의방이 정변을 일으켰다.
> (나) 최충헌이 이의민을 제거하고 권력을 잡았다.
> (다) 충주성에서 천민들이 몽골군에 맞서 싸웠다.
> (라) 이자겸이 척준경과 더불어 난을 일으켰다.

① (가) → (나) → (라) → (다)
② (가) → (다) → (나) → (라)
③ (라) → (가) → (나) → (다)
④ (라) → (가) → (다) → (나)

**10** (가) 지역에 대한 설명으로 옳은 것은?

> 나는 삼한(三韓) 산천의 음덕을 입어 대업을 이루었다. [ (가) ]는/은 수덕(水德)이 순조로워 우리나라 지맥의 뿌리가 되니 대업을 만대에 전할 땅이다. 왕은 춘하추동 네 계절의 중간달에 그곳에 가 100일 이상 머물러서 나라를 안녕케 하라.
>
> － 『고려사』 －

① 이곳에 대장도감을 설치하여 재조대장경을 만들었다.
② 지눌이 이곳에서 수선사 결사 운동을 펼쳤다.
③ 망이·망소이가 이곳에서 봉기하였다.
④ 몽골이 이곳에 동녕부를 두었다.

**11** 다음 내용의 역사서에 대한 설명으로 옳은 것은?

> 왕께서는 "우리나라 사람들은 유교 경전과 중국 역사에 대해서는 자세히 말하는 사람이 있으나 우리나라의 사실에 이르러서는 잘 알지 못하니 매우 유감이다. 중국 역사서에 우리 삼국의 열전이 있지만 상세하게 실리지 않았다. 또한, 삼국의 고기(古記)는 문체가 거칠고 졸렬하며 빠진 부분이 많으므로, 이런 까닭에 임금의 선과 악, 신하의 충과 사악, 국가의 안위 등에 관한 것을 다 드러내어 그로써 후세에 권계(勸戒)를 보이지 못했다. 마땅히 일관된 역사를 완성하고 만대에 물려주어 해와 별처럼 빛나도록 해야 하겠다."라고 하셨습니다.

① 불교를 중심으로 신화와 설화를 정리하였다.
② 유교적인 합리주의 사관에 따라 기전체로 서술되었다.
③ 단군조선을 우리 역사의 시작으로 본 통사이다.
④ 진흥왕의 명을 받아 거칠부가 편찬하였다.

## 12 밑줄 친 '이 왕'에 대한 설명으로 옳은 것은?

문무왕이 왜병을 진압하고자 감은사를 처음 창
건하려 했으나, 끝내지 못하고 죽어 바다의 용
이 되었다. 뒤이어 즉위한 이 왕이 공사를 마무
리하였다. 금당 돌계단 아래에 동쪽을 향하여
구멍을 하나 뚫어 두었으니, 용이 절에 들어와
서 돌아다니게 하려고 마련한 것이다. 유언에
따라 유골을 간직해 둔 곳은 대왕암(大王岩)이
라고 불렀다.

－『삼국유사』－

① 건원이라는 독자적인 연호를 사용하였다.
② 국학을 설립하여 유학을 교육하였다.
③ 백성에게 처음으로 정전을 지급하였다.
④ 진골 출신으로서 처음 왕위에 올랐다.

## 13 밑줄 친 '왕'의 재위 기간에 있었던 사실로 옳은 것은?

왕은 노론과 소론, 남인을 두루 등용하였으며
젊은 관료들을 재교육하기 위해 초계문신제를
시행하였다. 또 서얼 출신의 유능한 인사를 규
장각 검서관으로 등용하였다.

① 동학이 창시되었다.
② 『대전회통』이 편찬되었다.
③ 신해통공이 시행되었다.
④ 홍경래의 난이 발생하였다.

## 14 (가) 인물에 대한 설명으로 옳은 것은?

철종이 죽고 고종이 어린 나이로 왕이 되자, 고
종의 아버지인 (가) 가/이 실권을 장악하였
다. (가) 는/은 임진왜란 때 불탄 후 방치되
어 있던 경복궁을 중건하였다. 이때 원납전이
라는 기부금을 징수하는 일이 벌어졌으며 당백
전이라는 화폐도 발행되었다.

① 「대한국국제」를 만들어 공포하였다.
② 서원을 대폭 줄이는 정책을 추진하였다.
③ 우정총국 개국 축하연을 이용해 정변을 일으
켰다.
④ 황쭌센의 『조선책략』을 가져와 널리 유포하
였다.

## 15 (가) 단체의 활동에 대한 설명으로 옳은 것은?

탑골공원에 모인 수많은 학생과 시민이 독립
선언식을 거행하고 만세를 부르며 거리를 행
진하였다. 이후 만세 시위는 전국으로 확산하
였다. 이 운동을 계기로 독립운동가 사이에는
독립운동을 더욱 조직적으로 전개하자는 공
감대가 형성되어 (가) 가/이 만들어졌다.
(가) 는/은 구미 위원부를 설치하는 등 적
극적으로 독립운동을 펼쳐 나갔다.

① 「대동단결선언」을 발표하였다.
② 국내와의 연락을 위해 교통국을 두었다.
③ 독립군을 양성하기 위해 신흥무관학교를 설립
하였다.
④ 「조선혁명선언」을 강령으로 삼아 의열투쟁을
전개하였다.

## 16 (가) 시기에 있었던 사실로 옳은 것은?

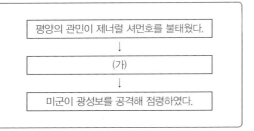

① 고종이 홍범 14조를 발표하였다.
② 일본의 운요호가 초지진을 포격하였다.
③ 오페르트가 남연군의 묘 도굴을 시도하였다.
④ 차별 대우에 불만을 품은 군인이 임오군란을 일으켰다.

## 17 밑줄 친 '이 단체'에 대한 설명으로 옳은 것은?

> 1920년대 국내에서는 일본과 타협해 실익을 찾자는 자치 운동이 대두하였다. 비타협적인 민족주의자들은 이를 경계하면서 사회주의 세력과 연대하고자 하였다. 사회주의 세력도 정우회 선언을 발표해 비타협적 민족주의 세력과 제휴를 주장하였다. 그 결과 비타협적 민족주의 세력과 사회주의 세력은 1927년 2월에 이 단체를 창립하고 이상재를 회장으로 추대하였다.

① 조선물산장려회를 조직해 물산장려운동을 펼쳤다.
② 고등 교육 기관을 설립하기 위해 민립대학설립운동을 시작하였다.
③ 문맹 퇴치와 미신 타파를 목적으로 브나로드 운동을 전개하였다.
④ 광주학생항일운동의 진상을 조사하고 이를 알리는 대회를 개최하고자 하였다.

## 18 다음과 같은 내용이 담긴 조약에 대한 설명으로 옳은 것은?

> 일본 정부는 그 대표자로 한국 황제 밑에 1명의 통감을 두되, 통감은 전적으로 외교에 관한 사항을 관리하기 위하여 경성에 주재하고 친히 한국 황제를 만날 수 있는 권리를 가진다. 또한, 일본 정부는 한국의 개항장 및 일본 정부가 필요하다고 인정하는 지역에 이사관을 설치할 권리를 가지며, 이사관은 통감의 지휘하에 종래 재(在)한국 일본 영사에게 속하였던 모든 권리를 집행한다.

① 조선총독부를 설치한다는 조항이 포함되어 있다.
② 헤이그 특사 사건 직후 일제의 강요로 체결되었다.
③ 방곡령 시행 전에 미리 통보해야 한다는 합의가 실려 있다.
④ 일본의 중재 없이 국제적 성격을 가진 조약을 체결할 수 없다는 내용이 담겨 있다.

## 19 (가)에 대한 설명으로 옳은 것은?

1945년 12월 모스크바에서 미국, 소련, 영국의 외무장관들은 한국 문제를 논의하였다. 이 회의에서 미국, 소련, 영국, 중국이 최장 5년간 신탁통치를 시행한다는 합의가 이루어졌다. 또 미국과 소련이 ☐(가)☐를/을 개최해 민주주의 임시정부 수립 문제에 대해 논의하기로 했다. 이 합의에 따라 1946년 3월 서울에서 ☐(가)☐가/이 시작되었다.

① 미 · 소 양측의 의견 차이로 결렬되었다.
② 조선건국준비위원회를 조직하는 성과를 냈다.
③ 민주 공화제를 핵심으로 한 제헌헌법을 만들었다.
④ 유엔 감시하의 총선거로 정부를 수립한다는 결정을 내렸다.

## 20 (가) 시기에 있었던 사실로 옳은 것은?

① 「반민족행위처벌법」이 제정되다.
② 7 · 4 남북 공동 성명이 발표되다.
③ 남북한이 유엔에 동시 가입하다.
④ 5 · 18 민주화 운동이 일어나다.

**187**

## 01 청동기 시대에 대한 설명으로 옳지 않은 것은?

① 금속 도구가 만들어지면서 석기 농기구는 사라지고 농업이 발전하였다.

② 동검, 청동거울, 청동방울 등을 제작하였다.

③ 생산력이 발전하면서 사유재산제와 계급이 발생하였다.

④ 일상생활에서 민무늬토기가 이용되었다.

## 02 〈보기〉의 유물·유적에 대한 설명으로 가장 옳지 않은 것은?

보기

(가) 무령왕릉  (나) 영광탑

(다) 강서대묘  (라) 미륵사지 석탑

① (가) - 중국 남조의 영향을 받은 벽돌무덤이다.

② (나) - 발해 때 세워진 5층 벽돌탑이다.

③ (다) - 도교의 영향을 받은 벽화가 그려져 있다.

④ (라) - 무구정광대다라니경이 발견되었다.

## 03 〈보기〉의 ㉠에 들어갈 것으로 가장 옳은 것은?

보기

고종 12년(1225)에 최우(崔瑀)가 자신의 집에 ____㉠____ 을 두고 백관의 인사를 다루었는데 문사(文士)를 뽑아 이에 속하게 하고 필자적(必者赤)이라 불렀다.

- 『고려사』 -

① 교정도감  ② 도방

③ 중방  ④ 정방

## 04 〈보기〉의 ㉠에 들어갈 책으로 가장 옳은 것은?

보기

세종이 예문제학 정인지 등에 명하여 ___㉠___ 을/를 지었다. 처음에 고려 최성지가 충선왕을 따라 원나라에 들어가서 『수시력』을 얻어 돌아와서 추보하여 사용하였다. 그러나 일월교식 (일식과 월식이 같이 생기는 것)과 오행성이 움직이는 도수에 관해 곽수경의 산술을 알지 못하였다. 조선이 개국해서도 역법은 『수시력』을 그대로 썼다. 『수시력』에 일월교식 등이 빠졌으므로 임금이 정인지·정초·정흠지 등에게 명하여 추보하도록 하니 ……

– 『연려실기술』 –

① 『향약채취월령』
② 『의방유취』
③ 『농사직설』
④ 『칠정산내외편』

## 05 〈보기 1〉의 밑줄 친 '이 왕'이 시행한 정책을 〈보기 2〉에서 모두 고른 것은?

보기1

이 왕은 반대 세력을 무력으로 제압하고 자신의 신변을 보호하기 위한 친위부대로 장용영을 설치하였다. 장용영은 기존에 국왕의 호위를 담당하던 숙위소를 폐지하고 새롭게 조직을 갖추어 편성된 부대다.

보기2

ㄱ. 탕평의 의지를 반영하여 성균관 입구에 탕평비를 세웠다.
ㄴ. 상공업을 진흥시키기 위해 통공정책을 단행하였다.
ㄷ. 젊은 관료의 재교육을 위해 초계문신제도를 시행하였다.

① ㄴ
② ㄷ
③ ㄴ, ㄷ
④ ㄱ, ㄴ, ㄷ

## 06 〈보기〉의 내용과 시기적으로 가장 먼 것은?

보기

신고산이 우루루 화물차 가는 소리에
금붙이 쇠붙이 밥그릇마저 모조리 긁어 갔고요
어랑어랑 어허야
이름 석 자 잃고서 족보만 들고 우누나

① 조선식량관리령을 시행하여 곡물을 강제로 공출하였다.
② 여자정신근로령을 통해 여성에 대한 강제동원이 이루어졌다.
③ 기업정비령과 기업허가령을 시행하여 기업 통제를 강화하였다.
④ 어업령, 삼림령, 광업령 등을 제정하여 각종 자원을 독점하기 시작하였다.

## 07 〈보기〉는 광복 전후의 사건들을 나열한 것이다. 사건을 시간순으로 바르게 나열한 것은?

보기

ㄱ. 카이로 선언
ㄴ. 모스크바 3국 외상회의
ㄷ. 포츠담 선언
ㄹ. 얄타회담
ㅁ. 5 · 10 총선거

① ㄱ – ㄷ – ㄹ – ㄴ – ㅁ
② ㄱ – ㄹ – ㄷ – ㄴ – ㅁ
③ ㄹ – ㄱ – ㄷ – ㅁ – ㄴ
④ ㄹ – ㄷ – ㄱ – ㅁ – ㄴ

## 08 〈보기〉의 밑줄 친 '나'에 대한 설명으로 가장 옳은 것은?

> **보기**
>
> 지금 농사를 하고자 하는 사람은 토지를 얻고, 농사를 하지 않는 사람은 토지를 얻지 못하도록 한다. 즉 여전(閭田)의 법을 시행하면 나의 뜻을 이룰 수 있을 것이다. …… 무릇 1여의 토지는 1여의 사람들로 하여금 공동으로 경작하게 하고, 내 땅 네 땅의 구분 없이 오직 여장의 명령만을 따른다. 매 사람마다의 노동량은 매일 여장이 장부에 기록한다. 가을이 되면 무릇 오곡의 수확물을 모두 여장의 집으로 보내어 그 식량을 분배한다. 먼저 국가에 바치는 공세를 제하고, 다음으로 여장의 녹봉을 제하며, 그 나머지를 날마다 일한 것을 기록한 장부에 의거하여 여민들에게 분배한다.

① 『북학의』를 저술하였다.
② 『성호사설』을 저술하였다.
③ 『반계수록』을 저술하였다.
④ 『목민심서』를 저술하였다.

## 09 〈보기〉의 밑줄 친 '이 사건'에 대한 설명으로 가장 옳지 않은 것은?

> **보기**
>
> (가) 전에는 개화당을 꾸짖는 자도 많이 있었으나, 개화가 이롭다는 것을 말하면 듣는 사람들도 감히 크게 반대하지 않았다. 그런데 이 사건을 겪은 뒤부터 조정과 민간에서 모두 "이른바 개화당이라고 하는 자들은 충의를 모르고 외국인과 연결하여 나라를 팔고 겨레를 배반하였다."라고 말하고 있다.
>
> – 『윤치호 일기』 –
>
> (나) 임오군란 이후부터 청은 우리나라에 자주 내정간섭을 하였다. 나는 청나라 당으로 지목되었고, 청국이 우리의 자주권을 침해하는 데 분노해 이 사건을 일으켰던 이는 일본 당으로 지목되었다. 그 후 일이 허사로 돌아가자 세상은 그를 역적이라 하였는데, 나는 정부에 몸을 담고 있어 그를 공격할 수밖에 없었다. 그러나 그 마음은 결코 다른 나라에 있지 않았고, 애국하는 데 있었다.
>
> – 『속음청사』 –

① 이 사건을 진압한 청은 조선과 조청상민수륙무역장정을 체결하였다.
② 우정총국의 낙성 축하연을 기회로 정변을 일으켜 새로운 정부를 수립하였다.
③ 이 사건의 주모자들은 청과 종속 관계를 청산하여 자주독립을 확고히 하고자 하였다.
④ 이 사건 이후 청과 일본은 톈진 조약을 체결해 향후 조선으로 군대 파견 시 상대국에게 알리도록 하였다.

**10** 〈보기〉의 밑줄 친 '법'에 대한 설명으로 가장 옳은 것은?

보기

12월에 새 왕이 즉위하자, 대사헌(大司憲) 조준(趙浚) 등이 또 상소하여 토지제도에 대해 논하여 말하기를, "하늘이 재앙을 내린 것을 후회하시어 흉악한 무리들을 이미 멸망시켰으며 신돈(辛旽)이 이미 제거되었으니, 마땅히 사전(私田)을 모두 없애 이 민(民)이 부유하고 장수하는 영역을 여는 것, 이것이 그 기회입니다. …… 이를 규정된 법으로 정하시어서 백성과 더불어 다시 시작하십시오. ……"라고 하였다.
3년 5월 도평의사사(都評議使司)에서 토지를 지급하는 법을 정할 것을 청하니, 그 의견대로 하였다.

① 전지와 시지를 지급하였다.
② 경기 지역의 토지만 지급하였다.
③ 현직 관리에게만 토지를 지급하였다.
④ 토지에 부과하는 세금을 4~6두로 고정하였다.

**11** 〈보기〉의 제도를 시행한 국가에 대한 설명으로 가장 옳은 것은?

보기

나라에서 장차 재상을 뽑을 때에 후보 서너 명의 이름을 써서 상자에 넣고 봉해 이를 호암사에 있는 바위에 두었다. 얼마 뒤에 가지고 와서 열어보고 이름 위에 도장이 찍혀 있는 사람을 재상으로 삼았다.

① 지방 통치를 위해 욕살과 처려근지를 파견하였다.
② 전국을 5방으로 나누고 그 책임자를 방령이라고 불렀다.
③ 각 주에 정을 두고 진골 출신의 장군이 지휘하였다.
④ 제5관등 이상의 귀족들이 모여 주요 국사를 처리하였다.

**12** 〈보기 1〉의 사건이 있었던 시대의 화폐를 〈보기 2〉에서 모두 고른 것은?

보기1

왕이 명령하기를, "백성들을 부유하게 하고 나라에 이익을 가져오게 하는 데 돈보다 중요한 것은 없다. …… 그러므로 이제 비로소 금속을 녹여 돈을 만드는 법령을 제정한다. 부어서 만든 돈 15,000꾸러미를 재추와 문무 양반과 군인들에게 나누어 주어 돈 통용의 시초로 삼고 돈에 새기는 글은 해동통보라 한다. ……"라고 하였다.

보기2

| ㄱ. 조선통보 | ㄴ. 해동중보 |
|---|---|
| ㄷ. 십전통보 | ㄹ. 삼한통보 |

① ㄱ, ㄷ          ② ㄱ, ㄹ
③ ㄴ, ㄷ          ④ ㄴ, ㄹ

**13** 〈보기〉에서 동학농민군의 폐정개혁 12개 조항으로 옳지 않은 것을 모두 고른 것은?

---보기---

ㄱ. 횡포한 부호를 엄히 다스린다.
ㄴ. 불량한 유림과 양반의 무리를 징벌한다.
ㄷ. 외국인에게 의지하지 말고 관민이 협력하여 전제황권을 공고히 한다.
ㄹ. 무명의 잡세는 모두 폐지한다.
ㅁ. 중대 범죄를 공판하되 피고의 인권을 존중한다.

① ㄱ, ㄷ      ② ㄷ, ㅁ
③ ㄱ, ㄴ, ㄹ      ④ ㄴ, ㄷ, ㅁ

**14** 〈보기〉의 기록은 독립 운동에 참여한 인물의 회고록이다. 이 인물이 소속된 단체로 가장 옳은 것은?

---보기---

나는 목숨을 걸고 탈출하여 …… 충칭으로 가는 길에 6,000리 장정의 길에 나섰고 …… 이범석 장군의 부관이 되어 시안에 있는 제2지대로 찾아가서 OSS 특별 훈련을 받았다. 국내 지하 공작원으로 진입하려고 하던 때에 투항을 맞이하였다.

① 조선의용군      ② 한인애국단
③ 한국광복군      ④ 동북항일연군

**15** 〈보기〉의 내용이 발표된 이후의 일제 정책으로 가장 옳은 것은?

---보기---

1. 우리는 황국 신민이다. 충성으로써 군국(君國)에 보답한다.
2. 우리들 황국 신민은 서로 믿고 아끼고 협력하여 단결을 공고히 한다.
3. 우리들 황국 신민은 괴로움을 참고 몸과 마음을 굳세게 하는 힘을 길러 황도(皇道)를 선양한다.

① 토지조사사업을 실시하였다.
② 치안유지법을 제정하였다.
③ 조선 사상범 예방 구금령을 제정하였다.
④ 공업화로 인한 일본 내 식량 부족 문제 해결을 위한 산미증식 계획을 실시하였다.

**16** 〈보기〉의 ㉠ 인물에 대한 설명으로 가장 옳은 것은?

---보기---

6월 27일에 사람들이 말하기를, ㉠ 의 교역선 2척이 단산포(旦山浦)에 도착했다고 한다. …… 28일 당의 천자가 보내는 사신들이 이곳으로 와 만나보았다. …… 밤에 ㉠ 의 견대당매물사(遣大唐賣物使)인 최훈(崔暈) 병마사(兵馬使)가 찾아와서 위문하였다.
– 「입당구법순례행기」 –

① 『화랑세기』를 저술하였다.
② 당의 등주를 공격하였다.
③ 적산 법화원을 건립하였다.
④ 웅천주를 근거지로 반란을 일으켰다.

**17** 〈보기〉의 조약이 체결된 해에 일어난 사건으로 가장 옳은 것은?

〈보기〉

제3국의 침해나 내란으로 인하여 대한제국 황실의 안녕과 영토 보전에 위험이 있을 경우 대일본제국 정부는 신속하게 상황에 따라 필요한 조치를 취할 수 있다. 그리고 대한제국 정부는 이러한 대일본제국의 행동이 용이하도록 충분한 편의를 제공한다. 대일본제국 정부는 앞 조관의 목적을 성취하기 위하여 군사 전략상 필요한 지점을 상황에 따라 수용할 수 있다.

① 일본이 제물포에 있는 러시아 군함을 공격하며 러일 전쟁을 일으켰다.
② 일본이 불법으로 독도를 자국 영토로 편입하였다.
③ 일본이 대한제국 군대를 강제 해산시켰다.
④ 일본이 헤이그특사 파견을 빌미삼아 고종을 강제 퇴위시켰다.

**18** 〈보기〉의 인물이 활동하던 시기에 해당하는 설명으로 가장 옳은 것은?

〈보기〉

• 새로 창건한 귀법사의 주지가 되었다.
• 불교 대중화에 관심이 있어 『보현십원가』를 지었다.
• 화엄학에 대한 주석서를 쓰는 등 화엄 교학을 정비하였다.

① 강조를 토벌한다는 명분으로 거란이 침략하였다.
② 대장경에 대한 주석서인 교장을 간행하였다.
③ 중국에 승려들을 보내 법안종을 수용하였다.
④ 현화사를 창건하였다.

**19** 〈보기〉의 사건을 시간순으로 바르게 나열한 것은?

〈보기〉

ㄱ. 이여송이 거느린 5만여 명의 명나라 지원군이 조선군과 합하여 평양성을 탈환하였다.
ㄴ. 왜군이 총공격을 가해오자 이순신 함대는 한산도 앞바다로 적을 유인하여 대파하였다.
ㄷ. 권율이 행주산성에서 1만여 명의 병력으로 전투를 벌여 3만여 명의 병력으로 공격해 온 일본군을 물리쳤다.
ㄹ. 진주에서 목사 김시민이 3,800여 명의 병력으로 2만여 명의 일본군을 맞아 성을 방어하는 데 성공했다.

① ㄴ - ㄹ - ㄱ - ㄷ
② ㄴ - ㄹ - ㄷ - ㄱ
③ ㄹ - ㄴ - ㄱ - ㄷ
④ ㄹ - ㄴ - ㄷ - ㄱ

**20** 대한민국 임시정부가 〈보기〉의 체제 개편을 하기 이전에 한 활동으로 가장 옳은 것은?

──〈 보기 〉──

대한민국 임시정부는 헌법을 개정하여 집단지도체제인 국무위원제를 채택했다. 즉, 5~11인의 국무위원 가운데 한 사람을 주석으로 선출하되, 주석은 대통령이나 국무령과 같이 특별한 권한을 갖지 않고 다만 회의를 주재하는 권한만 갖게 했다.

① 이승만을 탄핵하고 박은식을 임시 대통령으로 추대했다.

② 조소앙의 삼균주의에 기초한 건국 강령을 반포하였다.

③ 의열 투쟁을 전개하고자 한인애국단을 조직하였다.

④ 한국 국민당을 조직하여 정당정치를 운영하였다.

정답 및 해설 368p

**01** 〈보기〉의 밑줄 친 '이 나라'에 대한 설명으로 가장 옳은 것은?

보기

> 이 나라에서는 해마다 10월이면 하늘에 제사를 지내는데, 주야로 술을 마시며 노래를 부르고 춤추니 이를 무천이라 한다. 또 호랑이를 신으로 여겨 제사지낸다.

① 마가, 우가, 저가 등 관직을 두었다.
② 철이 많이 생산되어 왜, 낙랑 등에 수출하였다.
③ 소노부를 비롯한 5부가 정치적 자치력을 갖고 있었다.
④ 다른 읍락을 함부로 침범하면 노비, 소 등으로 변상하는 책화가 있었다.

**02** 조선시대 지방행정에 대한 설명으로 가장 옳지 않은 것은?

① 전국 모든 군현에 수령이 파견되었다.
② 향리는 6방으로 나누어 실무를 맡았다.
③ 중앙에서 유향소를 통해 경재소를 통제하였다.
④ 인구를 늘리는 것이 수령의 중요한 임무 중 하나였다.

**03** 〈보기〉는 백제 어느 왕대의 사실이다. 백제의 이 왕과 대립하였던 고구려의 왕은?

보기

> 겨울 11월에 왕이 돌아가셨다. 옛 기록[古記]에 다음과 같이 전한다. "백제는 나라를 연 이래 문자로 일을 기록한 적이 없는데 이때에 이르러 박사(博士) 고흥(高興)을 얻어 『서기(書記)』를 갖추게 되었다."

① 동천왕
② 장수왕
③ 문자명왕
④ 고국원왕

**04** 〈보기〉 내용의 발표에 대한 설명으로 가장 옳은 것은?

보기

> 우리보다 먼저 문명개화한 나라들을 보면 남녀 평등권이 있는지라. 어려서부터 각각 학교에 다니며, 각종 학문을 다 배워 이목을 넓히고, 장성한 후에 사나이와 부부의 의를 맺어 평생을 살더라도 그 사나이에게 조금도 압제를 받지 아니한다. 이처럼 대접을 받는 것은 다름 아니라 그 학문과 지식이 사나이 못지않은 까닭에 그 권리도 일반과 같으니 어찌 아름답지 않으리오.

① 평양의 양반 부인들이 발표하였다.
② 발표를 계기로 찬양회가 조직되었다.
③ 교육입국조서 발표의 배경이 되었다.
④ 이 발표에 따라 한성사범학교가 설립되었다.

**05** 〈보기〉의 정책이 실시된 왕대에 대한 설명으로 가장 옳은 것은?

> 보기
>
> 재위 9년 봄 정월에 교를 내려 내외 관료의 녹읍을 폐지하고, 1년 단위로 조(租)를 차등 있게 하사하는 것을 항식(恒式)으로 삼았다.

① 독서삼품과를 실시하였다.
② 유교 교육을 강화하기 위해 국학을 설치하였다.
③ 국학을 태학감으로 고치고 박사와 조교 등을 두었다.
④ 국학에 공자와 10철 등의 화상을 안치하여 유교 교육을 강화하였다.

**06** 〈보기〉의 밑줄 친 '이 단체'에 대한 설명으로 가장 옳은 것은?

> 보기
>
> 이 단체는 조선국권회복단의 박상진이 풍기광복단과 제휴하여 조직하였다. 무력 투쟁을 통한 독립을 목표로 하였고, 군자금 모집, 독립군 양성, 무기 구입, 친일 부호 처단 등 활동을 전개하였다.

① 독립군 양성을 위한 신흥강습소를 설치하였다.
② 블라디보스토크에 최초의 임시정부를 수립하였다.
③ 무력 항쟁의 의지를 담은 대한독립선언서를 발표하였다.
④ 공화주의 이념에 따라 공화정치를 실현하는 것을 목표로 하였다.

**07** 〈보기〉에서 (가)의 인명과 그의 저술을 옳게 짝지은 것은?

> 보기
>
> 진성왕 8년(894) 봄 2월에 ___(가)___ 이 시무 10여 조를 올리자, 왕이 이를 좋게 여겨 받아들이고 아찬으로 삼았다.

① 김대문 – 『화랑세기』
② 김대문 – 『계원필경』
③ 최치원 – 『제왕연대력』
④ 최치원 – 『한산기』

**08** 〈보기〉의 밑줄 친 인물이 왕으로 즉위하여 활동하던 기간에 있었던 사실로 가장 옳은 것은?

> 보기
>
> 개경으로 돌아온 강조(康兆)는 김치양 일파를 제거함과 동시에 국왕마저 폐한 후 살해하였다. 이 같은 소용돌이 속에서 대량원군이 임금으로 즉위하였다.

① 부모의 명복을 빌기 위해 현화사(玄化寺)를 창건했다.
② 거란의 침입에 대비하기 위하여 광군 30만을 조직했다.
③ 강동 6주의 땅을 고려 영토로 편입시켰다.
④ 재조대장경의 각판사업에 착수했다.

**09** 〈보기〉의 내용 중 옳은 것을 모두 고른 것은?

> **보기**
>
> ㄱ. 정상기는 최초로 백 리를 한 자로 축소한
> 「동국여지도」를 만들어 우리나라의 지도 제
> 작 수준을 한 단계 높였다.
> ㄴ. 국어에 대한 연구도 활발하여 신경준의 「고
> 금석림」과 유희의 「언문지」가 나왔다.
> ㄷ. 유득공은 「동사강목」을 지어 고조선부터 고
> 려 말까지의 우리 역사를 체계적으로 정리
> 하였다.
> ㄹ. 이중환의 「택리지」는 각 지역의 경제생활까
> 지 포함하여 집필되었다.
> ㅁ. 허준의 「동의보감」은 우리나라뿐 아니라 중
> 국 및 일본의 의학 발전에 큰 영향을 끼쳤
> 는데, 예방의학에 중점을 둔 것이다.

① ㄱ, ㄴ        ② ㄴ, ㅁ

③ ㄷ, ㄹ        ④ ㄹ, ㅁ

**10** 〈보기〉와 관련된 왕에 대한 설명으로 가장 옳은 것은?

> **보기**
>
> • 불교의 힘으로 나라를 세웠으므로 사찰을 서
> 로 빼앗지 말 것.
> • 사찰을 지을 때에는 도선의 풍수사상에 맞게
> 지을 것.
> • 연등회와 팔관회를 성실하게 지킬 것.
> • 농민의 요역과 세금을 가볍게 하여 민심을
> 얻고 부국 안민을 이룰 것.

① 중국에서 귀화한 쌍기의 건의에 따라 과거(科擧) 제도를 시행하였다.

② 귀순한 호족에게 성(姓)을 내려주어 포섭하였다.

③ 경제개혁을 수행하여 전시과(田柴科)를 실시하였다.

④ 관료제도를 안정시키기 위해 공복(公服)을 등급에 따라 제정하였다.

**11** 〈보기〉의 (가)에 들어갈 군대로 가장 옳은 것은?

> **보기**
>
> "제가 전날에 패한 원인은 적들이 모두 말을 탔
> 고, 우리는 보병으로 전투한 까닭에 대적할 수
> 없었기 때문입니다."라고 하자, 이때 비로소
> ___(가)___ 을/를 만들기로 하였다.
>
> – 「고려사」 –

① 광군        ② 도방

③ 별무반        ④ 삼별초

**12** 〈보기〉의 조선의 천주교 전파 상황을 순서대로 바르게 나열한 것은?

> **보기**
>
> ㄱ. 이승훈이 북경에서 서양 신부에게 영세를 받고 돌아왔다.
> ㄴ. 윤지충이 모친상 때 신주를 불사르고 천주교 의식을 행하였다.
> ㄷ. 이수광이 『지봉유설』에서 마테오 리치의 『천주실의』를 소개하였다.
> ㄹ. 황사영이 북경에 있는 프랑스인 주교에게 군대를 동원하여 조선에서 신앙과 포교의 자유를 보장받을 수 있도록 청하는 서신을 보내려다 발각되었다.

① ㄱ - ㄴ - ㄹ - ㄷ
② ㄱ - ㄷ - ㄹ - ㄴ
③ ㄷ - ㄱ - ㄴ - ㄹ
④ ㄷ - ㄴ - ㄱ - ㄹ

**13** 〈보기〉의 법을 한국에 적용한 이후 일본이 벌인 일로 가장 옳지 않은 것은?

> **보기**
>
> • 정부는 전시에 국가 총동원상 필요할 때는 정하는 바에 따라 제국 신민을 징용하여 총동원 업무에 종사하게 할 수 있다.
> • 정부는 전시에 국가 총동원상 필요할 때는 칙령이 정하는 바에 따라 물자의 생산 · 수리 · 배급 · 양도 및 기타의 처분 · 사용 · 소비 · 소지 및 이동에 관해 필요한 명령을 내릴 수 있다.

① 학도 지원병제와 징병제를 시행하였다.
② 헌병 경찰 제도를 실시하였다.
③ 국민 징용령을 공포하였다.
④ 여자 근로 정신령을 만들었다.

**14** 〈보기〉의 글에 대한 설명으로 가장 옳지 않은 것은?

> **보기**
>
> 우리나라는 실로 신종 황제의 은혜를 입어 임진왜란 때 나라가 폐허가 되었다가 다시 존재하게 되었고 백성은 거의 죽었다가 다시 소생하였으니, 우리나라의 나무 한 그루와 풀 한 포기와 백성의 터럭 하나하나에도 황제의 은혜가 미치지 않은 것이 없습니다. 그런즉 오늘날 크게 원통해 하는 것이 온 천하에 그 누가 우리와 같겠습니까?

① 송시열이 제출하였다.
② 효종에게 올린 글이다.
③ 북벌 정책에 대해 논의하였다.
④ 청의 문물 수용을 건의하였다.

**15** 〈보기〉의 글을 저술한 인물에 대한 설명으로 가장 옳지 않은 것은?

> **보기**
>
> 옛 사람이 이르기를, 나라는 없어질 수 있으나 역사는 없어질 수 없다고 하였으니, 그것은 나라는 형체이고 역사는 정신이기 때문이다. 이제 한국의 형체는 허물어졌으나, 정신만이라도 오로지 남아 있을 수 없는 것인가.

① 유교구신론을 써서 유교의 개혁을 주장하였다.
② 식민 사학 중 정체성론의 근거를 무너뜨리는 데에 기여하였다.
③ 대한민국 임시 정부의 2대 대통령을 역임하였다.
④ 『한국독립운동지혈사』를 저술하였다.

**16** 〈보기〉에서 역사적 사건을 시간순으로 바르게 나열한 것은?

> ──── 보기 ────
> ㄱ. 임오군란    ㄴ. 강화도조약
> ㄷ. 갑신정변    ㄹ. 톈진조약

① ㄱ - ㄴ - ㄷ - ㄹ
② ㄱ - ㄹ - ㄴ - ㄷ
③ ㄴ - ㄱ - ㄷ - ㄹ
④ ㄴ - ㄷ - ㄱ - ㄹ

**17** 〈보기〉에서 이름과 활동을 옳게 짝지은 것은?

> ──── 보기 ────
> ㄱ. 이제현 - 만권당에서 원의 학자들과 교류
> 하였다.
> ㄴ. 안향 - 공민왕이 중영한 성균관의 대사성
> 이 되었다.
> ㄷ. 이색 - 충렬왕 때 고려에 성리학을 본격적
> 으로 소개하였다.
> ㄹ. 정몽주 - 역사서 『사략』을 저술하였다.

① ㄱ        ② ㄴ
③ ㄷ        ④ ㄹ

**18** 〈보기 1〉의 선언문을 발표한 정부 시기에 있었던 사실을 〈보기 2〉에서 모두 고른 것은?

> ──── 보기 1 ────
> 남과 북은 … 쌍방 사이의 관계가 나라와 나라 사이의 관계가 아닌 통일을 지향하는 과정에서 잠정적으로 형성되는 특수 관계라는 것을 인정하고, …
>
> 제1조 남과 북은 서로 상대방의 체제를 인정하고 존중한다.
> 제4조 남과 북은 상대방을 파괴 · 전복하려는 일체 행위를 하지 아니한다.

> ──── 보기 2 ────
> ㄱ. 남북한 동시 유엔(UN) 가입
> ㄴ. 서울올림픽 개최
> ㄷ. 금융실명제 실시
> ㄹ. 6 · 29선언

① ㄱ, ㄴ        ② ㄴ, ㄷ
③ ㄴ, ㄹ        ④ ㄷ, ㄹ

국어 문제
영어 문제
한국사 문제
국어 해설
영어 해설
한국사 해설

**199**

**19** 〈보기〉의 밑줄 친 '이 조직'의 활동으로 가장 옳지 않은 것은?

> **보기**
>
> 김원봉이 이끈 <u>이 조직</u>은 1920년대에 국내와 상하이를 중심으로 활발한 의거 활동을 전개하였다.

① 독립지사들에게 잔인한 고문을 일삼던 종로경찰서에 폭탄을 던져 큰 피해를 주었다.

② 동양척식주식회사에 들어가 그 간부를 사살하고 경찰과 시가전을 벌이기도 하였다.

③ 상하이 홍커우 공원에서 열린 일본군의 상하이 점령 축하 기념식장에 폭탄을 던져 일본군을 살상하였다.

④ 일제 식민 지배의 중심기관인 조선총독부에 폭탄을 던졌다.

**20** 〈보기〉의 (가) 기구에 대한 설명으로 가장 옳은 것은?

> **보기**
>
> 임시로 __(가)__ 를 설치하였는데, … 이것은 일시적인 전쟁 때문에 설치한 것으로, 국가의 중요한 모든 일을 맡긴 것은 아니었다. 그런데 오늘에 와서 … 의정부는 한갓 헛이름만 지니고 6조는 모두 그 직임을 상실하였다.

① 오직 군사 문제만을 다루었다.

② 고종 대에 폐지되었다.

③ 세종 대에 설치되었다.

④ 임진왜란이 끝난 후 위상이 추락하였다.

국어 문제

영어 문제

한국사 문제

국어 해설

영어 해설

한국사 해설

**01** 〈보기〉의 밑줄 친 '이 시대'와 가장 관련이 없는 것은?

> 보기
>
> <u>이 시대</u>에는 농경이 더욱 발달하여 조, 기장, 수수 등 다양한 잡곡이 재배되었다. 한반도 남부 지역에는 벼농사도 보급되었다. 한편 돼지와 같은 가축을 우리에 가두고 기르는 일도 흔해졌다. 사람들은 농경이 이루어지는 강가나 완만한 구릉에 마을을 이루어 살았다. 농경의 발달로 생산력이 늘어나자 인구가 늘어나고 빈부 차이와 계급이 발생하였다. 또한 식량을 둘러싼 집단 간의 싸움이 자주 일어나면서 마을에는 방어 시설이 만들어지기도 하였다.

① 고인돌
② 반달 돌칼
③ 민무늬 토기
④ 슴베찌르개

**02** 〈보기〉의 정책을 실시한 신라의 왕에 대한 설명으로 가장 옳은 것은?

> 보기
>
> • 병부를 설치하여 왕이 직접 병권을 장악하고, 상대등을 설치하여 재상의 지위를 부여하였다.
> • 김해지역의 금관가야를 정복하여 낙동강으로 진출하는 길을 열었다.

① 백제 성왕과 동맹하여 고구려가 장악했던 한강 유역을 차지했다.
② 우산국으로 불리던 울릉도를 정복하여 영토로 편입하였다.
③ 백관의 공복을 제정하여 귀족을 관료로 등급화시켰다.
④ 신라 역사상 최대 영역을 확보했다.

**03** 문화통치시기 일제의 조선통치에 대한 설명으로 가장 옳은 것은?

① 토지조사사업을 실시하여 근대적 토지소유관계를 확립하고, 식민지 지주소작제를 수립하였다.
② 식량생산을 대폭 늘려 일본으로 더 많은 쌀을 가져가기 위해 이른바 산미증식계획을 세워 추진하였다.
③ 일본자본가들의 과잉자본을 조선에 투자하고, 전쟁에 필요한 필수품 조달을 위해 군수공업을 위주로 하는 공업화정책이 추진되었다.
④ 우리민족을 일본국민으로 동화시키기 위해 민족말살정책을 추진했다.

## 04 〈보기〉의 상황을 한국전쟁의 전개과정에 따라 순서대로 바르게 나열한 것은?

> **보기**
>
> ㄱ. 유엔군이 인천 상륙 작전에 성공하였다.
> ㄴ. 중국군이 대규모 병력을 파견하기 시작하였다.
> ㄷ. 판문점 부근에서 휴전회담이 열리기 시작하였다.
> ㄹ. 이승만 정부가 반공포로 석방 조치를 실행하였다.

① ㄱ - ㄴ - ㄷ - ㄹ
② ㄱ - ㄷ - ㄹ - ㄴ
③ ㄴ - ㄱ - ㄷ - ㄹ
④ ㄴ - ㄹ - ㄱ - ㄷ

## 05 고려시대 왕들의 교육제도 정비 내용으로 가장 옳은 것은?

① 숙종 대에 서적포라는 국립출판사를 두어 책을 간행하였다.
② 예종 대에는 사립학교 구재(九齋)를 설치하였다.
③ 문종은 양현고라는 장학재단을 설치하여 운영하였다.
④ 고려의 국립대학 국자감은 충선왕 대에 국학으로 개칭되었다.

## 06 조선시기의 과거제도에 대한 설명으로 가장 옳지 않은 것은?

① 생원과 진사를 선발하는 사마시의 1차 시험(초시)에서는 합격자의 수를 각 도의 인구 비율로 배분하였다.
② 문과의 정기시험에는 현직 관원도 응시할 수 있었고, 합격하면 관품을 1~4계 올려주었다.
③ 조선시기에는 고려시기와 달리 과거를 보지 않고 관직으로 진출할 수 있는 음서제도가 폐지되었다.
④ 무과 식년시는 3년에 한 번씩 시행했고, 서얼도 응시할 수 있었다.

## 07 〈보기〉의 ㉠에 들어갈 단체의 활동에 대한 설명으로 가장 옳지 않은 것은?

> **보기**
>
> 1896년 4월 7일에 창간된 이 신문은 1899년 12월 4일 폐간될 때까지 약 3년 8개월 동안 발간되었다. 최초의 민간신문인 동시에 처음으로 한글 전용과 띄어쓰기를 시도하며 한글판, 영문판을 발행하였다. ㉠ 와/과 만민공동회의 정치적 활동을 옹호하고 대변하였다.

① 대한국국제를 반포하였다.
② 반러운동을 적극적으로 전개하였다.
③ 독립문 건립과 독립공원 조성을 추진하였다.
④ 계몽적, 사회적, 정치적 주제의 토론회를 개최하였다.

08 〈보기〉는 어느 동포의 강제이주에 대한 회고록이다. 이 동포가 강제이주되기 전에 거주하던 '㉠지역'에 대한 설명으로 가장 옳은 것은?

---
보기
---

우즈베키스탄의 늪 지대에 내팽겨쳐진 고려인들은 땅굴 속에서 겨울을 난 후 늪지를 메워 목화 농사를 해야만 했다. 그러나 우리 가족을 먹여 살릴 삼촌 두 명은 농장에서 일한 경험도 없는 데다, ㉠ 에 살 때 광부 일을 했기 때문에 일자리를 찾아 탄광 도시 카라칸다로 갔다. … 고려인들의 주식인 쌀은 물론이고 간장, 된장도 전혀 구할 수가 없었다. 할 수 없이 우즈베키스탄 사람들이 먹는 보리빵으로 끼니를 때웠다. 그것도 아주 부족했다.

① 일제는 독립군을 토벌한다는 명목으로 조선인 마을을 파괴하였으며, 경신참변을 일으켜 조선인들을 대량살육하기도 하였다.

② 1905년 이후 민족운동가들이 독립운동을 위한 정치적 망명을 시작해 여러 곳에 한인 집단촌이 형성되고 많은 민족 단체와 학교가 설립되었으며, 항일 의병 및 독립운동이 활발히 전개되었다.

③ 1923년 대지진이 발생했는데, 조선인들이 우물에 독을 탔다는 유언비어가 퍼져 적어도 6,000여 명의 조선인들이 학살당하였다.

④ 태평양전쟁 발발 후에는 수백 명의 조선인 청년들이 미군에 입대하여 일본군과 싸웠다.

09 〈보기〉와 관련된 왕에 대한 설명으로 가장 옳은 것은?

---
보기
---

• 종친을 정치에 참여시켜 왕실의 울타리를 튼튼하게 만들었다.
• 진관체제를 실시하여 변방중심의 방어체제를 전국적인 지역중심 방어체제로 바꾸었다.
• 퇴직관료에게도 지급하던 과전을 현직관료에게만 지급하는 직전법으로 바꾸었다.
• 호적 사업과 호패법을 강화하고 보법을 실시하였다.

① 왕자들의 권력투쟁이 일어난 경복궁을 피하여 응봉산 자락에 창덕궁을 새로 건설하였다.

② 이종무를 파견하여 왜구의 소굴인 쓰시마(대마도)를 정벌하게 하였다.

③ 조카를 몰아내고 왕위를 차지했으나, 왕권을 안정시키고 중앙집권체제를 강화하는 데 기여하였다.

④ 『경국대전』 편찬을 완료하여 반포하고, 우리나라 통사인 『동국통감』 편찬을 완료했다.

10 〈보기〉에 해당하는 기관으로 가장 옳은 것은?

---
보기
---

• 1894년 국정 전반에 걸쳐 개혁을 수행하기 위해 신설된 기관
• 3개월 동안 개혁법령을 토의, 공포한 입법기구
• 총재 김홍집을 비롯하여 유길준 등 개혁관료들이 주도

① 교전소　　　　　② 집강소
③ 군국기무처　　　④ 삼정이정청

**11** 〈보기〉에서 설명하는 기록물에 해당하는 것은?

---보기---

- 조선후기 국정 운영 내용을 매일 정리한 기록이다.
- 국왕의 일기 형식으로 작성되었다.
- 유네스코 세계기록유산으로 등재되었다.

① 승정원일기　　　② 비변사등록

③ 조선왕조실록　　④ 일성록

**12** 〈보기〉의 내용과 직접적인 관련이 가장 없는 것은?

---보기---

조선은 실로 아시아의 요충을 차지하여 지리적으로 반드시 쟁탈의 대상이 될 것인 바, 조선이 위태로워지면 중앙 및 동아시아의 정세도 날로 위급해질 것이므로 러시아가 영토를 확장하려 한다면 반드시 조선으로부터 시작할 것이다. … 그렇다면, 오늘날 조선의 책략은 러시아를 막는 일보다 더 급한 것이 없을 것이다. 러시아를 막는 책략은 무엇인가? 중국과 친하고 일본과 맺고, 미국과 연결함으로써 자강을 도모할 따름이다.

① 이만손 등이 만인소를 올렸다.

② 일본과 제물포 조약을 체결하였다.

③ 고종은 척사윤음을 내려 유생들의 불만을 달랬다.

④ 청나라 사람 황준헌이 작성한 『조선책략』의 내용이다.

**13** 고려의 중앙 정치제도에 대한 설명으로 가장 옳지 않은 것은?

① 중서문하성과 추밀원의 합좌 기구인 식목도감은 국가의 재정회계를 관장하였다.

② 상서성의 6부가 각기 국무를 분담하였지만, 중서문하성에 강하게 예속되어 있었다.

③ 추밀원은 추부라고 불렸는데 군기를 관장하고 왕명을 출납하는 등 중요한 기능을 담당했다.

④ 고려는 중서성과 문하성을 합해 중서문하성이라는 단일기구를 만들어 정치의 최고 관부로 삼았다.

**14** 〈보기〉의 사건을 시간순으로 바르게 나열한 것은?

---보기---

ㄱ. 고구려의 평양 천도

ㄴ. 백제군의 평양성 공격

ㄷ. 고구려의 낙랑군 · 대방군 축출

ㄹ. 위군의 침략으로 환도성 함락

① ㄱ - ㄴ - ㄷ - ㄹ

② ㄴ - ㄱ - ㄹ - ㄷ

③ ㄷ - ㄹ - ㄱ - ㄴ

④ ㄹ - ㄷ - ㄴ - ㄱ

**15** 〈보기 1〉에서 나타나는 폐단을 해결하기 위한 정책과 관련하여 바르게 서술한 것을 〈보기 2〉에서 모두 고른 것은?

보기 1

여러 도감에 바치는 물품은 각 고을에서 현물로 바치려고 해도 여러 궁방에서 방납하는 것을 이롭게 여겨 각 고을에다 협박을 가하여 손을 쓸 수 없도록 합니다. 그러고는 그들의 사물(私物)로 자신에게 납부하게 하고 억지로 높은 값을 정하는데 거위나 오리 한 마리의 값이 소나 말 한 마리이며 조금만 시일을 지체하면 갑절로 징수합니다.

– 『선조실록』 –

보기 2

ㄱ. 풍흉에 관계없이 토지 1결당 4~6두의 세금을 징수했다.
ㄴ. 공물을 토지의 결수에 따라 쌀, 무명, 동전 등으로 납부하게 했다.
ㄷ. 이 정책의 실시로 정부에 관수품을 조달하는 공인이 등장했다.

① ㄱ
② ㄴ
③ ㄱ, ㄴ
④ ㄴ, ㄷ

**16** 〈보기〉의 조선 후기 호락논쟁에 대한 설명 중 성격이 다른 것은?

보기

ㄱ. 조선을 중화로, 청을 오랑캐로 보는 명분론으로 이어진다.
ㄴ. 조선후기 실학운동으로 이어지는 사상적 기반이 되었다.
ㄷ. 주로 충청도 지역의 학자들이 중심이 되었다.
ㄹ. 대표적인 학자로는 한원진이 있다.

① ㄱ
② ㄴ
③ ㄷ
④ ㄹ

**17** 〈보기〉의 선언문이 발표된 이후에 일어난 변화로 가장 옳은 것은?

보기

오늘 우리는 전 세계 이목이 우리를 주시하는 가운데 40년 독재정치를 청산하고 희망찬 민주국가를 건설하기 위한 거보를 전 국민과 함께 내딛는다. 국가의 미래요 소망인 꽃다운 젊은 이를 야만적인 고문으로 죽여 놓고 그것도 모자라 뻔뻔스럽게 국민을 속이려 했던 현 정권에게 국민의 분노가 무엇인지를 분명히 보여주고, 국민적 여망인 개헌을 일방적으로 파기한 4·13폭거를 철회시키기 위한 민주장정을 시작한다.

① 해방 이후 단절되었던 일본과의 국교가 정상화되었다.
② 내각 책임제와 양원제 국회를 특징으로 하는 개헌이 이루어졌다.
③ 장기적인 경제 발전을 위해 경제 개발 5개년 계획을 수립하였다.
④ 연임이 안 되는 임기 5년의 대통령을 직선제로 선출하게 되었다.

**18** 〈보기〉의 밑줄 친 '왕'의 재위 기간에 일어난 일이 아닌 것은?

───── 보기 ─────

재위 12년 신미년에 <u>왕</u>이 거칠부 및 대각찬 구진, 각찬 비태, 잡찬 탐지, 잡찬 비서, 파진찬 노부, 파진찬 서력부, 대아찬 비차부, 아찬 미진부 등 여덟 장군에게 명하여 백제와 더불어 고구려를 공격하도록 하였다. 백제인들이 먼저 평양을 공격하여 깨뜨리자, 거칠부 등은 승기를 타서 죽령 바깥, 고현 이내의 10군을 빼앗았다.
– 『삼국사기』 –

① 대가야를 정벌하여 가야 연맹을 소멸시켰다.
② 인재를 양성하기 위하여 화랑도를 국가적 조직으로 개편하였다.
③ 자장의 건의를 받아들여 황룡사 9층 목탑을 건립하였다.
④ 신라의 역사를 정리하여 국사를 편찬하였다.

**19** 〈보기〉에서 일제 강점기의 의식주 변화에 해당하는 것을 모두 고른 것은?

───── 보기 ─────

ㄱ. 음식 조리과정에서 왜간장, 조미료 등을 사용하였다.
ㄴ. 도시 인구 급증의 후유증으로 토막(土幕)집이 등장하였다.
ㄷ. 일제말 여성들이 일본식 노동복인 몸뻬의 착용을 강요당하였다.
ㄹ. 경성의 경우, 북촌에는 조선인이, 남촌에는 일본인이 주로 거주하였다.

① ㄱ, ㄷ
② ㄱ, ㄹ
③ ㄴ, ㄷ, ㄹ
④ ㄱ, ㄴ, ㄷ, ㄹ

**20** 〈보기〉에서 ㉠에 들어갈 나라에 대한 설명으로 가장 옳은 것은?

───── 보기 ─────

신(臣) 아무개가 아룁니다. 본국 숙위원의 보고를 접하니, 지난 건녕 4년 7월에 ___㉠___ 의 하정사(賀正使)인 왕자 대봉예가 호소문을 올려 그들이 우리보다 위에 있도록 허락해 주기를 청했다고 합니다. 삼가 칙지를 받들건대, "나라 이름의 선후에는 본래 강약을 따져서 칭하는 것이 아니다. 조정 제도의 등급을 지금 어떻게 성쇠를 가지고 고칠 수가 있겠는가. 그동안의 관례대로 함이 당연하니, 이 지시를 따르도록 하라."라는 내용이었습니다.
– 『고운집』 –

① 마진, 태봉 등의 국호를 사용하였다.
② 당으로부터 해동성국이라는 칭호를 들었다.
③ 백제의 부흥을 내걸고 완산주에 도읍을 정했다.
④ 지금의 황해도 지역에 패강진이라는 군진을 개설하였다.

국어
문제

영어
문제

한국사
문제

국어
해설

영어
해설

한국사
해설

**01** 〈보기〉에서 설명하는 시대의 문화유산으로 옳은 것은?

보기

- 주로 움집에서 거주하였다.
- 유적은 주로 큰 강이나 해안 지역에서 발견된다.
- 농경 생활을 시작하였고, 조·피 등을 재배하였다.

① 고인돌
② 세형동검
③ 거친무늬 거울
④ 빗살무늬 토기

**02** 〈보기〉는 대한민국 헌법 개정을 시기순으로 나열한 것이다. (가)와 (나)에 들어갈 내용으로 옳은 것은?

보기

| 제6차 | 제7차 | 제8차 | 제9차 |
|---|---|---|---|
| 1969년 | 1972년 | 1980년 | 1987년 |
| 대통령 3선 허용 | 유신 헌법 대통령 간선제 (임기 6년) | (가) (7년 단임) | (나) (5년 단임) |

<table>
<tr><td></td><td>(가)</td><td>(나)</td></tr>
<tr><td>①</td><td>대통령 간선제</td><td>대통령 직선제</td></tr>
<tr><td>②</td><td>대통령 직선제</td><td>대통령 직선제</td></tr>
<tr><td>③</td><td>대통령 간선제</td><td>대통령 간선제</td></tr>
<tr><td>④</td><td>대통령 직선제</td><td>대통령 간선제</td></tr>
</table>

**03** 〈보기〉의 밑줄 친 '이 법'을 제정한 왕의 업적으로 옳은 것은?

보기

임진왜란 이후 군역 대신 군포를 징수하여 1년에 2필을 납부하게 하였다. 그런데 군적이 제대로 정리되지 않았고, 지방관의 농간까지 겹쳐 실제 납부액이 훨씬 많았다. 이에 이 법을 제정하여 군포 부담을 절반으로 줄여 주었다.

① 속대전을 편찬하였다.
② 대전통편을 편찬하였다.
③ 대전회통을 편찬하였다.
④ 경국대전을 편찬하였다.

**04** 〈보기〉는 동학농민전쟁에 관련된 주요 사건을 표로 나타낸 것이다. 청일전쟁이 발발된 시기는?

보기

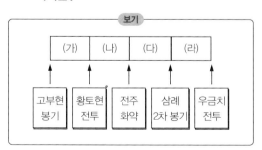

① (가)
② (나)
③ (다)
④ (라)

## 05 〈보기〉의 사건이 있었던 시기의 사실로 가장 옳은 것은?

> **보기**
>
> 가을 9월에 고구려 왕 거련(巨璉)이 군사 3만 명을 이끌고 왕도(王都) 한성을 포위하였다. 왕은 성문을 닫고 나가 싸우지 않았다. …… 왕은 곤궁하여 어찌할 바를 모르다가, 기병 수십을 거느리고 성문을 나가 서쪽으로 도망쳤다. 고구려인이 쫓아가 그를 살해하였다.
>
> – 『삼국사기』 –

① 성왕이 신라군에게 살해되었다.

② 신라가 건원이라는 연호를 사용하였다.

③ 을지문덕이 살수에서 수의 군대를 물리쳤다.

④ 고구려가 중국의 남북조와 동시에 교류하였다.

## 06 〈보기〉에서 발해 문화가 고구려를 계승하였음을 보여주는 문화유산을 모두 고른 것은?

> **보기**
>
> ㄱ. 온돌 장치  ㄴ. 벽돌무덤
> ㄷ. 굴식돌방무덤  ㄹ. 주작대로

① ㄱ, ㄴ

② ㄱ, ㄷ

③ ㄴ, ㄹ

④ ㄷ, ㄹ

## 07 〈보기〉의 (가)~(라)에 대한 설명으로 가장 옳은 것은?

> **보기**
>
> (가) 한국 광복군  (나) 한인 애국단
> (다) 한국 독립군  (라) 조선 혁명군

① (가) – 미 전략 사무국(OSS)과 협력하여 국내 진공 작전을 계획하였다.

② (나) – 중국 관내 최초의 한인 무장 부대로, 중국 국민당 정부의 지원을 받았다.

③ (다) – 양세봉이 이끄는 군대로, 영릉가 전투와 흥경성 전투에서 일본군을 격퇴하였다.

④ (라) – 지청천이 이끄는 군대로, 항일 중국군과 함께 쌍성보 전투, 동경성 전투 등에서 일본군을 격퇴하였다.

## 08 〈보기〉와 같이 기록된 고려 무신정권기 집권자는?

> **보기**
>
> 경주 사람이다. 아버지는 소금과 체(篩)를 파는 것을 업(業)으로 하였고, 어머니는 연일현(延日縣) 옥령사(玉靈寺)의 노비였다. … 그는 수박(手搏)을 잘했기에 의종의 총애를 받아 대정에서 별장으로 승진하였고, … 그가 무신 정변 때 참여하여 죽인 사람이 많으므로 중랑장(中郎將)으로 임명되었다가 얼마 후 장군으로 승진하였다.
>
> – 『고려사』 권128, 반역전 –

① 최충헌

② 김준

③ 임연

④ 이의민

**09** 〈보기〉의 법령이 실시된 시기에 일어난 민주화운동으로 가장 옳은 것은?

> **보기**
>
> 모두 9차례 발표된 법령으로 마지막으로 선포된 9호에 따르면 헌법을 부정·반대 또는 개정을 요구하거나 이를 보도하면 영장 없이 체포할 수 있었다. 이로 인해 많은 학생, 지식인, 야당 정치인, 기자 등이 구속되었다.

① 3선 개헌 반대운동이 일어났다.
② 「3·1민주구국선언」이 발표되었다.
③ 민주헌법쟁취 국민운동본부가 결성되었다.
④ 신민당이 직선제 개헌을 위한 서명운동을 전개하였다.

**10** 〈보기〉의 밑줄 친 '왕'이 재위하던 시기에 대한 설명으로 가장 옳은 것은?

> **보기**
>
> 왕이 명령하여 노비를 안검하고 시비를 살펴 분별하게 하였다. (이 때문에) 종이 그 주인을 배반하는 자가 헤아릴 수 없을 정도였다. 이 때문에 윗사람을 능멸하는 기풍이 크게 행해지니, 사람들이 모두 원망하였다. 왕비가 간절히 말렸는데도 듣지 않았다.

① 서경 천도를 추진하였다.
② 광덕, 준풍 등의 연호를 사용하였다.
③ 지방관을 파견하고 향리제도를 마련하였다.
④ 기인제도를 최초로 실시하여 호족들을 통제하였다.

**11** 〈보기〉의 (가), (나) 문서에 대한 설명으로 가장 옳지 않은 것은?

> **보기**
>
> (가) 대한제국의 정치는 이전으로 보면 500년 전래하시고 이후로 보면 만세에 걸쳐 불변하오실 전제정치니라.
> (나) 외국인에게 의부 아니하고 관민이 동심합력하여 전제황권을 견고케 할 것.

① (가)에서는 입법·사법·행정의 모든 권력이 황제에게 있음을 천명하였다.
② (나)에서는 정부의 예산과 결산을 인민에게 공표할 것을 주장하였다.
③ (나)를 수용한 고종은 「조칙 5조」를 반포하였다.
④ (가)에 따른 전제정치 선포에 반발하며 독립협회는 의회개설운동을 전개하였다.

**12** 〈보기〉의 (가), (나) 시기 사이에 있었던 사실로 가장 옳은 것은?

> **보기**
>
> (가) 고구려는 백제를 선제 공격하였다가 패하고 고국원왕이 전사하는 위기를 맞았다.
> (나) 왜의 침입을 받은 신라를 구원하기 위해 원병을 보내고 낙동강 하류까지 진출하였다.

① 수도를 평양성으로 천도하였다.
② 낙랑군을 축출하고 대동강 유역을 차지하였다.
③ 요서지역에 대해 선제공격을 감행하였다.
④ 태학을 설립하고 율령을 반포하여 체제 안정화 정책을 실시하였다.

**13** 〈보기〉의 (가) 인물에 대한 설명으로 가장 옳은 것은?

──〈 보기 〉──

- 태조는 정예 기병 5천 명을 거느리고 공산(公山) 아래에서 __(가)__ 을/를 맞아서 크게 싸웠다. 태조의 장수 김락과 신숭겸은 죽고 모든 군사가 패하였으며, 태조는 겨우 죽음을 면하였다.
- __(가)__ 이/가 크게 군사를 일으켜 고창군(古昌郡)의 병산 아래에 가서 태조와 싸웠으나 이기지 못하였다. 전사자가 8천여 명이었다.

① 오월에 사신을 보내 교류하였다.

② 송악에서 철원으로 도읍을 옮겼다.

③ 기훤, 양길의 휘하에서 세력을 키웠다.

④ 예성강을 중심으로 성장한 해상 세력이다.

**14** 〈보기〉의 사건들을 일어난 순서대로 바르게 나열한 것은?

──〈 보기 〉──

ㄱ. 동아일보와 조선일보가 창간되었다.

ㄴ. 동경 유학생들이 2·8 독립선언을 하였다.

ㄷ. 순종의 국장일에 만세 시위 사건이 일어났다.

ㄹ. 조선어학회가 한글 맞춤법 통일안을 발표하였다.

① ㄱ - ㄷ - ㄴ - ㄹ

② ㄴ - ㄱ - ㄷ - ㄹ

③ ㄷ - ㄹ - ㄴ - ㄱ

④ ㄹ - ㄱ - ㄷ - ㄴ

**15** 〈보기〉의 사건들을 일어난 순서대로 바르게 나열한 것은?

──〈 보기 〉──

ㄱ. 남인이 제2차 예송을 통해 집권하였다.

ㄴ. 노론과 소론이 민비를 복위하는 과정을 거쳐 집권하였다.

ㄷ. 서인은 허적이 역모를 꾸몄다고 고발하여 남인을 축출하고 집권하였다.

ㄹ. 남인은 장희빈이 낳은 왕자가 세자로 책봉되는 과정을 거쳐 집권하였다.

① ㄱ - ㄷ - ㄹ - ㄴ

② ㄴ - ㄹ - ㄷ - ㄱ

③ ㄷ - ㄱ - ㄴ - ㄹ

④ ㄹ - ㄷ - ㄱ - ㄴ

**16** 〈보기〉에서 고려시대 회화 작품을 모두 고른 것은?

──〈 보기 〉──

ㄱ. 고사관수도

ㄴ. 부석사 조사당 벽화

ㄷ. 예성강도

ㄹ. 송하보월도

① ㄱ, ㄷ          ② ㄱ, ㄹ

③ ㄴ, ㄷ          ④ ㄴ, ㄹ

**17** 〈보기〉에 나타난 사건과 시기상 가장 먼 것은?

> ───── 보기 ─────
>
> 처음 충주 부사 우종주가 매양 장부와 문서로 인하여 판관 유홍익과 틈이 있었는데, 몽골군이 장차 쳐들어온다는 말을 듣고 성 지킬 일을 의논하였다. 그런데 의견상 차이가 있어서 우종주는 양반 별초를 거느리고, 유홍익은 노군과 잡류 별초를 거느리고 서로 시기하였다. 몽골군이 오자 우종주와 유홍익은 양반 등과 함께 다 성을 버리고 도주하고, 오직 노군과 잡류만이 힘을 합하여 쳐서 이를 쫓았다.

① 처인성에서 몽골 장수를 사살하였다.
② 진주의 공·사노비와 합주의 부곡민이 합세하였다.
③ 수도를 강화도로 옮기고 주민을 산성과 섬으로 피난시켰다.
④ 몽골군이 경주의 황룡사 9층탑을 불태웠다.

**18** 〈보기〉의 제도가 처음 시행된 시기의 군사제도에 대한 설명으로 가장 옳은 것은?

> ───── 보기 ─────
>
> 경성과 지방의 군사에 보인을 지급하는데 차등이 있다. 장기 복무하는 환관도 2보를 지급한다. 장정 2인을 1보로 하고, 갑사에게는 2보를 지급한다. 기병, 수군은 1보 1정을 준다. 보병, 봉수군은 1보를 준다. 보인으로서 취재에 합격하면 군사가 될 수 있다.

① 중앙군을 5군영으로 편성하였다.
② 2군 6위가 중앙과 국경을 수비하였다.
③ 지방군은 진관 체제를 바탕으로 조직되었다.
④ 양반부터 노비까지 모두 속오군에 편입시켰다.

**19** 〈보기〉와 같은 주장을 편 인물에 대한 설명으로 가장 옳은 것은?

> ───── 보기 ─────
>
> 토지 소유를 제한하는 법령을 세우십시오. 모년 모월 이후부터 제한된 토지보다 많은 자는 더 가질 수 없고, 그 법령 이전부터 소유한 것은 비록 광대한 면적이라 해도 불문에 부치며, 그 자손에게 분급해 주는 것은 허락하고, 혹시 사실대로 하지 않고 숨기거나 법령 이후에 제한을 넘어 더 점유한 자는 백성이 적발하면 백성에게 주고, 관아에서 적발하면 관아에서 몰수하십시오. 이렇게 한다면 수십 년이 못 가서 전국의 토지는 균등하게 될 것입니다.
>
> ─「한민명전의」─

① 『북학의』를 저술하여 청 문물의 수용을 역설하였다.
② 「양반전」, 「호질」 등을 지어 놀고먹는 양반을 비판하였다.
③ 화폐 제도의 문제점을 지적하며 폐전론을 주장하였다.
④ 마을 단위로 토지를 공동 경작하여 분배할 것을 제안하였다.

**20** 〈보기〉의 자료와 관련된 개혁의 내용으로 가장 옳은 것은?

> 보기
>
> • 청 나라에 의존하는 생각을 끊어버리고 자주 독립의 터전을 튼튼히 세운다.
> • 왕실에 관한 사무와 나라 정사에 관한 사무는 반드시 분리시키고 서로 뒤섞지 않는다.
> • 조세나 세금을 부과하는 것과 경비를 지출하는 것은 모두 탁지아문에서 관할한다.
> • 의정부와 각 아문의 직무와 권한을 명백히 제정한다.
> • 지방 관제를 빨리 개정하여 지방 관리의 직권을 제한한다.

① 지방에 진위대를 설치하고, 건양이라는 연호를 제정하였다.

② 내각 제도를 수립하고, 인민평등권 확립과 조세 개혁 등을 추진하였다.

③ 의정부를 내각으로 개편하고, 지방제도를 8도에서 23부로 바꾸었다.

④ 전라도 53군에 자치적 민정 기구인 집강소가 설치되었다.

It's choice-not chance-that
determines your destiny.

우연이 아닌 선택이 운명을
결정한다.

– 진 니데치 –

Glass, china, and reputation are
easily cracked, and never well
mended.

유리, 도자기, 그리고 평판은 쉽게
깨지지만, 결코 잘 고쳐지지
않는다.

– 벤자민 플랭클린 –

Money can't buy happiness, but
neither can Poverty.

행복은 돈으로 살 수 없지만,
가난으로도 살 수 없다.

– 레오 로스텐 –

자신의 몸, 정신, 영혼에 대한
자신감이야말로 새로운 모험,
새로운 성장 방향, 새로운 교훈을
계속 찾아 나서게 하는
원동력이며, 바로 이것이 인생이다.

– 오프라 윈프리 –

# 정답 및 해설

ANSWER & EXPLANATION

## [국가직] 2023년 04월 | 정답

| 01 | ③ | 02 | ① | 03 | ③ | 04 | ② | 05 | ④ |
|----|----|----|----|----|----|----|----|----|----|
| 06 | ① | 07 | ① | 08 | ① | 09 | ② | 10 | ④ |
| 11 | ③ | 12 | ① | 13 | ② | 14 | ② | 15 | ④ |
| 16 | ① | 17 | ④ | 18 | ④ | 19 | ② | 20 | ③ |

## [국가직] 2023년 04월 | 해설

### 01 정답 ③

**[정답해설]**
③의 '바다가 몸살을 앓는다.'에서 의인법이 사용되었으며, '이렇게 함부로 쓰레기를 버렸을까요?'에서 설의법이 사용되었다. 또한 '양심이 모래밭 위를 뒹굴고 있습니다.'에서 쓰레기를 마구 버린 피서객들의 양심을 구체적 사물에 비유하고 있으며, 마지막으로 '자기 쓰레기는 자기가 집으로 되가져가도록 합시다.'에서 생활 속 실천 방법을 제시하고 있다.

**[오답해설]**
① '미세 플라스틱'을 '보이지 않는 독'으로 비유하고 있으나, 설의적 표현과 생활 속 실천 방법을 제시하고 있지는 않다.
② '분리수거를 철저히 하고 일회용품을 줄이는 것'은 생활 속 실천 방법이지만, 설의적 표현과 비유적 표현은 사용되지 않았다.
④ '인간도 고통받게 되지 않을까요?'에서 설의적 표현이 사용되었으며, 오염된 '바다'를 '쓰레기 무덤'에 비유하고 있다. 그러나 생활 속 실천 방법은 제시되어 있지 않다.

### 02 정답 ①

**[정답해설]**
백 팀장은 워크숍 장면을 사내 게시판에 올려 공유하자는 자신의 의견을 제시하고 있으나, 팀원들의 유대감을 드러내는 표현을 사용하고 있지는 않다.

**[오답해설]**
② 고 대리는 반대 의사를 분명히 하면서, 사내 게시판에 영상을 공개하는 것은 부담스럽고 타 부서와 비교될 것 같다고 그 이유를 명시적으로 밝히고 있다.
③ 임 대리는 발언 초반에 팀장님 말씀대로 정보를 공유한다는 취지는 좋다고 하면서 백 팀장의 발언 취지에 공감을 표현하고 있다.
④ 임 대리는 '팀원들 의견을 먼저 들어 보고, 잘된 것만 시범적으로 한두 개 올리는 것이 어떨까요?'라며 대화 참여자의 의견을 묻는 의문문을 사용하여 자신의 의견을 간접적으로 드러내고 있다.

### 03 정답 ③

**[정답해설]**
ⓒ의 '입추의 여지가 없다.'는 송곳 끝도 세울 수 없을 정도라는 뜻으로, 발 들여놓을 데가 없을 정도로 많은 사람들이 꽉 들어찬 경우를 비유적으로 이르는 말이다.

**[오답해설]**
① ⓐ의 '홍역을 치르다'는 (무엇이) 아주 감당하기 어려운 일을 겪는다는 뜻의 관용 표현이다.
② ⓑ의 '잔뼈가 굵다'는 오랜 기간 일정한 곳이나 직장에서 일을 하여 그 일에 익숙하다는 뜻의 관용 표현이다.
④ ⓓ의 '어깨를 나란히 하다'는 서로 비슷한 지위나 힘을 가지다는 뜻의 관용 표현이다.

### 04 정답 ②

**[정답해설]**
먼저 글 (가)의 뒷부분에서 언급한 '많은 돈을 투자해 마케팅 조사를 해 왔다.'는 내용은 글 (다)의 '기업들의 그런 노력'에 해당되므로 글 (가) 다음에 글 (다)가 배열되어야 한다. 또한 글 (다)의 뒷부분에서 언급한 '기업들은 많은 광고비를 쓰지만 ~ 효과를 내는지는 알지 못했다.'는 글 (나)의 '그런 상황'에 해당되므로 글 (다) 다음에 글 (나)가 배열되어야 한다. 그러므로 주어진 글은 ②의 (가)-(다)-(나) 순으로 배열되어야 한다.

## 05 　　　　　　　　　　　 정답 ④

**[정답해설]**

다른 사람들은 무진(霧津)에 명산물이 하나도 없다고 생각하지만, 서술자인 '나'는 무진의 명산물이 '안개'라고 생각하고 있다. 그러므로 무진(霧津)이 누구나 인정할 만한 지역의 명산물로 안개가 유명한 공간이이라는 ④의 설명은 적절하지 못하다.

**[오답해설]**

① '수심(水深)이 얕은 데다가 그런 얕은 바다를 몇백 리나 밖으로 나가야만 비로소 수평선이 보이는 진짜 바다다운 바다가 나오는 곳'이라고 말한 데에서 무진(霧津)이 수심이 얕아서 항구로 개발하기 어려운 공간임을 알 수 있다.

② '이렇다 할 평야가 있는 것도 아닙니다.'와 '무진을 둘러싸고 있는 산들'에서 무진(霧津)이 산으로 둘러싸여 있고 평야가 발달하지 않은 공간임을 알 수 있다.

③ '오륙 만이 되는 인구가 어떻게들 살아가나요?'라는 말에서 무진(霧津)이 명산물도 없고, 항구로 개발하기 어려운 경제적 여건에 비해 인구가 적지 않은 공간임을 알 수 있다.

**[작품해설]**

> ▌김승옥,「무진기행」
> • 갈래 : 단편소설
> • 성격 : 회고적, 독백적
> • 배경 : 1960년대 무진
> • 시점 : 1인칭 주인공 시점
> • 주제 : 현실 속에 던져진 자기 존재의 파악
> • 특징
> 　– '나'의 심리 묘사를 중심으로 이야기를 전개함
> 　– 서정적이고 몽환적인 분위기

## 06 　　　　　　　　　　　 정답 ④

**[정답해설]**

외국 여행을 다녀온 사람들의 여행 경험을 화자는 별것 아닌 사실을 말하는 것으로 여기고 있으므로, '작은 일을 크게 과장하여 말하다.'는 의미인 ④의 '針小棒大(침소봉대)'가 빈칸에 들어갈 사자성어로 가장 적절하다.

**[오답해설]**

① 刻舟求劍(각주구검): 칼을 강물에 떨어뜨리자 뱃전에 그 자리를 표시했다가 나중에 그 칼을 찾으려 한다는 뜻으로,

판단력이 둔하여 융통성이 없고 세상일에 어둡고 어리석다는 의미이다.

② 捲土重來(권토중래): 흙먼지를 날리며 다시 온다는 뜻으로, 한 번의 실패에 굴하지 않고 몇 번이고 다시 일어남 또는 패한 자가 세력을 되찾아 다시 쳐들어 온다는 의미이다.

③ 臥薪嘗膽(와신상담): 섶에 눕고 쓸개를 씹는다는 뜻으로, 원수를 갚으려고 온갖 괴로움을 참고 견딤을 이르는 말이다.

## 07 　　　　　　　　　　　 정답 ①

**[정답해설]**

초장에서 '못 오던가'라는 동일 구절을 반복하여 '너', 즉 임에 대한 화자의 섭섭한 감정을 표출하고 있다.

**[오답해설]**

② 종장에서 '흔 돌이 서른 날'은 단 하루도 시간을 낼 수 없냐며 오랫동안 자신을 찾지 않는 임에 대한 원망을 드러내고 있으나, 날짜 수를 대조하여 헤어진 기간이 길다는 것을 강조하고 있지는 않다.

③ 중장에서 동일한 어휘를 연쇄적으로 나열한 연쇄법과 과장법을 통해 오지 않는 임에 대한 그리움을 원망조로 표현하고 있으나, 감정의 기복을 표현하고 있지는 않다.

④ 중장에서 화자는 '성–담–집–뒤주–궤'의 단계적 공간으로 축소하면서 그런 극한의 장애물이 가로막고 있는 것도 아닌데 오지 않는 임에 대한 원망을 표출하고 있으나, '너'를 만날 수 있다는 희망을 표현하고 있지는 않다.

**[작품해설]**

> ▌작자 미상,「어이 못 오던가」
> • 갈래 : 사설시조
> • 성격 : 해학적, 과장적
> • 제재 : 임에 대한 그리움
> • 주제 : 자신을 찾지 않는 임에 대한 원망
> • 특징
> 　– 열거법, 연쇄법을 사용한 리듬감의 형성
> 　– 임을 기다리는 안타까운 마음을 해학과 과장을 통해 솔직하게 표현

## 08 　　　　　　　　　　　 정답 ①

**[정답해설]**

(가) 영 · 유아기에 발음 능력을 습득하면 음성 기관의 움직임은 자동화되어 음성 기관의 어느 부분을 언제 어떻게 움

직일지를 화자가 거의 의식하지 않는다. 그러므로 우리가 모어에 없는 외국어 음성을 발음하기 어려운 이유는 '음성 기관의 움직임이 모어의 음성에 맞게 자동화되어' 있기 때문이다.

(나) 글씨를 쓰기 위해 손을 놀리는 것은 상당히 의식적이라 할 수 있지만, 개인의 의지와 관계없이 필체가 꽤 일정하다는 사실은 손을 놀리는 데에 '무의식적이고 자동적인 면이 있음을' 의미한다.

## 09 정답 ②

### [정답해설]

'어근+하다'의 준말의 표기는 '-하다' 앞이 울림소리로 끝나면 'ㅏ'는 생략하고 'ㅎ'만 남아 뒷말과 결합하여 거센소리로 표기되고, 안울림소리로 끝나면 '-하'를 통째로 생략한다.

> • 어간의 울림소리 + 하 = '-하'의 모음 'ㅏ'만 탈락
> • 어간의 안울림소리(ㄱ, ㅂ, ㅅ, ㄷ) + 하 = '-하'가 통째로 탈락

ㄱ 무정하다 → 무정타(○)
 '무정타'는 '무정하다'에서 울림소리 'ㅇ' 뒤의 '-하'가 모음 'ㅏ'만 탈락한 것이다.
ㄷ 선발하도록 → 선발토록(○)
 '선발토록'은 '선발하도록'에서 울림소리 'ㄹ' 뒤의 '-하'가 모음 'ㅏ'만 탈락한 것이다.

### [오답해설]

ㄴ 섭섭치 → 섭섭지
 '섭섭지'는 '섭섭하지'에서 안울림소리 'ㅂ' 뒤의 '-하'가 통째로 탈락한 것이다.
ㄹ 생각컨대 → 생각건대
 '생각건대'는 '생각하건대'에서 안울림소리 'ㄱ' 뒤의 '-하'가 통째로 탈락한 것이다.

## 10 정답 ④

### [정답해설]

ㄹ 記憶(기억) → 追憶(추억)
• 기억(記憶: 기록할 기, 생각할 억) → 이전의 인상이나 경험을 의식 속에 간직하거나 도로 생각해 냄
• 추억(追憶: 쫓을 추, 생각할 억) → 지나간 일을 돌이켜 생각함 또는 그런 생각이나 일

### [오답해설]

① ㉠ 도착(到着 : 이를 도, 붙을 착) → 목적한 곳에 다다름
② ㉡ 불상(佛像 : 부처 불, 모양 상) → 부처의 형상을 표현한 상
③ ㉢ 경지(境地 : 지경 경, 땅 지) → 1. 일정한 경계 안의 땅 / 2. 학문, 예술, 인품 따위의 일정한 특성과 체계를 갖춘 독자적인 범주나 부분 / 3. 몸이나 마음, 기술 따위가 어떤 단계에 도달해 있는 상태

## 11 정답 ③

### [정답해설]

제시문에 따르면 사람의 '지각과 생각'은 프레임이라는 안경을 쓰고 세상을 보고 있음을 의미하는 것이므로, 프레임은 극복해야 할 대상이라고 할 수 없다.

### [오답해설]

① 제시문의 마지막 문장에서 '어떤 프레임의 지배도 받지 않고 세상을 있는 그대로, 객관적으로 본다고 주장하는 것'은 진실이 아니라고 서술되어 있으므로 인간의 정신 활동은 프레임 없이 일어나지 않는다고 볼 수 있다.
② 제시문에서 어떤 프레임의 지배도 받지 않고 세상을 객관적으로 본다고 주장하는 것은 진실이 아니라고 하였으므로, 프레임은 인간이 세상을 바라볼 때 주관적인 어떤 편향성을 가지게 한다고 볼 수 있다.
④ 제시문에서 사람의 '지각과 생각'은 항상 어떤 맥락, 관점 혹은 어떤 평가 기준이나 가정하에서 일어나며, 이러한 맥락, 관점, 평가 기준, 가정을 프레임이라고 하였다. 그러므로 프레임은 인간의 정신 활동에 영향을 미치는 어떤 맥락이나 평가 기준으로 볼 수 있다.

## 12 정답 ①

### [정답해설]

제시문에 따르면 보잉은 시스템이 불안정하고 완벽하지 않기 때문에 조종사가 항공기를 통제할 수 있는 전권을 가지는 반면, 에어버스는 '인간은 실수할 수 있는 존재'라고 전제하여 컴퓨터가 조종사의 조작을 감시하고 제한하도록 설계되었다. 그러므로 보잉은 시스템의 불완전성을, 에어버스는 인간의 실수 가능성을 고려하여 설계되었다고 할 수 있다.

### [오답해설]

② 베테유가 "인간은 실수할 수 있는 존재"라고 전제하고 있으나, 윌리엄 보잉이 인간의 실수 여부에 대해 판단한 내용은 제시문에 나타나 있지 않다.

③ 에어버스는 컴퓨터가 조종사의 행동을 제한하거나 조종에 개입할 수 있게 설계되어 있다고 서술되어 있으므로, 에어버스의 조종사가 항공기 운항에서 자동조종시스템을 통제하고 조작하는 것은 아니다.

④ 보잉의 경우 조종사가 대개 항공기를 조종간으로 직접 통제한다고 서술되어 있으나, 자동조종시스템을 사용하지 않고 항공기를 조종한다는 설명은 제시문에 나타나 있지 않다.

---

## 13 정답 ②

**[정답해설]**
전기 · 가스 사고가 날까 두려워하는 것은 현재 발생하지 않았으며 미래에 일어날지 모르는 불명확한 위협에 의해 야기된 상태를 의미하므로 불안에 해당된다.

**[오답해설]**
① '나 자신'이 위험한 상황에 놓여 있다는 사실을 아는 것은 불안이 아니라 공포이며, 공포감과 불안감의 크기는 비교의 대상이 아니다.

③ '시험에 불합격할 수 있다는 생각'은 현재 발생하지 않았으며 미래에 일어날지 모르는 불명확한 위협에 해당하므로 공포가 아니라 불안이다.

④ 과거에 큰 교통사고를 경험한 사람은 교통사고를 또다시 당할지 모르는 미래의 불명확한 위협에 '나 자신'이 위해를 입을까 봐 걱정하는 불안감이 커진다.

---

## 14 정답 ②

**[정답해설]**
프톨레마이오스의 주전원(周轉圓)은 지구를 중심으로 공전하는 원 궤도에 중심을 두고 있는 원으로, 이 원을 따라 공전 궤도를 그리면서 행성들이 운동한다고 주장하였다. 그러므로 프톨레마이오스의 주전원은 지동설이 아니라 천동설을 지지하고자 만든 개념이다.

**[오답해설]**
① 과학 혁명 이전 시기에는 아리스토텔레스의 세계관에 따라 모든 천체가 원운동을 하면서 지구 주위를 공전한다는 천동설이 정설로 받아들여졌다.

③ 천동설은 우주의 중심을 지구에 두고 있는 반면, 지동설은 우주의 중심을 태양에 두고 있다. 그러므로 천동설과 지동설은 우주의 중심을 어디에 두느냐에 따라 구분된다고 볼 수 있다.

④ 제시문의 마지막 문장에서 코페르니쿠스의 지동설은 행성들의 운동에 대해 프톨레마이오스보다 수학적으로 단순하게 설명하였다고 서술되어 있다. 그러므로 행성의 공전에 대한 프톨레마이오스의 설명은 코페르니쿠스의 설명보다 수학적으로 복잡하다고 볼 수 있다.

---

## 15 정답 ④

**[정답해설]**
'으레'는 '두말할 것 없이 당연히' 또는 '틀림없이 언제나'의 뜻으로, '의례(依例)'에서 '으례'가 되고 모음이 단순화하여 '으레'가 표준어가 되었다.

**[오답해설]**
① 수염소 → 숫염소
   수컷을 이르는 접두사는 '수-'로 통일하되 양, 염소, 쥐는 '숫-'을 쓴다.

② 윗층 → 위층
   명사 '위'에 맞추어 '윗-'으로 통일하되, '아래, 위'의 대립이 있고 뒷말의 첫소리가 된소리와 거센소리이면 '위'를 쓴다.

③ 아지랭이 → 아지랑이
   'ㅣ' 모음 역행 동화가 일어나지 않은 형태인 '아지랑이'가 표준어이다.

---

## 16 정답 ③

**[정답해설]**
제시문에 따르면 '정교한 독서'는 정독(精讀)이며, '빨리 읽기'는 속독(速讀)이다. 해당 문장에서 문해력의 증가는 '정교하고 빠르게 읽기'라고 하였으므로, ©의 정속독(正速讀)을 '정속독(精速讀)'으로 수정해야 옳다.

**[오답해설]**
① '정독(精讀)'과 '정독(正讀)'은 소리는 같지만 뜻이 다르므로, ㉠의 내용은 수정할 필요가 없다.

② '무엇이 정교한 것일까?'라는 의문을 통해 '정교한 독서'를 설명하고 있으므로, ㉡의 '정독(精讀)'은 수정할 필요가 없다.

④ 문해력의 증가는 '정교하고 빠르게 읽기'인 정속독(精速讀)이며, 빼먹고 읽는 습관은 난독이라고 하였다. 그러므로 문맥상 ㉣의 '정독이 빠진 속독'은 수정할 필요가 없다.

## 17  정답 ④

**[정답해설]**

매미 울음소리가 절정에 이르렀다가 사라진 직후의 상황을 표현한 '정적의 소리'는 반어적 표현이 아니라 역설적 표현에 해당된다. 반어법은 하려고 하는 말과 반대로 해서 강조하는 표현법이고, 역설법은 말이 안 되거나 모순되게 해서 강조하는 표현법이다.

**[오답해설]**

① 한여름 절정의 매미 울음이 아무 기척도 없는 정적의 소리로 바뀌는 것을 통해 여름에서 가을로 계절이 변화하고 있음을 알 수 있다. 또한 '매미 울음'과 '정적의 소리인 듯 쟁쟁쟁'에 사용된 청각적 심상과 '그늘의 소리'에 사용된 공감각적(시각의 청각화) 심상을 통해 이러한 자연 현상을 감각적으로 제시하고 있다.

② 1연의 '매미 울음'과 '정적의 소리인 듯 쟁쟁쟁'에서는 청각적 이미지를, 그리고 2연의 '맑은 구름만 눈부시게 하늘 위에 펼치기만 하노니'에서는 시각적 이미지를 활용하여 시상을 전개하고 있다.

③ 2연에서 소나기가 그치고 맑은 구름이 펼쳐진 것을 통해 '소나기'처럼 열정적인 사랑이 '맑은 구름'처럼 평온해지는 사랑의 속성을 드러내고 있다. 마찬가지로 1연에서 절정의 '매미 울음'처럼 열정적인 사랑이 아무 기척도 없는 '정적의 소리'처럼 평온해지는 사랑의 속성을 드러내고 있다.

**[작품해설]**

> **▌ 박재삼, 「매미 울음 끝에」**
> • 갈래 : 자유시, 서정시
> • 성격 : 관찰적, 감각적, 사색적
> • 제재 : 매미 울음
> • 주제 : 사랑의 본질적 속성에 대한 깨달음
> • 특징
>   – 역설법을 통해 매미 울음소리가 잦아든 상황을 제시함
>   – 청각, 시각, 공감각 등의 다양한 이미지를 통해 화자의 사랑에 대한 깨달음을 감각적으로 드러냄
>   – 매미 울음소리와 사랑의 공통된 속성을 통해 주제 의식을 표현함

## 18  정답 ④

**[정답해설]**

호메로스의 「일리아드」와 「오디세이아」에서는 신과 인간의 세계가 하나로 얽혀 있는 반면에, 소포클레스나 에우리피데스의 비극에서는 총체성이 흔들려 신과 인간의 세계가 분리된다. 그러므로 에우리피데스의 비극에 비해 「오디세이아」에서는 신과 인간의 결합 정도, 즉 '총체성'이 높다고 할 수 있다.

**[오답해설]**

① 제시문의 '셋째' 내용에서 플라톤으로 대표되는 '철학의 시대'는 이미 계몽된 세계라고 하였다. 그러므로 계몽사상은 '첫째'인 서사시의 시대가 아니라, '둘째'인 비극의 시대에서 '셋째'인 철학의 시대로의 전환을 이끌었다고 볼 수 있다.

② 제시문의 '셋째' 내용에서 '철학의 시대'에는 신과 인간의 세계가 완전히 분리됨으로써 신의 세계는 인격적 성격을 상실하여 '이데아'라는 추상성의 세계로 바뀐다고 설명하고 있다. 그러므로 플라톤의 이데아는 신탁이 사라진 시대의 비극적 세계가 아니라 추상성의 세계를 표현한다.

③ 루카치는 각기 다른 기준이 아니라, 신과 인간의 결합 정도를 가리키는 '총체성' 개념을 기준으로 그리스 세계를 세 시대로 구분하였다.

## 19  정답 ②

**[정답해설]**

제시문에 따르면 17세기 이후에 창작된 방관자형에서는 몽유자가 꿈속 인물들과 함께 현실을 비판하는 것이 아니라 구경꾼의 위치에 서 있다고 서술하고 있다. 그러므로 몽유자가 현실을 비판하는 경향이 강하게 나타난다는 ②의 설명은 제시문의 내용과 부합하지 않는다.

**[오답해설]**

① 제시문에서 참여자형은 몽유자가 꿈에서 만난 인물들의 모임에 초대를 받고 토론과 시연에 직접 참여하는 반면, 방관자형은 몽유자가 인물들의 모임을 엿볼 뿐 직접 그 모임에 참여하지는 않는다고 설명하고 있다. 그러므로 몽유자가 꿈속 인물들의 모임에 직접 참여하는지, 참여하지 않는지에 따라 몽유록의 유형을 나눌 수 있다.

③ 제시문에 따르면 주로 17세기 이후에 창작된 방관자형 몽유록은 몽유자가 꿈속 인물들과 함께 현실을 비판하는 것이 아니라 구경꾼의 위치에 서 있으며, 그 내용도 통속적이고 허구적인 성격으로 변모하였다고 설명하고 있다.

④ 제시문에 따르면 참여자형 몽유록에서 몽유자와 꿈속 인물들은 동질적인 이념을 공유하고 현실의 고통스러운 문제에 대해 의견을 나누며 비판적인 목소리를 낸다고 서술하고 있다.

## 20 정답 ③

**[정답해설]**

제시문에 따르면 디지털 트윈의 이용자는 가상 세계에서의 시뮬레이션을 통해 미래 상황을 예측할 수 있으며, 국내외의 글로벌 기업들은 여러 산업 분야에서 디지털 트윈을 도입하여 사전에 위험 요소를 제거하고 수익 모델의 효율성을 높이고 있다고 설명하고 있다. 그러므로 디지털 트윈에서의 시뮬레이션으로 현실 세계의 위험 요소를 찾아내고 방지할 수 있다는 ③의 설명은 제시문의 내용과 부합한다.

**[오답해설]**

① 제시문에 디지털 트윈이 주목받는 이유는 안정성과 경제성 때문이라고 서술되어 있으나, 글로벌 기업들의 고용률 향상은 언급되어 있지 않다.

② 제시문에서 디지털 트윈의 과정은 실제 실험보다 매우 빠르고 정밀하며 안전할 뿐 아니라 비용도 적게 든다고 하였으므로, 디지털 트윈의 데이터 모델은 현실 세계의 각종 실험 모델보다 경제성이 높다.

④ 현실 세계의 이용자에게 새로운 문화적 경험을 제공하는 데 목적이 있는 것은 디지털 트윈이 아니라 메타버스이다.

## ▌[국가직] 2022년 04월 | 정답

| 01 | ③ | 02 | ② | 03 | ④ | 04 | ③ | 05 | ② |
|----|---|----|---|----|---|----|---|----|---|
| 06 | ④ | 07 | ① | 08 | ② | 09 | ④ | 10 | ③ |
| 11 | ② | 12 | ③ | 13 | ④ | 14 | ① | 15 | ④ |
| 16 | ③ | 17 | ④ | 18 | ① | 19 | ③ | 20 | ① |

### [국가직] 2022년 04월 | 해설

## 01 정답 ③

**[정답해설]**

③ 썩혀 → 썩여

'걱정이나 근심 따위로 마음이 몹시 괴로운 상태가 되게 만든다'는 의미인 '썩다'의 사동사로 '썩이다'가 바른 표기이다.

**[오답해설]**

①·④ '물건이나 사람 또는 사람의 재능 따위가 쓰여야 할

곳에 제대로 쓰이지 못하고 내버려진 상태에 있다'는 의미인 '썩다'의 사동사로 '썩히다'가 바르게 사용되었다.

② '유기물이 부패 세균에 의하여 분해됨으로서 원래의 성질을 잃어 나쁜 냄새가 나고 형체가 뭉개지는 상태가 되다'는 의미인 '썩다'의 사동사로 '썩히다'가 바르게 사용되었다.

**[보충해설]**

▌ '썩다'의 사전적 의미

1. 유기물이 부패 세균에 의하여 분해됨으로써 원래의 성질을 잃어 나쁜 냄새가 나고 형체가 뭉개지는 상태가 된다.
   예 고기가 썩다.
2. 사람 몸의 일부분이 균의 침입으로 기능을 잃고 회복하기 어려운 상태가 된다.
   예 사랑니가 썩다.
3. 쇠붙이 따위가 녹이 심하게 슬어 부스러지기 쉬운 상태가 된다.
   예 빗물받이가 썩었다.
4. 물건이나 사람 또는 사람의 재능 따위가 쓰여야 할 곳에 제대로 쓰이지 못하고 내버려진 상태에 있다.
   예 그는 시골에서 썩기에는 아까운 인물이다.
5. 사회의 조직이나 기관, 또는 사람의 사고방식이나 생각 따위가 건전하지 못하고 부정이나 비리를 저지르는 상태가 된다. 예 그런 썩어 빠진 정신 상태로 뭐가 되겠니?
6. 사람의 얼굴이 윤기가 없이 검고 꺼칠한 상태가 된다.
   예 과로로 얼굴이 썩었다.
7. (주로 '썩어 나-' 구성으로 쓰여) 흔할 정도로 많은 상태에 있다.
   예 돈이 썩어 나도 너한테는 안 빌려준다.

## 02 정답 ②

**[정답해설]**

'어떤 일이 이루어지기를 기다리는 간절한 마음'을 뜻하는 단어의 표기는 '바램'이 아니라 '바람'이다. 그러므로 '바람입니다'를 '바램입니다'로 고쳐 쓴 것은 적절하지 않다. 또한 해당 문장은 능동 표현으로 쓰는 것이 자연스러우므로 '좋은 결실이 맺어졌으면'을 '좋은 결실을 맺었으면'으로 고쳐 쓰는 것이 적절하다.

**[오답해설]**

① 많이 틀려 → 많이 달라

'틀리다'는 '셈이나 사실 따위가 그르게 되거나 어긋나다'

는 의미로, 해당 문장을 문맥상 '비교가 되는 두 대상이 서로 같지 아니하다'는 의미인 '다르다'로 고쳐 쓴 것은 적절하다.

③ 좋겠어 → 좋겠다는 거야

주어 '내가'와 서술어 '좋겠어'의 호응이 어울리지 않으므로 '좋겠어'를 '좋겠다는 거야'로 고쳐 쓴 것은 적절하다.

④ 시련을 → 인간에게 시련을

'…에/에게 …을 주다'의 형태로 쓰이는 서술어 '주다'의 대상으로써 부사어 '인간에게'를 넣어 고쳐 쓴 것은 적절하다.

## 03 정답 ④

[정답해설]

당랑거철(螳螂拒轍)은 제 역량을 생각하지 않고, 강한 상대나 되지 않을 일에 덤벼드는 무모한 행동거지를 비유적으로 이르는 말로, '신중한 태도로 문제의 본질에 접근하다'는 해당 문장의 내용과는 어울리지 않는다. 글의 문맥상 호랑이 같이 예리한 통찰력으로 꿰뚫어 보며 소처럼 성실하고 신중하게 행동함을 뜻하는 호시우보(虎視牛步)라는 사자성어가 어울린다.

[오답해설]

① **구곡간장(九曲肝腸)** : '굽이굽이 서린 창자'라는 뜻으로, 깊은 마음속 또는 시름이 쌓인 마음속을 비유적으로 이르는 말이다.

② **곡학아세(曲學阿世)** : 바른길에서 벗어난 학문으로 세상 사람에게 아첨함을 이르는 말이다.

③ **구밀복검(口蜜腹劍)** : '입에는 꿀이 있고 배 속에는 칼이 있다'는 뜻으로, 말로는 친한 듯하나 속으로는 해칠 생각이 있음을 이르는 말이다.

## 04 정답 ③

[정답해설]

'지민'이와 '정수'는 아이스크림 회사의 면접 내용에 대해 견해를 달리하지만, '지민'이가 아이스크림 매출 증가에 관한 통계 자료를 인용해서 답변한 전략도 설득력이 있었다고 '정수'의 견해를 존중하면서도 '초두 효과의 효용성'에 대한 자신의 의견을 제시하고 있다.

[오답해설]

① '지민'은 면접 전략 강의를 듣고 자신의 의견을 제시하고 있으나, 자신의 면접 경험을 예로 들어 '정수'를 설득하고 있지는 않다.

② '지민'이 '정수'의 약점을 공략하거나, '정수'의 이견을 반박하고 있지는 않다.

④ '지민'이가 면접 전략 강의에 대해 '정수'와 견해를 달리 하지만, '정수'의 견해를 존중하고 있으므로 이를 갈등으로 보기는 어렵고 또한 갈등 해소를 위한 감정적 표현도 나타나 있지 않다.

## 05 정답 ②

[정답해설]

'이는 필시 사부가 나의 생각이 그릇됨을 알고 나로 하여금 이런 꿈을 꾸게 하시어'에서 '성진'이 꿈을 꾸게 한 것은 사부이며, '인간 세상의 승상 양소유가 아니라 연화도량의 행자 성진임을 비로소 깨달았다' 등에서 '양소유' 스스로 인간 세상에 환멸을 느껴 '성진'의 모습으로 되돌아온 것이 아님을 알 수 있다.

[오답해설]

① 성진은 꿈속에서 인간 세상의 '양소유'로 태어나 장원급제를 하여 한림학사가 되었다.

③ '성진'이 있는 현실의 공간인 연화도량은 인간 세상이 아닌 천상계이고, 승상 '양소유'가 있는 꿈속의 공간은 인간 세상인 지상계이다.

④ '성진'은 자신의 외양을 통해 연화도량의 행자 성진임을 깨달았으며, 승상 양소유가 되어 두 공주와 여섯 낭자로 더불어 즐기던 것이 하룻밤 꿈이었음을 알고 꿈에서 돌아왔음을 인식하였다.

[작품해설]

■ 김만중, 「구운몽」

• **갈래** : 고전 소설, 한글 소설, 염정 소설, 몽자류 소설

• **문체** : 만연체, 문어체, 산문체

• **시점** : 전지적 작가 시점

• **배경** : 중국 당나라

• **제재** : 꿈

• **근원설화** : 조신설화

• **주제** : 인생무상의 깨달음을 통한 허무의 극복

• **특징**

– 몽자류 소설의 효시

– '현실 → 꿈 → 현실'의 이중적 환몽 구조

– 우연적, 전기적, 비현실적 내용

– 유교, 불교, 도교 사상이 모두 나타남

– 꿈이 현실 같고 현실이 꿈같은 역설적 구조

## 06 정답 ④

[정답해설]
(라)는 임금의 승하를 애도하는 조식의 시조로, 화자는 산중에 은거하면서 서산의 해가 졌다는 소식에 슬퍼하고 있다. 여기서 '히 디다'는 임금이 승하한 것을 비유적으로 표현한 것이므로, ㉣의 '히'는 오랜 세월을 함께한 '벗'을 가리키는 것이 아니라 승하한 '임금'을 뜻한다.

[오답해설]
① (가)는 수양대군의 계유정난을 풍자한 유응부의 시조로, '부람'과 '눈서리'는 단종의 왕위를 빼앗은 수양대군의 폭거를 나타내며, ㉠의 '낙락장송(落落長松)'은 수양대군에 의해 억울하게 해를 입은 단종의 충신을 가리킨다.
② (나)는 광해군의 인목 대비 폐위를 반대하다 유배를 가며 지은 이항복의 시조로, ㉡의 '님'은 임금을 가리키고, '구중심처(九重深處)'는 임금이 사는 궁궐을 뜻한다.
③ (다)는 임에 대한 애절한 그리움을 형상화한 계랑의 시조로, 화자는 배꽃이 떨어지는 봄에 이별한 임을 낙엽이 떨어지는 가을에도 여전히 그리워하는데, 헤어진 임도 날 생각하는지 궁금해 하고 있다. 그러므로 ㉢의 '저'는 헤어진 연인을 가리킨다.

## 07 정답 ①

[정답해설]
㉠ 가름: '승부나 등수 따위를 정하는 일'을 뜻한다.
㉡ 부문(部門): '일정한 기준에 따라 분류하거나 나누어 놓은 낱낱의 범위나 부분'을 뜻한다.
㉢ 구별(區別): '성질이나 종류에 따라 차이가 남 또는 성질이나 종류에 따라 갈라놓음'을 뜻한다.

[오답해설]
㉠ 갈음: '다른 것으로 바꾸어 대신함'을 뜻한다.
㉡ 부분(部分): '전체를 이루는 작은 범위 또는 전체를 몇 개로 나눈 것의 하나'를 뜻한다.
㉢ 구분(區分): '일정한 기준에 따라 전체를 몇 개로 갈라 나눔'을 뜻한다.

## 08 정답 ②

[정답해설]
(가) 친구가 사고를 당해 머리를 다쳤다는 사실을 언급하며 '자전거 사고'라는 주제에 대한 청자의 주의나 관심을 환기하고 있으므로 동기화 1단계이다.

(다) '여러분도 가끔 자전거를 타는 경우가 있을 것'이라고 하면서 자전거 사고라는 '특정 문제'를 청자와 관련지어 설명하고 있으므로 동기화 2단계이다.
(나) '자전거를 탈 때 헬멧을 착용하면 머리를 보호할 수 있다'는 해결 방안을 제시하여 청자의 이해와 만족을 유도하고 있으므로 동기화 3단계이다.
(라) 헬멧을 착용하면 자전거 사고를 당해도 뇌손상을 비롯한 신체 피해를 줄일 수 있고 즐거움과 편리함을 안전하게 누릴 수 있다며, 헬멧 착용이라는 해결 방안이 청자에게 어떤 도움이 되는지 구체화하고 있으므로 동기화 4단계이다.
(마) 자전거를 탈 때 안전을 위해 반드시 헬멧을 착용하자며 구체적인 행동의 내용과 방법을 제시하여 특정 행동을 요구하고 있으므로 동기화 5단계이다.

## 09 정답 ④

[정답해설]
두 번째 문단에서 복지 공감 지도를 활용하면 복지 혜택이 필요한 지역과 수급자를 빨리 찾아낼 수 있으며, 생필품 지원이나 방문 상담 등 복지 기관의 맞춤형 대응이 가능하고, 최적의 복지 기관 설립 위치를 선정할 수 있다고 서술하고 있다. 그러나 복지 혜택에 대한 수급자들의 개별 만족도를 파악할 수 있다는 내용은 언급되어 있지 않다.

[오답해설]
① 첫 번째 문단에서 빅데이터를 활용하여 '복지 공감 지도'를 제작하고 복지 기관 접근성 분석을 통해 취약 지역 지원 방안을 제시하고 있으므로, 빅데이터를 활용하여 복지 사각지대를 줄이는 방안을 마련할 수 있다고 볼 수 있다.
② 세 번째 문단에서 복지 기관으로부터 약 15분 내 위치한 수급자에게 복지 혜택이 집중되고 있는 것도 확인했다고 하였으므로, 복지 기관과 수급자 거주지 사이의 거리는 복지 혜택의 정도에 영향을 준다고 볼 수 있다.
③ 세 번째 문단에서 복지 기관 방문이 어려운 수급자를 위해 복지 셔틀버스 노선을 4개 증설할 계획을 수립했다고 서술하고 있으므로, 복지 기관 접근성 분석의 결과는 복지 셔틀버스 노선 증설의 근거가 된다고 볼 수 있다.

## 10 정답 ③

[정답해설]
'배꼽'은 일반적으로 '탯줄이 떨어지면서 배의 한가운데에 생긴 자리'를 가리키지만 바둑에서는 '바둑판의 한가운데'라는 의미로 쓰이는 것이므로, ㉢처럼특수한 영역에서 사용되던

말이 일반화된 것이 아니라 일반적 의미의 단어가 특수한 영역의 의미로 사용된 경우에 해당된다.

**[오답해설]**
① '코'가 콧구멍에서 흘러나오는 액체인 '콧물'의 의미로 쓰이는 것은 한쪽(코)이 다른 한쪽(콧물)의 의미까지 포함하는 의미로 변화하게 된 ⊙의 경우에 해당된다.
② 원래 식물의 이름이었던 '수세미'가 오늘날 '그릇을 씻는 데 쓰는 물건'이라는 의미로 쓰이는 것은 시대의 변화에 따라 지시 대상 자체가 바뀌어서 의미 변화가 발생한 ⓒ의 경우에 해당된다.
④ 무서운 전염병인 '천연두'를 '손님'이라고 부른 것은 심리적인 이유로 특정 표현을 피하려다 그것을 대신하는 단어의 의미에 변화가 생긴 ⓔ의 경우에 해당된다.

---

## 11  정답 ②

**[정답해설]**
글쓴이는 건의에 대한 신뢰성을 높이기 위해 지나친 야간 조명이 식물의 성장에 부정적인 영향을 끼쳐 작물 수확량을 감소시킬 수 있다는 연구 자료를 인용하고 있으나 그 출처를 밝히고 있지는 않다.

**[오답해설]**
① 지나친 야간 조명이 식물의 성장에 부정적인 영향을 끼쳐 작물 수확량을 감소시킬 수 있으므로, 이 문제에 대해 경각심을 가질 필요가 있다고 시장에게 빛 공해로 인한 농장이 겪는 어려움에 대해 관심을 촉구하고 있다.
③ ○○군에서도 빛 공해 문제를 해결하기 위해 야간 조명의 조도를 조정하는 프로젝트를 진행한 바 있다며, 다른 지역에서 야간 조명으로 인한 폐해를 해결하기 위해 노력한 사례를 언급하고 있다.
④ 골프장의 야간 운영을 제한하면 이윤을 추구하는 골프장 측의 반발이 예상되므로 계절에 따라 야간 운영 시간을 조정하거나 운영 제한에 따른 손실금을 보전해 주는 보완책을 해결 방안으로 제시하고 있다.

---

## 12  정답 ②

**[정답해설]**
ⓒ의 '저 책'에서 '저'는 말하는 이와 듣는 이로부터 멀리 있는 대상을 가리키는 관형사이므로, 화자인 '이진'과 청자인 '태민'으로부터 모두 멀리 있는 책을 가리킨다. 그러므로 화자보다 청자에게 멀리 있는 대상을 가리킨다는 ②의 설명은 적절하지 않다.

---

**[오답해설]**
① ⊙의 '이 책'에서 '이'는 말하는 이에게 가까이 있는 대상을 가리키는 관형사이므로, 청자인 '태민'보다 화자인 '이진'에게 가까이 있는 책을 가리킨다. 반면에 ⓒ의 '그 책'에서 '그'는 듣는 이에게 가까이 있는 대상을 가리키는 관형사이므로, 화자 '태민'보다 청자인 '이진'에게 가까이 있는 책을 가리킨다.
③ '이진'이 ⓒ의 '저 책'은 어떠냐고 묻자, '태민'이 ⓔ의 '그 책'도 함께 읽어 보겠다고 대답하고 있으므로, ⓒ과 ⓔ은 같은 대상을 가리키고 있다.
④ '이진'은 앞에서 말한 두 책을 들고 계산대로 가면서 생일 선물로 ⓜ의 '이 책' 두 권을 모두 사준다고 하였다. 그러므로 ⓜ의 '이 책'은 ⓒ의 '그 책'과 ⓒ의 '저 책' 모두를 가리킨다.

---

## 13  정답 ④

**[정답해설]**
「아동권리에 관한 제네바 선언」은 아동을 보호의 객체로만 인식했을 뿐 생존, 보호, 발달을 위한 적극적인 권리의 주체로 인식하지 않았다. 아동을 자신의 권리를 주장할 수 있는 능동적인 존재로 인식하기 시작한 것은 1989년 유엔 총회에서 채택된 「아동권리협약」을 통해서이다.

**[오답해설]**
① 첫 번째 문단에서 전근대 사회에서 아동의 권리에 대한 인식은 존재하지 않았으나, 자본주의가 탄생한 근대 사회에 이르러 아동 보호가 시작되었다고 서술되어 있다. 그러므로 아동의 권리에 대한 인식은 근대 이후에 형성되었다.
② 세 번째 문단에서 우리나라는 1898년 유엔 총회에서 채택된 「아동권리협약」을 토대로 2016년 「아동권리헌장」 9개 항을 만들었다고 설명하고 있다.
③ 「아동권리에 관한 제네바 선언」에는 "아동은 물리적으로나 정신적으로 정상적인 발달을 위해 필요한 조건이 충족되어야 한다."는 내용이 포함되어 있고, 「아동권리협약」과 이를 토대로 만든 「아동권리헌장」에는 '생존과 발달의 권리'라는 기본 원칙을 포함하고 있다고 서술되어 있다. 그러므로 「아동권리에 관한 제네바 선언」, 「아동권리협약」, 「아동권리헌장」 모두 아동의 발달에 대한 내용이 들어가 있다.

---

## 14  정답 ①

**[정답해설]**
이 작품은 '겨울'로 상징화된 분단의 현실을 극복하고 '봄'으

[국어] 정답 및 해설

로 상징화된 자주 통일에 대한 염원을 노래하고 있다. 그러므로 현실을 초월한 순수 자연의 세계를 노래하고 있는 것은 아니다.

[오답해설]
② 1연의 '오지 않는다', 2연의 '움튼다', 3연의 '움트리라' 등의 단정적 어조를 사용해 자주 통일에 대한 희망과 신념을 드러내고 있다.
③ 통일을 상징하는 '봄', 분단 상황을 상징하는 '겨울' 그리고 한반도를 둘러싼 외세를 상징하는 '남해'와 '북녘' 등의 시어들을 통해 시의 주제를 형성하고 있다.
④ 시의 화자는 자주적 통일을 상징하는 '봄'과 분단의 현실을 상징하는 '겨울'의 이원적 대립으로 시상을 전개하며, 분단의 아픈 현실을 극복하고 자주적 평화 통일을 이루자고 노래하고 있다.

[작품해설]

▌신동엽, 「봄은」
· 갈래 : 자유시, 참여시
· 성격 : 상징적, 참여적, 의지적
· 제재 : 겨울과 봄
· 주제 : 자주적 통일에 대한 염원
· 특징
  – '봄'과 '겨울'의 대립적이고 상징적인 이미지를 사용하여 시상을 전개
  – 단정적인 어조를 사용해 자주 통일에 대한 의지를 드러냄
  – 상징법, 대유법, 대조법 등 다양한 표현법 사용함

## 15 정답 ④

[정답해설]
(마) 사회를 '서로 의지하는 인연의 한 단체'로 규정한 글 (마)가 맨 처음 위치한다.
(다) 글 (마)의 '그 뜻을 서로 통하고'에 이어 '말과 글이 없으면 어찌 그 뜻을 서로 통할 수 있으며'라고 서술한 글 (다)가 위치한다.
(나) 원인인 글 (다)에 이어 '이러므로 말과 글은 한 사회가 조직되는 근본이요 기관과 같다'고 서술한 결과의 글 (나)가 위치한다.
(가) 글 (나)의 '기관'에 대해 '이 기관'으로 시작하는 글 (가)가 위치한다.
(라) '기관'에 대한 글 (가)의 설명에 덧붙여 '그뿐 아니라'로 시작하며 '기관'에 대해 첨언한 글 (라)가 위치한다.

## 16 정답 ③

[정답해설]
③ 해결(解結) → 해결(解決)
  해당 문장의 해결(解結)은 '제기된 문제를 해명하거나 얽힌 일을 잘 처리함'을 뜻하는 해결(解決: 풀 해, 결단할 결)로 고쳐 써야 옳다.

[오답해설]
① 만족(滿足: 찰 만, 발 족) → 1. 마음에 흡족함 / 2. 모자람이 없어 충분하고 넉넉함
② 재청(再請: 두 재, 청할 청) → 1. 이미 한 번 한 것을 다시 청함 / 2. 회의할 때에 다른 사람의 동의에 찬성하여 자기도 그와 같이 청함을 이르는 말 / 3. 출연자의 훌륭한 솜씨를 찬양하여 박수 따위로 재연을 청하는 일
④ 재론(再論: 두 재, 논할 논) → 이미 논의한 것을 다시 논의함

## 17 정답 ④

[정답해설]
주어진 문장의 앞 문장은 신분에 따라 문체를 고착화하는 것을 인정하지 않은 구체적인 내용이 들어가야 한다. 즉, 구체적인 상술을 한 후 이를 명제처럼 정리한 일반화된 진술이 이어져야 글의 흐름이 자연스럽다. 그러므로 신흥 시민계급이 귀족과 하층민을 구별하여 문학의 장르와 내용을 다르게 배정했던 전통 시학을 거부했다는 구체적인 상술 다음에 이를 일반화한 '신분에 따라 문체를 고착화하는 것을 인정하지 않았던 것이다'가 이어지는 것이 가장 적절하다. 따라서 주어진 문장은 ㉣에 들어가는 것이 적합하다.

## 18 정답 ①

[정답해설]
'정거장에 나온 박은 수염도 깎은 지 오래어 터부룩한 데다 버릇처럼 자주 찡그려지는 비웃는 웃음은 전에 못 보던 표정이었다.'에서 '현'은 예전과 달라진 '박'의 행색과 표정을 마주하게 된다. 그러나 그것이 자신의 작품 때문이라고 생각한다는 근거는 해당 작품에서 찾아볼 수 없다.

[오답해설]
② '현은 박의 그런 지싯지싯함에서 선뜻 자기를 느끼고 또 자기의 작품들을 느끼고 그만 더 울고 싶게 괴로워졌다.'에서 '현'은 구차하게 살아가는 '박'을 보며 자신의 작품 또한 시대의 흐름에서 소외되고 있다는 연민을 느낀다.

227

③ '전에 본 기억이 없는 새 빌딩들이 꽤 많이 늘었다.'에서 '현'은 새 빌딩들을 보고 도시가 많이 변화하고 있음을 인지하고 있다.

④ '현'은 시뻘건 벽돌로 만든 경찰서를 '무슨 큰 분묘와 같이 된 건축이 웅크리고 있는 것'이라고 생각하며 암울한 분위기를 느끼고 있다.

**[작품해설]**

> **▌이태준, 「패강랭」**
> • 갈래 : 단편소설
> • 성격 : 현실 비판적, 서정적, 의고적
> • 배경 : 1930년대, 평양 대동강가
> • 시점 : 전지적 작가 시점
> • 갈등 : 인물과 인물 사이의 갈등(현과 김의 갈등)
> • 주제 : ① 식민지 시대를 살고 있는 예술가의 비애
> ② 예술가 정신의 고고함이 지켜지지 않는 세태에의 절망
> ③ 일제에 의해 말살되어 가는 전통에 대한 애정과 민족의식

## 19     정답 ③

**[정답해설]**

③ 전셋방 → 전세방
'전세방(傳貰房)'은 한자어로 이루어진 합성어이므로 사이시옷을 적지 않고 '전세방'으로 적는다.

**[오답해설]**

① '아랫집(아래+집)'은 순우리말로 된 합성어로, 앞말이 모음으로 끝나면서 뒷말의 첫소리가 된소리로 나서 사이시옷을 받치어 적는 (가)의 예에 해당된다.

② '쇳조각(쇠+조각)'은 순우리말로 된 합성어로, 앞말이 모음으로 끝나면서 뒷말의 첫소리가 된소리로 나서 사이시옷을 받치어 적는 (가)의 예에 해당된다.

④ '자릿세(자리+세(貰))'는 순우리말과 한자어로 된 합성어로, 앞말이 모음으로 끝나면서 뒷말의 첫소리가 된소리로 나서 사이시옷을 받치어 적는 (나)의 예에 해당된다.

## 20     정답 ①

**[정답해설]**

세 번째 문단에 '문화 전파의 기제를 설명하는 이론으로는 밈 이론보다 의사소통 이론이 더 적절해 보인다.'고 서술되어 있다. 그러므로 ①의 설명이 글쓴이의 견해에 부합한다.

**[오답해설]**

② 마지막 문단에 따르면 의사소통 이론에서는 문화 수용 과정 중 사람들의 생각이 더해질 수 있다고 본다. 즉, 수용 주체의 주관이 개입될 수 있는 것이다.

③ 복제를 통해 문화가 전파될 수 있다고 주장하는 것은 의사소통 이론이 아니라 밈 이론이다.

④ 요크셔 푸딩 요리법이 요크셔 지방의 가정이나 개인에 따라 세부적인 차이를 보이는 현상은 문화의 전파를 복제의 관점에서 설명하는 밈 이론이 아니라 의사소통 이론에 의해 설명할 수 있다.

## ▌[국가직] 2021년 04월 | 정답

| 01 | ② | 02 | ③ | 03 | ① | 04 | ② | 05 | ④ |
|----|---|----|---|----|---|----|---|----|---|
| 06 | ④ | 07 | ② | 08 | ② | 09 | ③ | 10 | ④ |
| 11 | ③ | 12 | ① | 13 | ① | 14 | ① | 15 | ① |
| 16 | ① | 17 | ② | 18 | ④ | 19 | ④ | 20 | ① |

## [국가직] 2021년 04월 | 해설

## 01     정답 ②

**[정답해설]**

한글 맞춤법 제 10항인 두음법칙과 관련이 있는 예로서 흡입량(吸入量)과 구름양에 쓰인 량(量)과 정답란(正答欄)과 칼럼난에 쓰인 란(欄)이 한자어 뒤에 접미사처럼 쓰이면, 독립적인 한 단어로 인식하기 때문에 두음법칙을 적용하지 않는다. '흡입량'과 '정답란'은 올바른 맞춤법 표기이다. 구름양과 칼럼난의 경우, 두음 법칙은 한자로 된 단어에 붙을 때 적용되므로 '구름양'과 '칼럼난'은 올바른 맞춤법 표기이다.

**[오답해설]**

① 꼭지점 → 꼭짓점 : 한글 맞춤법 30항에 오직 한자어로 구성된 합성어. 외래어가 붙은 합성어일 경우에는 사이시옷을 적지 않는다. '꼭지'는 고유어이며 '점(點)'은 한자어이기 때문에 사이시옷이 들어가야 한다.

③ 딱다구리 → 딱따구리 : 한글 맞춤법 23항에 '-하다' 또는 '-거리다'가 붙지 못하는 어근에 '-이' 또는 다른 모음으로

시작되는 접미사가 붙어 명사가 된 단어는 그 원형을 밝혀 적지 않으므로 '딱따구리'가 올바른 표기법이다.
④ 홧병 → 화병 : 한글 맞춤법 30항에 한자어로만 이루어진 합성어 중에 사이시옷을 적는 한자어는 '곳간(庫間), 셋방(貰房), 숫자(數字), 찻간(車間), 툇간(退間), 횟수(數回)'뿐으로, '화병(火病)'에는 사이시옷을 적지 않는 것이 올바른 표기법이다.

## 02  정답 ③

**[정답해설]**
밑줄의 싼다(싸다)는 '물건을 안에 넣어 보이지 않게 씌어 가리거나 둘러 말다'라는 의미로 사용했다. ③의 '싼' 또한 밑줄과 같은 의미로 사용한 단어이다

**[오답해설]**
① 싸고 : '어떤 물체 주위를 가리거나 막다'라는 의미로 쓰였다.
②, ④ 싸고, 싸 : '어떤 물건을 다른 곳으로 옮기기 좋게 상자나 가방 따위에 넣거나 종이 또는 천, 끈
따위를 이용해 꾸리다'라는 의미로 쓰였다.

## 03  정답 ①

**[정답해설]**
문장의 '날씨가 선선해지다'와 '책이 읽히다'는 주술 호응이 자연스러운 문장이다. 주어는 '책'이며 '읽히다'는 '읽다'의 피동사, 사동사 둘 다 사용할 수 있으므로 적절한 피동 표현으로 사용되었다

**[오답해설]**
② '책을 속독으로 읽는 것은'과 '하늘의 별 따기이다'가 각각 주어와 서술어로 나뉘지만, 서로 동등한 구조를 갖고 있기 때문에 주어와 서술어의 호응이 맞지 않다. 따라서 '하늘의 별을 따는 것과 같다' 등으로 고치는 것이 자연스럽다.
③ '찾다'는 주로 '~을 / ~에서 / ~에게서 ~을 찾다'의 형태로 쓰이는데, 서술어의 대상이 되는 문장성분인 '무엇을, 누구를'을 가리키는 목적어가 빠져 있기 때문에 '책임자를'과 같은 목적어를 삽입하는 것이 자연스럽다.
④ 병렬구조를 띠고 있는 문장인 '그는 시화전을 홍보하는 일과', '시화전의 진행에 아주 열성적이다'의 구조가 어색하다. 따라서 '그는 시화전의 홍보와 시화전의 진행에 아주 열성적이다.' 등으로 고쳐 씀이 자연스럽다.

## 04  정답 ②

**[정답해설]**
글에서 빛 공해가 조명되는 영역 밖으로 누출되는 빛이 인간과 환경에 주는 문제와 우리나라가 빛 공해가 심한 국가라는 것에 대해 설명하고 있지만 인공조명의 누출 원인에 대한 설명은 나타나있지 않기 때문에 적절하지 않은 설명 방식이다.

**[오답해설]**
① 글 처음에 '과도한 빛이나 조명 영역 밖으로 누출되는 빛이 인간의 건강하고 쾌적한 생활을 방해하거나 환경에 피해를 주는 상태'라고 정의하고 있다.
③ 글 중간에 '국제 과학 저널인 사이언스 어드밴스'라는 문장 이후에 우리나라가 빛 공해가 심한 국가라는 것을 알 수 있다.
④ 글 마지막에 멜라토닌 부족으로 인한 수면 부족, 면역력 저하와 농산물의 생산량 저하, 생태계 교란 등의 문제를 유발한다는 것을 알 수 있다.

## 05  정답 ④

**[정답해설]**
밑줄의 어간만 불규칙하게 바뀌는 부류로는 'ㅅ 불규칙, ㄷ 불규칙, ㅂ 불규칙, 르 불규칙, 우 불규칙'이 있으며 어미만 불규칙하게 바뀌는 부류로는 '여 불규칙, 러 불규칙, 너라 불규칙, ㅎ 불규칙'이 있다. 여기서 '품'은 기본형인 '푸다'에서 어간의 끝소리 '우'가 사라지는 '우 불규칙'이 적용되었고, '이름'의 기본형인 '이르다'는 어미의 첫소리 '어'가 '러'로 바뀌는 '러 불규칙'을 적용하였으며 적절한 사례이다

**[오답해설]**
① '빠름'의 기본형 빠르다는 어간의 끝소리 'ㅡ'가 탈락하고 'ㄹ'이 덧 생기는 르 불규칙이며 '노람'의 기본형 '노랗다'는 어간의 'ㅎ'이 탈락하고 어미의 '아 / 어'가 '애 / 에'로 바뀌는 'ㅎ 불규칙 활용'을 하기 때문에 ㉠의 사례인 '빠름'만 해당된다.
② '치름'의 기본형 '치르다'는 어간 다음에 모음이 오는 경우 'ㅡ'가 탈락하는 'ㅡ' 탈락으로 규칙 활용에 속하며, '함'의 기본형 '-하다'는 어미의 첫소리 '아 / 어'가 '여'로 바뀌는 '여 불규칙'에 해당되므로 ㉡의 사례인 '함'만 해당된다.
③ '붊음'의 기본형 '붇다'는 어간의 끝소리 'ㄷ'이 모음 앞에서 'ㄹ'로 바뀌는 'ㄷ 불규칙'이며, '바람'의 기본형 '바라다'는 형태가 바뀌지 않는 규칙활용을 하므로 ㉠의 사례인 '붇음'만 해당된다.

## 06 정답 ④

[정답해설]
밑줄의 '므슴다'는 '무엇 때문에'의 옛말로 '무심(無心)하구나'로는 적절하지 않다. 므슴다는 기본형인 '므스것'에서 '므섯 → 므엇 → 무엇'의 과정을 거쳐 변화하였다.

[오답해설]
① '현(혀다)'는 '켠(켜다)'의 옛말로 '혀다 → 혀다 → 켜다'의 과정을 거쳐 변화하였다.
② '즈슬(즛)'은 '모습' 또는 '모양'의 옛말로, '모습을'로 해석할 수 있다.
③ '니저'는 '잊다'의 옛말 '닞다'에서 어미인 '-어'가 더한 형태이므로 '잊어'로 해석할 수 있다

[작품해설]
■ 동동(動動)
• 형식 : 분절체(13연), 월령체
• 주제 : 외로움과 슬픔, 임에 대한 송도와 애련, 회한 · 한탄(각연마다 주제가 다름)
• 특징
  - 송도가, 월령체(달거리) 가요
  - 비유적, 상징적, 민요적, 서정적, 송축적 성격
  - 비유법(은유, 직유), 영탄법의 사용

## 07 정답 ②

[정답해설]
야박(野薄)은 '야멸치고 인정이 없다'는 의미이다. '野(들)'와 '薄(엷다)'의 두 한자로 구성되어 있다.

[오답해설]
① 現室(나타날 현, 집 실) → 現實(나타날 현, 열매 실) : 실제로 존재하는 사실이나 상태
③ 謹性(삼갈 근, 성품 성) → 根性(뿌리 근, 성품 성) : 뿌리가 깊게 박힌 성질
④ 債用(빚 채, 쓸 용) → 採用(캘 채, 쓸 용) : 사람을 골라서 씀

## 08 정답 ②

[정답해설]
토의는 두 사람 이상이 모여 집단 사고의 과정을 거쳐 어떤

문제의 해결을 시도하는 것으로 집단 사고를 통한 최선의 문제 해결방안 모색에 의의를 두는 논의 형태이다. ②에서 사회자가 발표자 간에 이견을 조정하여 의사결정을 유도하는 것은 토의의 본질과 거리가 멀기 때문에 사회자의 역할로 적절하지 않다.

[오답해설]
① '통일 시대의 남북한 언어가 나아갈 길'이라는 학술 주제로 최 교수가 '남북한 언어 차이와 의사소통'을, 정 박사가 '남북한 언어의 동질성 회복방안'을 발표하고 있다.
③ 최교수는 남북한의 어휘차이에 대한 견해를 드러냈고, 정 박사는 통일을 대비해 남북한 언어의 다른 점을 줄여야 한다는 견해를 드러내고 있다.
④ 청중 A는 '통일 시대의 남북한 언어가 나아갈 길'이라는 주제에 맞게 남북한 언어의 차이와 이를 극복하는 방안에 대해 적절하게 질문하고 있다

## 09 정답 ③

[정답해설]
공손하게 말하기에 대한 방법이 제시된 '상대가 관용을 베풀 수 있도록 문제를 자신의 탓으로 돌려 말해야 한다.'는 말에 대해 B의 '네 목소리가 작아서 내용이 잘 안 들렸는데'와 같은 대답은 적절하지 않다. 따라서 '내가 내용을 잘 못 들었는데 다시 한 번 말해 줄래?' 등과 같은 말이 ⓒ이 의미하는 바와 일치하다.

[오답해설]
① '아직도 여러모로 부족한 부분이 많습니다.'라는 대답을 통해 자신을 낮추어 겸손하게 말하고 있음을 알 수 있다.
② '쇼핑하면서 기다리니 시간 가는 줄 몰랐어요.' 등의 말로 실제로는 그렇지 않았음에도 상대의 처지를 고려해 부담을 갖지 않게 대답했음을 알 수 있다.
④ '그거 좋은 생각이네.'를 통해 상대방의 말에 동의하였고, '경희의 취향을 우리가 잘 모르니까 귀걸이 대신 책을 선물하는 게 어떨까?'로 자신의 의견을 말하고 있음을 알 수 있다.

## 10 정답 ④

[정답해설]
세 번째 단락에서 하버마스는 '현대 사회에서 민주적 토론은 문화 산업의 발달과 함께 퇴보했다. 대중매체와 대중오락의 보급은 공공 영역이 공허해지는 원인으로 작용했다.'라는 주장과 '수익성 위주의 미디어 플랫폼과 콘텐츠가 많아지면서

민주적 토론이 감소되었다.'는 사례가 서로 부합하고 있다

**[오답해설]**

① 두 번째 단락에서 '살롱 문화의 원칙에서 공개적 토론을 위한 공공 영역은 각각의 참석자들에게 동등한 자격을 부여했다.'라는 말을 통해 특정 사회 계층에 대한 비판적인 토론과는 거리가 멈을 알 수 있다.

② 네 번째 단락에서 하버마스는 '상업화된 미디어는 광고 수입에 기대어 높은 시청률과 수익을 보장하는 콘텐츠 제작만을 선호하게 되었다.'라는 주장을 통해 결국엔 공공 영역이 축소되었다고 말하고 있으므로 공익 광고의 증가는 적절하지 않다.

③ 세 번째 단락에서 하버마스가 '대중매체와 대중오락의 보급은 공공 영역이 공허해지는 원인으로 작용했다.'라는 주장을 한 것을 통해 공공 영역이 공허해지지 않았다는 말은 적절하지 않다

---

## 11 정답 ④

**[정답해설]**

서두에서 '대설'에 대해 정의하고 있으며 다음에 와야 할 문장은 대설의 명칭에 대해 보충 설명이 와야 한다. 그러므로 대설의 기준으로 주의보에 대해 설명한 ⓔ이 와야 한다. 다음 문장은 주의보와 동등한 위치의 단어가 들어가야 한다. ⓔ을 제외한 문장 중, 병렬 관계인 '또한'과 '경보'가 쓰인 ⓒ이 와야 하며, '경보'에 대한 예외적인 상황에 대해 말해야 하므로 ⓒ이 다음 문장이 된다. 다음에 들어갈 문장은 ⓒ에 '5cm 이상'에 대한 전환 관계의 접속어 '그런데'가 들어간 ㉠이 오며, 마지막으로 '도심 교통마비'에 영향에 대해 설명한 문장인 ⓜ이 와야 한다. 따라서 'ⓔ - ㉠ - ⓜ - ⓒ - ⓒ' 순이 된다

---

## 12 정답 ③

**[정답해설]**

글의 주제는 인간이 사용하는 언어는 사고, 사회, 문화와 밀접한 관계를 지닌다는 내용이다. 그중 언어와 사고는 상호작용을 맺고 있음을 말하고 있다. 그런데 사물의 개념은 머릿속에 맴도는데도 명칭을 떠올리지 못하는 것은 언어와 사고가 서로 상호작용하는 것에 대한 사례로 적절하지 않다

**[오답해설]**

① 영어 '쌀(rice)'에 대응되는 우리말이 '모', '벼', '쌀', '밥'으로 나뉘는 것은 과거 농경사회의 영향으로 다양하게 표현되었기 때문에 언어가 사고, 문화와 밀접한 관계를 지닌 사례에 속한다

② 산과 물 보행신호의 색에는 미세한 차이가 있지만 이를 '파랗다'라는 언어로 표현하는 것은 언어가 인간의 사고에 영향을 주는 사례임을 알 수 있다.

④ 수박을 '박'의 일종으로 보는 우리나라와 '멜론(melon)'에 가까운 것으로 보는 다른 나라의 사고의 차이가, 언어에 반영됨을 알 수 있다.

---

## 13 정답 ③

**[정답해설]**

'나'는 변지의가 문장 공부를 하기 위해 찾아온 일에 대해 사람이 글을 쓰는 것은 나무에 꽃이 피는 것과 같으며 나무가 자라는 과정을 수양과 독서, 두루 돌아다니는 것에 '비유'하는 방식을 사용하고 있다.

**[오답해설]**

① 서사는 행동, 상태가 진행되는 움직임 또는 사건의 전개 양상을 진술하는 방식으로 변지의의 목적에 대해 답을 주는 사건이 있지만 글이 말하고자 하는 주제와 거리가 멀다.

② 분류는 하위 항목, 범주를 일정한 기준에 따라 상위 항목, 범주로 묶어 가면서 전개하는 방식이지만 글에서는 분류의 방식을 사용하지 않았다.

④ 대조는 둘 이상의 사물이나 현상 등을 견주어 상대되는 성질이나 차이점을 설명하는 방법으로 글에서는 대조의 방식을 사용하지 않았다.

---

## 14 정답 ①

**[정답해설]**

첫 번째 단락에서 알파벳 언어는 표기 체계에 따라 철자 읽기의 명료성이 달라진다고 하였다. 소리와 표기에 대응이 관련되는 점은 글의 주제에 대한 이해로 적절하지만 각 소리가 지닌 특성이 철자 읽기의 명료성을 판단하는 것은 적절하지 않은 이해이다.

**[오답해설]**

② 두 번째 단락에서 영어와 이탈리아어를 읽는 사람은 동일하게 좌반구의 읽기 네트워크를 사용하지만, 영어는 암기된 단어의 인출과 연관된 뇌 부위에 더 의존한다는 내용을 찾을 수 있다.

③ 첫 번째 단락에서 철자 읽기가 명료하다는 것은 한 글자에 대응되는 소리가 규칙적이어서 글자와 소리의 대응이 거의 일대일이라는 것을 의미하는 내용이 있으며 그 예로 이탈리아어와 스페인어가 있다는 문장에서 확인할 수 있다.

④ 첫 번째 단락에서 '영어는 철자 읽기의 명료성이 낮은 언어이다. 영어는 발음이 아예 나지 않는 묵음과 같은 예외도 많은 편이고 글자에 대응하는 소리도 매우 다양하다.'는 문장을 통해 알 수 있다.

---

**■ (라) 이현보, 「농암(聾巖)에 올라보니」**
- 갈래 : 평시조
- 주제 : 변치 않는 자연 예찬과 귀향의 기쁨
- 특징 : 자연과 인간사의 성격을 대조

---

### 15 　　　　　　　　　정답 ④

**[정답해설]**

조선 중기 문인인 이현보의 시조로 고향으로 귀향한 기쁨과 자연에 대해 노래하고 있다. 첫 행의 '노안(老眼)이 유명(猶明)이로다'에서 '유명(猶明)'은 '오히려 밝아지다'라는 의미를 지니고 있어 허약해진 노년의 무력함으로 이해하는 것은 적절하지 않다.

**[오답해설]**

① 조선 중기 문인인 박인로의 시조로 고사인 육적의 회귤고사(懷橘故事)를 인용해 돌아가신 부모님에 대한 그리움을 표현하고 있다.
② 황진이의 시조로 임에 대한 절실한 그리움으로 기다림을 표현하고 있다.
③ 성혼의 시조로 '말 업슨 청산(靑山)이오 태(態) 업슨 유수(流水)로다/갑 업슨 청풍(淸風)이오 님ㅈ 업슨 명월(明月)이로다'에서 '업슨'과 '이오'로 이루어진 대구와 반복을 사용하고 있다.

**[작품해설]**

**■ (가) 박인로, 「조홍시가(早紅柿歌)」**
- 갈래 : 평시조
- 주제 : 풍수지탄(風樹之嘆)
- 특징
  - 사친가(思親歌)로 '조홍시가'라고도 함
  - 부모의 부재(不在)가 전개의 바탕이 됨

**■ (나) 황진이, 「연정가(戀情歌)」**
- 갈래 : 평시조
- 주제 : 임을 기다리는 절실한 그리움
- 특징 : 추상적인 시간을 구체화, 감각화하며 음성 상징어를 적절하게 사용

**■ (다) 성혼, 「말 업슨 청산(靑山)이요」**
- 갈래 : 평시조
- 주제 : 자연에 묻혀 벗 삼는 즐거움
- 특징 : 대구법과 반복법, 의인법을 적절하게 사용하여 벗과 같은 자연을 표현

---

### 16 　　　　　　　　　정답 ①

**[정답해설]**

소가 반추(反芻 : 한번 삼킨 먹이를 다시 게워 내어 씹음)를 멈추고 응시하는 장면을 자신의 창백한 얼굴로 표현하고 있다. 따라서 대상인 소의 행위를 통해 글쓴이의 심리가 투사되고 있다.

**[오답해설]**

② 글쓴이가 과거의 삶을 회상하는 것과 처지를 후회하고 있는 내용은 나타나지 않았다.
③ 글에서 글쓴이가 공간을 이동하는 내용과 무료함을 표현하는 내용은 찾을 수 없다.
④ 현실에 대한 글쓴이의 불만이 서술되어 있지 않으며 반성적인 어조로 표출되는 것도 찾을 수 없다.

**[작품해설]**

**■ 이상, 「권태」**
- 갈래 : 경수필
- 성격 : 초현실주의적, 반성적, 심리적
- 제재 : 여름날, 벽지(僻地)에서의 생활
- 주제 : 환경의 단조로움과 생활 속에서 느끼는 권태
- 특징
  - 주관적이며 개성적인 시각으로 대상을 봄
  - 대상들을 바라보는 화자의 심리가 나열됨
  - 무의미한 현대인의 생활을 시간의 흐름을 통해 다각도로 보여줌

---

### 17 　　　　　　　　　정답 ②

**[정답해설]**

글에서 황거칠 씨는 산수도를 끊으려는 것을 막으려고 나섰다가 청년 다섯명과 함께 경찰에 연행되었다. 황거칠 씨는 스스로 모든 죄를 뒤집어쓰려 하지만 뜻대로 되지 않았고, 결국 타협안에 도장을 찍을 수밖에 없었던 상황에 맞는 한자 성어는 '손을 묶은 것처럼 어찌할 도리가 없어 꼼짝 못함'을 의미하는 속수무책(束手無策)이다.

**[오답해설]**
① 同病相憐(동병상련) : 같은 병을 앓는 사람끼리 서로 가엾게 여긴다는 뜻으로, 어려운 처지에 있는 사람끼리 서로 가엾게 여김을 의미하는 말
③ 自家撞着(자가당착) : 같은 사람의 말이나 행동이 앞뒤가 서로 맞지 아니하고 모순됨을 의미하는 말
④ 輾轉反側(전전반측) : 누워서 몸을 이리저리 뒤척이며 잠을 이루지 못함을 의미하는 말

**[보충해설]**

> ■ 束手無策(속수무책)과 유사한 한자성어
> • 사면초가(四面楚歌) : 아무에게도 도움을 받지 못하는, 외롭고 곤란한 지경에 빠진 형편을 이르는 말
> • 진퇴양난(進退兩難) : 이러지도 저러지도 못하는 어려운 처지
> • 진퇴유곡(進退維谷) : 이러지도 저러지도 못하고 꼼짝할 수 없는 궁지

---

**18** 　　　　　　　　　　　　　　　　정답 ④

**[정답해설]**
시의 1연과 4연의 '가슴 아픈 일 한두 가지겠는가', '가슴 상하는 일 한두 가지겠는가'에서 서술로 해도 무관한 것을 의문형으로 나타내는 법인 설의법이 사용되었으며, 이를 통해 가슴 아픈 일과 가슴 상하는 일에 대한 삶의 깨달음을 강조하고 있다.

**[오답해설]**
① 문답법은 스스로 묻고 스스로 대답하는 형식으로 시에서는 사용되지 않았으며, 과거의 삶을 반추했다는 내용 또한 찾을 수 없다.
② 겉으로 표현되는 말과는 반대의 뜻을 나타내는 반어적 표현을 활용하여 슬픔의 정서를 나타낸 것과 거리가 멀다.
③ 사람 아닌 사물을 사람처럼 나타내는 표현법인 의인법과 현실을 목가적(농촌처럼 소박하고 평화로우며 서정적인 것)으로 강조하지 않고 있다.

---

**19** 　　　　　　　　　　　　　　　　정답 ④

**[정답해설]**
첫 번째 단락에서 문화재는 역사의 누적일 뿐만 아니라 민족의 정수이며 혼의 상징으로, 국보 문화재는 민족 전체의 것이며, 민족을 결속하는 정신적 유대로서 힘의 원천이라고 역설하고 있다. ㉠에 '국보 문화재가 얼마나 힘 있는가'를 드러낼 수 있는 말이 들어가야 하므로 '그 무엇을 내놓는다고 해도 셰익스피어와는 바꾸지 않는다'가 가장 적절하다.

**[오답해설]**
① '구르는 돌에는 이끼가 끼지 않는다'는 '부지런하고 꾸준히 노력하는 사람은 침체되지 않고 계속 발전하는 것'을 의미하는 속담으로 주제와 거리가 멀다.
② '지식은 나눌 수 있지만 지혜는 나눌 수 없다'는 스스로 터득해야하는 부분도 있음을 나타내는 격언으로 글에서 말하는 주제와 거리가 멀다.
③ '사람은 겪어 보아야 알고 물은 건너보아야 안다'는 '사람은 겉만 보고는 알 수 없으며, 서로 오래 겪어 보아야 알 수 있음'을 의미하는 속담으로 글에서 말하는 주제와 거리가 멀다.

---

**20** 　　　　　　　　　　　　　　　　정답 ①

**[정답해설]**
글에서 분류 개념, 비교 개념, 정량 개념으로 나뉘는 과학의 개념에 대해 설명하고 있다. 분명한 경계를 가지고 대상들을 분류하는 개념들이 분류 개념으로 '호랑나비'와 '나비'는 동일한 種(종)으로서, 분류 개념임을 알 수 있다. 첫 번째 단락에서 '하위 개념으로 분류할수록 그 대상에 대한 정보가 더 많이 전달된다.'는 문장이 있으므로 하위 개념인 '호랑나비'는 '나비'보다 정보량이 적다고 추론하는 것은 적절하지 않다.

**[오답해설]**
② 첫 번째 단락의 '유니콘'이라는 개념은 이마에 뿔이 달린 말의 일종이라는 정의가 있기 때문에 분류 개념으로 인정된다는 내용을 통해 용(龍)도 현실 세계에 적용할 수 있는 지시물이 없어도 분류 개념으로 인정될 수 있다.
③ 비교 개념은 더 무거움 또는 더 짧음과 같이 논리적인 관계에 해당하므로 '꽃'이나 '고양이'와 같은 개념은 비교 개념에 포함될 수 없다.
④ 정량 개념은 자연의 사실로부터 파악할 수 있는 물리량을 측정함으로써 만들어지는 것으로 물리량을 측정할 수 있는 'cm'나 'kg'과 같은 측정 단위는 정량 개념에 해당됨을 추론할 수 있다.

233

## 2023~2021
# 국어[지방직]
## 정답 및 해설

---

## ▌[지방직] 2023년 06월 | 정답

| 01 | ① | 02 | ① | 03 | ③ | 04 | ④ | 05 | ② |
|----|---|----|---|----|---|----|---|----|---|
| 06 | ④ | 07 | ④ | 08 | ③ | 09 | ④ | 10 | ② |
| 11 | ② | 12 | ② | 13 | ④ | 14 | ① | 15 | ③ |
| 16 | ③ | 17 | ② | 18 | ② | 19 | ① | 20 | ① |

---

### [지방직] 2023년 06월 | 해설

### 01 　　　　　　　정답 ①

**[정답해설]**
AI에 대한 설명회를 개최할 필요가 있다는 김 주무관의 말에, 최 주무관은 그 필요성을 절감하고 있다고 답하고 있으므로, ㉠은 상대의 의견에 대해 공감을 표현하고 있는 것이다.

**[오답해설]**
② 어떻게 준비해야 효과적으로 전달할 수 있을지 고민이라는 김 주무관의 말은 평서문을 이용한 간접 발화에 해당한다. 그러므로 ㉡은 직접 발화에 비해 듣는 이의 부담을 덜어주는 정중한 표현이지만, 직접 질문이 아니라 간접 질문에 해당한다.
③ 김 주무관이 제안한 '청중의 관심 분야 파악'에 최 주무관이 "어떤 것들을 조사하면 좋을까요?"라고 그 구체적인 방안을 묻고 있으므로, ㉢은 자신의 반대 의사를 우회적으로 드러내고 있는 것이 아니다.
④ 조사 대상을 묻는 최 주무관의 질문에 김 주무관이 의문문의 형식으로 답을 제시한 것이므로, ㉣이 의문문을 통해 상대의 의견을 반박하고 있는 것은 아니다.

### 02 　　　　　　　정답 ①

**[정답해설]**
첫 번째 문장을 통해 '독서를 통한 아이들의 뇌 발달'이 제시문의 중심 화제임을 알 수 있다. (가)의 '그에 따르면'에서 '그'는 (나)의 'A 교수'를 지칭하므로, (나) 다음에 (가)가 와야 한다. 또한 (가)에서 책을 읽으면 전두엽을 많이 사용하게 된다고 하였고, (다)에서 이처럼 책을 많이 읽으면 전두엽이 훈련되어 뇌 발달 가능성이 높아진다고 하였다. 그러므로 (가) 다음에 (다)가 이어져야 한다. 그러므로 제시문은 글의 맥락에 따라 (나) – (가) – (다) 순으로 배열되어야 한다.

### 03 　　　　　　　정답 ③

**[정답해설]**
㉢의 '얼음이'는 서술어를 꾸며주는 부사어가 아니라, 서술어인 '되었다'의 의미를 보충하여 완전하게 하는 보어이다. 보어는 '되다', '아니다' 앞에 조사 '이', '가'를 취하여 나타내는 문장 성분이다.

**[오답해설]**
① ㉠의 '지원은'은 해당 문장의 주어로, 서술어 '깨웠다'를 실행하는 동작의 주체이다.
② ㉡의 '만들었다'는 '(주어)가 (목적어)를 만들다'처럼 주어와 목적어를 필수로 요구하는 두 자리 서술어이다.
④ ㉣의 '어머나'는 '어머'를 강조하여 내는 소리인 감탄사이다. 감탄사는 호격 조사가 붙은 명사, 제시어, 대답하는 말, 문장 접속 부사와 함께 문장의 다른 성분과 직접적으로 관련을 맺지 않는 독립어이다.

### 04 　　　　　　　정답 ④

**[정답해설]**
'부유(浮游)'는 '물 위나 물속, 또는 공기 중에 떠다님'을 이르는 말이므로, ㉣의 '부유하는'은 '떠다니는'으로 바꿔 쓸 수 있다. '헤엄'은 '사람이나 물고기 따위가 물속에서 나아가기 위하여 팔다리나 지느러미를 움직이는 일'을 뜻하므로, '연잎'처럼 무생물 대상에는 쓸 수 없다.

**[오답해설]**
① '맹종(盲從)'은 '옳고 그름을 가리지 않고 남이 시키는 대로 덮어놓고 따름'을 이르는 말이므로, ㉠의 '맹종하는'은 '무분별하게 따르는'으로 바꿔 쓸 수 있다.
② '탈피(脫皮)'는 '일정한 상태나 처지에서 완전히 벗어남'을 이르는 말이므로, ㉡의 '탈피하여'는 '벗어나'로 바꿔 쓸 수

---

있다.
③ '제고(提高)'는 '수준이나 정도 따위를 끌어올림'을 이르
는 말이므로, ⓒ의 '제고하기'는'끌어올리기'로 바꿔 쓸 수
있다.

---

## 05 　　　　　　　　　　　　　　정답 ②

**[정답해설]**
(나)에서는 '청산'과 '유수'의 시각적 심상을 활용하여 불변하
는 자연을 본받아 끊임없이 학문에 정진하겠다는 주제를 강
조하고 있으나, 청각적 심상을 활용한 곳은 보이지 않는다.

**[오답해설]**
① (가)는 변화지 않는 '청산'과 쉽게 변하는 '녹수'의 대조를
활용하여, 떠나는 임과 달리 변치 않는 마음을 지닌 화자
의 처지를 제시하고 있다.
③ (가)에서는 "청산(靑山)은 내 뜻이오 녹수(綠水)는 님의 정
(情)이"에서, (나)에서는 "청산(靑山)는 엇뎨호야 ～ 주야
(晝夜)애 긋디 아니는고"에서 대구를 활용하여 시상을 전
개하고 있다.
④ (가)에서는 "녹수(綠水)ㅣ 흘너간들 청산(靑山)이야 변(變)
ᄒ손가"에서 설의적 표현을 활용하여 임에 대한 사랑과
지조의 정서를 드러내고 있다. (나)에서는 "청산(靑山)는
엇뎨호야 ～ 주야(晝夜)애 긋디 아니는고"에서 설의적 표
현을 활용하여 자연의 불변성을 본받아 끊임없이 학문 수
양을 하겠다는 의지의 정서를 드러내고 있다.

**[작품해설]**

> ▌황진이, 「청산은 내 뜻이오」
> • 갈래 : 평시조, 서정시
> • 성격 : 감상적, 상징적, 은유적, 연정가
> • 제재 : 청산, 녹수
> • 주제 : 임을 향한 변함없는 사랑
> • 특징
> 　– 순우리말의 아름다움을 잘 살림
> 　– 추상적인 관념을 구체적 사물과 같이 표현함
> 　– 음성 상징어를 활용해 시에 생동감을 부여함
> 　– 대비적 이미지의 시어를 통해 주제를 강조함
>
> ▌이황, 「도산십이곡」
> • 갈래 : 연시조, 평시조
> • 성격 : 교훈적, 회고적
> • 제재 : 자연, 학문
> • 주제 : 자연 친화적 삶의 추구와 학문 수양에 대한 변
> 함없는 의지

> • 특징
> 　– 도학파의 자연 관조적 자세와 학문 정진에 대한 의
> 지가 잘 나타남
> 　– 낯설고 어려운 한자어가 많이 사용되었음
> 　– 반복법, 설의법, 대구법 등을 통해 주제를 부각함

---

## 06 　　　　　　　　　　　　　　정답 ④

**[정답해설]**
세 번째 문단에서 건강한 소비를 위해서는 구매하려는 상품
이 '나'에게 얼마나 필요한가에 대한 고민이 필요하다고 설명
하고 있다. 그러므로 "상품을 구매할 때 사용가치가 자신의
필요에 의해 결정된 것인지 신중하게 따져야 한다."는 ④의
설명의 제시문의 중심 내용으로 가장 적절하다.

**[오답해설]**
① 첫 번째 문단에서 사용가치와 교환가치를 비교하여 설명
하고 있을 뿐, 사용가치보다 교환가치가 큰 상품을 구매해
야 한다는 내용은 제시문에 나타나 있지 않다.
② 첫 번째 문단에서 상품에는 사용가치와 교환가치가 섞여
있다고 설명하고 있으나, 이는 건강한 소비를 위해 사용가
치를 고려하라는 주장을 제기하기 위한 전제이다.
③ 세 번째 문단에서 다른 사람들의 말에 휩쓸려 상품의 사
용가치를 결정하는 것을 경계하고 있으므로, 상품에 대한
다른 사람들의 평가를 반영해서 상품을 구매해야 한다는
설명은 적절하지 않다.

---

## 07 　　　　　　　　　　　　　　정답 ④

**[정답해설]**
제시문의 마지막 문장은 서학의 어떤 부분은 수용했지만, 반
대로 어떤 부분은 그렇지 않았다는 의미이므로, ⓔ의 '지향했
다'는 '어떤 것을 하지 않았다'의 의미인 '지양했다'로 수정하
는 것이 적절하다.

> • 지향(指向) : 작정하거나 지정한 방향으로 나아감 또
> 는 그 방향
> • 지양(止揚) : 더 높은 단계로 오르기 위하여 어떠한 것
> 을 하지 아니함

**[오답해설]**
① 서학으로 불린 천주학의 '학(學)'은 '학문'을 의미하므로,
종교적인 관점에서보다 학문적인 관점에서 받아들여졌다

는 것을 알 수 있다. 그러므로 ⊙은 옳은 글쓰기로 수정하지 않는 것이 적절하다.

② 서학은 신봉의 대상이 아니라 분석의 대상이었기 때문에, 서학 수용에 적극적인 이들까지도 서학을 무조건 따르자고 주장하지는 않았을 것이다. 그러므로 ⓒ은 옳은 글쓰기이며 수정하지 않는 것이 적절하다.

③ 외부에서 유입된 사유 체계에는 서학 외에도 양명학이나 고증학 등도 있었으므로 유일한 것은 아니었다. 그러므로 ⓒ은 옳은 글쓰기로 수정하지 않는 것이 적절하다.

---

## 08 　　　　　　　　　　　　　　정답 ③

**[정답해설]**

제시문의 마지막 문장에서 글쓰기는 필자가 글을 통해 자신의 메시지를 독자에게 전달하는 행위이기 때문에 예상 독자를 반드시 분석해야 한다고 서술되어 있다. 그러므로 빈칸에 들어갈 예상 독자 분석이 중요한 이유는 '필자의 메시지를 독자에게 효과적으로 전달하는 데 도움이 되기' 때문이다.

**[오답해설]**

① 제시문에 계획하기 과정이 글쓰기 전체 과정의 첫 단계라는 내용은 서술되어 있지 않으며, 예상 독자 분석의 이유와도 무관한 내용이다.

② 예상 독자 분석을 하지 않아 독자의 수준에 비해 너무 어려운 개념과 전문용어를 사용한다면 독자가 글을 이해하기 어렵게 되므로, 글에 어려운 개념이나 전문용어를 어느 정도 포함해야 하는 것은 아니다.

④ 글쓰기 과정 중 '계획하기'에 글쓰기의 목적 수립과 주제 선정이 포함되어 있으나, 독자의 배경지식 수준을 고려해야 글의 목적과 주제가 결정되는 것은 아니다.

---

## 09 　　　　　　　　　　　　　　정답 ④

**[정답해설]**

해당 작품에서 화자는 글 쓰는 행위를 통해 사랑했던 대상들과 이별을 고하고 '장님'과 '빈집'을 통해 잃어버린 사랑으로 인한 상실감과 절망감을 표현하고 있으나, 잃어버린 사랑의 회복을 열망하는 마음을 표현하고 있지는 않다.

**[오답해설]**

① 화자는 밤, 겨울 안개, 촛불, 흰 종이, 눈물, 열망 등 추억이 담긴 대상들을 호명하며 이별에 대한 안타까운 심정을 표현하고 있다.

② 사랑을 잃은 화자가 장님처럼 문을 잠그고 가엾은 사랑을 빈집에 가둔 것이므로, 여기서 '빈집'은 사랑을 잃은 절망

의 공간이자 상실감으로 공허해진 화자의 내면을 상징한다고 볼 수 있다.

③ 화자는 '~들아'라고 영탄형 어조를 활용해 대상들을 반복적으로 호명하면서 이별에 따른 화자의 상실감을 부각하고 있다.

**[작품해설]**

> ▮ 기형도, 「빈집」
> • 갈래 : 자유시, 서정시
> • 성격 : 애상적, 비유적, 독백적
> • 제재 : 사랑의 상실
> • 주제 : 사랑을 잃은 공허함과 절망
> • 특징
> 　– 대상을 나열하여 화자의 상실감을 강조함
> 　– 영탄적 어조를 사용하여 화자의 정서를 부각시킴

---

## 10 　　　　　　　　　　　　　　정답 ②

**[정답해설]**

해당 작품의 서술자는 등장인물 속의 '나'이며, "그는 마치 성경책 위에다 ~ 엄숙한 표정을 했다."와 "도전적이던 기색이 ~ 그는 고개를 좌우로 흔들어 보였다." 등에서 다른 등장인물인 '그(권 씨)'의 행동을 1인칭 관찰자 시점으로 서술하고 있다.

**[오답해설]**

① 서술자인 등장인물 속 '나'가 다른 등장인물인 '그'의 행동이나 표정 등을 묘사하고 있으나, 심리적인 내면세계까지 분석하는 전지적 위치에서 '그'의 심리를 전달하고 있지는 않다.

③ 서술자가 주인공인 것은 1인칭 주인공 시점에 해당한다. 작품 속 '나'는 갈등의 주인공이 아니라 관찰자의 입장에서 다른 등장인물의 행동을 진술하고 있을 뿐, 주인공으로서 유년 시절을 회상하며 갈등 원인을 해명하고 있지는 않다.

④ 서술자가 주관을 배제하고 외부 관찰자의 시선으로 사건을 이야기하는 것은 3인칭 관찰자 시점에 해당한다. 해당 작품은 "끼니조차 감당 못하는 주제에" 등에서 서술자의 주관이 개입되어 있음을 엿볼 수 있다.

[작품해설]

> ▌ 윤흥길, 「아홉 켤레의 구두로 남은 사내」
> • 갈래 : 중편 소설, 세대 소설
> • 성격 : 사실적, 비판적, 고발적
> • 제재 : 구두
> • 배경 : 1970년대, 성남 지역
> • 시점 : 1인칭 관찰자 시점
> • 주제 : 산업화 과정에서 소외된 계층의 어려운 삶과 부조리한 현실 고발
> • 특징
>   - 상징적 소재와 관련된 행위를 통해 인물의 심리와 성격을 드러냄
>   - 사실적 문체와 예리한 문제의식으로 현실의 모순을 지적함
>   - 묘연한 결말 처리를 통해 궁금증을 유발하는 한편 여운을 남김

## 11 정답 ②

[정답해설]

운용은 '설탕세'를 부과하면 당 소비가 감소할거라는 은지의 주장에 믿을 만한 근거가 있는지 묻고 있을 뿐, 은지의 주장에 반대하고 있는 것은 아니다.

[오답해설]

① 은지는 첫 번째 발언에서 국민 건강 문제와 관련하여 '설탕세' 부과 여부가 논란이라며, '설탕세' 부과 여부에 대한 화제를 제시하고 있다.

③ 은지는 두 번째 발언에서 세계보건기구 보고서의 인용을 통해 자신의 주장에 대한 근거를 제시하고 있다.

④ 재윤은 당 섭취와 질병 발생은 유의미한 상관관계가 없다는 연구 결과를 통해 은지가 제시한 주장의 근거를 부정하고 있다.

## 12 정답 ②

[정답해설]

매수(買受) → 매매(賣買) 또는 매도(賣渡)

자기 명의의 집을 팔려고 하는 것이므로 ⓒ에 '물건을 사서 넘겨받음'을 의미하는 단어인 '매수(買受)'는 적절하지 않다. '물건을 팔고 사는 일'을 뜻하는 '매매(賣買)' 또는 '값을 받고 물건의 소유권을 다른 사람에게 넘김'을 뜻하는 '매도(賣渡)'가 들어갈 단어로 적절하다.

[오답해설]

① 회사가 전성기를 누리고 있는 것이므로, ⓐ에는 '행복한 처지나 기쁜 마음 따위를 거리낌 없이 나타냄 또는 그런 소리'를 의미하는 '구가(謳歌)'가 들어갈 단어로 적절하다.

③ 그들 사이가 안 좋아 중재가 필요한 것이므로, ⓒ에는 '수레바퀴가 삐걱거린다는 뜻으로, 서로 의견이 맞지 아니하여 사이가 안 좋거나 충돌하는 것을 이르는 말'인 '알력(軋轢)'이 들어갈 단어로 적절하다.

④ 앞으로 많은 가르침을 달라는 것이므로, ⓔ에는 '경계하고 격려함'의 의미인 '편달(鞭撻)'이 들어갈 단어로 적절하다.

## 13 정답 ④

[정답해설]

걷잡아서 → 겉잡아서

경기장에 대략 천 명이 넘게 온 듯하다는 의미이므로, 해당 문장에서 '걷잡아서'는 '겉으로 보고 대강 짐작하여 헤아리다'는 뜻의 '겉잡아서'로 고쳐 써야 옳다. '걷잡다'는 '한 방향으로 치우쳐 흘러가는 형세 따위를 붙들어 잡다'는 뜻이다.

[오답해설]

① 힘이 모자라다는 의미이므로, '모자라거나 미치지 못하다'는 뜻의 '부치는'은 해당 문장에서 올바르게 사용되었다.

② 그와 나는 전부터 알던 사이이므로, '사람끼리 서로 아는 일'을 뜻하는 '알음'은 해당 문장에서 올바르게 사용되었다.

③ 대문이 도로 제자리로 위치하는 것이므로, '열린 문짝, 뚜껑, 서랍 따위가 도로 제자리로 가 막히다'는 뜻의 '닫혔다'는 해당 문장에서 올바르게 사용되었다.

## 14 정답 ①

[정답해설]

ⓐ 장관(長官 : 어른 장, 벼슬 관) → 국무를 나누어 맡아 처리하는 행정 각 부의 우두머리

ⓑ 보상(補償 : 기울 보, 갚을 상) → 남에게 끼친 손해를 갚는 것

ⓒ 결재(決裁 : 결단할 결, 마를 재) → 결정할 권한이 있는 상관이 부하가 제출한 안건을 검토하여 허가하거나 승인함

[오답해설]

ⓐ 장관(將官 : 장수 장, 벼슬 관) → 군사를 거느리는 우두머리

ⓑ 보상(報償 : 갚을 보, 갚을 상) → 남에게 진 빚이나 받은 것을 갚음

ⓒ 결제(決濟 : 결단할 결, 건널 제) → 일을 처리하여 끝을 냄

---

**15** 정답 ③

**[정답해설]**
제시문의 마지막 문장에서 개별적 유일무이성을 제거하는 것은 사회의 다원성을 파괴하는 일이라고 서술되어 있으나, 개인의 유일무이성을 보존하는 것이 개인의 보편적 복수성을 침해하는지의 여부는 제시문을 통해 알 수 없다.

**[오답해설]**
① 제시문에 따르면 우리는 개별적으로 고립된 채 살아가는 존재가 아니라, 사회 속에서 여럿이 모여 '복수(複數)'의 상태로 살아가는 존재이다.
② 제시문에 따르면 우리는 다원적 존재이며, 이러한 존재들로 구성된 다원적 사회에서 살아가기 위해서는 타인을 포용하는 공존의 태도가 필요하다.
④ 제시문에 따르면 개별적 유일무이성인 개인의 특수한 단수성을 제거하는 것은 사회의 다원성을 파괴하는 일이다.

---

**16** 정답 ③

**[정답해설]**
등장인물 간의 대화를 통해 이도령에 대한 춘향이의 굳은 절개를 드러내고 있으나, 춘향이가 매를 맞는 자신의 상황을 한탄하고 있으므로 주인공의 내적 갈등이 해결되고 있는 것은 아니다.

**[오답해설]**
① 첫 번째 문단에서는 '일' 자를, 두 번째 문단에서는 '이' 자를, 세 번째 문단에서는 '삼' 자를 반복함으로써 리듬감을 조성하고 있다.
② '일, 이, 삼'의 숫자를 활용하여 절개를 지키기 위해 관가에서 매를 맞고 있는 춘향이의 상황을 제시하고 있다.
④ 일부종사, 이부불경, 삼종지도 등의 유교적 가치를 담고 있는 말을 활용하여 절개를 지키고자 하는 춘향이의 의지를 드러내고 있다.

> • 일부종사(一夫從事) : 한 남편만을 섬김
> • 이부불경(二夫不敬) : 두 남편을 공경할 수 없음
> • 삼종지도(三從之道) : 어려서 아버이께 순종하고, 시집가서 남편에게 순종하고, 남편이 죽은 뒤에는 아들을 따르는 여자가 지켜야 할 세 가지 도리

---

**[작품해설]**

**┃ 작자미상,「춘향전」**
• **갈래** : 판소리 사설
• **성격** : 해학적, 서사적, 풍자적, 비판적
• **시점** : 전지적 작가 시점
• **제재** : 암행어사 출두
• **주제**
 – 봉건 사회의 도덕을 깨뜨린 남녀 간의 자유 연애 사상
 – 계급 타파와 신분 상승 의지
 – 인간의 존엄성과 인권 옹호
 – 탐관오리에 대한 서민의 저항과 위정자의 반성 촉구
• **특징**
 – 산문과 운문의 혼합
 – 발단 → 전개 → 위기 → 절정 → 결말의 5단 구성
 – 해학과 풍자에 의한 골계미
 – 서술자의 개입이 자주 드러남

---

**17** 정답 ②

**[정답해설]**
두 번째 문단에 따르면 차람은 소설을 소유하고 있는 사람에게 직접 빌려서 보는 것으로, 알고 지내던 개인들 사이에서 이루어졌다고 서술하고 있다. 그러나 대가를 지불하고 책을 빌렸는지의 여부는 지문을 통해 확인할 수 없다.

**[오답해설]**
① 첫 번째 문단에 따르면 '전기수'는 소설 구연을 통해 돈을 벌던 전문적 직업인으로, 글을 모르는 사람들과 글을 읽을 수 있지만 남이 읽어 주는 것을 선호하는 이들을 대상으로 소설을 구연하였다.
③ 첫 번째 문단에서 구연에 의한 유통은 문헌에 의한 유통에 비해 시간과 공간의 제약이 많다고 하였으므로, 문헌에 의한 유통이 구연에 의한 유통에 비해 시간과 공간의 제약이 적다는 설명은 적절하다.
④ 두 번째 문단에 따르면 세책가에서는 소설을 구매하는 것보다 훨씬 적은 비용으로 빌려 볼 수 있기 때문에 경제적으로 넉넉하지 않은 사람도 소설을 쉽게 접할 수 있었다고, 조선 후기에 세책가가 성행하게 된 이유를 밝히고 있다.

## 18 　　　　　　　　　　정답 ②

절하다.

**[정답해설]**

두 번째 문단을 보면, 『삼국사기』 열전에 반신이지만 당나라에 당당히 대적한 민족적 영웅인 고구려 연개소문의 사례를 들어, 『삼국사기』가 기존 평가와 달리 다면적이고 중층적인 역사 텍스트임을 밝히고 있다.

**[오답해설]**

① 첫 번째 문단에서 『삼국사기』 열전에 고구려인과 백제인도 수록되어 있음을 알 수 있으나, 두 번째 문단에서 『삼국사기』가 신라 정통론에 기반해 유교적 사관에 따라 당시의 지배 질서를 공고히 하고자 했다고 서술되어 있다. 그러므로 『삼국사기』가 신라 정통론을 계승하지 않았다는 설명은 적절하지 않다.

③ 첫 번째 문단에서 『삼국사기』 열전에는 앞부분에 명장, 명신, 학자 등을 수록했고, 다음으로 관직에 있지는 않았으나 기릴 만한 사람을 실었다고 서술하고 있다. 그러므로 『삼국사기』 열전에는 기릴 만한 업적이 있다면 관직에 오르지 못한 사람도 수록되었음을 알 수 있다.

④ 첫 번째 문단에서 『삼국사기』는 본기 28권, 지 9권, 표 3권, 열전 10권의 체제로 되어있다고 서술하고 있다. 그러므로 『삼국사기』의 체제 중에서 가장 많은 권수를 차지하는 것은 열전이 아니라 본기이다.

## 19 　　　　　　　　　　정답 ①

**[정답해설]**

첫 번째 문단에서 최초의 IQ 검사는 프랑스에서 의무교육 제도를 실시하면서 정규학교에 입학하기 어려운 지적장애아, 학습부진아를 가려내고자 시행된 것이라고 서술되어 있다. 그러므로 최초의 IQ 검사가 학습 능력이 우수한 아이를 고르기 위해 시행된 것이 아님을 알 수 있다.

**[오답해설]**

② 첫 번째 문단에서 IQ 검사를 통해 비로소 인간의 지능을 구체적으로 수치화하고 객관적으로 비교할 수 있게 되었다고 서술하고 있으므로, IQ 검사가 만들어지기 전에는 인간의 지능을 수치로 비교할 수 없었다는 추론은 적절하다.

③ 두 번째 문단에서 IQ 검사가 인간의 지능 중 일부만을 측정한다고 서술하고 있으므로, IQ가 높은 아이라도 전체 지능은 높지 않을 수 있다는 추론은 적절하다.

④ 두 번째 문단에서 IQ가 높은 아이는 그렇지 않은 아이에 비해 읽기나 계산 등 사고 기능과 관련된 과목에서 높은 성취도를 보이는 경우가 많다고 서술하고 있으므로, IQ가 높은 아이가 읽기 능력이 좋을 확률이 높다는 추론은 적

## 20 　　　　　　　　　　정답 ①

**[정답해설]**

제시문에는 한문이 다른 문장성분으로 사용되기도 해 혼란을 야기한다고 서술하고 있다. 그러나 한문과 한국어의 문장 성분을 비교하여 서술한 내용이 없으므로, 한문이 한국어 문장보다 문장성분이 복잡한지의 여부는 제시문을 통해 추론할 수 없다.

**[오답해설]**

② 제시문에서 '愛人'은 문맥에 따라 '愛'가 '人'을 수식하는 관형어일 때도, '人'을 목적어로 삼는 서술어일 때도 있다고 하였다. 그러므로 '淨水'가 문맥상 '깨끗하게 한 물'일 때 '淨'은 '水'를 수식한다고 볼 수 있다.

③ 제시문에 따르면 한자는 다른 문장성분으로 사용되기는 하지만, 문맥에 따라 같은 글자가 다른 뜻으로 쓰이는 것은 아니다. 즉, '愛人'에서 '愛'의 문장성분이 바뀌더라도 '愛'가 뜻이 전혀 다른 동음이의어가 되는 것은 아니다.

④ 제시문에서 동음이의어의 예로 든 '사고'의 예처럼, '의사'도 한글로 표기된 '의사'만으로는 '병을 고치는 사람'인지 '의로운 지사'인지 구별할 수 없다.

## ▌[지방직] 2022년 06월 | 정답

| 01 | ③ | 02 | ① | 03 | ③ | 04 | ② | 05 | ② |
|----|---|----|---|----|---|----|---|----|---|
| 06 | ③ | 07 | ④ | 08 | ② | 09 | ④ | 10 | ④ |
| 11 | ③ | 12 | ① | 13 | ③ | 14 | ② | 15 | ④ |
| 16 | ④ | 17 | ③ | 18 | ② | 19 | ① | 20 | ④ |

## [지방직] 2022년 06월 | 해설

## 01 　　　　　　　　　　정답 ③

**[정답해설]**

처음 자신을 소개하면서 "처음 뵙겠습니다. ○○○입니다."라고 말하는 것은 적절한 언어 예절이다. 국립국어원에서 제시한 '표준 언어 예절'에서 두 사람이 만났을 때 자신을 상대방

에게 소개하는 말은 "처음 뵙겠습니다. (저는) ○○○입니다" 또는 "인사드리겠습니다. (저는) ○○○입니다"이다.

**[오답해설]**

① 계시겠습니다 → 있으시겠습니다

'말씀'은 회장님과 관련된 대상이므로 간접 높임법에 따라 '계시겠습니다'를 '있으시겠습니다'로 고쳐 써야 옳다. 간접 높임법은 문장에서 높여야 할 대상의 소유물, 신체 부분, 의견 등과 관련된 말에 선어말어미인 '-(으)시-'를 붙여 간접적으로 높이는 방법이다.

② 고모 → 형님 / 아가씨

'시누이'는 남편의 누나나 여동생을 말하므로, 남편의 누나는 '형님' 그리고 누이동생은 '아가씨'로 부르는 것이 적절하다.

④ 부인 → 아내 / 처 / 집사람 / 안사람

'부인'은 남의 아내를 높여 이르는 말이므로, 다른 사람에게 자기 아내를 가리킬 때에는 '아내' 또는 '처, 집사람, 안사람' 등으로 부르는 것이 적절하다.

---

## 02 정답 ①

**[정답해설]**

제시된 지문은 이효석의 『메밀꽃 필 무렵』으로, 메밀꽃이 핀 달밤의 풍경을 마치 눈으로 보는 것처럼 감각적으로 재현하고 있다. 이는 소설의 서술 방식 중 대상의 감각적 인상을 눈에 보이듯 재현하는 '묘사'에 해당한다.

**[오답해설]**

② **설명** : 사실, 사물, 현상, 사건의 내용, 의의, 이유 등을 알게 쉽게 밝히는 진술 방식

③ **유추** : 생소한 개념이나 현상을 설명할 때, 낯선 개념을 익숙한 대상에 비유하여 설명하는 방식

④ **분석** : 어떤 개념이나 대상을 하위 개념으로 나누거나 쪼개어 그것의 특징을 밝히는 설명 방식

---

## 03 정답 ③

**[정답해설]**

제시문에 무대연출 작업 중에서 독보적인 창작을 걸러내서 배타적인 권한인 저작권을 부여하는 것은 매우 흔치 않은 경우이고, 후발 창작을 방해하는 <u>요소로 작용할 수도 있다고</u> 서술하고 있다. 그러므로 독보적인 무대연출 작업에 저작권을 부여한다고 해서 후발 창작에 방해가 되지는 않는다는 ③의 설명은 제시문에 대한 이해로 적절하지 않다.

---

**[오답해설]**

① 제시문에서 저작권 침해를 주장하기 위한 두 번째 조건으로 '창작 표현의 도용 여부'를 제시하고 있으나, 이를 밝히기는 쉽지 않다고 서술되어 있다.

② 첫 번째 문장에서 저작권 침해를 주장하기 위한 첫 번째 조건으로 '유효한 저작권의 소유'를 제시하고 있다.

④ 마지막 문장에서 저작권법은 창작을 장려함과 동시에 일반 공중이 저작물을 원활하게 이용할 수 있도록 하는 두 가지 가치의 균형을 목표로 한다고 밝히고 있다.

---

## 04 정답 ②

**[정답해설]**

제시문에서 파놉티콘은 소수의 교도관들이 다수의 죄수들을 관리하도록 디자인 되어 있으므로, 소수의 권력자에 의한 정보 독점 아래 다수가 통제되는 구조이다. 그러므로 ⓒ은 '다수'가 올바르며, '소수'로 고치는 것은 적절하지 않다.

**[오답해설]**

① 파놉티콘은 교도관이 죄수들을 볼 수 있지만, 죄수들은 교도관을 바라볼 수 없는 구조로 되어 있다. 따라서 감시탑 안에 교도관이 실제로 없어도 죄수들은 그 사실을 알지 못하므로, 교도관에게 언제 처벌을 받을지 모르는 공포감에 스스로를 감시하게 된다. 그러므로 글의 문맥상 ㉠의 '있을'을 '없을'로 고치는 것은 적절하다.

③ 시놉티콘에 가장 크게 기여한 인터넷 특성은 권력자에 대한 비판을 신변 노출 없이 자유롭게 표현할 수 있는 '익명성' 때문이다. 그러므로 ⓒ의 '동시성'을 '익명성'으로 고치는 것은 적절하다.

④ 현대사회가 다수가 소수의 권력자들을 동시에 감시할 수 있는 시놉티콘의 시대가 된 것은 정보화 시대가 오면서 언론과 통신이 발달했고 다수가 정보를 수용하고 생산하게 되었기 때문이다. 그러므로 ㉣의 '특정인이'를 '누구나가'로 고치는 것은 적절하다.

---

## 05 정답 ②

**[정답해설]**

ⓒ의 '칠팔십 리(七八十里)'는 삼수갑산에 돌아가기 위해 오늘도 육십 리를 가기도 했지만, 결국 돌아가지 못한 시적 화자의 여정을 방랑길에 비유한 것이다.

**[오답해설]**

① ㉠의 '산(山)새'는 시메산골의 영(嶺)이 높아 울고, 화자는 삼수갑산의 고개가 높아 우는 것처럼, 시적 화자와 비슷한

처지에 놓여 있는 감정 이입의 대상이다.
③ ⓒ의 '불귀(不歸), 불귀, 다시 불귀'는 삼수갑산에 다시 돌아가지 못하는 시적 화자의 안타까운 심정을 표현한 것으로, 시적 화자의 이국 지향 의식을 강조한 것은 아니다.
④ ⓔ의 '위에서 운다'는 시적 화자가 지닌 분노의 정서를 대변하는 것이 아니라, 감정 이입의 대상인 '산(山)새'의 슬픔을 통해 삼수갑산에 돌아가지 못하는 시적 화자의 슬픈 정서를 대변한 것이다.

**[작품해설]**

▌ 김소월, 「산」
• 갈래 : 자유시, 서정시
• 성격 : 민요적, 향토적, 애상적
• 제재 : 산새
• 주제 : 임을 만나지 못하는 정한과 비애
• 특징
  – 수미상관의 기법으로 화자의 정서를 강조함
  – 감정 이입을 통해 화자의 정서를 드러냄

## 06　　　　　　정답 ③

**[정답해설]**
'내 보기엔 좋은 여자 같다'는 정 씨의 말에 영달이 '그런 것 같다'고 인정한 점 그리고 영달이 "어디 능력이 있어야죠."라고 말한 점에서 영달은 백화를 신뢰할 수 없었기 때문에 같이 떠나지 않은 것이 아니라, 백화와 함께 정착해서 살 자신이 없었기 때문에 같이 떠나지 않았음을 알 수 있다.

**[오답해설]**
① 정 씨는 "같이 가시지. 내 보기엔 좋은 여자 같군."이라고 말하며, 영달에게 백화와 함께 떠날 것을 권유하고 있다.
② "백화는 뭔가 쑤군대고 있는 두 사내를 불안한 듯이 지켜보고 있었다."에서 백화는 자신과 함께 갈 것인지 아닌지 영달의 선택을 몰라 불안해하고 있었다.
④ 백화가 "정말, 잊어버리지…… 않을게요."라고 말한 후 개찰구로 가다가 다시 돌아와 '이점례'라고 자신의 본명을 말한 것은 정 씨와 영달에 대한 고마움을 표현한 것이다.

**[작품해설]**

▌ 황석영, 「삼포 가는 길」
• 갈래 : 현대 소설, 단편 소설, 여로형 소설
• 성격 : 현실 비판적, 사실적
• 제재 : 산업화 과정에서 소외된 사람들의 삶
• 배경 : 1970년대 겨울, 삼포로 가는 길

• 시점 : 전지적 작가 시점
• 주제 : 산업화 과정에서 고향을 상실한 떠돌이들의 애환과 연대 의식
• 특징
  – 대화와 행동 묘사를 통해 사실적이고 극적인 효과를 나타냄
  – 길을 모티프로 하는 여로 소설의 구조를 통해 주제를 형상화 함
  – 여운을 남기는 방식으로 작품을 결말을 처리함

## 07　　　　　　정답 ④

**[정답해설]**
(나) 100년 전 한반도의 지정학적 조건으로 인해 우리는 국권을 상실하는 '아픔'을 겪었다(과거).
(라) 그 '아픔'은 분단으로 이어져 오늘에 이르고 있다(현재).
(다) 지금 우리나라는 전쟁의 폐허를 극복하고 세계적인 경제 강국을 건설하고 있다(현재).
(가) 이제 한반도는 동북아 물류의 금융, 비즈니스의 중심지가 될 것이다(미래).

그러므로 제시문은 과거–현재–미래의 시간적 순서에 따라, (나) – (라) – (다) – (가)의 순서로 전개되어야 글의 문맥상 가장 자연스럽다.

## 08　　　　　　정답 ②

**[정답해설]**
A(팀장)와 B(예은)는 대화 중에 '네, 알겠습니다.', '맞습니다.', '그렇겠네요'라는 언어적 표현과 고개를 끄덕이는 비언어적 표현을 통해 공감의 표지를 드러내며 상대방의 말을 듣고 있다.

**[오답해설]**
① A(팀장)는 B(예은)에게 내용 요약 방식을 제안하고 있지 않으며, 오히려 B(예은)가 제시한 개조식 요약 방식에 문제가 있을 수 있다고 지적하고 있다.
③ B(예은)는 회의 내용 요약 방식에 대한 A(팀장)의 문제 제기에 대해 다른 입장을 보이는 것이 아니라, 고개를 끄덕이며 동의하고 있다.
④ 개조식 요약 방식이 회의 내용을 과도하게 생략하여 이해에 어려움을 줄 수 있다고 명시한 사람은 A(팀장)가 아니라 B(예은)이다.

## 09 정답 ④

**[정답해설]**
의원 선서 → 자유 발언 → 조례안 상정 → 찬반 토론 → 전자 투표
제시문의 후반부에서 참석 학생들은 1일 시의원이 되어 의원 선서를 한 후 주제에 관한 자유 발언 시간을 가졌고, 이어서 관련 조례안을 상정한 후 찬반 토론을 거쳐 전자 투표로 표결 처리하였다고 서술되어 있다. 그러므로 A시의 올해 청소년 의회 교실은 의원 선서, 자유 발언, 조례안 상정, 찬반 토론, 전자 투표의 순서로 진행되었음을 알 수 있다.

**[오답해설]**
① 제시문에 청소년 의회 교실에 참여할 수 있는 대상은 A시에 있는 학교에 재학 중인 만 19세 미만의 청소년이라고 서술되어 있다.
② 제시문에 시의회 의장은 의회 교실이 참가자 선정 및 운영 방안을 결정할 수 있고, 운영 방안에는 민주 시민의 소양과 자질 등에 관한 교육 내용이 포함된다고 서술되어 있다.
③ 제시문에 시의회 의장은 고유 권한으로 본회의장 시설 사용이 가능하도록 지원할 수 있다고 서술되어 있다.

## 10 정답 ④

**[정답해설]**
'점잖다'는 '점(젊)- + -지 + 아니 + 하-'가 축약되어 된 말이고, '점잔이'는 형용사 어근 '점잖-'에 부사 파생 접미사 '-이'가 붙어서 된 말이다. 그러므로 '점잖다'는 '의젓함'을 나타내는 '점잔이'에 '하다'가 붙어 형성된 말이 아니다.

> • **점잖다** : 1. 언행이나 태도가 의젓하고 신중하다. / 2. 품격이 꽤 높고 고상하다.
> • **점잔이** : 의젓하고 신중한 언행이나 태도로

**[오답해설]**
① '가난'은 '몹시 힘들고 고생스러움'을 뜻하는 한자어 '간난(艱難)'에서 제1음절의 끝소리 'ㄴ'이 탈락하면서 된 말이다.
② '어리다'는 15세기 중세 국어에서 '슬기롭지 못하고 둔하다'는 의미인 '어리석다'를 뜻하였으나, 오늘날에는 '나이가 적다'는 뜻으로 그 의미가 바뀐 말이다.
③ '수탉'의 옛말인 '수툵'은 수컷을 의미하는 '수'의 옛말인 'ㅎ' 종성 체언 '숳'에 '닭'의 옛말인 '둙'이 합쳐져 이루어진 복합어이다.

## 11 정답 ③

**[정답해설]**
세 번째 문단에서 글쓴이는 혐오를 사회문제의 기원이나 원인이 아니라 발현의 결과로 보고 있으며, 혐오나 증오 그 자체를 사회악으로 지목해 도덕적으로 지탄하는 데서 그치지 말아야 한다고 주장하고 있다. 즉, 혐오 현상을 바르게 이해하려면 그 원인이 되는 사회문제를 찾아내야 한다는 입장을 밝히고 있다. 그러므로 혐오 현상을 만들어 내는 근본 원인을 찾아야 한다는 ③의 설명이 제시문의 주제로 가장 적절하다.

**[오답해설]**
① 세 번째 문단에서 혐오는 사회문제의 기원이나 원인이 아니라, 발현의 결과라고 그 인과관계에 대해 서술하고 있다. 그러므로 혐오 현상에 인과관계가 존재하지 않는 것은 아니다.
② 두 번째 문단에서 왜 혐오가 나쁘냐는 물음에 대한 대답들은 분명 선량한 마음에서 나온 것이지만 문제의 성격을 오인하게 만들 수 있다고 서술하고 있다. 그러므로 혐오 현상을 선량한 마음으로 바라보아야 하는 것은 아니다.
④ 두 번째 문단에서 혐오나 증오라는 감정에 집중할수록 '달을 가리키는 손가락만 바라보는' 잘못을 범하기 쉽다고 서술하고 있다. 즉 혐오라는 감정(손가락)에 집중할수록 사회문제(달)는 잘 보이지 않게 된다는 것이다.

## 12 정답 ①

**[정답해설]**
㉠의 '초가 정자'는 시적 화자가 묘사하는 풍경의 일부이자 시를 읊조리는 공간일 뿐, 시간적 흐름에 따라 시상 전개를 매개하는 대상이 아니다.

**[오답해설]**
② ㉡의 '높다랗게'는 자연 속에 묻혀 술 한 잔 하고 시를 읊조리는 시적 화자의 고고하고 초연한 태도를 드러내고 있다.
③ ㉢의 비어 있는 '누대'는 언제 봐도 그대로인 자연과 대비하여 쇠락한 인간사를 암시하는 소재로 사용되고 있다.
④ 시적 화자는 붉은 꽃잎 하나라도 흔들지 말라고 명령하며, 늙어갈수록 봄바람이 안타깝다고 한탄하고 있다. 그러므로 ㉣의 '봄바람'은 꽃잎을 흔드는 부정적 이미지로 기능한다고 볼 수 있다.

## 13 정답 ③

**[정답해설]**
'각축(角逐)'은 '서로 이기려고 다투며 덤벼듦'을 뜻하는 단어로, '각(角)'은 '뿔'에 해당하므로 사람의 몸을 가리키는 말이 아니다.

**[오답해설]**
① '슬하(膝下)'는 '무릎의 아래'라는 뜻으로, 어버이나 조부모의 보살핌 아래 주로 부모의 보호를 받는 테두리 안을 이른다. '슬(膝)'은 사람의 신체 부위 중 '무릎'을 가리킨다.
② '수완(手腕)'은 '일을 꾸미거나 치러 나가는 재간'을 뜻하는 단어로, '수(手)'는 사람의 신체 부위 중 '손'을 그리고 '완(腕)'은 '팔뚝'을 가리킨다.
④ '발족(發足)'은 '어떤 조직체가 새로 만들어져서 일이 시작됨 또는 그렇게 일을 시작함'을 뜻하는 단어로, '족(足)'은 사람의 신체 부위 중 '발'을 가리킨다.

## 14 정답 ③

**[정답해설]**
㉠의 '계월'은 '보국'에게 예를 갖추라고 호령하며 갈등 상황을 타개하는 데 적극적인 반면, ㉡의 '까투리'는 '장끼'가 고집을 끝내 굽히지 않자 경황없이 물러나며 갈등 상황을 타개하는 데 소극적이다.

**[오답해설]**
① ㉠의 '계월'은 '보국'에게 예를 갖추라고 명령하고 있으므로 '보국'에 비해 우월한 지위를 가지고 있음을 알 수 있으나, ㉡의 '까투리'는 '장끼'가 고집을 굽히지 않고 '까투리'의 말을 듣지 않으므로 '장끼'에 비해 우월한 지위를 가지고 있다고 볼 수 없다.
② ㉠의 '계월'이 "보국이 어찌 이다지도 거만한가?"라며 '보국'의 행동을 비판하고 있고, ㉡의 '까투리'도 "저런 광경 당할 줄 몰랐던가, ~ 계집의 말 안 들어도 망신이네."라며 '장끼'의 행동을 비판하고 있다.
④ ㉠의 '계월'이 호령하자 군졸의 대답 소리로 장안이 울릴 정도였다고 묘사한 부분에서 주변으로부터 호의적인 반응을 얻었다고 볼 수 있다. 그러나 ㉡의 '까투리'는 아홉 아들 열두 딸과 친구 벗님네들도 불쌍타 의논하며 조문 애곡하였다고 서술한 부분에서 주변으로부터 연민을 받고 있음을 알 수 있다. 그러므로 '까투리'가 적대적인 반응을 얻은 것은 아니다.

**[작품해설]**

**▌작자 미상,「홍계월전」**
- **갈래** : 여성 영웅 소설. 군담 소설
- **성격** : 영웅적. 일대기적
- **배경** : 중국 명나라
- **시점** : 전지적 작가 시점
- **주제** : 홍계월의 영웅적 면모와 고난 극복
- **특징**
  - 영웅의 일대기 구조
  - 남성보다 우월한 능력을 지닌 여성 영웅
  - 남장 모티프

**▌작자 미상,「장끼전」**
- **갈래** : 한글 소설. 우화 소설. 판소리계 소설
- **성격** : 풍자적. 우의적. 교훈적
- **시대** : 조선 후기
- **제재** : 장끼의 죽음과 까투리의 개가
- **시점** : 전지적 작가 시점
- **문체** : 운문체. 판소리체
- **주제** : 남존여비 사상과 여성의 개가 금지 비판
- **특징**
  - 인격화된 동물에 의해 사건이 진행됨
  - 당대의 서민의식을 반영함
  - 중국의 고사를 인용함
  - 인간의 본능적 욕구를 중시함

## 15 정답 ④

**[정답해설]**
'끼이다'는 '벌어진 사이에 들어가 죄이고 빠지지 않게 되다'는 의미로, 해당 문장에서 '끼이는'은 옳게 사용되었다. '끼이다'는 '끼다'의 피동사로, 해당 문장의 '끼이는'은 준말 형태인 '끼는'으로 줄여 쓸 수 있다.

**[오답해설]**
① 되뇌이는 → 되뇌는
   '같은 말을 되풀이하여 말하다'를 뜻하는 말은 '되뇌다'이므로, 해당 문장의 '되뇌이는'은 '되뇌는'으로 고쳐 써야 옳다.
② 헤매이고 → 헤매고
   '갈 바를 몰라 이리저리 돌아다니다'를 뜻하는 말은 '헤매다'이므로, 해당 문장의 '헤매이고'는 '헤매는'으로 고쳐 써야 옳다.
③ 메이기 → 메기
   '뚫려 있거나 비어 있는 곳이 막히거나 채워지다'를 뜻하는 말은 '메다'이므로, 해당 문장의 '메이기'는 '메기'로 고쳐 써야 옳다.

## 16 정답 ④

**[정답해설]**

辯護事 → 辯護士

해당 문장에서 '변호사'의 한자어 표기인 '辯護事'는 '辯護士'로 고쳐 써야 옳다. 즉, '事(일 사)'가 아닌 '士(선비 사)'가 바른 한자어 표기이다.

> **변호사(辯護士 : 말씀 변, 도울 호, 선비 사)**
> 법률에 규정된 자격을 가지고 소송 당사자나 관계인의 의뢰 또는 법원의 명령에 따라 피고나 원고를 변론하며 그 밖의 법률에 관한 업무에 종사하는 사람을 이른다.

**[오답해설]**

① 소방관(消防官 : 사리질 소, 막을 방, 벼슬 관) → '소방 공무원'을 일상적으로 이르는 말이다.
② 과학자(科學者 : 과목 과, 배울 학, 놈 자) → 과학을 전문으로 연구하는 사람으로, 주로 자연 과학을 연구하는 사람을 이른다.
③ 연구원(研究員 : 갈 연, 연구할 구, 인원 원) → 연구에 종사하는 사람을 이른다.

## 17 정답 ③

**[정답해설]**

제시문에 따르면 고대의 학문과 언어에 대한 재평가가 이루어지면서 인간에 대한 새로운 관심이 증대했고, 따라서 예술가들이 인체의 아름다움을 재발견한 것이다. 즉, 예술가들이 인체의 아름다움을 재발견함으로써 고대의 학문과 언어에 대한 재평가가 이루어졌다는 ③의 설명은 글의 선후 관계가 뒤바뀐 것이다.

**[오답해설]**

① 첫 문장에서 르네상스가 일어나게 된 요인으로 의학사의 관점에서 볼 때 흥미롭고 논쟁적인 원인이 페스트라고 서술하고 있다. 그러므로 전염병의 창궐은 르네상스의 발생을 설명하는 다양한 요인 가운데 하나임을 알 수 있다.
② 첫 번째 문단에서 페스트로 인해 '사악한 자'들만이 아니라, '선량한 자'들까지 무차별적으로 죽는 것을 보고 이전까지 의심하지 않았던 신과 교회의 막강한 권위에 대해서도 회의하게 되었다고 서술한 부분에서 확인할 수 있다.
④ 세 번째 문단에 의사들에게 해부학적 지식은 불필요한 것으로 인식되었던 반면, 미술가들은 인체의 내부 구조를 탐색하는 데 골몰했다고 서술한 부분에서 확인할 수 있다.

## 18 정답 ②

**[정답해설]**

제시문의 밑줄 친 '툭 던지는 한마디는 예리한 비수가 되어 독자의 의식을 헤집는다.'와 그 의미가 어울리는 한자 성어는 '寸鐵殺人(촌철살인)'이다.

> **寸鐵殺人(촌철살인)**
> 한 치의 쇠붙이로도 사람을 죽일 수 있다는 뜻으로, 간단한 말로 남을 감동하게 하거나 남의 약점을 찌를 수 있음을 이르는 말

**[오답해설]**

① 巧言令色(교언영색) : 아첨하는 말과 알랑거리는 태도
③ 言行一致(언행일치) : 말과 행동이 하나로 들어맞음 또는 말한 대로 실행함
④ 街談巷說(가담항설) : 거리나 항간에 떠도는 소문

## 19 정답 ①

**[정답해설]**

제시문의 첫 문장은 '만약 어떤 것이 과학일 경우(p) 거기에서 사용되는 문장은 유의미하다(q)'는 논리 구조로 볼 수 있다. 'p이면 q이다'가 참이면 그 대우 '~q이면 ~p이다'도 참이 되므로, '무의미한 문장을 사용하는 것은(~q) 과학이 아니다(~p)'도 참이 된다. 그러므로 해당 문장은 옳게 추론한 것이다.

**[오답해설]**

② '과학의 문장'은 '유의미한 문장'에 포함되나, '과학의 문장' 이외에도 '유의미한 문장'은 존재할 수 있다. 그러므로 '과학의 문장'들만이 유의미한 것은 아니다.
③ 제시문에 따르면 "달의 다른 쪽 표면에 산이 있다."는 (가) 문장은 비록 현실적으로 큰 비용이 들기는 하지만 분명히 경험을 통해 진위를 밝힐 수 있기 때문에 유의미한 문장이라고 판단한다. 그러므로 '아직까지 경험되지 않은 것'이라도 경험을 통해 참이나 거짓을 검증할 수 있는 문장이라면 유의미한 것이다.
④ 제시문에서 설명한 검증 원리에 따라, 거짓인 문장도 경험을 통해 거짓임을 검증할 수 있는 문장이라면 유의미한 것이다.

## 20      정답 ④

**[정답해설]**
ㄱ·ㄴ.두 번째 문단에서 결정론적 법칙의 지배를 받는 시스템은 자유의지를 가지지 않으며, 자유의지를 가지지 않는 시스템은 도덕적 의무에 귀속되지 않는다. 따라서 결정론적 법칙의 지배를 받는 컴퓨터는 자유의지를 가지지 않으며 도덕적 의무의 귀속 대상일 수도 없다. 또한 도덕적 의무를 귀속시킬 수 있는 시스템은 자유의지를 가지고 있으므로, 결정론적 법칙의 지배를 받지 않는다.

ㄷ. 두 번째 문단에 따르면 어떤 선택을 할 때 그것과 다른 선택을 할 수 없는 시스템은 결정론적 법칙의 지배를 받는 시스템이고, 결정론적 법칙의 지배를 받는 시스템은 자유의지를 가지지 않는다.

## ▌[지방직] 2021년 06월 | 정답

| 01 | ② | 02 | ③ | 03 | X | 04 | ② | 05 | ④ |
|----|---|----|---|----|---|----|---|----|---|
| 06 | ③ | 07 | ③ | 08 | ③ | 09 | ① | 10 | ④ |
| 11 | ④ | 12 | ② | 13 | ② | 14 | ③ | 15 | ① |
| 16 | ① | 17 | ④ | 18 | ③ | 19 | ④ | 20 | ④ |

## ▌[지방직] 2021년 06월 | 해설

## 01      정답 ②

**[정답해설]**
몇 일 → 며칠
한글 맞춤법 제 27항에 둘 이상의 단어가 어울리거나 접두사가 붙어서 이루어진 말은 각각 그 원형을 밝히어 적는다고 명시되어 있고, 어원이 분명하지 않을 경우에는 원형을 밝히어 적지 아니하기 때문에 '몇 일'이 아니라 '며칠'로 적어야 한다.

**[오답해설]**
① 웬일 : 어찌 된 일. 의외의 뜻을 나타낸다.('왠일'은 틀린 표현)
③ 박인(박이다) : 손바닥, 발바닥 따위에 굳은살이 생기다.('박힌'은 틀린 표현)
④ 으레 : 틀림없이 언제나.('으례, 의례'는 틀린 표현)

## 02      정답 ③

**[정답해설]**
'-로써'는 받침이 없는 체언이나 'ㄹ' 받침으로 끝나는 체언 뒤에 붙는 조사로, 시간을 셈할 때 셈에 넣는 한계를 나타내거나 어떤 일의 기준이 되는 시간임을 나타내는 격조사이다. 따라서 '드디어 오늘로써'에서 '-로써'가 사용된 것은 적절하다.

**[오답해설]**
① 지위나 신분을 나타내는 격조사를 사용해야 하므로, '딸로써'가 아닌 '딸로서'를 사용해야 한다.
② 어떤 일의 수단이나 도구를 나타내는 격조사를 사용해야 하므로 '대화로서'가 아닌 '대화로써'를 사용해야 한다.
④ 어떤 일의 수단이나 도구를 나타내는 격조사를 사용해야 하므로 '이로서'가 아닌 '이로써'를 사용해야 한다.

## 03      정답 X

**[정답해설]**
표준국어대사전에서 '반나절'은 '한나절의 반'과 '하룻낮의 반(半)'의 의미를 지니고 있다. 해당 문제는 출제위원이 보통 '한나절의 반'을 '1 / 2 일'로 인식하는 것을 염두에 두고 출제한 것으로 보인다. '반나절'의 뜻풀이를 하면 '하루 낮 동안의 반'과 '하루 낮 동안의 반'으로 풀이할 수 있기 때문에 '하룻낮의 반'은 옳은 뜻풀이가 되며 문제에 제시된 단어의 뜻풀이가 중옳지 않은 것은 없다.

**[보충해설]**

▌때(시간)와 관련된 고유어
- 나절 : 하룻낮의 절반쯤 되는 동안
- 날포 : 하루가 조금 넘는 동안
- 달구리 : 이른 새벽의 닭이 울때
- 달포 : 한 달이 조금 넘는 기간
- 들마 : 가게 문을 닫을 무렵
- 땅거미 : 해가 진 뒤 어스레한 상태
- 미명 : 날이 채 밝지 않음 또는 그런 때
- 어스름 : 조금 어둑한 상태 또는 그런 때
- 해거름 : 해가 서쪽으로 넘어가는 일. 또는 그런 때
- 해거리 : 한 해를 거름 또는 그런 간격
- 해넘이 : 해가 막 넘어가는 때 또는 그런 현상
- 해동갑 : 해가 질 때까지의 동안
- 해포 : 한 해가 조금 넘는 동안

## 04 　　　　　　　　　　　　　정답 ②

**[정답해설]**

'일을 할 때 서로의 행동이나 의향을 잘 알고 처리하여 나가다'의 의미를 지닌 '호흡을 맞춰'는 밑줄의 '연결해 주어'와 바꿔 쓰기에 적절하지 않은 관용 표현이다. 따라서 '일이 잘되게 하기 위하여 둘 또는 여럿을 연결하다'의 의미를 지닌 '다리(를) 놓다'를 쓰는 것이 적절하다.

**[오답해설]**

① **가랑이(가) 찢어지다** : 몹시 가난하여 살림살이가 궁색함

③ **코웃음(을) 치다** : 남을 깔보고 비웃음

④ **바가지(를) 쓰다** : 요금이나 물건 값을 실제 가격보다 비싸게 지불하여 억울한 손해를 봄

## 05 　　　　　　　　　　　　　정답 ④

**[정답해설]**

'작중화자의 개입'이라고도 하며 서술자가 진행 중인 사건이나 인물의 언행 등에 대하여 자신의 견해를 밝히는 편집자적 논평은 밑줄 ⓔ의 '그 형용은 세상 인물이 아니로다'에서 사용되었음을 알 수 있다. 그러나 글에서는 춘향이의 내면적 아름다움에 대해 서술하는 것이 아니라 '외면적 아름다움에 대해 서술하고 있다.

**[오답해설]**

① '…천중절을 모를쏘냐'에서 설의적인 표현이 쓰였음을 알 수 있으며, 이는 시서 음률에 정통한 춘향도 알고 있을 가능성이 있다.

② '황금 같은 꾀꼬리'에서 비유법을 사용하고 '쌍쌍이 날아든다'에서 음양이 조화를 이룬 표현을 알 수 있다.

③ '펄펄'과 '흔들흔들'을 통해 음성상징어가 사용되었으며 '머리위의 나뭇잎은 몸을 따라 흔들거린다'는 표현은 춘향의 그네 타는 모습을 시각화하고 있다.

**[작품해설]**

> ■ **춘향전(春香傳)**
> - **갈래** : 고전소설, 판소리계소설, 염정소설
> - **주제** : 신분(계급)을 초월한 사랑과 여인의 정절
> - **배경**
>   - 시간적, 공간적 배경 : 조선 후기 전라도 남원
>   - 사상적 배경 : 실학사상(개혁사상), 평민의식, 평등사상, 자유연애, 열녀불경이부
> - **특징**
>   - 서사적, 운문적, 해학적, 풍자적 성격

> - '발단 → 전개 → 위기 → 절정 → 결말'의 5단계, 추보식 전개

## 06 　　　　　　　　　　　　　정답 ③

**[정답해설]**

B는 A가 고객이 제안서에 대해 한 답변을 말 그대로 받아들이고 있는 것에 대해 고객이 '요즘 같은 코로나 시기에는 이전과 동일한 사업적 효과가 있을지 궁금하다'와 '검토하고 연락드리겠습니다.'라는 말을 한 것을 근거로 완곡하게 거절하는 표현임을 알 수 있다.

**[오답해설]**

① '검토하고 연락드리겠습니다.'에 대해 A는 말 그대로 승낙의 의미로 받아들이고 있지만, B는 완곡하게 거절하는 의사표현으로 받아들이고 있다.

② A의 '동일한 사업적 효과에 대해서는 궁금하다고 말한 것이지만 사업을 수용하지 않는다'는 말을 통해 사업에 대해서 부정적인 평가라는 판단을 하지 않았음을 알 수 있다.

④ A는 고객의 비언어적 표현에 대해 표정이 좋았으며 박수도 쳐 주었고, 목소리도 부드러웠다는 것을 통해 완곡한 거절이 아닌 긍정적 표현으로 받아들이고 있다.

## 07 　　　　　　　　　　　　　정답 ③

**[정답해설]**

글의 맨 처음에 '내가 그를 아버지라고 부르기 어려운 것은 거의 그런 말을 발음해 본 적이 없는 습관의 탓이 크다.'라고 말하고 있다. 따라서 '현규에 대한 감정' 때문에 아버지라 부르는 것에 거부감을 갖고 있다는 사실은 부합하지 않다.

**[오답해설]**

① '나는 그를 영원히 아무에게도 주기 싫다. 그리고 나 자신을 다른 누구에게 바치고 싶지도 않다.'는 문장을 통해 현규를 이복남매가 아닌 이성으로서 느끼고 있으며, '나는 또 물론 그도 나와 마찬가지로 같은 일을 생각하고 있기를 바란다.'에서 나와 같은 감정을 갖고 있기를 기대하고 있다.

② '무슈 리'와 '엄마'는 재혼한 사이이며 무슈 리의 아들이 '현규'라는 것을 통해 나와는 혈연적으로 관련이 없는 '타인'이며 '법률상의 오누이'라는 것을 알 수 있다.

④ '나는 그를 영원히 아무에게도 주기 싫다. 그리고 나 자신을 다른 누구에게 바치고 싶지도 않다.'라는 문장을 통해 법률로 묶여 있는 혈연관계의 인습이나 도덕률보다는 현

규에 대한 '나'의 감정에 충실해지고 싶어 한다는 것을 알 수 있다.

[작품해설]

> ▌ 강신재, 「젊은 느티나무」
> • 갈래 : 단편 소설, 성장 소설
> • 배경 : 1950년대 서울에서 떨어진 S촌
> • 주제 : 현실의 굴레를 극복하고 순수한 사랑을 성취하고자 하는 청춘 남녀
> • 특징
>   – 감각적이며 섬세한 문체로 청춘 남녀의 고민을 직접적으로 느낄 수 있게 하였음
>   – 법률상 오누이 관계인 두 남녀의 사랑을 민감한 사회문제와 맞물려 고민하게 함
>   – 젊은 남녀 간의 사랑에 대해 사회적 금기와 본능적 감성 사이에서 갈등하는 모습을 풀어냄

---

## 08 　　　　　　　　　　　　　　　정답 ③

[정답해설]

글에서 정중하고 단호한 태도는 수동적, 공격적인 반응과 다르게 다른 사람의 권리를 침해하지 않으면서 스스로의 권리를 존중하며 지키는 것을 의미한다. '안 피우시면 좋겠어요.'로 자신의 주장을 말하면서 '연기가 해롭잖아요.'라 근거를 들고, '피우고 싶으시면 차를 세워 드릴게요.'라며 상대의 권리를 침해하지 않게 말하고 있다.

[오답해설]

① '좀 그러긴 하지만'에서 별로 달갑지 않아하는 표현 뒤에 '괜찮아요. 창문 열고 피우세요.'를 말함으로써 내 권리를 지키지 못하고 있다.
② '좀 참아 보시겠어요.'는 상대방의 권리를 침해하는 말이기 때문에 정중하고 단호한 태도와 거리가 멀다.
④ '물어봐 줘서 고마워요. 피워도 그렇고 안 피워도 좀 그러네요.'는 단호한 태도와는 거리가 멀고, '생각해 보시고서 좋은 대로 결정하세요.'는 내 권리를 존중하지 않는 태도이다.

---

## 09 　　　　　　　　　　　　　　　정답 ①

[정답해설]

장씨 아저씨가 '성환이 대학생이 되었다는 것'과 '성환이 대학생이 되었으니 할매가 한풀이를 다했을 것'이라는 말을 통해 호야 할머니의 손주가 성환임을 알 수 있으며 손주가 걱정되어 눈물로 세월을 보냈음을 말하고 있기 때문에 '자나 깨나 잊지 못함'을 의미하는 오매불망(寤寐不忘)이 (가)에 들어가기 적절한 한자 성어이다.

[오답해설]

② 망운지정(望雲之情) : 자식이 객지에서 고향에 계신 어버이를 생각하는 마음
③ 염화미소(拈華微笑) : 말로 통하지 아니하고 마음에서 마음으로 전하는 일을 의미하는 말
④ 백아절현(伯牙絕絃) : 자기를 알아주는 참다운 벗의 죽음을 슬퍼함

---

## 10 　　　　　　　　　　　　　　　정답 ④

[정답해설]

(가)는 길재의 시조로 송도를 돌아보며 지난날 고려의 도읍지였던 곳에 대한 감회를 표현하고 있다. (나)는 조지훈의 봉황수(鳳凰愁)로 망해버린 나라에 대해 부끄러워하며 서글퍼하는 감정을 드러내고 있다. (가)는 시조의 형식대로 3·4조 4음보로 시상을 전개하고 있지만, (나)는 자유롭게 시상을 전개한 자유시이므로 (가)를 제외한 (나)에 대한 설명으로는 적절하지 않다.

[오답해설]

① (가)는 영원함을 대표하는 '산천'과 유한함을 대표하는 '인걸'이 서로 대비되어 인생의 무상함을 드러내고 있다.
② (나)는 중국을 빗댄 '쌍룡'과 조선의 왕을 빗댄 '봉황'을 대비시켜 '큰 나라를 섬기다 거미줄 친 옥좌 위에 여의주를 희롱하는 쌍룡 대신에 두 마리 봉황새를 틀어 올렸다'라는 표현을 통해 사대주의에 대해 비판적 시각을 드러내고 있다.
③ (가)는 오백년 동안 도읍지였던 곳을 필마(匹馬)로 돌아다니며 화자는 안타까운 마음을 표현하고 있으며 (나)는 황폐화된 궁궐의 모습을 보여 주고난 뒤, 망한 나라에 대한 마음속의 심정을 표현하고 있다.

[작품해설]

> ▌ (가) 길재 「회고가(懷古歌)」
> • 갈래 : 평시조
> • 배경 : 고려의 멸망
> • 주제 : 망국의 한과 맥수지탄(麥秀之嘆)
> • 특징 : 대조법·영탄법을 통해 망국의 한과 무상함을 표현

■ (나) 조지훈 「봉황수(鳳凰愁)」
• 갈래 : 산문시, 서정시
• 배경 : 조선의 멸망
• 주제 : 망국의 비애(悲哀)
• 특징
  − 역사적 현실에 대한 비판의식을 고전적 소재를 통해 나타냄
  − 선경후정과 시선의 이동에 따른 시상전개가 돋보임

## 11 정답 ④

[정답해설]
첫 번째 단락에서 '사물의 속성 자체에 관심을 기울이도록 훈련받은 아이들은 스스로 독립적인 행동을 하도록 교육받는다.'와 두 번째 단락에서 '행동에 영향을 받는 다른 사람들의 감정을 미리 예측하도록 교육받는다.'가 제시되었다. 때문에 미국의 어머니는 자녀가 독립적인 행동을 하도록 교육하며, 일본의 어머니는 자녀가 타인의 감정을 예측하도록 교육한다.

[오답해설]
① 첫 번째 단락에서 미국의 어머니는 자신의 생각을 분명하게 표현하고 말하는 사람의 입장에서 대화에 임해야한다고 하였고, 두 번째 단락에서는 일본에서는 아이들에게 듣는 사람의 입장에서 말할 것을 강조 한다고 제시하였다.
② 두 번째 단락의 일본의 어머니는 대상의 '감정'에 특별히 신경 써서 가르치며 일본에서는 아이들에게 듣는 사람의 입장에서 말할 것을 강조한다고 제시하였다.
③ 일본의 어머니에게서 관계에 초점을 맞춘 훈련을 받은 아이들은 자신의 생각을 드러내기보다는 행동에 영향을 받는 다른 사람들의 감정을 미리 예측하도록 교육받기 때문에 이면에 읽는 감정을 읽게 교육하는 것은 일본의 어머니에 해당한다.

## 12 정답 ②

[정답해설]
두 번째 단락에서 GPS가 인간에게 편리한 삶을 제공하고 있으나 습관적인 사용으로 쉽게 길을 잃는다고 하며, 세 번째 단락에서 GPS가 우리 두뇌가 게을러진 사례 중 하나라고 주장하고 있다. 따라서 '인공지능으로 인해 인간의 두뇌가 게을러지는 부작용이 발생 한다'는 결론에 도달하게 된다.

[오답해설]
① 글의 주제가 '인간의 인공지능(AI)에 대한 독립성'과 거리

가 멀며 상충되는 내용이다.
③ 첫 번째 문단 끝에 '인공지능(AI)이 사람보다 똑똑해질 수 있을지도 모른다.'고 주장하고 있지만, 글의 주제 및 결론으로 적절하지 않다.
④ 글의 내용에 인공지능이 상상력을 가지게 될 것이라는 주장이 없기 때문에 글의 결론으로 적절하지 않다.

## 13 정답 ②

[정답해설]
첫 번째 단락에서 유럽연합의 공용어 개념은 '여러 공용어 중 하나만 알아도 공식 업무상 불편이 없게끔 한다는 것'이라는 문장이 제시되어 있으므로 복수의 공용어를 지정한 계기는 공무상 편의를 위한 것이다.

[오답해설]
① 첫 번째 단락에서 '모든 외교관들이 이 공용어들을 전부 다 잘해야 하는 것은 아니다.'라는 문장이 제시되어있으므로 공용어를 다 구사하지 않으면 안 되는 것은 아니다.
③ 두 번째 문단 마지막에서 '영어를 공용어로 지정한다고 해서 모든 한국인이 영어를 잘하게 된다는 믿음은 망상에 불과하다.'고 주장하고 있다.
④ 두 번째 단락에서 '만일 한국어와 영어를 공용어로 지정한다면'과 같은 가정된 상황에 대해 말했을 뿐, 공용어로 지정될 거라는 주장은 하지 않았다.

## 14 정답 ③

[정답해설]
첫 번째 단락에서 악플러는 '아무에게도 영향력을 행사하지 못하고, 자신의 삶과 환경을 통제하지 못하고 무력감에 시달리는 사람'이라는 내용이 있으므로 '자신의 삶을 잘 통제하는 악플러'는 글의 내용과 부합하지 않으며, '타인을 더욱 엄격하게 비판한다'는 말은 내용에 없는 주장이다.

[오답해설]
① 첫 번째 단락에 '자신이 올린 글 한 줄에 다른 사람들이 동요하는 모습을 보면서 자기 효능감(selfefficacy)을 맛볼 수 있다.'는 내용이 있으므로 글의 내용과 부합한다.
② 두 번째 단락에서 악플러가 한 욕설에 상대방이 개의치 않으면 '무시당했다는 생각에 오히려 자괴감에 빠질 수도 있다.'라는 내용과 개인주의는 '자신을 향한 비판에 대해 '그건 너의 생각'이라면서 넘겨 버리는 사람들이 많다.'와 같은 내용을 통해 글의 내용과 부합함을 알 수 있다.
④ 세 번째 단락에 한국인은 '타인에게 필요 이상의 관심을

보이는 것'과 '자기에 대한 타인의 평가와 반응에 너무 예민하다'는 내용에서 글의 내용과 부합함을 확인할 수 있다.

## 15 　　　　　　　　　　　　　　정답 ①

[정답해설]

글의 ⑦은 '검푸른'에서 수박의 겉모습이라는 것을 알 수 있다. ⓒ, ⓒ, ⓔ은 검푸른 구형인 수박의 겉모습을 자르고 난 뒤 '속에 있는 과육'이라는 것을 알 수 있으므로 밑줄 ⑦만 지시하는 대상이 다름을 알 수 있다.

[오답해설]

② '수박이 두 쪽으로 벌어지는 순간'과 '초록이 빨강으로 바뀐다'는 것을 통해 수박 속에 있는 과육임을 알 수 있다.
③ 앞 문장인 '초록의 껍질 속에서'와 밑줄의 '새까만 씨앗'에서 수박 속의 과육임을 알 수 있다.
④ 밑줄 뒤에 '칼 지나간 자리에서 홀연 나타나고, 나타나서 먹히기를 기다리고 있다.'에서 수박 속의 과육이라는 것을 알 수 있다.

## 16 　　　　　　　　　　　　　　정답 ①

[정답해설]

(가) 앞에 양반 중에 양반이라는 것과 뒤에 양반들도 한글 쓰는 것을 즐겨 했다는 것을 부정할 수는 없다는 내용이 나오므로 전환 관계를 지닌 접속어 '그런데'가 들어가야 한다.
(나) 허균이나 김만중은 한글로 소설을 썼다는 내용이 있으므로 첨가 관계인 '게다가'가 와야 한다.
(다) 우리말로 된 문학작품을 만들겠다는 소수 양반을 제외하고 대다수는 한문을 썼다는 내용과 한문으로 쓰인 호질을 예로 들고 있으므로 역접 관계 접속어인 '그렇지만'이 들어간다.
(라) 양반 대부분이 한글을 이해하지 못했다면 정철, 이황, 윤선도가 한글로 작품을 쓰지 않았을 것이란 내용이므로 역접 관계 접속어인 '그러나'가 들어간다.

[작품해설]

■ 박지원, 「호질(虎叱)」
• 갈래 : 한문소설, 풍자소설, 우화 소설
• 성격 : 풍자적, 비판적, 우의적
• 연대 : 조선 영조 때
• 제재 : 양반의 허위의식 비판
• 주제 : 양반 계급의 허위적이고, 이중적인 도덕관을 통

렬하게 풍자적으로 비판
• 특징
– 인간의 부정적 모습을 희화화 함
– 우의적 수법을 사용하여 당시의 지배층을 비판함
– 실학사상을 바탕으로 인간의 부정적인 삶을 비판함

## 17 　　　　　　　　　　　　　　정답 ④

[정답해설]

납부(納付)는 '세금이나 공과금 따위를 관계 기관에 낸다는 의미'를 지니고 있으며 수납(收納)은 '돈이나 물품 따위를 받아 거두어들임.'의 의미를 지니고 있다. (라)에서 국가나 공공단체가 국민에게 부과하는 금전적인 부담인 '공과금(公課金)'이란 단어가 있으므로 납부를 수납으로 고쳐 쓰는 것은 적절하지 않다.

[오답해설]

① (가)에 '현재'라는 단어가 있어 문장에 잘못된 시제를 사용하였으므로 '있다'로 고쳐 써야 한다.
② (나)의 지양(止揚)은 '더 높은 단계로 오르기 위하여 어떠한 것을 하지 아니함'의 의미를 지니고 있어 잘못된 단어를 선택하였기 때문에 '지향(志向)'으로 고쳐 써야 한다.
③ (다)는 지난달에 있었던 수해로 인하여 준비기간이 짧아졌기 때문에 '지난달 수해로 인한'이 아니라 '지난달 수해로 인하여'로 고쳐 써야 한다.

## 18 　　　　　　　　　　　　　　정답 ③

[정답해설]

'자네가 본뜨려는 부처님 형상은 누가 언제 그렸는지 몰라도 흔히 있는 것을 베껴 놓은 걸세.'라는 서연의 대사와 불상의 형상에 대해 자세히 설명하는 동연의 대사로 말미암아 '동연이 부처님 형상을 독창적으로 제작하는 인물'은 글을 잘못 이해한 것이다.

[오답해설]

① 동연은 형태를 완전히 갖춘 불상이야말로 부처님의 마음이 존재한다는 입장이며, 서연은 부처님의 마음이 어디에 있는지 깨달아야 진정한 불상을 제작할 수 있다는 입장이다.
② 서연의 대사인 '자넨 의심도 없는가? 심사숙고해 보게. 그런 형상이 진짜 부처님은 아닐세.'라는 대사를 통해 부처님 형상을 의심하는 인물임을 알 수 있다.
④ 동연은 불상제작에 있어 얼굴과 귀고리, 목걸이, 손에 든

보병을 거론하는 대사로 형식을 중요시함을 알 수 있으며, 서연은 '부처님의 형상에 대한 의심'과 '그 형태 속에 부처님의 마음은 어디에 있는지' 등의 대사를 통해 내용을 중요시함을 알 수 있다.

### [작품해설]

> ▍이강백, 「느낌, 극락같은」
> * 갈래 : 희곡
> * 성격 : 비현실적, 비논리적
> * 배경 : 불상 제작가의 작업장
> * 주제 : 본질적 가치에 대한 깨달음
> * 특징
>   – 동연과 서연의 가치관의 대립을 과거 회상으로 시간 순으로 진행
>   – 두 사람 간의 대립을 현대 사회의 이데올로기로 승화
>   – 물체의 외면에 치중하는 것이 아니라 본질을 깨닫는 마음을 강조

---

## 19 　　　　　　　　　　정답 ④

### [정답해설]

온돌을 통한 난방 방식에 대한 설명에서 방바닥의 차가운 공기가 온돌에 의해 따뜻하게 데워지면 위로 올라가고, 식으면 아래로 내려와 다시 데워지는 대류 현상으로 방 전체를 따뜻하게 하는 난방 방식이다. 벽난로는 복사열이 계속해서 상체와 위쪽 공기를 데우는 난방 방식이기 때문에 (가)에 들어갈 말은 '상체와 위쪽의 따뜻한 공기는 차가운 바닥으로 내려오지 않기 때문이다'가 가장 적절하다.

### [오답해설]

① 벽난로에 의한 난방은 복사열이 계속해서 상체와 위쪽 공기를 데우는 난방방식이다. 따라서 따뜻한 공기가 위로 올라가 식는다는 말은 적절하지 않다.
② 벽난로에 의한 난방은 대류 현상으로 바닥 바로 위 공기까지 따뜻해지지 않는다고 명시되어 있다. 그러므로 복사열로 인한 난방에서 대류 현상으로 인한 난방이라는 순서는 적절하지 않다.
③ 대류 현상을 통한 난방 방식은 위로 올라간 따뜻한 공기가 식어 내려가면 다시 데워지는 과정이므로 상체와 위쪽의 공기만 따뜻하게 하는 것은 적절하지 않다.

---

## 20 　　　　　　　　　　정답 ④

### [정답해설]

네 번째 단락에서 시간이 흐를수록 품질이 개선되는 포도주는 '일부 고급 포도주'에 한정된 이야기란 내용이 있으므로 고급 백포도주를 코르크 마개를 끼워 보관해도 품질이 개선되기 힘들 것이란 사실을 추론할 수 있다.

### [오답해설]

① 세 번째 단락의 '고급 포도주 주요 생산지는 보르도나 부르고뉴처럼 너무 덥지도 않고 너무 춥지도 않은 곳이다.'라는 내용이 있지만 더운 지역에서 '흐물거리는 포도주'를 잘 활용하면 '포르토나 셰리'같은 고급 포도주를 만들 수 있다는 내용이 있으므로 추론으로 적절하지 않다.
② '포도가 자라는 북방 한계가 이탈리아 정도'와 '루아르강 하구로부터 크림반도와 조지아를 잇는 선'이 포도가 자라는 북방한계선이라는 내용이 있으므로 이탈리아보다는 북쪽에 위치할 것이라 추론할 수 있다.
③ 첫 번째 단락에서 '식사용 포도주는 고급 포도주와는 다른 저렴한 포도주가 쓰이며, 술이 약한 사람들은 여기에 물을 섞어서 마시기도 한다.'와 '술이 약한 사람들은 여기에 물을 섞어서 마시기도 한다.'는 내용이 있으므로 저렴한 포도주를 사용하는 것을 추론할 수 있다.

2023~2021
# 국어[서울시]
## 정답 및 해설

문제
문제
문제
해설
해설
해설

## ▌[서울시] 2023년 06월 | 정답

| 01 | ① | 02 | ① | 03 | ④ | 04 | ③ | 05 | ② |
|----|---|----|---|----|---|----|---|----|---|
| 06 | ③ | 07 | ③ | 08 | ② | 09 | ① | 10 | ③ |
| 11 | ④ | 12 | ③ | 13 | ② | 14 | ③ | 15 | ③ |
| 16 | ③ | 17 | ② | 18 | ① | 19 | ② | 20 | ④ |

## ▌[서울시] 2023년 06월 | 해설

### 01
정답 ①

**[정답해설]**

'국민'은 [궁민]으로 발음되어 'ㄱ → ㅇ'으로 바뀌었으나, 'ㄱ, ㅇ' 모두 연구개음이므로 조음 위치는 바뀌지 않았다. '묻는'도 [문는]으로 발음되어 'ㄷ → ㄴ'으로 바뀌었으나, 'ㄷ, ㄴ' 모두 치조음이므로 조음 위치는 바뀌지 않았다.

**[오답해설]**

② '국민'이 [궁민]으로, '묻는'이 [문는]으로 발음되는 것은 받침 'ㄱ, ㄷ, ㅂ'이 뒤에 오는 'ㄴ, ㅁ' 앞에서 'ㅇ, ㄴ, ㅁ'으로 바꾸어 발음되는 비음화현상이다.

③ '국민'과 '묻는'에서 일어나는 비음화현상은 자음동화로 음운 현상 중 동화(同化)에 해당한다.

④ '읊는'은 자음군단순화되어 '읖는'이 된 후 비음화되어 '음는'이 된다. 그러므로 '읊는'에서도 '국민', '묻는'과 마찬가지로 비음화현상이 일어난다.

### 02
정답 ①

**[정답해설]**

본바가 → 본∨바가

'본바가'에서 '본'은 관형사이고 '바'는 뒤에 격조사 '가'가 결합한 의존 명사이므로, '본바가'를 '본∨바가'처럼 띄어 써야 옳다.

**[오답해설]**

② '생각대로'에서 '대로'는 '생각'이라는 체언 뒤에 쓰인 조사이므로 붙여 써야 옳다. '대로'가 의존 명사로 쓰일 경우에는 앞에 관형어가 오며 띄어 써야 한다.

③ '고향뿐이다'에서 '뿐'은 '고향'이라는 체언 뒤에 쓰인 조사이므로 붙여 써야 옳다. '뿐'이 의존 명사로 쓰일 경우에는 앞에 관형어가 오며 띄어 써야 한다.

④ '원칙만큼은'에서 '만큼'은 '원칙'이라는 체언 뒤에 쓰인 조사이므로 붙여 써야 옳다. '만큼'이 의존 명사로 쓰일 경우에는 앞에 관형어가 오며 띄어 써야 한다.

### 03
정답 ④

**[정답해설]**

ⓔ의 '천착'은 '어떤 원인이나 내용 따위를 따지고 파고들어 알려고 하거나 연구함'을 뜻하는 말이다. '잘못된 것을 바로잡음'을 뜻하는 단어는 '시정(是正)'이다.

**[오답해설]**

① ㉠ 폄하(貶下) : 가치를 깎아내림
② ㉡ 기피(忌避) : 꺼리거나 싫어하여 피함
③ ㉢ 각광(脚光) : 사회적 관심이나 흥미

### 04
정답 ③

**[정답해설]**

'소정의'에서 '소정(所定)'은 '정해진 바'라는 뜻이므로 '적은 액수'를 뜻하는 '소액(少額)'으로 바꿔 쓰는 것은 적절하지 않다. 해당 문장의 '소정의'는 '정해진'으로 바꿔 쓰는 것이 적절하다.

**[오답해설]**

① '상존하고'에서 '상존(常存)'은 '언제나 존재함'을 뜻하므로, 해당 문장의 '상존하고'는 '언제나, 늘, 항상' 등으로 바꿔 쓸 수 있다.

② '도래자'에서 '도래(到來)'는 '어떤 시기나 기회가 닥쳐옴'을 이르는 말로, 해당 문장의 '도래자'는 '〜가(이) 되는 사람'

으로 바꿔 쓸 수 있다.
④ '제고함'에서 '제고(提高)'는 '수준이나 정도 따위를 끌어올림'을 뜻하므로, 해당 문장에서 '제고함'은 '높임'으로 바꿔 쓸 수 있다.

## 05 　　　　　　　　　　　　　　정답 ②

**[정답해설]**
주어진 〈보기 1〉은 '왜냐하면 ~ 때문이다'의 문장 구조로, 앞에 나온 문장의 근거를 제시하고 있다. 〈보기 1〉에서 '학문의 세계에서 모든 다른 견해를 하나로 귀결시키기는 어렵다'고 하였으므로, ⓒ 앞의 문장인 '학문의 세계에서 통합이란 말은 성립되기 어렵다'는 말의 근거가 된다. 그러므로 주어진 〈보기 1〉은 문맥상 〈보기 2〉의 ⓒ에 들어가는 것이 가장 적절하다.

## 06 　　　　　　　　　　　　　　정답 ③

**[정답해설]**
㉠의 '동난지이'를 팔고 있는 게젓장수에게 사람들이 '그 물건이 무엇이냐'고 묻고 있으므로 ⓒ의 '물건'은 '동난지이' 즉 '게젓'을 가리킨다. 그러므로 ㉠의 '동난지이', ⓒ의 '물건', 그리고 ㉣의 '게젓'은 모두 동일한 대상이다. ⓒ의 '청장'은 '淸醬(맑을 청, 장 장)'으로 '진하지 아니한 간장'을 뜻한다.

**[작품해설]**

> ▌작자미상, 「댁들아 동난지이 사오」
>
> [현대어 풀이]
> 사람들아, 동난지이 사오. 저 장수야. 네 물건이 무엇이라 외치느냐? 사자.
> 겉은 뼈요, 속은 살이고, 두 눈이 하늘을 향하고, 앞으로 뒤로 기는 작은 다리 여덟 개, 큰 다리 두 개.
> 청장이 아스슥하는 동난지이 사오.
> 장수야, 그리 거북하게 외치지 말고 게젓이라고 하려무나.

## 07 　　　　　　　　　　　　　　정답 ③

**[정답해설]**
외눈퉁이 → 애꾸눈이 / 덩쿨 → 넝쿨, 덩굴

'외눈퉁이'는 '한쪽 눈이 먼 사람을 낮잡아 이르는 말'인 '애꾸눈이'의 비표준어이다. '덩쿨'은 '덩굴'의 비표준어로 '넝쿨'도 복수 표준어로 인정하고 있다.

## 08 　　　　　　　　　　　　　　정답 ②

**[정답해설]**
브러쉬 → 브러시
외래어 표기법에 따라 어말의 [ʃ]는 '쉬'가 아니라 '시'로 적어야 한다. 그러므로 'brush'는 '브러쉬'가 아니라 '브러시'로 적어야 한다.

- English : 잉글리쉬(X) → 잉글리시(O)
- flash : 플래쉬(X) → 플래시(O)
- fish : 피쉬(X) → 피시(O)

**[오답해설]**
① 짧은 모음 다음의 어말 무성 파열음 [p], [t], [k]는 받침으로 적는다.

- bonnet : 보네트 → 보닛
- robot : 로보트 → 로봇
- snap : 스내프 → 스냅

③ 중모음 [ou]는 '오'로 적는다.

- boat : 보우트 → 보트
- snow : 스노우 → 스노
- rainbow : 레인보우 → 레인보

④ 어말 또는 자음 앞의 [f]는 '으'를 붙여 적는다.

- graph : 그랩 → 그래프
- knife : 나입 → 나이프
- wife : 와입 → 와이프

## 09 　　　　　　　　　　　　　　정답 ①

**[정답해설]**
〈보기〉의 "상처의 흔적이야말로 우리 삶의 매우 단단한 마디요, 숨은 값이라 할 수도 있을 것이다."에 나타난 것처럼 글쓴이는 삶의 시련을 인생의 성숙함을 위한 과정으로 보고 있다. ①의 "흔들리지 않고 피는 꽃이 어디 있으랴 / 이 세상 그 어떤 아름다운 꽃들도 다 흔들리면서 피었나니"에서도 시련 없

는 성숙함은 없으며, 시련을 극복해야 아름다운 꽃을 피울 수 있다고 글쓴이는 말하고 있다.

**[오답해설]**
② 열정, 사랑 그리고 남을 위한 이타심 없이 살아가는 사람들의 반성을 촉구하고 있다.
③ '하늘을 우러러 한 점 부끄럼이 없기'를 바라는 자기반성과 성찰을 드러내고 있다.
④ '사랑보다 소중한 슬픔'을 통해 어렵고 힘들게 살아가는 사람들에 대한 연민과 공감의 마음을 드러내고 있다.

## 10  정답 ③

**[정답해설]**
해당 작품에서 '독수리'는 화자를 성찰하게 하는 정신적이고 의지적인 존재를 말하며, '거북이'는 화자를 유혹하는 존재, 즉 일제의 유혹을 말한다. 그러므로 '독수리'와 '거북이'는 이 시에서 다른 의미를 갖는 존재이다.

**[오답해설]**
① "습한 간(肝)을 펴서 말리우자"는 더럽혀진 양심과 존엄성을 회복하자는 의미로, '간(肝)'은 화자가 일제로부터 지켜야 할 '지조와 생명'을 가리킨다.
② '코카서스'는 프로메테우스 신화에서 프로메테우스가 형벌을 받은 장소이며, '토끼'는 토끼전에서 꾀를 내어 간신히 용궁에서 도망쳐 나온 토끼를 말한다. 그러므로 코카서스 산중에서 도망해 온 '토끼'는 토끼전과 프로메테우스 신화를 연결하고 있다.
④ 인류에게 불을 전달한 죄로 형벌을 받은 '프로메테우스'는 시적 화자가 지향하는 '희생양'의 존재로, 끝없이 침전한다는 점에서 시대의 고통이 큼을 암시하는 동시에 자기희생에 대한 화자의 각오를 드러내고 있다.

**[작품해설]**

> **■ 윤동주, 「간」**
> • 갈래 : 자유시, 서정시
> • 성격 : 저항적, 의지적, 우의적
> • 주제 : 양심의 회복과 현실적 고난의 극복 의지
> • 특징
>   – 구토지설(토끼전)과 프로메테우스 신화를 결합하여 시상을 전개함
>   – 정신적 자아와 육체적 자아의 대립을 통해서 자아 성찰과 자기희생의 의지를 표현함

## 11  정답 ④

**[정답해설]**
'곰겨서'는 기본형이 '곰기다'이며 '곪은 자리에 딴딴한 멍울이 생기다'는 의미로, 해당 문장에서 옳게 사용되었다.

**[오답해설]**
① 옛부터 → 예부터
  조사 '부터'가 결합할 수 있는 말은 명사이므로, 명사 '예'와 결합한 '예부터'가 바른 표기이다. 관형사인 '옛'과 결합하여 '옛부터'라고 쓰는 것은 적절하지 않다.
② 궁시렁거리지 → 구시렁거리지
  '못마땅하여 군소리를 듣기 싫도록 자꾸 하다'라는 뜻은 '구시렁거리다'이며, '궁시렁거리다'는 방언이다. 그러므로 해당 문장의 '궁시렁거리지'를 '구시렁거리지'로 고쳐 써야 옳다.
③ 들이키지 → 들이켜지
  '물이나 술 따위의 액체를 단숨에 마시다'라는 뜻은 '들이켜다'이므로, 해당 문장에서 '들이키지'는 '들이켜지'로 고쳐 써야 옳다.

## 12  정답 ③

**[정답해설]**
'이르다(至)'에서 '이르러'로 활용한 것은 어간 '이르–'에 종결어미 '–어'가 붙어 어미의 '–어'가 '러'로 바뀐 '러 불규칙'에 해당한다. 즉, '이르러'는 어미 불규칙에 해당하므로, 〈보기〉의 '어간의 형태가 불규칙하게 활용하는 것'에 해당되지 않는다.

**[오답해설]**
① '잇다'에서 '이으니'로 활용한 것은 어간 '잇–'에서 'ㅅ'이 탈락한 'ㅅ불규칙'이므로, 어간 불규칙에 해당한다.
② '묻다(問)'에서 '물어서'로 활용한 것은 어간 '묻–'에서 'ㄷ'이 탈락한 'ㄷ불규칙'이므로, 어간 불규칙에 해당한다.
④ '낫다'에서 '나으니'로 활용한 것은 어간 '낫–'에서 'ㅅ'이 탈락한 'ㅅ불규칙'이므로, 어간 불규칙에 해당한다.

## 13  정답 ②

**[정답해설]**
ⓒ의 '아스팔트'는 자유를 위해 도달하고자 하는 미래의 공간이 아니라, 자유가 없는 군사 독재의 현실 공간을 나타낸다. 자유를 위해 도달하고자 하는 미래의 공간을 나타낸 시어는 '바다'이다.

**[오답해설]**

① ㉠의 '구럭'은 큰 게들이 잡혀있는 게장수의 망태기를 말하며, 폭압으로 자유를 잃은 구속된 현실을 의미한다.

③ ㉢의 '사방'은 순수하고 연약한 존재인 '어린 게'가 살아갈 돌파구를 찾기 어려운 현실을 나타낸다.

④ ㉣의 '먼지'는 주목받지 못한 채 방치된 '어린 게'의 죽음에 대한 연민과 비극성을 강조한다.

**[작품해설]**

> **▌ 김광규, 「어린 게의 죽음」**
> • **갈래** : 자유시, 서정시
> • **성격** : 희생적, 비판적, 상징적
> • **주제** : 현대 문명과 군부 독재에 대한 비판과 자유를 향한 저항
> • **특징**
> – 대조적 시어를 통해 주제를 형상화 함
> – 우의적 표현을 통해 주제를 상징적으로 제시함
> – 역설적 표현을 통해 자유를 향한 고귀한 희생을 강조함
> – 시대 상황을 모티브로 하여 주제를 상지함

---

### 14 　　　　　　　　정답 ③

**[정답해설]**

해당 작품은 현실 세계에서 있음직한 이야기를 허구적으로 구성한 '소설'이 아니라, 일정한 형식을 따르지 않고 인생이나 자연 또는 일생생활에서의 느낌이나 체험을 생각나는 대로 쓴 '수필'이다. '동명일기'는 '조침문', '규중칠우쟁론기'와 함께 여류 수필의 백미로 손꼽힌다.

**[오답해설]**

① 해당 작품은 여성 작가인 의유당 김씨의 작품으로, 한글로 쓰인 기행 수필이다.

② 해당 작품에서 작가는 치밀한 관찰력을 바탕으로 감각어나 색채어를 사용하여 해돋이 장면을 감각적이고 생동감 있게 묘사하고 있다.

④ '회오리밤', '큰 쟁반', '수레바퀴'는 모두 작가가 일출 광경을 묘사하기 위해 '해'를 비유적으로 표현한 것이다.

**[작품해설]**

> **▌ 의유당 김씨, 「동명일기」**
> • **갈래** : 고전 수필, 한글 수필, 기행 수필, 내간 문학
> • **성격** : 묘사적, 비유적, 사실적, 주관적
> • **주제** : 귀경대에서 바라본 달맞이와 해돋이의 아름다움

> • **의의** : '조침문', '규중칠우쟁론기'와 함께 여류 수필의 백미임
> • **특징**
> – 시간의 흐름에 따라 추보식으로 서술함
> – 치밀한 관찰력을 바탕으로 대상을 섬세하게 묘사함
> – 글쓴이의 감정이 직설적으로 드러남
> – 순수한 우리말, 섬세한 사실적 묘사와 비유적 표현, 감각어나 색채어의 사용이 두드러짐

---

### 15 　　　　　　　　정답 ③

**[정답해설]**

㉠에 들어갈 말은 '오로지 베스 놈의 투지와 용맹을 길러서 금옥이네 누렁이를 꺾고 말겠다는 석구의 노력'을 표현해야 하므로, 마음먹은 일을 이루기 위해 온갖 어려움과 괴로움을 참고 견딤을 이르는 '臥薪嘗膽(와신상담)'이 들어갈 사자성어로 가장 적절하다.

> 臥薪嘗膽(와신상담) : '불편한 섶에 몸을 눕히고 쓸개를 맛본다'는 뜻으로, 원수를 갚거나 마음먹은 일을 이루기 위하여 온갖 어려움과 괴로움을 참고 견딤을 비유적으로 이르는 말이다.

**[오답해설]**

① 泥田鬪狗(이전투구): '진흙탕에서 싸우는 개'라는 뜻으로, 강인한 성격의 함경도 사람을 이르는 말이다.

② 吳越同舟(오월동주): '오(吳)나라 사람과 월(越)나라 사람이 한 배에 타고 있다'는 뜻으로, 서로 적의를 품은 사람들이 한자리에 있게 된 경우나 서로 협력하여야 하는 상황을 비유적으로 이르는 말이다.

④ 結草報恩(결초보은): '풀을 묶어서 은혜를 갚는다'는 뜻으로, 죽은 뒤에라도 은혜를 잊지 않고 갚음을 이르는 말이다.

---

### 16 　　　　　　　　정답 ③

**[정답해설]**

〈보기〉에서 한자로 우리말을 적는 것이 불가능한 것은 아니라고 하였다. 고구려 광개토대왕비에 빼곡하게 적힌 한자는 고구려 사람이 적은 것이므로, 고구려 사람이 사용하는 한국어를 오로지 한글로만 표기할 수 있는 것은 아님을 알 수 있다.

**[오답해설]**

① 〈보기〉에서 흔히 말과 글자를 같은 것으로 여기는 오류를

범한다고 서술하고 있으므로, 한글은 언어(말)가 아니라 문자를 가리키는 것이라고 할 수 있다.

② 〈보기〉의 "그런데 많은 이들이 세종대왕께서 우리글이 아닌 우리말을 만드신 것으로 오해하고 있습니다."에서 세종대왕이 만드신 것은 우리말이 아니라 우리글임을 알 수 있다.

④ 〈보기〉에서 한글은 오로지 우리나라에서 우리말을 적는 데만 쓰이기 때문에 한글과 우리말을 같은 것으로 여기는 오류를 범한다고 서술하고 있다. 즉, 그것이 한글이 오로지 한국어를 표기하는 데 사용되기 때문에 많은 사람들이 한글과 한국어를 혼동하는 이유이다.

---

## 17 　　　　　　　　　　　　　　　　　　정답 ②

[정답해설]

(가) - ㄱ

(가)의 앞부분에서는 본능적으로 생존에 이롭고 해로운 대상을 구분하는 능력에 대해 설명하고 있고, (가)의 뒷부분에서는 경험에 따라 좋고 나쁨을 학습하는 능력에 대해 설명하고 있다. 그러므로 (가)의 본능에 더불어 (나)의 경험적 능력을 설명한 'ㄱ'이 (가)에 들어가는 게 적절하다.

(나) - ㄷ

(가)의 뒷부분에서 초콜릿 케이크를 한 번도 먹어보지 못한 사람도 케이크의 냄새, 색, 촉감 등을 무의식적으로 선호하게 된다고 설명하고 있다. 그러므로 이러한 타고난 기본 성향과 학습 능력을 통해 특정 대상에 대한 기호를 형성한다는 'ㄷ'이 (나)에 들어갈 말로 적절하다.

(다) - ㄴ

(다)의 앞부분에서 새끼도 보호해야 하고 먹이도 구해야 하는 여우의 선택을 예로 들어 '의사결정'에 대해 설명하고 있다. 그러므로 선택지에 가치를 매기는 뇌의 기능에 대해 설명한 'ㄴ'이 (다)에 들어갈 말로 가장 적절하다.

---

## 18 　　　　　　　　　　　　　　　　　　정답 ①

[정답해설]

'옥고(玉稿)'는 '훌륭한 원고'라는 뜻으로, 다른 사람의 원고를 높여 이르는 말이다. 그러므로 자신의 생각, 물건, 일 등을 낮추어 겸손하게 이르는 말이 아니다.

[오답해설]

② 관견(管見): '대롱 구멍으로 사물을 본다'는 뜻으로, 좁은 소견이나 자기의 소견을 겸손하게 이르는 말이다.

③ 단견(短見): '좁은 소견', 즉 자기의 생각이나 의견을 겸손하게 이르는 말이다.

④ 졸고(拙稿): '서투르게 쓴 원고'라는 뜻으로, 자기의 원고를 겸손하게 이르는 말이다.

---

## 19 　　　　　　　　　　　　　　　　　　정답 ②

[정답해설]

해당 문장에서 '둘'은 뒤에 서술격 조사 '-이다'가 결합되었으므로 체언에 해당한다. 즉, ②의 '둘'은 체언인 수사로 쓰였고, ①의 '다섯', ③의 '세', ④의 '열'은 관형사로 쓰였다.

[오답해설]

① '다섯'은 뒤의 명사 '명'을 수식하는 관형사로 쓰였다.

③ '세'는 뒤의 명사 '번'을 수식하는 관형사로 쓰였다.

④ '열'은 뒤의 명사 '사람'을 수식하는 관형사로 쓰였다.

---

## 20 　　　　　　　　　　　　　　　　　　정답 ④

[정답해설]

'짚신'은 명사 '짚'과 명사 '신'이 결합된 합성어이다. 그러므로 합성어인 ④의 '짚신'은 파생어인 ①의 '개살구', ②의 '돌미나리', ③의 '군소리'와 복합어의 조합이 다르다.

[오답해설]

① '개살구'는 명사 '살구'에 접사 '개'가 결합된 파생어이다.

② '돌미나리' 명사 '미나리'에 접사 '돌'이 결합된 파생어이다.

③ '군소리'는 명사 '소리'에 접사 '군'이 결합된 파생어이다.

## ▌[서울시] 2022년 02월 | 정답

| | | | | | | | | | |
|---|---|---|---|---|---|---|---|---|---|
| 01 | ① | 02 | ② | 03 | ④ | 04 | ② | 05 | ③ |
| 06 | ② | 07 | ④ | 08 | ② | 09 | ③ | 10 | ① |
| 11 | ② | 12 | ④ | 13 | ② | 14 | ② | 15 | ③ |
| 16 | ③ | 17 | ④ | 18 | ① | 19 | ④ | 20 | ③ |

## [서울시] 2022년 02월 | 해설

### 01　　　　　　　　　　　　　정답 ①

**[정답해설]**
해당 문장에서 '말은'은 서술어 '해라'의 목적어로 '말을 바로 해라'로 바꾸어 쓸 수 있다. 그러므로 '말은'의 문장 성분은 목적어이다.

**[오답해설]**
② 해당 문장에서 '호랑이도'는 서술어 '온다'의 주어로 쓰여 '호랑이가 온다'는 의미이므로, '호랑이도'의 문장 성분은 주어이다.
③ 해당 문장에서 '연기'는 서술어 '나다'의 주어로 쓰여 '연기가 나다'는 의미이므로, '연기'의 문장 성분은 주어이다.
④ 해당 문장에서 '꿀도'는 서술어 '쓰다'의 주어로 쓰여 '꿀이 약이라면 쓰다'는 의미이므로, '꿀도'의 문장 성분은 주어이다.

### 02　　　　　　　　　　　　　정답 ②

**[정답해설]**
'넓히기'는 '넓히다'가 기본형으로 '넓다'의 사동사이다. 또한 '좁힌다'는 '좁히다'가 기본형으로 '좁다'의 사동사이다.

**[오답해설]**
① '우기다'는 기본형 동사이며, 사동사가 아니다.
③ '버리다'는 기본형 동사이며, 사동사가 아니다.
④ '모이다'는 '모으다'의 피동사이며, 사동사가 아니다.

### 03　　　　　　　　　　　　　정답 ④

**[정답해설]**
해당 문장에서 '보다'는 앞말이 뜻하는 행동이나 상태를 추측하거나 어렴풋이 인식으로 있음을 나타내는 '보조형용사'로 쓰였다. ① · ② · ③은 모두 '보조동사'이다.

**[오답해설]**
① 해당 문장에서 '보다'는 어떤 행동을 시험 삼아 함을 나타내는 '보조동사'로 쓰였다.
② 해당 문장에서 '보면'은 앞말이 뜻하는 행동을 하는 과정에서 뒷말이 뜻하는 사실을 새로 깨닫게 되거나, 뒷말이 뜻하는 상태로 됨을 나타내는 '보조동사'로 쓰였다.
③ 해당 문장에서 '보지'는 어떤 일을 경험함을 나타내는 '보조동사'로 쓰였다.

### 04　　　　　　　　　　　　　정답 ②

**[정답해설]**
해당 문장에서 '가리키는'은 '손가락 따위로 어떤 방향이나 대상을 집어 보이거나 말하거나 알리다'의 뜻으로 적절히 사용되었다. '가르키는' 또는 '가르치는' 등으로 잘못 표기하지 않도록 주의해야 한다.

**[오답해설]**
① 계시겠습니다 → 있으시겠습니다
　'말씀'은 회장님과 관련된 대상이므로 간접 높임법에 따라 '계시겠습니다'를 '있으시겠습니다'로 고쳐 써야 한다.
③ 푸른 산과 → 푸른 산이 있고
　접속조사 '과'가 쓰인 문장에서 주어 '푸른 산'과 술어 '흐르다'가 호응하지 않으므로, '푸른 산과'를 '푸른 산이 있고'로 고쳐야 옳다.
④ 믿겨지지 → 믿어지지, 믿기지
　'믿겨지다'는 피동사 '믿기다'에 '−어지다'가 결합되어 이중피동에 해당하므로, '믿겨지지'는 '믿어지지' 또는 '믿기지'로 고쳐 써야 옳다.

### 05　　　　　　　　　　　　　정답 ③

**[정답해설]**
'듯∨싶었다' → '듯싶었다'
'잘될'은 하나의 단어로 본용언이며, '듯'은 의존명사가 아니라 '듯싶었다'가 하나의 단어인 보조용언이다. 그러므로 '듯∨싶었다'는 '듯싶었다'로 붙여 써야 올바르다.

**[오답해설]**
① 해당 문장에서 '이'는 관형사로 옳게 띄워 썼고, '할'과 '만하다'는 본용언과 보조용언으로 옳게 띄워 썼다.
② 해당 문장에서 '하고'와 '싶은'은 본용언과 보조용언으로 옳게 띄어 썼고, '대로'도 의존명사이므로 옳게 띄어 썼다. 또한 '할'과 '터이야'의 준말인 '테야'는 본용언과 보조용언이므로 옳게 띄어 썼다.

④ 해당 문장에서 '아는'과 '체를'은 조사가 결합된 본용언과
보조용언이므로 띄어 쓰는 것이 올바르다.

## 06 　　　　　　　　　　　정답 ②

**[정답해설]**
해당 문장의 '예쁜'은 용언으로, 앞에 주어 '꽃이'가 생략된 관
형사절을 포함한 안은문장이다.

**[오답해설]**
① '갖은'은 '골고루 다 갖춘 또는 여러 가지의'의 의미인 관형
사로, 용언이 아니므로 해당 문장에 관형사절은 없다.
③ '오랜'은 '이미 지난 동안이 긴'의 의미인 관형사로, 용언이
아니므로 해당 문장에 관형사절은 없다.
④ '여남은'은 '열이 조금 넘는 수의'의 의미인 관형사로, 용언
이 아니므로 해당 문장에 관형사절은 없다.

## 07 　　　　　　　　　　　정답 ④

**[정답해설]**
〈보기〉의 글은 문화변동을 '돌연변이', '유전자 이동', '유전자
유실', '유전자 제거'의 네 가지 생물진화의 유전적 진화 원리
에 비유하여 설명하고 있다. 그러므로 '적자생존'은 이에 해당
되지 않는다.

## 08 　　　　　　　　　　　정답 ②

**[정답해설]**
報誥 → 報告
해당 문장의 '보고'는 '일에 관한 내용이나 결과를 말이나 글
로 알림'을 뜻하는 단어로, 한자어 '報誥'를 '報告'로 고쳐 써
야 옳다.

**[오답해설]**
① 체계적(體系的: 몸 체, 맬 계, 과녁 적) → 일정한 원리에
따라서 낱낱의 부분이 짜임새 있게 조직되어 통일된 전체
를 이루는 것
③ 제고(提高: 끌 제, 높을 고) → 수준이나 정도 따위를 끌어
올림
④ 유명세(有名稅: 있을 유, 이름 명, 세금 세) → 세상에 이름
이 널리 알려져 있는 탓으로 당하는 불편이나 곤욕을 속
되게 이르는 말

## 09 　　　　　　　　　　　정답 ③

**[정답해설]**
세 번째 문단에 따르면 갑작스러운 표기 변경에 따른 혼란을
피하기 위해 지금까지 사용한 대로 '나트륨' 표기를 사용한다
고 하였으므로, '나트륨'보다는 '소듐'이 국제기준에 맞는 표
기법임을 알 수 있다.

**[오답해설]**
① 두 번째 문단에서 '요오드'가 '아이오딘'으로 변경된다고
하였으므로, '아이오딘'이 '요오드'보다 세계적으로 통용되
는 발음에 가깝다.
② 두 번째 문단에서 '저마늄'은 '게르마늄'을 세계적으로 통
용되는 발음에 더 가깝게 표기한 것이다.
④ 세 번째 문단에서 '비타민'도 당분간 '바이타민'을 병행 표
기한다고 하였으므로, '비타민'이라는 용어를 쓰지 않아야
하는 것은 아니다.

## 10 　　　　　　　　　　　정답 ①

**[정답해설]**
밑줄 친 "달은 나의 뜰에 고요히 앉아 있다."에서 무생물인
'달'이 살아 있는 생물처럼 '앉아 있다'고 하였으므로, 살아 있
지 않은 무생물을 살아 있는 것처럼 표현하는 활유법에 해당
한다. ①의 "풀은 눕고 / 드디어 울었다."에서 무생물인 '풀'이
살아 있는 생물처럼 '눕고, 울고' 있는 것이므로 또한 활유법
에 해당한다.

**[오답해설]**
② 해당 문장은 '누구나 다 외로움을 안다'는 뜻으로, 누구다
다 아는 사실을 의문문의 형식을 빌려 독자가 스스로 깨
닫게 하는 설의법에 해당한다.
③ 해당 문장에서 '구름'은 '장미'에 비유되므로, 'A는 B이다'
형식의 은유법에 해당한다.
④ 해당 문장은 '강낭콩꽃보다도 더 푸르고, 양귀비꽃보다도
더 붉다'에서 대구법과 비교법이 사용되었다.

**[작품해설]**

> ▌ 장만영, 「달·포도·잎사귀」
> • 갈래 : 자유시, 서정시
> • 성격 : 서정적, 낭만적, 회화적
> • 어조 : 대화체
> • 주제 : 가을 달밤의 아름다운 정취
> • 특징
> 　– 감각적 이미지를 사용하여 정경을 묘사함

- 대화체의 어조를 통해 친근한 느낌을 형성함
- 의도적인 시행 배치를 통해 시각적 이미지와 시각적 의미를 강조함

## 11 정답 ②

**[정답해설]**

제시문에 따르면 명제 P와 Q가 IF … THEN으로 연결되는 P→Q는 P가 참이고 Q가 거짓이면 거짓이고 나머지 경우에는 모두 참이 된다고 하였다. 그러므로 명제 논리에서 '파리가 새라면 지구는 둥글다.'는 P에 해당하는 '파리가 새이다'가 거짓이고 Q에 해당하는 '지구는 둥글다'가 참이므로, 참인 명제에 해당한다.

**[오답해설]**

① 제시문에 따르면 모든 명제는 참이든지 거짓이든지 둘 중 하나여야 하며, 참이면서 거짓인 경우는 없다고 하였다. 그러므로 명제 논리에서 '모기는 생물이면서 무생물이다.'는 참이면서 거짓인 경우에 해당하므로 성립하지 않는다.
③ 제시문에 따르면 명제 P와 Q가 OR로 연결되는 P∨Q는 P와 Q 둘 중 적어도 하나가 참이기만 하면 참이 된다고 하였다. 그러므로 명제 논리에서 '개가 동물이거나 컴퓨터가 동물이다.'는 '개가 동물인 것'이 참이므로 참인 명제에 해당한다.
④ 제시문에 따르면 명제 P와 Q가 AND로 연결되는 P∧Q는 P와 Q가 모두 참일 때에만 참이라고 하였다. 그러므로 명제 논리에서 '늑대는 새가 아니고 파리는 곤충이다.'는 '늑대가 새가 아닌 것'이 참이고, '파리가 곤충인 것'이 참이므로 참인 명제이다.

## 12 정답 ④

**[정답해설]**

초장의 '동짓달 기나긴 밤 한 허리를 베어내어'는 자를 수 없는 추상적 대상인 '밤'을 '허리를 잘라' 이불속에 넣겠다고 구체적인 사물로 형상화하고 있다. 마찬가지로 ④에서 '내 마음 속'이라는 추상적인 대상을 '고운 눈썹'이라는 구체적인 사물로, 그리고 '즈믄 밤의 꿈'이라는 추상적인 대상을 '맑게 씻다'라는 구체적인 사물로 형상화하고 있다.

**[오답해설]**

① '님은 갔지만 님을 보내지 않은 것'이므로 역설법에 해당한다.
② '무사한데 병원이고, 병이 없는데 치료를 기다리는 것'이므

로 역설법에 해당한다.
③ '노란 해바라기는 늘 태양 같이'에서 직유법이 사용되었다.

## 13 정답 ②

**[정답해설]**

제시문에 따르면 일제 시기의 역사가 한국 역사의 일부가 되기 위해서는 지배의 억압 속에서도 치열하게 삶을 영위해 가면서 자기 발전을 도모해 나간 조선인의 역사도 정당하게 평가되지 않으면 안 된다고 서술하고 있다. 그러므로 〈보기〉는 일제의 지배에 주체적으로 대응한 조선인의 역사도 정당하게 평가되어야 한다고 말하고 있는 것이다.

**[오답해설]**

① 일제의 조선 지배가 한국의 근대화를 압살하였기 때문에 근대는 해방 이후부터 시작될 수밖에 없었다는 주장은 일제의 조선 지배에도 불구하고 조선인들이 주체적으로 대응했던 역사가 탈락되어 있기 때문에 잘못된 주장이며, 〈보기〉의 글이 말하고자 하는 바가 아니다.
③ 일제가 조선을 지배하지 않았다면 조선에서는 근대화가 이루어지지 않았을 것이라는 주장에도 조선인들이 주체적으로 대응했던 역사가 탈락되어 있기 때문에 잘못된 주장이며, 〈보기〉의 글이 말하고자 하는 바가 아니다.
④ 조선인들은 일제하에서도 적극적인 항일 운동으로 역사에 주체적으로 대응해 나갔다는 주장은 〈보기〉의 글이 말하고자 하는 바를 구체화하기 위한 첨가적 예시로 사용되었다.

## 14 정답 ②

**[정답해설]**

'알려지지 않은 사실이 널리 밝혀지다'의 의미는 '드러나다'이므로, 해당 문장에서 '드러났습니다'는 바르게 사용되었다. 참고로 '드러났습니다'를 '들어났습니다'로 쓰지 않도록 주의해야 한다.

**[오답해설]**

① 제작년까지만 → 재작년까지만
'지난해의 바로 전 해'를 의미하는 단어는 '재작년(再昨年)'이다. 그러므로 해당 문장의 '제작년까지만'을 '재작년까지만'으로 고쳐 써야 한다.
③ 띄는 → 띠는
'어떤 성질을 가지다'는 의미는 '띄다'가 아니라 '띠다'이다. 그러므로 해당 문장의 '공격성을 띄는'은 '공격성을 띠는'

으로 고쳐 써야 한다. 참고로 '띄다'는 '뜨이다'의 준말로, '눈에 보이다'는 의미이다.

④ 받아드리는 → 받아들이는

'다른 사람의 의견이나 비판 따위를 찬성하여 따르다 또는 옳다고 인정하다'는 의미는 '받아들이다'이다. 그러므로 해당 문장의 '받아드리는'은 '받아들이는'으로 고쳐 써야 한다.

## 15 정답 ③

[정답해설]
'커피숍, 리더십, 파마'는 모두 옳은 외래어 표기이다. '커피숍'을 '커피샵'으로, '리더십'을 '리더쉽'으로, '파마'를 '퍼머'로 쓰지 않도록 주의해야 한다.

[오답해설]
① 플랭카드 → 플래카드 / 케잌 → 케이크
② 쵸콜릿 → 초콜릿
④ 캐비넷 → 캐비닛

## 16 정답 ③

[정답해설]
소희가 비싸다는 의미로 "오백 원이나요?"라고 말한 부분에서, 그리고 '육천 원이면 찌개용 돼지고기 한 근을 살 수 있고 ~ 그냥 사천오백 원짜리 짬뽕을 먹을까'라는 부분에서 서술자는 전지적 시점으로 소희의 마음을 전달하고 있다. 그러므로 밑줄 친 내용은 짬뽕 한 그릇을 사먹는 것도 망설여야 하는 청년 세대의 가난을 간접적으로 드러내려는 서술자의 의도를 엿볼 수 있다.

[오답해설]
① 추가 요금을 받는 것은 매운맛 소스를 안 쓰고 청양고추 유기농으로 맛을 내기 때문이라는 식당 종업원의 주관적 사유이므로, 서술자가 추가 요금을 받지 않으면 장사하기가 어려운 식당의 현실을 비판하려고 한 것은 아니다.
② 서술자가 식당 종업원이 아니라 소희의 입장을 대변하고 있으므로, 쉽게 결정을 내리지 못하는 사람들로 인해 식당 종업원들이 겪는 고충을 전하려 한 것은 아니다.
④ 소희가 음식 값을 고민해야 하는 궁색한 처지 때문에 짬뽕을 먹을지 말지 주저하고 있는 것이므로, 서술자가 소극적인 젊은이들의 의사 표현 방식을 비판하고 적극적인 태도를 가지도록 독려한 것은 아니다.

## 17 정답 ④

[정답해설]
'대물림, 구시렁거리다, 느지막하다'는 모두 어문 규정에 맞는 단어 표기이다. '대물림'을 '되물림'으로, '구시렁거리다'를 '궁시렁거리다'로, '느지막하다'를 '느즈막하다'로 표기하지 않도록 주의해야 한다.

[오답해설]
① 닥달하다 → 닦달하다

'닥달하다'는 '닦달하다'가 올바른 표기이며, '곰곰이'는 '곰곰히'로 쓰지 않도록 주의해야 한다. 또한 '간질이다'는 '간지럽히다'를 복수 표준어로 인정하고 있다.
② 통채 → 통째, 발자욱 → 발자국, 구렛나루 → 구레나룻

'통채'는 '통째'가, '발자욱'은 '발자국'이, '구렛나루'는 '구레나룻'이 올바른 표기이다.
③ 귀뜸 → 귀띔

'귀뜸'은 '귀띔'이, '핼쓱하다'는 '해쓱하다' 또는 '핼쑥하다'가 올바른 표기이다. '널찍하다'는 '널직하다'로 쓰지 않도록 주의해야 한다.

## 18 정답 ①

[정답해설]
① 견마지로의 '견'과 견토지쟁의 '견' 모두 '개 견(犬)'으로, 같은 의미의 한자어가 사용되었다.

> • 견마지로(犬馬之勞) : '개나 말 정도의 하찮은 힘'이라는 뜻으로, 윗사람에게 충성을 다하는 자신의 노력을 낮추어 이르는 말.
> • 견토지쟁(犬兔之爭) : '개와 토끼의 다툼'이라는 뜻으로, 두 사람의 싸움에 제삼자가 이익을 봄을 이르는 말.

[오답해설]
② 견문발검의 '견'은 '볼 견(見)'이고, 견마지성의 '견'은 '개 견(犬)'이다.

> • 견문발검(見蚊拔劍) : 모기를 보고 칼을 뺀다는 뜻으로, 사소한 일에 크게 성내어 덤빔을 이르는 말.
> • 견마지성(犬馬之誠) : '개나 말의 정성'이라는 뜻으로, 임금이나 나라에 바치는 정성 또는 자신의 정성을 낮추어 이르는 말.

③ 견강부회의 '견'은 '이끌 견(牽)'이고, 견물생심의 '견'은 '볼 견(見)'이다.

- **견강부회(牽强附會)** : 이치에 맞지 않는 말을 억지로 끌어 붙여 자기에게 유리하게 함.
- **견물생심(見物生心)** : 어떠한 실물을 보게 되면 그것을 가지고 싶은 욕심이 생김.

④ 견원지간의 '견'은 '개 견(犬)'이고, 견리사의 '견'은 '볼 견(見)'이다.

- **견원지간(犬猿之間)** : '개와 원숭이의 사이'라는 뜻으로, 사이가 매우 나쁜 두 관계를 비유적으로 이르는 말.
- **견리사의(見利思義)** : 눈앞의 이익을 보면 의리를 먼저 생각함.

## 19 정답 ④

**[정답해설]**

(가)의 백호는 '한쪽 발에만 짚신을 신은 것'에 대해, (나)의 집주인은 '협소하고 누추한 집에서 구도(求道)하는 것'에 대해, 그리고 (다)의 금붕어는 '과학 법칙들을 정식화(定式化)하는 것'에 대해 자신의 주관적 관점에 따라 대상을 인식하고 있다. 그러므로 (가), (나), (다)가 주관적 인식의 '모순'을 밝히고 있는 것은 아니다.

**[오답해설]**

① (가)에서 "한쪽은 짚신을 신으셨네요."라는 종의 말에, 백호가 "길 오른쪽을 가는 이는 내가 가죽신을 신었다고 할 테고 길 왼쪽을 가는 이는 내가 짚신을 신었다고 할 게다."라고 말하고 있다. 그러므로 (가)의 임제는 사람들이 주관적 관점에서 대상을 인식한다고 여기고 있다.

② (나)에서 너무도 협소하고 누추한 집에서 편안하게 독서와 구도(求道)에 열중하고 있는 집주인에게, 화자는 구도란 생각을 바꾸는 데 달린 법이라며 집주인의 생각을 바꾸도록 제안하고 있다. 그러므로 (나)의 집주인은 객관적 조건과 무관하게 자신만의 방식으로 대상을 수용하고 있는 것이다.

③ (다)에서 어항 속 금붕어는 자기 나름의 왜곡된 기준 틀로 직선운동을 곡선운동으로 관찰하며 과학 법칙들을 정식화할 수 있다고 하였다. 그러므로 (다)의 금붕어는 왜곡된 기준 틀로 과학 법칙을 수립할 수 있을 것이다.

## 20 정답 ③

**[정답해설]**

2연에서 화자가 '꽃 없이 바로 열매 맺는 게 무화과 아닌가'라며 자신의 처지를 토로하자, 친구가 '열매 속에서 속꽃 피는 게 무화과'라며 위로하고 있다. 여기서 '꽃'은 '아름다움'을, '열매'는 '성숙함'을 형상화한 것이다. 즉, '속으로 꽃이 핀다는 것'은 화자가 '성숙함 속의 아름다움'이란 내면화된 가치를 지녔음을 이야기하고 있는 것이다.

**[오답해설]**

① '잿빛 하늘'은 화자가 처한 부정적 현실을 '잿빛' 색깔 그대로 우울하게 표현하고 있을 뿐, 반어적 형상의 모습은 아니다.

② 화자는 자신이 처한 현실과 암울한 전망에 대해 토로하고 있을 뿐, 이를 극복하려는 저항의 의지를 보여주고 있지는 않다.

④ '검은 도둑괭이'는 부정적 현실에 영악하게 적응하며 살아가는 모습을 형상화한 존재로, 현실의 부정에 적극 맞서야 함을 일깨우는 존재가 아니다.

**[작품해설]**

■ 김지하, 「무화과」
- **갈래** : 자유시, 서정시
- **성격** : 상징적, 비판적, 대화적
- **제재** : 무화과
- **주제** : 암울한 현실 속에서도 추구하는 삶의 가치
- **특징**
  - 자연물의 생태적 속성에서 삶의 의미와 가치를 발견하고 있음
  - 대화 형식을 통해 절망과 위로의 구조로 시상을 전개함
  - 동일한 대상에 대해 서로 다른 시각차를 드러냄
  - 진정한 우정의 확인, 연대의식과 유대감을 통해 부정적 현실의 극복 의지를 드러냄
  - '잿빛', '검은'과 같은 색채어를 활용하여 부정적인 상황을 시각적으로 강조하고, 당대 현실을 우회적으로 드러냄

# [서울시] 2022년 06월 | 정답

| 01 | ② | 02 | ③ | 03 | ④ | 04 | ① | 05 | ① |
|----|---|----|---|----|---|----|---|----|---|
| 06 | ④ | 07 | ③ | 08 | ② | 09 | ① | 10 | ③ |
| 11 | ④ | 12 | ③ | 13 | ① | 14 | ② | 15 | ③ |
| 16 | ④ | 17 | ② | 18 | ④ | 19 | ① | 20 | ④ |

## [서울시] 2022년 06월 | 해설

### 01      정답 ②

[정답해설]
〈보기〉에서 여왕개미는 평생 알을 낳는 일에만 전념하고, 일개미는 스스로 자식을 낳아 키우기를 포기하고 평생토록 여왕개미를 돕는다고 하였다. 그러므로 여왕개미와 일개미가 분업하고 있는 것은 '번식(繁殖)'이다. 이를 '번식 분업'이라고 한다.

### 02      정답 ③

[정답해설]
'빛깔'은 [빋깔]로 발음하고 '여덟에'는 [여덜베]로 발음하므로, 모두 어법에 맞게 형태를 밝혀 적은 ⓒ의 사례에 해당된다.

[오답해설]
① '마감(막+암)'은 한글맞춤법 제19항에 따라 어간의 원형을 밝혀 적지 않은 사례에 해당한다.
② '며칠(몇+일)'은 실질형태소인 '몇'과 '일(日)'이 결합된 형태이지만, 한글맞춤법 제27항에 따라 원형을 밝혀 적지 않은 사례에 해당한다.
④ '꼬락서니'는 '-이' 이외의 모음으로 시작된 접미사가 붙어서 된 말로, 한글맞춤법 제20항에 따라 원형을 밝혀 적지 않은 사례에 해당한다.

### 03      정답 ④

[정답해설]
'정확히'는 '바르고 확실하게'라는 뜻으로, 부사의 끝음절이 '히'로만 나는 경우에 해당한다. 그러나 '꼼꼼히', '당당히', '섭섭히'는 '이'나 '히'로 나는 사례에 해당한다.

### 04      정답 ①

[정답해설]
투자자들이 거대한 개미 떼와도 같이 제각기 제 살 구멍을 찾는다는 내용이므로, ㉠에 들어갈 사자성어로는 '자가당착(自家撞着)'이 아니라 '각자도생(各自圖生)'이 적절하다.

- 각자도생(各自圖生) : 제각기 살아 나갈 방법을 꾀함
- 자가당착(自家撞着) : 같은 사람의 말이나 행동이 앞뒤가 서로 맞지 아니하고 모순됨

[오답해설]
② 어린 시절 뛰놀던 동네가 재개발로 인해 큰 변화가 있었다는 내용이므로, ㉡에 들어갈 사자성어로는 '상전벽해(桑田碧海)'가 적절하다.

상전벽해(桑田碧海) : 뽕나무밭이 변하여 푸른 바다가 된다는 뜻으로, 세상일의 변천이 심함을 비유적으로 이르는 말

③ 오래 길들인 생활의 터전을 내 준걸 뒤늦게 후회하고 있다는 내용이므로, ㉢에 들어갈 사자성어로는 '만시지탄(晚時之歎)'이 적절하다.

만시지탄(晚時之歎) : 시기에 늦어 기회를 놓쳤음을 안타까워하는 탄식

④ 수사팀이 거기서부터 추리가 막혀 수사가 진행되지 못하고 있다는 내용이므로, ㉣에 들어갈 사자성어로는 '오리무중(五里霧中)'이 적절하다.

오리무중(五里霧中) : 오 리나 되는 짙은 안개 속에 있다는 뜻으로, 무슨 일에 대하여 방향이나 갈피를 잡을 수 없음을 이르는 말

### 05      정답 ①

[정답해설]
해당 작품은 직설적 표현과 명령형으로 화자의 단호한 의지를 표현하고 있으나, 반어적 어조로 현실을 풍자하고 있지는 않다.

[오답해설]
② '껍데기는 가라'는 명령과 반복의 어구를 통해 '반봉건, 반외세'라는 저항적 주제를 분명히 드러내고 있다.

③ 4연의 '한라에서 백두까지 ~ 쇠붙이는 가라'에서 우리 민족이 처한 분단의 현실을 극복하려는 의지를 표현하였다.

④ 3연의 '중립(中立)의 초례청 앞에서 ~ 맞절할지니'에서 이념과 대립을 뛰어넘어 평화와 화합의 장을 만들자고 민족의 통일에 대한 염원을 담고 있다.

**[작품해설]**

> ■ 신동엽, 「껍데기는 가라」
> • 갈래 : 자유시, 서정시, 참여시
> • 성격 : 저항적, 의지적, 현실참여적
> • 제재 : 외세의 지배에서 탈피해야할 민족 현실
> • 주제 : 진정하고 순수한 민족의 삶 추구
> • 특징
>   – 직설적 표현으로 부정적 인식을 표현
>   – 반복적 표현과 대조적 시어의 사용을 통해 주제 강조
>   – 명령법으로 단호한 의지 표현

---

## 06       정답 ④

**[정답해설]**

'아니신데'의 '–ㄴ데'는 뒤 절에서 어떤 일을 설명하거나 묻거나 시키거나 제안하기 위하여 그 대상과 상반되는 상황을 미리 말할 때에 쓰는 연결어미이다. 그러므로 해당문장의 '아니신데'처럼 붙여 쓰는 것이 적절하다.

**[오답해설]**

① 본데가 → 본∨데가
   '본데가'의 '데'는 '곳'이나 '장소'를 뜻하는 의존 명사이므로 '본∨데가'처럼 띄어 써야 한다.

② 돕는데에 → 돕는∨데에
   '돕는데에'의 '데'는 '일'이나 '것'을 뜻하는 의존 명사이므로 '돕는∨데에'처럼 띄어 써야 한다.

③ 대접하는데나 → 대접하는∨데나
   '대접하는데나'의 '데'는 '경우'를 뜻하는 의존 명사이므로 '대접하는∨데나'처럼 띄어 써야 한다.

---

## 07       정답 ③

**[정답해설]**

'금강산 그늘이 관동 팔십 리'는 금강산의 아름다움이 관동 팔십 리 곧 강원도 지방에 널리 미친다는 뜻으로, 훌륭한 사람 밑에서 지내면 그의 덕이 미치고 도움을 받게 됨을 비유

적으로 이르는 말이다.

**[오답해설]**

① '서 발 막대 거칠 것 없다'는 서 발이나 되는 긴 막대를 휘둘러도 아무것도 거치거나 걸릴 것이 없다는 뜻으로, 가난한 집안이라 세간이 아무것도 없음을 비유적으로 이르는 말이다.

② '무른 땅에 말뚝 박기'는 몹시 하기 쉬운 일을 비유적으로 이르거나, 세도 있는 사람이 힘없고 연약한 사람을 업신여기고 학대함을 비유적으로 이르는 말이다.

④ '우물에 가 숭늉 찾는다'는 모든 일에는 질서와 차례가 있는 법인데 일의 순서도 모르고 성급하게 덤빔을 비유적으로 이르는 말이다.

---

## 08       정답 ②

**[정답해설]**

'래일(來日)'이 [내일]로 되는 것은 한자음 중 'ㄴ'이나 'ㄹ'이 단어 첫머리에 올 때 'ㄴ'은 'ㅇ'으로 'ㄹ'은 'ㅇ'이나 'ㄴ'으로 바꾸어 적는 두음법칙 때문이다. 두음법칙은 음운규칙 중 동화에 해당되지 않는다.

**[오답해설]**

① '권력(權力)'이 [궐력]으로 발음되는 것은 'ㄴ'이 'ㄹ'의 앞이나 뒤에서 'ㄹ'로 변하는 유음화 때문이며. 음운규칙 중 동화에 해당한다.

③ '돕는다'가 [돔는다]로 발음되는 것은 받침 'ㄱ, ㄷ, ㅂ'이 뒤에 오는 'ㄴ, ㅁ' 앞에서 'ㅇ, ㄴ, ㅁ'으로 바꾸어 발음되는 비음화 때문이며. 음운규칙 중 동화에 해당된다.

④ '미닫이'가 [미다지]로 발음되는 것은 'ㄷ, ㅌ' 받침 뒤에 종속적 관계를 가진 '이'나 '히'가 와서 그 'ㄷ, ㅌ'이 'ㅈ, ㅊ'으로 소리가 나는 구개음화 때문이며. 음운규칙 중 동화에 해당한다.

---

## 09       정답 ①

**[정답해설]**

㉠의 '기픈'은 동사 '깊다'의 어간에 관형사형 어미 '–은'이 결합된 말로, 조사를 포함하고 있지 않다.

**[오답해설]**

② ㉡의 '므른'은 '물'의 옛말인 명사 '믈'에 대조의 의미를 지닌 보조사 '은'이 결합된 말이다.

③ ㉢의 'ㄱ모래'는 '가뭄'의 옛말인 명사 'ㄱ물'에 원인을 나타내는 부사격 조사 '애'가 결합된 말이다.

④ ㉣의 '내히'는 'ㅎ 종성 체언'인 '내ㅎ'에 주격 조사 '이'가 결합된 말이다.

- 상징적인 소재로 주제 의식을 드러냄
- 공간의 대조를 통해 인물 간의 차이를 보여줌

## 10 정답 ③

**[정답해설]**
'나뭇잎'은 사이시옷 뒤에 반모음 'ㅣ'가 결합되는 경우 [ㄴㄴ]으로 발음되는 사잇소리 현상에 의해 'ㄴ'이 첨가되고 비음화가 이루어져 [나문닙]으로만 발음된다.

**[오답해설]**
① '금융'은 표기대로 발음한 [그뮹]과 'ㄴ'을 첨가하여 발음한 [금늉]을 모두 허용한다.
② '샛길'은 '새'와 '길'이 결합한 합성어로, 사이시옷을 발음하는 [샏ː낄]과 발음하지 않는 [새ː낄]을 모두 허용한다.
④ '이죽이죽'은 표기대로 발음한 [이주기죽]과 'ㄴ'을 첨가하여 발음한 [이중니죽]을 모두 허용한다.

## 11 정답 ④

**[정답해설]**
이상의 『날개』는 극단적으로 일그러진 부부관계를 아이러니컬하게 다룬 소설로, 주인공인 '나'는 매춘부인 아내와 결혼하여 아무 할 일 없이 기생하며 살아가는 무능력자로 등장한다.

**[오답해설]**
① 『날개』는 1936년에 〈조광〉지에 발표한 작가 이상의 대표적 단편소설이다.
② 주인공의 겨드랑이에 돋았던 자국과 "날자. 날자. 날자. 한 번만 더 날자꾸나."라고 말하며 다시 돋을 것을 주문하는 데서, 빈칸에 들어갈 공통 단어는 '날개'임을 알 수 있다.
③ 이상의 『날개』는 1930년대 한국 모더니즘 문학을 대표하는 소설이다.

**[작품해설]**

> **■ 이상, 「날개」**
> • **갈래** : 단편 소설, 심리 소설
> • **성격** : 상징적, 고백적
> • **배경** : 1930년대, 경성의 33번지와 거리
> • **시점** : 1인칭 주인공 시점
> • **주제** : 자아가 분열된 삶 속에서 진정한 정체성을 회복하기 위한 내면적 욕구
> • **특징**
>    - 의식의 흐름 기법에 의해 내용이 전개됨

## 12 정답 ③

**[정답해설]**
외래어 표기법 총칙 제3항에 따라 받침에는 'ㄱ, ㄴ, ㄹ, ㅁ, ㅂ, ㅅ, ㅇ'의 7개만 쓴다. 즉, 'ㄷ'은 외래어 표기에서 받침으로 사용되지 않는다.

**[오답해설]**
① 외래어 표기법 총칙 제1항에 따라 외래어는 국어의 현용 24자모만으로 적는다.
② 외래어 표기법 총칙 제2항에 따라 외래어의 1음운은 원칙적으로 1기호로 적는다.
④ 외래어 표기법 총칙 제4항에 따라 파열음 표기에는 된소리를 쓰지 않는 것을 원칙으로 한다.

## 13 정답 ①

**[정답해설]**
제시문은 중심 주제문이 글의 서두에 위치한 두괄식 구조로, ㉡의 '낮은 출산율', ㉢의 '높아진 평등의식', ㉣의 '여성에 대한 교육열'은 모두 주제문을 뒷받침하기 위해 제시된 근거들이다. 그러므로 ㉠의 "남녀평등 문제는 앞으로 별 의미를 갖지 못할 것이다."가 제시문의 주제문으로 적절하다.

## 14 정답 ②

**[정답해설]**
제시된 〈보기〉의 작품은 나희덕의 『해일』이다. 이 작품은 해일이 밀려오는 바다의 모습을 숲에 이는 바람의 모습으로 치환하여 묘사한 것이다. ㉠의 다음 행인 "아니라 아니라고 온 몸을 흔든다 스스로 범람한다"에서 파도가 스스로 범람하여 넘치는 모습을 숲으로 치환하여 묘사한 말이 ㉠에 들어가야 한다. 그러므로 ②의 '숲은 출렁거린다'가 ㉠에 들어갈 말로 적절하다.

## 15 정답 ③

**[정답해설]**
'이런 사람'에서 '이런'은 '사람이 이렇다'의 서술성을 지닌 형용사 '이렇다'의 활용형이다. 참고로 '이런'이 관형사일 경우에는 '상태, 모양, 성질 따위가 이러한'의 뜻으로 사용된다.

**[오답해설]**
① '새 책'에서 '새'는 '사용하거나 구입한 지 얼마 되지 아니한'의 뜻을 지닌 관형사이다.
② '갖은 양념'에서 '갖은'은 '골고루 다 갖춘 또는 여러 가지의'의 뜻을 지닌 관형사이다.
④ '외딴 섬'에서 '외딴'은 '외따로 떨어져 있는'의 뜻을 지닌 관형사이다.

## 16 정답 ④

**[정답해설]**
제시문은 '무지개'의 어원을 설명한 글이므로, "'무지개가 뜨다', '무지개가 걸리다'는 표현은 적절한 표현일까?"와 같이 주어와 서술어의 호응 관계를 따지는 어법적 질문은 독자가 가질 수 있는 의문으로 적절하지 않다.

**[오답해설]**
① 제시문에 '무지개'는 원래 '물'과 '지개'의 합성어인데, 'ㅈ' 앞에서 'ㄹ'이 탈락하여 '무지개'가 되었다고 서술하고 있으므로, '물'의 'ㄹ'이 '지개'의 'ㅈ' 앞에서 탈락한 조건은 무엇인지 독자가 의문을 갖는 것은 타당하다.
② 제시문에 '물[水]'의 15세기 형태인 '믈'에 '지게'가 합쳐진 것이라고 서술되어 있으므로, '지개'가 '지게'에서 온 말이라면 'ㅔ'와 'ㅐ'의 차이에 대해 독자가 의문을 갖는 것은 타당하다.
③ 제시문에 15세기 『용비어천가』나 『석보상절』과 같은 훈민정음 창제 초기의 문헌에 처음 보이는 '무지개'의 형태는 '므지게'라고 서술되어 있다. 그러므로 '무지개'가 '물'과 '지게'가 합쳐져 변화한 말이라면, 그 변화가 15세기 이전의 언제쯤 일어났는지 독자가 의문을 갖는 것은 타당하다.

## 17 정답 ②

**[정답해설]**
수컷을 이르는 접두사는 '수-'로 통일하며, 접두사 '수-' 다음에서 나는 거센소리를 인정하므로 '숫병아리'는 '수평아리'로, '숫당나귀'는 '수탕나귀'로 고쳐 써야 한다.

**[오답해설]**
① '숫양'은 바른 표기이나, '숫기와'는 '수키와'로 고쳐 써야 한다.
③ '수퇘지'는 바른 표기이나, '숫은행나무'는 '수은행나무'로 고쳐 써야 한다.
④ '수캉아지'와 '수탉' 모두 바른 표기이다.

## 18 정답 ④

**[정답해설]**
며느리가 샛서방의 밥을 담다가 놋주걱을 부러트려 어쩔 줄 몰라 하고 있으나, 시어머님은 호통을 치기보다 자기도 젊었을 때 그랬노라고 며느리의 잘못을 감싸고 있다. 그러므로 아랫사람의 잘못으로 인해 인물들의 갈등이 더욱 심화되고 있는 것은 아니다.

**[오답해설]**
① 초장과 중장은 며느리의 말이고 종장은 시어머님의 말로, 시어머니와 며느리의 대화로 작품이 전개되고 있다.
② '어이려뇨'라는 동일한 시어의 반복을 통해 리듬감을 형성하고 있다.
③ 며느리가 남편도 아닌 샛서방의 밥을 담다가 놋주걱을 부러트렸으나, 시어머니가 우리도 젊었을 때 많이 꺾었다고 말하는 데서 인간의 범상한 욕구를 조명하여 희극적 묘미를 드러내고 있다.

**[작품해설]**

┃ 작자 미상, 「어이려뇨 어이려뇨」

[현대어 풀이]
(초장) 어떻게 할 것인가 어떻게 할 것인가 시어머님 어떻게 할 것인가
(중장) 샛서방의 밥을 담다가 놋주걱을 덜컥 부러뜨렸으니, 이를 어떻게 할 것인가 시어머님아
(종장) 저 아기 너무 걱정 마라. 우리도 젊었을 때 많이 꺾어 보았노라.

## 19 정답 ①

**[정답해설]**
해당 문장의 '당신'은 '자기'를 아주 높여 이르는 말로 3인칭 대명사이다. 참고로 '자기'는 앞에 서 말한 사람을 다시 가리

키는 3인칭 재귀대명사이다.

**[오답해설]**
② 해당 문장의 '당신'은 부부 사이에서, 상대편을 높여 이르는 2인칭 대명사이다.
③ 해당 문장의 '당신'은 문어체에서, 상대편을 높여 이르는 2인칭 대명사이다.
④ 해당 문장의 '당신'은 듣는 이를 가리키는 2인칭 대명사이다.

---

## 20 　　　　　　　　　　　　　정답 ④

**[정답해설]**
(가) 시조는 '역군은(亦君恩)이샷다'에서 임금의 은혜를 생각하는 마음이 표현되어 있으나, (나) 시조는 자연 속에서 유유자적하는 화자의 정서를 담고 있을 뿐, 임금의 은혜를 생각하는 마음은 표현되어 있지 않다.

**[오답해설]**
① (가)와 (나) 둘 다 자연 속에서 한가롭게 낚시를 하며 지내는 은둔의 삶을 표현하였다.
② (가)에서는 '소정(小艇)에 그물 시러'에서, (나)에서는 '빈비저어 오노라'에서 배를 타고 낚시를 즐기는 내용이 포함되어 있음을 알 수 있다.
③ (가)와 (나) 둘 다 문학 장르는 시조이며 정형시이다.

---

## ▌[서울시] 2021년 06월 | 정답

| 01 | ② | 02 | ③ | 03 | ④ | 04 | ④ | 05 | ① |
|----|---|----|---|----|---|----|---|----|---|
| 06 | ① | 07 | ② | 08 | ② | 09 | ③ | 10 | ① |
| 11 | ② | 12 | ④ | 13 | ③ | 14 | ④ | 15 | ④ |
| 16 | ③ | 17 | ② | 18 | ① | 19 | ③ | 20 | ③ |

## [서울시] 2021년 06월 | 해설

## 01 　　　　　　　　　　　　　정답 ②

**[정답해설]**
한글 맞춤법 제47항에 따라 '보조용언은 띄어 씀을 원칙으로

하되, 경우에 따라 붙여 씀도 허용한다.'라 명시되어 있다. 따라서 ⓒ의 '책만 한'은 맞춤법에 맞게 쓰였다. ⑩의 '늘리고'는 '늘리다'의 활용형으로 '재주나 능력 따위를 나아지게 하다.'라는 의미를 지니고 있으므로 맞춤법에 맞게 쓰였다. '늘이다'는 '본디보다 더 길게 한다.'라는 의미로 〈보기〉의 내용에 틀린 표현이다.

**[오답해설]**
① ㉠의 '보내는 데에는'에서 '데'는 의존명사로 쓰였기 때문에 띄어 씀이 맞다. ⑪의 '맞추기'는 서로 떨어진 부분을 제자리에 맞게 대어 붙인다는 의미이기 때문에 '문제에 대한 답을 틀리지 않게 하다.'의 의미를 지닌 '맞히기'로 고쳐 써야 한다.
③ ㉢은 한글 맞춤법 제 48항에 따라 '김박사님'은 '김 박사님'으로 띄어 써야 한다. ⓐ은 한글 맞춤법 제 57항에 따라 '-(으)므로'는 까닭을 나타내는 어미로, '써'가 결합하지 기 때문에 '-(으)ㅁ'에 조사 '으로(써)'가 결합된 '읽음으로써'로 고쳐 써야 한다.
④ ⓔ은 한글 맞춤법 제 51항에 따라 '솔직이'는 분명히 '-히' 소리가 나므로, '솔직히'로 고쳐야 한다. ⓞ은 어간과 어말어미 사이에서 시제나 높임. 공손 등을 표시하는 어미인 선어말 어미 '-겠-'은 붙여 써야 하므로 '해야겠다.'로 쓴다.

---

## 02 　　　　　　　　　　　　　정답 ③

**[정답해설]**
선어말어미 '-았-, -었-'은 이야기하는 시점에서 사건이나 행위가 이미 일어났거나, 현재까지 지속되거나, 미래의 사건이 이미 정해진 사실인 양 말할 때 쓰인다. '그 사람은 작년에 부쩍 늙었어.'는 비교적 최근인 '작년'을 가리켜 그 시기에 늙었다는 것을 알리고 있으므로 시기를 알 수 없는 과거와 비교하여 현재를 나타낸 나머지 답과 비교하면 시제가 다르다.

---

## 03 　　　　　　　　　　　　　정답 ④

**[정답해설]**
'요리로'의 준말인 '욜로'는 '요 곳으로 또는 요쪽으로'를 의미한다. 따라서 '욜로 가면 지름길이 나온다.'는 '요리로 가면 지름길이 나온다.'와 같은 의미가 된다.

**[오답해설]**
① 한글 맞춤법 제 12항에 한자음 '라, 래, 로, 뢰, 루, 르'가 단어 첫머리에 올 적에는 두음 법칙에 따라 '나, 내, 노, 뇌, 누, 느'로 적고, 그 외에는 본음대로 적는다고 되어있으므로 '大怒'는 '대노'가 아닌 '대로'로 적는다.

② '갈음'은 다른 것으로 바꾸어 대신함. 또는 일한 뒤나 외출할 때 갈아입는 옷을 의미하므로, '…가릴 수 없다.' 또는 '…구별(區別)이 되지 않는다.' 등으로 적는다.

③ '목거리'는 목이 붓고 아픈 병을 뜻하기 때문에 '귀금속이나 보석 따위로 된 목에 거는 장신구.'를 뜻하는 '목걸이'로 고쳐 쓴다.

---

## 04　　　　　　　　　　　　　　　　　　정답 ④

**[정답해설]**

百年河淸(백년하청)은 '아무리 오랜 시일이 지나도 어떤 일이 이루어지기 어려움을 이르는 말'로, 부부의 연과 관련된 고사성어의 쓰임으로 옳지 않다. 따라서 '百年偕老(백년해로)' 등으로 고쳐 쓴다.

**[오답해설]**

① 肝膽相照(간담상조) : 서로 속마음을 털어놓고 친하게 사귐

② 螳螂拒轍(당랑거철) : 제 역량을 생각하지 않고, 강한 상대나 되지 않을 일에 덤벼드는 무모한 행동거지를 비유적으로 이르는 말

③ 騎虎之勢(기호지세) : 호랑이를 타고 달리는 형세라는 뜻으로, 이미 시작한 일을 중도에서 그만둘 수 없는 경우를 비유적으로 이르는 말

**[보충해설]**

> **▌부부와 관련된 한자성어**
>
> • 부창부수(夫唱婦隨) : 남편이 주장하고 아내가 이에 잘 따름. 또는 부부 사이의 그런 도리
>
> • 금실지락(琴瑟之樂) : 부부간의 사랑
>
> • 백년가약(百年佳約) : 젊은 남녀가 부부가 되어 평생을 같이 지낼 것을 굳게 다짐하는 아름다운 언약
>
> • 백년해로(百年偕老) : 부부가 되어 한평생을 사이좋게 지내고 즐겁게 함께 늙음

---

## 05　　　　　　　　　　　　　　　　　　정답 ①

**[정답해설]**

'중성자(中聲字)'는 천지인(天地人) 즉, 'ㆍ, ㅡ, ㅣ'의 상형을 통해 만들어졌다. 발음 기관의 상형을 통해 만들어진 것은 '초성자(初聲字)'이다.

**[오답해설]**

② 자음자는 발음기관을 본뜬 기본자에 획을 더해 가획자를

---

만든 것과 이체자는 형태상 유사성을 지닌다. 예를 들면 기본자 'ㄴ'의 가획자는 'ㄷ, ㅌ'이 되며, 이체자는 'ㄹ'인 것과 같이 형태상 유사성을 띤다.

③ 기본자 'ㆍ, ㅡ, ㅣ'를 조합하여 초출자 'ㅗ, ㅏ, ㅜ, ㅓ'를 만들어내고, 초출자에서 'ㆍ'를 첨가하여 재출자 'ㅛ, ㅑ, ㅠ, ㅕ'를 만들어냈다.

④ 종성은 종성부용초성(終聲復用初聲 : 초성을 다시 사용하여 종성으로 함)에 입각하여 초성을 다시 썼다.

---

## 06　　　　　　　　　　　　　　　　　　정답 ①

**[정답해설]**

시에서 '함박눈', '슬픔의 힘' 등의 시어를 통해 소외된 자들에게는 시련과 슬픔을 의미하며 슬픔을 겪어야만 소외된 자들을 이해할 수 있게 된다는 것이 주제이다. 따라서 기쁨으로 슬픔을 이겨내자는 점을 주제로 이해하는 것은 적절하지 않다.

**[오답해설]**

② 시의 마지막에 '슬픔의 힘에 대한 이야기를 하며 / 기다림의 슬픔까지 걸어가겠다.'를 통해 대결과 갈등이 아닌 '기다림'으로 화합과 조화로서 비롯된 해결을 추구하고 있다.

③ '사랑보다 소중한 슬픔', '가마니에 덮인 동사자가 다시 얼어 죽을 때', '무관심한 너의 사랑을 위해' 등을 통해 모순된 말이나 사회적으로 소외된 이들에 대한 무관심, 이기적인 면모에 대한 비판을 내포하고 있다.

④ 이기적인 삶의 자세인 기쁨에만 주목해, 정작 소외된 존재와 사회적으로 소외된 이들이 지닌 슬픔에 주목하지 않는 현 세태를 비판하고 있다.

**[작품해설]**

> **▌정호승, 「슬픔이 기쁨에게」**
>
> • 갈래 : 자유시, 서정시
>
> • 성격 : 인도주의적, 교훈적, 현실 비판적
>
> • 어조 : 의지적 어조
>
> • 제재 : 약자 및 소외된 이들의 슬픔에 무관심한 이기적인 모습
>
> • 주제 : 이기적인 삶에 대한 반성과 소외된 이들과 살아가는 삶
>
> • 특징
> 　– 역설적인 표현을 통해 주제를 형상화
> 　– 어미의 반복적인 사용을 통해 화자의 의지적 태도를 드러내고 있음
> 　– 화자인 '슬픔'이 '기쁨'에게 말을 건네는 시상 전개를 구성하고 있음

## 07 　　　　　　　　　　정답 ②

**[정답해설]**

외래어 표기법에 따라 원지음(原地音)이 아닌 제 3국에서 통용되는 발음으로 적으므로 ㄴ은 '카이사르'가 아닌 '시저'로 표기한다. 외래어 표기법에 따라 ㅁ은 '팜플렛'이 아닌 '팸플릿'으로 적는다. 외래어 표기법의 일본어 표기에 따라 ㅂ은 '큐슈'가 아닌 '규슈'로 적는다.

**[오답해설]**

ㄱ. 외래어 표기법에 따라 '아젠다'는 '어젠다'로 표기한다.

ㄷ. 외래어 표기법에 따라 '레크레이션'은 '레크리에이션'으로 표기한다.

ㄹ. 외래어 표기법에 따라 '싸이트'는 '사이트'로 표기한다.

## 08 　　　　　　　　　　정답 ②

**[정답해설]**

〈보기〉 중에서 공통되는 중의적 표현은 수식 구조 또는 문법적 성질로 인해 두 가지 이상으로 해석되는 '구조적 중의성'에 해당한다. '철수는 아름다운 하늘의 구름을 바라보았다.'는 '철수는 아름다운 하늘의 / 구름을 바라보았다.(하늘이 아름다움)'와 '철수는 아름다운 / 하늘의 구름을 바라보았다.(구름이 아름다움)' 두 가지로 해석할 수 있다. '잘생긴 영수의 동생을 만났다.'는 '잘생긴 영수의 / 동생을 만났다.(영수가 잘생김)'와 '잘생긴 / 영수의 동생을 만났다.(영수의 동생이 잘생김)'로 해석이 가능하다

**[오답해설]**

ㄱ. '아버지께 꼭 차를 사드리고 싶습니다.'는 '차(車)'와 '차(茶)'로 해석되는 어휘적 중의성에 해당된다.

ㄷ. '철수는 아내보다 딸을 더 사랑한다.'는 '철수가 딸을 더 사랑한다' 또는 '아내보다 딸을 더 사랑한다.'로 해석되는 구조적 중의성에 해당한다.

ㅁ. '그것이 정말 사과냐?'는 과일인 '사과(沙果)' 또는 용서를 비는 '사과(謝過)'로 해석될 수 있는 어휘적 중의성에 해당된다.

ㅂ. '영희는 어제 빨간 모자를 쓰고 학교에 가지 않았다.'는 부정의 중의성으로 어떤 대상에 부정을 수식하는지와 전체, 부분적으로 부정을 수식하는지에 따라 의미가 달라진다. '영희가 어제 빨간 모자를 썼지만 학교에 가지 않음'과 '영희가 어제 빨간 모자를 썼지만 (어느 날에) 학교를 가지 않았음'과 '빨간 모자를 (써야 하지만), 쓰지 않고 학교에 갔음'으로 해석할 수 있다.

## 09 　　　　　　　　　　정답 ③

**[정답해설]**

낙구(落句)인 '아아, 아으'는 제망매가 말고도 '찬기파랑가', '안민가' 등 10구체 향가에서 나타나는 형식이므로, 다른 향가 작품에서 찾기 어렵다는 설명은 옳지 않다.

**[오답해설]**

① ㉠의 '이른 바람'은 후행의 '떨어질 잎처럼'과 연결되어 예상보다 빠르게 닥쳐온 누이의 죽음을 형상화하고 있다.

② ㉡의 '한 가지에 나고'는 '한 몸에서 난' 것을 비유하여 표현한 것으로 화자와 누이는 친동기 관계임을 알 수 있다.

④ ㉣의 '미타찰'은 '아미타불(서방 정토에 있는 부처)이 있는 극락세계'를 의미하며 불교용어로, 〈보기〉의 향가가 불교적 세계관을 보여주고 있음을 알 수 있다.

**[작품해설]**

> **▌월명사, 「제망매가(祭亡妹歌)」**
> • **연대** : 신라 경덕왕
> • **주제** : 죽은 누이의 명복을 빎
> • **의의** : 현존 향가 중 '찬기파랑가'와 함께 표현 기교와 서정성이 가장 뛰어난 작품으로 평가 받음
> • **특징**
> 　 － 10구체 향가, 추모적, 애상적, 불교적 성격(추도가)
> 　 － 비유법(직유)과 상징법의 세련된 사용
> 　 － 기(1~4 행), 서(5~8 행), 결(9~10 행)의 3단 구성 방식

## 10 　　　　　　　　　　정답 ①

**[정답해설]**

걷잡아서는 '한 방향으로 치우쳐 흘러가는 형세 따위를 붙들어 잡다.' 또는 '마음을 진정하거나 억제하다.'는 의미이며 문장의 주제에 옳지 않은 단어 사용이다. 따라서 '겉으로 보고 대강 짐작하여 헤아리다.'라는 의미를 지닌 '겉잡아서(겉잡다)'를 사용한다.

**[오답해설]**

② '방불하게'는 기본형인 '방불하다(彷彿하다)'와 연결 어미인 '－게'와 결합한 형태로 한글 맞춤법 제 40항에 따라 거센소리 '방불케'로도 적을 수 있다.

③ '서둘고'는 기본형인 '서둘다'에 어미 '－고'가 연결된 형태이다. '서둘다'는 '서두르다'의 준말로 '서두루고'로도 적을 수 있다.

④ '갈음합니다'의 기본형 '갈음하다'는 '다른 것으로 바꾸어

대신한다'는 뜻으로 '대신합니다' 등으로 바꿔 쓸 수 있다.

---

## 11  정답 ②

### [정답해설]

〈보기〉의 (가)는 표준 발음법 제 24항에 해당되고, (나)는 표준 발음법 제 25항에 해당된다. (가)에 해당하는 '(나이가) 젊지'는 어간 받침 'ᆱ'이 이에 해당하므로 [점:찌]로 발음하며, (나)에 해당하는 '핥다'는 어간 받침 'ᆴ'이 이에 해당하므로 [할따]로 발음한다.

### [오답해설]

(가)의 '(신을) 신기다'의 '-기-'는 피동 접미사이므로 된소리로 발음하지 않으며, (나)의 '여덟도'는 명사 '여덟' 뒤에 '-도'가 된소리로 발음되지 않기 때문에 [여덜도]로 발음한다.

---

## 12  정답 ④

### [정답해설]

'그녀는 아버지의 음악적 소질을 타고 태어났다.'의 '타다'는 '돈이나 물건 따위를 받다.'로 동음이의어이며, '복이나 재주, 운명 따위를 선천적으로 지니다.'의 의미이다. 나머지 셋은 '탈 것이나 짐승의 등 따위에 몸을 얹다.'의 의미인 다의어이다.

### [오답해설]

① '연이 바람을 타고 하늘로 올라간다.'는 '바람이나 물결, 전파 따위에 실려 퍼짐'의 의미이다.
② '부동산 경기를 타고 건축 붐이 일었다.'는 '어떤 조건이나 시간, 기회 등을 이용함'의 의미이다.
③ '착한 일을 한 덕분에 방송을 타게 됐다.'는 '의거하는 계통, 질서나 선을 밟음'의 의미이다.

---

## 13  정답 ③

### [정답해설]

관형어는 관형사, 체언에 관형격 조사 '-의'가 붙은 형태, 동사와 형용사의 관형사형, 동사와 형용사의 명사형에 관형격 조사 '-의'가 붙은 형태로 뒤에 놓인 체언을 수식하는 문장 성분이다. ③의 '나에게'는 부사어로 용언이나 부사어 등을 수식하는 문장 성분이기 때문에 관형어가 아니다.

### [오답해설]

① '새'는 뒤에 오는 체언 '옷'을 꾸며주는 관형어.

② '군인인'은 뒤에 오는 체언 '형'을 꾸며주는 관형어이다.
④ '시골의'는 체언에 조사 '-의'가 붙어 뒤에 오는 '풍경'을 꾸며주는 관형어이다.

---

## 14  정답 ④

### [정답해설]

한글 맞춤법 제 30항의 사이시옷 표기에 따라 순 우리말과 한자어로 된 합성어로 뒷말이 된소리로 남에 따라 [북얻국/북어꾹]으로 발음되므로 사이시옷을 받치어 적는다. 그러므로 '북엇국'은 옳은 단어 표기이다.

### [오답해설]

① 머릿말 → 머리말 : [머리말]로 발음되기 때문에 사이시옷을 받치어 적지 않는다. 따라서 '머리말'로 표기해야 한다.
② 윗층 → 위층 : '위-' 뒤에 오는 말이 거센소리이므로 사이시옷을 받치어 적지 않는다. 따라서 '위층'으로 표기해야 한다.
③ 햇님 → 해님 : 순 우리말로 된 합성어로서 뒷말의 첫소리가 덧나는 경우에 사이시옷을 받치어 적지만, '해님'은 [해님]으로 소리 나므로 사이시옷으로 받치어 적지 않는다.

---

## 15  정답 ④

### [정답해설]

밥은∨커녕 → 밥은커녕

'커녕'은 체언 뒤에서 선행하는 체언에 특정한 의미를 부여하여 '불만'을 나타내는 보조사이기 때문에 붙여 써야한다. 따라서 '밥은커녕 빵도 못 먹었다.'로 써야 옳은 띄어쓰기가 된다.

### [오답해설]

① 한글 맞춤법 제47항에 따라 보조용언은 띄어 씀을 원칙으로 하되, 경우에 따라 붙여 씀도 허용하기 때문에 '너야말로 칭찬받을만하다.'도 허용된다.
② 앞에서 이미 이야기한 대상을 가리킬 때 쓰는 말인 '그' 관형사로 명사인 '사실'을 수식하고 있기 때문에 띄어써야 한다.
③ 한글 맞춤법 제41항에 따라 조사는 그 앞말에 붙여 쓰기 때문에 어느 정도 이상의 뜻을 나타내는 보조사인 '-깨나'는 붙여 써야 옳다.

## 16 　　　　　　　　　　정답 ③

**[정답해설]**
중세국어에서 '어리석다[愚]'를 뜻하는 '어리다'가 오늘날에는 '나이가 적다'를 뜻하지만 의미가 축소된 것은 옳지 않으며 의미가 '이동'한 것이다.

**[오답해설]**
① '겨레'는 근대국어에서 '종친(친족)'을 뜻하였으나, 오늘날에는 동포 및 민족을 뜻하는 의미의 확장이 일어났다.
② '얼굴'은 중세국어에서 '형체'를 뜻했지만, 오늘날에는 '안면'을 뜻하며 의미의 축소가 일어났다.
④ '계집'은 중세국어에서 '일반적인 여자'를 뜻했지만, 오늘날에는 '여자를 낮잡아 이르는 말'로 의미의 하락(축소)이 일어났다.

## 17 　　　　　　　　　　정답 ②

**[정답해설]**
시건장치(施鍵裝置)는 '문 따위를 잠그는 장치'를 뜻하는 한자어로 '사물의 움직임이나 동작을 그치게 하는 장치'를 뜻하는 '멈춤장치'로 바꾸어 쓰는 것은 적절하지 않고, '잠금장치'로 바꾸어 쓸 수 있다.

**[오답해설]**
① 일부인(日附印)은 서류 따위에 그날그날의 날짜를 찍게 만든 도장으로서 '날짜도장'으로 바꾸어 쓸 수 있다.
③ 불하(拂下)는 국가 또는 공공 단체의 재산을 개인에게 팔아넘기는 일로 '매각(賣却)'으로 바꾸어 쓸 수 있다.
④ 지득(知得)은 깨달아 앎이라는 의미로 '알게 된'으로 바꾸어 쓸 수 있다.

**[보충해설]**

**▌어려운 한자어의 순화**

| 한자어 | 순화어 |
| --- | --- |
| 가전(加錢) | 웃돈 |
| 가부동수(可否同數) | 찬반 같음 |
| 간선도로(幹線道路) | 중심도로, 큰 도로 |
| 간석지(干潟地) | 개펄 |
| 검인(檢印) | 확인도장 |
| 간언(間言) | 이간질 |
| 구랍(舊臘) | 지난해 섣달 |

| 게기(揭記)하다 | 붙이거나 걸어서 보게 하다 |
| --- | --- |
| 기부채납(寄附採納) | 기부 받음, 기부받기 |
| 공탁(供託)하다 | 맡기다 |
| 내사(內査)하다 | 은밀히 조사하다 |
| 비산(飛散)먼지주의 | 날림 먼지 주의 |
| 보결(補缺) | 채움 |
| 초도순시(初度巡視) | 처음 방문, 첫 방문 |
| 순치(馴致) | 길들이기 |
| 촉수(觸手)를 엄금하시오 | 손대지마시오 |
| 지난(至難)한 일 | 매우 어려운 일 |
| 콘크리트 양생중(養生中) | 콘크리트 굳히는 중 |

## 18 　　　　　　　　　　정답 ①

**[정답해설]**
〈보기〉의 작품은 윤선도의 어부사시사(漁父四時詞)로 연시조에 해당된다. 이 중 '면앙정가(俛仰亭歌)'는 연속체 장가(長歌) 형태의 교술 시가인 가사로 평시조인 오우가(五友歌), 훈민가(訓民歌), 연시조인 도산십이곡(陶山十二曲)과 형식이 다르다.

**[작품해설]**

**▌윤선도, 「어부사시사(漁父四時詞)」**
- **갈래** : 전 40수의 연시조(사계절 각 10수)
- **주제** : 사계절의 어부 생활과 어촌 풍경을 묘사, 강호 한정과 물아일체의 흥취
- **특징**
  - 후렴구가 있으며, 우리말의 아름다움을 잘 살림
  - 시간에 따른 시상 전개, 원근법 등이 나타남
  - 각수의 여음구를 제외하면 초, 중, 종장 형태의 평시조와 동일(동사(冬詞) 제10장은 제외)
  - 어부가(고려시대 민요) → 어부사(이현보의 연시조) → 어부사시사의 흐름을 형성

## 19 정답 ③

**[정답해설]**

첫 번째 단락의 주제는 많은 국내 과학자, 기술자와 외국인 기술자들이 오고가며 과학기술에 영향을 준다고 하였다. 두 번째 단락에서는 선진 과학 기술을 발전시킬 계획과 태세를 갖추지 않으면 경제적 자립과 정치, 외교적 자주성을 지킬 수 없다 하였으므로 ㉠은 반대, 대립되는 내용을 나타내는 '역접' 기능을 하는 접속사이다.

**[오답해설]**

① 첫 번째 단락의 주제가 조건 및 이유에 대해 서술하고 있지 않기 때문에 ㉠에 '순접' 기능의 접속사는 적절하지 않다.

② 두 번째 단락의 주제가 조건 및 이유에 대해 서술하고 있으므로 ㉡에는 '순접' 기능을 하는 접속사 중, 결과에 해당하는 접속사가 들어가야 한다.

④ 세 번째 단락의 주제가 과학 기술 진흥의 장기적 추진 문제에 대해 서술하고 있으므로 다른 내용을 도입하는 '전환' 기능의 접속사는 적절하지 않다.

## 20 정답 ③

**[정답해설]**

〈보기〉에서 동면에 있어 온도가 가장 중요한 요소(인자)라고 하며 기온은 변덕이 심해 생물체가 죽는 일이 많다고 한다. 다음에 와야 할 문장은 기온의 변덕으로 인해 생물체가 죽는 사례 등을 제시하는 것이 적절하므로 (라)가 와야 한다. 그 다음에는 (라)의 사례 외에도 동면의 위험성에 대한 설명이 제시되어야 하므로 (가)가 와야 하며, 동면의 위험성에 대해 뒷받침하는 사례를 제시해야 하므로 (다)가 오며, 동면에 대한 결론인 (나) 순으로 나열해야 한다.

# 2023~2021
# 영어[국가직]
## 정답 및 해설

을 먹고 즐거운 시간을 보낼 계획을 세웠다.

## [국가직] 2023년 04월 | 정답

| 01 | ② | 02 | ② | 03 | ④ | 04 | ① | 05 | ③ |
|----|----|----|----|----|----|----|----|----|----|
| 06 | ④ | 07 | ② | 08 | ④ | 09 | ④ | 10 | ① |
| 11 | ② | 12 | ③ | 13 | ③ | 14 | ① | 15 | ② |
| 16 | ② | 17 | ③ | 18 | ③ | 19 | ③ | 20 | ① |

## [국가직] 2023년 04월 | 해설

### 01 　　　　　　　　　　　　　　　　　정답 ②

**[정답해설]**
밑줄 친 intimate는 '친한, 절친한'의 뜻으로 ②의 close(가까운)와 그 의미가 가장 유사하다.

**[오답해설]**
① 참견하기 좋아하는
③ 외향적인
④ 사려 깊은

**[핵심어휘]**
- fancy 화려한, 고급스러운
- intimate 친한, 절친한
- nosy 참견하기 좋아하는, 오지랖이 넓은
- outgoing 외향적인, 사교적인
- considerate 사려 깊은, 배려하는

**[본문해석]**
Jane은 화려한 결혼식보다는 작은 결혼식을 하고 싶었다. 그래서 그녀는 가족과 친한 친구 몇 명을 초대해 맛있는 음식

### 02 　　　　　　　　　　　　　　　　　정답 ②

**[정답해설]**
밑줄 친 incessant는 '끊임없는, 쉴새없는'의 뜻으로 ②의 constant(지속적인)와 그 의미가 가장 유사하다.

**[오답해설]**
① 빠른
③ 중요한
④ 간헐적인

**[핵심어휘]**
- incessant 끊임없는, 쉴새없는
- rapid 빠른, 급격한
- constant 지속적인, 끊임없는
- significant 중요한, 의미심장한
- intermittent 간헐적인, 간간이 일어나는

**[본문해석]**
보다 저렴한 가격과 더불어 건강상 이점으로 인한 끊임없는 대중의 호기심과 소비자 수요가 기능성 식품에 대한 관심을 높였다.

### 03 　　　　　　　　　　　　　　　　　정답 ④

**[정답해설]**
밑줄 친 hold off는 '미루다, 연기하다'의 뜻으로 ④의 suspend(연기하다)와 그 의미가 가장 유사하다.

**[오답해설]**
① 정교하게 만들다
② 발표하다
③ 수정하다

**[핵심어휘]**
- pandemic 전국(전세계)적 전염병[유행병]
- hold off 미루다, 연기하다
- elaborate 자세히 말하다, 정교하게 만들다
- release 발표하다, 공개하다
- modify 수정하다, 한정하다
- suspend 연기하다, 유예하다

**[본문해석]**

전염병 때문에 그 회사는 직원들에게 다양한 훈련 프로그램을 제공하려던 계획을 연기해야만 했다.

---

## 04 정답 ①

**[정답해설]**

밑줄 친 abide by는 '따르다, 준수하다'의 뜻으로 ①의 accept(받아들이다)와 그 의미가 가장 유사하다.

**[오답해설]**

② 보고하다
③ 연기하다
④ 공표하다

**[핵심어휘]**

□ Regional Governor 주지사, 도지사
□ abide by 따르다, 준수하다
□ High Court 고등법원
□ release 풀어주다, 석방[해방]하다
□ postpone 연기하다, 미루다

**[본문해석]**

신임 주지사는 수감자를 석방하라는 고등법원의 판결을 따를 것이라고 말했다.

---

## 05 정답 ③

**[정답해설]**

동사 conceal의 주어는 단수 명사인 the biomedical view이고 시제가 현재이므로, 주어와 동사의 수의 일치에 따라 3인칭 단수 현재시제에 맞게 conceals로 고쳐 써야 옳다.

**[오답해설]**

① make가 5형식 동사이므로 to extend~ 이하가 진목적어고 it은 가목적어로 옳게 사용되었다.
② it(가주어) ~ that(진주어) 구문으로, 접속사 that 뒤에 완전한 문장이 왔으므로 명사절을 이끄는 접속사 that이 옳게 사용되었다.
④ accurately는 뒤의 동사 represents를 수식하는 부사로 바르게 사용되었다.

**[핵심어휘]**

□ transplant technology 이식 기술
□ end-stage 말기의

□ organ disease 장기 질환
□ biomedical 생물 의학의
□ organ transplantation 장기 이식
□ bounded 한정된, 경계가 있는
□ kidney 신장, 콩팥
□ conceal 감추다, 숨기다
□ accurately 올바르게, 정확하게
□ represent 나타내다, 보여주다

**[본문해석]**

이식 기술의 발전으로 말기 장기 질환 환자들의 수명을 연장할 수 있게 되었지만, 장기 이식을 심장이나 신장이 성공적으로 교체되면 끝나는 한정적인 사건으로 보는 생물 의학적 관점이 장기를 이식받는 경험을 더 정확하게 보여주는 복잡하고 역동적인 과정을 숨긴다는 주장이 있다.

---

## 06 정답 ④

**[정답해설]**

- have(사역동사) + 사람 + 동사원형 → 능동관계
- have(사역동사) + 사물 + p.p → 수동관계

해당 문장에서 사역동사 has 다음의 it이 앞의 the tip of a pencil을 가리키므로, 목적어와 목적보어의 관계는 수동이다. 그러므로 remove를 수동의 형태인 removed로 고쳐 써야 적절하다.

**[오답해설]**

① expect, think, believe 등의 사유를 나타내는 동사는 사물이 주어인 경우 수동태로 써야 하므로, 해당 문장은 'be excepted to 동사원형(~기대되다, 예상되다)'의 형태로 맞게 사용되었다. 또한 과제가 제출되는 것이므로, 수동태 부정사인 'to be turned in~'의 형태도 적절하다.
② 부정어구의 도치구문으로, 해당 문장은 부정어구 Hardly가 문두에 왔으므로 주어와 동사가 도치된 Hardly(부정어구) + had(동사) + I(주어)의 형태가 적절하다.
③ recommend와 같이 주장·명령·제안·요구 등을 나타내는 동사는 that절을 목적어로 취할 때, 당위를 나타내는 '(should) + 동사원형'의 형태를 취한다. 이 때 should는 생략 가능하므로, 해당 문장에서 that절 다음에 should가 생략된 동사원형 buy가 사용된 것은 적절하다.

**[핵심어휘]**

□ assignment 과제, 임무
□ turn in ~을 제출하다
□ stocks 주식

▫ tip of a pencil 연필심

## [본문해석]
① 모든 과제는 제 시간에 제출될 것으로 기대된다.
② 나는 눈을 감자마자 그녀를 생각하기 시작했다.
③ 그 중개인은 그녀에게 즉시 그 주식을 매수하라고 추천했다.
④ 머리에 연필심이 박힌 여자가 마침내 그것을 제거했다.

---

**07**          정답 ②

## [정답해설]
until → by

until은 동작의 지속을 나타내는 반면, by는 동작의 완료를 나타낸다. 해당 문장에서 동사 finish는 동작의 완료를 나타내므로 until을 by로 고쳐 써야 옳다.

> • I will be here until ten o'clock. (나는 10시까지 여기에 있겠다.)
> • I will be here by ten o'clock. (나는 10시까지 여기에 오겠다.)

## [오답해설]
① '배수사 + as 원급 as'의 비교 구문으로, 해당 문장에서 배수사 three times 다음에 as old as가 원급으로 옳게 사용되었다. 또한 비교의 대상이 되는 my cat에서 his (cat)의 의미인 소유대명사 his가 옳게 사용되었다.
③ 해당 문장은 현재의 습관을 나타내고 있으므로, 3인칭 단수 현재시제인 동사 washes를 사용한 것은 적절하다. 또한 every other day는 '이틀에 한 번, 하루걸러'의 뜻으로 옳게 사용되었다.
④ '~하는 편이 낫다'라는 의미의 had better 다음에는 동사원형이 오므로, 해당 문장에서 동사 take를 사용한 것은 적절하다. 또한 in case(that)가 조건의 부사절로, 때나 조건의 부사절은 현재가 미래를 대신하므로 해당 문장에서 동사 rains를 사용한 것은 올바르다.

---

**08**          정답 ④

## [정답해설]
제시문의 마지막 문장에서 Taylor Wallace의 분석에 따르면 미국 정부가 90년대 후반 이후로 콜린에 관한 데이터를 검토하거나 정책을 수립하지 않아 의료 전문가들조차 콜린에 대한 인식이 불충분했다고 서술되어 있다. 그러므로 "미국에서

90년대 후반부터 콜린의 중요성이 강조되어 왔다."는 ④의 설명은 윗글의 내용과 일치하지 않는다.

## [오답해설]
① 대다수의 미국인들은 충분한 콜린을 섭취하고 있지 않다. → 충격적이게도 미국인의 90%가 콜린을 충분히 섭취하고 있지 않음
② 콜린은 두뇌 발달에 필요한 필수 영양소이다. → 콜린은 전 연령과 단계에 걸쳐 건강에 필수적이며, 특히 두뇌 발달에 매우 중요함
③ 간과 리마콩과 같은 음식은 콜린의 좋은 공급원이다. → 콜린이 풍부한 음식으로 간, 달걀노른자, 리마콩 등을 언급함

## [핵심어휘]
▫ nutrient 영양소, 영양분
▫ radar 레이더, 전파탐지기
▫ deserve ~을 받을 만하다, ~을 해야 마땅하다
▫ critical 대단히 중요한, 비판적인
▫ egg yolk 달걀노른자
▫ lima bean 리마콩
▫ intake 섭취, 흡입

## [본문해석]
콜린을 충분히 섭취하고 있는가? 아마 이 영양소는 당신의 레이더에조차 없을 것이다. 이제 응당 콜린이 관심을 받아야 할 때이다. 최근 연구에 따르면, 충격적이게도 미국인의 90%가 콜린을 충분히 섭취하고 있지 않다. 콜린은 전 연령과 단계에 걸쳐 건강에 필수적이며, 특히 두뇌 발달에 매우 중요하다. 왜 우리는 충분히 섭취하고 있지 못한가? 콜린은 다양한 음식에서 발견되지만 소량으로 발견된다. 더욱이 콜린이 풍부한 음식인 간, 달걀노른자, 리마콩을 생각해 보면 그다지 인기 있지도 않다. 최근 미국의 콜린 섭취량을 분석한 Taylor Wallace는 "우리 정부가 90년대 후반 이후로 콜린에 관한 데이터를 검토하거나 정책을 수립하지 않았기 때문에 의료 전문가들 사이에서조차 콜린에 대한 인식이 충분하지 않다."라고 말한다.

---

**09**          정답 ④

## [정답해설]
제시문의 마지막 문장에서 커피 하우스에서는 아는 사람이든 모르는 사람이든 같은 테이블 사람들과 대화를 나누었다고 서술되어 있다. 그러므로 "커피 하우스에서는 모르는 사람과도 대화를 나눌 수 있었다."는 ④의 설명은 윗글의 내용과 일치한다.

**[오답해설]**

① 커피 하우스의 수는 여타 다른 사업체의 수보다도 적었다.
  → 런던 커피 하우스들은 여타 다른 업종보다 더 많은 부지를 점
  유하고 더 많은 임차료를 냄
② 고객들은 커피 하우스에서 한 시간 이상 머무를 수 없었
  다. → 커피 한 잔을 주문하고 몇 시간 동안 앉아 특별한 대화들을
  들을 수 있었음
③ 종교인들은 대화를 나누러 커피 하우스에 모이지 않았다.
  → 개신교도, 청교도, 천주교도 등의 종교인들도 커피 하우스를 이
  용함

**[핵심어휘]**

- by some accounts 일설에 의하면, 어떤 설에 따르면
- premises 부지[지역], 구내
- extraordinary 기이한, 특별한
- clientele 고객, 의뢰인
- Protestants 개신교도
- Puritans 청교도
- Catholics 천주교도
- literati 문인들, 지식인들
- Whigs 휘그당원
- Tories 토리당원
- army officers 육군 장교
- clergy 성직자
- egalitarian 평등주의의, 평등주의적인
- chat 담소[대화]를 나누다, 수다를 떨다

**[본문해석]**

일설에 의하면, 1700년경 2,000개 이상의 런던 커피 하우스
들은 여타 다른 업종보다 더 많은 부지를 점유하고 더 많은
임차료를 냈다고 한다. 그것은 '페니 유니버시티'로 알려져 있
는데, 그 가격[1페니]에 커피 한 잔을 주문하고 몇 시간 동안
앉아 특별한 대화들을 들을 수 있었기 때문이다. 각 커피 하
우스는 각기 다른 유형의 고객들에 특화되어 있었다. 한 지점
에서는 의사와 상담할 수 있었다. 다른 지점에서는 개신교도,
청교도, 천주교도, 유대인, 문인, 무역상, 상인, 휘그당원, 토리
당원, 육군 장교, 배우, 변호사, 성직자들이 이용했다. 커피 하
우스는 영국 최초의 평등주의적 모임 장소를 제공했고, 그곳
에선 아는 사람이든 모르는 사람이든 같은 테이블 사람들과
대화를 나누었다.

## 10 　　　　　　　　　　　정답 ①

**[정답해설]**

A가 주름을 없애주고 피부를 훨씬 젊어 보이게 해준다는 새
로 산 피부 크림을 B에게 소개하고 있다. 이에 대한 B의 반응

에 A가 "왜 안 믿는 거야?"라고 반문하고 있으므로, 빈칸에
들어갈 B의 말로는 ①의 "난 안 믿어."가 가장 적절하다.

**[오답해설]**

② 너무 비싸.
③ 난 널 도와줄 수 없어.
④ 믿거나 말거나 사실이야.

**[핵심어휘]**

- be supposed to ~라고 한다, ~인 것으로 여겨진다
- wrinkle 주름
- get ride of ~을 제거하다, 없애다
- magically 마술적으로, 불가사의하게
- pessimistic 비관적인, 부정적인
- realistic 현실적인, 사실적인
- gullible 남을 잘 믿은, 잘 속아 넘어가는
- pricey 값비싼
- buy (특히 사실 같지 않은 것을) 믿다
- help out 도와주다

**[본문해석]**

A: 난 어제 약국에서 새 피부 크림을 샀어. 이게 모든 주름을
  없애주고 피부를 훨씬 젊어 보이게 해준대.
B: 난 안 믿어.
A: 왜 안 믿는 거야? 나는 그 크림이 정말 효과가 있다는 몇
  몇 블로그를 읽어봤어.
B: 난 그 크림이 피부에 좋다고 생각하지만, 크림을 사용해서
  주름을 없애거나 마술처럼 더 젊어 보이는 건 불가능하다
  고 생각해.
A: 넌 너무 부정적이야.
B: 아니야. 난 그냥 현실적인 거야. 내 생각에 넌 잘 속는 것
  같아.

## 11 　　　　　　　　　　　정답 ②

**[정답해설]**

빈칸의 앞 문장에서 A가 "그밖에 뭘 봐야 할까?"하고 B에게
앞서 추천된 국립미술관 외에 추가로 가봐야 할 여행지 추천
을 부탁하고 있다. 그러므로 빈칸에 들어갈 B의 말로는 추천
여행지 장소가 명시된 ②의 "가이드가 안내하는 강변공원 여
행."이 가장 적절하다.

**[오답해설]**

① 이게 네 손님한테 필요한 지도야. 여기 있어.
③ 가능한 한 빨리 그걸 봐야 해.
④ 퇴실 시간은 3시 정각이야.

## 13 · 정답 ③

[정답해설]
제시문의 두 번째 문장에서 구어적인 말보다 비언어적인 신호가 상대방에 대한 관심, 이해, 가치를 높이는데 더 중요하다고 설명하고 있다. 또한 네 번째 문장에서 야생 동물의 비언어적 신호의 사례를 예로 들어 설명하고 있다. 그러므로 ③의 "비언어적인 의사소통이 말보다 더 큰 힘을 지닌다."가 제시문의 제목으로 가장 적절하다.

[오답해설]
① 야생 동물은 어떻게 생각하고 느끼는가?
② 효과적인 의사소통이 성공의 비결이다.
④ 언어적적 신호: 감정 표현의 주요 수단

[핵심어휘]
▫ biological 생물학의, 생물체의
▫ stimulate 자극하다, 활발하게 하다
▫ trigger 촉발시키다, 작동시키다
▫ nonverbal 비언어적인, 말로 하지 않는
▫ cue 신호, 단서
▫ evade 피하다, 회피하다
▫ chase 추적, 추격
▫ predator 포식자, 포식 동물
▫ nuzzle 코[입]를 비비다
▫ stress relief 스트레스 해소
▫ bodily 신체의
▫ reassurance 안심, 안도
▫ relieve 없애[덜어] 주다, 안도하게 하다

[본문해석]
사랑받는 느낌과 그것이 자극하는 생물학적 반응은 목소리의 어조, 얼굴 표정, 적절한 접촉 등의 비언어적인 신호에 의해 유발된다. 구어적인 말보다는 비언어적인 신호가 우리와 함께 있는 사람이 우리에게 관심을 가지고, 이해하며, 소중히 여긴다는 느낌을 준다. 그것들과 함께 할 때 우리는 안전하다고 느낀다. 우리는 야생에서도 비언어적인 신호의 힘을 목격한다. 포식자의 추격을 피한 후, 동물들은 종종 스트레스 해소의 수단으로 서로 코를 비빈다. 이러한 신체적 접촉은 안전을 보장하고 스트레스를 완화시켜준다.

## 14 · 정답 ①

[정답해설]
제시문은 아이들의 장난감을 바구니에 정리하여 한 번에 한 바구니만 꺼내고 가끔 바구니를 교체해 줌으로써 소유물에

## 핵심어휘
▫ check out (흥미로운 것을) 살표보다[보다]
▫ guided tour 가이드가 안내하는 여행
▫ checkout time 퇴실 시간

[본문해석]
A: 시내 관광을 하고 싶은데. 어딜 가면 좋겠니?
B: 국립미술관 방문을 강력 추천해.
A: 오, 좋은 생각이야. 그밖에 뭘 봐야 할까?
B: 가이드가 안내하는 강변공원 여행. 오후 내내 진행돼.
A: 내겐 그럴 시간이 없어. 3시에 손님을 만나야 해.
B: 아, 그렇구나. 그러면 국립공원을 방문하는 건 어때?
A: 그게 좋겠다. 고마워!

## 12 · 정답 ③

[정답해설]
아이들이 생일 파티에 갈 거라는 A의 말에 B가 '식은 죽 먹기(a piece of cake)'라고 말하고 있으므로 대화의 흐름이 어울리지 않는다. 'a birthday party(생일 파티)'에 대한 연관성으로 'a piece of cake'를 '케이크 한 조각'으로 이해하면 안 된다.

[오답해설]
① 그가 흥행작에 출연했다는 A의 말에 B가 'got it made(잘됐다)'고 축하해 주고 있으므로 자연스러운 대화이다.
② 조금 피곤하다는 A의 말에 B가 'call it a day(그만하자)'라고 응답하고 있으므로 자연스러운 대화이다.
④ 어제 그가 집에 일찍 간 까닭을 묻는 A의 말에 B가 'under the weather(몸이 안 좋아서)'라고 그 이유를 설명하고 있으므로 자연스러운 대화이다.

[핵심어휘]
▫ get it made 잘 되다, 잘 풀리다
▫ call it a day ~을 그만하기로 하다
▫ a piece of cake 식은 죽 먹기, 누워서 떡 먹기
▫ under the weather 몸이 안 좋은, 몸이 편치 않은

[본문해석]
① A: 그가 드디어 흥행작에 출연했어.
　 B: 아주 잘 됐네.
② A: 지금 좀 피곤해.
　 B: 오늘은 그만하자.
③ A: 아이들이 생일 파티에 갈 거야.
　 B: 그래서, 그건 식은 죽 먹기였어.
④ A: 그가 어제 왜 일찍 집에 갔는지 궁금해.
　 B: 몸이 좀 안 좋았던 것 같아.

대한 아이들의 건강한 비의존성을 가르칠 수 있다고 설명하고 있다. 그러므로 ①의 'building a healthy attitude toward possessions(소유물에 대한 건강한 태도 구축하기)'가 제시문의 주제로 가장 적절하다.

[오답해설]
② 다른 사람과 장난감을 공유하는 가치 배우기
③ 장난감을 질서정연하게 정리하는 법 가르치기
④ 바람직하지 못한 행동에 대한 책임 감수하기

[핵심어휘]
- accumulate 쌓다, 축적하다
- nondependency 비의존성
- rotate 회전하다, 교대로 하다
- occasionally 가끔, 때때로
- cherish 소중히 여기다, 간직하다
- put away 모으다, 치우다
- delightful 정말 기분 좋은, 유쾌한
- outlook 시야, 전망
- possession 소유, 소유물
- nonattachment 무집착, 집착하지 않음
- in an orderly manner 질서정연하게
- undersirable 원하지 않는, 바람직하지 않은

[본문해석]
명절이나 생일처럼 아이의 인생에서 장난감과 선물이 모이는 시기들이 있다. 여러분은 이러한 시기들을 물건에 대한 건강한 비의존성을 가르치는 데 이용할 수 있다. 아이가 장난감으로 둘러싸이도록 하지 마라. 대신에 그것들을 바구니에 정리하고, 한 번에 한 바구니만 꺼내며, 가끔 바구니를 교체해 주어라. 소중한 물건이 한동안 치워지면, 그것을 꺼낼 때 기분 좋은 기억과 새로운 시야를 만들어 낸다. 아이가 한동안 치워져 있던 장난감을 요구한다고 가정해 보자. 당신은 이미 주변에 있는 물건 혹은 경험으로 주의를 끌 수 있다. 만일 소유물을 잃어버리거나 망가뜨린다면, 아이가 집착하지 않는 태도를 기를 수 있도록 좋은 태도의 모범이 되기 위해 노력하라("그것을 가지고 있는 동안 감사했어!"). 만일 아이의 장난감이 망가지거나 분실되면, "그걸 가지고 재미있게 놀았어."라고 말할 수 있도록 도와줘라.

## 15 　　　　　　　　　　　정답 ②

[정답해설]
제시문의 서두에서 자존감을 세우기 위해 자녀들의 능력을 확신시키는 칭찬 방법은 실패할 가능성이 높다고 그 부작용에 대해 서술하고 있다. 또한 제시문의 마지막 줄에서도 지능을 칭찬하는 것은 아이들이 실패를 어리석음과 동일시하기

때문에 어려움을 두려워하도록 만들었다고 서술되어 있다. 그러므로 ②의 "지능에 대한 칭찬은 부정적인 효과를 초래한다."가 제시문의 요지로 가장 적절하다.

[오답해설]
① 자주 칭찬하면 자녀의 자존감이 높아진다.
③ 아이는 성공을 통해 실패에 대한 두려움을 극복해야 한다.
④ 부모는 과정보다 결과에 집중해야 한다.

[핵심어휘]
- misguide 잘못 이끌다[인도하다]
- self-esteem 자존심, 자존감
- convince 납득시키다, 확신시키다
- competence 능력, 능숙함
- have a way of 흔히 ~ 하게 되어 가다, ~하기 마련이다
- unequivocally 모호하지 않게, 명백히
- persist 고집하다, 지속하다, 집착하다
- attribute A to B A를 B의 탓으로 돌리다
- equate 동일시하다, 같다
- stupidity 어리석음, 우둔함
- compliment 칭찬, 찬사
- bring about ~을 유발하다, 초래하다
- outcome 결과

[본문해석]
많은 부모들이 '자존감 운동'에 현혹되어, 자녀의 자존감을 세우는 방법은 그들이 얼마나 뛰어난지 말해주는 것이라고 여겼다. 불행히도, 자녀의 능력을 확신시키려고 하면 성공과 실패를 통해 자녀들이 얼마나 능력이 있는지 없는지를 명백하게 알려주기 때문에 실패할 가능성이 높다. 연구에 따르면, 어떻게 자녀를 칭찬하는지가 그들의 발달에 강한 영향을 미친다. 몇몇 연구원들은 노력 대신 지능을 칭찬한 아이들이 결과에 지나치게 집중한다는 사실을 발견했다. 실패 후 이와 같은 아이들은 덜 끈기를 보이고, 덜 즐거우며, 실패를 능력 부족 탓으로 돌리고, 향후 성취 노력에서도 좋지 못한 성과를 보였다. 지능을 칭찬하는 것은 아이들이 실패를 어리석음과 동일시하기 때문에 어려움을 두려워하도록 만들었다.

## 16 　　　　　　　　　　　정답 ②

[정답해설]
제시문은 글로벌 기업들의 광고 표준화 필요성을 설명한 글로, 소비자들의 온라인 활동 영역이 확대됨에 따라 광고주들이 맞춤형 광고를 제작하기 어려워 국제적인 디지털 사이트들을 통합하게 된다고 코카콜라 소셜 미디어와 사이트를 예로 들어 설명하고 있다. 그러므로 밑줄 친 빈칸에는 ②의 uniform(획일적인)이 들어갈 말로 가장 적절하다.

## [오답해설]
① 실험적인
③ 국지적인
④ 다양한

## [핵심어휘]
- popularity 인기, 유행
- boost 신장시키다, 북돋우다
- standardization 표준화, 평준화
- zip 쌩[횡]하고 지나가다[나아가다]
- roll out 제시하다, 전개하다
- adapted campaign 맞춤형 캠페인
- orderly 정돈된, 정연한
- in (a) … fashion …방식으로, …투의
- coordinate 조직화하다, 통합하다
- feature 특징을 이루다
- splash (물방울, 튀김, 철벅[첨벙]하는 소리
- iconic ~의 상징이 되는, 우상의
- experimental 실험적인
- uniform 획일적인
- localized 국부적인, 국지적인
- diverse 다양한, 가지각색의

## [본문해석]
최근 온라인 마케팅과 소셜 미디어 공유의 인기가 높아지면서 글로벌 브랜드에 대한 광고 표준화의 필요성이 부각되고 있다. 대부분의 대규모 마케팅 및 광고 캠페인은 대규모 온라인 참여를 내포한다. 이제 연결된 소비자들은 인터넷과 소셜 미디어를 통해 쉽게 국경을 넘나드므로, 광고주들이 통제되고 정돈된 방식의 맞춤형 캠페인을 전개하기 어렵게 만들고 있다. 결과적으로 대부분의 글로벌 소비자 브랜드들은 국제적으로 디지털 사이트를 통합한다. 예를 들어 오스트레일리아와 아르헨티나에서 프랑스, 루마니아 및 러시아에 이르기까지 세계 각지의 코카콜라 웹 및 소셜 미디어 사이트는 놀라울 정도로 획일적이다. 모든 곳이 친숙한 코카콜라의 빨간 방울, 상징적인 코카콜라 병 모양, 코카콜라 음악 및 "느낌을 맛보다"라는 테마를 특징으로 하고 있다.

---

## 17      정답 ③

### [정답해설]
제시문은 최근의 근무 방식의 변화를 조사한 내용으로, 근로자의 현장 근무일 감축으로 인한 사무실 공간과 밀도와의 관계를 설명하고 있다. 그런데 ③번 문장은 직원들이 재택근무를 원하는 요일에 대해 언급하고 있으므로, 글의 전체 흐름과 어울리지 않는다.

## [핵심어휘]
- employer 고용주, 고용인
- huge 거대한, 엄청난
- hybrid 혼합의, 잡종의
- abundantly 아주 분명하게, 풍부하게
- emerging 최근 생겨난, 최근에 만들어진
- norm 표준, 규범, 기준
- cutback 축소, 삭감, 감축
- imply 나타내다, 의미하다, 암시하다
- reduction 축소, 할인, 경감
- density 밀도, 농도
- employee 종업원, 고용인
- sure-fire 확실한, 틀림없는
- square footage 평방피트
- be here to stay 우리 생활의 일부이다

## [본문해석]
5,000명의 미국인 노동자와 500명의 미국인 고용인을 대상으로 한 월간 설문조사에 따르면, 혼합 근무로의 대이동이 사무 노동자와 지식 노동자들 사이에서 아주 분명히 나타난다. ① 최근에 생겨난 기준은 주당 3일은 사무실에서 그리고 이틀은 집에서 근무하여, 현장 근무일을 30% 이상 줄이는 것이다. 당신은 아마도 이러한 감축이 사무실 공간 수요를 상당히 감소시킬 것이라 생각할 것이다. ② 그러나 우리의 조사 데이터는 평균 1~2%의 사무실 공간 감소를 보여주는데, 이는 공간이 아니라 밀도에서의 큰 감소를 의미한다. 우리는 그 이유를 알 수 있다. 사무실에서의 고밀도는 불편하며 대다수 노동자들은 자신들의 책상 주변이 붐비는 것을 좋아하지 않는다. ③ 대부분의 직원들은 월요일과 금요일에 재택근무를 하기를 원한다. 밀도로 인한 불편은 로비, 식당, 그리고 특히 엘리베이터까지 이어진다. ④ 밀도를 줄이는 단 하나의 확실한 방법은 평방피트를 그만큼 줄이지 않고 현장 근무일을 줄이는 것이다. 설문조사 증거에 따르면 밀도로 인한 불편은 우리 생활의 일부이다.

---

## 18      정답 ③

### [정답해설]
제시문은 멕시코와 미국 국경의 불법 횡단을 막기 위한 감시 카메라 설치와 관련된 내용이다. 주어진 문장이 불법 횡단을 막기 위한 실시간 영상 피드를 웹사이트에 개설한다는 내용이므로, 텍사스 보안관들이 최근 국경 감시를 보조하기 위한 새로운 인터넷 사용법을 고안해 냈다는 문장 다음인 ③에 들어가는 것이 가장 적절하다.

### [핵심어휘]
- install 설치[설비]하다, 장치하다

- illegal 불법적인
- feed 피드(사용자에게 자주 업데이트 되는 콘텐츠를 제공하는 데 쓰이는 데이터 포맷)
- immigration 이민, 이주
- reform 개혁, 개선
- minefield 지뢰밭, 위험 지역
- policy 정책, 방책
- resolve 결심, 결의, 의결
- secure 지키다, 보호하다
- sheriff 보안관
- novel 새로운, 색다른
- deputy 대리인, 대행인
- patrol 순찰대, 경비대

### [본문해석]

> 그들은 불법 횡단으로 알려진 장소들에 비디오카메라를 설치하고, 카메라에서 나오는 실시간 영상 피드를 웹사이트에 개설했다.

이민 개혁은 정치적 지뢰밭이다. ( ① ) 폭넓은 정치적 지지를 받고 있는 유일한 이민 정책은 불법 이민자의 이동을 제한하기 위해 멕시코와 맞닿은 미국 국경을 지키자는 결의이다. ( ② ) 텍사스 보안관들은 최근 국경 감시를 보조하기 위한 새로운 인터넷 사용법을 고안해 냈다. ( ③ ) 국경 감시를 돕고 싶은 시민들은 온라인에 접속해 "가상 텍사스 보안관" 역할을 할 수 있다. ( ④ ) 만일 누군가가 국경을 넘으려는 시도를 목격하면, 그들은 보안관 사무실에 보고하고, 뒤이어 미 국경 순찰대의 지원이 때때로 뒤따른다.

### 19    정답 ③

### [정답해설]

제시문은 정부 행정에 의존하는 좋은 사례로 로마 문명을 예로 들고 있다. 먼저 (B)가 주어진 글에서 언급된 'civilization(문명)'의 어원에 대해 설명하고 있으므로, 주어진 글 다음에 와야 한다. 다음으로 (B)에서 언급한 'Latin(라틴어)'에 대해 (C)에서 라틴어는 고대 로마의 언어였다고 설명하고 있으므로, (B) 다음에 (C)가 와야 한다. 마지막으로 (C)에서 언급한 'territory(영토)'에 대해 (A)에서 'an area that large(그렇게 큰 지역)'이라고 가리키고 있으므로, (C) 다음에 (A)가 와야 한다. 그러므로 주어진 글 다음의 순서는 ③의 (B)-(C)-(A) 순이다.

### [핵심어휘]

- administration 관리, 행정

---

- exemplify 전형적인 예가 되다, 예를 들다
- effective 효과적인, 실질적인
- territory 지역, 영역, 구역
- the Mediterranean basin 지중해 유역
- the Black Sea 흑해

### [본문해석]

> 모든 문명은 정부 행정에 의존한다. 아마도 고대 로마보다 이에 대한 예시를 더 잘 나타내는 문명은 없을 것이다.

(B) 사실, '문명'이라는 단어 자체는 '시민'을 뜻하는 라틴어 단어 civis에서 온 것이다.

(C) 라틴어는 고대 로마의 언어였는데, 그 영토가 지중해 유역 전체에서부터 북쪽으로는 영국의 일부와 동쪽으로는 흑해까지 뻗어 있었다.

(A) 그렇게 큰 지역을 통치하기 위해, 지금의 이탈리아 중부에 자리 잡은 로마인들은 효율적인 정부 행정 체제를 필요로 했다.

### 20    정답 ①

### [정답해설]

제시문은 심리학이 성숙하고 발전하기 위해서는 개별 하위 심리학들의 학문적 통합이 중요하다고 설명하고 있다. 학문적 통합을 이루기 위해서는 자료를 규합하고 과학을 연구하는 방법도 또한 통합된 관점에서 시작해야 한다. 그러므로 제시문의 빈칸에는 ①의 'from a unified perspective(통합된 관점으로)'가 들어갈 말로 적절하다.

### [오답해설]

② 역동적인 측면에서
③ 역사를 통해
④ 정확한 증거를 가지고

### [핵심어휘]

- subdiscipline 학문 분야의 하위 구분
- isolated 고립된, 분리된
- mature 성숙한, 다 자란
- disparate 전혀 다른, 이질적인
- neuroscience 신경 과학
- developmental 발달상의, 발달과 관련된
- cognitive 인식의, 인지의
- personality 성격, 인격
- integrated 통합적인
- empirically 실증적으로, 경험적으로
- collaboration 협력, 공동 작업

□ sub-area 하위 영역
□ coherence 밀착, 응집, 결합력
□ fragmentation 조각남, 균열, 분열
□ template 견본, 본보기
□ discipline 학과(과정), 학문
□ fraction 부분, 분수
□ faction 파벌, 분파
□ feat 위업, 업적
□ import 중요성
□ unified 통일된, 획일화된
□ perspective 관점, 시각, 견해

**[본문해석]**

지난 50년 동안, 심리학의 모든 주요 하위 부문들은 교육이 점차 전문화되고 초점이 좁아지면서 서로 점점 더 분리되어 왔다. 몇몇 심리학자들이 오랫동안 주장해 온 것처럼, 심리학 분야가 과학적으로 성숙하고 발전하려면, 개별 부문들(예를 들어, 신경 과학, 발달, 인지, 성격, 사회)이 다시 하나가 되고 통합되어야 한다. 과학은 다른 주제들이 단순화된 이론적 체제하에서 이론적으로 그리고 경험적으로 통합될 때 발전한다. 심리 과학은 다양한 하위 부문 심리학자들의 협력을 독려하여, 그 분야가 지속적인 분열보다는 응집되도록 도울 것이다. 이런 식으로, 심리 과학은 그 분야의 모든 주요 부분/분파를 하나의 학문으로 통합함으로써 심리학 전체에 대한 본보기 역할을 할 수 있을 것이다. 만약 심리 과학이 통합된 관점에서 자료를 규합하고 과학을 연구하는 방법에 대한 모 분야의 규범이 된다면, 이는 적잖은 위업이며 매우 중요한 일이다.

## [국가직] 2022년 04월 | 정답

| 01 | ① | 02 | ② | 03 | ④ | 04 | ② | 05 | ① |
|----|---|----|---|----|---|----|---|----|---|
| 06 | ① | 07 | ④ | 08 | ② | 09 | ① | 10 | ③ |
| 11 | ④ | 12 | ③ | 13 | ② | 14 | ④ | 15 | ② |
| 16 | ④ | 17 | ③ | 18 | ④ | 19 | ① | 20 | ③ |

## [국가직] 2022년 04월 | 해설

### 01     정답 ①

**[정답해설]**

밑줄 친 unravel은 '풀다, 해결하다'의 뜻으로 ①의 solve(해결하다)와 그 의미가 가장 유사하다.

**[오답해설]**

② 창조하다
③ 모방하다
④ 선전하다

**[핵심어휘]**

□ detective 형사, 탐정
□ unravel 풀다, 해결하다
□ disappearance 실종, 사라짐
□ imitate 모방하다, 흉내내다
□ publicize 알리다, 선전[광고]하다

**[본문해석]**

수년 동안, 형사들은 쌍둥이 형제의 갑작스러운 실종 수수께끼를 풀려고 노력해왔다.

### 02     정답 ②

**[정답해설]**

밑줄 친 opulent는 '호화로운, 엄청나게 부유한'의 뜻으로 ②의 luxurious(사치스러운)와 그 의미가 가장 유사하다.

**[오답해설]**

① 숨겨진
③ 비어 있는
④ 단단한

**[핵심어휘]**

□ parenthood 부모임, 부모 되기
□ unnecessarily 불필요하게, 쓸데없이

□ opulent 호화로운, 엄청나게 부유한
□ luxurious 사치스러운, 호화로운
□ solid 단단한, 고체의

**[본문해석]**
그 부부가 부모가 되기 전에는 침실이 4개인 집이 불필요하게 호화로워 보였다.

---

## 03            정답 ④

**[정답해설]**
밑줄 친 hit the roof는 '머리끝까지 화가 나다'는 뜻으로 ④의 became extremely angry(매우 화가 났다)와 그 의미가 가장 유사하다.

**[오답해설]**
① 매우 만족했다
② 매우 놀랐다
③ 매우 침착했다

**[핵심어휘]**
□ hit the roof 화가 머리끝까지 나다
□ budget 예산, 비용
□ extremely 극히, 매우
□ calm 침착한, 차분한

**[본문해석]**
사장은 우리가 그렇게 짧은 시간에 전체 예산을 이미 소진한 것을 보고 화가 머리끝까지 났다.

---

## 04            정답 ②

**[정답해설]**
제시문은 컴퓨터 중독을 의미하는 마우스 포테이토를 텔레비전 중독을 의미하는 카우치 포테이토와 비교하여 설명하고 있다. 즉, 컴퓨터가 텔레비전에 상응하는 것이므로 제시문의 빈 칸에는 ②의 equivalent(상응하는 것)가 들어갈 말로 가장 적절하다.

**[오답해설]**
① 기술자
③ 네트워크
④ 모의실험

**[핵심어휘]**
□ mouse potato 컴퓨터 앞에서 많은 시간을 보내는 사람
□ couch potato 텔레비전 앞에서 많은 시간을 보내는 사람
□ a great deal of 많은, 다량의
□ technician 기사, 기술자
□ equivalent 상당[대응]하는 것, 등가물

**[본문해석]**
마우스 포테이토는 컴퓨터에서 텔레비전의 카우치 포테이토에 상응하는 것으로, 카우치 포테이토가 텔레비전 앞에서 그러는 것처럼 컴퓨터 앞에서 많은 여가 시간을 보내는 성향의 사람이다.

---

## 05            정답 ①

**[정답해설]**
제시문에서 decide가 to부정사를 목적어로 취하므로 빈 칸에는 동사원형이 들어가야 하고, 문맥상 동사원형의 목적어인 스페인어를 어떻게 하기로 결심했다는 의미이므로, 제시문의 빈 칸에는 ①의 brush up on(~을 복습하다)이 들어갈 말로 가장 적절하다.

**[오답해설]**
② 끝까지 들어주다
③ 변호하다
④ 해고하다

**[핵심어휘]**
□ brush up on ~을 복습하다
□ hear out ~의 말을 끝까지 들어주다
□ stick up for ~을 변호하다, ~을 방어하다
□ lay off ~을 그만 먹다, ~를 해고하다

**[본문해석]**
Mary는 남미에 가기 전에 스페인어를 복습하기로 결심했다.

---

## 06            정답 ①

**[정답해설]**
문장의 주어가 동물(a horse)이므로 '먹이를 주다'는 뜻의 타동사 feed가 'be fed'의 수동태 형태로 사용된 것은 적절하다. 또한 a horse를 대신한 대명사 its의 쓰임도 적절하다.

**[오답해설]**
② while walking → while I walked

분사구문의 주어가 주절의 주어와 동일하면 생략할 수 있다. 그러나 해당 문장에서 주절의 주어는 'my cat'이고 분사구문의 주어는 'I'이므로 주절의 주어와 분사구문의 주어가 달라 생략할 수 없다. 따라서 while walking을 while I walked로 고쳐 써야 옳다.

③ has known → has been known

해당 문장에서 그녀가 정치 만평가로 알려진 것이므로 수동태로 써야 하고, 시제가 현재완료이므로 현재완료 수동태인 have[has] been + p.p의 형태로 써야 한다. 그러므로 has known을 has been known으로 고쳐 써야 옳다.

④ good → well

done은 동사와 형용사의 성격을 지닌 과거분사이므로, 이를 수식하기 위해서는 부사를 사용해야 한다. 그러므로 형용사 good(좋은) 대신 동사 well(잘)을 써야 올바르다.

[핵심어휘]
- individual 각각의, 개별의
- primarily 주로, 본래
- political cartoonist 정치 만평가
- compliment 칭찬하다, 찬사를 보내다

[본문해석]
① 말에게는 개개의 필요성과 일의 성격에 따라 먹이를 주어야 한다.
② 좁은 길을 걷다가 바람에 내 모자가 날아갔다.
③ 그녀는 직업상 주로 정치 만평가로 알려져 있다.
④ 심지어 아이들도 잘한 일에 대해 칭찬받는 것을 좋아한다.

## 07 정답 ④

[정답해설]
제시문의 마지막 문장에서 Eco는 췌장암으로 밀라노 자택에서 사망했다고 했으므로, 암으로 병원에서 사망했다는 ④의 설명은 옳지 못하다.

[오답해설]
① 「장미의 이름」은 역사 소설이다. → 「장미의 이름」은 허구의 기호학과 성서 분석, 중세 연구, 문학 이론을 결합한 역사 미스터리임
② Eco는 책 한 권을 이탈리아어로 번역했다. → Raymond Queneau의 책 「문체 연습」을 이탈리아어로 번역함
③ Eco는 대학의 학과를 설립했다. → San Marino 공화국 대학의 미디어학과를 설립함

[핵심어휘]
- cultural critic 문화비평가, 문화평론가

- semiotics 기호학
- biblical 성서의, 성경의
- medieval studies 중세연구, 중세학
- pendulum 추, 진자
- translator 번역가, 통역사
- pancreatic cancer 췌장암
- university department 대학 학과
- die of ~로 죽다

[본문해석]
Umberto Eco는 이탈리아의 소설가이자 문화평론가이자 철학자였다. 그는 자신의 1980년 소설 「장미의 이름」으로 유명해졌는데, 허구의 기호학과 성서 분석, 중세 연구, 문학 이론을 결합한 역사 미스터리이다. 이후 그는 「푸코의 추」와 「전날의 섬」을 포함한 다른 소설들을 썼다. Eco는 번역가이기도 했는데, Raymond Queneau의 책 「문체 연습」을 이탈리아어로 번역했다. 그는 San Marino 공화국 대학의 미디어학과 설립자였다. 그는 2016년 2월 19일 밤에 2년간 앓아왔던 췌장암으로 밀라노 자택에서 사망했다.

## 08 정답 ②

[정답해설]
were → was

해당 문장에서 주어가 silver, cooper and zinc가 아니라 of 앞의 단수명사인 a combination이므로 동사 were는 was로 고쳐 써야 옳다.

[오답해설]
① which 앞의 the year 1800가 때를 나타내는 선행사이지만, 전치사 during이 있으므로 목적격 관계대명사 which를 사용한 것은 적절하다. 물론 전치사 + 관계명사인 during which를 때를 나타내는 관계부사 when으로 바꾸어 쓸 수 있다.
③ 볼타 전지라고 불리는 것이므로, 주어인 The enhanced design을 수식하기 위해 수동의 의미인 과거분사 called를 사용한 것은 적절하다.
④ talk가 동사가 아닌 명사이므로 형용사인 such를 사용한 것은 적절하다.

[핵심어휘]
- copper 구리, 동전
- zinc 아연, 함석
- electrical current 전류
- enhance 높이다, 향상시키다
- Voltaic pile 볼타 전지

- ☐ stack 쌓다, 겹치다
- ☐ cardboard 판지
- ☐ soak 담그다, 흠뻑 적시다
- ☐ conduct a demonstration 시연하다, 시범을 보이다

**[본문해석]**
좋은 출발점을 찾기 위해서는 최초의 현대식 전기 배터리가 개발된 1800년으로 돌아가야 한다. 이탈리아의 Alessandro Volta은 은, 구리 및 아연의 조합이 전류 생성에 이상적이라는 사실을 발견했다. 볼타 전지로 불리는 이 향상된 고안품은 바닷물에 적신 판지로 구성된 디스크 사이에 이러한 금속들로 구성된 몇몇 디스크를 쌓아 만들어졌다. Volta의 업적 중 나폴레옹 황제 앞에서 직접 시연하라는 요구를 받았다는 이야기가 있다.

---

## 09 정답 ①

**[정답해설]**
제시문은 빛과 전자의 상호작용으로 인한 레이저의 생성 원리에 대해 설명하고 있다. 제시문의 첫 번째 문장이 주제문이며, 그 이후 문장에서 빛과 전자가 어떻게 상호작용 하는지 그 양상을 서술하고 있다. 그러므로 ①의 "How Is Laser Produced?(레이저는 어떻게 만들어지는가?)"가 윗글의 제목으로 가장 적절하다.

**[오답해설]**
② 레이저는 언제 발명되었는가?
③ 레이저는 어떤 전자들을 방출하는가?
④ 전자들은 왜 빛을 반사시키는가?

**[핵심어휘]**
- ☐ electron 전자
- ☐ molecule 분자
- ☐ characteristic of ~에 특유한, 정말 ~다운
- ☐ orbit 궤도
- ☐ bump up ~을 올리다, 상승시키다
- ☐ injection 주사, 주입
- ☐ flash 섬광, 불빛, 번쩍임
- ☐ give off 발산하다, 방출하다
- ☐ wavelength 파장, 주파수
- ☐ emit 내보내다, 방출하다
- ☐ precisely 바로, 꼭
- ☐ release 풀어 주다, 석방[해방]하다

**[본문해석]**
레이저는 빛과 전자의 상호작용으로 인해 가능하다. 전자는

특정 원자 또는 분자 고유의 특정 에너지 준위 혹은 상태로 존재한다. 에너지 준위는 핵 주의의 고리 또는 궤도로 생각해 볼 수 있다. 외부 고리의 전자는 내부 고리의 전자보다 에너지 준위가 더 높다. 전자는 예를 들어, 빛의 섬광과 같은 에너지 주입에 의해 더 높은 에너지 준위로 상승할 수 있다. 전자가 외부에서 내부 준위로 떨어지면, '과잉' 에너지가 빛으로 방출된다. 방출되는 빛의 파장 또는 색상은 방출된 에너지의 양과 정확하게 연관된다. 사용된 특정 레이저 물질에 따라 (전자를 작동시키거나 자극하기 위해)특정한 빛의 파장이 흡수되고 (전자가 초기 준위로 복귀할 때)특정 파장이 방출된다.

---

## 10 정답 ③

**[정답해설]**
제시문은 인구증가와 기후변화로 인한 수리권 시장의 성장 가능성에 대해 서술하고 있고, 앞으로 금과 같이 공격적인 자금이 투자될 것으로 내다보고 있다. 그런데 ③번 문장은 증류수의 음용 효과에 대해 서술하고 있으므로, 전체적인 글의 흐름상 가장 어색하다.

**[핵심어휘]**
- ☐ water right 용수권, 수리권
- ☐ evolve 발달하다, 진화하다
- ☐ shortage (공급) 부족, 결핍
- ☐ drought 가뭄
- ☐ famine 기근, 기아
- ☐ ethical 윤리적인, 도덕적인
- ☐ the bulk of ~의 대부분
- ☐ commodity 상품, 것
- ☐ detractor 비방자, 비판자
- ☐ a breach of human rights 인권침해
- ☐ arid 건조한, 메마른
- ☐ distilled water 증류수
- ☐ supplement 보충하다, 추가하다
- ☐ decade 10년
- ☐ smart money 투자금(전문적인 지식을 갖고 투자한 돈)
- ☐ aggressively 공격적으로, 과감하게

**[본문해석]**
수리권 시장은 인구 증가가 공급 부족을 초래하고 기후변화가 가뭄과 기근을 야기함에 따라 성장할 가능성이 높다. ① 그러나 그것은 지역적이고 윤리적인 무역 관행에 근거할 것이며 대부분의 상품 거래와는 다를 것이다. ② 비판자들은 물을 거래하는 것이 비윤리적이거나 심지어 인권침해라고 주장하지만, 이미 수리권은 오만에서 호주까지 세계의 건조 지역에서 매매되고 있다. ③ 증류수를 마시는 것은 유익할 수

있지만, 특히 미네랄이 다른 공급원에 의해 보충되지 않는다면 모든 사람에게 최선은 아닐 수 있다. ④ "향후 10년 이상 우리는 실제로 물이 새로운 금으로 변할 것이라고 굳게 믿는다."라고 Ziad Abdelnour가 말했다. "투자금이 이 방면에서 공격적으로 움직이고 있는 것도 놀랄 일은 아니다."

## 11  정답 ④

### [정답해설]
제시문은 대학 구내식당의 메뉴가 바뀐 것에 대해 A와 B가 대화하는 내용이다. 밑줄 친 문장 다음에서 B가 디저트 종류가 더 있고 일부 샌드위치 종류가 빠졌다고 바뀐 메뉴에 대해 구체적으로 설명하고 있다. 그러므로 빈칸에 들어갈 A의 질문 내용으로는 ④의 "What's the difference from the last menu(지난번 메뉴와 다른 점이 뭐야?)"이다.

### [오답해설]
① 가장 좋아하는 디저트는 뭐야?
② 그들의 사무실이 어디 있는지 알아?
③ 메뉴 고르는 것 좀 도와줄까?

### [핵심어휘]
□ cafeteria 구내식당
□ check out ~을 확인하다
□ caterer 음식 공급자

### [본문해석]
A: 대학 구내식당 메뉴가 바뀌었다고 들었어.
B: 응, 내가 방금 확인했어.
A: 그리고 새로운 음식 공급업체를 구했는데.
B: 맞아, Sam's Catering이야.
A: 지난번 메뉴와 다른 점이 뭐야?
B: 디저트 종류가 더 있어. 또한, 일부 샌드위치 종류가 빠졌어.

## 12  정답 ③

### [정답해설]
제시문은 스웨터를 구입하고자 하는 손님(B)과 점원(A) 사이의 대화 내용이다. 점원(A)이 첫 번째로 권한 스웨터의 가격을 확인한 손님(B)의 반응에 점원(A)이 할인 중인 다른 스웨터를 권하고 있다. 그러므로 밑줄 친 빈칸에 들어갈 손님(B)의 말로는 ③의 "It's a little out of my price range(제가 생각한 가격대를 조금 넘네요)"가 가장 적절하다.

### [오답해설]
① 그것과 어울리는 바지 한 벌도 필요해요.
② 저 재킷은 제게 완벽한 선물이에요.
④ 토요일 오후 7시까지 문을 엽니다.

### [핵심어휘]
□ gorgeous 아주 멋진[아름다운/좋은]
□ go with 어울리다
□ price range 가격대

### [본문해석]
A: 안녕하세요. 뭘 도와드릴까요?
B: 네, 스웨터를 찾고 있어요.
A: 음, 이게 가을 컬렉션에 나온 가장 최신 스타일이에요. 어떠세요?
B: 아주 멋지네요. 가격이 얼마죠?
A: 가격을 확인해 드릴게요. 120달러입니다.
B: 제가 생각한 가격대를 조금 넘네요.
A: 그러면 이 스웨터는 어떠세요? 이건 이월 상품인데, 50달러로 할인 중입니다.
B: 완벽해요! 한번 입어볼게요.

## 13  정답 ②

### [정답해설]
as → than
부정주어 + 비교급 + than 구문은 비교급을 이용한 최상급 표현이다. 해당 문장에서 Nothing이 부정주어이고 more가 비교급이므로, 뒤의 as를 than으로 바꿔 써야 옳다.

### [오답해설]
① easy는 난이 형용사로 to부정사를 진주어로 취하므로, 해당 문장에서 It(가주어) ~ for목적격(의미상 주어) + to부정사(진주어)의 형태는 옳게 사용되었다. 또한 by no means(결코 ~이 아닌)는 부정의 의미를 강조하는 부사구로 옳게 사용되었다.
③ cannot ~ too는 '아무리 ~해도 지나치지 않다'라는 의미로, 해당 문장에서 옳게 사용되었다.
④ 타동사 believe의 목적어로 명사절을 이끄는 what은 선행사를 포함한 관계대명사이며, the thing that으로 바꾸어 쓸 수 있다. 종속절은 동사 say 다음에 목적어가 없는 불완전한 문장이므로 what의 쓰임은 적절하다.

## 14 　　　　　　　　　　정답 ④

**[정답해설]**

crossing → crossed

with the legs crossing은 부대상황을 나타내는 with+분사구
문으로, crossing은 다리가 꼬인 것이므로 수동의 의미인 과
거분사 crossed로 고쳐 써야 옳다. 사람의 신체 부위를 동반
한 with 분사구문은 주로 수동의 의미를 내포한 과거분사가
사용된다.

**[오답해설]**

① Having drunk은 주절의 시제보다 앞선 시제를 의미하는
　완료형 분사구문으로, 주어가 주절의 주어인 she와 동일
　하므로 생략할 수 있다.

② Being a kind person은 분사구문으로, 의미상 주어가 주
　절의 주어인 she와 동일하므로 생략되어 있다.

③ All things considered는 분사구문으로, 분사구문의 주
　어인 All things가 주절의 주어인 she와 다르므로 생략할
　수 없다. 또한 모든 점이 고려된다는 수동의 의미이므로,
　being이 생략된 과거분사 considered가 옳게 사용되었다.

## 15 　　　　　　　　　　정답 ②

**[정답해설]**

(A) 앞 문장에서 Hopi 인디언들은 고인을 빨리 잊고 평상시의
　생활로 돌아간다고 하였고, 다음 문장에서 고인과의 그러
　한 유대 관계를 실제 사례인 Hopi 인디언의 장례식을 통
　해 보강하여 설명하고 있다. 그러므로 빈칸 (A)에 들어갈
　말은 In fact(실제로)가 가장 적절하다.

(B) 이집트에서는 유족들이 죽음을 슬퍼하며 충분히 애도하
　는 반면, 발리에서는 유족들이 슬퍼하기보다 웃고 즐거워
　하며 죽음을 승화한다. 즉, 이집트와 발리를 예로 들어 죽
　음을 애도하는 두 가지 태도를 대조하여 설명하고 있으므
　로, 빈칸 (B)에 들어갈 말은 By contrast(대조적으로)가 가
　장 적절하다.

**[오답해설]**

|  | (A) | (B) |
|---|---|---|
| ① | 그러나 | 유사하게 |
| ③ | 따라서 | 예를 들면 |
| ④ | 마찬가지로 | 결과적으로 |

**[핵심어휘]**

□ tie 관계, 유대
□ the deceased 고인, 망자
□ sustain 계속[지속]시키다
□ ritual 의식 절차, 의례
□ funeral 장례식
□ conclude with ~로 마무리짓다
□ break-off 중단, 단절, 분리
□ mortal 사람, 인간
□ diversity 다양성, 포괄성
□ grieve 애도하다, 비통해 하다
□ the bereaved 유족, 유가족
□ dwell on 깊이 생각하다, 숙고하다
□ at length 충분히, 길게
□ relate to ~을 이해하다, ~에 공감하다
□ tragic 비극의, 비극적인
□ account 설명, 이야기, 말

**[본문해석]**

죽은 사람들과의 관계를 유지하는 것에 대한 생각은 문화마
다 다르다. 예를 들어, 고인들과 관계를 유지하는 것은 일본
의 종교의식에서는 허용되며 지속된다. 하지만 애리조나의
Hopi 인디언들 사이에서, 고인들은 가능한 한 빨리 잊고
생활은 평상시처럼 계속된다. (A) 실제로, Hopi 인디언의 장
례식은 사람과 혼령 사이의 관계를 단절시키는 것으로 마무
리된다. 애도의 다양성이 이집트와 발리, 두 이슬람교 사회에
서보다 더 명확한 곳은 없다. 이집트의 이슬람교도 사이에서,
유족들은 비극적인 사연에 똑같이 공감하고 그들의 슬픔을
표현하는 다른 사람들에게 둘러싸인 채, 자신들의 비통함을
충분히 되새기도록 권유받는다. (B) 대조적으로, 발리에서 유
족이 된 이슬람교도들은 슬퍼하기보다 웃고 즐거워하도록 권
유받는다.

## 16 　　　　　　　　　　정답 ④

**[정답해설]**

글의 서두에서 높은 대기 온도로 빙하 표면이 녹는 것 외에,
빙하 밑에서도 따뜻한 바닷물의 영향으로 빙하가 훨씬 빨리
녹는 원인이 되고 있다고 설명하고 있다. 그러므로 마지막 문
장에서 대서양에서 오는 따뜻한 수중 해류가 많은 양의 열을
접촉시켜 빙하를 녹인다고 하였으므로, 빈칸에 들어갈 말로
는 ④의 accelerating(가속화시키다)이 가장 적절하다.

**[오답해설]**

① 분리시키는
② 지연시키는
③ 막는

**[핵심어휘]**

□ contribute to ~의 탓으로 돌리다, ~에 기여하다
□ ice sheet 빙상, 대륙 빙하

- underneath 밑에, 속으로
- vast 어마어마한, 대단한
- glacier 빙하
- ice tongue 빙설
- strip 좁고 기다란 육지[바다]
- massive 거대한, 엄청나게 큰
- reveal 드러내다, 밝히다
- delay 늦추다, 연기하다
- prevent 막다, 방지하다
- accelerate 가속화하다, 속도를 높이다

[본문해석]
과학자들은 높은 대기 온도로 인해 그린란드의 빙하 표면이 녹고 있다는 사실을 오래 전에 알고 있었다. 하지만 새로운 연구는 밑에서 빙하를 공격하기 시작한 또 다른 위협을 발견했다. 즉, 어마어마한 빙하 밑에서 움직이는 따뜻한 바닷물이 그것을 훨씬 더 빨리 녹게 하는 원인이 되고 있다. 이 연구 결과는 그린란드 북동쪽에 있는 니오할프피에르스피오르덴 빙하의 많은 "빙설" 중 하나를 연구한 연구자들에 의해 네이처 지구과학학회지에 실렸다. 빙설은 육지 빙하에서 떨어지지 않고 물 위에 떠 있는 좁고 기다란 빙하이다. 이 과학자들이 연구한 거대한 빙설은 길이가 거의 50마일이나 된다. 그 조사는 대서양에서 오는 따뜻한 물이 빙하 쪽으로 직접 흐를 수 있는, 폭이 1마일 이상인 수중 해류가 많은 양의 열을 빙하와 접촉시켜 빙하가 녹는 것을 <u>가속화시킨다</u>는 사실을 밝혀냈다.

## 17 정답 ③

[정답해설]
글의 서두에서 "다른 문화권에 있는 사람들은 세상을 다르게 보는가?"라고 화두를 던진 것처럼, 제시문은 한 심리학자의 실험을 통해 서로 다른 문화권에 있는 사람들이 바라보는 관심 대상에 차이가 있음을 보여주고 있다. 그러므로 ③의 'Cultural Differences in Perception(인식의 문화적 차이)'이 제시문의 제목으로 가장 적절하다.

[오답해설]
① 일본인과 미국인 사이의 언어 장벽
② 뇌에서 물체와 배경의 연상
④ 꼼꼼한 사람들의 우월성

[핵심어휘]
- reference 언급, 말하기
- focal 중심의, 초점의
- inert 비활성의, 움직이지 않는

- tellingly 효과적으로, 강력하게
- language barrier 언어 장벽
- association 연계, 연관, 연상
- perception 지각, 인식
- superiority 우세, 우월성
- detail-oriented 꼼꼼한, 세심한

[본문해석]
다른 문화권에 있는 사람들은 세상을 다르게 보는가? 한 심리학자가 물고기와 기타 수중 물체들이 사실적으로 움직이는 장면을 일본인과 미국인 학생들에게 보여주고 그들에게 본 것을 알려달라고 말했다. 미국인과 일본인 학생들은 관심 대상 물고기에 대해 거의 동일한 수의 언급을 했지만, 일본인 학생들은 물, 돌, 거품 그리고 움직이지 않는 식물과 동물을 포함한 배경 요소에 대해 60퍼센트 이상 더 많이 언급했다. 게다가 일본인과 미국인 참가자들이 활동적인 동물과 관련한 움직임에 대해 거의 동일한 수의 언급을 했지만, 일본인 참여자들은 움직이지 않는 배경 물체와 관련한 관계에 대해 거의 두 배 더 많이 언급했다. 아마도 가장 강력하게, 일본인 참여자의 맨 처음 문장은 환경에 대한 언급이었을 가능성이 높았던 반면에, 미국인 참여자의 첫 번째 문장은 관심 대상 물고기에 대해 언급할 가능성이 세 배 더 많았다.

## 18 정답 ④

[정답해설]
제시문은 신체에 영향을 미치는 세 가지 유형의 중력에 대해 서술한 글이다. Thus(따라서)를 통해 주어진 문장이 앞선 문장의 결과를 보여주는 내용임을 알 수 있다. 본문에서 혈액이 다리 쪽으로 쏠리면 신체의 나머지 부분에 산소가 부족해지기 때문에 치명적일 수 있다고 하였으므로, 혈액이 다리가 아니라 등에 모이면 심장이 혈액과 산소를 뇌로 더 쉽게 순환시킬 수 있다고 추측할 수 있다. 그러므로 주어진 문장은 ④에 들어가는 것이 가장 적절하다.

[핵심어휘]
- life-giving 생명을 주는, 살아 있게 하는
- circulate 돌리다, 순환시키다
- gravitational force 중력, 인력
- localize 국한시키다, 국부화하다
- affect 영향을 미치다, 발생하다
- slap 철석 때리다[치다]
- momentary 순간적인, 잠깐의
- withstand 견뎌 내다, 저항하다
- deadly 생명을 앗아가는, 치명적인
- deprive 빼앗다, 박탈하다

- □ apply 적용하다, 누르다, 힘을 가하다
- □ horizontal 수평의
- □ tolerable 참을 수 있는, 견딜 만한
- □ pool 모으다, 고이다
- □ astronaut 우주비행사
- □ undergo 겪다, 경험하다

[본문해석]

> 따라서 혈액과 생명유지를 위한 산소를, 심장이 뇌로 더 쉽게 순환시킬 수 있다.

사람들은 여러 방식으로 중력(g-force)에 노출될 수 있다. 그것은 등을 찰싹 맞을 때처럼 신체의 일부에만 영향을 미치는 국부적인 것일 수도 있다. 또한 그것은 자동차 충돌에서 겪는 강한 힘과 같이 순간적인 것일 수도 있다. 세 번째 유형의 중력은 계속되거나, 적어도 수초 간 지속된다. ( ① ) 지속적이고 전신적인 중력은 사람에게 가장 위험하다. ( ② ) 신체는 보통 지속적인 중력보다 국부적이거나 순간적인 중력을 더잘 견디는데, 그것은 혈액이 다리 쪽으로 쏠리게 되어 신체의 나머지 부분에 산소가 부족해지기 때문에 치명적일 수 있다. ( ③ ) 신체가 앉거나 서 있는 대신 수평이거나 누워 있는 동안 가해진 지속적인 중력은 사람들이 더 잘 견딜 수 있다. 왜냐하면 혈액이 다리가 아니라 등에 모이기 때문이다. ( ④ ) 우주 비행사와 전투기 조종사와 같은 일부 사람들은 중력에 대한 신체의 저항을 증가시키기 위해 특수 훈련을 실시한다.

## 19　　　　　　　　　　정답 ①

[정답해설]

제시문은 협상 방법을 기술한 글로, 글의 서두에서 모든 변경사항들을 한꺼번에 제안하는 것이 더 낫다고 그 주제를 밝히고 있다. 또한 글의 말미에 한 가지 이상의 요구사항이 있다면, 원하는 것을 A, B, C, D로 열거하지 말라고 서술되어 있다. 그러므로 ①의 "다수의 사안을 연속적이 아니라 동시에 협상하라."가 제시문의 요지로 가장 적절하다.

[오답해설]

② 성공적인 협상을 위해 민감한 주제는 피하라.
③ 협상을 위한 알맞은 시점을 선택하라.
④ 급여 협상 시 너무 단도직입적으로 하지 말라.

[핵심어휘]

- □ legitimately 합법적으로, 정당하게
- □ be concerned about ~을 걱정하다[우려하다]
- □ better off 형편이 더 나은, 부유한
- □ initially 처음에, 초기에

- □ relative 비교상의, 상대적인
- □ meet ~ halfway ~와 타협[절충]하다
- □ negotiate 협상하다, 성사시키다
- □ simultaneously 동시에, 일제히
- □ serially 연속적으로
- □ sensitive 민감한, 예민한

[본문해석]

만일 누군가 당신에게 제안을 하고 당신이 그것의 일부에 대해 마땅히 우려가 된다면, 보통 모든 변경사항들을 한꺼번에 제안하는 것이 더 낫다. "월급이 조금 적어요. 어떻게 처리해 주실 수 있나요?"라고 말하고 나서, 그녀가 일단 그것을 처리하자, 다시 돌아와 "감사합니다. 이제 제가 원하는 다른 두 가지가 있는데..."라고 말하지 말라. 만일 당신이 처음에 한 가지만을 요청한다면, 그녀는 그것을 들어주면 당신이 그 제안을 받아들일 (아니면 적어도 결정을 내릴) 준비가 되어 있다고 생각할 지도 모른다. 만일 당신이 계속 "그리고 한 가지 더..."라고 말한다면, 그녀가 관대하거나 이해심 많은 기분으로 있지는 않을 것 같다. 게다가 한 가지 이상의 요구사항이 있다면, 원하는 모든 것을 A, B, C, D라고 단순히 말하지 말고, 각각의 상대적인 중요성 또한 알려줘라. 그렇지 않으면 그녀는 그것들을 주기가 아주 수월하기 때문에, 당신이 가장 덜 중요하게 생각하는 두 가지를 골라 당신과 타협했다고 느낄지도 모른다.

## 20　　　　　　　　　　정답 ③

[정답해설]

제시문은 Lamarck가 주장한 획득 형질 유전에 관한 내용이다. 주어진 글의 두 번째 문장에서 certain characteristics(특정 형질)을 (B)의 these characteristics(이러한 형질)가 직접적으로 가리키고 있으므로, 주어진 글 다음에 (B)가 이어지는 것이 적절하다. 다음으로 (B)에서 언급한 this idea(이러한 개념)를 (C)에서 구체적인 예시를 들어 설명하고 있으므로, (B) 다음에 (C)가 이어져야 한다. 마지막으로 (C)의 두 번째 문장에서 획득 형질이 유전이 되기 위해서는 특정 유전자의 DNA를 변형해야만 한다는 사실을 (A)의 this가 대신하고 있다. 그러므로 주어진 글 다음의 순서는 ③의 (B)-(C)-(A) 순이다.

[핵심어휘]

- □ unfairly 부당하게, 불공평하게
- □ adaptation 적응, 순응
- □ evolve 발달하다, 진화하다
- □ organism 생물, 유기체
- □ evidence 증거, 증언
- □ set the stage for ~의 장을 만들다, ~의 기초를 닦다

- offspring 자식, 자손, 후대
- inheritance 상속, 유산
- acquired characteristics 획득 형질
- hind leg 뒷다리
- modify 수정하다, 변경[변형]하다
- gene 유전자

## [본문해석]

오늘날 Lamarck는 어떻게 적응이 진화로 이어지는지에 관한 그의 잘못된 설명으로 대부분 부당하게 기억되고 있다. 그는 한 생물체가 특정 신체 부위를 사용하거나 혹은 사용하지 않음으로써 특정 형질을 발전시킨다고 제안했다.

(B) Lamarck는 이러한 형질이 후대에 전해진다고 생각했다. Lamarck는 이러한 개념을 '획득형질의 유전'이라고 불렀다.

(C) 예를 들면 캥거루의 강한 뒷다리는 선조들이 점프를 해서 그들의 다리를 강화시키고 그렇게 획득된 다리의 힘을 후대에 물려준 결과라고 Lamarck는 설명할 수도 있다. 그러나 획득 형질이 유전이 되기 위해서는 특정 유전자의 DNA를 변형해야만 한다.

(A) 이것이 발생한다는 증거는 없다. 그래도 Lamarck가 생물이 자신의 환경에 적응할 때, 진화가 이루어진다고 제안한 사실을 주목하는 것은 중요하다. 이러한 개념은 다윈을 위한 장을 마련하는 데 도움이 되었다.

## ▌[국가직] 2021년 04월 | 정답

| 01 | ① | 02 | ② | 03 | ② | 04 | ④ | 05 | ④ |
|----|---|----|---|----|---|----|---|----|---|
| 06 | ② | 07 | ③ | 08 | ③ | 09 | ④ | 10 | ④ |
| 11 | ① | 12 | ② | 13 | ④ | 14 | ④ | 15 | ② |
| 16 | ① | 17 | ② | 18 | ③ | 19 | ④ | 20 | ① |

## [국가직] 2021년 04월 | 해설

### 01          정답 ①

[정답해설]

in conjunction with는 '~와 함께'라는 뜻으로, 이와 의미가 가장 가까운 것은 ① 'in combination with(~와 결합하여)'이다.

[오답해설]

② ~와 비교하여, ~에 비해서
③ ~ 대신에
④ ~의 경우에

[핵심어휘]

- privacy (남의 눈길·간섭 등을 받지 않고) 혼자 있는 상태, 사생활[자기 생활](을 누리는 상태)
- shape 모양, 형태, (흐릿한) 형체[형상/모습](= figure)
- individual 각각[개개]의(= main)
- central 중심되는, 가장 중요한, 중앙의(다른 부서를 관장하는), (지역·사물의) 중심[중앙]인
- in conjunction with ~와 함께
- in combination with …와 결합[합동]하여, 짝지어
- in comparison with ~와 비교하여
- in place of ~대신에
- in case of ~의 경우에

[본문해석]

사회 관행으로서의 사생활은 다른 사회적 관행과 함께 개인의 행동을 형성하고 따라서 사회생활의 중심이 된다.

### 02          정답 ②

[정답해설]

pervasive는 '만연하는, 스며드는'이라는 뜻으로, 이와 의미가 가장 가까운 것은 ② 'ubiquitous(어디에나 있는, 아주 흔한)'이다.

## [오답해설]
① 기만적인, 현혹하는
③ 설득력 있는
④ 처참한

## [핵심어휘]
- influence 영향, 영향력(= control, power, authority)
- pervasive 만연하는, (구석구석) 스며[배어]드는
  (= widespread, general, common)
- popular 인기 있는(↔ unpopular 인기 없는), 대중[통속]적
  인, 많은 사람들이 공유하는, 일반적인
- deceptive 기만적인, 현혹하는(= misleading)
- ubiquitous 어디에나 있는, 아주 흔한
- persuasive 설득력 있는(= convincing, telling, effective)
- disastrous 처참한, 형편없는(= catastrophic, devastating)

## [본문해석]
재즈의 영향은 매우 만연해서 대부분의 대중 음악은 양식상
의 뿌리를 재즈에 둔다

## 03                                정답 ②

## [정답해설]
vexed는 '곤란한, 짜증이 난'이라는 뜻으로, 이와 의미가 가
장 가까운 것은 ② 'annoyed(짜증이 난, 골머리를 앓는)'이다.

## [오답해설]
① 냉담한
③ 평판이 좋은
④ 자신감 있는

## [핵심어휘]
- novel (장편) 소설(= story, tale, fiction)
- vexed 곤란한[골치 아픈] 질문/사안(= thorny)
- unruly 다루기 힘든, 제멋대로 구는(↔ disorderly 무질서
  한, 난동을 부리는)
- business 사업, 상업, 장사(→ agribusiness, big
  business, show business), (= commerce, trade)
- callous 냉담한(= cruel, unfeeling)
- reputable 평판이 좋은(→ disreputable), (= respected)

## [본문해석]
이 소설은 사업을 시작하기 위해 학교를 그만두는 제멋대로
인 십 대 청소년의 짜증난 부모에 관한 것이다.

## 04                                정답 ④

## [정답해설]
시위자들의 행위로 문맥상 가장 적절한 표현은 '침입하다, 난
입하다'라는 뜻의 '④ break into'이다.

## [오답해설]
① 줄 서다
② 배포하다
③ 계속하다

## [핵심어휘]
- demonstrators 시위자들, 시위대
- attempt to ~하려고 시도하다
- police station (지역) 경찰서
- line up ~을 일렬[한 줄]로 세우다[배열하다]
- give out 나눠 주다
- carry on 계속 가다[움직이다]
- break into 침입하다, 난입하다, 몰래 잠입하다

## [본문해석]
한 무리의 젊은 시위대가 경찰서에 침입하려고 시도했다.

## 05                                정답 ④

## [정답해설]
마지막 문장의 'slavery was also an institution in many
African nations'에서 노예제도가 많은 아프리카 국가들의 관
습이기도 했다고 하였으므로, 글의 내용과 일치하는 것은 ④
'노예 제도는 아프리카 국가들에서도 존재했다.'이다.

## [오답해설]
① 아프리카인 노동자들은 자발적으로 신대륙으로 이주했다.
② 유럽인들은 노예 노동을 사용한 최초의 사람들이었다.
③ 아랍 노예 제도는 더는 어떤 형태로도 존재하지 않는다.

## [핵심어휘]
- notorious 악명 높은(= infamous, disreputable,
  opprobrious)
- labor (임금을 얻기 위한) 노동, 근로
- enslave (사람을) 노예로 만들다, (어떤 것이나 상태 등
  의) 노예가 되게 하다(= sell into slavery, condemn to
  slavery, take away someone's human rights)
- plantations (= 특히 열대 지방에서 커피 · 설탕 · 고무 등
  을 재배하는 대규모) 농장
- Egyptians 이집트인

□ explorer 답사[탐사]자, 탐험가

□ especially 특히(= particularly), 특별히(…을 위해서), 유난히, 특별히

□ tribe 부족, 종족

□ institution (특정 집단 사이에서 오랫동안 존재해 온) 제도[관습]

□ colonial 식민(지)의(→ colony)

□ voluntarily 자발적으로, 자진[자원]해서

## [본문해석]

수입 노동의 가장 악명 높은 사례는 물론 대서양 노예무역으로, 이는 대농장을 경작하도록 천만 명에 이르는 노예가 된 아프리카인들을 신대륙에 데려왔다. 그러나 유럽인들이 노예 제도를 가장 대규모로 시행했을지라도, 그들은 결코 그들의 지역사회에 노예를 데려온 유일한 사람들이 아니었다. 일찍이 고대 이집트인들은 노예 노동을 그들의 피라미드를 건설하는 데 사용했고, 초기 아랍 탐험가들은 종종 노예 무역상이었으며, 아랍 노예제도는 20세기까지 지속되었으며, 실제로 몇몇 곳에서는 아직도 유지되고 있다. 아메리카 대륙에서는 몇몇 토착 부족들이 다른 부족의 구성원들을 노예로 삼았고, 노예 제도는 또한 특히 식민지 시대 이전 많은 아프리카 국가들의 관습이기도 했다.

## 06  정답 ②

### [정답해설]

but 이하의 문장에서 since 절에 과거시제 started가 올바르게 쓰였고 주절에는 현재완료시제 have lived가 적절하게 쓰였다. 따라서 ②번이 정답이다.

### [오답해설]

① where should you → where you should

의문사 'where'이 이끄는 절이 직접목적어로 사용되었다. 따라서 'where' 절의 주어 동사는 의문문 어순으로 바뀌지 않는다. 'where you should ∼' 어순으로 수정해야 한다.

③ excited → exciting

소설이 흥미롭게 '하는' 것이므로, 'excited'를 'exciting'으로 고쳐야 옳은 표현이다.

④ doesn't it → is it

부가의문문은 주절이 긍정이면 부정형, 주절이 부정이면 긍정형으로 쓰여야 한다. 주절의 동사가 be동사이면 be동사로, 일반동사이면 대동사로 받아야 하고 수와 시제 또한 주절에 일치시켜야 한다. 주절의 동사가 is not의 부정형 be동사이므로 부가의문문에는 긍정형 be동사가 사용되어야 한다. 따라서 'doesn't it'을 'is it'으로 고쳐야 한다.

### [핵심어휘]

□ lose track of time 시간 가는 것을 잊다

□ carry (가게에서 품목을) 취급하다

□ surprising 놀라운, 놀랄(= amazing, remarkable, incredible)

### [본문해석]

① 이 안내 책자는 홍콩의 어디를 방문해야 하는지 알려준다.

② 나는 대만에서 태어났지만, 일을 시작한 이후로 한국에서 살고 있다.

③ 그 소설이 너무 재있어서 나는 시간 가는 줄 모르다 버스를 놓쳤다.

④ 서점에서 신문을 더 이상 취급하지 않는 것은 놀랍지 않다, 그렇지 않은가?

## 07  정답 ③

### [정답해설]

해당 지문은 해수의 온도 상승이 어류의 크기에 미치는 영향에 대해 설명하고 있다. 이에 대한 부연 설명으로 과학자들과 William Cheung의 주장을 제시하고 있다. 따라서 글의 제목으로 가장 적절한 것은 ③ '기후 변화가 세계의 어류를 감소시킬 수 있다'이다.

### [오답해설]

① 이제 물고기는 그 어느 때보다 더 빨리 자란다

② 산소가 해양 기온에 미치는 영향

④ 낮은 신진대사로 바다 생물들이 살아남는 방법

### [핵심어휘]

□ oxygen 산소

□ shrink (옷을 뜨거운 물에 빨거나 하여) 줄어들다[오그라지다], 줄어들게[오그라지게] 하다, (규모 양이[을]) 줄어들다[줄어들게 하다](→ shrunken)

□ haddock 해덕(대구와 비슷하나 그보다 작은 바다 고기)

□ previously 이전에; 미리, 사전에(to) (= formerly, earlier, earlier on)

□ metabolisms 신진[물질]대사, 대사

□ waterbreathing 수중 호흡

□ argue 언쟁을 하다, 다투다(= quarrel, fight, row)

□ eventually 결국, 종내(↔ immediately 즉시, 즉각)

□ enough (복수 명사나 불가산 명사 앞에 쓰여) 필요한 만큼의[충분한](= sufficient)

### [본문해석]

해양의 온난화와 산소 손실이 참치와 농어에서 연어, 환도

대
제  
용
제  
한사능  
오  
용  
한사능

상어, 해덕, 대구까지 수백 종의 어종을 이전에 생각했던 것보다 더 많이 감소시킬 것이라고 새로운 연구는 결론 내렸다. 따뜻한 바다는 물고기들의 신진대사를 가속화하기 때문에, 물고기, 오징어 그리고 다른 수중 호흡 생물들은 바다에서 더 많은 산소를 끌어내야 할 것이다. 동시에, 바다가 따뜻해지면서 이미 바다의 많은 부분에서 산소의 이용 가능성이 줄고 있다. University of British Columbia의 과학자들은 물고기의 몸통이 아가미보다 더 빨리 자라기 때문에, 이 동물들은 결국 정상적인 성장을 지속하기에 충분한 산소를 얻을 수 없는 지경에 이르게 될 것이라고 주장한다. "우리가 발견한 것은 물고기의 몸집이 수온이 섭씨 1도 증가할 때마다 20에서 30퍼센트씩 줄어든다는 것입니다."라고 저술가인 William Cheung은 말한다.

## 08 　　　　　　　　　　　　　　　정답 ③

### [정답해설]

which → what

전치사 'to' 이후에는 명사 또는 명사구가 와야 하고, ③ 뒤의 문장이 불완전하므로 선행사를 포함하는 관계사로서 명사절을 이끌 수 있는 'what'이 되는 것이 옳은 표현이다.

### [오답해설]

① 주어 'its potential'은 '인식되는' 대상이므로 수동태가 온 것은 적절하다.
② 동사 'involve'는 동명사를 목적어로 취하는 완전타동사이므로 'creating'은 적절하게 쓰였다.
④ 'made' 앞에 'is'가 생략된 수동태이며 불완전타동사 'make'가 수동태로 전환될 때, 목적격 보어로 쓰인 형용사는 그대로 동사 뒤에 위치하므로, 형용사 형태인 'productive'가 온 것은 알맞은 표현이다.

### [핵심어휘]

▫ Urban agriculture 도시 농업
▫ dismissed 잊혀진
▫ potential (…이 될) 가능성이 있는, 잠재적인(= possible)
▫ be realized (실현되다) 햇빛을 보다
▫ self-reliance 자기 의존, 독립독행(= self-sufficiency, self-support, self-sustenance)
▫ insecurity 불안정[불확실]한 것
▫ particularly 특히, 특별히(= specifically, expressly, explicitly)
▫ obvious (눈으로 보거나 이해하기에) 분명한[명백한](= clear)
▫ unused (현재) 쓰지[사용하지] 않는, 한 번도 사용되지 않은[쓴 적이 없는](→ disused)

▫ valuable 소중한, 귀중한
▫ rarely 드물게, 좀처럼 …하지 않는(= seldom, hardly, hardly ever)

### [본문해석]

도시 농업(UA)은 오랫동안 도시에 설 자리가 없는 변두리 활동이라고 일축되어 왔지만, 그것의 잠재력이 실현되기 시작하고 있다. 사실, UA는 식량자립에 관한 것인데, 그것은 일자리를 창출하는 것을 수반하며, 특히 가난한 사람들을 위한 식량 불안정에 대한 대응이다. 많은 사람들이 믿는 것과는 반대로, UA는 모든 도시에서 발견되는데, 이 곳에서 때로는 눈에 띄지 않고 때로는 확연하다. 주의 깊게 살펴보면, 대도시에는 사용되지 않는 공간이 거의 없다. 가치 있는 빈 땅은 거의 방치되지 않으며 공식적으로든 비공식적으로든 종종 점유되어 있고, 생산적이게 된다.

## 09 　　　　　　　　　　　　　　　정답 ④

### [정답해설]

기록 보관소의 경이로움과 방대함을 도서관과의 대조를 통해 설명하고 있는 글이다. 주어진 문장은 뉴저지의 주 기록 보관소를 예로 들어 이곳에 엄청난 양의 문서와 마이크로 필름이 보관되어 있다는 내용으로, 주어진 문장 이전에는 '기록 보관소의 다양한 자료 보관'에 대한 일반적인 진술이 제시되어야 한다. 따라서 주어진 문장이 들어갈 위치로 가장 적절한 것은 ④이다.

### [핵심어휘]

▫ indispensable 없어서는 안 될, 필수적인(= essential), (↔ dispensable 없어도 되는, 불필요한)
▫ Detective 형사, 수사관(→ store detective)
▫ investigation (어떤 주제 · 문제에 대한) 조사[연구](= enquiry)
▫ difference 차이, 다름(↔ similarity 유사성, 닮음)
▫ government papers 정부 발행 국채 증서
▫ resource (원하는 목적을 이루는 데 도움이 되는) 재료[자산]
▫ legislature 입법 기관(의 사람들), 입법부(→ executive, judiciary)
▫ criminal 범죄의(= lawbreaker, convict, offender)

### [본문해석]

예를 들어, New Jersey의 주립 기록 보관소는 3만 입방 피트 이상의 문서와 2만 5천 릴 이상의 마이크로필름을 보유하고 있다.

기록 보관소는 오디오에서 비디오, 신문, 잡지 및 인쇄물에 이르기까지 모든 자료의 보고이며, 이것으로 기록 보관소는 History조사에 필수적인 자료이다. 도서관과 기록 보관소가 똑같아 보일 수 있지만, 차이점이 중요하다. ( ① ) 기록 보관소의 소장품들이 거의 항상 1차 자료로 구성되는 반면, 도서관은 2차 자료로 구성된다. ( ② ) 한국 전쟁에 대해 더 알기 위해 여러분은 역사책을 찾아 도서관에 갈 것이다. 당신이 한국 전쟁 군인들이 쓴 정부 문서 혹은 서신을 읽길 원한다면, 당신은 기록 보관소에 갈 것이다. ( ③ ) 만약 여러분이 정보를 찾고 있다면, 아마 당신을 위한 기록 보관소가 있을 것이다. 많은 주 및 지역 기록 보관소에서 경이롭고 다양한 자료인 공공 기록들을 보관한다. ( ④ ) 여러분의 주 기록 보관소를 온라인으로 검색하면 입법부의 회의록보다 훨씬 더 많은 내용이 있다는 것을 빠르게 알 수 있을 것이다. 자세한 토지 보조금 정보, 구시가지지도, 범죄 기록 및 행상 면허 신청서와 같은 특이 사항들이 있다.

## 10 　　　　　　　　　　　　　　　정답 ④

**[정답해설]**

이글은 번 아웃의 개념과 유형에 대해서 나열하고 있는 글이다. ④ 앞부분에서 번 아웃의 두 번째 차원인 개인적인 성취의 부족, 즉 스스로를 업무 달성의 실패자로 여기는 근로자들에 대해 설명하고 있고, ④ 뒷부분에서는 세 번째 차원인 몰개인화를 설명하고 있으므로, 글의 흐름상 가장 어색한 문장은 ④ '감정 노동자들은 육체적으로 지쳤을 지라도 왕성한 의욕을 가지고 그들의 업무를 시작한다.'이다.

**[핵심어휘]**

- pressures 압박, 압력
- chronic 만성적인
- stressors 스트레스 요인
- conceptualization 개념화, 개념적인 해석
- phenomenon 현상(= occurrence, happening, fact)
- exhaustion 탈진, 기진맥진
- feel fatigued 피로를 느끼다
- frustrated 좌절감을 느끼는, 불만스러워 하는
- depersonalization 몰개인화, 객관화

**[본문해석]**

번 아웃이라는 용어는 일의 압박으로 인해 지치는 것을 의미한다. 번 아웃은 일상적인 업무 스트레스 요인이 직원에게 피해를 입힐 때 발생하는 만성 질환이다. ① 가장 널리 채택된 번 아웃의 개념적인 해석은 Maslach와 그녀의 동료들이 인간 서비스 근로자들에 대한 연구에서 전개했다. Maslach는 번 아웃이 서로 밀접하게 연관된 세 가지 차원으로 구성되어

있다고 여긴다. 첫 번째 차원인 정서적 피로는 실제로 번 아웃 현상의 핵심이다. ② 근로자들은 피로감, 좌절감, 기진맥진함을 느끼거나 직장에서 또 다른 하루를 맞이할 수 없을 때 정서적 피로를 겪는다. 번 아웃의 두 번째 차원은 개인적인 성취의 부족이다. ③ 번 아웃 현상의 이러한 측면은 스스로를 업무 요구 사항을 효과적으로 달성할 수 없는 실패자로 여기는 근로자들을 나타낸다. ④ 감정적인 노동자들은 신체적으로 지쳐있음에도 불구하고 매우 의욕적으로 직업에 입문한다. 번 아웃의 세 번째 차원은 비인격화이다. 이차원은 업무의 일부로 타인(예를 들어 고객, 환자, 학생)과 상호적으로 의사소통을 해야 하는 근로자들하고만 관련이 있다.

## 11 　　　　　　　　　　　　　　　정답 ①

**[정답해설]**

어젯밤 마감 근무를 하며 주방 청소를 깨끗이 하지 않은 B에게 A가 주의를 주는 상황이다. 따라서 B가 사과의 말과 함께 할, 빈칸에 들어갈 말로 가장 적절한 것은 ① '다시는 그런 일 없도록 하겠습니다.'이다.

**[오답해설]**

② 계산서 지금 드릴까요?

③ 그게 제가 어제 그것을 잊어버렸던 이유에요.

④ 당신이 올바른 순서가 되도록 확실히 하겠습니다.

**[핵심어휘]**

- closing shift 마감조
- ice trays (냉장고의 각빙을 만드는) 제빙 그릇
- freezer 냉동고(→ fridge—freezer)

**[본문해석]**

A: 어제 여기에 있었나요?

B: 네, 저는 마감조로 일했어요. 왜 그러시죠?

A: 오늘 아침 주방이 엉망이었어요. 음식이 화로 위에 널려져 있고 제빙 그릇은 냉동실에 없었어요.

B: 제가 청소 체크리스트 검토를 깜박한 것 같아요.

A: 청결한 주방이 얼마나 중요한지는 당신도 아시죠.

B: <u>죄송합니다. 다시는 그런 일이 없도록 하겠습니다.</u>

## 12 　　　　　　　　　　　　　　　정답 ②

**[정답해설]**

A가 빈칸 앞에서 비강 스프레이를 써봤냐고 물어보고 빈칸 뒤에서 효과가 좋다며 권유하지만, B는 코에 무언가 넣는 것을 싫어해 써본 적이 없다며 거부하고 있다. 따라서 비강 스

프레이 사용 권유에 대한 답변이 들어갈 자리이다. 적절한 것은 ② '아니, 난 비강 스프레이를 좋아하지 않아.'이다.

**[오답해설]**
① 응, 그런데 도움이 안 됐어.
③ 아니, 약국이 문을 닫았어.
④ 그래. 얼마나 써야 하니?

**[핵심어휘]**
- nose spray 비강 스프레이
- pharmacy 약국

**[본문해석]**
A: 네 감기에 뭐라도 해본 거 있어?
B: 아니, 그냥 코를 많이 풀어.
A: 비강 스프레이는 해봤어?
B: 아니, 난 비강 스프레이를 좋아하지 않아.
A: 그거 효과가 좋아.
B: 괜찮아. 난 내 코에 뭘 넣는 걸 싫어해서 한 번도 그걸 써본 적 없어

---

## 13 　　　　　　정답 ④

**[정답해설]**
본문에 따르면, 아타카마 사막은 비가 가장 많이 오는 사막 중의 하나가 아니라 가장 건조한 사막 중의 하나이며, 연간 강수량이 2밀리미터에 미치지 않는 곳도 있다고 하였으므로, ④는 답이 될 수 없다. 글의 내용과 일치하지 않는 것은 ④ '아타카마 사막은 비가 가장 많이 오는 사막들 중 하나이다.' 가 정답이다.

**[오답해설]**
① 각 대륙에는 적어도 하나의 사막이 존재한다.
② 사하라 사막은 세계에서 가장 큰 뜨거운 사막이다.
③ 고비 사막은 차가운 사막으로 분류된다.

**[핵심어휘]**
- desert 사막(→ deserts)
- continent 대륙
- wider 넓은, 너른(↔ narrow 좁은) (→ width)
- regions (보통 정확한 경계나 국경과 상관없는) 지방, 지역
- moisture deficit 수분 부족(水分不足)
- frequently 자주, 흔히(↔ infrequently 드물게)
- evaporation 증발(작용), 발산
- annual precipitation 연강수량(年降水量)
- Despite …에도 불구하고(= in spite of)
- clue (범행의) 단서, (문제 해결의) 실마리[증거]

- super blooms 슈퍼 블룸(사막에 일시적으로 들꽃이 많이 피는 현상)
- wild flowers 들꽃, 야생초

**[본문해석]**
사막은 지구 육지 면적의 5분의 1 이상을 차지하고 있으며, 모든 대륙에서 발견된다. 매년 25센티미터 (10인치) 미만의 비가 오는 곳은 사막으로 간주된다. 사막은 건조 지대라고 불리는 광범위한 지역의 일부이다. 이 지역들은 '수분 부족' 상태로 존재하는데, 이는 연간 강수를 통해 얻는 양보다 증발을 통해 흔히 수분을 더 많이 잃을 수 있다는 의미이다. 사막이 뜨겁다는 일반적인 개념에도 불구하고, 차가운 사막 또한 존재한다. 세계에서 가장 큰 뜨거운 사막인 북아프리카의 사하라 사막은 낮 동안 최고 섭씨 50도 (화씨122도)에 이른다. 그러나 아시아의 Gobi 사막과 남극과 북극에 있는 극지방의 사막과 같이 어떤 사막은 항상 추운데, 이것들이 세계 최대의 사막이다. 다른 것들은 산지이다. 사막의 약 20%만 이 모래로 덮여있다. 칠레의 아타카마 사막과 같은 가장 건조한 사막에는 연간 강수량이 2밀리미터 (0.08인치) 미만인 곳들이 있다. 그러한 환경들은 너무 혹독하고 초자연적이어서 과학자들이 화성의 생명체에 대한 단서를 찾기 위해 그것들을 연구하기도 했다. 반면, 아주 가끔씩 매우 드문 우기가 '슈퍼 블룸 현상'을 만들어낼 수 있는데, 이때는 아타카마 마저도 야생꽃들로 뒤덮이게 된다.

---

## 14 　　　　　　정답 ④

**[정답해설]**
앞 문장에 대한 긍정동의는 'so + V + S'를 취하고 앞에 나온 동사 'loved'에 맞춰 과거형 대동사 'did'가 적절하게 쓰였다.

**[오답해설]**
① to receive → receiving
'look forward to (동)명사'는 '~을 학수고대하다'라는 의미이다. 여기서 'to'는 전치사이므로 'to receive'를 'to receiving'으로 고쳐야 옳은 표현이다.
② rise → raise
'rise'는 '오르다, 올라가다'라는 뜻의 완전 자동사이므로, 목적어를 취할 수 없다. 따라서 완전 타동사인 'raise(올리다)'로 고쳐야 한다.
③ considered → considering
'be worth –ing'는 '~할 가치가 있다'라는 관용표현으로 'worth' 뒤에는 동명사가 와야 한다. 따라서 'worth considered'를 'worth considering'으로 고쳐야 한다. 참고로, 'worth' 뒤에 오는 동명사는 수동으로 해석된다.

## [핵심어휘]
- look forward to …(장차 있을) …을 고대하다(await).
- reply 대답하다; 답장[답신]을 보내다; 응하다, 대응하다(= answer, respond, retort)
- as soon as possible 가능한 한 빨리, 되도록 빨리
- rise 임금[급여] 인상
- salary 급여, 봉급, 월급(→ wage)
- consider 사례[고려/숙고]하다

---

## 15      정답 ②

### [정답해설]
'너무 ~해서 …하다'라는 결과 표현은 'so[such] ~ that' 구문으로 할 수 있으며, 이때 강조어가 명사를 수식하고 있으므로 'such'를 올바르게 사용했고, 어순도 'such a (형용사) 명사'가 바르게 쓰였다. 따라서 ②번이 정답이다.

### [오답해설]
① Rich as it → Rich as
　'as if'는 '마치 ~인 것처럼'이라는 뜻의 접속사이므로 우리말 해석과 맞지 않는다. '~일지라도'라는 양보의 의미가 되려면 '형용사/명사 + as + 주어 + 동사'의 어순이 되어야 하므로, 'Rich as if'를 'Rich as'로 고쳐야 한다.

③ advancing → from advancing
　'keep A -ing'는 'A가 계속 ~하게 하다'라는 의미이므로 우리말과 일치하지 않는 문장이다. 따라서 '목적어가 ~하지 못하게 하다'의 의미인 "keep + O + from v-ing"의 구문을 사용하여 'kept her advancing'을 'kept her from advancing' 으로 고쳐야 한다.

④ if → whether
　'if'는 타동사의 목적어로만 쓰일 수 있다. 따라서 전치사의 목적어 자리에서도 쓰일 수 있는 'whether'로 고쳐야 한다.

### [핵심어휘]
- as if 마치 …인 것처럼, 흡사 …와도 같이
- sincere 진실된, 진정한, 진심 어린(= genuine)
- meteor storm 유성 폭풍
- lack of …에는[…되려면] …이 부족하다
- death penalty 사형
- abolished (법률·제도·조직을) 폐지하다

---

## 16      정답 ①

### [정답해설]
해당 지문은 온라인 쇼핑을 통한 영국인들의 소비 행태를 설명하고 있다. 빈칸에는 이러한 소비 행태로 인해 대두되는 문제점을 설명하는 말이 들어가야 한다. 영국인들은 일 년에 많은 돈을 새 옷에 소비하고 그만큼 많은 의류가 쓰레기 매립지로 들어간다고 했으므로, 그들에게 꼭 필요하지 않은 물건도 생각 없이 구매한다는 것을 알 수 있다. 따라서 빈칸에 들어갈 말로 가장 적절한 것은 ① '그들이 필요하지 않은'이다.

### [오답해설]
② 생활 필수품인
③ 곧 재활용 될
④ 그들이 다른 사람에게 물려줄 수 있는

### [핵심어휘]
- shop windows (가게) 진열장 유리, 상품 진열창
- bombard (폭격·공격을) 퍼붓다
- means 수단, 방법, 방도(= method, way, manner)
- treated (특정한 태도로) 대하다[다루다/취급하다/대우하다]
- disposable 사용 후 버리게 되어 있는, 일회용의
- environment (주변의) 환경(= surroundings, setting, conditions)
- currently 현재, 지금
- approximately 거의 (정확하게), …가까이
- wardrobe (한 개인이 가지고 있는) 옷
- landfill 쓰레기 매립지

### [본문해석]
소셜 미디어, 잡지, 상품 진열창은 매일 사람들에게 사야 할 물건들을 쏟아 붓고 있으며, 영국 소비자들은 그 어느 때보다도 더 많은 옷과 신발을 사고 있다. 온라인 쇼핑은 고객들이 생각 없이 쉽게 구매할 수 있다는 것을 의미하며, 주요 브랜드들은 두세 번 입고 나서 버릴 수 있는 일회용품처럼 취급이 되는 값싼 옷을 제공한다. 영국에서, 보통 사람들은 일 년에 1,000파운드 이상을 새 옷에 소비하는데, 이것은 그들의 수입의 약 4%에 해당한다. 그렇게 많다고 들리진 않겠지만, 그 수치는 사회와 환경에 대한 훨씬 더 걱정스러운 두 가지 추세를 숨기고 있다. 첫째는, 그 소비자 지출의 많은 부분이 신용카드를 통해 이루어진다는 것이다. 영국인들은 현재 신용카드 회사에 성인 1인당 약 670파운드의 빚을 지고 있다. 이는 평균 옷 예산의 66%에 해당한다. 또한, 사람들은 가지고 있지 않은 돈을 쓸 뿐만 아니라, 그들이 필요하지 않은 물건을 사기 위해 돈을 사용하고 있다. 영국은 1년에 30만 톤의

먼저
먼저 영어
먼저 한국사
완성 국어
완성 영어
완성 한국사

의류를 버리고, 그 대부분은 쓰레기 매립지로 들어간다.

## 17 정답 ②

### [정답해설]
이 글은 고급 식당의 경영자는 식당을 효율적으로 만들기 위해 가능한 모든 것을 하려 하지만, 가격이 비싸기 때문에 손님들은 더 뛰어난 음식과 서비스를 요구할 수밖에 없다고 말하고 있다. 식당은 결국 사람이 운영하는 것이기에 조금 더 빨리 움직이는 등의 미미한 개선만이 가능하다고 언급되었다. 즉, 생산성이 향상하더라도, 그에 따른 절약의 정도는 미미하며 고객이 기대하고 요구하는 훌륭함(세심한 개인적 서비스)을 유지하기 위해서는 높은 가격을 유지할 수밖에 없음을 암시하고 있으므로, 빈칸에 가장 적절한 표현은 '② inevitable(불가피한)'이다.

### [오답해설]
① 터무니없는
③ 터무니없는
④ 상상도 할 수 없는

### [핵심어휘]
- prerequisite (무엇이 있기 위해서는 꼭 필요한) 전제 조건 (→ requisite), (= precondition)
- necessarily 어쩔 수 없이, 필연적으로(= automatically, naturally, definitely)
- efficient 능률적인, 유능한; 효율적인(↔ inefficient 비효율[비능률]적인)
- literally 문자[말] 그대로(= exactly)
- labor (임금을 얻기 위한) 노동 , 근로
- marginal 미미한, 중요하지 않은(= slight)
- discriminating 안목 있는(= discerning)
- clientele (어떤 기관 · 상점 등의) 모든 의뢰인들[고객들]
- demand (강력히 요청하는) 요구 (사항)
- excellence 뛰어남, 탁월함(→ par excellence)

### [본문해석]
청구되는 가격이 반드시 높기 때문에 훌륭함은 고급 식당에서 절대적인 전제조건이다. 운영자는 식당을 효율적으로 만들기 위해 가능한 모든 것을 할지도 모르지만, 손님들은 여전히 주문에 따른 음식이 고도로 숙련된 요리사에 의해 준비되고 전문적인 서버에 의해 전달되는 것과 같은 세심한 개인적 서비스를 원한다. 이 서비스는 말 그대로 수작업이기 때문에 생산성에 있어서 미미한 개선만이 가능하다. 예를 들어, 요리사, 서버, 또는 바텐더는 그 또는 그녀가 인간 성능의 한계에 다다르기 전까지 고작 조금 더 빨리 움직일 수 있을 뿐이다.

따라서 겨우 그저 그런 절약만이 효율성 향상을 통해 가능하고, 이는 가격 상승을 불가피하게 만든다. (가격이 오르면 소비자들이 더 식별력이 있어진다는 것은 경제학의 자명한 이치다.) 따라서, 이 고급 레스토랑의 손님들은 우수성을 기대하고, 요구하며, 기꺼이 비용을 지불할 것이다.

## 18 정답 ③

### [정답해설]
주어진 글은 인간의 언어가 원숭이와 유인원을 포함한 다른 동물들의 의사소통보다 훨씬 더 복잡하다는 내용이다. 이어질 내용으로 가장 적절한 것은, 'Even(심지어)'을 이용하여 인간과 더욱 가까운 영장류의 언어를 인간의 언어와 비교하고 있는 (C)이다. (C)의 두 번째 문장에서 언어라는 복잡성은 '종 특이적인(species-specific) 특성'이라고 언급하며, 인간에게만 국한된 특성이라는 점을 암시하고 있는데, 이어서 'That said(그렇긴 하지만)'과 'nevertheless(그럼에도 불구하고)'를 이용해, 인간 외에 다른 많은 종들도 자연 환경에서 복잡한 의사소통을 한다고 양보의 내용을 제시하고 있는 (A)가 오는 것이 자연스럽다. 마지막으로 (A)의 many species를 they로 받아 많은 종이 인위적인 상황에서는 훨씬 더 복잡한 체계를 배울 수 있다고 마무리하는 (B)가 와야 한다. 따라서 글의 순서로 가장 적절한 것은 ③ '(C)-(A)-(B)'이다.

### [핵심어휘]
- decidedly 확실히, 분명히
- restricted (할 수 있는 일의 범위 등이) 제한된[제약을 받는]
- vocalizations 발성(된 단어 · 소리)
- exhibit (감정특질 등을) 보이다[드러내다](= display)
- exceed (특정한 수 · 양을) 넘다[초과하다/초월하다]
- species 종(種: 생물 분류의 기초 단위)
- impressively 인상적으로, 인상 깊게
- complex 복잡한(= complicated)
- artificial 인위적인(= synthetic, manufactured, plastic)
- primate 영장류(동물)
- incapable …을 할 수 없는, …하지 못하는
- rudimentary 가장 기본[기초]적인(= basic)
- complexity 복잡성, 복잡함

### [본문해석]

> 확실히, 인간의 언어는 원숭이와 유인원의 명백히 제한된 발성보다 뛰어나다. 게다가, 그것은 다른 어떤 형태의 동물 의사소통을 훨씬 능가하는 어느 정도의 정교함을 보여준다.

(C) 심지어 우리의 가장 가까운 영장류의 유사한 종들도 몇 년 동안 집중적인 훈련을 받은 후에도 기초 의사소통 체계 그 이상은 습득할 수 없는 것처럼 보인다. 언어라는 복잡성은 확실히 종별 특성이다.

(A) 인간의 언어에는 크게 못 미치지만, 그럼에도 불구하고 많은 종들이 자연환경에서 인상적으로 복잡한 의사소통 시스템을 보이고 있다.

(B) 그리고 그것들은 인간과 함께 길러지는 경우와 같이, 인위적인 상황에서 훨씬 더 복잡한 체계들을 배울 수 있다.

## 19                                              정답 ④

**[정답해설]**

20세기 후반 시장 자본주의의 특성과 그 반향에 관한 글이다. 본문 초반에서 사회주의의 후퇴와 자본주의 확장에 대해 설명한 후, 이로 인한 세계화의 부작용(착취)을 제시하고 있다. 이어서 이에 대한 급진주의자(radical)의 반응, 환경 운동의 확장 등을 설명하며 세계화의 부작용에 대한 사회 여러 분야의 반응을 제시하고 있다. 따라서 글의 주제로 가장 적절한 것은 ④ '세계 자본주의의 착취적 특성과 그에 대한 다양한 사회적 반응'이다.

**[오답해설]**

① 과거 개발도상국에서의 긍정적인 세계화 현상
② 사회주의의 쇠퇴와 20세기 자본주의의 출현
③ 세계 자본시장과 좌파 정치조직 사이의 갈등

**[핵심어휘]**

▫ socialism 사회주의(→ capitalism, communism, social democracy)
▫ retreat 후퇴[철수/퇴각]하다(↔ advance 전진, 진군)
▫ evolution 혁명
▫ capitalism 자본주의(→ socialism)
▫ interlink 연결하다[되다]
▫ deregulate (무역 등에 대한) 규제를 철폐하다(= decontrol)
▫ boundary 경계[한계](선), 분계선
▫ globalization 세계화
▫ allege (증거 없이) 혐의를 제기하다[주장하다]
▫ exploit 착취하다(= take advantage of, abuse, use)
▫ indifferent 무관심한
▫ subject A to B A를 B에 복종[종속]시키다
▫ monopolistic (특히 산업 · 기업이) 독점적인
▫ radical 급진주의자
▫ protest (특히 공개적으로) 항의[반대]하다, 이의를 제기하다

▫ body 단체, 조직

**[본문해석]**

20세기 후반 동안에, 사회주의는 서구와 많은 지역의 개발도상국들에서 후퇴하였다. 시장 자본주의 혁명에서의 이러한 새로운 국면 동안, 세계 무역의 양상은 점점 더 연결되었고, 정보 기술의 발달은 규제가 철폐된 금융 시장이 몇 초 이내에 국경을 가로질러 어마어마한 자본 흐름을 이동시킬 수 있다는 것을 의미했다. '세계화'는 무역을 활성화시키고, 생산성 향상을 장려하고, 가격을 낮췄지만, 평론가들은 그것이 저임금 노동자들을 착취하고, 환경 문제에 무관심하며 제 3세계를 독점적인 형태의 자본주의에 종속시켰다고 주장했다. 이 과정에 반대하고자 했던 서구 사회 내의 많은 급진주의자들은 좌파의 뒤처진 정당들보다는 자발적 단체, 자선단체, 그리고 다른 비정부기구들에 가입했다. 세계가 연결되어 있다는 인식으로부터 환경 운동 자체가 증가했으며, 만일 확산될 경우 분노한 국제 이익 연합체가 생겨났다.

## 20                                              정답 ①

**[정답해설]**

광부 소년 Johnbull이 다이아몬드로 추정되는 돌을 발견했고, 다른 사람들이 알지 못하게 주머니에 넣은 채로 계속 일을 하고 있는 상황이다. Johnbull은 삽질을 하면서도 그 돌을 만지작거리면서 마지막 문장에서 'Could it be?(혹시?)'라고 생각하고 있으므로, 그것이 진짜 다이아몬드일지도 모른다는 기대감을 지니고 있음을 알아차릴 수 있다. 따라서 Johnbull의 심경으로 가장 적절한 것은 '① thrilled and excited(신나고 들뜬)'이다.

**[오답해설]**

② 괴롭고 고뇌에 찬
③ 오만하고 확신에 찬
④ 무심하고 무관심한

**[핵심어휘]**

▫ blazing 불타는 듯한
▫ stand out 튀어나오다; 눈에 띄다, 빼어나다; 견디다; 주장하다(= project, be conspicuous, show opposition, persist in.)
▫ pile (위로 차곡차곡) 포개[쌓아] 놓은 것, 더미
▫ unearth (땅속에서) 파내다, 발굴하다(= dig up)
▫ gravel 자갈
▫ miner 광부
▫ finger 손으로 만지다[더듬다]
▫ pyramidal 피라미드형의

- plane 면, 평면
- big 굉장한
- find (흥미롭거나 가치 있는) 발견물
- merit (칭찬·관심 등을) 받을 만하다[자격/가치가 있다]
  (= deserve)
- second opinion 다른 의사의 의견[진단]
- sheepishly (양처럼) 순하게, 소심하게.
- muddy 진창인, 진흙투성이인
- gash (바위 등의) 갈라진 금[틈]
- pit boss (광산의) 현장 감독
- dig (구멍 등을) 파다
- shovel 삽으로 파다[파서 옮기다]
- nightfall 해질녘, 해거름(= dusk)
- pause (말·일을 하다가) 잠시 멈추다
- grip 쥐다
- thrilled (너무 좋아서) 황홀해 하는, 아주 흥분한[신이 난]
- distressed 고뇌에 찬
- arrogant 거만한, 오만한
- convinced (전적으로) 확신하는(↔ unconvinced 납득[확신]하지 못하는)
- detached 무심한, 거리를 두는(= indifferent)
- indifferent 무관심한

### [본문해석]

불타는 듯한 한낮의 태양 아래, 노란색의 계란 모양의 돌이 최근에 파헤쳐진 자갈 더미 사이에서 눈에 띄었다. 궁금증에 16세의 광부 Komba Johnbull은 그것을 주워 손가락으로 납작한 피라미드형의 면을 만져 보았다. Johnbull은 이전에 다이아몬드를 본 적이 없지만, 그는 어떠한 굉장한 발견물 조차도 그의 엄지손톱보다 크지 않으리라는 것을 충분히 알고 있었다. 그럼에도 불구하고, 그 보석은 다른 사람의 의견을 얻을 만큼 충분히 특이했다. 소심하게, 그는 그것을 정글 깊숙한 곳에서 진흙탕을 파는 더 경험이 있는 광부들 중 한 명에게 가져갔다. 그 돌을 본 총괄 감독은 눈이 휘둥그래졌다. "그것을 네 주머니에 넣어라." 그가 속삭였다. "계속 파봐." 그 나이 많은 광부는 만일 누군가가 그들이 굉장한 무언가를 발견했다고 생각한다면 위험해질 수 있다고 경고했다. 그래서 Johnbull은 해질 무렵까지 계속해서 자갈을 파내고, 무거운 돌을 손으로 잡기 위해 가끔씩 멈췄다. 혹시?

# 2023~2021 영어[지방직] 정답 및 해설

## ▌[지방직] 2023년 06월 | 정답

| 01 | ② | 02 | ④ | 03 | ① | 04 | ① | 05 | ④ |
|----|---|----|---|----|---|----|---|----|---|
| 06 | ③ | 07 | ③ | 08 | ① | 09 | ④ | 10 | ③ |
| 11 | ③ | 12 | ② | 13 | ② | 14 | ④ | 15 | ④ |
| 16 | ④ | 17 | ② | 18 | ② | 19 | ① | 20 | ③ |

## [지방직] 2023년 06월 | 해설

### 01 　　　　　　　　정답 ②

**[정답해설]**
밑줄 친 subsequent는 '다음의, 차후의'의 뜻으로 ②의 following(다음의)과 그 의미가 가장 유사하다.

**[오답해설]**
① 필수의
③ 고급의
④ 보충의

**[핵심어휘]**
- subsequent 다음의, 차후의
- advanced 선진의, 고급의
- supplementary 보충의, 추가의

**[본문해석]**
우리 프로젝트에 대한 추가 설명은 <u>다음</u> 발표에서 제공될 것이다.

### 02 　　　　　　　　정답 ④

**[정답해설]**
밑줄 친 courtesy는 '공손함, 정중함'의 뜻으로 ④의 politeness(공손함)와 그 의미가 가장 유사하다.

**[오답해설]**
① 자비
② 겸손
③ 대담함

**[핵심어휘]**
- folkway 습관, 풍속, 사회적 관행
- courtesy 공손함, 정중함
- sneeze 재채기하다
- charity 자비, 관용
- humility 겸손, 겸양
- boldness 대담함, 무모함
- politeness 공손함, 우아함

**[본문해석]**
사회적 관행은 한 집단의 구성원들이 다른 사람들에게 공손함을 보이기 위해 따를 것으로 기대되는 관습이다. 예를 들어, 재채기할 때 "실례합니다"라고 말하는 것은 미국의 사회적 관행이다.

### 03 　　　　　　　　정답 ①

**[정답해설]**
밑줄 친 brought up은 '기르다, 양육하다'의 뜻으로 ①의 raised(기르다)와 그 의미가 가장 유사하다.

**[오답해설]**
② 충고하다
③ 관찰하다
④ 통제하다

**[핵심어휘]**
- bring up 기르다, 양육하다
- on a diet of ~을 주식으로

**[본문해석]**
이 아이들은 건강에 좋은 음식을 주식으로 <u>양육되었다</u>.

## 04 정답 ①

**[정답해설]**
밑줄 친 done away with는 '처분하다, 폐지하다'의 뜻으로 ①의 abolished(폐지하다)와 그 의미가 가장 유사하다.

**[오답해설]**
② 동의하다
③ 비평하다
④ 정당화하다

**[핵심어휘]**
▫ slavery 노예, 노예제도
▫ do away with 처분하다, 폐지하다
▫ not A until B B하고 나서야 비로소 A하다
▫ abolish 폐지하다, 파기하다
▫ consent 동의하다, 합의하다

**[본문해석]**
노예제도는 미국에서 19세기가 되어서야 비로소 <u>폐지되었다</u>.

## 05 정답 ④

**[정답해설]**
선거 과정을 분명하게 보고 이해하는 것이므로, 빈칸에 들어갈 말로는 ④의 transparency(투명성)가 가장 적절하다.

**[오답해설]**
① 속임수
② 유연성
③ 경쟁

**[핵심어휘]**
▫ voter 투표자, 유권자
▫ deception 사기, 속임수
▫ flexibility 유연성, 융통성
▫ transparency 투명도, 투명성

**[본문해석]**
유권자들은 그것을 분명하게 보고 이해할 수 있도록 선거 과정에 더 큰 <u>투명성</u>이 있어야 한다고 요구했다.

## 06 정답 ③

**[정답해설]**
what → that

be 동사의 보어로써 선행사를 자체 포함하고 있는 관계대명사 what은 뒤에 불완전한 문장이 와야 한다. 그런데 what 뒤에 주어와 목적어가 모두 존재하는 완전한 문장이 왔으므로, 관계대명사 what을 명사절을 이끄는 접속사 that으로 고쳐 써야 한다.

**[오답해설]**
① in which는 앞의 sports를 선행사로 하는 전치사+관계대명사의 형태로, 관계부사 where로 바꾸어 쓸 수 있다. 뒤에 the team이 주어, loses가 동사, the contest가 목적어인 완전한 문장이 왔으므로 in which의 쓰임은 적절하다.
② 이길 것으로 예상되는 팀이므로 수동의 의미를 나타내는 과거분사 predicted의 쓰임은 올바르다.
④ perceive A as B는 'A를 B라고 여기다'라는 뜻으로, A의 their opponents가 능동의 주체이므로 현재분사의 형태인 threatening의 쓰임은 적절하다.

**[핵심어휘]**
▫ upset 뜻밖의 패배[패전]
▫ supposedly 아마, 추측컨대
▫ opponent 상대방, 반대자
▫ perceive 감지[인지]하다, 깨닫다

**[본문해석]**
스포츠에서 뜻밖의 패배에 대한 한 가지 이유는 – 이길 것으로 예상되며 아마 상대 팀보다 더 우월한 팀이 놀랍게도 경기에서 지는 – 우월한 팀이 상대 팀을 계속되는 승전에 대한 위협으로 여기지 않기 때문이다.

## 07 정답 ③

**[정답해설]**
an alive man → a man alive / a living man

alive를 비롯한 afraid, alike, asleep 등은 서술 형용사로 동사의 보어로만 사용되며, 한정 형용사처럼 명사를 앞에서 수식할 수 없다. 그러므로 해당 문장에서 an alive man은 주격 관계대명사 + be동사가 생략된 a man (who is) alive나 한정 형용사인 living을 사용하여 a living man으로 고쳐 써야 옳다.

**[오답해설]**
① should + have + p.p는 '~했어야 했는데 (하지 못했다)'라는 과거의 후회나 유감을 나타내는 구문으로 적절하게 사용되었다.
② as + 원급 + as 구문에서 뒤의 as가 접속사로 사용되어 절의 형태인 we used to (save money)가 옳게 사용되었다. 여기서 used to + 동사원형은 '(예전에는) ~ 했었다'라는 과거의 규칙적인 습관을 나타낸다.

④ 자동사는 목적어를 수반하지 않으므로 수동태로 사용될 수 없다. 그러나 자동사 + 전치사가 타동사처럼 사용되어 수동태로 전환할 수 있는데, 해당 문장의 looked at도 was looked at의 수동태 형태로 옳게 사용되었다.

**[핵심어휘]**
▫ rescue squad 구조대
▫ art critic 미술 평론가

**[본문해석]**
① 나는 오늘 아침에 갔어야 했지만, 몸이 좀 아픈 것을 느꼈다.
② 요즘 우리는 예전만큼 많은 돈을 저축하지 못한다.
③ 구조대는 한 생존자를 발견해서 기뻤다.
④ 그 그림은 미술 평론가에 의해 조심스럽게 관찰되었다.

---

## 08      정답 ①

**[정답해설]**
touching → touched
해당 문장은 사역동사 make가 be made + p.p의 수동태 형식으로 사용된 것이다. 글의 의미상 우리가 그의 연설에 감동을 받은 것이므로, 능동의 의미인 touching은 수동의 의미인 touched로 고쳐 써야 옳다.

> He made us touched with his speech.
> → We were made touched with his speech (by him).

**[오답해설]**
② apart from은 '~은 차치하고[제외하고]'의 의미인 전치사구로 옳게 사용되었다. 또한 a plan의 반복 사용을 피하기 위한 부정대명사 one의 쓰임도 적절하다.
③ while drinking hot tea는 while they were drinking hot tea에서 주절의 주어와 동일한 they와 be동사 were가 생략된 분사구문으로 옳게 사용되었다. 분사구문에서 일반적으로 접속사도 생략이 가능하지만, 접속사의 의미를 명확히 하고자 할 때는 접속사 + 분사구문의 형태로 함께 쓸 수 있다.
④ 사역동사 make 다음에 목적어와 목적보어의 관계가 수동일 때는 과거분사를 사용한다. 해당 문장에서 그가 그 프로젝트에 적합하게 된 것이므로 수동의 의미인 suited가 사용된 것은 적절하다.

**[핵심어휘]**
▫ apart from ~을 차치하고[제외하고]
▫ suit for 안성맞춤의, 적합한

---

## 09      정답 ④

**[정답해설]**
인사과를 찾는데 도와주실 수 있냐는 A의 물음에 B가 3층에 있다고 알려주고 있으므로, 빈칸에는 대화의 흐름상 도와드리겠다는 내용이 들어가야 한다. 그러므로 빈칸에는 ④의 "물론이죠. 무엇을 도와드릴까요?"가 들어갈 말로 가장 적절하다.

**[오답해설]**
① 우리는 이 상황을 어떻게 처리해야 할지 모르겠어요.
② 책임자가 누구인지 말씀해 주시겠어요?
③ 네, 저는 여기서 도움이 좀 필요해요.

**[핵심어휘]**
▫ give ~ a hand ~을 돕다
▫ the Personnel Department 인사과
▫ appointment 약속, 지정
▫ be in charge 담당하다, 맡다

**[본문해석]**
A: 실례지만, 좀 도와주실 수 있나요?
B: 물론이죠. 무엇을 도와드릴까요?
A: 저는 인사과를 찾고 있습니다. 10시에 약속이 있어서요.
B: 그건 3층에 있습니다.
A: 거기에 어떻게 올라가죠?
B: 모퉁이를 돌아 엘리베이터를 타세요.

---

## 10      정답 ③

**[정답해설]**
B가 마지막 퇴근자임을 확인한 후, 사무실 전등과 에어컨이 켜져 있었다는 A의 말에, B가 어젯밤에 그것들을 끄는 걸 깜빡했다고 인정하고 있다. 그러므로 빈칸에는 ③의 "미안합니다. 앞으로 더 조심하겠다고 약속할게요."가 들어갈 말로 가장 적절하다.

**[오답해설]**
① 걱정 마세요. 이 기계는 잘 작동합니다.
② 모두 당신과 일하는 것을 좋아해요.
④ 안됐네요. 너무 늦게 퇴근해서 피곤하겠어요.

**[핵심어휘]**
▫ from now on 이제부터, 앞으로
▫ get off work 퇴근하다

**[본문해석]**

A: 당신이 마지막으로 퇴근했죠, 그렇지 않나요?

B: 네. 무슨 문제라도 있나요?

A: 오늘 아침에 사무실 전등과 에어컨이 켜져 있는 것을 발견했어요.

B: 정말요? 오, 이런. 어젯밤에 그것들을 끄는 걸 깜빡했나 봐요.

A: 아마 밤새 켜져 있었을 거예요.

B: 미안합니다. 앞으로 더 조심하겠다고 약속할게요.

---

## 11 정답 ③

**[정답해설]**

A가 오랜만에 만난 B에게 얼마 만에 보는 것이냐고 묻고 있으므로, 차로 한 시간 반쯤 걸렸다고 소요 시간을 답한 B의 대답은 대화의 흐름상 어색하다.

**[핵심어휘]**

▫ be tired of 질리다, 싫증나다

▫ dye 염색하다, 물들이다

▫ global warming 지구 온난화

▫ public transportation 대중교통

**[본문해석]**

① A: 머리는 어떻게 해 드릴까요?

　 B: 머리 색깔에 조금 싫증이 났어요. 염색하고 싶어요.

② A: 지구 온난화를 늦추기 위해 우리가 무엇을 해야 할까요?

　 B: 우선, 대중교통을 더 많이 이용해야 합니다.

③ A: Anna, 너니? 오랜만이다! 얼마만이니?

　 B: 차로 한 시간 반쯤 걸렸어.

④ A: 난 Paul이 걱정돼. 그가 불행해 보여. 내가 뭘 해야 될까?

　 B: 내가 너라면, 그가 자신의 문제를 말할 때까지 기다릴 거야.

---

## 12 정답 ②

**[정답해설]**

제시문은 Daniel Goleman의 저서 「사회적 지능」을 바탕으로 우리의 뇌가 얼마나 사교적인지를 설명하는 글이다. 글의 말미에 비록 우리 사회가 더욱 외로운 곳이 되어가고 있지만 우리의 뇌는 인간 상호작용을 갈망한다고 서술하고 있으므로, ②의 Sociable Brains(사교적인 뇌)가 제시문의 제목으로 가장 적절하다.

**[오답해설]**

① 외로운 사람들 → 우리 사회가 더 외로운 곳이 되어가고 있지만 그럼에도 우리의 뇌는 인간 상호작용을 갈망함

③ 정신 건강 조사의 필요성 → 조사한 통계를 근거 자료로 이용하고 있을 뿐, 조사의 필요성이 핵심 주제는 아님

④ 인간 연결성의 위험 → 다른 사람들과의 의미 있는 연결을 갈망하는 것은 인간의 욕구라고 설명되어 있으나, 그로 인한 위험성은 서술되어 있지 않음

**[핵심어휘]**

▫ dedicate 바치다, 헌신하다

▫ neuro-sociology 신경 사회학

▫ sociable 사교적인, 붙임성 있는

▫ be drawn to 마음이 가다, 마음이 끌리다

▫ engage with ∼와 관계를 맺다, ∼를 상대하다

▫ connectivity 연결성, 접속성

▫ crave 갈망하다, 열망하다

▫ article 글, 기사

▫ loneliness 고독, 외로움

▫ epidemic 유행병, 전염병

**[본문해석]**

유명한 작가인 Daniel Goleman은 그의 인생을 인간 관계학에 바쳤다. 그의 저서 「사회적 지능」에서 그는 우리의 뇌가 얼마나 사교적인지를 설명하기 위해 신경 사회학으로부터 얻은 결과를 논한다. Goleman에 따르면, 다른 사람과 관계를 맺을 때마다 우리는 다른 사람의 뇌에 마음이 끌린다. 우리의 관계를 깊이 있게 하기 위한 다른 사람들과의 의미 있는 연결에 대한 인간의 욕구는 우리 모두가 갈망하는 것이지만, 그럼에도 우리가 지금까지보다 더 외롭고 외로움은 이제 세계적인 건강 유행병이라는 점을 시사하는 수많은 기사와 연구들이 있다. 특히 호주에서 전국적인 Lifeline 조사에 따르면, 조사받은 사람들 중 80% 이상이 우리 사회가 더 외로운 곳이 되어가고 있다고 생각하고 있다. 그럼에도 불구하고, 우리의 뇌는 인간 상호작용을 갈망한다.

---

## 13 정답 ②

**[정답해설]**

제시문에 따르면 선천적으로 장점을 갖고 태어나는 사람들도 있지만, 그러한 장점을 갖고 태어나지 못한 사람들도 마음을 다한 계획적인 연습을 통해 재능을 발달시킬 수 있다고 수학적인 재능이나 사교적인 능력의 함양을 예로 들어 설명하고 있다. 그러므로 ②의 '재능을 함양하기 위한 지속적인 노력의 중요성'이 제시문의 주제로 가장 적절하다.

[오답해설]
① 어떤 이들이 소유한 다른 사람들보다 나은 장점들 → 어떤
이들은 선천적으로 장점을 갖고 태어나지만, 그렇지 않은 사람들
도 후천적인 노력을 통해 이를 개발할 수 있음
③ 수줍음 많은 사람들이 사회적 상호작용에서 갖는 어려움
→ 수줍음 많은 사람들도 시간과 노력을 투자해 사교적인 능력을
발달시킬 수 있음
④ 자신의 장단점을 이해할 필요성 → 제시문은 후천적인 노력
으로 자신의 단점을 극복할 수 있다는 주제를 부각함

[핵심어휘]
▢ physical size 체격
▢ jockey (경마의) 기수
▢ dedication 전념, 헌신
▢ mindful 염두에 둔, 마음을 다한
▢ deliberate 의도적인, 계획적인
▢ occasion 행사, 의식
▢ cultivate 구축하다, 기르다, 함양하다

[본문해석]
분명히 어떤 이들은 장점을 가지고 태어난다(예를 들어, 기수
에게 필요한 체격, 농구 선수에게 필요한 키, 음악가에게 필
요한 음악용 귀). 그렇지만 수년간 마음을 다한 계획적인 연
습에 전념해야만 이러한 장점을 재능으로 만들고, 그러한 재
능을 성공으로 변모시킬 수 있다. 동종의 헌신적인 연습을 통
해, 그러한 장점을 갖고 태어나지 못한 사람들도 천성으로부
터 조금 멀리 떨어진 재능을 발달시킬 수 있다. 예를 들어, 수
학에 대한 재능을 갖고 태어나지 않았다고 할지라도, 마음을
다한 계획적인 연습을 통해 수학적 능력을 상당히 증가시킬
수 있다. 또한 자신이 "선천적으로" 수줍음이 많다고 여긴다
면, 사교적인 능력을 발달시키기 위해 시간과 노력을 투자하
는 것이 사교적인 행사에서 활기차고 우아하며 손쉽게 사람
들과 상호작용하는 것을 가능하게 할 수 있다.

## 14 정답 ④

[정답해설]
제시문에서 Roossinck 박사는 연구를 통해 바이러스가 어떤
식물에 건조에 대한 저항성과 내열성을 높이는 등 자신들의
숙주에 이로움을 주고 있다고 설명하고 있다. 그러므로 "바이
러스는 가끔 자신들의 숙주를 해롭게 하기보다는 이롭게 한
다."는 ④의 설명이 제시문의 요지로 가장 적절하다.

[오답해설]
① 바이러스는 생물체의 자급자족을 보여준다. → 생물체의 자
급자족이 아니라 공생을 보여줌

② 생물학자들은 식물로부터 바이러스를 퇴치하기 위해 어떤
일이든 해야 한다. → 바이러스가 주는 이로움에 대해 설명하고
있으므로, 바이러스를 퇴치하는 것은 아님
③ 공생의 원리는 감염된 식물에는 적용될 수 없다. → 건조에
대한 저항성과 내열성을 높이는 등 바이러스에 감염된 숙주 식물
의 공생 원리에 대해 설명함

[핵심어휘]
▢ colleague 동료, 동업자
▢ resistance 저항, 반대
▢ drought 가뭄, 건조
▢ botanical 식물의
▢ species 종(種)
▢ heat tolerance 내열성
▢ in a range of 다양한, ~의 범위에서
▢ host 숙주
▢ biologist 생물학자
▢ symbiosis 공생
▢ self-sufficient 자급자족할 수 있는
▢ virus-free 바이러스가 없는
▢ infect 감염시키다, 전염시키다

[본문해석]
Roossinck 박사와 그녀의 동료들은 어떤 바이러스가 식물
학 실험에 널리 사용되는 어떤 식물에 건조에 대한 저항성을
높인다는 사실을 우연히 발견했다. 관련 바이러스에 대한 추
가 실험은 15종의 다른 식물들도 또한 사실임을 보여주었다.
Roossinck 박사는 이제 다양한 식물에서 내열성을 높이는
또 다른 종류의 바이러스를 연구하기 위한 실험을 하고 있다.
그녀는 다른 종류의 바이러스가 자신들의 숙주에게 주는 이
점들을 더 깊게 이해하기 위해 자신의 연구를 확장하길 희망
한다. 그것이 점점 늘어나는 많은 수의 생물학자들이 가지고
있는 견해, 즉 많은 생물들이 자급자족을 하기보다는 공생에
의존한다는 것을 뒷받침하는 데 도움이 될 것이다.

## 15 정답 ④

[정답해설]
제시문의 마지막 문장에서 대부분의 단풍나무시럽 생산자들
은 손으로 통을 수거하고 직접 수액을 끓여 시럽으로 만드는
가족 농부들이라고 서술되어 있다. 그러므로 "단풍나무시럽
을 만들기 위해 기계로 수액 통을 수거한다."는 ④의 설명이
제시문의 내용과 일치하지 않는다.

[오답해설]
① 사탕단풍나무에서는 매년 봄에 수액이 생긴다. → 사탕단풍
나무는 땅에 여전히 많은 눈이 쌓인 매년 봄에 묽은 수액을 생산함

국어 영어 한국사 국어 영어 한국사

② 사탕단풍나무의 수액을 얻기 위해 나무껍질에 틈새를 만든다. → 사탕단풍나무로부터 수액을 채취하기 위해 농부는 특수 칼로 나무껍질에 틈을 만듦

③ 단풍나무시럽 1갤론을 만들려면 수액 40갤론이 필요하다. → 수액은 수거되어 달콤한 시럽이 남을 때까지 끓여지는데, 사탕단풍나무 "물" 40갤론이 시럽 1갤론을 만듦

### [핵심어휘]
- maple syrup 메이플 시럽, 단풍나무시럽
- watery 묽은, 물기가 많은
- sap 수액
- slit 구멍, 틈
- bark 나무껍질
- tap [수도]꼭지, 잠금장치
- even so 그렇기는 하지만, 그렇다고 할지라도

### [본문해석]
단풍나무시럽을 만드는 전통적인 방식은 흥미롭다. 사탕단풍나무는 땅에 여전히 많은 눈이 쌓인 매년 봄에 묽은 수액을 생산한다. 사탕단풍나무로부터 수액을 채취하기 위해 농부는 특수 칼로 나무껍질에 틈을 만들고, 나무에 "꼭지"를 단다. 그런 다음 농부는 꼭지에 통을 매달고, 수액은 그 안으로 떨어진다. 그 수액은 수거되어 달콤한 시럽이 남을 때까지 끓여지는데, 사탕단풍나무 "물" 40갤론이 시럽 1갤론을 만든다. 그것은 많은 통, 많은 증기 그리고 많은 노동이 든다. 그렇기는 하지만, 대부분의 단풍나무시럽 생산자들은 손으로 통을 수거하고 직접 수액을 끓여 시럽으로 만드는 가족 농부들이다.

---

## 16 　　　　　　　　　　정답 ④

### [정답해설]
제시문은 마지막 문장에 서술되어 있는 것처럼 성공한 소설 작가가 되려면 사람들에게 관심을 가져야 함을 강조하고 있다. 그런데 ④는 유명한 마술사의 성공에 대한 감사 이야기를 서술하고 있으므로, 전체적인 글의 흐름상 어색한 문장이다.

### [핵심어휘]
- renowned 유명한, 명성 있는
- dozens of 수십의, 많은
- stress 강조하다, 역설하다
- magician 마술사, 마법사
- say to oneself 혼잣말하다, 독백하다

### [본문해석]
나는 언젠가 단편소설 작문 강연을 들었는데, 그 강연에서 일류 잡지의 유명한 편집자가 우리 반에서 수업을 했다. ① 그

---

는 매일 자기 책상에 놓인 수십 개의 이야기들 중 하나를 골라 몇 단락을 읽은 후에 작가가 사람들을 좋아하는지 아닌지를 느낄 수 있다고 말했다. ② "만약 작가가 사람들을 좋아하지 않는다면, 사람들도 그 작가의 이야기를 좋아하지 않을 겁니다."라고 그가 말했다. ③ 그 편집자는 소설 작문에 관한 강연 도중에도 사람들에게 관심을 갖는 것에 대한 중요성을 계속해서 강조했다. ④ 위대한 마술사인 Thruston은 무대에 오를 때마다 스스로에게 "나는 성공했기 때문에 감사하다."라고 혼잣말로 말했다고 한다. 강연 말미에, 그는 "다시 한 번 말씀드립니다. 여러분이 성공한 소설 작가가 되고자 한다면 사람들에게 관심을 가져야 합니다."라고 끝마쳤다.

---

## 17 　　　　　　　　　　정답 ②

### [정답해설]
주어진 글에서 과거에는 인공지능(AI)을 종말론과 관련된 부정적 대상으로 보았다고 설명하고 있으므로, 주어진 글 다음에는 AI가 악마를 소환하거나 인류의 종말을 초래할 수도 있다고 설명한 (B)가 와야 한다. 다음으로 그러한 상황이 최근 들어 변하기 시작하여 AI의 다양한 활용 사례가 나타나고 있다고 서술한 (A)가 와야 한다. 마지막으로 이러한 변화는 시장 기회를 확대하기 위해 AI가 대규모로 연구되고 있기 때문이라고 그 이유를 서술한 (C)가 와야 한다. 그러므로 주어진 글 다음에 이어질 순서는 ②의 (B)-(A)-(C)순이다.

### [핵심어휘]
- end with ~으로 끝나다, 그만두게 하다
- apocalyptic 묵시의, 종말론적
- prediction 예언, 예측
- scary 무서운, 겁나는
- summon 소환하다, 호출하다
- demon 악령, 악마
- spell (보통 나쁜 결과를) 가져오다, 초래하다
- shift 이동, 변화
- at scale 대규모로

### [본문해석]

> 불과 몇 년 전, 인공지능(AI)에 대한 모든 대화는 종말론적인 예측으로 마무리되는 것처럼 보였다.

(B) 2014년에 그 분야의 한 전문가는 AI를 가지고 우리는 악마를 소환하고 있다고 말했고, 노벨상을 수상한 한 물리학자는 AI는 인류의 종말을 초래할 수도 있다고 말했다.

(A) 그러나 최근 들어서 상황이 변하기 시작했다. AI는 무서운 블랙박스에서 사람들이 다양한 활용 사례로 이용할 수 있는 무언가가 되었다.

(C) 이러한 변화는 이 기술들이 마침내 산업에서, 특히 시장 기회를 위해 대규모로 연구되고 있기 때문이다.

높을 수 있다.

## 18 정답 ②

### [정답해설]
제시문은 자신의 성과를 어떻게 주관적으로 설명할지에 대해 다룬 자기 평가(self-assessment)의 개념에 대해 서술하고 있다. 주어진 문장은 Yet(그럼에도 불구하고)으로 시작하므로, 앞의 문장과 상반되는 내용임을 알 수 있다. 주어진 문장에서 자기 평가에 대한 요청은 그럼에도 불구하고 한 사람의 경력 내내 만연하다고 했으므로, 주관적으로 성과를 표현하는 방법은 불분명하며 올바른 정답이 없다고 서술된 문장 다음인 ②에 들어가는 것이 가장 적절하다.

### [핵심어휘]
▫ self-assessment 자기 평가
▫ pervasive 충만한, 만연하는
▫ fiscal quarter 회계 분기
▫ come by 잠깐 들르다
▫ in terms of ~의 면에서
▫ metric 계량, 측정 기준
▫ subjectively 주관적으로, 개인적으로
▫ what we call 소위, 이른바
▫ application 지원서
▫ self-promotion 자기 홍보
▫ hire 고용하다, 채용하다
▫ get a raise 급여가 올라가다

### [본문해석]

> 그럼에도 불구하고, 그러한 자기 평가에 대한 요청은 한 사람의 경력 내내 만연하다.

회계 분기가 막 끝났다. 당신의 상사가 이번 분기의 매출액 면에서 얼마나 잘 실행했는지 묻기 위해 잠깐 들른다. 당신은 어떻게 자신의 성과를 설명하겠는가? 매우 훌륭함? 좋은? 나쁨? ( ① ) 누군가가 당신에게 객관적인 성과 측정 기준 (예를 들어, 이번 분기에 당신이 벌어들인 매출 액수)에 대해 물을 때와는 달리, 주관적으로 당신의 성과를 표현하는 방법은 종종 불분명하다. 올바른 정답은 없다. ( ② ) 당신은 입학 지원서, 입사 지원서, 면접, 성과 평가, 회의에서 자신의 성과를 주관적으로 설명할 것을 요청받는데, 그러한 목록은 계속된다. ( ③ ) 당신이 어떻게 자신의 성과를 설명하는지가 이른바 자기 홍보 수준이다. ( ④ ) 자기 홍보는 만연된 업무의 한 부분이므로, 더 많은 자기 홍보를 하는 사람들이 채용되고, 승진되고, 급여 인상 혹은 보너스를 받을 가능성이 더

## 19 정답 ①

### [정답해설]
제시문은 불안의 시대에 살고 있는 우리가 회피 전략으로 대응하면 오히려 장기적으로는 불안을 가중시킨다는 내용이다. 빈칸이 있는 문장은 however(그러나)가 있으므로 앞 문장과 역접의 관계를 나타낸다. 앞 문장에서 기분 전환이 불안 회피 전략의 역할을 한다고 하였고, 뒤의 문장에서 이러한 회피 전략들은 장기적으로 불안을 가중시킨다고 하였으므로, 빈칸에는 ①의 Paradoxically(역설적으로)가 들어갈 말로 가장 적절하다.

### [오답해설]
② 다행스럽게도
③ 중립적으로
④ 창조적으로

### [핵심어휘]
▫ anxiety 불안, 근심, 걱정
▫ resort to ~에 의지하다, 기대다
▫ conscious 의식적인, 의식이 있는
▫ distraction 기분 풀이, 기분 전환
▫ serve as ~의 역할을 하다
▫ avoidance strategy 회피 전략
▫ in the long run 장기적으로, 결국
▫ quicksand (늪처럼 빨아들이는) 모래구덩이
▫ sink 빠지다, 가라앉다
▫ persist 계속되다, 지속되다
▫ paradoxically 역설적으로, 모순적으로
▫ neutrally 중립적으로, 공평무사하게

### [본문해석]
우리는 불안의 시대에 살고 있다. 불안한 것은 불편하고 무서운 경험이 될 수 있으므로, 우리는 그 순간에 불안을 줄이는 데 도움이 되는 의식적인 또는 무의식적인 전략에 의지하는데, 영화나 TV 시청하기, 먹기, 비디오게임 하기와 혹사하기 등이 있다. 게다가 스마트폰 또한 밤낮 어느 시간에나 기분을 전환시켜 준다. 심리학적 연구는 기분 전환이 흔한 불안 회피 전략의 역할을 한다는 것을 보여준다. 그러나 역설적으로, 이러한 회피 전략들은 장기적으로 불안을 가중시킨다. 불안한 것은 모래구덩이에 들어가는 것과 마찬가지이다. 즉, 싸우면 싸울수록 더 깊이 빠진다. 실제 연구는 "당신이 저항하는 것은 지속된다."라는 유명한 말을 강력하게 뒷받침한다.

## 20                           정답 ③

**[정답해설]**
제시문은 정보관리를 좀 더 효율적으로 하기 위해 수신함의 수를 최소한도로 할 것을 주문하고 있다. 본문 말미에 수신함을 많이 가지면 가질수록 관리하기가 더욱 힘들어진다고 하였고, 마지막 문장에서 수신함의 수를 가능한 최소한도로 줄이라고 제안하고 있다. 그러므로 빈칸에 들어갈 말은 ③의 '당신이 가지고 있는 수신함의 수를 최소화하는 것'이 가장 적절하다.

**[오답해설]**
① 한 번에 여러 목표를 설정하는 것 → 제시문의 내용과 목표 설정과는 연관성이 없음
② 유입되는 정보에 몰두하는 것 → 제시문은 정보가 유입되는 경로를 줄이기 위한 방법을 제시함
④ 열정을 다할 정보를 선택하는 것 → 정보의 유입 경로에 대한 문제이지, 선택할 정보의 종류에 대한 문제가 아님

**[핵심어휘]**
- in-box 수신함, 받은 편지함
- exhausting 지친, 고단한
- stressful 스트레스가 많은
- manageable 관리할 수 있는, 다루기 쉬운
- function 기능하다, 작동하다
- immerse 열중시키다, 몰두시키다
- passionate 열정적인, 정열적인

**[본문해석]**
당신은 몇 가지 방법으로 정보를 얻는가? 몇몇 사람들은 회신하기 위해 6가지 종류의 의사소통 방법을 가지고 있을 수 있는데, 문자 메시지, 음성 사서함, 종이 문서, 정기 우편, 블로그 게시물, 다른 온라인 서비스에서 메시지 등이다. 이들 각각은 일종의 수신함이며, 지속적으로 처리되어야만 한다. 그것은 끝없는 과정이지만, 지치거나 스트레스를 받을 필요는 없다. 정보 관리를 좀 더 관리하기 쉬운 수준으로 줄이고 생산적인 영역으로 옮기는 것은 당신이 가지고 있는 수신함의 수를 최소화하는 것으로 시작된다. 메시지를 확인하기 위해 또는 유입되는 정보를 읽기 위해 가야 하는 모든 장소가 수신함이며, 더 많이 가지고 있을수록 모든 것을 관리하기가 더 힘들다. 필요한 방식으로 계속해서 작동하려면 당신이 가지고 있는 수신함의 수를 가능한 최소한도로 줄여라.

---

## ▌[지방직] 2022년 06월 | 정답

| 01 | ② | 02 | ① | 03 | ④ | 04 | ④ | 05 | ② |
|----|---|----|---|----|---|----|---|----|---|
| 06 | ② | 07 | ① | 08 | ① | 09 | ④ | 10 | ④ |
| 11 | ③ | 12 | ③ | 13 | ④ | 14 | ③ | 15 | ③ |
| 16 | ③ | 17 | ① | 18 | ① | 19 | ② | 20 | ② |

### [지방직] 2022년 06월 | 해설

## 01                           정답 ②

**[정답해설]**
밑줄 친 flexible은 '유연한, 융통성 있는'의 뜻으로 ②의 adaptable(융통성 있는)과 그 의미가 가장 유사하다.

**[오답해설]**
① 강한
③ 정직한
④ 열정적인

**[핵심어휘]**
- flexible 유연한, 융통성 있는
- cope with ~에 대처하다[대항하다]
- adaptable 적응할 수 있는, 융통성 있는
- passionate 열정적인, 정열적인

**[본문해석]**
학교 선생님들은 학생들의 다양한 능력 수준에 대처하기 위해 유연해야 한다.

## 02                           정답 ①

**[정답해설]**
밑줄 친 vary는 '다르다, 변화하다'의 뜻으로 ①의 change(변하다)와 그 의미가 가장 유사하다.

**[오답해설]**
② 감소하다
③ 확장하다
④ 포함하다

**[핵심어휘]**
- crop yield 곡물 수확량
- vary 다르다, 변화하다
- decline 줄어들다, 감소하다

□ expand 늘어나다, 확장하다

**[본문해석]**
곡물 수확량은 <u>달라지는데</u>, 일부 지역에서는 개선되고 다른 지역에서는 감소한다.

## 03 정답 ④

**[정답해설]**
밑줄 친 with respect to는 '~에 관하여, ~에 대하여'의 뜻으로 ④의 in terms of(~의 면에서)와 그 의미가 가장 유사하다.

**[오답해설]**
① ~의 위험에 처한
② ~에도 불구하고
③ ~에 찬성하여

**[핵심어휘]**
□ inferior to ~보다 열등한
□ with respect to ~에 관하여, ~에 대하여
□ in danger of ~의 위험에 처한
□ in favor of ~에 찬성하여
□ in terms of ~의 면에서

**[본문해석]**
나는 교육에 <u>관하여</u> 누구에게도 열등감을 느끼지 않는다.

## 04 정답 ④

**[정답해설]**
다음 월급날이 되기도 전에 돈을 어떻게 하다의 의미이므로, 빈칸에 들어갈 말로는 ④의 run out of(~을 다 써버리다)가 가장 적절하다.

**[오답해설]**
① ~로 바뀌다
② 다시 시작하다
③ 견디다

**[핵심어휘]**
□ payday 월급날, 봉급날
□ turn into ~로 바뀌다, ~으로 변하다
□ start over 다시 시작하다
□ put up with 참다, 견디다
□ run out of ~을 다 써버리다, ~이 없어지다

**[본문해석]**
때때로 우리는 다음 월급날 훨씬 전에 돈을 <u>다 써버린다</u>.

## 05 정답 ②

**[정답해설]**
has recently discarded → have recently been discarded
문장 전체의 주어가 Toys이므로 본동사인 has는 복수 동사 형태인 have로 고쳐 써야 한다. 또한 discard는 타동사로써 뒤에 목적어가 없고, 의미상 장난감들이 폐기되는 것이므로 현재완료 수동태 형식인 have been recently discarded로 고쳐 써야 옳다.

**[오답해설]**
① ask + 간접 목적어 + 직접 목적어의 4형식 문장에서 직접 목적어가 의문사(why) + 주어 + 동사의 간접 의문문 어순으로 바르게 사용되었다. 또한 keep는 동명사를 목적어로 취하므로, 동명사의 형태인 coming이 옳게 사용되었다.
③ who는 앞의 someone을 선행사로 하는 주격관계대명사로, someone이 단수 명사이므로 who 다음의 동사 is는 선행사와의 수의 일치에 따라 바르게 사용되었다.
④ 타동사 attract가 Insects를 주어로 하는 are attracted by 형식의 수동태 문장으로 바르게 사용되었다. 또한 that은 앞의 scents를 선행사로 하는 주격관계대명사이며, 선행사와의 수의 일치에 따라 동사 aren't도 그 쓰임이 적절하다.

**[핵심어휘]**
□ discard 버리다, 폐기하다
□ scent 향기, 냄새
□ obvious 분명한, 확실한

**[본문해석]**
① 그는 왜 매일 계속해서 돌아오는지 나에게 물었다.
② 아이들이 일 년 내내 원했던 장난감들이 최근 폐기되었다.
③ 그녀는 항상 도움의 손길을 내밀 준비가 되어 있는 사람이다.
④ 곤충들은 우리가 모르는 향기에 종종 이끌린다.

## 06 정답 ②

**[정답해설]**
warm → warmth
등위 접속사 and로 연결된 A, B, and C 구문으로 A, B, C는 모두 동일 형태여야 한다. A, B, and C가 전치사 of의 목

적어에 해당되므로 명사 상당어구가 와야 하며, 따라서 명사인 security, love와 마찬가지로 형용사인 warm 또한 명사인 warmth로 고쳐 써야 옳다.

**[오답해설]**

① both는 복수명사와 함께 쓰이므로, both sides는 올바르게 사용되었다.

③ 해당 문장의 주어인 The number 아는 '~의 수'라는 의미로, 단수 명사이기 때문에 본동사로 3인칭 단수형인 is를 사용한 것은 적절하다.

④ If I had realized~에서 If가 생략되고 주어와 동사가 도치된 가정법 과거완료 구문으로, Had I realized~의 어순은 바르게 사용되었다.

**[핵심어휘]**

▫ security 보안, 안전, 안심
▫ be on the rise 증가하고 있다, 대두되다
▫ intend to ~할 작정이다, ~하려고 생각하다

**[본문해석]**

① 종이 양면에 다 쓸 수 있다.
② 우리 집은 안정감, 따뜻함 그리고 사랑의 느낌을 준다.
③ 자동차 사고의 수가 증가하고 있다.
④ 네가 뭘 하려고 했는지 알았더라면, 너를 말렸을 텐데.

---

**07**  정답 ①

**[정답해설]**

can → can't

cannot afford to + 동사원형은 '~할 여유가 없다'는 부정의 의미를 나타낸다. ①의 우리말도 '낭비할 수 없다'는 부정의 의미이므로, can을 can't로 고쳐 써야 옳다.

**[오답해설]**

② fade는 보어가 필요 없는 완전자동사로, fade from은 '~에서 사라지다'라는 의미이다. 해당 문장에서 사물인 The smile이 주어지만 수동태가 아닌 능동태 문장으로 표현한 것은 적절하다.

③ have no alternative but to + 동사원형은 '~하지 않을 수 없다'는 뜻으로, 해당 문장에서 to부정사인 to resign은 적절하게 사용되었다.

④ aim은 to부정사를 목적어로 취하는 완전타동사로, 해당 문장에서 to부정사인 to start의 쓰임은 적절하다.

---

**08**  정답 ①

**[정답해설]**

No sooner I have finishing → No sooner had I finished

No sooner ~ than 구문은 '~하자마자 …하다'라는 뜻으로, 해당 문장에서 식사를 마친 것이 다시 배가 고프기 시작한 것보다 이전의 일이므로 had + p.p의 과거완료 시제를 사용해야 한다. 그러므로 have finishing은 had finished로 고쳐 써야 한다. 또한 No sooner가 문두에 위치할 때 주어 + 동사가 도치되어야 하므로, 결국 해당 문장은 No sooner had I finished~가 되어야 한다.

**[오답해설]**

② 의무를 나타내는 조동사 must를 미래 시제에 사용하기 위해 will must가 아닌 will have to + 동사원형을 사용한 것은 올바르다. 또한 '조만간'이라는 표현으로 sooner or later를 사용한 것은 적절하다.

③ A is to B what C is to D 구문은 'A와 B와의 관계는 C와 D와의 관계와 같다'는 뜻으로, 해당 문장에서 올바르게 사용되었다.

④ end up ~ing는 '결국 ~하게 되다'는 뜻으로, 해당 문장에서 동명사 working의 쓰임은 적절하다.

---

**09**  정답 ④

**[정답해설]**

도화지에 그리고 싶은 주제가 있냐는 A의 질문에 고등학교 때 역사를 잘 하지 못했다는 B의 대답은 대화의 흐름상 어색하다.

**[핵심어휘]**

▫ opinionated 독선적인, 자기 의견을 고집하는
▫ circulation (신문·잡지의) 판매 부수
▫ be dressed up 옷을 잘 차려 입다

**[본문해석]**

① A: 나는 이 신문이 독선적이지 않아서 좋아.
   B: 그 이유로 그게 판매 부수가 가장 많아.
② A: 옷을 잘 차려 입은 이유라도 있니?
   B: 응, 오늘 중요한 면접이 있어.
③ A: 연습 중에는 공을 똑바로 칠 수 있는데, 경기 중에는 안 돼.
   B: 그건 나도 항상 그래.
④ A: 도화지에 그리고 싶은 특별한 주제가 있니?
   B: 고등학교 다닐 때 나는 역사를 잘하지 못했어.

## 10 정답 ④

**[정답해설]**

과학 시험을 어떻게 봤냐는 B의 물음에 A가 잘 봤다며 너한테 신세를 졌다고 말한 것으로 보아, 시험공부를 하는 데 A가 B의 도움을 받았음을 짐작할 수 있다. 그러므로 빈칸에는 B에게 감사의 마음을 전하는 ④의 "네가 도와줘서 얼마나 고마운지 몰라."가 들어갈 말로 가장 적절하다.

**[오답해설]**

① 그거 때문에 자책해 봐야 소용없어.
② 여기서 널 볼 줄은 전혀 생각 못 했어.
③ 사실, 우리는 아주 실망했어.

**[핵심어휘]**

▫ geography 지리, 지리학
▫ owe a treat 한 턱 내다, 신세를 지다
▫ no sense 의미 없는, 소용없는
▫ beat oneself up 자책하다
▫ disappoint 실망시키다, 좌절시키다

**[본문해석]**

A: 야! 지리학 시험은 어땠어?
B: 나쁘지 않았어, 고마워. 그저 끝난 게 기뻐! 너는 어때? 과학 시험은 어땠어?
A: 오, 정말 잘 봤어. 네가 도와줘서 얼마나 고마운지 몰라. 너한테 신세를 졌어.
B: 내가 좋아서 한 거야. 그러면 다음 주에 있는 수학 시험을 준비할까?
A: 물론이지. 같이 공부하자.
B: 좋아. 나중에 봐.

## 11 정답 ③

**[정답해설]**

주어진 문장의 people who are blind를 (B)의 they가 가리키며, 그들이 누군가의 눈을 빌린다고 가정하고 있다. 다음으로 누군가의 눈을 빌린다는 개념을 Aira의 배후 생각(That's the thinking behind Aira)이라고 (A)에서 구체적으로 설명하고 있다. 마지막으로 (A)에서 언급한 그 Aira 직원들(The Aira agents)이 어떻게 응대하는 지를 (C)에서 설명하고 있다. 그러므로 주어진 글 다음에 이어질 글의 순서는 ③의 (B)−(A)−(C) 순이다.

**[핵심어휘]**

▫ sort 분류하다, 구분하다
▫ laundry 빨래, 세탁물
▫ stream (데이터 전송을) 스트림하다
▫ on-demand agent 상시 대기 직원
▫ proprietary 소유권의, 등록 상표가 붙은
▫ 24/7 (하루 24시간 1주 7일 동안) 연중무휴의, 항시 대기의

**[본문해석]**

> 눈이 보이지 않는 사람들에게, 우편물을 분류하거나 한 보따리의 세탁물을 빨래하는 것과 같은 일상적인 일들은 하나의 도전이다.

(B) 그러나 만일 그들이 볼 수 있는 누군가의 눈을 "빌릴" 수 있다면 어떨까?
(A) 그것이 바로 수천 명의 이용자가 스마트폰이나 Aira 소유의 안경을 이용해 자신들의 주변 환경을 상시 대기 직원에게 라이브 비디오를 스트리밍할 수 있도록 해주는 신규 서비스인 Aira의 배후 생각이다.
(C) 그러면 연중무휴로 대기하고 있는 Aira의 직원들이 질문에 답하거나, 물건을 설명하거나 혹은 위치 추적을 통해 이용자들을 안내할 수 있다.

## 12 정답 ③

**[정답해설]**

주어진 문장에서 역접의 접속사 however를 사용하여 심장과 펌프를 진정한 비유라고 설명하고 있다. 그러므로 주어진 문장을 경계로, 앞쪽은 진정한 비유에 해당되지 않는 내용이 그리고 뒤쪽은 진정한 비유에 해당되는 내용이 서술되어야 한다. ③을 기준으로 앞의 문장들은 진정한 비유가 아닌 장미와 카네이션의 관계에 대해 서술하고 있고, 뒤의 문장들은 심장과 펌프가 비유로 타당한 이유들을 서술하고 있다. 따라서 주어진 문장은 ③에 위치하는 것이 가장 적절하다.

**[핵심어휘]**

▫ comparison 비교, 비유
▫ genuine 진짜의, 진실한
▫ analogy 비유, 유추
▫ a figure of speech 수사적 표현, 비유된 말
▫ assert 단언하다, 주장하다
▫ in many respects 여러 면에서, 많은 점에서
▫ fundamental 근본적인, 핵심적인
▫ dissimilar 다른, 같지 않은
▫ analogous 유사한, 비슷한, 비유적인
▫ stem 줄기
▫ exhibit 전시하다, 보여주다
▫ genus (생물 분류상의) 속(屬), 종류, 분류

- disparate 이질적인, 서로 전혀 다른
- apparatus 기관, 조직체
- possession 소유, 소지, 보유
- fluid 유체, 액체

**[본문해석]**

> 하지만, 심장과 펌프를 비교하는 것은 진정한 비유이다.

비유는 두 사물이 꽤 핵심적인 여러 면에서 유사하다고 주장되는 수사적 표현이다. 비록 그 두 사물은 또한 전혀 다르지만, 구조, 부분들의 관계, 또는 그들이 제공하는 필수 목적은 유사하다. 장미와 카네이션은 비유적이지 않다. ( ① ) 그것들 둘 다 줄기와 잎이 있고 모두 붉은 색일 수도 있다. ( ② ) 그러나 그것들은 이러한 특징들을 동일하게 보여준다. 즉, 그것들은 동일한 종류이다. ( ③ ) 이것들은 전혀 다른 것들이지만, 중요한 특징들. 즉, 기계적인 장치, 밸브의 보유, 압력을 늘이거나 줄이는 능력, 그리고 액체를 흐르게 하는 능력을 공유한다. ( ④ ) 그리고 심장과 펌프는 이러한 특징들을 다른 상황에서 다른 방식으로 보여준다.

---

## 13 정답 ④

**[정답해설]**

제시문에서 개개인의 생산성 향상을 통해 효율성을 높이려면 에너지 소모적인 '멀티태스킹'을 중단하라고 서술되어 있다. 또한 마지막 문장에서 글쓴이는 "중단 없이, 지속적으로 한 가지 일을 하라"는 말을 인용하여 생산성을 높일 것을 주문하고 있다. 그러므로 ④의 Do One Thing at a Time for Greater Efficiency(효율성을 더 높이려면 한 번에 한 가지 일을 하라)가 제시문의 제목으로 가장 적절하다

**[오답해설]**

① 인생에서 더 많은 선택지를 만드는 방법 → 제시문은 생산성 향상을 위한 효율성 제고 방법을 제시함
② 매일 신체 능력을 향상시키는 방법 → 개인의 신체적 능력 향상은 효율성을 제고하는 방법으로 제시문에 언급되지 않음
③ 효율성을 더 좋게 하려면 멀티태스킹이 답이다. → 멀티태스킹을 에너지 소모적이라고 비판하며 중단할 것을 권고함

**[핵심어휘]**

- efficiency 효율성, 능률성
- optimize 최적화하다, 최대한 활용하다
- work force 노동력, 노동 인구
- productivity 생산성
- employee 종업원, 근로자, 피고용인
- ensure 보증하다, 확실하게 하다

---

- staffer 직원
- put an end to ~을 끝내다, ~을 그만두게 하다
- modern-day 현대의, 현대판의
- energy drain 에너지 유출, 에너지 소모
- simultaneously 동시에
- vice president 부통령, 부사장
- uninterrupted 연속된, 중단되지 않는
- sustained 지속된, 한결같은

**[본문해석]**

한 근로자가 정해진 시간에 처리할 수 있는 노동량(생산된 제품, 서비스된 고객)으로 정의되는 개개인의 생산성 향상을 통해, 효율성이 최적화될 수 있는 분야 중 하나는 노동력이다. 최적의 성과를 내기 위해 적절한 설비, 환경 그리고 훈련에 투자하는 것 외에도, 직원들이 '멀티태스킹'이라는 현대판 에너지 소모를 그만두게 함으로써 생산성을 향상시킬 수 있다. 연구들은 다른 프로젝트들을 동시에 작업하려고 할 때 한 가지 일을 처리하는 데 25~40%의 시간이 더 걸린다는 사실을 보여준다. 컨설팅 회사인 The Energy Project 사업 개발 부사장인 Andrew Deutscher는 생산성을 더 높이려면 "중단 없이, 지속적으로 한 가지 일을 하라"라고 말한다.

---

## 14 정답 ③

**[정답해설]**

제시문에 따르면 아이들의 창의성은 평화롭고 안정적인 가정보다는 의견 충돌과 갈등이 많은 가정에서 더 잘 길러진다고 서술되어 있다. 그러므로 아이들은 평화로운 환경에서 많은 칭찬과 격려를 받으며 자유롭게 브레인스토밍 할 때 가장 창의적이라는 ③의 내용이 전체적인 글의 흐름과 배치된다.

**[핵심어휘]**

- critical 비판적인, 중요한
- stable 안정된, 침착한
- sibling 형제자매
- disagreement 의견 충돌, 불일치
- creativity 창의성, 창조성
- brainstorm 브레인스토밍하다, 구상하다, (생각을) 짜내다
- tension 긴장, 흥분, 갈등
- fistfight 주먹다짐, 주먹 싸움
- insult 모욕, 욕설
- imaginative 창의적인, 상상력이 풍부한

**[본문해석]**

논쟁을 잘하는 기술은 인생에서 중요하다. 그러나 그것을 자녀들에게 가르치는 부모들은 거의 없다. ① 우리는 아이들에

게 안정적인 가정을 제공하길 원하므로, 형제자매들이 싸우는 것을 막으며 문을 닫고 논쟁을 벌인다. ② 그러나 아이들이 의견 충돌을 전혀 접하지 못 한다면, 결국 아이들의 창의성을 제한하게 될지도 모른다. ③ 아이들은 평화로운 환경에서 많은 칭찬과 격려를 받으며 자유롭게 브레인스토밍 할 때 가장 창의적이다. ④ 고도로 창의적인 사람들은 종종 갈등이 많은 집안에서 성장한 것으로 밝혀졌다. 그들은 주먹다짐이나 인간적인 모욕이 아니라 실제적인 의견 충돌에 둘러싸여 있다. 30대 초반의 성인들에게 창의적인 이야기를 써보라고 요청했을 때, 가장 창의적인 이야기들은 25년 전 가장 심한 갈등을 겪은 부모를 가진 이들에게서 나왔다.

체어에 묶여 있어야만 했다. Nolan은 알아들을 수 있는 말소리를 낼 수 없다. 그러나 다행히도, Nolan의 뇌 손상은 지능이 손상되지 않을 정도였고 그의 청각은 정상이었다. 결과적으로 그는 어린아이일 때 말을 이해하는 것을 배웠다. 그러나 그가 10살이 지나고 읽기를 배운 후, 여러 해가 지나서야 그의 첫 말을 표현할 수 있는 수단이 생겼다. 그는 글자를 가리킬 수 있도록 머리에 부착된 막대를 이용해 이것을 했다. 그가 아직 10대일 때 시와 단편 전집인 Dam-Burst of Dreams를 창작한 것은 바로 이런 글자 하나하나를 가리키는 '유니콘' 방식에 의해서였다.

## 15      정답 ③

**[정답해설]**
제시문에 따르면 Christopher Nolan은 태어날 때부터 뇌가 손상되어 있었지만, 다행히도 지능이 손상되지 않을 정도였고 그의 청각은 정상이었다고 서술되어 있다. 그러므로 Christopher Nolan은 청각 장애로 인해 들을 수 없었다는 ③의 설명은 제시문의 내용과 일치하지 않는다.

**[오답해설]**
① Christopher Nolan은 뇌 손상을 갖고 태어났다. → Nolan은 태어날 때부터 뇌가 손상되어 있었음
② Christopher Nolan은 음식을 삼키는 것도 어려웠다. → Nolan은 신체 근육을 거의 통제할 수 없었을 뿐만 아니라, 심지어 음식을 삼키기도 어려울 정도였음
④ Christopher Nolan은 10대일 때 책을 썼다. → Nolan은 아직 10대일 때 시와 단편 전집인 Dam-Burst of Dreams를 글자 하나하나를 가리키는 '유니콘' 방식에 의해 창작함

**[핵심어휘]**
- renown 명성, 유명
- muscle 근육
- to the extent of ~정도까지, ~토록
- swallow 삼키다, 넘기다
- strap 끈으로 묶다[고정시키다]
- utter 말하다, 소리를 내다
- recognizable 알 수 있는, 인식할 수 있는
- poem 시

**[본문해석]**
Christopher Nolan은 영어권에서 상당히 유명한 아일랜드 작가이다. 태어날 때부터 뇌가 손상된 Nolan은 신체 근육을 거의 통제할 수 없었으며, 심지어 음식을 삼키기도 어려울 정도였다. 그는 혼자서 똑바로 앉아있을 수 없었기 때문에 휠

## 16      정답 ③

**[정답해설]**
제시문에서 일부 호주 원주민들은 그들의 지혜, 창의성 또는 결단력을 어떤 식으로든 입증하게 되면 그들의 이름을 평생 동안 계속해서 바꿀 수 있다고 서술되어 있다. 그러므로 호주 원주민 문화에서 이름을 바꾸는 것은 전혀 용납되지 않는다는 ③의 설명은 제시문의 내용과 일치하지 않는다.

**[오답해설]**
① 많은 가톨릭 국가에서 아이들은 흔히 성인(聖人)의 이름을 따라 지어진다. → 제시문의 첫 번째 문장에 많은 가톨릭 국가에서 아이들은 종종 성인(聖人)의 이름을 따서 지어진다고 서술됨
② 일부 아프리카 아이들은 그들이 다섯 살이 되고 나서야 비로소 이름이 지어진다. → 아프리카처럼 유아 사망률이 매우 높은 국가에서는 아이들의 생존 가능성이 높아지기 시작하는 나이인 5세가 되어서야 아이들에게 이름을 지어줌
④ 다양한 문화들이 여러 방식으로 아이들의 이름을 짓는다. → 가톨릭과 개신교 국가들, 노르웨이, 아프리카와 극동 국가들 그리고 호주 원주민 등의 다양한 문화들이 각기 다른 방식으로 아이들에게 이름을 지어줌

**[핵심어휘]**
- name after ~의 이름을 따서 짓다
- saint 성인(聖人), 성자 같은 사람
- priest 사제, 성직자
- soap opera 연속극, 드라마
- protestant (개)신교도
- ban 금하다, 금지하다
- infant mortality 유아 사망률
- tribe 부족, 집단
- the Far East 극동
- aborigine (호주) 원주민
- determination 결정, 결단력
- supreme 최고의, 최대의
- unacceptable 용납할 수 없는, 인정할 수 없는

[본문해석]

많은 가톨릭 국가에서, 아이들은 종종 성인(聖人)의 이름을 따서 지어지지만, 사실 일부 성직자들은 부모들이 자기 아이들의 이름을 드라마 스타나 축구 선수의 이름을 따서 짓는 걸 용인하지 않을 것이다. 개신교 국가들은 이 점에 대해 좀 더 자유롭다. 그러나 노르웨이에서는 Adolf와 같은 특정 이름들이 완전히 금지된다. 아프리카처럼 유아 사망률이 매우 높은 국가에서, 부족들은 아이들의 생존 가능성이 높아지기 시작하는 나이인 5세가 되어서야 아이들에게 이름을 지어준다. 그때까지 그들은 자기 나이로 불린다. 극동의 많은 나라들은 아이들에게 그 아이의 출생 상황이나 아이에 대한 부모의 기대와 희망을 어떤 식으로 묘사하는 특별한 이름을 지어준다. 일부 호주 원주민들은 그들의 지혜, 창의성 또는 결단력을 어떤 식으로든 입증한 몇몇 중요한 경험의 결과로서 그들의 이름을 평생 동안 계속해서 바꿀 수 있다. 예를 들어, 어느 날 그들 중 한 명이 아주 춤을 잘 춘다면, 그들은 자신의 이름을 '최고의 춤꾼' 또는 '가벼운 발'로 바꾸기로 결정할 수도 있다.

## 17                          정답 ①

[정답해설]

1다임의 동전을 빌리는 실험과 탄원서에 서명을 받는 실험에서 비슷한 복장을 한 실험자가 그렇지 않은 실험자보다 더 가능성이 높았다고 설명하고 있다. 그러므로 사람들은 자신과 비슷한 복장을 한 사람들을 도와줄 가능성이 더 높다는 ①의 설명이 제시문의 요지로 가장 적절하다.

[오답해설]

② 격식을 갖추어 입는 것은 탄원서에 서명할 가능성을 높여준다. → 탄원서에 서명하는 것은 두 번째 실험 내용에 국한됨
③ 전화를 하는 것은 다른 학생들과 사귀는 효과적인 방법이다. → 전화를 통한 사회화가 아니라 의복 상태에 따라 1다임의 동전을 빌릴 확률을 실험하는 것이 목적임
④ 1970년대 초반 일부 대학생들은 자신들의 독특한 패션으로 추앙받았다. → 실험 참가자들이 입은 옷으로 1970년대에 유행한 패션을 언급한 것뿐임

[핵심어휘]

- experimenter 실험자
- don 입다, 쓰다, 신다
- attire 의복, 복장
- dime 다임(미국 · 캐나다의 10센트짜리 동전)
- dissimilarly 같지 않게, 다르게
- marcher 가두 행진 참가자
- antiwar 반전의, 전쟁 반대의
- petition 진정서, 탄원서
- bother 신경 쓰다, 애를 쓰다, 수고하다

[본문해석]

젊은이들이 '히피'나 '스트레이트' 패션 중 하나를 착용했던 1970년대 초반에 실시된 연구에서, 실험자들은 히피 또는 스트레이트 복장을 한 후, 전화를 걸기 위해 1다임 동전을 빌려달라고 캠퍼스에 있는 대학생들에게 부탁했다. 실험자가 학생과 동일한 복장을 입었을 때, 그 요청은 3분의 2 이상 받아들여졌지만, 학생과 요청자가 다른 옷을 입었을 때, 동전은 절반 이하로 제공되었다. 또 다른 실험은 비슷한 다른 사람들에게 우리의 긍정적인 반응이 얼마나 자동적일 수 있는지를 보여주었다. 반전 시위 참가자들은 비슷한 복장을 한 요청자들의 탄원서에 서명하고, 그것을 먼저 읽어보는 수고조차 없이 그렇게 할 가능성이 높은 것으로 밝혀졌다.

## 18                          정답 ①

[정답해설]

(A) 지속 기간은 횟수와 역의 관계를 갖는다는 전제 하에, 자주 만나는 친구와 그렇지 못한 친구와의 지속 기간과 횟수와의 관계를 빈칸 (A) 이후의 문장에서 예를 들어 자세히 설명을 하고 있다. 그러므로 빈칸 (A)에는 For example(예를 들면)이 들어갈 말로 가장 적절하다.

(B) 정기적으로 만나는 사람과의 저녁 식사 기간은 상당히 짧을 것이지만, 최근 사귄 연인들은 가능한 한 많은 시간을 보내고 싶어 하기 때문에 횟수와 지속 기간이 매우 높다고 앞 문장과 대조하여 설명하고 있다. 그러므로 빈칸 (B)에는 Conversely(반대로)가 들어갈 말로 가장 적절하다.

[오답해설]

|   | (A) | (B) |
|---|---|---|
| ② | 그럼에도 불구하고 | 더욱이 |
| ③ | 그러므로 | 결과적으로 |
| ④ | 마찬가지로 | 따라서 |

[핵심어휘]

- duration 지속[존속] 기간
- inverse 역의, 정반대의
- frequency 빈도, 횟수
- encounter 만남, 접촉, 조우
- conversely 정반대로, 역으로
- significantly 상당히, 중요하게
- keep up with ~에 밝다[정통하다], ~에 뒤지지 않다
- unfold 펼치다, 전개하다
- catch up on ~을 따라잡다, 만회하다
- considerably 상당히, 꽤
- on a regular basis 정기적으로, 꼬박꼬박
- mint 만들다, 주조하다
- intensity 강도, 강렬함

**[본문해석]**

지속 기간은 횟수와 역의 관계를 갖는다. 만일 친구를 자주 본다면, 만남의 기간은 더 짧아질 것이다. 정반대로, 친구를 그다지 자주 보지 않는다면, 방문 기간은 대게 상당히 늘어날 것이다. (A) 예를 들어, 친구를 매일 만나면, 사건들이 일어날 때 어떻게 진행되고 있는지 알 수 있기 때문에 방문 기간은 적을 수 있다. 그러나 친구를 1년에 2번만 본다면, 방문 기간은 더 커질 것이다. 오랫동안 보지 못한 친구와 식당에서 저녁 식사를 하던 때를 기억해 보라. 아마도 서로의 삶을 만회하는 데 몇 시간을 보냈을 것이다. 만일 그 사람을 정기적으로 만난다면, 같은 저녁 식사 기간은 상당히 짧을 것이다. (B) 반대로, 연인 관계에서 특히 최근 사귄 연인들은 서로 가능한 한 많은 시간을 보내고 싶어 하기 때문에 횟수와 지속 기간이 매우 높다. 그 관계의 강도 또한 매우 높을 것이다.

## 19 　　　　　　　　　　정답 ②

**[정답해설]**

제시문은 선전자의 생각이 보통 사람들의 생각을 반영하고 "그저 그 사람들 중의 하나"라는 인상을 심어줌으로써 청중들로부터 신뢰를 얻는 선전 기법에 대해 설명하고 있다. 그러므로 빈칸에 들어갈 말로는 ②의 "just plain folks like ourselves(그저 우리들과 같은 평범한 사람들)"가 가장 적절하다.

**[오답해설]**

① 미사여구를 초월한 → 정치인들이 사용하는 선전 기법 중의 하나로 미사여구가 사용됨

③ 다른 사람들과 다른 어떤 것 → 대중들과 다른 차별화는 제시문의 선전 기법과 배치됨

④ 대중보다 더 잘 교육받은 → 선전자들도 대중의 하나라는 인상을 심어준다는 선정 기법과 배치됨

**[핵심어휘]**

- propaganda 선전, 광고
- convince 납득시키다, 설득하다
- propagandist 선전자[원]
- blue−collar 육체노동자의
- roll up one's sleeves 팔을 걷어붙이다, 소매를 걷다
- idiom 어법, 관용구, 표현 양식
- on purpose 고의로, 일부러
- glittering generality 화려한 추상어, 미사여구
- address 말하다, 연설하다
- minister 장관, 성직자
- win one's confidence 신뢰를 얻다, 신용을 얻다

**[본문해석]**

가장 빈번히 사용되는 선전 기법 중 하나는 선전자의 생각이 보통 사람들의 생각을 반영하고 그들이 최선의 이익을 위해 일하고 있다고 대중을 설득하는 것이다. 육체노동자 청중에게 연설하는 정치인은 소매를 걷고 넥타이를 풀며, 그 무리 고유의 관용구를 사용하려 시도할 것이다. 그는 심지어 자신이 "그저 그 사람들 중의 하나"라는 인상을 주기 위해 고의로 언어를 부정확하게 사용할지도 모른다. 이 기법은 또한 정치인의 생각이 연설을 듣고 있는 군중의 생각과 같다는 인상을 주기 위해 미사여구를 사용한다. 노동 지도자들, 기업인들, 성직자들, 교육자들, 그리고 광고주들은 <u>그저 우리들과 같은 평범한 사람들</u>처럼 보임으로써 우리의 신뢰를 얻기 위해 이 기법을 사용해 왔다.

## 20 　　　　　　　　　　정답 ②

**[정답해설]**

제시문은 위치에너지, 운동에너지 등 롤러코스터에 가하는 여러 에너지의 변환에 대해 설명하고 있다. 빈칸에는 브레이크 장치가 두 표면 사이에 일으키는 것이 무엇인지 찾는 것이므로, ②의 friction(마찰)이 빈칸에 들어갈 말로 가장 적절하다.

**[오답해설]**

① 중력

③ 진공

④ 가속

**[핵심어휘]**

- potential energy 위치에너지
- gravity 중력,
- crest 꼭대기[정상]에 이르다, 최고조에 달하다
- descent 내려오다, 하강하다
- kinetic energy 운동에너지
- misperception 오인, 오해
- conservation 보존, 보호
- momentum 탄력, 가속도, 운동량
- convert 바꾸다, 전환시키다
- mistakenly 실수로, 잘못하여
- friction 마찰, 마찰저항
- vacuum 진공, 공백
- acceleration 가속, 가속도

**[본문해석]**

롤러코스터가 트랙의 첫 번째 경사로를 올라갈 때, 그것은 위치에너지를 축적한다. 즉, 지상으로 더 높이 올라갈수록, 중

력의 힘은 더 강해질 것이다. 롤러코스터가 경사로의 꼭대기에 올라 하강하기 시작할 때, 그것의 위치에너지는 운동에너지, 즉 움직임의 에너지가 된다. 흔히 하는 오해는 롤러코스터가 트랙을 따라 에너지를 잃는다는 것이다. 그러나 에너지 보존의 법칙이라 불리는 중요한 물리학 법칙은 에너지가 결코 생성되거나 파괴될 수 없다는 것이다. 그것은 단순히 하나의 에너지에서 다른 에너지로 바뀌는 것이다. 트랙이 다시 오르막길로 올라갈 때마다, 차체의 운동량 즉, 운동에너지는 그것을 위로 운반할 것이고, 이것이 위치에너지를 축적시키며, 롤러코스터는 반복적으로 위치에너지를 운동에너지로 전환시키고 다시 반대로 전환시킨다. 탑승이 끝날 무렵, 롤러코스터 차체는 두 표면 사이에 마찰을 일으키는 브레이크 장치에 의해 느려진다. 이 운동이 그것들을 뜨겁게 만드는데, 이것은 제동 시 운동에너지가 열에너지로 바뀌는 것을 의미한다. 탑승객들은 롤러코스터가 트랙의 끝에서 에너지를 잃는다고 잘못 생각할지도 모르지만, 에너지는 단지 다른 형태로 바뀔 뿐이다.

## [지방직] 2021년 06월 | 정답

| 01 | ④ | 02 | ③ | 03 | ① | 04 | ② | 05 | ④ |
| 06 | ④ | 07 | ② | 08 | ② | 09 | ④ | 10 | ① |
| 11 | ① | 12 | ③ | 13 | ② | 14 | ② | 15 | ③ |
| 16 | ② | 17 | ④ | 18 | ① | 19 | ③ | 20 | ② |

## [지방직] 2021년 06월 | 해설

### 01 정답 ④

**[정답해설]**
gratification은 '만족감'이라는 뜻으로, 이와 의미가 가장 가까운 것은 ④ 'satisfaction(만족)'이다.

**[오답해설]**
① 쾌활함
② 자신감
③ 평온함

**[핵심어휘]**
▫ gratification 만족감[희열](을 주는 것) (= satisfaction)

▫ satisfaction 만족(감), 흡족; 만족(감을 주는 것) (→ dissatisfaction)
▫ liveliness 원기, 활기; 명랑; 선명
▫ confidence 자신(감)
▫ tranquility 평온

**[본문해석]**
많은 충동적인 구매자들에게, 구매 행위는 그들이 사는 것이 아니라 만족으로 이끄는 것이다.

### 02 정답 ③

**[정답해설]**
세계화가 이끄는 낮은 비용과 같은 긍정적인 점이 and로 연결되고 있다. 따라서 빈칸에는 긍정적인 표현이 들어가야 한다. 적절한 것은 ③ 'efficiency(효율)'이다.

**[오답해설]**
① 멸종
② 우울증
④ 주의

**[핵심어휘]**
▫ efficiency 효율(성), 능률(= effectiveness, power, economy)
▫ extinction 멸종, 절멸, 소멸(= dying out, destruction, abolition)
▫ depression 우울증(→ post-natal depression, post-partum depression)
▫ caution (경범자에 대한 경찰의) 경고[주의]

**[본문해석]**
세계화는 더 많은 나라들이 그들의 시장을 개방하도록 이끌며, 더 낮은 비용으로 더 높은 효율로 상품과 서비스를 자유롭게 거래할 수 있게 한다.

### 03 정답 ①

**[정답해설]**
번 아웃에 대한 언급과 함께 빈칸 이후에는 번 아웃에서 벗어날 수 있는 방법들이 열거되고 있다. 따라서 빈칸에 들어갈 말로 가장 적절한 것은 ① 'fixes(해결책들)'이다.

**[오답해설]**
② 손해, 피해

③ 상
④ 문제, 합병증

**[핵심어휘]**
- cost (…을) 희생시키다[잃게 하다]
- burnout (신체적 또는 정신적인) 극도의 피로
- engagement (특히 업무상·공적인) 약속, (약속 시간을 정해서 하는) 업무(= appointment, meeting, interview)
- take a hit 타격을 입다
- intuitive 직감[직관]에 의한(= instinctive, intuitional, instinctual)
- unplug (전기) 플러그를 뽑다(↔ plug sth in)
- fix (특히 쉽거나 잠정적인) 해결책
- damage 손상, 피해(= spoil, hurt, injure)
- prize 상, 상품; 경품(→ consolation prize)
- complication 합병증

**[본문해석]**
우리는 극도의 피로의 손실들을 잘 알고 있다: 즉 에너지, 동기, 생산성, 업무 및 헌신은 직장에서나 가정에서나 모두 타격을 입을 수 있다. 또한 많은 해결책들이 상당히 직관적이다: 정기적으로 플러그를 뽑아라. 불필요한 미팅을 줄여라. 운동을 하라. 낮에 작은 휴식 시간을 가져라. 가끔씩 휴가를 갈 여유가 없기 때문에 휴가를 떠날 여유가 없더라도 휴가를 가져라.

## 04 정답 ②

**[정답해설]**
늘어난 세금에 대한 부담을 완화시키기 위해 대통령이 해결책을 강구하는 내용이다. 빈칸 뒤에는 대중과의 소통 채널이라는 해결책이 제시되고 있으므로 빈칸에 들어갈 말로 가장 적절한 것은 ② 'called for(요청하다)'이다. 'call for A to 부정사' 형식으로 쓰이면, 'A에게 ~할 것을 요청하다'라는 뜻이 된다.

**[오답해설]**
① ~에 달려들다
③ 고르다
④ 거절하다

**[핵심어휘]**
- government 정부, 정권
- salaried 봉급을 받는
- tax burdens 조세 부담
- arising 생기다, 발생하다(= occur)

- aide 보좌관(= assistant, supporter, attendant)
- communication 의사소통, 연락(= contact, conversation, correspondence)
- fell on ~에 달려들다, ~의 책임이다
- picked up 고르다
- turned down 거절하다, 각하하다; 엎어놓다; 약하게 하다; 접어 젖히다[개다].(= refuse, reject; turn over; become weaker.)

**[본문해석]**
정부는 새로운 세금 정산 제도로 인해 늘어나는 세금 부담에 대해 봉급 생활자들을 달래기 위한 방안을 모색하고 있다. 지난 월요일 대통령 보좌관들과의 회담에서, 대통령은 참석자들에게 대중과 더 많은 소통 채널을 열 것을 요청했다.

## 05 정답 ④

**[정답해설]**
apprehend는 '이해하다, 파악하다'라는 뜻으로, 이와 의미가 가장 가까운 것은 ④'grasp(파악하다)'이다.

**[오답해설]**
① 포함하다
② 침입하다
③ 조사하다

**[핵심어휘]**
- Chinese calligraphy 중국의 서예
- origin (사람의) 출신[혈통/태생]
- except for …이 없으면, …을 제외하고는(but for)
- aesthetic 미적 특질, 미학(적 특질)
- significance 중요성, 중대성, 의의, 의미(→ insignificance)
- encompass (많은 것을) 포함[망라]하다, 아우르다
- intrude (남이 원치 않거나 가서는 안 될 곳에) 자기 마음대로 가다[침범하다]
- inspect (특히 모든 것이 제대로 되어 있는지 확인하기 위해) 점검[검사]하다(= examine)

**[본문해석]**
중국 서예를 공부할 때, 중국 언어의 기원과 그것이 어떻게 쓰였는지 알아야 한다. 하지만, 그 국가의 예술적 전통에서 자라난 사람들을 제외하고는, 그것의 미적 의의는 파악하기가 매우 어려워 보인다.

## 06　　　　　　　　　　　　정답 ④

[정답해설]
moved → moving
see는 지각동사로 목적격 보어가 행위를 하는 주체일 때 현
재분사 또는 원형부정사를 취한다. 목적어인 한 가족이 '이
사 오는' 것이므로 과거분사 'moved'가 아니라 현재분사
'moving' 으로 고쳐야 한다.

[오답해설]
① 'his novels'로 복수라서 'are' 동사와의 수일치가 잘 이루
　 어졌다.
② 'it is no use v–ing'는 '~해도 소용없다'의 뜻을 갖는 동명
　 사의 관용표현이다. 따라서 'It is no use trying'는 어법에
　 맞게 쓰였다.
③ 집의 입장에서 페인트칠 된다고 서술되었다. 따라서 수동
　 태로 서술한 것이 적절하고, 시간을 나타내는 부사구 또한
　 적절하게 쓰였다.

[핵심어휘]
▫ novel (장편) 소설
▫ persuade (…을 하도록) 설득하다, 설득하여 …하게 하다
　 (= talk (someone) into, urge, influence)
▫ upstairs 위층, 2층(↔ downstairs 아래층(특히 1층))

## 07　　　　　　　　　　　　정답 ②

[정답해설]
distracted → be distracted
'let'이 사역동사로 쓰여 목적격 보어에 수동이 위치할 경우엔
'let + O + be p.p.'의 형태로 써야 한다. 따라서 'distracted'
를 'be distracted'로 고쳐야 한다.

[오답해설]
① 'had'가 사역동사로 쓰였고 목적어 'the woman'이 '체포
　 되는' 것이므로 목적격 보어에 과거분사 'arrested'는 바르
　 게 쓰였다.
③ 'let'이 사역동사로 쓰였고 목적격 보어에 능동이 위치할
　 경우 원형부정사를 사용하므로 'know'는 바르게 쓰였다.
④ 'had'가 사역동사로 쓰였고 목적격 보어에 능동이 위치할
　 경우 원형부정사가 사용하므로 'phone'는 바르게 쓰였다.
　 또한 'ask'는 5형식으로 쓰이는 경우 목적격 보어에 to부
　 정사를 사용하므로 'to donate' 또한 알맞게 쓰였다.

[핵심어휘]
▫ authorities 당국, 관계자, 정부당국

▫ arrest 체포하다
▫ distract (정신이) 집중이 안 되게[산만하게/산란하게] 하다,
　 (주의를) 딴 데로 돌리다(= divert)
▫ as soon as possible 될 수 있는 대로 빨리
▫ strangers 낯선[모르는] 사람
▫ donate (특히 자선단체에) 기부[기증]하다

## 08　　　　　　　　　　　　정답 ②

[정답해설]
'She attempted a new method'라는 3형식 문장이 'and'를
통해 'had different results' 라는 또 다른 3형식 문장으로 병
렬되었다. 또한 'had' 앞에 'needless'는 말할 필요도 없이 라
는 뜻의 부사로 쓰인 것도 적절하다.

[오답해설]
① unpredictably → unpredictable
　 2형식 동사 'become' 뒤에는 형용사 보어가 와야 한다.
　 따라서 부사 'unpredictably'를 형용사 'unpredictable'로
　 고쳐야 한다.
③ arrived → arriving / arrival
　 'upon'은 전치사이므로 뒤에는 명사 상당어구가 나와야
　 한다. 따라서 'arrived'를 'arriving' 또는 'arrival'로 고쳐야
　 한다.
④ enough comfortable → comfortable enough
　 'enough'는 부사로 쓰일 때는 후치부사로서 수식대상인
　 'comfortable(형용사)'보다 뒤에 위치해야 된다. 따라서
　 'enough comfortable'을 'comfortable enough'로 고쳐야
　 한다.

[핵심어휘]
▫ unpredictable 예측할 수 없는, 예측이 불가능한, (사람이)
　 예측할[종잡을] 수 없는(↔ predictable 예측[예견]할 수 있
　 는)
▫ attempt (특히 힘든 일에 대한) 시도
▫ upon ~ing ~하자마자
▫ take advantage of (호기, 사실 따위를) 이용하다, …을
　 이용하여 …하다; 편승하다.(= make use of ~ for gain,
　 impose upon.)
▫ comfortable 편(안)한, 쾌적한(↔ uncomfortable 불편한)

[본문해석]
① 나의 다정한 딸이 갑자기 예측불허로 변했다.
② 그녀는 새로운 방법을 시도했고, 말할 것도 없이 다양한
　 결과가 나왔다.
③ 도착하자마자, 그는 새로운 환경을 충분히 활용했다.

④ 그는 자신이 하고 싶은 일에 대해 나에게 말할 수 있을 정도로 충분히 편안함을 느꼈다.

## 09 정답 ④

### [정답해설]
이글은 초반부에서 'digital turn'이라는 용어의 의미를 정의하면서 'social reality'에서 이것이 어떤 의미를 갖는지를 설명한다. 글의 중반부에 나오는 'linguistic turn'이라는 용어는 현대철학에서 많이 사용되는 용어로, 이글에서 사용한 'digital turn'의 의미를 설명하기 위해 가져온 것이기 때문에 두 가지 개념을 비교하거나 대조하는 것이 아니다. 따라서 글의 제목으로 가장 적절한 것은 ④ '사회적 현실의 맥락 안에서 디지털화'이다.

### [오답해설]
① SNS에서의 정체성 재구성
② 언어적 전환과 디지털 전환
③ 디지털 시대에서의 정보를 공유하는 방법

### [핵심어휘]
□ cast (시선미소 등을) 던지다[보내다], (빛을) 발하다, (그림자를) 드리우다
□ definition (특히 사전에 나오는 단어나 구의) 정의
□ digital turn 디지털 턴, 디지털 전환
□ analytical (사고가) 분석적인, (연구가) 분석적인
□ digitalization 디지털 화, 전산 화
□ social reality 사회 현실
□ perspective 관점, 시각(= viewpoint)
□ signify 의미하다, 뜻하다, 나타내다(= mean), (행동으로 감정 · 의도 등을) 나타내다[보여 주다]
□ linguistic turn 언어론적 전환(회전)
□ epistemological 철학의 일부분이며 인식 · 지식의 기원 · 구조 · 범위 · 방법 등을 탐구하는 학문
□ assumption 추정, 상정
□ increasingly 점점 더, 갈수록 더(= progressively, more and more, to an increasing extent)
□ symbolize 상징하다(= represent)
□ identity management 계정 관리
□ polydirectional 다방향의

### [본문해석]
'전환'의 정의는 디지털 전환을 우리가 사회적 현실에서 디지털화의 역할에 집중할 수 있도록 하는 분석 전략으로 제시한다. 분석적 관점으로서, 디지털 전환은 디지털화의 사회적 의미를 분석하고 토론하는 것을 가능하게 한다. 따라서 '디지털 전환'이라는 용어는 한 사회 내에서 디지털화의 역할에 초점을 맞춘 분석적 접근 방식을 의미한다. 만약 언어적 전환이 언어를 통해 현실이 구성된다는 인식론적 가정에 의해 정의된다면, 디지털 전환은 사회적 현실이 점점 디지털화에 의해 정의된다는 가정에 기초한다. 소셜 미디어는 사회적 관계의 디지털화를 상징한다. 개인들은 점점 더 소셜네트워킹 사이트에서 계정관리에 참여한다. SNS는 다방향적인데, 그것은 사용자가 서로 접속해 정보를 공유할 수 있는 것을 의미한다.

## 10 정답 ①

### [정답해설]
주어진 글 후반에서 '재생 가능한 에너지'를 지지하는 캠페인에 대해 언급하고 있다. 따라서 바로 이어질 내용으로 가장 적절한 것은 영국의 단체 설립을 소개하는 (C)가 오는 것이 자연스럽다. 그다음에는 (C)의 마지막 문장에서 언급된 the Westmill Solar Cooperative를 This solar cooperative로 받아 이 태양광 협동조합이 의미하는 바를 설명하는 (A)가 오고, 마지막으로 Similarly로 이어서 미국에서도 재생 에너지를 지지하는 Clean Energy Collective가 설립되었다는 내용의 (B)가 와야 한다. 따라서 글의 순서로 가장 적절한 것은 ① '(C)-(A)-(B)'이다.

### [핵심어휘]
□ motivate (행동 등의) 이유[원인]가 되다, (특히 열심히 노력하도록) 동기를 부여하다
□ organize (어떤 일을) 준비[조직]하다, (특정한 순서 · 구조로) 정리하다, 체계화[구조화]하다, (일의) 체계를 세우다[잡다]
□ extraction (어떤 과정을 거쳐) 뽑아냄[얻어냄], 추출
□ consumption (에너지 · 식품 · 물질의) 소비[소모](량) (→ consume)
□ represent (행사 · 회의 등에서 단체 등을) 대표[대신]하다, (어떤 사람의 이익을 옹호하며 그를) 대변[변호]하다, (…에) 해당[상당]하다(= constitute)
□ sustainable (환경 파괴 없이) 지속 가능한
□ democratic 민주주의의, 민주(주의)적인(↔ totalitarian 전체주의의)
□ utility scale 공익사업
□ enthusiast 열렬한 지지자
□ power-generation 발전(發電)
□ deliver (물건 · 편지 등을) 배달하다, (사람을) 데리고 가다
□ reminder (이미 잊었거나 잊고 싶은 것을) 상기시키는[생각나게 하는] 것, 독촉장, (약속이나 해야 할 일 등을) 상기시켜 주는 편지[메모]
□ collectively 집합적으로, 총괄하여; [문법] 집합 명사적으로

- accelerate 가속화되다, 가속화하다
- participate 참가[참여]하다
- frustrated 좌절감을 느끼는, 불만스러워 하는
- onshore (바다가 아닌) 육지[내륙]의

[본문해석]

> 지구 기후 변화에 대한 우려가 커지면서 활동가들은 화석 연료 추출 소비 반대 캠페인뿐만 아니라 재생 에너지 지원 캠페인을 조직하게 되었다.

(C) 재생 가능한 에너지 산업의 성장을 빠르게 가속화하지 못하는 영국 정부의 무능함에 불만을 느낀 환경 운동가들은 1년에 2,500가구에서 사용하는 만큼의 전기를 생산하는 것으로 추정되는 육상 풍력 발전 단지를 보유한 2,000명 이상의 회원을 보유한 공동체 소유의 조직인 Westmill Wind Farm Co-operative을 구성했다. Westmill Wind Farm Cooperativesms는 지역 시민들이 Westmill Solar Co-operative를 구성하도록 영감을 주었다.

(A) 이 태양열 협동조합은 1,400가구에 전력을 공급할 수 있는 충분한 에너지를 생산하는데, 이로써 그 조합은 국가에서 가장 대규모의 태양광 발전소 협동조합이 되었다. 그리고 회원들의 말에 따르면 태양광 발전이 "일반인들이 그들의 지붕에서 뿐만이 아니라 공공 규모로도 청정 전력을 생산할 수 있는 지속 가능하고 '민주적인' 에너지 공급의 새로운 시대"를 나타낸다는 것을 눈에 띄게 상기시켜 준다.

(B) 유사하게, 미국의 재생 가능한 에너지 지지자들은 Clean Energy Collective를 설립했는데, 이는 "참여하는 공공 설비 소비자들에 의해 공동으로 소유된 중간 규모의 설비를 통해 깨끗한 전력 발전 성취 모델"을 개척한 회사이다

---

## 11    정답 ①

[정답해설]

B가 주말에 본 영화에 관해 대화하는 상황이다. B가 영화가 재미있었다고 말한 후, A의 질문에 B가 '특수 효과'라고 답하고 있으므로, 빈칸에서 A가 영화에서 좋았던 점을 구체적으로 물어봤음을 알 수 있다. 따라서 빈칸에 들어갈 말로 가장 적절한 것은 ① '어떤 점이 가장 좋았어?'이다.

[오답해설]

② 네가 가장 좋아하는 영화 장르가 뭐야?
③ 그 영화는 전 세계적으로 홍보가 되었니?
④ 그 영화가 매우 비쌌어?

---

[핵심어휘]

- special effects 특수효과
- promote 홍보하다
- genre (예술 작품의) 장르

[본문해석]

A: 주말 잘 보냈어?
B: 응, 아주 좋았어. 우리는 영화 보러 갔었어.
A: 오! 뭘 봤는데?
B: 〈인터스텔라〉. 정말 재미있었어.
A: 정말? 어떤 점이 가장 좋았어?
B: 특수 효과야. 정말 환상적이었어. 다시 봐도 괜찮을 것 같아.

---

## 12    정답 ③

[정답해설]

A가 방학이 너무 빨리 지나가 버렸다는 취지로 방학이 끝남을 아쉬워하는데, 그 말이 옳다고 동의하며 방학이 몇 주간 질질 끌어지고 있다고 하는 B의 말은 반대되므로 적절하지 않다. 따라서 대화의 흐름상 가장 어색한 것은 ③이다.

[핵심어휘]

- tie the knot 결혼하다
- be around the corner 목전에 닥치다
- drag on (너무 오랫동안) 질질 끌다[계속되다]
- on the tip of my tongue 말이 혀 끝에 맴돌다

[본문해석]

① A: 오늘 해야 하는 연설 때문에 너무 떨려.
   B: 가장 중요한 건 침착함을 유지 하는 거야.
② A: 그거 알아? 민수랑 유진이 결혼한대!
   B: 잘됐네! 걔네 언제 결혼하는데?
③ A: 두 달간의 방학이 그냥 일주일처럼 지나가 버렸어. 새 학기는 코앞으로 다가왔고.
   B: 내 말이. 방학이 몇 주째 계속되고 있어.
④ A: '물'을 프랑스어로 뭐라고 하니?
   B: 혀끝에서 뱅뱅 도는데, 기억이 안 나네.

---

## 13    정답 ②

[정답해설]

남녀 간의 대화 주제와 방식의 차이에 관한 글이다. 3번째 문장에서 여성들의 대화 주제 범위가 다양하지만 그중 스포츠는 눈에 띄게 없다고 언급된다. 따라서 글의 내용과 일치하지 않는 것은 ② '여성들의 대화 주제는 건강에서 스포츠에 이르

기까지 매우 다양하다.'이다.

[핵심어휘]
- expert 전문가
- gossip 수다, 한담
- far from …에서 멀리
- range from …에서 (…까지) 걸치다, 범위가 …부터이다
- suggest (아이디어 · 계획을) 제안[제의]하다(= propose)
- education 교육, (특정한 종류의) 교육[지도/훈련]
- notably 특히(= especially), 현저히, 뚜렷이(= remarkably)
- psychologist 심리학자
- discuss 상의[의논/의논]하다
- matters (고려하거나 처리해야 할) 문제[일/사안](= affair), 상황, 사태, 사정(= things)
- fully 완전히, 충분히
- On the other hand 다른 한편으로는, 반면에
- concentrate (정신을) 집중하다[집중시키다], 전념하다, (한 곳에) 모으다[집중시키다]

[본문해석]
여성들은 수다의 전문가이고, 그들은 항상 사소한 것들에 대해 이야기 한다. 적어도 남자들이 항상 생각해 온 것이다. 하지만 일부 새로운 연구는 여성들이 여성들과 대화를 할 때, 그들의 대화는 시시함과는 거리가 멀고, 남성들이 다른 남성들과 대화할 때보다 더 많은 주제(최대 40개의 주제)를 다루고 있다고 제시한다. 여성들의 대화는 건강에서 그들의 집, 정치에서 패션, 영화에서부터 가족, 교육에서 인간관계 문제까지 다양하지만, 스포츠는 눈에 띄게 없다. 남성들은 더 제한된 범위의 주제를 이야기하는 경향이 있는데, 가장 인기 있는 것은 일, 스포츠, 농담, 자동차, 여성이다. 1,000명이 넘는 여성들을 인터뷰한 심리학자인 Petra Boynton 교수에 따르면, 여성들은 또한 대화 중 한 주제에서 다른 주제로 빠르게 이동하는 경향이 있는 반면, 남자들은 보통 한 주제에서 더 오랫동안 벗어나지 않는다. 직장에서, 그들은 다른 문제들을 제쳐두고 논의되는 주제에 완전히 집중할 수 있기 때문에, 이러한 차이는 남성들에게 이점이 될 수 있다. 한편, 이는 또한 그들이 가끔 회의에서 여러 가지를 동시에 논의해야 할 때 집중하기 힘들다는 것을 의미하기도 한다.

## 14　　　　　정답 ②

[정답해설]
위 지문은 15세기 철학을 중심소재로 그 경계가 없음을 먼저 제시하고 있으며 글 전체를 통해 15세기 자연 철학 발전의 중심이 되었던 아리스토텔레스에 대해 이야기하고 있다. 아리스토텔레스의 작품이 철학과 과학적 인식에 미친 영향에 대해 설명하고 있다. 따라서 인쇄기의 힘을 빠르게 깨달은 인문주의자들에 대한 내용인 ②가 글의 흐름상 적절하지 않은 문장이다.

[핵심어휘]
- philosophy (학문으로서의) 철학
- natural philosophy 자연철학(후에 자연과학으로 발달함)
- printing press 인쇄기
- spread 확산, 전파(→ middle-age spread)
- divide (여러 부분들로) 나뉘다[갈라지다], 나누다[가르다] (= split up)
- come under the heading of […]의 부류에 들다.
- the recovery of 회복, 복원
- speculation 추측, (어림)짐작
- translation 번역[통역](된 것), 번역문[본]
- perspective 관점, 시각(= viewpoint)
- Surviving 살아 남은, 잔존한
- Metaphysics 형이상학

[본문해석]
15세기에는 과학, 철학, 마술의 구분이 없었다. 세 분야 모두 '자연 철학'이라는 총칭 아래 있었다. ① 고전 작가들, 가장 중요하게는 아리스토텔레스의 작품의 회복이 자연 철학 발달의 중심에 있었다. ② 인문주의자들은 자신들의 지식을 확산시키기 위한 인쇄기의 힘을 빠르게 깨달았다. ③ 15세기 초에 아리스토텔레스는 철학과 과학에 대한 모든 학문적 추측의 기초가 되었다. ④ Averroes와 Avicenna의 아랍어 번역본과 주석에 생생히 살아있는 아리스토텔레스는 인류와 자연 세계의 관계에 대한 체계적 시각을 제공했다. 그의 물리학, 형이상학, 기상학 같은 남아있는 문서들은 학자들에게 자연계를 창조한 힘을 이해할 수 있는 논리적인 도구를 제공했다.

## 15　　　　　정답 ③

[정답해설]
will be vary → will vary
vary는 '다르다'라는 뜻의 완전자동사이다. 따라서 be동사와 일반 동사를 같이 쓸 수 없으므로, will be vary를 will vary로 고쳐야 한다.

[오답해설]
① "of + 추상명사"는 형용사 역할을 한다. 따라서 of special interest는 형용사 보어 역할로 어법에 맞게 쓰였다.
② consider는 5형식 동사로 쓰여 "consider + O + (to be) + 형/명"의 구조를 취할 수 있는데, 수동태가 되면 "be considered + (to be) + 형/명" 형태가 된다.

④ 카메라는 만들어진 대상이므로 수동태가 알맞게 쓰였고, 행위자는 by를 이용해 적절히 사용했다.

**[핵심어휘]**
- earthquake 지진
- insurance industry 보험업계
- consider (~을 ~로) 여기다[생각하다]
- ultimate 궁극[최종]적인, 최후의(= final)
- typist 타이피스트, (컴퓨터) 입력 요원
- vary (상황에 따라) 달라지다[다르다]
- according to (진술 · 기록 등에) 따르면
- circumstances 사정, 상황

**[본문해석]**
① 지진 뒤에 따라오는 화재는 보험업계에 특별한 관심사이다.
② 워드 프로세서는 과거에 타이피스트의 궁극적인 도구로 여겨졌다.
③ 현금 예측에서 수익 요소는 회사의 상황에 따라 달라 질 것 이다.
④ 세계 최초의 디지털 카메라는 1975년 Eastman Kodak에서 Steve Sasson에 의해 만들어졌다.

---

## 16    정답 ②

**[정답해설]**
중국이 30년 동안 10퍼센트 성장을 지속해왔고 이것이 세계 경제를 움직이게 했다고 했는데, 중국의 경제가 둔화되고 있다고 했으므로 이것이 다른 곳에서의 성장의 부담이 될 것으로 예상된다는 내용이 적절하다. 따라서 빈칸에 들어갈 말로 가장 적절한 것은 ② '압박하다, 부담이 되다'이다.

**[오답해설]**
① 속도를 더 내다
③ 초래하다
④ 초래하다

**[핵심어휘]**
- historically 역사상
- elsewhere (어딘가) 다른 곳에서[으로]
- source (사물의) 원천, 근원
- fuel 연료(→ fossil fuel), 연료를 공급하다
- deceleration 감속, [물리] 감속도(opp. acceleration)
- added 추가된, 부가된

**[본문해석]**
역사적으로 높은 성장률에 따른 중국 경제의 둔화는 다른

나라들의 성장에 오랫동안 부담이 될 것으로 예상되어 왔다. "30년 동안 10퍼센트 성장을 지속해 온 중국은 세계 경제를 견인하는 데 강력한 연료 공급원이었다."라고 Yale대의 Stephen Roach는 말했다. 성장률이 약 7%의 공식적인 수치로 둔화되었다. "그것은 구체적인 감속이다."라고 Roach씨는 덧붙였다.

---

## 17    정답 ④

**[정답해설]**
빈칸 이후의 문장들이 빈칸의 내용을 부연 설명해 주고 있다. 더 많은 권한을 부여받은 사람들은 일을 더 완벽하게 처리할 수 있으며 그것이 직무 만족과 연관된다고 했고, 신뢰하는 사람에게 책임을 맡기는 것이 조직을 더 원활하게 만들고 본인에게 더 많은 시간을 주어 더 큰 문제에 집중할 수 있게 만든다고 했다. 따라서 빈칸에 들어갈 말로 가장 적절한 것은 ④ '자율성'이다.

**[오답해설]**
① 일
② 보상
③ 제한

**[핵심어휘]**
- remotely 멀리서, 원격으로
- scattered 드문드문[간간이] 있는, 산재한; 산발적인
- globe 세계(특히 그 크기를 강조해서 가리킬 때 씀)
- freelancers 일정한 소속이 없이 자유 계약으로 일하는 사람.
- convinced (전적으로) 확신하는(↔ unconvinced (남의 말을 듣고도) 납득[확신]하지 못하는)
- correlation 연관성, 상관관계
- satisfaction 만족(감), 흡족; 만족(감을 주는 것) (→ dissatisfaction)
- empowered 권한을 주다(= authorize), 자율권을 주다
- responsibility 책임(맡은 일), 책무
- organization 조직(체), 단체, 기구
- smoothly (아무 문제없이) 순조롭게

**[본문해석]**
점점 더 많은 리더들이 원격으로 일하거나, 컨설턴트와 프리랜서뿐만 아니라 전국이나 전세계에 흩어져 있는 팀과 함께 일함에 따라, 그들에게 더 많은 자율성을 주어야 할 것이다. 당신이 더 많은 신뢰를 줄수록, 다른 사람들은 당신을 더 신뢰한다. 직무만족과 권한을 부여받은 사람들이 자신의 일을 모든 업무 상황에서 누군가의 통제 없이 완벽하게 업무를 수행할 수 있는 방법 사이에는 직접적인 상관관계가 있다고 나

는 확신한다. 당신이 신뢰하는 사람에게 책임을 맡기는 것은 조직을 보다 원활하게 운영할 수 있을 뿐만 아니라 당신에게 더 많은 시간을 만들어내어 더 큰 문제에 집중할 수 있도록 한다.

## 18             정답 ①

### [정답해설]
유대교의 교리에 기초하여 우리가 행해야 할 의무를 설명하는 글이다. 본문에 〈Our job as human beings, she says, "is to mend what's been broken. It's incumbent on us to not only take care of ourselves and each other but also to build a better world around us.〉를 통해 인간으로서 우리의 일은 망가진 것을 고치는 것, 우리 자신과 서로를 돌보는 것뿐만이 아니라 우리 주변을 더 나은 세계로 만드는 것이라 언급했다. 따라서 글의 요지로 가장 적절한 것은 ① '우리는 세상을 고치기 위해 노력해야 한다.'이다.

### [오답해설]
② 공동체는 쉼터 역할을 해야 한다.
③ 우리는 선을 믿음으로 개념화해야 한다.
④ 사원은 지역사회에 기여해야 한다.

### [핵심어휘]
- armchair (책이나 텔레비전 등을 통해) 간접적으로 아는, (실제는 모르는) 탁상공론식의
- do-gooder 공상적 박애주의자[개혁가]
- repair (상황을) 바로잡다(= put right)
- incumbent (공적인 직위의) 재임자
- ourselves 우리 자신[스스로/직접]
- philosophy (세계나 인생에 대한 신념 체계로서의) 철학
- conceptualizes 개념화하다
- goodness 선량함(= virtue)
- Instead 대신에
- belief 신념, 확신, (옳다고 믿고 있는) 생각, 믿음
- community (특정 지역 · 국가 등에 사는 사람들을 통칭한) 주민, 지역 사회
- For instance 예를 들어

### [본문해석]
"유대교에서, 우리는 대부분 우리의 행동에 의해 정의된다." 라고 몬트리올의 Emanu-El-Beth Sholom 사원의 수석 랍비인 Lisa Grushcow가 말한다. "당신은 정말 탁상공론뿐인 박애주의자가 될 수는 없다." 이 개념은 "세상을 고치다"로 번역되는 tikkun olam이라는 유대인 개념과 관련 있다. 그녀는 인간으로서의 우리의 일이 "망가진 것을 고치는 것이다. 우리 자신과 서로를 돌보는 것뿐만 아니라 우리 주변에 더 나은 세상을 만드는 것이 우리의 의무이다."라고 말한다. 이 철학은 선을 봉사에 기반을 둔 것으로 개념화한다. "내가 좋은 사람인가?"라고 묻는 대신, 여러분은 "내가 세상에 무슨 도움을 주는가?"라고 묻고 싶을지도 모른다. Grushcow의 사원은 이러한 믿음을 그들의 공동체 내부와 외부에서 실천으로 옮긴다. 예를 들어, 그들은 1970년대에 베트남 출신의 두 난민 가족이 캐나다로 오도록 후원했다.

## 19             정답 ③

### [정답해설]
이 글은 부정적 사고를 권고하는 스토아학파의 견해를 말하고 있다. (A) 앞에서 최악의 상황을 가정하는 경우 이것이 미래에 대한 불안감을 감소시키는 경향이 있다고 했고, 현실에서 상황이 악화되었을 경우 대처가 가능하다고 했다. 이것은 (A) 뒤의 현재 누리고 있는 관계나 소유물이 없어질 수도 있다고 가정하는 내용과 이어지므로 (A)에는 'Besides(게다가)'가 적절하다. (B) 이후에서는 이와는 반대로 긍정적인 사고가 미래에만 의지하고 현재의 즐거움을 무시하게 된다고 설명한다. 따라서 (B)에는 'by contrast(이에 반하여)'가 적절하다.

### [오답해설]
| | (A) | (B) |
|---|---|---|
| ① | 그럼에도 불구하고 | 게다가 |
| ② | 뿐만 아니라 | 예를 들어 |
| ④ | 그러나 | 마지막으로 |

### [핵심어휘]
- Ancient 고대의(↔ modern 현대의, 근대의)
- philosopher 철학자
- negative 부정적인, 나쁜(↔ positive (낙관적인) 긍정적인)
- optimism 낙관론, 낙관[낙천]주의(↔ pessimism 비관주의)
- pessimism 비관적인 생각[기분], 비관주의(↔ optimism 낙관[낙천]주의)
- uncertainty 불확실성, 반신반의
- recommend (행동 방침 등을) 권고[권장]하다[권하다]
- premeditation 미리 생각[계획]함
- deliberately 고의로, 의도[계획]적으로(= intentionally, on purpose)
- visualizing 구상화하기
- relationship (두 가지 이상 사물 사이의) 관계[관련(성)]
- possession 소유, 소지, 보유(↔ vacant possession)
- currently 현재, 지금
- lean ~에 기대다[의지하다]
- pleasure 기쁨, 즐거움(= enjoyment)

**[본문해석]**

고대 철학자들과 영적 교사들은 긍정적인 것과 부정적인 것, 낙관주의와 비관주의, 성공과 안보를 위한 노력과 실패와 불확실성에 대한 개방의 균형을 유지할 필요성을 이해했다. 스토아학파는 "악의 선입견" 또는 최악의 상황을 의도적으로 시각화하는 것을 권고했다. 이것은 미래에 대한 불안감을 감소시키는 경향이 있다. 현실에서 상황이 어떻게 악화될지를 냉정하게 상상할 때, 당신은 대개 대처할 수 있을 것이라고 결론짓는다. (A) 게다가, 그들은, 당신이 현재 누리고 있는 관계와 소유물을 잃게 될 수도 있다고 상상하는 것은 지금 그것들을 가지고 있는 것에 대한 감사함을 증가시킨다고 언급했다. (B) 이에 반하여, 긍정적인 생각은 항상 현재의 쾌락을 무시하고 미래로 기울어진다.

---

## 20  정답 ②

**[정답해설]**

일 중독자들이 일에 몰두하는 근거를 제시하기 위해 일이 주는 여러 가지 혜택들을 병렬적으로 서술하고 있는 글이다. 주어진 문장은 일이 재정적 보장 이상을 제공한다는 내용이다. ② 앞에서 재정적 보장을 의미하는 봉급에 관한 내용이 나왔고, ② 뒤에서 자신감을 준다는 내용이 나왔는데, 바로 이 자신감이 주어진 문장의 재정적 보장 이상을 의미한다. 따라서 주어진 문장이 들어갈 위치로 가장 적절한 것은 ②이다.

**[핵심어휘]**

- workaholic 일 중독자, 일벌레
- Mostly 주로, 일반적으로(= mainly, largely, chiefly)
- offer (이용할 수 있도록) 내놓다[제공하다]
- advantage (무엇의) 이점, 장점(↔ disadvantage 불리한 점)
- self-confidence 자신(自信)
- satisfaction 만족(감), 흡족; 만족(감을 주는 것) (→ dissatisfaction)
- Psychologist 심리학자
- individualism 개인주의
- compulsive 강박적인, 조절이 힘든
- advantageous 이로운, 유리한(↔ disadvantageous 불리한), (= beneficial)

**[본문해석]**

> 그리고 일은 재정적 보장 이상을 제공한다.

왜 일 중독자들은 그들의 일을 그렇게나 즐기는가? 주로 일하는 것이 몇 가지 중요한 이 점들을 제공하기 때문이다. ( ① ) 그것은 사람들에게 생계를 유지할 수 있는 방법인 급여를 지급한다. ( ② ) 그것은 사람들에게 자신감을 준다; 그들이 힘든 작업물을 만들어내고 "내가 만든 거야"라고 말할 수 있을 때, 그들은 만족감을 느낀다. ( ③ ) 심리학자들은 일은 또한 사람에게 정체성을 준다고 주장한다. 그들은 그들이 자아와 개인주의를 느낄 수 있도록 일한다. ( ④ ) 게다가, 대부분의 직업은 사람들에게 사회적으로 용인되는 다른 사람들을 만나는 방법을 제공한다. 일하는 것은 긍정적인 중독이라고 말할 수 있다; 아마도 일 중독자들은 그들의 일에 대해 강박적일 수 있지만, 그들의 중독은 안전한, 심지어 이로운 것으로 보인다.

# 2023~2021
# 영어[서울시]
## 정답 및 해설

## ▌[서울시] 2022년 02월 | 정답

| 01 | ① | 02 | ④ | 03 | ② | 04 | ① | 05 | ④ |
|---|---|---|---|---|---|---|---|---|---|
| 06 | ④ | 07 | ② | 08 | ② | 09 | ③ | 10 | ① |
| 11 | ④ | 12 | ③ | 13 | ③ | 14 | ② | 15 | ④ |
| 16 | ③ | 17 | ① | 18 | ② | 19 | ② | 20 | ③ |

## [서울시] 2022년 02월 | 해설

### 01　　　　　　　　　　　　　　　　　　정답 ①

**[정답해설]**

밑줄 친 renowned는 '유명한, 명성 있는'의 뜻으로 ①의 famous(유명한)와 그 의미가 가장 유사하다.

**[오답해설]**

② 용감무쌍한
③ 초기의
④ 악명 높은

**[핵심어휘]**

- Norwegian 노르웨이인
- Antarctica 남극 대륙
- Bay of Whales 훼일스만
- South Pole 남극
- loan 빌려주다, 대여하다
- renowned 유명한, 명성 있는
- elite 일류의, 정예의
- polar 북극[남극]의, 극지의

- vessel 선박, 그릇
- intrepid 용감무쌍한, 두려움을 모르는
- notorious 악명 높은

**[본문해석]**

Roald Amundsen이 이끄는 노르웨이인들은 1911년 1월 14일 남극 훼일스만에 도착했다. 개 무리와 함께, 그들은 남극으로 영국인들과 경주할 준비를 했다. 유명한 북극 탐험가 Fridtjof Nansen이 대여한 Amundsen의 배 Fram은 당시 정예 극지 운항 선박이었다.

### 02　　　　　　　　　　　　　　　　　　정답 ④

**[정답해설]**

밑줄 친 lucid는 '명쾌한, 명료한'의 뜻으로 ④의 perspicuous (명쾌한)와 그 의미가 가장 유사하다.

**[오답해설]**

① 수다스러운
② 게으른
③ 차분한

**[핵심어휘]**

- lucid 명쾌한, 명료한
- give a account of ~를 보고하다, 설명[해명]하다
- loquacious 말이 많은, 수다스러운
- sluggish 꾸물거리는, 게으른
- placid 차분한, 잔잔한
- perspicuous 명쾌한, 명료한

**[본문해석]**

그녀는 발표 때 이 조직의 일원으로서 자신의 향후 계획에 대해 명쾌한 설명을 할 것이다.

### 03　　　　　　　　　　　　　　　　　　정답 ②

**[정답해설]**

제시문에서 사람들이 경쟁력을 갖추고 성공하려면 기술을 쌓아야 하므로, 빈칸에 들어갈 말로는 ②의 accumulate(축적하다)가 가장 적절하다.

**[오답해설]**

① 폐지하다
③ 줄어들다
④ 분리하다

**[핵심어휘]**
- competitive 경쟁력 있는, 경쟁심이 강한
- abolish 폐지하다
- accumulate 모으다, 축적하다
- diminish 줄어들다, 약해지다
- isolate 격리하다, 분리하다

**[본문해석]**
사람들은 경쟁력을 갖추고 성공하기 위해 직장에서 기술을 축적할 필요가 있다.

---

## 04         정답 ①

**[정답해설]**
제시문에서 맨해튼의 마천루가 어쩔 수 없이 하늘로 확장된 것은 하늘 외에 다른 방향이 없다는 의미이므로, 빈칸에는 존재의 부재를 의미하는 ①의 absence(없음)가 들어갈 말로 가장 적절하다.

**[오답해설]**
② 결심
③ 노출
④ 선택

**[핵심어휘]**
- be compelled to 어쩔 수 없이 ~하다, 억지로 ~하다
- direction 방향, 목적
- majesty 장엄함, 위풍당당함
- absence 부재, 없음
- exposure 노출, 폭로

**[본문해석]**
맨해튼은 다른 성장 방향이 없기 때문에 어쩔 수 없이 하늘로 확장되었다. 이것은 다른 무엇보다도 그것의 물리적인 장엄함에 책임이 있다.

---

## 05         정답 ④

**[정답해설]**
다른 사람의 말이나 아이디어를 사용하면서 원작자나 그것의 출처를 밝히지 않는 것은 ④의 plagiarism(표절)을 의미한다.

**[오답해설]**
① 인용
② 발표

③ 수정

**[핵심어휘]**
- citation 인용, 인용구
- modification 수정, 변경
- plagiarism 표절

**[본문해석]**
표절은 다른 누군가의 정확한 말이나 아이디어를 자기 글에 사용하고서, 원작자나 그것들이 발췌된 책, 잡지, 비디오, 팟캐스트, 웹사이트의 이름을 밝히지 않는 것이다.

---

## 06         정답 ④

**[정답해설]**
지난 주 월요일에 산 재킷의 지퍼가 벌써 고장 나서 환불받고 싶다는 A의 말에, 환불 여부 대신 지퍼를 고쳐주겠다는 B의 말을 적절하지 않다. 그러므로 ④의 대화 내용이 가장 어색하다.

**[핵심어휘]**
- favor 호의, 친절, 부탁
- sure thing (제안 · 요청에 대한 대답으로) 네[응]
- close account 계좌를 폐지하다[해지하다]
- I'll say 그럼요, 내말이 그 말이다, 동감하다
- refund 환불하다

**[본문해석]**
① A: 당신에게 부탁이 있어요.
　 B: 네, 무엇인데요?
② A: 제 계좌 좀 해지해야 할 것 같아요.
　 B: 알겠습니다. 이 양식을 작성해 주세요.
③ A: 아름다운 결혼식이었어요.
　 B: 동감이에요. 결혼한 두 사람이 너무 잘 어울려 보였어요.
④ A: 지난 주 월요일에 이 재킷을 샀는데 벌써 지퍼가 고장났어요. 환불받고 싶습니다.
　 B: 알겠습니다. 지퍼를 고쳐드릴게요.

---

## 07         정답 ②

**[정답해설]**
would rather A than B는 "B하기보다 차라리 A하겠다"는 의미로, A와 B는 조동사 would의 본동사로 둘 다 동사원형이 와야 한다. 해당 문장에서 A 부분에 enter가 옳게 사용되었고,

B 부분은 A와 동일한 표현으로 enter the labor force가 생략되어 있다.

**[오답해설]**

① which → whose

해당 문장에서 관계대명사 which 다음에 완전한 문장이 왔고, 선행사 the population을 소유격으로 하는 '그 인구의 가구 소득'이므로 관계대명사 which는 소유격 관계대명사 whose로 고쳐 써야 옳다.

③ that people pick up → for people to pick up

hard는 난이형용사로, It ~ that 구문이 아니라 It ~ for ~ to부정사 구문 형태로 써야 한다. 그러므로 해당 문장에서 that people pick up은 for people to pick up으로 고쳐 써야 옳다.

④ Despite → Although[Though]

Despite는 품사가 전치사이므로 뒤에 주어+동사의 절이 올 수 없다. 그러므로 Despite는 양보를 나타내는 접속사 Although 또는 Though로 고쳐 써야 옳다.

**[핵심어휘]**

- poverty rate 빈곤율
- family income 가구 소득
- not surprisingly 놀랄 것 없이, 당연히, 응당
- would rather A than B B하기보다 차라리 A하겠다
- labor force 노동 인구, 경제 활동 인구
- expansion 확장, 확대
- contraction 축소, 위축
- statistic 통계, 통계 자료
- decline 감소하다, 줄어들다

**[본문해석]**

① 빈곤율은 가구 소득이 절대 수준 이하로 떨어지는 인구 비율이다.

② 당연히 어떤 대졸자도 경기가 위축되는 해보다 경기가 확장되는 해에 경제 활동 인구에 진입하는 것이 더 낫다.

③ 사람들은 경제에 관한 새로 보도된 통계를 보지 않고는 신문을 집어 들기 어렵다.

④ 평균소득이 계속 증가하고 있음에도 불구하고, 빈곤율은 감소하지 않았다.

## 08　　　　　정답 ②

**[정답해설]**

cleaning → cleaned

have(사역동사) + 목적어 + 목적보어 구문에서 목적보어는 보통 원형부정사를 사용하나, 목적어와 목적보어의 관계가 수동의 의미이면 과거분사를 사용한다. 해당 문장에서 그녀의 장소가 청소되는 것이므로, 목적보어는 수동의 의미인 과거분사를 사용해야 한다. 그러므로 cleaning은 cleaned로 고쳐 써야 옳다.

**[오답해설]**

① 부대상황을 나타내는 With 분사구문으로, 남은 것이 아무 것도 없는 것이므로 수동의 의미인 과거분사 left가 바르게 사용되었다. 또한 지시대명사 that을 선행사로 하는 주격 관계대명사 which가 바르게 사용되었고, 매달렸던 시점보다 빼앗겼던 시점이 더 이전이므로 과거완료의 형태인 had robbed의 쓰임도 적절하다.

③ 문두의 Alive는 While she was alive~라는 부사절이 분사구문의 형태로 바뀐 것이다. she는 주절의 주어와 일치하므로 생략되어 Being alive가 되며, Being 또한 생략 가능하므로 문두에 Alive만 남은 것이다.

④ accuse A of B의 구문으로 'A를 B의 이유로 비난[고발]하다'의 의미이다. 해당 문장에서 A에 사람인 a lady가, B에 이유를 나타내는 'smelling bad'가 왔으므로 어법상 옳은 문장이다.

**[핵심어휘]**

- cling to ~에 매달리다, ~에 집착하다
- rob 빼앗다, 도둑질하다
- accuse 고발하다, 비난하다

**[본문해석]**

① 아무것도 남지 않은 터라, 그녀는 빼앗긴 것에 매달려야만 했다.

② 그녀에게 청소하라는 말 좀 전해주세요.

③ 살아 있는 동안, 그녀는 전통이자 의무이자 보살핌이었다.

④ 안 좋은 냄새가 난다고 면전에서 여성분을 비난할 것인가?

## 09　　　　　정답 ③

**[정답해설]**

very → 삭제

해당 문장에서 frightening 뒤에 목적어인 her가 왔으므로, was frightening은 동사적인 개념으로 봐야 한다. 그러므로 frightening 앞의 동사를 수식할 수 없는 very를 삭제해야 한다.

**[오답해설]**

① 명사 bucket 앞의 형용사들이 ugly(모양) + old(신구) + yellow(색깔) + tin(재료)의 어순으로 바르게 사용되었다.

또한 besides(~외에)가 아닌 전치사 beside(~옆에)가 옳게 사용되었다.
② 최상급인 the most perfect와 함께 '지금까지 발명된'이라는 의미인 ever invented가 바르게 사용되었다.
④ thought의 목적어로써 명사절을 이끄는 접속사 that이 올바르게 사용되었고, 관사+형용사+명사의 어순인 an utter fool도 바르게 사용되었다.

**[핵심어휘]**

▫ tin 주석, 깡통, 양철
▫ copier 복사기
▫ frighten 놀라게 만들다, 겁먹게 만들다
▫ utter 완전한, 순전한

**[본문해석]**

① 흉하고 오래된 누런 양철 양동이가 난로 옆에 서 있었다.
② 그것은 지금까지 발명된 것 중 가장 완벽한 복사기이다.
③ 존은 그녀를 놀라게 했다.
④ 그녀는 그가 완전 바보라고 생각했다.

---

## 10 정답 ①

**[정답해설]**

creating → created
when절 이하는 앞의 fashion을 의미상 주어로 하는 분사구문이다. 문장의 내용상 패션이 창조되는 것이므로, creating은 수동의 의미인 과거분사 created로 고쳐 써야 옳다.

**[오답해설]**

② 뒤의 형용사 responsible을 수식하는 부사로 socially는 옳게 사용되었다.
③ 2형식 동사인 remain의 보어로써 형용사 open은 옳게 사용되었다.
④ 앞의 The people, processes, and environments를 선행사로 하는 주격 관계대명사 that은 옳게 사용되었다.

**[핵심어휘]**

▫ sustainable 지속 가능한, 유지[지탱]할 수 있는
▫ sustainability 지속[유지] 가능성
▫ purchase 구입하다, 사다
▫ perception 지각, 통찰력, 인식
▫ complexity 복잡성, 복합성
▫ embody 상징하다, 구현하다
▫ fabulous 기막히게 좋은[멋진]

**[본문해석]**

사람들은 매일 옷을 입을 때 지속 가능한 방식으로 행동할

기회가 있고, 패션은 지속 가능성에 대한 폭넓은 이해 안에서 창조될 때, 환경뿐만 아니라 사람도 지속할 수 있다. 사람들은 그들이 구매하는 패션과 관련하여 사회적으로 책임감 있는 선택을 하고 싶어 한다. 패션 디자이너이자 제품 개발자로서, 우리는 책임감 있는 선택을 제공해야 하는 도전을 받고 있다. 우리는 패션에 대한 인식을 확장하여 존재하는 많은 층과 복잡성에 대해 열린 채로 있어야 한다. 패션을 구현하는 사람, 과정, 환경은 또한 새로운 지속 가능한 방향을 요구하고 있다. 정말 멋진 기회가 기다리고 있다!

---

## 11 정답 ④

**[정답해설]**

published → was published.
해당 문장에서 타동사인 published의 주어는 앞의 the report이며 뒤에 목적어가 없다. 또한 의미상 보고서가 발표되는 것이므로 수동태로 써야 한다. 그러므로 published는 was published로 고쳐 써야 옳다.

**[오답해설]**

① 문장의 주어가 복수명사이므로 본동사인 provide는 주어와의 수의 일치에 따라 옳게 사용되었다.
② information은 불가산 명사이므로 해당 문장에서 관사 없이 옳게 사용되었으며, 복수 형태로 쓰이지 않은 것도 또한 적절하다.
③ 해당 문장에서 the facts가 주어진 것이므로, 수동의 의미인 과거분사 given의 쓰임은 적절하다.

**[핵심어휘]**

▫ interpret 설명하다, 해석하다
▫ annual 매년의, 연례의
▫ development 발달, 전개, 국면

**[본문해석]**

신문, 저널, 잡지, TV, 라디오 그리고 전문 또는 무역 출판물은 연례 보고서에서 또는 보고서 발표 이후의 국면에 대해 주어진 사실을 설명하는 데 도움이 될 만한 추가 정보를 제공한다.

---

## 12 정답 ③

**[정답해설]**

제시문은 대규모 나무심기와 보호구역의 지정 등 열대우림의 생태계 보호를 위한 세계 각국의 노력을 서술하고 있다. 그러므로 열대우림에서 비롯된 제약품 수익을 국가들에게 더 공

평하게 배분토록 한다는 ③의 설명은 글의 흐름상 가장 어색하다.

**[핵심어휘]**

- tropical forest 열대림, 열대우림
- incredibly 믿을 수 없을 정도로, 엄청나게
- ecosystem 생태계
- biodiversity 생물의 다양성
- excessive 과도한, 지나친
- promising 유망한, 조짐이 좋은, 희망적인
- deforestation 삼림벌채
- intensive 집중적인, 강력한
- initiative 계획, 개시, 선도
- equitable 공정한, 공평한
- revenue 수익, 수입
- pharmaceutical products 제약품
- originate 비롯되다, 유래하다
- reserve (동 · 식물 등의)보호 구역
- designate 지정하다, 지명하다
- conservation 보호, 보존

**[본문해석]**

열대우림은 세계 생물 다양성의 상당 부분을 제공하는 믿을 수 없을 정도로 풍부한 생태계이다. ① 그러나 이 지역의 가치에 대한 이해가 높아졌음에도 불구하고, 과도한 파괴가 계속되고 있다. 하지만 몇 가지 희망적인 징후들이 나타나고 있다. ② 많은 지역의 삼림 벌채는 정부가 집중적인 나무심기로 이런 관행과 싸우면서 지연되고 있다. 예를 들어 아시아는 주로 중국의 대규모 나무심기 계획으로 인해 지난 10년 동안 숲을 얻었다. ③ 이러한 도전의 일부는 열대우림에서 비롯된 제약품 수익을 국가들에게 더 공평하게 배분토록 하는 것이다. 더욱이 생물다양성 보존을 위해 지정된 보호구역의 수는 전 세계적으로 증가하고 있으며, 특히 남아메리카와 아시아에서 큰 이익을 얻고 있다. ④ 불행히도 이러한 이익에도 불구하고, 인간이 숲을 파괴하는 능력은 그것을 보호하는 능력보다 더 큰 것으로 계속 나타나고 있다.

## 13 정답 ③

**[정답해설]**

본문에 따르면 다발성 골수종으로 죽어가는 친구를 병문안 갔을 때마다 화자가 쓴 병과 죽음에 관한 소설을 친구가 항상 읽었다고 서술하고 있다. 그러므로 그녀가 더 이상 그 책을 읽고 싶지 않다고 주장했다는 ③의 설명은 전체적인 글의 흐름상 어울리지 않는다.

**[핵심어휘]**

- multiple myeloma 다발성 골수종
- painfully 극도로, 고통스럽게
- get into the habit of ~ing ~하는 버릇[습관]이 생기다
- thoroughly 철저히, 완전히
- inappropriate 부적절한, 부적합한
- suspect 의심하다, 알아채다, 짐작하다

**[본문해석]**

1980년대 초에, 내 친한 친구가 특히 위험하고 고통스러운 암인 다발성 골수종으로 죽어간다는 사실을 알았다. 나는 이 전에 연세 드신 친척 분들과 가족의 친구들을 죽음으로 잃은 적은 있지만, 결코 개인적인 친구를 잃은 적은 없었다. ① 나는 비교적 젊은 사람이 병으로 천천히 고통스럽게 죽는 것을 결코 본 적이 없었다. 내 친구는 1년이 지나 죽었고, ② 나는 매주 토요일마다 그녀를 방문해 내가 작업하고 있는 소설의 최신 장을 가지고 가는 버릇이 생겼다. 이것은 우연히도 「Clay's Ark」였다. 그것은 병과 죽음에 관한 이야기로, 그 상황에는 완전히 부적합했다. 하지만 내 친구는 항상 내 소설을 읽었다. ③ 그녀는 더 이상 이 책도 잃고 싶지 않다고 주장했다. ④ 비록 당연하게도, 우리는 이것에 대해 얘기하지 않았지만, 나는 우리 둘 다 그녀가 살아서 완성된 형태의 책을 읽지 못하리라 짐작했다.

## 14 정답 ②

**[정답해설]**

제시문에 따르면 오늘날 기계의 기원은 18세기에 융성했던 정교한 기계식 장난감인 자동인형이었는데, 왕족의 장난감이나 선물용으로 사용되어 덜 실용적이었다고 설명하고 있다 그러므로 "현대 기계는 비실용적인 기원을 가지고 있다."는 ②의 설명이 제시문의 요지로 가장 적절하다.

**[오답해설]**

① 기계의 역사는 오락의 근원과는 덜 관련이 있다. → 기계의 역사는 오락의 근원인 자동인형과 관련이 있음

③ 유럽 전역의 왕족들은 장난감 산업에 관심이 있었다. → 자동인형의 원래 용도는 왕족의 장난감이나 선물용으로 덜 실용적이었으며, 장난감 산업에 대한 관심 여부는 제시문에 서술되어 있지 않음

④ 자동인형의 쇠퇴는 산업혁명과 밀접한 관련이 있다. → 자동인형은 후에 산업혁명에 활용될 기술의 성능 시험장을 대표함

**[핵심어휘]**

- elaborate 정교한, 섬세한
- flourish 번창하다, 융성하다

- automata automaton(자동인형)의 복수형
- proving ground 성능 시험장
- harness 이용하다, 활용하다
- utilitarian 실용적인, 실용주의의
- plaything 장난감, 노리개
- ruling family 통치 가문, 왕가
- scaled-down version 축소판
- adorn 꾸미다, 장식하다
- cathedral 대성당
- decline 쇠퇴, 퇴보
- be associated with ~와 관련되다, 연상되다

[본문해석]

컴퓨터에서 콤팩트 디스크 플레이어까지, 철도 엔진에서 로봇까지 오늘날 기계의 기원은 18세기에 융성했던 정교한 기계식 장난감으로 거슬러 올라갈 수 있다. 인간이 제작한 최초의 복잡한 기계인 자동인형은 후에 산업혁명에 활용될 기술의 성능 시험장을 대표했다. 그러나 그들의 원래 용도는 오히려 덜 실용적이었다. 자동인형은 왕족의 장난감으로, 유럽 전역의 궁전과 궁궐에서 오락의 한 형태이자 통치 가문에서 다른 가문으로 보낸 선물이었다. 오락의 근원으로서, 최초의 자동인형은 본래 대성당을 장식하는 정교한 기계식 시계들의 축소판이었다. 이 시계들은 더 작고 정교한 자동인형에 영감을 주었다. 이러한 장치들이 더 복잡해짐에 따라, 그들의 시간 기록 기능은 덜 중요해졌고, 자동인형은 기계 극장이나 움직이는 화면의 형태로 최초이자 가장 중요한 기계식 오락물이 되었다.

---

## 15 　　　　　정답 ④

[정답해설]

초창기에 Ali는 아이디어를 내고 친구인 Igor는 가지고 있는 돈을 투자하여 동업을 시작하였으나, Igor의 배신으로 Ali는 은행을 설득하여 사업에 필요한 돈을 직접 빌렸다. 그러므로 "Ali는 은행을 설득하여 Igor에게 돈을 빌려주게 했다."는 ④의 설명은 제시문의 내용과 일치하지 않는다.

[오답해설]

① 본래 온라인 선물주문 사업은 Ali의 계획이었다. → Ali는 졸업 후 출근하는 대신 집에서 일할 수 있도록 온라인 선물주문 사업을 계획함

② Igor가 먼저 그 사업에서 손을 떼겠다고 말했다. → Igor가 개시 몇 주 전에 위험을 감수하기 싫어 철수하겠다고 폭탄선언을 함

③ Igor가 Ali보다 앞서서 자기 소유의 선물주문 회사를 차렸다. → Igor가 Ali를 배신하고 자신 소유의 온라인 선물주문 회사를

먼저 설립함

[핵심어휘]

- commuter 통근자
- fighting chance 성공할 가능성
- initially 처음에, 초창기에
- launch 시작하다, 착수하다
- drop a bombshell 폭탄선언을 하다
- hang fire 행동[진척]을 미루다
- beat a retreat 철수하다, 후퇴하다
- shell-shocked 어쩔 줄 모르는, 충격을 먹은
- betrayal 배신, 배반
- a call to arms 전투 준비 명령, 적절한 조치 요구
- a baptism of fire (새 직장·활동의) 힘든 시작[첫 경험]
- on one's own 혼자서, 자력으로

[본문해석]

Ali가 졸업했을 때, 그는 매일 출근하기 위해 애쓰는 통근자들의 대열에 합류하고 싶지 않다고 결심했다. 그는 집에서 일할 수 있도록 온라인 선물주문 사업을 시작하고 싶었다. 그는 그것이 위험하다는 것을 알았지만 적어도 성공할 가능성은 있다고 느꼈다. 처음에는 그와 대학 친구가 함께 사업을 시작하기로 계획했다. Ali는 아이디어를 가지고 있었고 친구인 Igor는 그 회사에 투자할 돈이 있었다. 그러나 개시 몇 주 전에 Igor는 폭탄선언을 했다. 그는 더 이상 Ali 계획의 일부가 되고 싶지 않다고 말했다. Ali가 그의 결정을 미루도록 설득했음에도 불구하고, Igor는 더 이상 위험을 감수할 준비가 되어 있지 않다며 너무 늦기 전에 철수할 것이라고 말했다. 하지만 2주 후에 Igor는 자신 소유의 온라인 선물주문 회사를 설립함으로써 Ali의 진행을 가로챘다. Ali는 배신에 충격을 먹었지만, 곧 맞서 싸웠다. 그는 Igor의 행동에 적절한 조치를 요구하였고, 필요한 돈을 빌려달라고 은행을 설득했다. 비즈니스 세계에서 Ali의 입문은 분명 힘든 시작이었지만, 나는 그가 정말 자력으로 성공할 것이라고 확신한다.

---

## 16 　　　　　정답 ③

[정답해설]

(A) 빈칸 앞의 문장에서는 줄기 세포를 연구하는 이유를 설명하고 있고, 빈칸 뒤의 문장에서는 그로 인한 결과를 나타내고 있다. 그러므로 빈칸 (A)에는 인과 관계를 나타내는 Consequently(결과적으로)나 Accordingly(따라서)가 들어갈 말로 적절하다.

(B) 빈칸 앞의 문장에서는 줄기 세포가 발전할 수 있는 세포의 종류를 열거하고 있고, 빈칸 뒤의 문장에서는 이를 다시 간략하게 요약하고 있다. 그러므로 빈칸 (B)에는 In other words(다시 말해서)가 들어갈 말로 가장 적절하다.

**[오답해설]**

| | (A) | (B) |
|---|---|---|
| ① | 특별히 | 예를 들면 |
| ② | 게다가 | 다른 한편으로 |
| ④ | 따라서 | 대조적으로 |

**[핵심어휘]**
- tissue (세포들로 이루어진) 조직
- generate 발생시키다, 만들어 내다
- jawbone 턱뼈
- lung 폐
- breakthrough 돌파구, 큰 발전, 약진
- promising 유망한, 촉망되는
- stem cell 줄기 세포

**[본문해석]**
과학자들은 많은 이들의 장기와 조직에 대해 연구하고 있다. 예를 들어, 그들은 성공적으로 간 조각을 만들거나 성장시켰다. 사람은 간 없이는 살 수 없기 때문에 이것은 흥미로운 성과이다. 다른 실험실에서 과학자들은 인간의 턱뼈와 폐를 만들었다. 이러한 과학적 발전은 매우 유망하지만, 그것들은 또한 제한적이다. 과학자들은 아주 병들거나 손상된 장기를 새로운 장기 세포로 사용할 수 없다. (A) 결과적으로, 많은 연구자들은 완전히 새로운 장기를 성장시키기 위해 줄기 세포를 이용하는 방법을 연구하고 있다. 줄기 세포는 피부 세포나 혈액 세포, 심지어 심장과 간 세포와 같은 어떤 종류의 복잡한 세포로도 발전할 수 있는 신체의 매우 단순한 세포이다. (B) 다시 말해서, 줄기 세포는 모든 다른 종류의 세포로 자랄 수 있다.

## 17 　　　　　　　　　　정답 ①

**[정답해설]**
(A) 과학자들은 목표가 서로 다르고, 과학 그 자체는 목표가 없기 때문에 과학적 활동의 목표에 대해 말하는 것은 어쩌면 고지식하다는 의미이다. 그러므로 빈칸 (A)에는 naive(순진한)가 들어갈 말로 가장 적절하다.
(B) 과학적 활동의 목표를 정하는 것은 순진한 일임에도 불구하고, 과학적 활동은 상당히 이성적인 활동처럼 보이고 이성적인 활동은 어떤 목표를 가져야만 하므로, 과학의 목표를 기술하려는 시도가 완전히 쓸데없는 것은 아니라는 의미이다. 그러므로 빈칸 (B)에는 futile(헛된)이 들어갈 말로 가장 적절하다.

**[오답해설]**

| | (A) | (B) |
|---|---|---|
| ② | 합리적인 | 생산적인 |
| ③ | 혼돈의 | 받아들일 수 있는 |
| ④ | 한결같은 | 버려진 |

**[핵심어휘]**
- naive 순진한, 고지식한
- futile 헛된, 쓸데없는
- fruitful 생산적인, 유익한
- chaotic 혼돈의, 무질서한
- discarded 버려진, 폐기된

**[본문해석]**
과학적 활동의 '목표'에 대해 말하는 것은 어쩌면 약간 (A) 순진하게 들릴지도 모른다. 왜냐하면 분명히 각기 다른 과학자들은 각기 다른 목표를 가지고 있고, 과학 그 자체는 (그것이 무엇을 의미하든 간에) 목표가 없기 때문이다. 난 이 모든 것을 인정한다. 그럼에도 불구하고 과학에 대해 말할 때, 다소 명확하게, 우리는 과학적 활동에 특유한 무언가가 있다고 정말 느끼는 것처럼 보인다. 그리고 과학적 활동은 꽤 상당히 이성적인 활동처럼 보이고, 이성적인 활동은 어떤 목표를 가져야만 하므로, 과학의 목표를 기술하려는 시도가 완전히 (B) 헛되진 않을지도 모른다.

## 18 　　　　　　　　　　정답 ③

**[정답해설]**
주어진 〈보기〉의 문장은 지금이나 옛날이나 태어난 아이의 능력은 동일하다고 하였고, (D)에서 그러한 능력은 최종 발달 단계에서 결국 큰 차이가 난다고 역접의 접속사 But을 사용하여 부정하고 있다. 다음으로 (D)에서 언급된 발달은 전적으로 아이가 살아갈 사회에 달려있다고 (A)에서 설명하고 있고, (B)에서 고도로 함양된 사회와 그렇지 않은 사회에서의 아이의 발달 결과를 설명하고 있다. 마지막으로 (C)에서 각 세대는 이전 세대의 함양의 혜택을 보게 된다고 결과의 접속사 Hence를 사용하여 결론짓고 있다. 그러므로 〈보기〉의 문장 다음에 이어질 글의 순서로는 (D)-(A)-(B)-(C)가 가장 적절하다.

**[핵심어휘]**
- faculty 능력, 기능
- exert 가하다, 행사하다
- deny 부정하다, 거절하다
- perish 죽다, 사라지다
- coarse 조악한, 열등한, 하등의

- stunted 성장을 멈춘, 왜소한
- cultivate 기르다, 함양하다
- vast 넓은, 광대한

**[본문해석]**

> 오늘날 태어나는 아이는 아마 노아의 시대에 태어난 것과 같은 능력을 소유했을 지도 모른다. 그렇지 않다고 해도, 우리는 그 차이를 알아낼 방법이 없다.

(D) 하지만 타고날 때의 동등한 능력이 최종 발달에선 큰 차이를 막을 수 없을 것이다.

(A) 그 발달은 전적으로 아이가 살아갈 사회가 행사하는 영향력에 달려있다.

(B) 만약 그러한 사회가 완전히 거부된다면, 그 능력들은 사라지고, 아이는 사람이 아닌 짐승으로 자라게 된다. 즉, 사회가 무지하고 열등하다면, 능력의 성장은 나중에 결코 회복될 수 없을 정도로 일찍 멈출 것이다. 사회가 고도로 함양된다면, 아이 또한 함양될 것이고, 일생을 통해 어느 정도는 함양의 결실을 보여줄 것이다.

(C) 따라서 각 세대는 이전 세대의 함양의 혜택을 받는다.

---

## 19 　　　　　　　　　　정답 ②

**[정답해설]**

제시문은 부정사를 표시하는 'to'와 동사 사이에 아무것도 넣지 말아야 하는 영어의 부정사 규칙에 관해 설명하고 있다. 그런데 사람들은 '—ing'를 동사의 나머지 부분과 잘 분리하여 사용하는 것과 달리, 부정사에서는 'to'와 동사 사이에 단어들을 곧 잘 넣는다고 설명하고 있다. 그러므로 밑줄 친 빈칸에는 ②의 as closely as(~만큼 긴밀하게)가 들어갈 말로 가장 적절하다.

**[오답해설]**

① ~보다 덜 긴밀하게
③ ~보다 느슨하게
④ ~만큼 느슨하게

**[핵심어휘]**

- infrequently 드물게, 어쩌다
- infinitive 동사원형, 부정사
- split 분열되다, 분리되다
- ending (단어의) 어미
- A is no more B than C is D A가 B가 아닌 것은 C가 D가 아닌 것과 같다
- belong together (물건이) 세트로 되어 있다, 묶여 있다
- loosely 느슨하게, 헐겁게

---

**[본문해석]**

영어가 무엇을 해야 하는지에 대한 사람들의 생각이 라틴어가 무엇을 하는지에 크게 영향을 받아왔다는 사실은 꽤 분명하다. 예를 들어, 영어에서 부정사는 분리되어서는 안 된다는 느낌이 있다 (또는 있곤 했는데, 그것은 오늘날 자연스러운 말씨에서는 매우 드물게 관찰된다). 이것이 의미하는 바는 부정사를 표시하는 'to'와 동사 사이에 아무것도 넣지 말아야 한다는 것이다. 즉 'to go boldly'라고 해야지 'to boldly go'라고 말하면 안 된다. 이 '규칙'은 부정사의 표기가 어미인 라틴어에 기반을 두고 있으며, 그것을 동사의 나머지 부분으로부터 분리할 수 없는 것은 '—ing'를 동사의 나머지 부분으로부터 분리하여 'going boldly' 대신에 'goboldlying'라고 말할 수 없는 것과 같다. 영어를 말하는 사람들은 분명 'to'와 'go'가 'go'와 '—ing'만큼 긴밀하게 묶여있다고 느끼지 않는다. 그들은 자주 이런 종류의 'to'와 동사 사이에 단어들을 넣는다.

---

## 20 　　　　　　　　　　정답 ③

**[정답해설]**

제시문에 따르면 비유동자산의 자산가치 증가로 인한 이익은 당장 실현되는 것이 아니라, 자산이 매각된 후 손익계산서에 반영되었을 때에 비로소 실현된다고 하였다. 그러므로 밑줄 친 빈칸에는 ③의 an immediate profit(목전의 이익)이 들어갈 말로 가장 적절하다.

**[오답해설]**

① 적정 가치
② 실제 원가
④ 거래 가격

**[핵심어휘]**

- revalue 재평가하다
- non—current assets 비유동자산
- fair value 적정 가치
- statement of financial position 재무상태표
- liability 부채, 부담
- income statement 손익계산서
- prudence 신중, 조심, 검약, 절약
- retain 유지하다, 보유하다
- balance sheet 대차대조표
- shareholder 주주
- stake 지분
- equity 자기 자본, 보통주
- revaluation reserve 재평가적립금
- actual cost 실제 원가
- immediate profit 눈앞의 이익, 목전의 이익
- the value of a transaction 거래 가격

**[본문해석]**

기업은 비유동자산을 재평가할 수 있다. 비유동자산의 적정 가치가 증가하는 경우, 이것은 재무상태표에 나타난 자산가치의 조정에 반영될 수 있다. 가능하다면, 이것은 자산과 부채의 적정 가치를 반영해야 한다. 그러나 비유동자산의 가치 증가가 반드시 그 기업의 목전의 이익을 나타내는 것은 아니다. 이익은 자산이 매각되고 그 결과로 인한 이익이 손익계산서에 반영되었을 때 생기거나 실현된다. 이러한 일이 일어날 때까지 상식적인 선에서 신중하게 자산가치의 증가가 대차대조표에 유지되도록 요구된다. 주주는 기업 자산의 매각 시 어떠한 이익도 얻을 권리가 있으므로, 주주의 지분(보통주)은 자산 평가에서 증가한 금액만큼 증가한다. 재평가적립금이 만들어지고 대차대조표는 여전히 균형을 유지한다.

2023~2021
한국사[국가직]
정답 및 해설

## ▌ [국가직] 2023년 04월 | 정답

| 01 | ① | 02 | ② | 03 | ③ | 04 | ④ | 05 | ③ |
|----|----|----|----|----|----|----|----|----|----|
| 06 | ③ | 07 | ③ | 08 | ② | 09 | ② | 10 | ② |
| 11 | ③ | 12 | ④ | 13 | ④ | 14 | ② | 15 | ① |
| 16 | ④ | 17 | ② | 18 | ① | 19 | ① | 20 | ③ |

## [국가직] 2023년 04월 | 해설

### 01 　　　　　　　　　　정답 ①

**[정답해설]**
제시된 미송리식 토기, 팽이형 토기, 붉은 간 토기는 모두 청동기 시대에 사용된 유물이다. 청동기 시대에는 중국 요령(랴오닝) 지역에서 많이 발견된 요령식 동검인 비파형 동검이 사용되었다.

**[오답해설]**
② 오수전은 중국 한(漢) 무제 때 사용된 철기 시대의 화폐로, 우리나라에서는 창원 다호리 등에서 출토되었다.
③ 아슐리안형 주먹도끼는 주로 아프리카와 유라시아 등에서 폭넓게 발견된 구석기 시대의 유물로, 우리나라에서는 연천 전곡리에서 발견되었다.
④ 철기 시대에 변한 지역에서는 철이 많이 생산되어 낙랑과 왜에 수출되었다.

### 02 　　　　　　　　　　정답 ②

**[정답해설]**
제시된 사료는 「진대법」의 실시 배경을 나타낸 것으로, 밑줄 친 '왕'은 고구려 고국천왕이다. 춘궁기에 백성들에게 곡식을 빌려주었다가 추수기에 상환하도록 한 「진대법」은 고구려 고국천왕 때 을파소의 건의로 처음 마련되었다.

**[오답해설]**
① 고구려 미천왕은 낙랑군을 축출하고 고조선의 옛 땅인 대동강 유역을 회복하였다(313).
③ 백제 근초고왕의 침입으로 고구려의 고국원왕이 평양성 전투에서 전사하였다(371).
④ 고구려 광개토 대왕은 영락(永樂)이라는 독자적인 연호를 사용하여 중국과 대등한 자주성과 강력한 왕권을 표방하였다.

**[보충해설]**

> **▌ 고구려 진대법**
> - 고구려 고국천왕 때 을파소의 건의로 실시된 빈민 구제 제도
> - 관곡을 대여하는 제도로서, 일반 백성들이 채무 노비로 전락하는 것을 막고자 함
> - 고려 시대의 흑창(태조)과 의창(성종), 조선 시대의 의창과 사창 등으로 계승·발전

### 03 　　　　　　　　　　정답 ③

**[정답해설]**
제시된 사료에서 (가)는 고려 공민왕 때 권문세족을 견제하기 위해 신돈이 설치한 전민변정도감이다. 신돈은 전민변정도감을 통해 불법적으로 점유된 토지와 노비를 조사하여 본래의 소유주에게 돌려주었다.

**[오답해설]**
① 고려 시대에는 경시서가 수도 개성에 설치되어 시전의 물가를 감독하는 임무를 담당하였다.
② 고려 시대에는 삼사(三司)가 국가재정인 화폐와 곡식의 출납과 회계 업무를 총괄하였다.
④ 고려 원종은 몽골의 침입으로 전시과 제도가 완전히 붕괴되어 토지를 지급할 수 없게 되자, 일시적으로 관리의 생계를 위해 녹봉 대신 녹과전을 지급하였다.

## 04             정답 ④

**[정답해설]**

제시된 사료는 거란의 1차 침입 당시 고려의 서희가 거란의 소손녕과 벌인 외교 담판 내용이다. 서희는 거란의 소손녕과 담판하여 여진이 차지하고 있는 땅을 확보하여 통로가 열리면 거란과 통교하겠다는 조건으로 강동 6주를 획득하였다(993).

**[오답해설]**

① 고려 목종 때 강조가 정변을 일으켜 김치양을 제거한 후 목종까지 폐하고 대량군(현종)을 즉위시켰다(1009).
② 강동 6주의 반환을 요구하며 3차 침략한 소배압의 10만 대군에 맞서 고려의 강감찬은 귀주에서 거란군을 물리쳤다(1019).
③ 고려 예종 때 윤관은 별무반을 이끌고 여진을 정벌한 후 동북 9성을 쌓았다(1107).

## 05             정답 ③

**[정답해설]**

장수왕이 남진정책의 일환으로 천도한 곳은 평양이며, 묘청이 천도 운동을 통해 수도를 옮기고자 한 곳도 평양(서경)이다. 이곳 평양에서 1866년 대동강에 침입하여 통상을 요구하며 행패를 부리던 미국 상선을 박규수와 평양 관민들이 불태우는 제너럴 셔먼호 사건이 발생하였다.

**[오답해설]**

① 고려 후기 몽고가 화주(지금의 함경남도 영흥) 이북을 직접 통치하기 위해 쌍성총관부를 설치하였으나, 공민왕 때 수복하여 철령 이북의 땅을 되찾았다.
② 고려 무신 집권기 때 망이·망소이가 가혹한 수탈에 저항하여 반란을 일으킨 곳은 공주 명학소이다.
④ 1923년 진주에서 조선 형평사가 결성되어 백정에 대한 사회적 차별 철폐를 위한 형평 운동이 전개되었다.

## 06             정답 ③

**[정답해설]**

제시된 사료는 675년에 일어난 매소성 전투에 대한 내용으로, 나·당 전쟁 중 신라군이 매소성에서 20만의 당군을 격파하여 당나라 세력을 몰아내는 데 결정적인 계기를 마련하였다.

ㄴ. 통일 신라 신문왕 때 왕의 장인인 김흠돌이 파진찬 흥원과 대아찬 진공 등과 함께 반란을 꾀하다 처형되었다(681).
ㄷ. 통일 신라 신문왕 때 교육 기관인 국학이 설립되어 유학 교육을 진흥시키고 유교 이념을 확립하였다(682).

**[오답해설]**

ㄱ. 나·당 연합군이 백제를 멸망시킨 후 당나라가 백제의 옛 땅을 통치하기 위해 웅진도독부를 설치한 것은 매소성 전투 이전의 사건이다(660).
ㄹ. 백제가 멸망한 후 복신과 도침이 부여풍과 함께 백제 부흥 운동을 일으킨 것은 매소성 전투 이전의 사건이다(660).

## 07             정답 ③

**[정답해설]**

(나) 고구려의 서안평 점령(311) : 고구려 미천왕은 서안평을 공격하고 영토를 확장하여 고조선의 옛 땅을 회복하였다.
(가) 신라의 우산국 복속(512) : 신라 지증왕은 이사부를 보내 우산국(울릉도)과 그 부속 도서(독도)를 복속시켰다.
(라) 신라의 금관가야 병합(532) : 신라의 법흥왕은 금관가야를 병합하고 낙동강까지 영토를 확장하였다.
(다) 백제의 대야성 점령(642) : 백제의 의자왕은 윤충을 보내 신라를 공격하고 대야성을 비롯한 40여 개의 성을 점령하였다.

## 08             정답 ②

**[정답해설]**

월정사 팔각 9층 석탑은 강원도 평창의 월정사 대웅전 앞뜰에 있는 고려 전기의 석탑으로, 원이 아닌 송의 영향을 받은 다각 다층 석탑이다.

**[오답해설]**

① 황해도 사리원 성불사 응진전은 고려 후기 원나라의 영향을 받아 공포가 기둥 위뿐만 아니라 기둥 사이에도 짜인 다포식 건물로 유명하다.
③ 여주 고달사지 승탑은 고려 초의 화강석 석탑으로, 통일 신라 승탑의 전형적인 형태인 팔각원당형 양식을 계승하였다.
④ 청주 흥덕사에서 금속 활자로 간행된 「직지심체요절」은 세계기록유산으로 등재된 현존하는 가장 오래된 금속활자본으로, 현재 프랑스 국립 도서관에 소장되어 있다.

[보충해설]

▌고려 시대 석탑
• 월정사 팔각 구층 석탑(고려 전기) : 송대 석탑의 영향을 받은 다각 다층 석탑으로 고구려 전통을 계승
• 경천사지 십층 석탑(고려 후기) : 목조 건축 양식의 석탑. 화려한 조각. 원의 석탑을 본뜬 것으로 조선 시대 원각사지 십층 석탑으로 이어짐

---

## 09 정답 ②

[정답해설]
혼일강리역대국도지도는 우리나라에서 제작된 현존 최고(最古)의 세계 지도로 조선 태종 때 권근, 김사형, 이회 등에 의해 제작되었다. 반면 곤여만국전도는 천주교의 전도를 위해 중국에 온 이탈리아 선교사 마테오 리치가 제작한 세계 지도를 조선 선조 때 이광정이 전한 것이다.

[오답해설]
① 대동여지도는 조선 철종 때 김정호가 제작한 우리나라 대축척 지도로, 거리를 알 수 있도록 10리마다 눈금을 표시하였다.
③ 천상열차분야지도는 하늘을 여러 구역으로 나누고 별자리를 종이에 필사한 천문도이다.
④ 동국지도는 조선 영조 때 정상기가 제작한 지도로 최초로 100리 척의 축적 개념이 적용되었다.

---

## 10 정답 ②

[정답해설]
제시된 사료에서 (가)는 광해군 때 이원익의 건의로 선혜청을 설치하고 경기도에 한해서 처음 실시된 대동법이다. ②에서 지주에게 결작을 부과한 것은 조선 영조 때 균역법의 실시로 재정이 감소되자 부족한 재정을 보충하기 위해 실시한 것이다.

[오답해설]
① · ③ · ④ 조선 후기에는 공납의 폐단을 시정하기 위해 대동법이 시행되었고, 관청에서 필요한 물품을 납부하는 공인(貢人)이 등장하여 이들에게 비용을 지급하고 필요 물품을 조달하였다. 또한 대동법의 시행으로 상품 화폐 경제가 발달하여 조선 후기에는 장시가 전국적으로 확대되고 1천여 곳의 시장이 개설되었다.

---

[보충해설]

▌대동법의 시행 결과
• 농민 부담 경감 : 부과가 종전 가호 단위에서 전세(토지 결수) 단위로 바뀌어, 토지 1결당 미곡 12두만을 납부
• 공납의 전세화 : 공물 대신 토지 결수에 따라 쌀을 차등 과세
• 조세의 금납화 : 종래 현물 징수에서 쌀(대동미) · 베(대동포) · 동전(대동전)으로 납부
• 국가 재정의 회복 : 과세 기준의 변경으로 지주 부담이 늘고, 대동법의 관리 · 운영과 재정 수입을 선혜청에서 담당하게 되면서 국가 재정은 어느 정도 회복됨
• 공인 등장 : 대동법이 실시되면서 등장한 관허 상인으로 이들의 활발한 활동은 상품 화폐 경제의 발달을 촉진
• 상품 화폐 경제의 발달 : 상품 수요가 증가하고 시장이 활성화. 상품 구매력의 증가로 자급자족에서 유통 경제로 변화

---

## 11 정답 ③

[정답해설]
제시된 사료에서 만동묘와 서원을 철폐한 (가)의 인물은 흥선 대원군이다. 그는 집권기에 왕권 강화의 일환으로 비변사를 혁파하고 의정부의 기능을 회복시켰다.

[오답해설]
① 흥선 대원군은 환곡의 폐단을 시정하고자 사창제를 실시하여 농민 부담을 경감하고 재정 수입을 확보하였다.
② 흥선 대원군은 기존 법전을 기본으로 각종 조례 등을 보완하여 체계적으로 정리한 조선 시대 마지막 통일 법전인 「대전회통」을 편찬하였다.
④ 흥선 대원군은 서양 제국주의 세력의 침략을 경계하기 위해 전국 각지에 척화비를 건립하고 통상 수교 거부 정책을 추진하였다.

---

## 12 정답 ④

[정답해설]
제시된 사료는 중국 상하이에서 독립운동 지사들이 임시 정부를 수립할 계획으로 1919년 4월 11일에 발표한 「대한민국 임시 헌장」이다. 한편, 전환국은 1883년에 설립된 근대식 화폐 발행 기구로 대한민국 임시 정부와는 관련이 없다.

**[오답해설]**

① 대한민국 임시 정부는 독립운동 자금을 마련하기 위해 국외 거주 동포들에게 독립 공채를 발행하였다.

② 대한민국 임시 정부의 기관지인 『독립신문』은 서재필의 독립협회가 창간한 근대적 민간 신문이다.

③ 대한민국 임시 정부는 국내 비밀 행정 조직인 연통부를 설치하여 문서와 명령 전달, 군자금 송부, 정보 보고 등의 업무를 수행하였다.

**[보충해설]**

▌ **대한민국 임시 정부의 활동**

• 군자금 조달 : 애국 공채 발행이나 국민의 의연금으로 마련, 국내외에서 수합된 자금은 연통제나 교통국 조직망에 의해 임시 정부에 전달되었으며, 만주의 이륭 양행이나 부산의 백산 상회를 통하여 전달되기도 함

• 외교 활동 : 파리 강화 회의에 김규식을 대표로 파견하여 독립을 주장, 미국에 구미 위원부를 두어 국제 연맹과 워싱턴 회의에 우리 민족의 독립 열망을 전달

• 문화 활동 : 기관지로 독립신문을 간행하여 배포, 사료 편찬소를 두어 한 · 일 관계 사료집과 한국 독립 운동 지혈사(박은식) 등 간행

• 군사 활동 : 육군 무관 학교 설립, 임시 정부 직할대 결성, 한국 광복군 창설

---

## 13 　　　　　　　　　　　　정답 ④

**[정답해설]**

제시된 사료는 수출의 날 기념식 행사에 대한 글로, 밑줄 친 '나'는 박정희 대통령이다. 박정희 정부가 집권하면서 베트남 파병에 필요한 조건으로 국군의 전력 증강과 차관 원조를 명시한 브라운 각서가 체결되었다.

**[오답해설]**

① 6 · 25 전쟁 중에 이승만 정부와 자유당이 정권 연장을 위해 직선제 개헌안을 통과시켰고, 전두환 정부 때에 6월 민주항쟁의 결과 노태우의 6 · 29 민주화 선언에 따라 5년 단임의 대통령 직선제 개헌안이 통과되었다.

② 유신 체제에 항거하여 가톨릭 신부, 개신교 목사, 대학 교수 등의 재야인사들이 긴급 조치 철폐를 요구하는 3 · 1 민주 구국 선언을 발표하였다(1976).

③ 이승만 정부 때 제헌 국회에서 일제 강점기 친일 행위를 한 사람들을 처벌하고 공민권을 제한하기 위해 반민족 행위 특별 조사 위원회를 구성하였다(1948).

---

## 14 　　　　　　　　　　　　정답 ②

**[정답해설]**

제시된 사료는 조선 현종 때 발생한 기해예송 당시의 상황을 설명한 것으로, 서인인 송준길에 반하여 3년복을 주장하는 상소를 올린 인물이 속한 붕당이 남인임을 알 수 있다.

ㄱ. 조선 숙종 때 희빈 장씨 소생의 원자 책봉 문제로 기사환국이 발생하여 인현 왕후가 폐위되고 남인이 정권을 장악하였다.

ㄷ. 조선 정조 때 그동안 권력에서 배제되었던 남인(시파) 계열도 중용되어 탕평정치의 한 축을 이루었다.

**[오답해설]**

ㄴ. 인조반정을 주도한 서인은 인목대비를 유폐하고 영창대군을 살해한 광해군을 축출하고 집권세력이 되었다.

ㄹ. 이이와 성혼의 문인을 중심으로 형성된 붕당은 서인이다.

---

## 15 　　　　　　　　　　　　정답 ①

**[정답해설]**

(가) **삼포왜란**(1510) : 조선 중종 때 부산포, 내이포, 염포 등의 삼포에 거주하고 있던 왜인들이 조선 정부의 통제에 반발하여 삼포왜란을 일으켰다.

(나) **을사사화**(1545) : 명종을 옹립한 소윤파 윤원로 · 윤원형 형제가 인종의 외척 세력인 대윤파 윤임 등을 축출하면서 외척 간의 권력 다툼이 발생하였다.

(다) **임진왜란**(1592) : 조선 선조 때 일본의 도요토미 정권이 정명가도(征明假道)를 내세우며 조선을 침략하여 발발한 전쟁이다.

**[오답해설]**

② 조선 세조 때 착수해 성종 때 『경국대전』이 완성 및 반포되었다(1485).

③ 조선 세종 때 국산 약재와 치료법을 소개한 『향약집성방』이 편찬되었다(1433).

④ 조선 세종 때 주자소에서 금속활자인 갑인자가 주조되어 활자 인쇄술을 발전시켰다(1434).

---

## 16 　　　　　　　　　　　　정답 ④

**[정답해설]**

제시된 법령은 일제가 무단 통치기에 제정한 회사령이다. 일제는 회사 설립 시 총독의 허가를 받도록 하는 회사령을 공포하여 민족 기업의 설립을 방해하였다(1910). 이 시기에 보통

학교 수업 연한을 4년으로 정한 제1차 「조선교육령」이 공포되었다(1911).

[오답해설]
① 일제는 문화 통치기에 쌀 수탈을 목적으로 하는 산미 증식 계획을 실시하였고(1920), 1930년대에 들어서 쌀 가격의 폭락과 조선 쌀의 수출에 따른 일본 농촌경제의 악화로 산미 증식 계획이 폐지되었다(1934).
② 일제는 민족 말살 통치기에 「국가 총동원법」을 제정하여 인력과 물자를 강제 수탈하고 전시 동원 체제를 확립하였다(1938).
③ 일제는 민족 말살 통치기에 공업 원료 확보를 위한 남면 북양 정책을 실시하여 남부에서는 면화, 북부에서는 면양의 사육을 강요하였다(1934).

[보충해설]

> **▌무단 통치기의 일제 정책**
> • **헌병 경찰제** : 헌병의 경찰 업무 대행, 헌병 경찰의 즉결 처분권 행사, 체포 및 구금(영장 불요)
> • **태형 처벌** : 조선 태형령 시행
> • **토지 조사 사업(1912~1918)** : 토지 조사령 발표(1912), 토지를 약탈하고 지주층을 회유하여 식민지화에 필요한 재정 수입원을 마련함
> • **회사령(1910)** : 회사 설립 허가제를 통해 민족 기업의 성장 억제 및 일제의 상품 시장화
> • **자원 약탈 및 경제활동 통제** : 산림령(1911), 어업령(1911), 광업령(1915), 임야조사령(1918)
> • **범죄 즉결례(1910)** : 일정한 범죄나 법규 위반 행위에 대해 재판을 거치지 않고 바로 처벌하도록 제정한 법령

---

## 17 정답 ②

[정답해설]
제시된 사료는 1948년 2월에 발표된 유엔 소총회의 결의문이다. 소련의 반대로 남북한 총선거가 불가능해지자 유엔은 소총회에서 선거가 가능한 지역에서만이라도 총선거를 실시하여 정부를 수립하도록 결정하였고, 이에 따라 남한만의 단독 선거인 5·10 총선거가 실시되었다(1948).

[오답해설]
① 해방 직후 미국은 연합국의 일원으로 한반도의 38도선 이남의 지역에 미 군정청을 설치하고 대한민국 정부가 수립될 때까지 군정을 실시했다(1945).

③ 이승만의 정읍 발언 후 우익 측을 대표한 김규식과 좌익 측을 대표한 여운형이 좌우 합작 위원회를 구성하고 좌우 합작 7원칙을 발표하였다(1946).
④ 모스크바 삼국 외상 회의의 결정에 따라 한국에 임시 민주 정부 수립을 목적으로 제1차 미·소 공동 위원회가 개최되었으나 결렬되었다(1946).

---

## 18 정답 ①

[정답해설]
(가) **강화도 조약(1876. 2)** : 일본의 강압에 의해 체결된 최초의 근대적 조약이자 불평등 조약인 강화도 조약 중 치외 법권(영사재판권)과 관련된 내용이다.

• **조·일 수호 조규 부록(1876. 7)** : 강화도 조약의 부속 조약으로, 개항장에서의 일본 거류민의 거주지역이 설정되고 개항장에서 일본 화폐의 통용이 허용되었다.

(나) **조청 상민 수륙 무역 장정(1882. 8)** : 조선과 청이 양국 상인의 통상에 대해 맺은 조약으로, 청 상인이 한양과 양화진에 점포를 개설하거나 지방관의 허가를 받으면 내륙 행상도 가능하게 되었다(1882).

[오답해설]
② 러시아가 압록강 유역의 산림 채벌권을 획득하였다(1896).
③ 서울의 시전 상인들이 황국 중앙 총상회를 조직하고 상권 수호 운동을 전개하여 일제의 경제적 침탈에 적극적으로 대응하였다(1898).
④ 일본으로의 지나친 곡물 반출을 막기 위해 함경도 관찰사 조병식이 선포한 방곡령에 불복하여 일본 상인이 손해 배상을 요구하였다(1889).

---

## 19 정답 ①

[정답해설]
제시된 사료의 밑줄 친 '14개 조목'은 홍범 14조이다. 고종은 제2차 갑오개혁 때 종묘에 나가 독립 서고문을 바치고 개혁의 방향을 제시한 홍범 14조를 반포하였다(1894).

ㄱ. **탁지아문에서 조세 부과**: 조세의 징수와 경비 지출은 모두 탁지(度支衙門)의 관할에 속한다.
ㄴ. **왕실과 국정 사무의 분리**: 왕실 사무와 국정 사무를 분리해 서로 혼동하지 않는다.

[오답해설]

ㄷ. 광무개혁 후 근대적 토지 소유제도의 마련을 위해 양지아문을 설치하여 양전사업을 실시하고, 지계아문에서 토지 소유자에게 지계(토지증서)를 발급하였다(1901).

ㄹ. 일본의 금융 기관 침투와 고리대금업에 대응하기 위하여 우리 자본으로 민족 은행인 대한 천일 은행 등의 금융기관을 설립하였다(1899).

[보충해설]

▌ 홍범 14조

1. 청국에 의존하는 생각을 끊고 자주 독립의 기초를 세운다.

2. 왕실 전범을 제정해 왕위 계승의 법칙과 종친, 외척과의 구별을 명확히 한다.

3. 임금은 각 대신과 의논해 정사를 행하고 종실, 외척의 내정 간섭을 허용하지 않는다.

4. 왕실 사무와 국정 사무를 분리해 서로 혼동하지 않는다.

5. 의정부 및 각 아문의 직무, 권한을 명백히 규정한다.

6. 납세는 법으로 규정하고 함부로 세금을 징수하지 아니한다.

7. 조세의 징수와 경비 지출은 모두 탁지아문(度支衙門)의 관할에 속한다.

8. 왕실의 경비는 솔선해 절약하고 이로써 각 아문과 지방관의 모범이 되게 한다.

9. 왕실과 관부(官府)의 1년간의 비용을 예정해 재정의 기초를 확립한다.

10. 지방 관제를 개정해 지방 관리의 직권을 제한한다.

11. 우수한 젊은이들을 파견시켜 외국의 학술·기계를 받아들인다.

12. 장교를 교육하고 징병을 실시해 군제의 기초를 확립한다.

13. 민법·형법을 제정해 인민의 생명과 재산을 보호한다.

14. 문벌을 가리지 않고 널리 인재를 등용한다.

---

**20**　　　　　　　　　　정답 ③

[정답해설]

연표에서 만주사변은 1931년에 발발하였고, 태평양 전쟁은 1941년에 발발하였다. ③의 『제국신문』은 1898년에 발행하여 1910년에 폐간된 순한글의 계몽적 일간지로 (가) 시기에 해당되지 않는다.

---

[오답해설]

① 일제의 제3차 조선 교육령 실시에 따라 학제가 일원화되고 조선인이 다니는 보통학교의 명칭이 소학교로 바뀌었다(1938).

② 일제는 민족 말살 통치기에 천황에게 충성을 맹세하는 황국 신민 서사의 암송을 강요하였다(1937).

④ 지청천의 한국 독립군이 중국의 호로군과 연합하여 쌍성보 전투에서 일본군에 항전하였다(1932).

---

▌ [국가직] 2022년 04월 정답

| 01 | ① | 02 | ③ | 03 | ④ | 04 | ① | 05 | ② |
|----|---|----|---|----|---|----|---|----|---|
| 06 | ③ | 07 | ④ | 08 | ② | 09 | ③ | 10 | ③ |
| 11 | ① | 12 | ④ | 13 | ① | 14 | ② | 15 | ① |
| 16 | ② | 17 | ② | 18 | ③ | 19 | ② | 20 | ④ |

---

**[국가직] 2022년 04월 해설**

**01**　　　　　　　　　　정답 ①

[정답해설]

가족이 죽으면 시체를 가매장하였다가 나중에 그 뼈를 추려서 가족 공동 무덤인 커다란 목곽에 안치하는 풍습이 있었던 나라는 옥저이다. 옥저에는 혼인을 약속한 여자 아이를 데려다 키워서 며느리로 삼는 민며느리제라는 혼인 풍습이 있었다.

[오답해설]

② 부여는 왕 아래 가축의 이름을 딴 제가들이 별도로 사출도를 다스렸다.

③ 삼한에는 소도라는 신성 구역이 존재하여 천군이 의례를 주관하고 제사를 지냈다.

④ 동예는 10월에 무천이라는 제천행사를 열어 하늘에 제사를 지내고 춤과 노래를 즐겼다.

**[보충해설]**

> **■ 옥저의 생활 모습**
> - 왕이 없고 각 읍락에는 읍군(邑君) · 삼로(三老)라는 군장이 있어서 자기 부족을 통치하였으나, 큰 정치 세력을 형성하지는 못함
> - 소금과 어물 등 해산물이 풍부하였으며, 이를 고구려에 공납으로 바침
> - 토지가 비옥하여 농사가 잘되어 오곡이 풍부
> - 고구려와 같은 부여족 계통으로, 주거 · 의복 · 예절 등에 있어 고구려와 유사 → 혼인풍속 등에서는 차이도존재
> - 매매혼의 일종인 민며느리제(예부제)가 존재
> - 가족의 시체를 가매장하였다가 나중에 그 뼈를 추려 가족 공동묘인 커다란 목곽에 안치 → 세골장제, 두벌묻기
> - 가족 공동묘의 목곽 입구에는 죽은 자의 양식으로 쌀을 담은 항아리를 매달아 놓기도 함

---

## 02 정답 ③

**[정답해설]**

능산리 고분군은 사비 시대의 백제 고분으로 규모가 작지만 세련된 굴식 돌방 무덤이다. 계단식 돌무지무덤은 고구려의 영향을 받은 백제 초기 한성 시대의 고분에서 볼 수 있다.

**[오답해설]**

① 익산 미륵사지에서 현존하는 삼국 시대 석탑 중 가장 규모가 큰 목탑 양식의 석탑이 발굴되었다.
② 부여 정림사지에는 당나라 장수 소정방이 백제를 정복한 후 '백제를 정벌한 기념탑'이라는 글귀가 새겨져 있는 백제의 5층 석탑이 남아 있다.
④ 공주 송산리 고분군에 위치한 백제 무령왕릉은 당시 중국 양(梁)나라 지배계층 무덤의 형식을 그대로 모방하여 축조한 벽돌무덤 양식으로, 무덤 안에 무덤의 주인공을 알려주는 지석이 있었다.

---

## 03 정답 ④

**[정답해설]**

승정원은 왕의 비서 기관으로 왕명의 출납을 관장하였으며, 은대라고도 불렸다. 국왕의 직속 기관으로 장은 도승지(정2품)이다.

**[오답해설]**

① 교지를 작성한 관청은 예문관이며, 사간원은 언관(言官)으로서 왕에 대한 간쟁을 담당하였다.
② 시정기를 편찬한 관청은 춘추관이며, 한성부는 수도의 행정과 치안을 담당하였다.
③ 외교문서를 작성한 관청은 승문원이며, 춘추관은 역사서를 편찬하고 실록을 보관 및 관리하는 업무를 담당하였다.

---

## 04 정답 ①

**[정답해설]**

제시된 자료에서 연통제라는 비밀 행정 조직을 만들고 국내 인사와의 연락과 이동을 위해 교통국을 둔 (가) 단체는 대한민국 임시 정부이다. 대한민국 임시 정부는 미국에 구미 위원부를 설치하여 국제 연맹과 워싱턴 회의에서 우리 민족의 독립 열망을 전달하는 외교 활동을 벌였다.

**[오답해설]**

② 임병찬이 고종의 복위 및 대한 제국의 재건을 목표로 비밀결사 운동을 추진하고자 독립 의군부를 조직하였다.
③ 정미의병 확산 당시 이인영, 허위 등을 중심으로 13도 창의군이 조직되어 서울 진공 작전을 추진하였다.
④ 영국인 베델과 양기탁이 함께 창간한 「대한매일신보」는 신민회의 기관지로 국채 보상 운동의 확산에 기여하였다.

---

## 05 정답 ②

**[정답해설]**

(가) 의상 / (나) 자장
영주에 부석사를 창건한 승려는 의상이다. 의상은 해동 화엄사의 시조로서 「화엄일승법계도」를 지어 화엄 사상을 정리하였다.

**[오답해설]**

① 모든 것이 한마음에서 나온다는 일심사상을 제시한 승려는 원효이다. 원효는 일심과 화쟁 사상을 중심으로 몸소 아미타 신앙을 전개하고 무애가를 지어 불교 대중화에 힘썼다.
③ 인도와 중앙아시아를 여행하고 「왕오천축국전」이라는 여행기를 남긴 승려는 혜초이다.
④ 이론과 실천을 같이 강조하는 교관겸수를 제시한 승려는 의천으로, 불교 교단을 통합하기 위해 해동 천태종을 개창하였다.

## 06　　　　　　　　　　　　　정답 ③

**[정답해설]**

대조영에 이어 발해의 2대 왕으로 인안(仁安)이라는 독자적인 연호를 사용한 (가)왕은 무왕(대무예)이다. 발해 무왕은 장문휴의 수군으로 하여금 당의 등주(산동성)를 공격하고 요서 지역에서 당과 격돌하였다.

**[오답해설]**

① 발해 문왕(대흠무)은 수도를 중경 현덕부에서 상경 용천부로 옮기고 '대흥'이라는 독자적인 연호를 사용하였다.
② 발해 선왕(대인수)은 대부분의 말갈족을 복속시키고 남쪽으로는 신라와 국경을 접하여 '해동성국'이라고 불릴 만큼 전성기를 이루었다.
④ 발해 고왕 대조영은 고구려 유민과 말갈족을 이끌고 동모산에 도읍을 정하여 발해를 건국하였다.

**[보충해설]**

> **▍발해 무왕(대무예, 719~737)**
> • 연호를 인안(仁安)으로 하고, 부자 상속제로 왕권 강화
> • 동북방의 여러 세력을 복속하고 북만주 일대를 장악하여 동아 세력의 균형 유지
> • 일본과 외교 관계를 맺어 신라를 견제하고, 돌궐과 연결하여 당을 견제
> • 동생 대문예로 하여금 흑수부 말갈 지역을 통합하여 영토 확장. 당이 이 지역과 직접 교류를 시도
> • 무왕은 장문휴의 수군으로 산둥 지방(등주)을 공격하고 요서 지역에서 당과 격돌
> • 당은 신라로 하여금 발해를 공격하게 하고, 이후 대동강 이남 지역을 신라의 통치 지역으로 인정

## 07　　　　　　　　　　　　　정답 ④

**[정답해설]**

(가) 『경국대전』 완성 → 성종
(나) 『속대전』 편찬 → 영조
(다) 『대전통편』 편찬 → 정조
(라) 『대전회통』 편찬 → 고종(흥선 대원군 집권기)

삼정의 문란을 바로잡기 위해 삼정이정청을 설치한 것은 철종 때이다. 임술 농민 봉기가 발발하자 삼정의 문란을 해결하기 위해 안핵사 박규수의 건의로 삼정이정청이 설치되었다.

**[오답해설]**

① (가) 성종 – 홍문관은 집현전을 계승하여 설치된 학술 · 언론 기관으로 '옥당, 옥서'라고도 불렸다.
② (나) 영조 – 붕당 정치의 폐해를 경계하기 위해 성균관 입구에 탕평비를 건립하였으며, 서원을 붕당의 근거지로 인식하여 대폭 정리하였다.
③ (다) 정조 – 사도세자의 아들인 정조는 즉위 후 아버지의 무덤을 옮기고 수원에 화성을 축조하였다.

## 08　　　　　　　　　　　　　정답 ②

**[정답해설]**

기묘사화(중종, 1519) : 중종 때 위훈 삭제 등 조광조의 급격한 개혁은 공신(훈구 세력 등)의 반발을 샀는데, 남곤 · 심정 등의 훈구파는 주초위왕(走肖爲王)의 모략을 꾸며 조광조 · 김정 · 김식 · 정구 · 김안국 등 사림파를 제거하였다.

**[오답해설]**

① 갑자사화(연산군, 1504) : 연산군의 친모인 폐비 윤씨 사사 사건의 전말이 알려져 김굉필 등이 처형되는 등 관련자들이 화를 입었다.
③ 무오사화(연산군, 1498) : 연산군 때에 김종직이 지은 조의제문을 김일손이 사초(史草)에 올린 일이 발단이 되어 김일손 등이 화를 입었다.
④ 을사사화(명종, 1545) : 명종을 옹립한 소윤파 윤원로 · 윤원형 형제가 인종의 외척 세력인 대윤파 윤임 등을 축출하면서 외척 간의 권력 다툼이 발생하였다.

**[보충해설]**

> **▍4대 사화**

| 무오사화<br>(연산군, 1498) | 사초에 올린 김종직의 조의제문이 발단 → 김일손 등의 사림파 몰락 |
| --- | --- |
| 갑자사화<br>(연산군, 1504) | 연산군이 친모 윤씨의 폐비사건을 보복 → 일부 훈구파와 사림파의 피해 |
| 기묘사화<br>(중종, 1519) | 위훈 삭제 등 조광조의 급격한 개혁에 대한 반발 → 주초위왕의 모략으로 조광조 등 사림파 몰락 |
| 을사사화<br>(명종, 1545) | 명종을 옹립한 유원형의 소윤파와 인종의 외척 세력인 윤임의 대윤간 대립 → 윤임의 대윤파가 축출됨 |

## 09 정답 ③

**[정답해설]**
(가) 『삼국사기』 / (나) 『발해고』
조선 후기 실학자 유득공은 『발해고』를 저술하여 발해를 북국, 신라를 남국으로 칭하며 한반도 중심의 협소한 사관을 극복하고 만주 지역까지 우리 역사의 범위를 확장하였다.

**[오답해설]**
① 고구려의 건국 시조인 동명왕의 업적을 칭송한 영웅 서사시는 이규보의 『동국이상국집』에 실린 「동명왕편」이다.
② 일연의 『삼국유사』에는 단군부터 고려 말기까지의 불교사를 중심으로 고대의 민간 설화 등이 수록되어 있다.
④ 서거정의 『동국통감』과 안정복의 『동사강목』은 고조선부터 고려에 이르는 역사를 체계적으로 정리하였다.

## 10 정답 ③

**[정답해설]**
제시된 자료는 연암 박지원이 주장한 한전론에 관한 내용이다. 조선 후기의 실학자 박지원은 연행사를 따라 청에 다녀온 후 『열하일기』를 저술하여 청의 문물을 소개하고 이를 수용할 것을 주장하였다.

**[오답해설]**
① 『반계수록』은 유형원이 국가 운영과 개혁에 대한 견해를 밝힌 책으로, 신분에 따라 토지를 차등 분배하자는 균전론을 제시하였다.
② 『성호사설』에서 '성호(星湖)'는 이익의 호이며, 조선과 중국 문화에 대해 다룬 일종의 백과사전과 같은 책이다.
④ 『목민심서』는 정약용이 지방 행정의 개혁안을 제시하고 지방관(목민관)의 도리에 대해 서술한 책이다.

**[보충해설]**

> ▌ **연암 박지원**
> • **열하일기** : 청에 다녀와 문물을 소개하고 이를 수용할 것을 주장
> • **농업 관련 저술** : 과농소초, 민명전의 등에서 영농 방법의 혁신, 상업적 농업의 장려, 수리 시설의 확충 등을 통한 농업 생산력 증대에 관심
> • 한전론의 중요성을 강조하면서 농업 생산력의 향상에 관심을 가짐
> • 상공업의 진흥을 강조하면서 수레와 선박의 이용, 화폐 유통의 필요성 등을 주장
> • **양반 문벌제도 비판** : 양반전, 허생전, 호질을 통해 양반 사회의 모순과 부조리 · 비생산성을 비판

## 11 정답 ①

**[정답해설]**
제시된 자료에서 일제가 한국을 병합한 직후부터 3 · 1 운동이 벌어진 때까지인 (가)의 시기를 무단 통치라고 부른다. 이 시기에 일제는 토지 조사령을 공포하고 토지 조사 사업을 벌여 토지 약탈 및 식민지화에 필요한 재정 수입원을 마련하였다(1912).

**[오답해설]**
② 조선인의 성명제를 폐지하고 한국인의 성과 이름을 일본식으로 바꾸도록 한 창씨개명 조치가 시행된 것은 국민학교령이 공포된 민족 말살 통치기이다(1939).
③ 초등 교육 기관인 소학교 명칭이 국민학교로 변경된 것은 민족 말살 통치기이다(1941).
④ 민족 말살 통치기에 일제는 전쟁 물자 동원을 내용으로 하는 국가총동원법을 제정하여 인력과 물자를 강제 동원하였다(1938).

## 12 정답 ④

**[정답해설]**
제시된 자료에서 한국 국민당을 이끌고 한국 독립당을 결성하였으며, 김규식과 더불어 남북 협상을 위해 평양을 방문한 '그'는 백범 김구이다. 김구는 모스크바 3국 외상 회의의 신탁 통치 결정 사항이 알려지자 신탁통치 반대 운동을 펼쳤다.

**[오답해설]**
① 이승만의 정읍 발언 후 우익 측을 대표한 김규식과 좌익 측을 대표한 여운형이 좌우 합작 위원회를 구성하고 좌우 합작 7원칙을 발표하였다.
② 8 · 15 광복 직후 일제의 패망과 광복에 대비하여 여운형은 안재홍 등과 함께 조선 건국 준비 위원회를 조직하고 건국 작업을 진행하였다.
③ 박용만은 하와이에 독립군 사관을 양성할 목적으로 대조선 국민군단을 결성하여 무장 투쟁을 준비하였다.

## 13 정답 ①

**[정답해설]**
이승만 정부 때에 제헌 국회에서 일제의 잔재를 청산하기 위한 반민족 행위 처벌법이 제정되고, 반민족 행위 특별 조사 위원회가 구성되었다(1948).

[오답해설]

② 박정희 정부 때에 한국과 일본의 국교 정상화를 위해 김 종필과 오히라 간의 한·일 회담 후 한·일 기본 조약이 체결되었다(1965).

③ 박정희 정부 때에 '자주, 평화, 민족 대단결'의 민족 통일 3대 원칙이 언급된 7·4 남북 공동 성명이 발표되었다(1972).

④ 박정희 정부의 유신 헌법에 의해 설치된 통일 주체 국민 회의에서 대통령을 뽑는다는 내용의 개헌안이 통과되었다(1972).

---

## 14 정답 ②

[정답해설]

제시된 자료에서 고종이 즉위한 직후에 실권을 장악하고 병 인박해를 일으켰으며, 고종의 친정 후 물러났다가 임오군란 때 잠시 권력을 장악한 '그'는 흥선 대원군이다. 병인양요와 신미양요 발발 후 흥선 대원군은 척화교서를 내리고 종로를 비롯한 전국 여러 곳에 척화비를 건립하였다(1871).

[오답해설]

① 고종은 미국과 조·미 수호 통상 조약이 체결된 후 미국 공사의 서울 부임에 답하여 민영익, 홍영식, 서광범 등으로 구성된 보빙사를 미국에 파견하였다(1883).

③ 숙종은 청의 요구로 조선과 청의 국경을 획정하고자 백두 산정계비를 세웠고, 동쪽으로 토문강과 서쪽으로 압록강 을 경계로 삼았다(1712).

④ 고종은 통리기무아문을 설치하고 그 아래 12사를 두어 신 문물 수용과 부국강병 도모 등의 개화 정책을 추진하였다 (1880).

---

## 15 정답 ①

[정답해설]

제시된 사료에서 고구려 밀사인 승려 '도림'의 조언으로 백제 개로왕의 한성을 공격한 '이 왕'은 고구려 장수왕이다. 장수왕 은 국내성에서 평양으로 도읍을 천도하고, 백제와 신라를 압 박하는 남진 정책을 펼쳤다.

[오답해설]

② 고구려 고국천왕은 을파소의 건의로 빈민을 구제하기 위 한 춘대추납의 진대법을 처음 시행하였다.

③ 고구려 미천왕은 낙랑군을 점령하고 한 군현 세력을 몰아 냄으로써 고조선의 옛 땅인 대동강 유역을 회복하였다.

---

④ 고구려 광개토대왕은 신라에 침입한 왜군을 낙동강 유역 에서 물리침으로써 한반도 남부에까지 영향력을 행사하 였다.

[보충해설]

> ▌**고구려 장수왕의 남진 정책이 미친 영향**
> • 신라와 백제의 나·제 동맹 체결(433~553)
> • 백제의 개로왕이 북위(후위)에 군사 원조를 요청(472)
> • 백제가 수도를 한성에서 웅진(공주)으로 천도(475)
> • 충북 중원 고구려비의 건립(5C 무렵)

---

## 16 정답 ②

[정답해설]

고려 주심포 양식의 맞배지붕 건물로, 우리나라에서 현존하 는 가장 오래된 목조 건축물로 알려진 문화유산은 안동 봉정 사 극락전이다.

[오답해설]

① **서울 흥인지문**: 조선 시대 한양도성의 4대문 중의 하나로 조선 태조 5년(1396)에 처음 지어졌다. 한양도성의 동쪽 에 위치하고 있어 일명 동대문이라고도 불린다.

③ **영주 부석사 무량수전**: 경북 영주시 부석사에 있는 무량수 전은 배흘림기둥과 주심포 양식의 신라 양식을 계승한 고 려 시대 목조 건축물이다.

④ **합천 해인사 장경판전**: 경남 합천군 가야산에 위치한 해인 사 장경판전은 고려 시대에 제작된 팔만대장경을 보관하 기 위해 15세기에 건축된 조선 전기의 서고이다.

---

## 17 정답 ②

[정답해설]

제시된 자료에서 서재필 등이 조직하고 만민공동회를 개최한 (가) 단체는 독립 협회이다(1896). 독립 협회는 영은문이 있던 자리 부근에 자주 독립의 상징인 독립문을 건립하였다(1897).

[오답해설]

①·③ 개혁의 기본 강령인 「홍범 14조」가 반포(1894)되고 「교 육 입국 조서」가 공포(1895)된 것은 제2차 갑오개혁 때의 일로, 독립 협회가 창립되기 이전이다.

④ 일본에 진 빚을 갚자는 국채 보상 운동은 독립 협회가 해 산된 이후의 사건으로, 대구에서 개최한 국민 대회에서 김 광제 등의 발의로 시작되었다(1907)

[보충해설]

> ▌ **독립 협회의 활동**
> - **이권 수호 운동** : 러시아의 절영도 조차 요구 규탄, 한 · 러 은행 폐쇄
> - **독립 기념물의 건립** : 자주 독립의 상징인 독립문을 세우고, 모화관을 독립관으로 개수
> - **민중의 계도** : 강연회 · 토론회 개최, 독립신문의 발간 등을 통해 근대적 지식과 국권 · 민권 사상을 고취
> - **만민 공동회 개최** : 우리나라 최초의 근대적 민중 대회 → 외국의 내정 간섭 · 이권 요구 · 토지 조사 요구 등에 대항하여 반환을 요구
> - **관민 공동회 개최** : 만민 공동회의 규탄을 받던 보수 정부가 무너지고 개혁파 박정양이 정권을 장악하자, 정부 관료와 각계각층의 시민 등 만여 명이 참여하여 개최
> - **의회 설립 추진** : 의회식 중추원 신관제를 반포하여 최초로 국회 설립 단계까지 진행(1898. 11)
> - **헌의 6조** : 헌의 6조를 결의하고 국왕의 재가를 받음 → 실현되지는 못함

---

## 18 　　　　　　　　　 정답 ③

[정답해설]

무신정권 몰락(1270) → 공민왕 즉위(1351) → 쌍성총관부 수복(1356)

공민왕이 즉위한 후 반원 자주 정책에 따라 유인우, 이자춘 등이 쌍성총관부를 공격하여 원에 빼앗긴 철령 이북의 땅을 수복하였다.

[오답해설]

① 만권당은 고려 말 충선왕이 원의 원경에 세운 독서당으로, 이제현은 만권당에서 원의 학자들과 교유하고 성리학 전파에 이바지하였다(1314).

② 고려 충렬왕 때 원의 요청에 따라 일본 원정에 참여하기 위해 정동행성이 설치되었다(1280).

④ 고려 충렬왕 때 이승휴가 우리나라와 중국의 역사를 시로 표현한 역사서인 『제왕운기』를 저술하였다(1287).

---

## 19 　　　　　　　　　 정답 ②

[정답해설]

제시된 자료에서 전시과라는 토지 제도, 소를 이용한 깊이갈이, 2년 3작의 윤작법, 이앙법의 보급, 이암에 의한 『농상집

요』의 소개 등은 고려 시대의 일이다. 한편, 공물 부과 기준이 가호 단위에서 전세(토지 결수)로 바뀐 것은 조선 시대 대동법의 시행 결과이다.

[오답해설]

① 고려 시대에는 삼사(三司)가 국가재정인 화폐와 곡식의 출납과 회계 업무를 총괄하였다.

③ 고려 시대에는 토지를 논과 밭으로 나누고, 비옥한 정도에 따라 3등급으로 분류한 후 생산량의 10분의 1에 해당하는 조세를 거두었다.

④ 고려 시대에는 '소(所)'라는 행정구역의 주민인 공장(工匠)들이 국가에서 필요로 공납품을 생산하였다.

---

## 20 　　　　　　　　　 정답 ④

[정답해설]

신미양요(1871) → 조 · 미 수호 통상 조약(1882) → 갑오개혁(1894)

조 · 미 수호 통상 조약은 청의 알선으로 서양 국가와 맺은 최초의 조약으로, 거중조정, 치외법권, 최혜국 대우 조항 등이 포함된 불평등 조약이었다(1882).

[오답해설]

① 을사늑약 체결 → 갑오개혁 이후
러 · 일 전쟁에서 승리한 일본은 을사늑약(제2차 한 · 일 협약)을 강제로 체결하여 외교권을 박탈하고, 통감부를 설치하여 한국의 독점적 지배권을 인정받았다(1905).

② 정미 의병 발생 → 갑오개혁 이후
일제의 정미 7조약(한 · 일 신협약)에 따른 대한제국 군대의 강제 해산에 맞서 정미의병이 확산되었다(1907).

③ 오페르트 도굴 미수 사건 → 신미양요 이전
독일 상인 오페르트가 통상을 거부당하자 충청남도 덕산에 있는 남연군 묘 도굴을 시도하였다(1868).

## ▌[국가직] 2021년 04월 정답

| 01 | ③ | 02 | ② | 03 | ③ | 04 | ① | 05 | ① |
|----|----|----|----|----|----|----|----|----|----|
| 06 | ④ | 07 | ④ | 08 | ③ | 09 | ③ | 10 | ① |
| 11 | ④ | 12 | ③ | 13 | ② | 14 | ④ | 15 | ② |
| 16 | ① | 17 | ④ | 18 | ② | 19 | ② | 20 | ③ |

## [국가직] 2021년 04월 | 해설

### 01                                          정답 ③

[정답해설]
주어진 시가는 유리왕의 '황조가(黃鳥歌)'이다. 고구려는 압록
강의 지류인 동가강 유역의 졸본(환인) 지역에 거주하던 맥족
에 의해 BC 37년 건국된 후, 2대 유리왕 때인 AD 3년에 국내
성(통구)으로 천도하였다.

[오답해설]
① 진대법은 고구려 고국천왕 때 을파소의 건의로 실시된 빈
   민 구제 제도이며, 고리대의 폐단을 막는 농민 구휼책이다.
② 미천왕 때 낙랑군(313)·대방군을 축출(314)하여 서로는 요
   하, 남으로는 한강에 이르는 발판을 마련하였다.
④ 소수림왕 때 율령을 반포(373)하여 중앙 집권 국가로서의
   체제를 강화(고대 국가의 완성)하였다.

### 02                                          정답 ②

[정답해설]
제시된 글의 밑줄 친 '유학자'는 안향이다. 중종 38년(1543)에
풍기군수 주세붕이 안향의 봉사를 위해 백운동 서원을 설립
하였다. 안향은 원 간섭기인 충렬왕 때 성리학을 처음으로 소
개한 인물이다.

[오답해설]
① 율곡 이이는 해주향약을 보급하였다.
③ 『성학십도』는 이황이 선조 1년(1568) 왕에게 올린 것으로
   군왕의 도(道)에 관한 학문의 요체를 도식으로 설명하였다.
④ 『해동제국기』는 신숙주가 성종의 명을 받아 역사, 지리 등
   을 기술한 서적이다.

### 03                                          정답 ③

[정답해설]
밑줄 친 '왕'은 세조이다. 세조 때 원각사가 세워졌으며, 경천
사 10층 석탑에 영향을 받아 원각사지 10층 석탑이 건립되었
다. 세조는 6조 직계의 통치 체제로 환원하고 공신·언관의
견제를 위해 집현전을 폐지하였으며 종친을 등용해 왕권을
강화하였다.

[오답해설]
① 『동국병감』은 우리나라와 중국 또는 여진 사이에서 일어
   난 30여 차례의 전쟁을 시대 순으로 기술한 책으로 조
   선 문종의 명에 따라 편찬하여 선조 41년(1608)에 간행되
   었다.
② 성종 때 서거정, 노사신 등은 삼국 시대부터 조선 초기까
   지의 시와 산문 중에서 빼어난 것을 골라 『동문선』을 편찬
   하였다.
④ 태종 때 경복궁의 이궁인 창덕궁이 건립되었다.

[보충해설]

> ▌세조의 왕권 강화책
> • 6조 직계의 통치 체제로 환원, 공신·언관의 견제를
>   위해 집현전을 폐지, 종친 등용
> • 호적 사업을 강화하여 보법(保法)을 실시
> • 직전법 실시(과전의 부족에 따라 현직 관료에게 토지
>   를 지급)
> • 『경국대전』 편찬에 착수해 호조전(戸曹典)·형조전(刑
>   曹典)을 완성(성종 때 전체 완수)
> • 전제 왕권 강화와 부국강병을 위해 유교를 억압하고,
>   민족종교와 도교, 법가의 이념을 절충

### 04                                          정답 ①

[정답해설]
제시된 자료에서 현량과 실시를 건의한 것으로 보아 (가)의
인물은 조광조임을 알 수 있다. 위훈 삭제 등 조광조의 급격
한 개혁은 공신의 반발을 샀는데, 남곤·심정 등의 훈구파는
모반 음모(주초위왕의 모략)를 꾸며 기묘사화(중종 14, 1519)
당시 조광조·김정·김안국 등 사림파 대부분을 제거하였다.

[오답해설]
② 김종직이 지은 『조의제문』은 김일손이 사초에 올렸다. 이
   일을 문제 삼아 무오사화(연산군 4, 1498)가 일어났고 김일
   손·김굉필 등의 사림파가 제거되었다.

③ 명종이 어린 나이로 즉위하자 외척인 윤원형 등의 소윤 세력은 문정왕후의 수렴청정을 지지하였다.

④ 윤씨 폐비 사건과 관련된 것은 갑자사화(1504)로 임사홍 등의 궁중 세력이 연산군의 생모인 윤비 폐출 사건을 들추어 정부 세력(한명회 등의 훈구파와 김굉필 등의 사림파)을 축출한 사건을 말한다.

## 05 정답 ①

**[정답해설]**

ㄱ. 강원 양양 오산리는 신석기 시대 유적지로, 흙으로 빚어 구운 안면상, 덧무늬 토기 등이 발견되었다.

ㄴ. 서울 암사동은 신석기 시대 주요 유적지로 빗살무늬 토기 등이 발견되었다.

**[오답해설]**

ㄷ. 공주 석장리는 구석기 시대 유적지이고 미송리식 토기는 청동기 시대의 토기다.

ㄹ. 부산 동삼동 유적지는 패면, 민무늬 토기 등이 발견된 신석기 시대 유적지이지만 아슐리안형 주먹도끼는 구석기 시대 유적으로 연천 전곡리에서 발견되었다.

**[보충해설]**

### ■ 신석기 시대 주요 유적지와 특징

| 구분 | 유적지 | 특징 |
|---|---|---|
| 전기 | 제주 고산리 | • 최고(最古)의 유적지(기원전 8천 년 무렵의 유적)<br>• 고산리식 이른 민무늬 토기, 덧무늬 토기 출토 |
| | 강원 양양 오산리 | • 최고(最古)의 집터 유적지<br>• 흙으로 빚어 구운 안면상, 조개더미, 덧무늬 토기 등이 출토 |
| | 강원 고성 문암리 | 덧무늬 토기 출토 |
| | 부산 동삼동 | 조개더미 유적으로, 패면(조개껍데기 가면), 이른 민무늬 토기, 덧무늬 토기, 바다 동물의 뼈 등이 출토 |
| | 웅기 굴포리 | • 구석기 · 신석기 공통의 유적지<br>• 조개더미, 온돌장치 |
| 중기 | 서울 암사동 경기 하남 미사리 김해 수가리 | 빗살무늬 토기 출토 |

| | 황해도 봉산 지탑리 | • 빗살무늬 토기 출토<br>• 탄화된 좁쌀(농경의 시작) |
|---|---|---|
| 후기 | 평남 온천 궁산리 | • 빗살무늬 토기 출토<br>• 뼈바늘(직조, 원시적 수공업의 시작) |
| | 경기 부천 시도 강원 춘천 교동 | 후기의 토기 출토 |

## 06 정답 ④

**[정답해설]**

고구려의 침입으로 백제의 한성이 함락되자 수도를 웅진으로 천도한 것은 475년, 성왕이 사비로 도읍을 옮긴 것은 538년이다. 신라는 법흥왕 때 이차돈의 순교를 계기로 527년에 공인되었다. 신라는 불교 수용 과정에서 전통적 민간 사상과의 마찰이 심하고 보수적인 귀족 세력의 반대로 수용 후 100년이 지나서 공인되었다.

**[오답해설]**

① 진흥왕은 고령의 대가야를 정복하는 등 낙동강 유역을 확보하였다(561).

② 황초령순수비는 진흥왕이 원산만과 함흥 평야 등을 점령하여 함경남도에 진출한 후 세운 비석이다(568).

③ 진흥왕은 거칠부로 하여금 『국사(國史)』를 편찬하게 하였다(545).

## 07 정답 ④

**[정답해설]**

조선은 청과의 교류에서 17세기 중엽부터 대청 무역이 활발해져 의주의 중강과 중국 봉황의 책문 등 국경 지대를 중심으로 개시(공무역)와 후시(사무역)가 동시에 이루어졌다.

**[오답해설]**

① 백제는 성왕 때 노리사치계를 통해 일본에 불교(불경 · 불상 · 경론 등)를 전파(552)하였다.

② 통일신라 시기 8세기 이후 장보고는 완도에 청해진을 설치하여 해상 무역권을 장악하였다.

③ 고려 시대에는 예성강 하구의 벽란도가 국제 무역항으로 번성하였다.

## 08 정답 ③

**[정답해설]**

ㄱ. 공주 송산리 고분군에는 벽돌무덤(전축분)인 6호분과 무령왕릉이 있으며 중국 남조의 영향을 받았다.

ㄴ. 신라의 자장(慈藏)이 당나라에서 불법을 배우고 돌아와 황룡사 9층탑 창건을 건의하고 통도사와 금강계단을 건립하였다. 우리나라의 삼보 사찰은 통도사 · 해인사 · 송광사로 각각 불 · 법 · 승을 상징한다.

ㄷ. 병자호란(인조 14, 1636) 시기에 인조는 남한산성으로 피난하였고, 45일간 항전하다 주화파 최명길 등이 청과 강화(삼전도의 굴욕)하였다.

**[오답해설]**

ㄹ. 『국조보감』에 대한 내용이다. 『국조보감』은 『조선왕조실록』에서 모범이 될 만한 사실을 발췌하여 요약한 사서이다.

## 09 정답 ③

**[정답해설]**

㉠ 동모산 / ㉡ 중경 / ㉢ 상경 / ㉣ 동경

㉡ 중경 인근에 위치한 용두산 고분군의 정효공주 묘는 벽돌무덤 양식이 나타난다.

㉢ 발해의 수도인 상경성은 장안성을 모방하여 주작대로를 만들었다.

**[오답해설]**

㉠ 정효공주 무덤은 화룡현 서쪽의 용두산 고분군에 위치하고 있으며 묘지(墓誌)와 벽화가 발굴 되고 있다.

㉣ 정혜공주 무덤은 돈화현 육정산 고분군에 위치하고 있으며 모줄임 천장 구조가 고구려 고분과 유사하다.

## 10 정답 ①

**[정답해설]**

제시된 자료는 고려 성종에게 건의한 최승로의 시무 28조의 내용이다. 성종은 개경과 서경, 12목에 물가 조절 기관인 상평창(常平倉)을 설치하였다.

**[오답해설]**

② 고려 광종(4대, 949~975)는 균여로 하여금 귀법사를 창건하여 주지로 삼고 화엄종을 통합하게 하였다.

③ 예종(16대, 1105~1122)은 국자감(관학)을 재정비하여 전문 강좌인 7재(七齋)를 설치하였다.

④ 문종 30년(1076)에 현직 관료에게 전지와 시지를 차등 지급하는 경정 전시과가 실시되었다.

**[보충해설]**

> **▌고려 성종(6대, 981~997)**
> * **중앙 정치 기구 개편** : 2성 6부의 중앙 관제 마련. 6위의 군사 제도 정비
> * **지방 제도 정비** : 12목 설치. 향직 개편
> * **분사 제도** : 서경을 부도읍지로서 우대. 서경 천도 운동을 계기로 한때 폐지
> * **유학 교육의 진흥** : 국자감 개설. 지방 호족 자제 교육. 문신월과법 실시. 과거제도 정비
> * **사회 시설의 완비** : 의창 , 상평창(常平倉) 설치
> * **권농 정책** : 호족의 무기를 몰수하여 농구 제작. 기곡 · 적전의 예를 실시하여 농사 권장
> * **노비환천법 실시** : 해방된 노비가 원주인을 모독하거나 불손한 때 다시 천민으로 만듦
> * **건원중보 주조** : 우리나라 최초의 화폐

## 11 정답 ④

**[정답해설]**

제1차 경제개발 5개년 계획은 박정희 군사 정부 시기인 1960년대에 추진되었다.

**[오답해설]**

① 이승만 정부는 1948년 12월 10일 한국의 경제적 위기를 극복하고 국력 부흥을 촉진하며 안정을 확보한다는 목적 아래 미국과 경제 원조 협정을 체결하였다.

② 이승만 정부의 농지 개혁법은 3정보를 상한으로 하여 그 이상의 농지는 유상 매입하고 지가증권을 발급하여 5년간 지급하였다.

③ 이승만 정부 시기인 1950년대 후반부터 미국의 원조 물자에 토대를 둔 제분(製粉) · 제당(製糖) 공업과 섬유 공업이 성장하였다.

## 12 정답 ③

**[정답해설]**

중일전쟁은 1937년부터 1945년 일본 항복까지 이어졌다. 남면북양 정책은 1930년대 공업 원료 증산 정책으로 남부에서는 면화. 북부에서는 면양 사육을 장려하였다(병참기지화 정책).

호 절 용<br>호 용 절<br>사탐준한 절<br>호 성 열<br>용 성 열<br>사탐준한 열

**[오답해설]**

①, ② 중일전쟁 이후 민족 말살 정책의 일환으로 우리 말·우리 역사 교육 금지, 조선·동아일보 폐간, 창씨개명, 황국 신민 서사 암송, 신사 참배, 궁성 요배 등을 강요하였다.

④ 1941년 소학교를 국민 학교로 개정하였다.

## 13　정답 ②

**[정답해설]**

제시된 글의 밑줄 친 '조약'은 거중조정의 조약이 있는 1882년 체결된 조·미 수호 통상 조약이다. 임오군란을 계기로 체결된 조약은 제물포 조약, 조·청 상민 수륙 무역 장정 등이 있다.

**[오답해설]**

① 조·미 수호 통상 조약 제4조에 '미국 국민이 조선인을 모욕하거나 재산을 훼손하는 경우 미국 영사나 그 권한을 가진 관리만이 미국 법률에 따라 처벌한다.'라는 영사재판권(치외법권)이 규정되어 있다.

③ 조·미 수호 통상 조약 제2조에 '병권 대신을 서로 파견하여 수도에 주재시킬 수 있고, 최혜국 대우를 받는다.'라는 최혜국 대우가 규정되어 있다.

④ 제2차 수신사로 일본에 갔던 김홍집이 황준헌(황쭌셴)의 『조선책략』을 가지고 들어와 유포함으로써 조·미 통상 조약에 영향을 주었다.

**[보충해설]**

> **■ 조·미 수호 통상 조약 주요 내용**
> - **제1조(거중조정)** : 서로 돕고 중간 역할을 잘 하며 우애 있게 지낸다.
> - **제2조(최혜국 대우)** : 병권 대신을 서로 파견하여 수도에 주재시킬 수 있고, 최혜국 대우를 받는다.
> - **제4조(치외법권)** : 미국 국민이 조선인을 모욕하거나 재산을 훼손하는 경우 미국 영사나 그 권한을 가진 관리만이 미국 법률에 따라 처벌한다.
> - **제5조(협정 관세율 적용)** : 미국 상인과 상선이 조선에 와서 무역을 할 때 입출항하는 화물은 모두 세금을 바쳐야 하며, 세금을 거두어들이는 일은 조선이 자주적으로 한다.

## 14　정답 ④

**[정답해설]**

ㄱ. 중앙의 고관을 출신지의 사심관으로 임명하고 그 지방의 부호장 이하 관리의 임명권을 지니도록 하여 향리 감독, 풍속 교정, 부역 조달 등의 임무와 지방의 치안·행정에 책임을 지도록 하였다(사심관 제도).

ㄴ. 상층 향리(호족 출신의 향리)는 과거를 통해 관직에 진출할 수 있었고, 호장·부호장을 대대로 배출하는 지방의 실질적인 지배층이었다.

ㄷ. 향리의 자제를 인질로 뽑아 중앙(개경)에 머무르게 한 것으로, 지방 세력을 견제하고 왕권을 강화하기 위한 제도가 있었다(기인 제도).

ㄹ. 고려시대에는 현실적 여건상 모든 군현에 지방관이 파견되지 못하였다. 주현은 중앙으로부터 지방관이 파견되었고 속현은 지방관이 파견되지 않았다. 속현의 실제 행정은 그 지역의 향리가 담당하였다.

## 15　정답 ②

**[정답해설]**

제시된 글은 서유구의 『임원경제지』로 밑줄 친 '이 농법'은 이앙법이다.

ㄱ. 세종 때 편찬된 『농사직설』은 노농(老農)의 경험과 비결을 채집하여 직파법을 권장하고 하삼도의 이모작 등을 소개하고 있으며, 씨앗의 저장법이나 토질 개량법, 이앙법(모내기법) 등에 관한 내용도 담고 있다.

ㄹ. 직파법에서 이앙법으로 전환하여 제초 작업의 노동력이 줄어들고 생산량은 증대되었으며, 이모작이 가능하였다.

**[오답해설]**

ㄴ. 고랑에 작물을 심는 것은 이앙법이 아닌 견종법(畎種法)이다.

ㄷ. 수령 7사는 조선 시대 지방을 다스리던 수령의 7가지 의무 규정을 말한다. 수령 7사의 규정은 다음과 같다.

> 1. 농사 및 양잠을 장려할 것[농상성(農桑盛)]
> 2. 호구를 증식할 것[호구증(戶口增)]
> 3. 학교를 일으킬 것[학교흥(學校興)]
> 4. 군사 업무를 바르게 할 것[군정수(軍政修)]
> 5. 부역을 균등히 할 것[부역균(賦役均)]
> 6. 재판을 바르게 할 것[사송간(詞訟簡)]
> 7. 간사하고 교활한 자를 없앨 것[간활식(奸猾息)]

## 16 　　　　　　　　정답 ①

**[정답해설]**

제시된 글의 밑줄 친 '헌법'은 박정희 정권(제4공화국) 때 1972년 12월에 공포한 유신 헌법이다. 제시된 글에 긴급조치라는 단어를 통해 알 수 있다. 제5공화국 전까지 이어졌다. 그동안 쌓여왔던 유신 체제에 대한 국민들의 불만이 폭발하여 1979년 부·마 항쟁이 발발하는 등 시위가 연일 계속되어 집권 세력 내부에서도 갈등이 발생하였다.

**[오답해설]**

② 국민교육헌장은 박정희 정권(제3공화국) 시기인 1968년에 선포하였다.

③ 7·4 남북공동성명이 발표된 시기는 1972년 7월이다.

④ 6·3 시위는 박정희 정권(제3공화국) 시기인 1964년에 한·일 회담의 진행 과정에서 일제 강점기에 대한 사죄와 과거사 청산이라는 본질이 굴욕적인 청구권 교섭에 밀려 훼손된 것에 대한 분노로 일어났다.

**[보충해설]**

> **▍유신 헌법의 주요 내용**
> * 국회와 별도로 통일 주체 국민 회의를 대의 기구로 설정. 대통령 및 일부 국회 의원 선출권 부여
> * 대통령에게 국회 해산권, 긴급 조치권 등 초헌법적 권한 부여
> * 대통령은 법관 및 국회 의원의 1/3에 해당하는 임기 3년의 유신 정우회 의원을 임명
> * 대통령 임기를 6년으로 연장

## 17 　　　　　　　　정답 ④

**[정답해설]**

제시된 글의 밑줄 친 '회의'는 1923년 국민 대표 회의이다. 국민 대표 회의는 독립 운동 방법을 논의하기 위해 개최되었고 참여한 세력들은 창조파와 개조파로 나뉘어 대립하였다. 신채호, 박용만 등 창조파는 임시정부를 해체하고 신정부를 수립하자는 주장을 내세웠고 안창호 등 개조파는 임시정부의 개혁과 존속을 주장하였다.

**[오답해설]**

① 대한민국 건국 강령은 1941년 발표되었으며 조소앙의 삼균주의에 바탕을 두었다.

② 박은식이 임시대통령으로 선출된 것은 이승만이 탄핵된 1925년 이후이다.

③ 민족유일당운동인 (조선)민족혁명당은 1935년에 한국 독립당(조소앙), 조선 혁명당(지청천), 의열단 등이 연합하여 중국 난징에서 결성하였다.

## 18 　　　　　　　　정답 ②

**[정답해설]**

제시된 글은 1910년 토지 조사 사업과 연관된 1912년 토지 조사령의 법령이다. 궁장토·역둔토, 미신고 토지, 공공 토지, 마을·문중 토지, 산림·초원·황무지 등을 조선 총독부가 소유하여 토지를 약탈하였다.

**[오답해설]**

① 토지 조사 사업은 조선 총독부 임시조사국(1910)에서 실시하였다.

③ 토지 조사 사업이 실시되기 전인 1908년에 동양 척식 주식회사가 설립되어 1년 만에 3만 정보의 토지를 소유하게 되었고, 국권을 빼앗길 무렵에는 1억 5천만 평에 이르는 토지를 일본인이 소유하였다.

④ 춘궁 퇴치와 농가 부채 근절을 목표로 내세운 것은 1932년부터 1940년까지 실시한 농촌 진흥 운동에 대한 내용이다.

## 19 　　　　　　　　정답 ②

**[정답해설]**

조·청 상민 수륙 무역 장정(1882) 체결 이후 청 상인의 활발한 진출로 청·일 양국의 각축이 격화되고, 청에서의 수입 비율이 점차 증가하였지만 수입액이 일본을 앞지르지는 못하였다.

**[오답해설]**

① 개항 초기 일본 상인의 활동 범위가 개항장 주변 10리 이내로 제한되었고 부산·원산 등 개항지를 중심으로 거류지 무역을 전개하였다. 따라서 개항장 주변의 객주, 여각, 보부상 등의 활동이 활발하게 일어났다.

③ 개항 초기 일본 상인들은 주로 영국산 면제품을 들여와 팔고, 싼값으로 쌀·콩·금·쇠가죽 등을 사들이는 중계무역으로 막대한 이득을 취하였다.

④ 조·일 통상장정(개정)(1883. 7) 조약에는 곡물 수출 금지(방곡령) 조항이 포함되었다. 그러나 방곡령 시행 1개월 전일본 영사관에 통고 의무 조항을 두었고 1899년 방곡령당시 일본의 배상금 요구의 근거가 되었다.

## 20 정답 ③

**[정답해설]**

밑줄 친 '그'는 호포법을 실시한 흥선대원군이다. 흥선대원군은 임오군란 시기 구식군인들의 요구로 일시적으로 재집권하였고 통리기무아문과 별기군을 폐지하고 5군영을 부활시켰다.

**[오답해설]**

① 만동묘는 임진왜란 때 조선을 도와준 데 대한 보답으로 신종을 제사 지내기 위해 숙종 때에 충북 괴산군 청천면 화양동에 지은 사당이다. 흥선대원군 때 철폐되었고(1865) 그가 하야한 후 고종 11년(1874)에 다시 세워졌다.

② 갑오개혁 시기 입법권을 가진 초정부적 개혁 추진 기구인 군국기무처 총재는 김홍집이다.

④ 『만기요람』은 순조 8년(1808) 왕명에 의해 서영보 등이 편찬한 것으로 재정과 군정에 관한 내용을 모아 놓은 서적이다.

**[보충해설]**

| ■ 흥선대원군의 삼정(三政) 개혁 | |
|---|---|
| 군정(軍政)의 개혁 | • 호포법(戶布法)을 실시하여 양반에게도 군포를 징수(양반의 거센 반발을 초래)<br>• 양반 지주층의 특권적 면세 철회(민란 방지 목적) |
| 환곡(還穀)의 개혁 | • 가장 폐단이 심했던 환곡제를 사창제(社倉制)로 개혁하여 농민 부담을 경감하고 재정수입 확보<br>• 지역과 빈부에 따른 환곡의 차등 분배를 통해 불공정한 폐단이 없도록 함 |
| 전정(田政)의 개혁 | 양전 사업을 실시하여 양안(토지대장)에서 누락된 토지를 발굴(전국적 사결 작업(査結作業)을 통해 토호와 지방 서리의 은루결을 적발하여 수세결로 편입) |

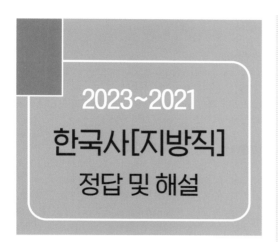

## 2023~2021
# 한국사[지방직]
## 정답 및 해설

---

### ▌[지방직] 2023년 06월 | 정답

| 01 | ① | 02 | ③ | 03 | ② | 04 | ② | 05 | ③ |
|----|---|----|---|----|---|----|---|----|---|
| 06 | ① | 07 | ③ | 08 | ④ | 09 | ④ | 10 | ④ |
| 11 | ① | 12 | ④ | 13 | ① | 14 | ③ | 15 | ② |
| 16 | ④ | 17 | ④ | 18 | ③ | 19 | ③ | 20 | ④ |

---

### ▌[지방직] 2023년 06월 | 해설

#### 01                                          정답 ①

**[정답해설]**

아슐리안 계통의 주먹도끼는 주로 아프리카와 유라시아 등에서 폭넓게 발견된 구석기 시대의 유물로, 우리나라에서는 연천 전곡리에서 발견되었다. 구석기 시대에는 주로 동굴이나 바위 그늘, 강가의 막집 등에서 살면서 도구를 사용하여 사냥을 하거나 어로·채집 생활을 하였다.

**[오답해설]**

② 신석기 시대에는 정착 생활을 하게 되면서 주로 해안이나 강가에 화덕이 있는 움집을 만들어 거주하였다.

③ 신석기 시대에는 빗살무늬 토기를 비롯한 각종 토기를 만들어 음식을 조리하거나 식량을 저장하였다.

④ 청동기 시대에는 구릉에 마을을 형성하고 그 주변에 도랑을 판 후, 방어를 위해 주위에 말뚝을 박아 만든 울타리인 목책(木柵)을 둘렀다.

---

#### 02                                          정답 ③

**[정답해설]**

몽골의 침입 때 고려 정부의 개경 환도를 반대하고 진도로 근거지를 옮겨 대몽 항쟁을 벌인 군사 조직은 삼별초이다. 도적을 잡기 위해 설치한 야별초에서 시작된 삼별초는 신의군과 합쳐 고려 최씨 무신 정권의 군사적 기반이 되었다.

**[오답해설]**

① 포수, 사수, 살수의 삼수병으로 편제된 훈련도감은 임진왜란 때 왜군의 조총에 대응하고 국방력을 강화하기 위해 설치되었다.

② 여진족의 세력이 커져 고려의 국경 지역을 자주 위협하자, 고려 숙종 때 여진 정벌을 위해 윤관의 건의로 기병 중심의 별무반을 편성하였다.

④ 국경 지역인 북계와 동계에 배치된 주진군은 고려 시대의 지방군으로 국경 수비를 전담하는 상비군이다.

**[보충해설]**

> **▌고려 시대 특수군**
> - **광군(光軍)** : 정종 때 거란에 대비해 청천강에 배치한 상비군(30만)으로 귀족의 사병을 징발. 관장 기관은 광군사 → 뒤에 지방군(주현군·주진군)으로 편입
> - **별무반** : 숙종 때 여진 정벌을 위해 윤관의 건의로 조직 → 윤관은 여진 정벌 후 9성 설치
> - **도방** : 무신 정권의 사적 무력 기반
> - **삼별초** : 수도의 치안 유지를 담당하던 야별초(좌·우별초)에 신의군(귀환 포로)을 합쳐 편성 → 실제로는 최씨 정권의 사병 집단의 성격이 강했음
> - **연호군** : 농한기 농민과 노비로 구성된 지방 방위군으로, 여말 왜구 침입에 대비해 설치

---

#### 03                                          정답 ②

**[정답해설]**

주어진 사료는 최익현의 왜양일체론이다. 최익현은 지부복궐 척화의소를 올려 일본이 서양 오랑캐와 다를 것이 없다는 왜양일체론을 주장하며 일본과의 강화도 조약을 반대하였다.

**[오답해설]**

① 박규수는 진주 민란 당시 안핵사로 파견되었으며, 미국 상선 제너럴 셔먼호가 통상을 요구하며 대동강에 침입할 당시 평양 관민들과 함께 불태웠다. 또한 서양 세력과의 통상을 주장하였으며 김옥균, 박영효 등의 개화 사상가들에게 큰 영향을 주었다.

③ 김홍집은 조선 말기 개화 정책을 추진했던 정치가로, 친일 내각을 구성하고 갑오개혁과 을미개혁을 추진하였다.
④ 김윤식은 개화기 때 영선사 단장으로 청에 파견되어 톈진 기기국에서 무기 제조법과 근대적 군사 훈련법을 습득하였다.

## 04 　　　　　　　　　　　　정답 ②

[정답해설]
1896년 서재필이 창간한 근대적 민간 신문은 독립신문으로 독립협회의 기관지이다. 민중 계몽을 위해 순한글로 발행되었으며 외국인을 위해 영문판도 함께 제작되었다. 또한 최초로 한글에 띄어쓰기를 도입하였다.

[오답해설]
① 제국신문은 이종일이 발행한 순한글의 계몽적 일간지로, 주로 일반 대중과 부녀자를 대상으로 하였다.
③ 한성순보는 박영효 등 개화파가 창간하여 박문국에서 발간한 최초의 근대식 신문으로, 순한문판 신문이며 10일 주기로 발간되었다.
④ 황성신문은 남궁억, 유근 등 개신유학자들이 발간한 국한문 혼용 신문으로, 을사늑약의 부당성을 알리기 위해 장지연의 '시일야방성대곡'을 게재하는 등 민족주의적 성격의 항일 신문이다.

## 05 　　　　　　　　　　　　정답 ③

[정답해설]
(가) 근초고왕 / (나) 진흥왕
백제에서 고흥이 『서기』를 편찬한 것은 근초고왕 때의 일이며, 신라에서 거칠부가 『국사』를 편찬한 것은 진흥왕 때의 일이다. 진흥왕은 정복 활동을 강화하기 위해 원시 청소년 집단인 화랑도를 국가적 조직으로 개편하였다.

[오답해설]
① 백제 성왕은 웅진(공주)에서 사비(부여)로 천도하고 국호를 남부여로 변경하였다.
② 백제 침류왕은 동진에서 온 마라난타를 통해 불교를 받아들이고 공인하였다.
④ 신라 법흥왕은 병부를 처음으로 설치하여 군권을 장악하고, 율령을 반포하여 통치 질서를 확립하였다.

## 06 　　　　　　　　　　　　정답 ①

[정답해설]
사택지적비는 백제 의자왕 때 사택지적이라는 사람이 세월의 덧없음을 한탄하면서 만든 비로서, 도교의 노장사상을 반영하고 있다. 백제가 영산강 유역까지 영역을 확장한 것은 백제의 전성기를 이끈 근초고왕 때의 일이다.

[오답해설]
② 임신서기석은 신라의 두 화랑이 유교 경전의 학습과 인격도야, 국가에 대한 충성 등을 맹세한 비문이다.
③ 5세기에 고구려 장수왕은 백제의 수도 한성을 함락하고, 한강 전 지역을 포함하여 죽령 일대로부터 남양만을 연결하는 선까지 장악하였는데, 충주 고구려비를 통해 이러한 고구려의 남한강 유역 진출을 확인할 수 있다.
④ 일명 호우명 그릇이라 불리는 광개토 대왕명 호우는 경주 호우총에서 발견되었는데, 그릇 밑바닥에 신라가 광개토대왕을 기리는 내용인 "을묘년국강상광개토지호태왕(乙卯年國罡上廣開土地好太王)"이라는 글씨가 새겨져 있어 5세기 초 고구려와 신라의 밀접한 관계를 유추해 볼 수 있다.

## 07 　　　　　　　　　　　　정답 ③

[정답해설]
임진왜란 당시 조·명 연합군의 공격으로 평양성을 뺏기고 한양으로 퇴각하던 왜군을 행주산성에서 격퇴한 것은 권율 장군이다.

[오답해설]
①·②·④ 임진왜란 당시 최초의 의병장인 곽재우는 붉은 옷을 입고 의병 활동을 전개하여 홍의장군으로 불렸다. 경남 의령에서 거병한 곽재우는 익숙한 지리적 이점을 활용한 기습 작전으로, 일본군에 큰 타격을 주었다.

## 08 　　　　　　　　　　　　정답 ④

[정답해설]
1,300만 원의 외채를 국민의 힘으로 상환하여 국권을 회복하자는 운동은 국채 보상 운동이다. 국채 보상 운동은 서상돈·김광제 등이 1907년 대구에서 개최한 국민 대회를 계기로 전국으로 확산되었다.

[오답해설]

① 갑오개혁에 의해 신분이 해방된 뒤에도 백정들이 오랜 관습 속에서 계속 차별을 받자, 이학찬을 중심으로 진주에서 조선 형평사를 조직하고 형평 운동을 전개하였다.

② 조만식은 평양에서 조선 물산 장려회 발기인 대회를 개최하고 '조선 사람 조선 것'이라는 구호 아래 물산 장려 운동을 전개하였다.

③ 일제는 중일 전쟁 이후 침략 전쟁을 확대하던 시기에 전국 각지에 신사를 증설하여 참배를 강요하였고, 이에 개신교도들은 신앙 수호를 위한 항일 운동으로 신사참배를 거부하였다.

[보충해설]

> ▌ 국채 보상 운동의 전개
> • 서상돈 · 김광제 등이 1907년 대구에서 개최한 국민 대회를 계기로 전국으로 확산
> • 국채 보상 기성회가 서울 등 전국 각지로 확대되고 대한매일신보 등 여러 신문사들도 적극 후원 → 금연 운동 전개
> • 부녀자들은 비녀와 가락지를 팔아서 이에 호응했으며, 여성 단체인 진명 부인회 · 대한 부인회 등은 보상금 모집소를 설치하여 적극적인 활동을 전개
> • 일본까지 파급되어 800여 명의 유학생들도 참여

**09**  정답 ④

[정답해설]

조선시대의 과거 제도는 예조에서 주관하였고, 정기 시험인 식년시는 3년마다 실시하는 것이 원칙이었다. 그 외 비정기적인 시험으로 증광시, 별시, 알성시, 백일장 등의 시험도 있었다.

[보충해설]

> ▌ 조선시대 과거 제도의 시행
> ① 정기 시험 : 식년시, 3년마다 실시
> ② 부정기 시험
> • 증광시 : 나라에 큰 경사가 있을 때
> • 별시 : 나라에 특별한 행사가 있을 때
> • 알성시 : 왕이 성균관의 문묘를 참배한 후
> • 백일장 : 시골 유학생의 학업 권장을 위한 임시 시험

**10**  정답 ④

[정답해설]

제시된 사료는 1946년에 발표된 좌우 합작 7원칙이다. 제1차 미 · 소 공동 위원회가 개최되었으나 결렬되자 이승만이 정읍에서 남한만의 단독 정부 수립을 주장하였고, 이에 우익 측을 대표한 김규식과 좌익 측을 대표한 여운형이 좌우 합작 7원칙을 발표하고 좌우 합작 운동을 전개하였다. 그러므로 제1차 미 · 소 공동 위원회 개최는 좌우 합작 7원칙 발표 이전의 일이다.

[오답해설]

① 자유당 정권의 3 · 15 부정선거 규탄 시위에 대한 유혈 진압에 항거하여 4 · 19 혁명이 발발하였으며, 국민들의 요구에 굴복하여 이승만 대통령이 하야하였다(1960).

② 이승만 정부 때에 제헌 국회에서 친일파를 청산하기 위한 「반민족행위처벌법」이 공포되었다(1948).

③ 남한에서 5 · 10 총선거가 실시되어 제헌 국회를 구성하였고 제헌 국회에서 대통령에 이승만, 부통령에 이시영을 선출하였다(1948).

[보충해설]

> ▌ 광복 이후의 현대사
> 8 · 15 광복(1945. 8) → 모스크바 3국 외상 회의 개최(1945. 12) → 제1차 미 · 소 공동 위원회 개최(1946. 3) → 좌 · 우 합작 위원회 구성(1946. 7) → 제2차 미 · 소 공동 위원회 개최(1947. 5) → 유엔 한국 임시 위원단 방한(1948. 1) → 김구의 남북 협상 참석(1948. 4) → 5 · 10 총선거 실시(1948. 5) → 대한 민국 헌법 공포(1948. 7) → 대한 민국 정부 수립(1948. 8)

**11**  정답 ①

[정답해설]

화엄종을 중심으로 교종을 통합하고 해동 천태종을 창시한 인물은 대각국사 의천이다. 그는 교관겸수(教觀兼修)를 통해 이론적인 교리 공부와 실천적인 수행을 아우를 것을 주장하였다.

[오답해설]

② 조계종을 창시한 보조국사 지눌은 참선과 독경은 물론 노동에도 힘을 쓰자고 하면서 수선사 결사 운동을 주도하였다.

③ 화엄종의 대가인 각훈은 삼국시대 승려 33명의 전기를 정리한 「해동고승전」을 편찬하였다.

④ 원묘국사 요세는 법화 신앙을 바탕으로 백련사를 결성하여 극락왕생을 기원하는 참회와 염불 수행을 강조하였다.

**[보충해설]**

> ▌**대각국사 의천의 교단 통합 운동**
> • 흥왕사를 근거지로 삼아 화엄종을 중심으로 교종 통합을 추구 → 불완전한 교단상의 통합, 형식적 통합
> • 선종을 통합하기 위하여 국청사를 창건하고 천태종을 창시 → 교종의 입장에서 선종을 통합
> • 국청사를 중심으로 이론의 연마와 실천을 아울러 강조하는 교관겸수(敎觀兼修)를 제창, 지관(止觀)을 강조
> • 관념적인 화엄학을 비판하고, 원효의 화쟁 사상을 중시
> • 불교의 폐단을 시정하는 대책이 뒤따르지 않아 의천 사후 교단은 다시 분열 → 의천파와 균여파로 분열

---

**12**　　　　　정답 ④

**[정답해설]**
임진왜란(1592) → 병자호란(1636)
병자호란 때 인조가 결국 삼전도에서 굴욕적인 강화를 맺었고, 소현 세자와 봉림 대군 등이 청에 인질로 끌려갔다가 8년 뒤인 1645년에 귀국하였다. 그러므로 청에 인질로 끌려갔던 봉림 대군이 귀국한 것은 병자호란 이후의 일이다.

**[오답해설]**
① 인조는 서인의 주도 하에 인목대비를 유폐하고 영창대군을 살해한 광해군을 폐위시키고 정권을 장악하였다(1623).
② 광해군 때 대북파가 영창대군을 왕으로 옹립하려는 반란을 꾀했다는 구실로 반대파 세력을 제거하기 위해 벌인 계축옥사 이후 영창대군이 사망하였다(1624).
③ 명의 요청에 의해 강홍립이 이끄는 부대가 파병되었으나, 광해군의 중립 외교 정책에 따라 강홍립이 후금에 항복하였다(1619).

---

**13**　　　　　정답 ①

**[정답해설]**
병인양요 때 프랑스의 강화도 공격으로 외규장각 건물이 불타고 의궤가 약탈당하였다. 즉, 외규장각이 약탈당한 병인양요는 1866년에 일어났고, 동학 농민 운동은 1894년에 일어났으므로 두 사건은 연관성이 없다.

**[오답해설]**
② 고려의 궁궐터인 강화도의 고려궁지는 최우 집권기 때 몽골의 침입으로 수도를 천도한 대몽 항쟁의 격전지이다.
③ 유네스코 세계 문화유산으로 등재되어 있는 강화도의 고인돌은 청동기 시대의 대표적인 지배자(족장) 무덤이다.
④ 광성보는 미국이 제너럴셔먼호 사건을 구실로 강화도를 공격하여 신미양요가 발발하자 어재연 부대가 항전한 곳이다.

---

**14**　　　　　정답 ③

**[정답해설]**
인조 대에는 인조반정으로 광해군을 폐위시키고 권력을 잡은 서인이 정국을 주도하는 가운데 남인이 참여하는 형식으로 정국이 조성되었다.

**[오답해설]**
① 선조 대에 언론 삼사 요직의 인사권과 추천권을 가진 이조 전랑 임명권을 둘러싼 대립으로 사림이 동인과 서인으로 분열되었다.
② 광해군 대에 북인은 적극적 사회·경제 정책을 펴고 광해군의 중립 외교를 지지하여 서인과 남인을 배제하고 권력을 장악하였다.
④ 숙종 대에 발생한 경신환국으로 정권을 잡은 서인은 남인에 대한 처우를 둘러싸고 강경파인 노론과 온건파인 소론으로 갈라졌다.

---

**15**　　　　　정답 ②

**[정답해설]**
고려 말 우왕 때 최무선의 건의로 화통도감이 설치되어 화약과 화포를 제작하였다.

**[오답해설]**
① 세종 대에 주자소에서 금속 활자인 갑인자를 주조하여 활자 인쇄술을 발전시켰다.
③ 세종 대에 원의 수시력, 명의 대통력, 아라비아의 회회력 등을 참고하여 한양을 기준으로 한 역법서인 『칠정산』이 편찬되었다.
④ 세종 대에 장영실을 등용하여 천체 관측 기구인 간의를 비롯한 많은 과학 기구들을 제작하였다.

## 16 정답 ④

[정답해설]
정치·경제적 각성 촉진, 민족의 단결, 기회주의자 배격은 신간회의 강령이다. 신간회는 광주 학생 항일 운동 당시 진상 조사단을 파견하여 한·일 학생 간의 충돌 원인을 조사하였다(1929).

[오답해설]
① 총독부가 대학 설립 요구를 묵살하자 조선 교육회는 우리 손으로 대학을 설립하고자 조선 민립 대학 기성회를 창립하고 모금 운동을 전개하였다(1922).
② 상해에서 결성된 신한 청년당은 파리 강화 회의에 김규식을 대표로 파견하고 독립 청원서를 제출하였다(1918).
③ 순종의 인산(因山)일을 계기로 일어난 6·10 만세 운동은 천도교를 중심으로 한 민족주의 계열과 조선 공산당을 중심으로 한 사회주의 계열이 함께 준비하였다(1926).

## 17 정답 ④

[정답해설]
제시된 사료는 이규보의 『동명왕편』이다. 고구려의 건국 시조인 동명왕의 일대기를 서사시 형태로 표현한 이규보의 『동명왕편』에는 김부식의 『삼국사기』에 동명왕의 신이한 사적이 생략되어 있다고 평하였다.

[오답해설]
① 사실의 기록보다 평가를 강조한 강목체 사서는 민지의 『본조편년강목』이다.
② 단군부터 고려 충렬왕 때까지의 역사를 서사시로 기록한 것은 이승휴의 『제왕운기』이다.
③ 단군신화와 전설 등 민간에서 전승되는 자료를 광범위하게 수록한 것은 일연의 『삼국유사』이다.

## 18 정답 ③

[정답해설]
독립 의군부 조직(1912) : 임병찬은 고종의 밀지를 받아 복벽주의 단체인 독립 의군부를 조직하였고, 고종의 복위 및 대한 제국의 재건을 목표로 항일 운동을 전개하였다.

[오답해설]
① 조선 독립 동맹 결성(1942) : 중국 화북 지방의 예안에서 김두봉을 비롯한 사회주의 세력이 대일 항전을 준비하기 위해 조선 독립 동맹을 결성하였다.

② 3부 조직(1923~1925) : 자유시 참변 이후 독립군은 만주로 다시 탈출하여 조직을 재정비하면서 역량을 강화하고 참의부, 정의부, 신민부의 3부를 조직하였다.
④ 영릉가 전투(1932) : 양세봉의 조선 혁명군은 중국 의용군과 연합하여 영릉가 전투에서 일본군에 대승을 거두었다.

## 19 정답 ③

[정답해설]
제시된 자료는 백남운의 사회경제사학과 관련된 내용이다. 백남운은 『조선사회경제사』와 『조선봉건사회경제사』에서 마르크스의 유물 사관을 바탕으로 한국사를 연구하고, 일제가 강조한 식민주의 사학의 정체성 이론을 반박하였다.

[오답해설]
① 국혼을 강조하며 민족의식을 고취한 역사학자이자 독립 운동가는 박은식으로, 국권 피탈 과정을 정리한 『한국통사』와 실천적인 유교 정신을 강조한 『유교구신론』을 저술하였다.
② 정인보는 '오천 년간 조선의 얼'을 신문에 연재하여 민족의 얼을 강조하고 정약용의 여유당전서 간행 사업을 시작하면서 조선학 운동을 추진하였다.
④ 이병도, 손진태 등은 진단 학회를 조직하고 문헌 고증을 중시하는 실증주의 사학을 정립하였다.

## 20 정답 ④

[정답해설]
미국의 애치슨 선언은 6·25 전쟁 이전의 일이다. 미국이 한반도를 미국의 태평양 지역 방위선에서 제외한다는 애치슨 선언으로, 북한이 남침 가능성을 오판하여 6·25 전쟁이 발발하였다.

[오답해설]
① 6·25 전쟁 중에 국군과 유엔군이 맥아더 장군의 인천 상륙 작전을 계기로 전세를 역전시키고 압록강 인근까지 북진하였다.
② 이승만 정부와 자유당은 6·25 전쟁 중 부산에서 계엄령을 선포한 가운데 대통령 직선제와 양원제의 발췌 개헌안을 통과시켰다.
③ 이승만 정부는 6·25 전쟁 당시 유엔군의 휴전 협상 진행에 반대하여 거제도에 수용된 반공 포로를 석방하였다.

## ▌[지방직] 2022년 06월 정답

| 01 | ② | 02 | ② | 03 | ③ | 04 | ① | 05 | ③ |
|----|----|----|----|----|----|----|----|----|----|
| 06 | ① | 07 | ① | 08 | ② | 09 | ③ | 10 | ④ |
| 11 | ① | 12 | ④ | 13 | ③ | 14 | ② | 15 | ④ |
| 16 | ③ | 17 | ② | 18 | ④ | 19 | ② | 20 | ④ |

## [지방직] 2022년 06월 해설

### 01 　　　　　정답 ②

**[정답해설]**

주어진 사료는 신라군이 황산벌에서 계백이 이끄는 백제의 결사대를 격파한 뒤 기벌포에서 소정방의 당나라 군대와 합류하는 과정으로, 밑줄 친 '그'는 신라의 김유신이다. 신라 삼국 통일의 주역인 김유신은 김춘추의 중요한 지지세력 중의 하나로, 김춘추의 신라 왕위 계승을 지원하였다.

**[오답해설]**

① 수 양제(煬帝)가 113만 대군을 이끌고 고구려를 침입하자 을지문덕이 살수에서 수의 군대를 크게 물리쳤다.
③ 통일 신라 때 장보고가 완도에 청해진을 설치하고 해상 무역을 전개하여 국제 무역의 거점으로 번성하였다.
④ 신라의 진흥왕은 고령의 대가야를 정벌하여 낙동강 유역을 확보하였다.

### 02 　　　　　정답 ②

**[정답해설]**

주어진 사료는 신라의 이사부가 우산국(울릉도)을 복속시킨 내용으로 지증왕 때의 일이다(512). 지증왕은 국호를 '사로국'에서 '신라'로 확정하였고, 또한 왕의 칭호를 '마립간'에서 '왕'으로 고쳤다(503).

**[오답해설]**

① 통일 신라의 원성왕은 인재 등용을 위해 유교 경전의 이해 수준에 따라 3등급으로 구분한 독서삼품과를 실시하였다(788).
③ 통일 신라 신문왕 때 관리에게 관료전을 지급하고 귀족의 경제 기반이었던 녹읍을 폐지하였다(687).
④ 발해의 제2대 왕인 무왕(대무예)은 장문휴를 보내 당의 등주를 공격하여 당과 대립하였다(732).

**[보충해설]**

> ▌**신라 지증왕(500~514)**
> • 국호를 사로국에서 신라로, 왕의 칭호를 마립간에서 왕으로 고침(503)
> • 행정 구역을 개편하여 중국식 군현제를 도입하고, 소경제를 설치 → 지방에 주·군을 설치하고 주에 군주를 파견
> • 권농책으로 우경을 시작하고(502), 시장 관리 기관으로 동시전을 설치(509)
> • 이사부를 파견하여 우산국(울릉도)을 복속(512)
> • 순장을 금지하고 상복을 입도록 함 → 상복법 제정

### 03 　　　　　정답 ③

**[정답해설]**

솔빈부의 말이 특산물로 유명했으며, 남으로 신라와 접한 나라는 발해이다. 발해는 중앙을 3성 6부로, 지방을 5경 15부 62주로 편성하였다.

**[오답해설]**

① 백제 고이왕은 내신 좌평 등 6좌평의 관제를 정비하고 중앙 집권 국가의 토대를 마련하였다.
② 통일 신라의 신문왕은 중앙군으로 9서당, 지방군으로 10정의 군사 조직을 운영하였다.
④ 고구려는 귀족 회의체인 제가회의에서 국가의 중대사를 결정하였다.

### 04 　　　　　정답 ①

**[정답해설]**

제시된 자료에서 정초, 변효문 등이 우리 풍토에 맞는 농법을 소개한 『농사직설』을 편찬한 것은 조선 세종 때의 일이다. 세종은 토지를 비옥도에 따라 구분한 전분 6등법과 풍흉에 따라 구분한 연분 9등법의 공법을 제정하였다.

**[오답해설]**

② 조선을 건국한 태조 이성계는 한양으로 도읍을 옮기고 경복궁을 건설하였다.
③ 조선 성종은 세조 때 편찬을 시작한 조선의 기본 법전인 『경국대전』을 완성 및 반포하였다.
④ 조선 중종은 조광조를 등용하여 개혁 정치를 실시하였으나 훈구파의 반발로 기묘사화가 일어나 실패하였다.

## 05　　　　　　　　정답 ③

**[정답해설]**
제시된 사료에서 과거 응시와 벼슬을 제한한 법은 서얼의 관직 진출을 법으로 제한한 서얼금고법이다. 서얼은 양반의 자손 가운데 첩의 소생을 이르는 말로 양첩의 자제는 서자, 천첩의 자제는 얼자라고 하였다. 서얼들은 조선 후기에 통청 운동으로 신분이 상승되어 청요직에 임용되기도 하였다.

**[오답해설]**
① 조선 시대의 향리는 수령을 보좌하는 토착 세력으로 우두머리인 호장, 지방 관청의 아전인 기관, 하급 군관인 장교, 지방 관청의 실무를 담당하던 통인 등으로 분류되었다.
② 조선 시대의 노비는 장례원(掌隷院)을 통해 국가의 관리를 받았으며, 재산으로 간주되어 매매 · 상속 · 증여의 대상이 되었다.
④ 조선 시대의 백정은 도축업에 종사하거나 짐승의 가죽으로 공예품을 만드는 천민 계층으로, 갑오개혁 이후 신분이 해방되고 차별 철폐를 위해 형평운동을 전개하기도 하였다.

## 06　　　　　　　　정답 ①

**[정답해설]**
평농서사 권신이 대상 준홍과 좌승 왕동이 역모를 꾀한다고 참소하자 이들을 숙청하고, 후주 사람인 쌍기의 건의를 받아들여 과거를 실시한 왕은 고려 광종이다. 광종은 노비안검법을 제정하여 양인이었다가 불법으로 노비가 된 자를 조사하여 해방시켜 줌으로써, 호족 · 공신 세력을 약화시키고 왕권을 강화하였다.

**[오답해설]**
② 고려 공민왕은 권문세족을 견제하기 위해 신돈을 등용하여 전민변정도감을 설치하였다.
③ 고려 경종은 관등에 따라 관리에게 토지를 차등 지급하는 전시과 제도를 처음 시행하였다.
④ 고려 성종은 최승로의 시무 28조에 따라 전국의 주요 지역에 12목을 설치하고 지방관을 파견하였다.

**[보충해설]**

**▌ 고려 광종의 업적**
• **개혁 주도 세력 강화** : 개국 공신 계열의 훈신 등을 숙청하고 군소 호족과 신진 관료 중용
• **군사 기반 마련** : 내군을 장위부로 개편하여 시위군을 강화

• **칭제 건원** : 국왕을 황제라 칭하고 광덕 · 준풍 등 독자적 연호를 사용, 개경을 황도라 함
• **노비안검법 실시(956)** : 양인이었다가 불법으로 노비가 된 자를 조사하여 해방시켜 줌으로써, 호족 · 공신 세력을 약화시키고 국가 재정 수입 기반을 확대
• **과거 제도의 실시(958)** : 후주인 쌍기의 건의로 실시, 유학을 익힌 신진 인사를 등용해 호족 세력을 누르고 신구 세력의 교체를 도모
• **백관의 공복 제정(960)** : 지배층의 위계질서 확립을 목적으로 제정, 4등급으로 구분
• **주현공부법** : 국가 수입 증대와 지방 호족 통제를 위해 주현 단위로 공물과 부역의 양을 정함
• **불교의 장려** : 왕사 · 국사 제도 제정(963), 불교 통합 정책 → 혜거를 최초의 국사로, 탄문을 왕사로 임명

## 07　　　　　　　　정답 ①

**[정답해설]**
주어진 자료는 4 · 19 혁명 당시 대학 교수단의 시국 선언문 내용이다. 자유당 정권의 3 · 15 부정선거 규탄 시위에 대한 유혈 진압에 항거하여 4 · 19 혁명이 발발하였으며, 국민들의 요구에 굴복하여 이승만 대통령이 하야하였다(1960).

**[오답해설]**
② 전두환 · 노태우 등의 신군부 세력이 쿠데타를 일으켜 권력을 장악하고 비상계엄을 전국으로 확대하자 이에 저항하여 5 · 18 민주화 운동이 전개되었다(1980).
③ 박정희 정부 때에 한 · 일 회담에 따른 굴욕적인 한 · 일 국교 정상화에 반대하여 6 · 3 시위가 전개되었다(1964).
④ 박종철 고문치사와 전두환 정부의 4 · 13 호헌 조치 발표로 호헌 철폐와 독재 타도 등의 구호를 내세운 6월 민주 항쟁이 촉발되었고, 그 결과 노태우의 6 · 29 민주화 선언에 따라 5년 단임의 대통령 직선제 개헌이 이루어졌다(1987).

## 08　　　　　　　　정답 ②

**[정답해설]**
하남 하사창동의 철조 석가여래 좌상과 논산 관촉사의 석조 미륵보살 입상은 모두 고려 전기의 대표적인 불교 조형품이다. 고려 초기에는 건국을 주도한 지방 호족 세력이 존재하였으며, 이들을 포섭하고 통합하기 위한 정략적 결혼과 성씨를 하사하는 사성 정책 등이 전개되었다.

[오답해설]
① 왕족인 성골 출신의 국왕이 재위한 것은 신라 상대이며, 성골인 진덕 여왕을 끝으로 진골 출신인 무열왕이 왕위에 올랐다.
③ 안동 김씨나 풍양 조씨 등 특정 가문이 정권을 장악한 것은 조선 후기 세도 정치기이다.
④ 성리학에 투철한 사림 세력이 정국을 주도한 것은 16세기 이후인 조선 중기이다.

---

## 09 정답 ③

[정답해설]
ㄴ. 고구려의 건국 시조인 동명왕의 일대기를 서사시 형태로 표현한 이규보의 「동명왕편」은 고구려 계승 의식을 강조하였다.
ㄹ. 유득공의 「발해고」에는 발해를 북국, 신라를 남국으로 칭하며 남북국이라는 용어가 처음 사용되었다.

[오답해설]
ㄱ. 김부식의 「삼국사기」에는 단군 신화가 수록되어 있지 않으며, 일연의 「삼국유사」와 이승휴의 「제왕운기」 등에 단군 신화가 수록되어 있다.
ㄷ. 안정복의 「동사강목」은 기사 본말체가 아닌 고조선부터 고려 말까지의 역사를 연ㆍ월ㆍ일순에 따라 강과 목으로 기록한 강목체로 서술되어 있다.

---

## 10 정답 ④

[정답해설]
제시된 사료에서 탕평책, 균역법, 청계천 준설 등을 통해 밑줄 친 '나'는 조선 영조임을 알 수 있다. 영조 때에는 홍봉한 등이 지리ㆍ정치ㆍ경제ㆍ문화 등 역대 문물을 정리한 한국학 백과사전인 「동국문헌비고」가 편찬되었다.

[오답해설]
① 장용영은 조선 정조 때 창설된 왕의 친위 부대로 한양에는 내영, 수원 화성에는 외영을 두었다.
② 효종 때 러시아의 남하로 청과 러시아 간 국경 충돌이 발생하자 청의 요청으로 나선정벌이 단행되고 조총 부대가 파견되었다.
③ 조선 순조 때 서북민에 대한 차별에 반발하여 홍경래 등이 난을 일으켜 정주성을 점령하였다.

---

[보충해설]

### ▍조선 영조의 업적
- **완론 탕평** : 각 붕당의 타협적 인물들 등용
- **탕평파 육성** : 탕평파를 육성하고 탕평비를 건립
- **산림 부정, 서원 정리** : 붕당의 뿌리를 제거하기 위해 공론의 주재자로 인식되던 산림을 부정, 붕당의 본거지인 서원 대폭 정리
- **이조 전랑 권한 약화** : 붕당의 이익을 대변하던 이조 전랑의 권한을 약화
- **균역법** : 군역 부담 경감을 위해 군포를 2필에서 1필로 경감
- **가혹한 형벌 폐지** : 심한 고문, 형벌 등 폐지
- **서적 간행** : 속오례의, 속대전, 동국문헌비고 등
- **준천사 설치** : 서울 성내의 치산치수를 위해 설치

---

## 11 정답 ①

[정답해설]
을미사변 → 독립문 건립 → 러일전쟁
- **을미사변(1895)** : 명성황후가 친러파와 연결하여 일본을 견제하려 하자 일제는 을미사변을 일으켜 경복궁을 침범하고 명성황후를 시해하였다.
- **(가) 독립문 건립(1897)** : 서재필을 중심으로 창립된 독립협회는 영은문이 있던 자리 부근에 자주 독립의 상징인 독립문을 건립하였다.
- **러일전쟁(1904)** : 일본 함대가 중국 뤼순 군항을 기습 공격함으로써 시작된 전쟁으로, 만주와 한반도의 지배권을 둘러싼 러시아와 일본 간 주도권 쟁탈전이었다.

[오답해설]
② 통감부 설치(1905) : 일본이 러ㆍ일 전쟁에서 승리하자 을사늑약(제2차 한ㆍ일 협약)이 강제로 체결되고 통감부가 설치되었다.
③ 동양 척식 주식회사 설립(1908) : 대한 제국의 토지와 자원을 수탈할 목적으로 일제에 의해 동양 척식 주식회사가 설립되었다.
④ 경복궁 중건(1868) : 흥선 대원군은 왕실의 권위를 세우고 국가 위신의 제고를 위해 임진왜란 때 소실된 경복궁을 중건하였다.

## 12 　　　　　　정답 ④

**[정답해설]**

공민왕의 사후 이인임의 추대로 왕위에 오른 왕은 고려 제
32대 우왕이다. 우왕 때 요동 정벌을 위해 출병한 이성계가
위화도에서 회군하여 최영을 제거하고 정권을 장악하였다
(1388).

**[오답해설]**

① 조선 세종 때 대일 강경책의 일환으로 이종무가 왜구의
　소굴인 대마도를 정벌하였다.
② 고려 원종 때 배중손의 삼별초가 반란을 일으켜 강화도에
　서 반몽정권을 수립하고 대몽 항쟁을 계속하였다.
③ 고려 공민왕 때 유인우, 이자춘 등이 쌍성총관부를 공격하
　여 원에 빼앗긴 철령 이북의 지역을 수복하였다.

**[보충해설]**

▍ **위화도 회군(1388)**
- 최영과 이성계 등은 개혁의 방향을 둘러싸고 갈등
- 우왕의 친원 정책에 명이 쌍성총관부가 있던 철령 이
  북의 땅에 철령위 설치를 통보
- 요동 정벌을 둘러싸고 최영 측과 이성계 측이 대립
- 이성계는 위화도에서 회군하여 최영을 제거하고 군사
  적 · 정치적 실권을 장악

## 13 　　　　　　정답 ③

**[정답해설]**

'조선물산을 팔고 사자'는 슬로건을 통해 1920년대에 전개된
물산 장려 운동임을 알 수 있다. 물산 장려 운동은 일부 상인
과 자본가 중심으로 추진되어 상품 가격의 상승을 초래하였
고, 일부 사회주의자는 자본가 계급을 위한 운동이라고 비판
하였다.

**[오답해설]**

① 가뭄과 홍수로 인해 중단된 것은 민립 대학 설립 운동이
　다. 지역 유지들과 사회단체의 후원으로 순조롭게 진행된
　민립 대학 설립 운동은 일제의 방해와 남부 지방의 가뭄
　및 수해로 모금이 어려워져 결국 중단되었다.
② 물산 장려 운동은 일제의 「회사령」 시행이 아니라 회사령
　폐지로 인해 일본 대기업의 조선 진출이 용이해지자 민족
　기업들이 위기의식을 느끼고 전개한 것이다.
④ 물산 장려 운동은 조선 자본가들이 일본 자본에 대항하기
　위해 일으킨 운동이다.

**[보충해설]**

▍ **물산 장려 운동**
- **배경** : 회사령 철폐(1920)와 관세 철폐(1923) 등으로 일
  본 대기업의 한국 진출이 용이해지자 국내 기업의 위
  기감 고조
- **목적** : 민족 기업을 지원하고 민족 산업을 육성함으로
  써 민족 경제의 자립을 달성
- **발족** : 조선 물산 장려회(1920)가 조만식 등이 중심이
  되어 평양에서 최초 발족
- **활동** : 일본 상품 배격, 국산품 애용 등을 강조
- **구호** : 내 살림 내 것으로, 조선 사람 조선 것, 우리가
  만들어서 우리가 쓰자
- **확산** : 전국적 민족 운동으로 확산되면서 근검 절약,
  생활 개선, 금주 · 단연 운동도 전개
- **문제점** : 상인, 자본가 중심으로 추진되어 상품 가격
  상승 초래, 사회주의자들의 비판
- **결과** : 초기에는 전국적으로 확산되었으나, 일제의 탄
  압과 친일파의 개입, 사회주의 계열의 방해 등으로 큰
  성과를 거두지 못함

## 14 　　　　　　정답 ②

**[정답해설]**

통일주체국민회의에서 재적 대의원 과반수의 찬성으로 대통
령을 무기명투표에 의해 선출하는 것은 박정희 정부 때에 제
정된 유신 헌법의 내용이다. 7차 개헌인 유신 헌법은 대통령
의 임기를 6년으로 연장하고 중임 제한 규정을 철폐하였다
(1972).

**[오답해설]**

① 유신 헌법에서 대통령은 국회를 해산할 수 있는 국회 해
　산권을 통해 대통령의 막강한 권한을 행사할 수 있었다.
③ 유신 헌법에서 대법원장은 대통령이 국회의 동의를 얻어
　임명한다.
④ 유신 헌법에서 대통령은 중대한 위기나 국가의 안전보장
　위협으로 신속한 조치가 필요하다고 판단될 때 국정 전반
　에 걸쳐 필요한 긴급조치를 할 수 있다.

[보충해설]

---

■ **유신 헌법의 주요 내용**
- 국회와 별도로 통일 주체 국민회의를 대의 기구로 설정, 대통령 및 일부 국회의원 선출권 부여
- 대통령에게 국회해산권, 긴급조치권 등 초헌법적 권한 부여
- 대통령은 법관 및 국회의원의 1/3에 해당하는 임기 3년의 유신 정우회 의원을 임명
- 대통령 임기를 6년으로 연장

---

## 15 정답 ④

[정답해설]
(라) 고구려의 평양 천도(427) : 고구려 장수왕은 도읍을 국내성에서 평양으로 옮기고 백제와 신라를 압박하는 남진 정책을 펼쳤다.
(다) 백제의 웅진 천도(475) : 고구려 장수왕의 공격으로 백제의 수도 한성이 함락되고 개로왕이 전사하자, 문주왕이 즉위하여 한성에서 웅진으로 수도를 천도하였다.
(가) 신라의 한강 유역 확보(551) : 신라 진흥왕은 백제 성왕과 나 · 제 동맹을 맺고 고구려로부터 한강 상류 지역을 확보하였다.
(나) 관산성 전투(554) : 신라 진흥왕이 백제가 차지한 한강 유역을 점령하자 백제 성왕이 신라를 공격하다 관산성 전투에서 피살되었다.

## 16 정답 ③

[정답해설]
거란의 2차 침입 때 통주에서 패하고 거란의 포로가 되어 처형당한 (가)는 고려 무신 강조이다. 고려 목종 때 강조는 정변을 일으켜 김치양을 제거한 후 목종까지 폐하고 현종(대량군)을 옹립하였다(1009).

[오답해설]
① 고려 인종 때 김부식은 서경 천도를 주장하며 일으킨 묘청의 난을 진압하였다(1135).
② 고려 숙종 때 윤관의 건의로 신기군, 신보군, 항마군으로 조직된 별무반을 편성하여 여진족의 침입에 대비하였다(1104).
④ 거란의 1차 침입 때 서희가 거란의 소손녕과 협상하여 강동 6주 지역을 고려 영토로 확보하였다(993).

## 17 정답 ②

[정답해설]
군주가 수양해야 할 덕목과 지식을 담은 『성학집요』를 집필한 인물은 율곡 이이이다. 그는 왕도정치의 이상을 문답형식으로 서술하고 다양한 개혁 방안을 담은 『동호문답』을 저술하였다.

[오답해설]
① 퇴계 이황은 경북 안동 예안 지방에 중국 여씨 향약을 모체로 한 예안향약을 만들고 향촌 교화를 위해 노력하였다.
③ 조선 중종 때 풍기 군수 주세붕이 안향의 봉사를 위해 최초의 서원인 백운동 서원을 건립하였다.
④ 조선 태조 때 왕위 계승을 둘러싼 왕자의 난으로 개국공신 정도전이 이방원(태종)에게 죽임을 당했다.

[보충해설]

---

■ **율곡 이이(1536~1584)**
- **성향** : 개혁적 · 현실적 성격(기의 역할을 강조), 일원론적 이기이원론
- **저서** : 동호문답, 성학집요, 경연일기, 만언봉사 등
- **변법경장론** : 경세가로서 현실 문제의 개혁 방안 제시
  - **대공수미법** : 공납의 폐단을 해결하기 위해 공물을 쌀로 걷자는 수미법을 주장
  - **10만 양병설** : 왜구의 침공해 대비해 10만 대군을 양성할 것을 주장

---

## 18 정답 ④

[정답해설]
제시된 자료는 안중근이 이토 히로부미를 사살한 후 체포되어 재판을 받는 과정으로, 범죄자가 아닌 군인의 신분이므로 적국의 포로로써 재판 받기를 요구하였다.

ㄷ. 안중근은 옥중에서 진정한 동양 평화는 한 · 중 · 일 삼국이 대등하게 상호 협력할 때 가능하다고 주장한 『동양평화론』을 집필하였다.
ㄹ. 연해주에서 의병 투쟁을 전개하던 안중근은 하얼빈 역에서 일제의 침략 원흉인 이토 히로부미를 사살하였다.

[오답해설]
ㄱ. 안중근은 일본이 아닌 중국 뤼순 감옥에서 순국하였다.
ㄴ. 안중근은 한인 애국단 소속이 아니다. 한인 애국단은 김구가 상해에서 임시 정부의 위기 타개책으로 조직하였고, 이 단체 소속의 이봉창과 윤봉길이 의거 활동을 전개하

였다.

## 19 　　　　　　　　　　　　　　　정답 ②

[정답해설]

제시된 법률은 이승만 정부 때에 일제 강점기 친일 행위를 한 사람들을 처벌하고 공민권을 제한하기 위해 제정된 반민족 행위 처벌법으로 농지개혁법이 제정되기 이전에 제정되었다. 반민족 행위 처벌법은 1948년 9월에 제정되었고, 농지개혁법은 1949년 6월에 공포된 후 1950년 3월에 시행되었다.

[오답해설]

① 반민족 행위 처벌법은 일제의 잔재를 청산하기 위해 제헌 국회에서 제정되었다.

③ 반민족 행위 처벌법에 의해 반민특위(반민족 행위 특별 조사 위원회)와 특별 재판부가 구성되었다.

④ 반민족 행위 처벌법에 의해 노덕술 등 친일 경력을 지닌 고위 경찰 간부가 체포되었다.

## 20 　　　　　　　　　　　　　　　정답 ④

[정답해설]

(가) 김원봉 / (나) 신채호

제시된 자료는 의열단 단장 김원봉의 요청으로 신채호가 작성한 조선 혁명 선언으로, 무장 투쟁과 민중의 직접 혁명을 주장하고 있다. (가)의 김원봉은 황포 군관 학교에 입학하여 군사 훈련을 받은 후 조선 혁명 간부 학교를 세워 군사력을 강화하였고, (나)의 신채호는 고대사 연구를 바탕으로 조선 상고사를 저술하여 민족주의 역사 서술의 기본 틀을 제시하였다.

[오답해설]

① 조선 의용대를 결성한 것은 김원봉이지만, '국혼'을 강조한 것은 신채호가 아니라 박은식이다.

② 신흥 무관 학교를 설립한 것은 이회영 등이며, 형평사를 창립하고 형평운동을 전개한 것은 이학찬이다.

③ 조선 건국 동맹을 조직한 것은 여운형이며, 식민 사학의 한국사 정체성론을 반박한 대표적 인물은 백남운이다.

## ▌ [지방직] 2021년 06월 | 정답

| 01 | ③ | 02 | ① | 03 | ④ | 04 | ① | 05 | ① |
|----|---|----|---|----|---|----|---|----|---|
| 06 | ② | 07 | ③ | 08 | ③ | 09 | ③ | 10 | ④ |
| 11 | ② | 12 | ② | 13 | ③ | 14 | ② | 15 | ② |
| 16 | ③ | 17 | ④ | 18 | ④ | 19 | ① | 20 | ② |

## ▌ [지방직] 2021년 06월 | 해설

## 01 　　　　　　　　　　　　　　　정답 ③

[정답해설]

영고라는 제천행사와 흰색의 의복을 숭상하는 것으로 보아 부여와 관련된 사료라는 것을 알 수 있다. 왕 아래에 가축의 이름을 딴 마가(馬加) · 우가(牛加) · 저가(猪加) · 구가(狗加)와 대사자 · 사자 등의 관리를 두었다. 4가(加)는 각기 행정 구획인 사출도(四出道)를 다스리고 있어서, 왕이 직접 통치하는 중앙과 합쳐 5부를 구성하였다.

[오답해설]

① 옥저는 가족의 시체를 가매장하였다가 나중에 그 뼈를 추려 가족 공동묘인 커다란 목곽에 안치하는 풍속이 있었다.

② 동예와 옥저의 군장인 읍군, 삼로는 자기 부족을 통치하였다.

④ 삼한은 정치적 지배자의 권력 · 지배력이 강화되면서, 이와 분리하여 제사장인 천군(天君)이 따로 존재 하였다.

[보충해설]

> ▌ 부여의 풍속
> · 백의를 숭상 : 흰 옷을 입음
> · 금 · 은의 장식
> · 형사취수제(兄死娶嫂制) : 노동력 확보를 목적으로 한 근친혼제
> · 순장 · 후장 : 왕이 죽으면 사람들을 함께 묻음(순장), 껴묻거리를 함께 묻음(후장)
> · 우제점법(우제점복) : 소를 죽여 그 굽으로 길흉을 점침
> · 영고(迎鼓) : 음력 12월에 개최하며 수렵 사회의 전통을 보여주는 제천 행사

## 02 　　　　　　　　　　　　　　　정답 ①

[정답해설]

제시된 자료는 『삼국유사』 가락국기편에 실린 가야의 내용이

다. '수로(首露)'를 통해 (가) 나라는 금관가야임을 알 수 있다. 금관가야는 풍부한 철을 생산하였고 철기 문화가 발달하였다. 철은 무기나 농기구를 만드는 데 사용되었고 덩이쇠는 교역에서 화폐처럼 사용되기도 하였다.

**[오답해설]**
② 박, 석, 김씨가 교대로 왕위를 계승한 나라는 신라이다.
③ 고구려 장수왕(20대, 413~491) 때에 지방 청소년의 무예 · 한학 교육을 위해 우리나라 최초의 사학(私學)인 경당이 설치되었다.
④ 백제의 귀족 회의인 정사암 회의는 수상인 상좌평을 3년마다 이 회의에서 선출 하였다.

---

**03**      정답 ④

**[정답해설]**
고려는 2성 6부의 중앙 관제를 마련하고 중서문하성과 중추원의 고위 관료들은 도병마사와 식목도감에서 국가의 중요한 일을 논의하였다. (가)는 식목도감으로 법의 제정이나 각종 시행 규정을 다루고 국가 중요 의식을 관장하였다.

**[오답해설]**
① 삼사(三司)는 전곡(화폐와 곡식)의 출납에 대한 회계와 녹봉 관리를 담당하였다.
② 상서성은 실제 정무를 나누어 담당하는 육부를 두고 정책의 집행을 담당하였다.
③ 어사대(御史臺)는 정치의 잘잘못을 논하고 관리들의 비리를 감찰하는 곳이다.

---

**04**      정답 ①

**[정답해설]**
(가) 나라는 발해를 멸망시킨(926) 거란이다. 고려가 송과 단교하지 않고 친선 관계를 유지하고 거란과의 교류를 회피하면서 거란은 제2차 침입(현종 1, 1010)을 하였다. 거란은 강조의 정변을 구실로 강동 6주를 넘겨줄 것을 요구하며 40만 대군으로 침입하였고, 개경이 함락되어 현종은 나주로 피난을 가게 되었다. 강조가 통주에서 패했으나 양규가 귀주 전투에서 승리하였고 거란군은 퇴로가 차단될 것이 두려워 현종의 입조를 조건으로 퇴각하였다.

**[오답해설]**
② 여진은 동북 9성 반환을 요구했다. 예종 2년(1107), 윤관은 별무반을 이끌고 천리장성을 넘어 동북 지방 일대에 9성

을 축조 하였고 여진족의 계속된 침입과 조공 약속 등으로 1년 만에 9성을 환부하였다(1109).
③ 몽골은 서경 주위에 다루가치라는 민정 감찰관을 파견하여 내정을 간섭하였다.
④ 몽골은 고종 말년에 쌍성총관부를 설치하여 철령 이북의 땅을 직속령으로 편입하였다(1258).

---

**05**      정답 ①

**[정답해설]**
(가)는 사헌부이며 감찰 탄핵 기관이고 사간원과 함께 대간(臺諫)을 구성하여 서경(署經)권(정5품 당하관 이하의 임면 동의권)을 행사하였다.

**[오답해설]**
② 교서관은 서적을 간행하는 궁중 인쇄소다.
③ 승문원은 외교 문서를 작성하는 곳이다.
④ 승정원은 왕명을 출납하는 비서 기관(중추원의 후신)으로 국왕 직속 기관이다.

**[보충해설]**

> **▌ 삼사(三司)**
> • **사헌부**: 감찰 탄핵 기관, 사간원과 함께 대간(臺諫)을 구성하여 서경(署經)권 행사(정5품 당하관 이하의 임면 동의권), 장은 대사헌(종2품)
> • **사간원**: 언관(言官)으로서 왕에 대한 간쟁, 장은 대사간(정3품)
> • **홍문관**: 경연을 관장, 문필 · 학술 기관, 고문 역할, 장은 대제학(정2품)

---

**06**      정답 ②

**[정답해설]**
밑줄 친 '그'는 연개소문으로 보장왕 때 연개소문의 요청으로 불교 세력을 누르기 위해 도교를 장려하였다. 연개소문은 대당 강경책을 추진하고, 당의 침입에 대비해 천리장성(부여성~비사성)을 쌓아 방어 체제를 강화하였다.

**[오답해설]**
① 당에 건너가 군사 동맹을 맺어(나 · 당 연합군의 결성(648)) 한반도의 통일을 기도한 사람은 김춘추다.
③ 을지문덕이 이끄는 고구려군에게 살수에서 대패하였다(살수대첩(612)).

④ 남진 정책을 추진하여 백제의 수도 한성을 함락시킨 것은 고구려 장수왕이다.

## 07 정답 ③

**[정답해설]**

(가)는 원광으로 화랑의 기본 계율인 세속 5계를 지었고, 진평왕 31년(608)에 고구려가 신라 변경을 침범했을 때 왕의 요청으로 수나라에 군사적 도움을 청하는 걸사표를 지었다.

**[오답해설]**

① 원효는 '모든 것이 한마음에서 나온다.'는 일심 사상(一心思想)을 바탕으로 종파들 간의 사상적 대립을 조화시키고 여러 종파의 사상을 융합하는 화쟁사상을 주장하였다.
② 의상은 화엄종을 연구하고, 「화엄일승법계도」를 저술하여 화엄 사상을 정립하였다.
④ 혜초는 인도에 가서 불교를 공부하고 「왕오천축국전」을 남겼다.

## 08 정답 ③

**[정답해설]**

(가)는 박제가(1750~1805)로 청에 다녀온 후 「북학의」를 저술하였고, 상공업의 육성, 청과의 통상 강화, 세계 무역에의 참여, 서양 기술의 습득 등을 주장하였다. (나)는 한치윤으로 단군 조선부터 고려 시대까지를 서술한 기전체 사서인 「해동역사(海東繹史)」를 편찬하였다.

**[보충해설]**

> ▌ **박제가(1750~1805)**
> • 청에 다녀온 후 「북학의」를 저술
> • 상공업의 육성, 청과의 통상 강화, 세계 무역에의 참여, 서양 기술의 습득을 주장
> • 선박과 수레의 이용 증가 및 벽돌 이용 등을 강조
> • **소비의 권장**: 생산과 소비와의 관계를 우물물에 비유하면서 생산을 자극하기 위해서는 절약보다 소비를 권장해야 한다고 주장
> • 신분 차별 타파, 양반의 상업 종사 등을 주장

## 09 정답 ③

**[정답해설]**

(라) 이자겸은 반대파(인종의 측근 세력)를 제거하고 척준경과 함께 난을 일으켜 권력을 장악 하였다(1126).
(가) 정중부·이고·이의방 등이 다수의 문신을 살해, 의종을 폐하고 명종을 옹립한 무신정변이 일어났다(1170).
(나) 최충헌이 이의민을 제거하고 무신 간의 권력 쟁탈전을 수습하여 강력한 독재 정권을 이룩하였다(1196). 1196년부터 1258년까지 4대 60여 년간 최씨의 무단 독재 정치가 이어졌다.
(다) 몽골의 5차 침입(1253~1254)으로 충주성에서 김윤후가 이끄는 민병과 관노의 승리로 이어졌다.

## 10 정답 ④

**[정답해설]**

제시된 글은 태조의 훈요 10조로 (가) 지역은 서경이다. 1270년에 몽골은 원종 때 자비령 이북의 땅을 차지하여 서경에 동녕부를 설치하였다.

**[오답해설]**

① 팔만대장경(재조대장경, 1236~1251)은 몽고의 침입으로 초조대장경이 소실된 후 부처의 힘으로 이를 극복하고자 고려 고종 때 강화도에 대장도감을 설치하고, 16년 만에 조판한 후 선원사 장경도감에 보관하였다.
② 지눌은 승려 본연의 자세로 돌아가 독경과 선 수행 등에 고루 힘쓰자는 개혁 운동인 수선사 결사운동을 송광사(순천) 중심으로 전개하였다.
③ 망이·망소이는 공주 명학소(鳴鶴所)에서 주동이 되어 반란을 일으켰다(1176).

**[보충해설]**

> ▌ **원의 내정 간섭으로 인한 영토의 상실**
> • **쌍성총관부 설치(1258)**: 고종 말년에 쌍성총관부를 설치하여 철령 이북의 땅을 직속령으로 편입(공민왕 5년(1356)에 유인우가 무력으로 탈환)
> • **동녕부 설치(1270)**: 원종 때 자비령 이북의 땅을 차지하여 서경에 동녕부를 설치(충렬왕 16년(1290)에 반환)
> • **탐라총관부 설치(1273)**: 삼별초의 항쟁을 진압한 뒤 제주도에 설치하고 목마장을 경영(충렬왕 27년(1301)에 반환)

## 11 정답 ②

**[정답해설]**
제시된 자료의 역사서는 고려 중기 인종 23년(1145)에 김부식이 저술한 진삼국사기표(삼국사기를 올리는 글)이다. 「삼국사기」는 유교적 합리주의 사관에 기초하여 신라를 중심으로 서술하였으며 본기·열전·지·연표 등으로 구분되어 서술된 기전체(紀傳體) 사서다.

**[오답해설]**
① 단군부터 고려 말까지의 불교사를 중심으로 서술한 기사본말체 형식의 사서로 단군의 건국 이야기, 가야에 대한 기록, 고대의 민간 설화, 불교 설화 등을 수록한 일연의 「삼국유사」다.
③ 성종 15년(1484)에 서거정이 왕명으로 편찬한 편년체의 사서로, 단군에서 여말까지를 기록한 최초의 통사인 「동국통감」의 설명이다.
④ 진흥왕 때 거칠부가 편찬한 책은 「국사(國史)」다.

## 12 정답 ②

**[정답해설]**
신라 문무왕의 뒤를 이어 즉위한 후 공사를 마무리 했다는 점으로 보아 밑줄 친 '이 왕'은 신문왕이다. 신문왕은 유학 교육을 위하여 국학(國學)을 설립하고 유교 이념을 확립하였다.

**[오답해설]**
① 신라의 법흥왕(23대, 514~540)은 건원(建元)이라는 연호를 사용함으로써 자주 국가로서의 위상을 높였다.
③ 통일 신라 성덕왕(33대, 702~737)은 백성들에게 정전을 지급(722)하여 농민에 대한 국가의 토지 지배력을 강화하였다.
④ 무열왕(29대, 654~661)은 최초의 진골 출신 왕으로서, 통일 전쟁을 치르는 과정에서 왕권을 강화하였다.

**[보충해설]**

> ▌**신문왕(31대, 681~692)**
> • 전제 왕권의 강화
> • 김흠돌의 난을 계기로 귀족 세력을 숙청하면서 전제 왕권 강화(6두품을 조언자로 등용)
> • 중앙 정치 기구를 정비(6전 제도 완성, 예작부 설치)하고 군사 조직(9서당 10정)과 지방 행정 조직(9주 5소경)을 완비
> • 관리에게 관료전을 지급(687)하고 귀족의 경제 기반이었던 녹읍을 폐지(689)

> • 유학 교육을 위하여 국학(國學)을 설립하고 유교 이념을 확립

## 13 정답 ③

**[정답해설]**
밑줄 친 '왕'은 초계문신제 시행, 서얼 출신의 유능한 인사를 규장각 검서관으로 등용하였다는 것을 통해 정조임을 알 수 있다. 정조는 상공업 진흥과 재정 수입 확대를 위해 육의전을 제외한 금난전권을 철폐한 신해통공(1791)을 시행하였다.

**[오답해설]**
① 동학은 철종 11년(1860)에 경주 출신인 최제우(崔濟愚)가 창시하였다.
② 「대전회통」은 흥선대원군 시기에 편찬된 법전이다(1865). 정조는 「대전통편」을 편찬하였다.
④ 홍경래 난(평안도 농민 전쟁)은 순조 11년(1811)에 발생하였다.

## 14 정답 ②

**[정답해설]**
제시된 글의 밑줄 친 (가)는 흥선대원군이다. 흥선대원군은 민생 안정을 위해 600여 개소의 서원 가운데 47개소만 남긴 채 철폐·정리하였고 유생의 강력한 반발을 초래하였다.

**[오답해설]**
① 「대한국국제」를 만들어 공포한 것은 대한 제국 수립 이후 황제로 등극한 고종이다.
③ 우정총국 개국 축하연을 이용해 사대당 요인을 살해하고 개화당 정부를 수립한 것은 김옥균 등 급진 개화파다.
④ 청의 주일 참사관인 황쭌셴의 「조선책략」은 김홍집(2차 수신사)이 도입하여 개화 정책에 영향을 미쳤다.

## 15 정답 ②

**[정답해설]**
(가) 단체는 3·1 운동을 계기로 형성된 대한민국 임시 정부이다. 대한민국 임시 정부는 국내 항일 세력들과 연락하기 위해 연통제와 교통국을 운영하였다.

**[오답해설]**
① 대동단결선언은 독립 운동 세력에 의한 임시 정부 수립

노력의 일환으로 대한민국 임시 정부 수립(1919) 전인 1917년에 발표되었다.

③ 신민회는 서간도에 군사교육기관인 신흥강습소를 설립하고 이후 신흥무관학교(1919)로 발전하였다.

④ 의열단은 신채호의 조선 혁명 선언(1923)을 활동 지침으로 삼아 활동하였다.

---

## 16     정답 ③

**[정답해설]**

자료의 첫 번째 제너럴 셔먼호 사건은 1866년, 마지막 광성보 공격은 1871년 신미양요와 관련되어있다. (가) 시기에 있었던 사실은 ③번으로, 1868년에 일어났다. 독일 상인 오페르트가 통상을 거부당하자 충청남도 덕산에 있는 남연군의 묘를 도굴하다가 발각한 사건으로 대원군의 쇄국 의지를 강화하고 백성들도 서양인을 야만인이라 하며 배척하였다.

**[오답해설]**

① 고종은 종묘에 나가 독립 서고문을 바치고 홍범 14조를 반포하였다(1895. 1).

② 운요호가 연안을 탐색하다 강화도 초지진에서 조선 측의 포격을 받고 일본은 보복으로 영종도를 점령·약탈, 책임 추궁을 위해 춘일호를 부산에 입항시켰다(1875).

④ 임오군란은 신식 구대(별기군)우대 및 구식 군대에 대한 차별로 일어난 사건이다(1882).

**[보충해설]**

> **■ 제너럴셔먼호 사건과 신미양요**
>
> • **제너럴셔먼호 사건(1866)** : 대동강에 침입하여 통상을 요구하며 행패를 부리던 미국 상선 제너럴셔먼호(General Sherman號)를 평양군민들이 반격하여 불태워 버린 사건이다. 이 사건은 신미양요의 원인이 되었다.
>
> • **신미양요(1871)** : 미국은 제너럴셔먼호 사건을 구실로 로저스 제독이 이끄는 5척의 군함으로 강화도를 공격하였고, 어재연 등이 이끄는 조선의 수비대가 광성보와 갑곶(甲串) 등지에서 격퇴하고 척화비(斥和碑)를 건립하였다.

---

## 17     정답 ④

**[정답해설]**

제시된 글의 밑줄 친 '이 단체'는 민족주의 진영과 사회주의

진영이 민족 유일당, 민족 협동 전선의 기치 아래 결성된 신간회(1927년 결성)이다. 신간회는 광주 학생 항일 운동 조사단을 파견하고 민중 대회를 계획하였으나 일제에 의해 무산되었다.

**[오답해설]**

① 평양 조선물산장려회는 신간회 이전인 1920년, 서울 조선물산장려회는 1923년에 설립되어 전국으로 확산되었고 물산장려운동을 펼쳤다.

② 총독부가 대학 설립 요구를 묵살하자 조선 교육회는 우리 손으로 대학을 설립하고자 조선 민립 대학 기성 준비회(1922, 이상재)를 결성하였다.

③ 브나로드 운동은 1931년 동아일보사에서 농촌계몽운동을 전개한 것이다. 문맹 퇴치와 미신 타파를 목적으로 시작한 이 운동은 1935년 조선총독부 경무국의 명령으로 중단되었다.

---

## 18     정답 ④

**[정답해설]**

제시된 글은 외교권을 빼앗고, 통감부를 설치하여 내정까지 간섭하는 통감정치의 결과를 가져온 1905년 11월에 체결된 을사조약이다. 일본은 을사조약 제2조에 '일본 정부는 한국과 타국 간에 현존하는 조약의 실행을 완수하는 임무를 담당하고 한국 정부는 지금부터 일본 정부의 중개를 거치지 않고서는 국제적 성질을 가진 어떤 조약이나 약속을 맺지 않을 것을 서로 약속한다.' 라는 내용을 넣었다.

**[오답해설]**

① 1910년 일제는 한국의 국권을 강탈한 이후 한·일 병합 조약에서 천황과 총독에 의한 통치의 내용을 말하였고 식민 통치의 중추 기관으로 조선 총독부를 설치하였다.

② 1907년 헤이그 특사 파견을 문제 삼아 고종 황제를 강제로 퇴위시켰고 순종을 즉위시킨 후 황제의 동의 없이 정미 7조약을 강제로 체결하였다.

③ 일제는 방곡령 시행 1개월 전에 일본 영사관에 통고해야 한다는 조·일 통상 장정(1883) 규정을 구실로 방곡령의 철회를 요구하고 거액의 배상금을 요구하였다.

---

## 19     정답 ①

**[정답해설]**

(가)는 제1차 미·소 공동위원회이다. 1946년 3월에 제1차 미·소 공동 위원회가 서울에서 개최되었으나 참여 단체를 놓고 대립하여 결렬되었다. 소련은 모스크바 3상 회의의 협

정(신탁 통치안)을 지지하는 정당 · 사회단체들만이 임시 정부 수립 문제를 협의할 대상이 될 수 있다고 주장하였고, 미국은 신탁통치 반대세력들도 협의대상이 되어야 한다고 주장하였다.

**[오답해설]**
② 조선 건국 동맹(1944)은 여운형이 위원장인 조선 건국 준비 위원회를 조직하였다(1945. 8).
③ 1948년 제헌 국회가 구성되고 민주 공화국 체제의 헌법을 제정 · 공포하였다(1948. 7. 17).
④ 유엔 총회는 유엔 한국 임시 위원단의 감시 하에 인구 비례에 의한 남북한 총선거 실시를 결의하였다(1947. 11).

**[보충해설]**

> **▌ 한국에 대한 모스크바 3상 회의 결정서(1945)**
> • 한국을 독립 국가로 재건하기 위해 임시적인 한국 민주 정부를 수립한다.
> • 한국 임시 정부 수립을 돕기 위해 미 · 소 공동 위원회를 설치한다.
> • 미, 영, 소, 중의 4개국이 공동 관리하는 최고 5년 기한의 신탁 통치를 실시한다.
> • 남북한의 행정 · 경제면의 항구적 균형을 수립하기 위해 2주일 이내에 미 · 소 양군 사령부 대표 회의를 소집한다.

---

**20**                                   **정답 ②**

**[정답해설]**
4 · 19혁명은 이승만 정부 때인 1960년, 유신헌법 공포는 박정희 정부 때인 1972년 12월이다. 7 · 4 남북 공동 성명은 1972년 7월에 발표되었고 남북한 모두 독재 체제 강화에 이용하였다(유신 헌법, 사회주의 헌법).

**[오답해설]**
① 반민족 행위 처벌법은 일제 잔재를 청산하기 위하여 제헌 국회에서 1948년 9월 제정되었다.
③ 노태우 정부 때인 1991년 남북한이 유엔에 동시 가입하였다.
④ 1980년 5 · 18 광주 민주화 운동이 일어났다.

## ▌[서울시] 2023년 06월 | 정답

| 01 | ① | 02 | ④ | 03 | ④ | 04 | ④ | 05 | ③ |
|----|---|----|---|----|---|----|---|----|---|
| 06 | ④ | 07 | ② | 08 | ④ | 09 | ① | 10 | ② |
| 11 | ② | 12 | ④ | 13 | ② | 14 | ③ | 15 | ③ |
| 16 | ③ | 17 | ① | 18 | ③ | 19 | ① | 20 | ① |

## ▌[서울시] 2023년 06월 | 해설

### 01    정답 ①

[정답해설]
금속 도구가 만들어지면서 석기 농기구가 사라진 것은 철기 시대의 일이다. 청동기 시대에는 농기구로 돌 도끼나 반달 돌칼, 홈자귀, 나무로 만든 농기구 등을 주로 사용하였다.

[오답해설]
② 청동기 시대에는 거푸집을 이용하여 청동검을 제작하였고, 의식을 행하기 위한 의례 도구로 청동 거울과 청동 방울 등도 제작하였다.
③ 청동기 시대 이전에는 계급이 없는 평등한 공동체 생활을 하였으나, 청동기 시대부터 생산력이 발전하면서 사유재산제와 계급이 발생하였다.
④ 청동기 시대부터는 일상생활에서 무늬가 없는 민무늬토기가 이용되었다.

[보충해설]

▌ 청동기 시대 농기구의 개선 및 발달
• 이전 시대부터 사용되던 석기 농기구가 다양해지고 기능도 개선되었으며, 철제 농기구가 새로 도입되어 농업이 전보다 발달하고 생산 경제가 크게 향상됨
• 청동기 시대에는 농기구로 돌 도끼나 반달 돌칼, 홈자귀, 나무로 만든 농기구 등을 주로 사용하였고, 철기 시대에 접어들면서 기존의 석기나 목기 외에도 점차 낫·쟁기 등의 철제 농기구가 보급됨

### 02    정답 ④

[정답해설]
무구정광대다라니경이 발견된 곳은 미륵사지 석탑이 아니라 불국사 삼층 석탑이다. 경북 경주의 불국사에 있는 통일 신라의 석탑으로, 내부에서 현존하는 세계 최고(最古)의 목판 인쇄물인 무구정광대다라니경이 발견되었다.

[오답해설]
① 무령왕릉은 중국 남조의 영향을 받은 벽돌무덤 양식으로, 무덤의 주인을 알 수 있는 묘지석이 출토되었다.
② 영광탑은 중국 길림성 장백진 북서쪽 탑산에 있는 발해 시대의 누각식 전탑으로 장방형, 규형, 다각형의 벽돌로 쌓은 5층의 벽돌탑이다.
③ 강서대묘는 도교의 영향을 받은 고분벽화가 있는 고구려 무덤으로, 무덤의 사방을 수호하는 영물인 청룡·백호·주작·현무가 그려져 있다.

### 03    정답 ④

[정답해설]
최충헌 이후 집권한 최우는 자신의 집에 교정도감에서 인사 행정 기능을 분리한 정방을 설치하여 문무 관직에 대한 인사권을 장악하였다(1225).

[오답해설]
① 교정도감은 고려 무신 집권기 때 국정을 총괄하는 기구로 인재 천거, 조세 징수, 감찰, 재판 등 최고 집정부 역할을 수행하였다.
② 도방은 경대승이 정중부를 제거하고 집권한 후 신변 보호를 위해 만든 사병 조직으로, 이후 무신 정권의 사적 무력 기반이 되었다.

③ 중방은 고려 시대 2군 6위의 상장군·대장군 등이 모여 군사 문제를 의논하는 무신들의 최고 합좌 회의 기구이다.

**[보충해설]**

> ▌ **최우의 집권(1219~1249)**
> - 교정도감을 통하여 정치 권력 행사, 진양후로 봉작됨
> - **정방 설치(1225)** : 문무 관직에 대한 인사권 장악
> - **서방 설치(1227)** : 문신 숙위 기구, 문학적 소양과 행정 실무 능력을 갖춘 문신들을 등용하여 정치 고문의 역할을 수행하게 함
> - **삼별초 조직** : 야별초에서 비롯하여 좌별초·우별초·신의별초(신의군)로 확대 구성

---

## 04　　　　　　　　　　　정답 ④

**[정답해설]**

조선 세종 때 원의 수시력, 명의 대통력, 아라비아의 회회력 등을 참고하여 한양을 기준으로 한 역법서인 『칠정산내외편』이 편찬되었다.

**[오답해설]**

① 『향약채취월령』은 조선 세종 때 유효통 등이 일반대중의 향약 채취와 활용을 위하여 간행한 의학서이다.
② 『의방유취』는 조선 세종 때 김순의가 편찬한 동양 최대의 의학 백과사전으로, 우리나라에 전해 내려오는 한방 의서들을 종류에 따라 일괄적으로 그 지식을 정리하여 집대성한 것이다.
③ 『농사직설』은 조선 세종 때 정초 등이 편찬한 우리나라 최초의 농서로서, 중국의 농업기술을 수용하면서 우리 실정에 맞는 독자적인 농법을 정리하였다.

---

## 05　　　　　　　　　　　정답 ③

**[정답해설]**

〈보기 1〉에서 국왕의 친위부대인 장용영을 설치한 것은 조선 정조이다.
ㄴ. 정조는 상공업 진흥과 재정 수입 확대를 위해 육의전을 제외한 금난전권을 철폐하는 신해통공을 단행하였다.
ㄷ. 정조는 신진 인물이나 중·하급(당하관 이하) 관리 가운데 젊고 유능한 관료의 재교육을 위해 초계문신제를 시행하였다.

---

**[오답해설]**

ㄱ. 조선 영조 때 붕당 정치의 폐해를 경계하기 위해 성균관 입구에 탕평비가 건립되었다.

---

## 06　　　　　　　　　　　정답 ④

**[정답해설]**

주어진 〈보기〉에서 금붙이, 쇠붙이, 밥그릇 등 일제가 침략 전쟁의 전개로 전쟁 물자의 조달을 위한 금속류 회수령을 공포한 것은 1940년대인 민족 말살 통치기이다.
한편, 일제가 어업령, 삼림령, 광업령 등을 제정하여 각종 자원을 독점하기 시작한 것은 1910년대인 무단 통치기이다.

**[오답해설]**

① 일제는 민족 말살 통치기에 침략 전쟁을 수행하기 위한 조선식량관리령을 시행하여 곡물을 강제로 공출하였다.
② 일제는 민족 말살 통치기에 일본군 위안부 등 여성 동원을 법제화하기 위해 여자 정신 근로령을 공포하였다.
③ 일제는 민족 말살 통치기에 군수물자를 조달하기 위한 목적으로 기업정비령과 기업허가령을 시행하여 기업 통제를 강화하였다.

---

## 07　　　　　　　　　　　정답 ②

**[정답해설]**

ㄱ. 카이로 선언(1943. 12) : 미국·영국·중국의 정상이 카이로에서 모여 회담을 한 후 나온 선언으로, 국제적으로 한국의 독립을 처음 보장하였다.
ㄹ. 얄타회담(1945. 2) : 미국·영국·소련의 3국 수뇌가 소련의 대일 참전을 결정하고, 한반도 신탁통치를 밀약하여 한국 독립에 대해 논의하였다.
ㄷ. 포츠담 선언(1945. 7) : 독일이 항복한 후 전후 처리 문제를 협의하기 위해 미국·영국·중국 수뇌부가 회담 후 발표한 선언으로, 일본의 무조건적 항복을 요구하였다.
ㄴ. 모스크바 3국 외상회의(1945. 12) : 모스크바에서 삼국 외상 회의가 개최되어 미·소 공동 위원회를 설치하고 최고 5년 동안 미·영·중·소 4개국이 신탁 통치를 하기로 결정하였다.
ㅁ. 5·10 총선거(1948. 5) : 우리나라 최초의 보통 선거인 5·10 총선거가 남한 단독으로 실시되어 제헌 국회를 구성하고 헌법을 제정·공포하였다.

## 08       정답 ④

**[정답해설]**
주어진 〈보기〉는 마을 단위의 토지 분배와 공동 경작을 주장한 정약용의 여전론(閭田論)이다. 정약용은 지방 행정의 개혁안을 제시하고 지방관(목민관)의 도리에 대해 서술한 『목민심서』를 저술하였다.

**[오답해설]**
① 『북학의』는 박제가가 청에 다녀온 후 저술한 책으로, 재물을 우물에 비유하여 절약보다 소비를 권장하였다.
② 『성호사설』은 성호 이익이 평소에 기록해 둔 글과 제자들의 질문에 답한 내용을 그의 조카들이 정리한 백과사전식 전서이다.
③ 『반계수록』은 유형원이 국가 운영과 개혁에 대한 견해를 밝힌 책으로, 신분에 따라 토지를 차등 분배하자는 균전론을 제시하였다.

**[보충해설]**

> ▌**다산 정약용(1762~1836)**
> - 이익의 실학사상을 계승하면서 실학을 집대성
> - 정조 때 벼슬길에 올랐으나 신유박해 때에 전라도 강진에 유배
> - 500여 권의 저술을 여유당전서로 남김
> - 3부작(1표 2서) : 목민심서, 경세유표, 흠흠신서
> - 3논설 : 전론, 원목, 탕론
> - 기예론 : 농업 기술과 공업 기술을 논의
> - 여전론 : 토지 제도의 개혁론으로 처음에는 여전론을, 후에 정전론을 주장

## 09       정답 ①

**[정답해설]**
주어진 〈보기〉에서 개화당, 임오군란 이후 청의 내정간섭 등을 통해 밑줄 친 '이 사건'은 1884년에 일어난 갑신정변임을 알 수 있다.
한편, 조선과 청이 양국 상인의 통상에 대해 맺은 조약인 조청상민수륙무역장정이 체결된 것은 1882년에 일어난 임오군란의 결과이다.

**[오답해설]**
② 급진개혁파는 우정총국의 낙성 축하연을 기회로 사대당 요인을 살해하고 개화당 정부를 수립하기 위해 갑신정변을 일으켰다.

③ 김옥균, 박영효 등 갑신정변의 주모자들은 청과 종속 관계를 청산하여 자주독립을 확고히 하고자 하였다.
④ 갑신정변 이후 청과 일본은 텐진 조약을 체결해 향후 조선으로 군대 파견 시 상대국에게 알리도록 하였다.

## 10       정답 ②

**[정답해설]**
제시된 〈보기〉에서 조준이 건의한 토지제도는 과전법(科田法)이다. 과전법은 고려 공양왕 때 실시된 토지 정책으로, 지급 대상 토지를 원칙적으로 경기 지역에 한정하였다. 과전법의 시행은 신진 사대부들의 경제적 기반을 확대하고 농민의 지지를 확보하였다(1391).

**[오답해설]**
① 고려 경종 때에는 전시과 제도를 마련하여 관등에 따라 관리에게 전지와 시지를 차등 지급하였다(976).
③ 조선 세조는 과전이 부족해지자 현직 관리에게만 수조권을 지급하는 직전법을 제정하였다(1466).
④ 조선 인조는 풍흉에 관계없이 토지에 부과하는 세금을 1결당 4~6두로 고정하는 영정법을 제정하였다(1635).

**[보충해설]**

> ▌**과전법의 특성**
> - **신진 사대부의 경제적 기반** : 관리가 직접 수조권 행사
> - **세습 불가의 원칙과 예외** : 1대(代)가 원칙이나, 수신전·휼량전·공신전 등은 세습
> - **1/10세 규정** : 공·사전을 불문하고 생산량의 1/10세를 규정하여, 법적으로 병작반수제를 금지하고 농민을 보호
> - **농민의 경작권 보장** : 수조권자와 소유권자가 바뀌어도 이를 보장해 농민의 지지를 유도
> - **현직·전직 관리(직·산관)에게 수조권 지급**
> - 지급 대상 토지를 원칙적으로 경기 지역에 한정

## 11       정답 ②

**[정답해설]**
주어진 〈보기〉의 내용은 백제의 정사암 제도이다. 백제는 전국을 5방으로 나누고 그 책임자를 방령이라고 불렀으며 군에는 군장, 성에는 도사를 두었다.

**[오답해설]**

① 고구려는 각 지방의 성이 군사적 요지로 개별적 방위망을 형성하였고 욕살, 처려근지 등의 지방관을 두어 병권을 행사하였다.

③ 신라는 지방군으로 10정의 군사 조직을 운영하였는데, 각 주에 정을 두고 진골 출신의 장군이 지휘하도록 하였다.

④ 고구려는 귀족 회의체인 제가 회의에서 제5관등 이상의 귀족들이 모여 나라의 중대사를 결정하였다.

**[보충해설]**

| **▮ 백제의 통치 체제** | |
|---|---|
| 수도 | 5부 |
| 지방 | 5방(방 · 군제) : 방에는 방령, 군에는 군장, 성에는 도사를 둠 |
| 특수 행정 구역 | 22담로(무령왕) : 국왕의 자제 및 왕족을 파견 |

---

| **12** | **정답 ④** |
|---|---|

**[정답해설]**

〈보기 1〉의 해동통보는 고려 숙종 때 발행된 화폐이다. 고려 숙종은 화폐 유통의 촉진을 도모하기 위해 주전도감을 설치하고 해동통보 외에 삼한통보와 해동중보도 발행하였으나 널리 사용되지는 못하였다.

**[오답해설]**

ㄱ. 조선통보는 조선 전기 세종 때 발행된 화폐로 당시 법화(법정통화)로 주조되었다(1427).

ㄷ. 십전통보는 조선 후기 효종 때 김육이 당시 수입청전 통용의 문제점을 해결하고 주전 통용을 위해 건의함으로서 주조되었다(1651).

---

| **13** | **정답 ②** |
|---|---|

**[정답해설]**

ㄱ, ㄴ, ㄹ → 동학농민군의 폐정개혁 12개조
ㄷ, ㅁ → 독립협회의 헌의 6조

**[보충해설]**

**▮ 폐정 개혁 12조**

1. 동학도와 정부 사이에 원한을 씻어 버리고 모든 행정을 협력할 것
2. 탐관오리는 그 죄목을 조사하여 엄징할 것
3. 횡포한 부호들을 엄징할 것
4. 불량한 양반과 유림을 징벌할 것
5. 노비 문서를 불태워 버릴 것
6. 칠반천인의 대우를 개선하고 평량갓을 없앨 것
7. 과부의 재혼을 허락할 것
8. 무명잡세를 모두 폐지할 것
9. 관리 채용 시 지벌을 타파할 것
10. 왜적과 내통하는 자는 엄징할 것
11. 공사채는 물론이고 기왕의 것을 무효로 돌릴 것
12. 토지는 평균으로 분작할 것

**▮ 헌의 6조**

1. 외국인에게 의지하지 말고 관민이 협력하여 전제황권을 공고히 한다.
2. 외국과의 이권에 관한 조약은 각 대신과 중추원 의장이 합동 날인하여 시행한다.
3. 국가 재정은 탁지부에서 전관하고, 예산과 결산을 국민에게 공포한다.
4. 중대 범죄를 공판하되 피고의 인권을 존중한다.
5. 칙임관을 임명할 때에는 정부의 자문을 받아 다수의 의견에 따른다.
6. 정해진 규정을 실천한다.

---

| **14** | **정답 ③** |
|---|---|

**[정답해설]**

〈보기〉에서 이범석 장군은 한국광복군의 지휘관이다. 충칭 임시 정부 산하의 한국광복군은 미국 전략 정보국(OSS)의 지원을 받아 국내 진공 작전을 계획하였으나 일제의 패망으로 실현하지는 못했다.

**[오답해설]**

① 조선독립동맹이 조선의용대를 개편하여 조선의용군을 창설하였으며, 중국 팔로군과 함께 태평양 전쟁에 참전해 항일 전쟁을 전개하였다.

② 김구는 상해에서 임시 정부의 위기 타개책으로 한인애국단을 조직하였고, 이 단체 소속의 이봉창과 윤봉길이 의거 활동을 전개하였다.

④ 만주에서 중국 공산당과 한인 사회주의자가 연합하여 결성한 동북인민혁명군이 동북항일연군으로 개편되어 보천보 전투 등에서 활약하였다.

## 15 정답 ③

**[정답해설]**

〈보기〉의 내용은 일제의 민족 말살 통치기에 일본 천황에게 충성을 맹세하는 황국 신민 서사의 내용이다(1937). 이 시기에 일제는 우리 민족의 사상을 통제하기 위한 조선 사상범 예방 구금령을 제정하고 독립운동을 탄압하였다(1941).

**[오답해설]**

① 일제는 무단 통치기에 토지 약탈과 식민지화에 필요한 재정 수입원을 마련하기 위해 토지조사령을 발표하고 토지 조사사업을 실시하였다(1912).
② 일제는 문화 통치기에 사상 통제법인 치안유지법을 제정하여 독립 운동가들을 탄압하였다(1925).
④ 일제는 문화 통치기에 공업화로 인한 일본 내 식량 부족 문제 해결을 위한 산미증식 계획을 실시하였다(1920).

## 16 정답 ③

**[정답해설]**

〈보기〉의 견대당매물사(遣大唐賣物使)는 신라의 장보고가 당에 파견한 무역 사절단이다. 청해진을 중심으로 해상 무역을 전개한 장보고는 항해의 안전을 기원하기 위해 산둥반도에 적산 법화원을 건립하였다.

**[오답해설]**

① 『화랑세기』는 통일 신라의 대표적인 문장가인 김대문이 저술한 화랑에 관한 전기이다.
② 고왕(대조영)에 이어 왕위에 오른 무왕(대무예)은 장문휴의 수군으로 하여금 당의 등주(산둥지방)를 공격하도록 하였다.
④ 신라 하대 헌덕왕 때 웅천주(공주) 도독 김헌창이 아버지가 왕위 쟁탈전에서 패한 것에 대해 불만을 품고 반란을 일으켰다.

## 17 정답 ①

**[정답해설]**

일본이 제물포에 있는 러시아 군함을 공격하며 러일 전쟁을 일으켰고, 같은 해에 일본군은 한반도 내 전략상 필요한 지역을 마음대로 사용하기 위해 한·일 의정서를 체결하였다(1904).

**[오답해설]**

② 러·일 전쟁 중에 일본은 독도를 무주지(無主地)라고 하여

시네마현에 불법적으로 편입시켰다(1905).
③ 일본은 모든 통치권이 일제의 통감부로 이관되는 한·일 신협약(정미 7조약)을 체결하고 대한제국 군대를 강제 해산시켰다(1907).
④ 고종이 을사늑약의 무효를 선언하고 헤이그 만국 평화 회의에 특사를 파견하자, 일제는 고종을 강제 퇴위시켰다(1907)

## 18 정답 ③

**[정답해설]**

귀법사의 주지로 『보현십원가』를 저술하고 화엄 교학을 정비한 인물은 고려 광종 때 활동한 균여대사이다. 이 시기에 중국에 승려들을 보내 법안종을 수용하고 선종과의 통합을 시도하였다.

**[오답해설]**

① 고려 현종 때 강조가 정변을 일으켜 목종을 폐위시키자 이를 구실로 거란이 강동 6주를 넘겨줄 것을 요구하며 2차 침입을 시도하였다.
② 고려 선종 때 대각국사 의천은 교장도감을 설치하고 불교 경전에 대한 주석서인 교장을 간행하였다.
④ 고려 현종은 부모의 명복을 빌기 위해 경기도 개풍군 영남면 영취산에 현화사를 창건하였다.

## 19 정답 ①

**[정답해설]**

ㄴ. **한산대첩**(1592. 7) : 왜군이 총공격을 가해오자 이순신 함대는 한산도 앞바다로 적을 유인하여 대파하였다.
ㄹ. **진주대첩**(1592. 10) : 진주에서 목사 김시민이 3,800여 명의 병력으로 2만여 명의 일본군을 맞아 성을 방어하는 데 성공했다.
ㄱ. **평양성 탈환**(1593. 1) : 이여송이 거느린 5만여 명의 명나라 지원군이 조선군과 합하여 평양성을 탈환하였다.
ㄷ. **행주대첩**(1593. 2) : 권율이 행주산성에서 1만여 명의 병력으로 전투를 벌여 3만여 명의 병력으로 공격해 온 일본군을 물리쳤다.

## 20 정답 ①

**[정답해설]**

대한민국 임시 정부가 집단 지도 체제인 국무위원제를 채택한 것은 3차 개헌(1927) 때의 일이며, 박은식이 임시 대통령

으로 추대된 것은 2차 개헌(1925) 때의 일이다. 2차 개헌 당시 임시 정부의 대통령인 이승만의 위임 통치 청원이 알려지자, 임시 정부는 이승만을 탄핵하고 박은식을 임시 대통령으로 추대하였다.

**[오답해설]**
② 충칭의 대한민국 임시 정부는 조소앙의 삼균주의에 기초한 건국 강령을 반포하였다(1941).
③ 상해의 대한민국 임시 정부는 의열 투쟁을 전개하고자 한 인애국단을 조직하였다(1931).
④ 김구, 이시영 등이 항저우에서 한국 국민당을 조직하여 정당정치를 운영하였다(1935).

**[보충해설]**

> **▌ 대한민국 임시 정부의 개헌**
> • 1차 개헌(1919) : 대통령 중심제
> • 2차 개헌(1925) : 국무령 중심 내각 책임제
> • 3차 개헌(1927) : 국무위원 중심 집단 지도 체제
> • 4차 개헌(1940) : 주석 중심제
> • 5차 개헌(1944) : 주석 · 부주석제

---

**▌ [서울시] 2022년 02월 | 정답**

| 01 | ④ | 02 | ③ | 03 | ④ | 04 | ② | 05 | ② |
|----|---|----|---|----|---|----|---|----|---|
| 06 | ④ | 07 | ③ | 08 | ① | 09 | ④ | 10 | ② |
| 11 | ③ | 12 | ③ | 13 | ② | 14 | ④ | 15 | ② |
| 16 | ③ | 17 | ① | 18 | ① | 19 | ③ | 20 | ② |

## [서울시] 2022년 02월 | 해설

### 01 　　　　　　　　　　　　　　　정답 ④

**[정답해설]**
해마다 10월이면 하늘에 제사를 지내고, 주야로 술을 마시며 노래를 부르고 춤을 추는 무천이라는 제천 행사가 있던 나라는 동예이다. 읍락 간의 경계를 중시한 동예에는 다른 읍락을 함부로 침범하면 노비, 소 등으로 변상하는 책화가 있었다.

**[오답해설]**
① 부여는 왕 아래 가축의 이름을 딴 마가, 우가, 저가, 구가 등의 4가(加)들이 별도로 사출도를 다스렸다.
② 낙동강 유역(김해, 마산)을 중심으로 발전한 변한은 철이 많이 생산되어 왜, 낙랑 등에 수출하였다.
③ 고구려는 소노부를 비롯한 계루부, 절노부, 순노부, 관노부의 5부가 정치적 자치력을 갖고 있었던 5부족 연맹체이다.

**[보충해설]**

> **▌ 동예의 풍속**
> • 엄격한 족외혼으로 동성불혼 유지 → 씨족 사회의 유습
> • 각 부족의 영역을 엄격히 구분하여 다른 부족의 생활권을 침범하면 노비와 소 · 말로 변상하게 하는 책화가 존재 → 씨족 사회의 유습
> • 별자리를 관찰해서 농사의 풍흉 예측 → 점성술의 발달
> • 제천 행사 : 10월의 무천
> • 농경과 수렵의 수호신을 숭배하여 제사를 지내는 풍습이 존재 → 호랑이 토템 존재

### 02 　　　　　　　　　　　　　　　정답 ③

**[정답해설]**
조선 시대의 유향소는 지방의 수령을 보좌하고 향리를 감찰하던 향촌 자치 기구로, 중앙에서 경재소의 현직 관료로 하여금 연고지의 유향소를 통제하게 하였다.

**[오답해설]**
① 조선 시대에는 지방과 백성에 대한 국가의 지배력이 강화되어 속군 · 속현이 소멸되고 전국의 모든 군현에 수령이 파견되었다.
② 조선 시대에 향리는 이 · 호 · 예 · 병 · 형 · 공의 6방으로 나누어 수령의 행정 실무를 보좌하였다.
④ 조선 시대 수령의 7가지 의무를 규정한 수령 7사에 '호구의 증식'이 포함되어 있는 것으로 볼 때, 인구를 늘리는 것이 수령의 중요한 임무 중 하나였음을 알 수 있다.

### 03 　　　　　　　　　　　　　　　정답 ④

**[정답해설]**
고흥으로 하여금 백제의 역사서인 서기(書記)를 편찬토록 한 왕은 근초고왕이다. 백제의 전성기를 이끈 근초고왕은 고구려의 평양성을 공격하여 곡국원왕을 전사시켰다(371).

## 04 　　　　　　　　정답 ②

**[정답해설]**

제시된 〈보기〉의 내용은 서울 북촌의 양반 여성들이 주축이 되어 여성 교육의 중요성을 강조하기 위해 발표한 여권통문이다(1898). 여권통문은 대한민국 최초의 여성 권리 선언문으로, 이 발표를 계기로 한국 최초의 여성 운동 단체인 찬양회가 조직되었다.

**[오답해설]**

① 여권통문은 평양의 양반 부인들이 아닌 서울 북촌의 양반 여성들이 발표하였다.

③ 교육입국조서의 발표는 갑오개혁 이후인 1895년으로, 여권통문 발표 이전의 일이다.

④ 교육입국조서 발표에 따라 교원 양성을 위해 한성사범학교가 설립되었다. 여권통문의 발표는 한국 최초의 여학교인 순성 여학교 설립에 영향을 미쳤다.

## 05 　　　　　　　　정답 ②

**[정답해설]**

관리에게 관료전을 지급하고 귀족의 경제 기반이었던 녹읍을 폐지한 왕은 통일 신라 신문왕이다. 그는 유교 교육을 강화하기 위해 국학을 설치하고 유교 이념을 확립하였다.

**[오답해설]**

① 통일 신라의 원성왕은 인재 등용을 위해 유교 경전의 이해 수준에 따라 3등급으로 구분한 독서삼품과를 실시하였다.

③ 통일 신라의 경덕왕은 국학을 태학감으로 고치고 박사와 조교 등을 두어 논어와 효경 등의 유교 경전을 교육하였다.

④ 통일 신라 성덕왕 때 당나라에서 들여온 공자와 10철 등의 화상을 국학에 안치하여 유교 교육을 강화하였다.

**[보충해설]**

> ▌**신문왕(681~692)의 업적**
> * 김흠돌의 난을 계기로 귀족 세력을 숙청하면서 전제 왕권 강화 → 6두품을 조언자로 등용
> * 중앙 정치 기구를 정비(6전 제도 완성, 예작부 설치)하고 군사 조직(9서당)과 지방 행정 조직(9주 5소경)을 완비
> * 관리에게 관료전을 지급(687)하고 귀족의 경제 기반이었던 녹읍을 폐지(689)
> * 유학 교육을 위하여 국학을 설립하고 유교 이념을 확립

## 06 　　　　　　　　정답 ④

**[정답해설]**

박상진이 주도한 대한 광복회는 풍기의 대한광복단과 대구의 조선국권회복단의 일부 인사가 모여 군대식으로 조직한 단체이다(1915). 이 단체는 공화주의 이념에 따라 공화정치를 실현하는 것을 목표로 하며, 군자금을 모아 만주에 독립사관학교를 설립하고 독립군을 양성하여 친일파를 처단하였다.

**[오답해설]**

① 신민회는 서간도 삼원보의 경학사에 독립군 양성을 위한 신흥강습소를 설치하였고 이후 신흥무관학교로 발전시켰다.

② 블라디보스토크에 설립된 대한 국민 의회는 상하이 임시 정부, 한성 임시 정부를 포함한 3개의 임시 정부 중 가장 먼저 설립된 최초의 임시 정부이다.

③ 중국 길림에서 39명의 독립 운동가가 무력 항쟁의 의지를 담은 대한독립선언서를 조소앙의 작성 후 발표하였다.

## 07 　　　　　　　　정답 ③

**[정답해설]**

신라 하대 진성 여왕 때 시무 10여 조를 올린 인물은 최치원이다. 그는 당의 빈공과(賓貢科)에 급제하고 귀국한 6두품 출신으로, 당에서 배운 역사 지식을 토대로 신라의 역사 연표인 『제왕연대력』을 저술하였다. 그 외 『계원필경』, 『법장화상전』, 『4산 비명』 등을 저술하였다.

**[오답해설]**

① 진골 귀족 출신의 김대문은 성덕왕 때 주로 활약한 통일 신라의 대표적 문장가로 『화랑세기』, 『고승전』 등을 저술하였다.

② 『계원필경』은 최치원의 대표적인 시문집이다.

④ 『한산기』는 김대문이 한산 지방의 풍물이나 사정을 기록한 지리지이다.

## 08 　　　　　　　　정답 ①

**[정답해설]**

제시된 〈보기〉에서 강조가 김치양 일파를 제거한 후 목종마저 폐한 후 살해한 사건은 강조의 정변(1009)이며, 밑줄 친 '대량원군'은 고려 현종이다. 현종은 부모의 명복을 빌기 위해 경기도 개풍군 영남면 영취산에 현화사(玄化寺)를 창건하였다.

**[오답해설]**

② 고려 정종 때 거란의 침입에 대비하기 위하여 상비군인 광군 30만을 조직하고 청천강에 배치하였다(947).

③ 고려 성종 때 서희가 거란의 소손녕과 외교 담판을 벌여 강동 6주의 땅을 고려 영토로 편입시켰다(993).

④ 고려 고종 때 최우가 강화도에 대장도감을 설치하고 재조대장경(팔만대장경)의 각판사업에 착수하였다(1236).

---

## 09      정답 ④

**[정답해설]**

ㄹ. 이중환은 30년간의 현지답사를 통해 각 지역의 지리와 경제생활까지 포함한 『택리지』를 집필하였다.

ㅁ. 광해군 때 저술된 허준의 『동의보감』은 예방의학에 중점을 둔 의학서로, 우리나라뿐 아니라 중국 및 일본의 의학 발전에 큰 영향을 미쳤다.

**[오답해설]**

ㄱ. 『동국여지도』 → 『동국지도』

조선 영조 때 정상기는 최초로 100리 척의 축척 개념을 사용하여 『동국지도』를 제작하였다.

ㄴ. 신경준 → 이의봉

이의봉은 우리나라의 방언과 언어를 정리한 『고금석림』을 저술하였고, 유희는 우리말 음운 연구서인 『언문지』를 저술하였다.

ㄷ. 유등곡 → 안정복

안정복은 고조선부터 고려 말까지의 역사를 강목체(역사를 연·월·일순에 따라 강과 목으로 기록하는 체제)로 정리한 『동사강목』을 저술하였다.

---

## 10      정답 ②

**[정답해설]**

제시된 〈보기〉는 고려 태조 왕건이 자신의 사후 후대 왕들이 지켜야 할 정책 방향을 제시한 『훈요 10조』이다. 고려 태조는 호족을 포섭하고 왕권을 안정시키기 위해 귀순한 호족에게 성(姓)씨를 하사하는 사성 정책을 시행하였다.

**[오답해설]**

① 고려 광종은 중국에서 귀화한 쌍기를 지공거(知貢擧)로 임명하고 과거 제도를 시행하였다.

③ 고려 경종은 경제개혁을 수행하여 모든 전·현직 관리에게 등급에 따라 토지를 차등 지급하는 전시과 제도를 실시하였다.

④ 고려 광종은 관료제도를 안정시키고 지배층의 위계질서를

확립하기 위해 자색·단색·비색·녹색의 4색 공복(公服)을 등급에 따라 제정하였다.

**[보충해설]**

> ▍**고려 태조의 정책**
> - **민족 융합 정책** : 호족 세력의 포섭·통합, 통혼 정책(정략적 결혼), 사성 정책(성씨의 하사), 사심관 제도와 기인 제도, 역분전 지급, 본관제, 정계와 계백료서, 훈요 10조
> - **민생 안정책** : 취민유도, 조세 경감, 흑창, 노비 해방, 민심의 수습
> - **숭불 정책** : 불교 중시, 연등회·팔관회, 사찰의 건립(법왕사, 왕수사, 흥국사, 개태사 등), 승록사 설치
> - **북진 정책** : 고구려 계승 및 발해 유민 포용, 서경 중시, 거란에 대한 강경 외교(국교 단절, 만부교 사건), 여진족 축출

---

## 11      정답 ③

**[정답해설]**

기병 중심의 여진족에 패한 고려는 숙종 때 윤관이 기병인 신기군, 보병인 신보군, 승병인 항마군으로 편성된 별무반을 조직하였다(1104).

**[오답해설]**

① 광군은 고려 정종 때 거란의 침입에 대비하기 위하여 창설된 상비군이다.

② 도방은 경대승이 정중부를 제거하고 집권한 후 신변 보호를 위해 처음으로 만든 사병 조직이다.

④ 삼별초는 고려 무신 집권기 때 최우가 몽골의 침입에 대비하기 위하여 좌·우별초와 신의군으로 구성한 군사 조직이다.

---

## 12      정답 ③

**[정답해설]**

ㄷ. 『지봉유설』은 조선 중기의 실학자 이수광이 저술한 백과사전식 저서로, 이탈리아 선교사 마테오 리치의 『천주실의』를 소개하고 있다(1614).

ㄱ. 이승훈은 조선인 최초로 천주교 세례를 받은 인물로, 북경에서 서양 신부 그리몽에게 영세를 받고 돌아와 활발한 포교 활동을 전개하였다(1783).

ㄴ. 전라도 진산의 양반 윤지충이 조상의 신주를 불태우고 모

친상을 천주교식으로 지내자 천주교에 대해 비교적 관대했던 정조도 사학(邪學)이라 하여 이들을 처형하는 신해박해가 일어났다(1791).

ㄹ. 신유박해 당시 황사영이 북경에 있는 프랑스인 주교에게 군대를 동원하여 조선에서 신앙과 포교의 자유를 보장받을 수 있도록 청하는 서신을 보내려다 발각되었다(1801).

---

## 13 　　　　　　　　　　　　　　　정답 ②

**[정답해설]**
제시된 〈보기〉의 법은 일제가 한국의 인적 · 물적 자원을 강제 동원하기 위해 제정한 국가 총동원법으로 민족 말살 통치기에 해당된다(1938). 한편, 일제가 강압적 통치를 목적으로 헌병이 경찰 업무를 대행하는 헌병 경찰 제도를 실시한 것은 1910년대인 무단 통치기이다.

**[오답해설]**
① 일제는 민족 말살 통치기에 조선인들을 강제로 병력에 동원시키기 위해 조선인과 조선인 학생들을 대상으로 징병제와 학도 지원병제를 실시하였다(1943).
③ 일제는 민족 말살 통치기에 조선인 근로자의 노동력을 착취하기 위해 국민 징용령을 공포하였다(1939).
④ 일제는 민족 말살 통치기에 일본군 위안부 등 여성 동원을 법제화하기 위해 여자 근로 정신령을 제정하였다(1944).

---

## 14 　　　　　　　　　　　　　　　정답 ④

**[정답해설]**
제시된 〈보기〉의 내용은 노론의 영수 송시열이 효종에게 올린 기축봉사의 일부이다. 송시열은 효종에게 장문의 상소인 기축봉사를 올려 명에 대한 의리를 강조하고 청에 당한 치욕을 갚자는 북벌론을 주장하였다. ④에서 청의 문물 수용을 주장한 것은 노론 중심의 북학파이다. 효종의 요절로 북벌은 큰 성과를 거두지 못하고 쇠퇴하다 18세기 후반부터 청의 선진 문물을 배우자는 북학론이 대두되었다.

**[보충해설]**

> **▌ 북벌론(北伐論)**
> • 의미 : 오랑캐에게 당한 수치를 씻고, 조선을 도운 명에 대한 의리를 지킴
> • 형식적 외교 : 군신 관계를 맺은 후 청에 사대하는 형식의 외교를 추진하나, 내심으로는 은밀하게 국방에

힘을 기울이면서 청에 대한 북벌을 준비
> • 실질적 배경 : 왕권 강화와 서인 정권 유지를 위한 수단
> • 북벌론 초기 : 효종은 청에 반대하는 송시열 · 송준길 · 이완 등을 중용하여 군대를 양성(어영청 등)하고 성곽을 수리
> • 북벌론 후기 : 숙종 때 윤휴를 중심으로 북벌의 움직임이 제기됨
> • 경과 : 효종의 요절 등으로 북벌은 큰 성과를 거두지 못하고 쇠퇴하다 18세기 후반부터 청의 선진 문물을 배우자는 북학론이 대두

---

## 15 　　　　　　　　　　　　　　　정답 ②

**[정답해설]**
제시된 〈보기〉의 글은 민족주의 사학자 박은식이 저술한 『한국통사』의 일부로, 민족정신을 혼(魂)으로 파악하고 혼이 담긴 민족사의 중요성을 강조하였다. ②에서 식민 사학 중 정체성론의 근거를 무너뜨리는 데에 기여한 인물은 백남운으로, 『조선사회경제사』에서 유물 사관을 토대로 식민주의 사학의 정체성 이론을 반박하였다.

**[오답해설]**
① 박은식은 실천적인 유교 정신을 강조한 『유교구신론』을 저술하고 유교의 개혁을 주장하였다.
③ 박은식은 대한민국 임시 정부의 초대 대통령인 이승만이 탄핵된 이후 2대 대통령으로 취임하였다.
④ 박은식은 일제 침략에 대항하여 한민족의 독립 투쟁 과정을 서술한 『한국독립운동지혈사』를 저술하였다.

**[보충해설]**

> **▌ 민족주의 사학자 박은식**
> • 민족정신을 혼(魂)으로 파악하고, 혼이 담긴 민족사의 중요성을 강조
> • 한국통사 : 근대 이후 일본의 침략 과정을 밝힘 → "나라는 형(形)이요, 역사는 신(神)이다."
> • 한국독립운동지혈사 : 일제 침략에 대항하여 투쟁한 한민족의 독립 운동을 서술
> • 유교구신론 : 양명학을 기초로 유교를 개혁하기 위해 저술
> • 기타 : 천개소문전, 동명왕실기 등을 저술. 서사건국지 번역
> • 서북학회(1908)의 기관지인 서북학회월보의 주필로 직접 잡지를 편집하고 다수의 애국계몽 논설을 게재
> • 임시 정부의 대통령 지도제하에서 제2대 대통령을 지냄

## 16 정답 ③

**[정답해설]**
ㄴ. **강화도조약(1876)** : 운요호 사건이 있은 후 일본의 강압에 의해 불평등 조약인 강화도 조약이 연무당에서 체결되었다.
ㄱ. **임오군란(1882)** : 신식 군대인 별기군과의 차별에 반발하여 구식 군대가 선혜청과 일본 공사관을 공격하는 임오군란을 일으켰다.
ㄷ. **갑신정변(1884)** : 김옥균을 중심으로 한 급진개혁파가 우정총국 개국 축하연을 이용해 사대당 요인을 살해하고 개화당 정부를 수립하였으나, 청의 무력 개입으로 3일 만에 실패로 끝났다.
ㄹ. **톈진조약(1885)** : 갑신정변의 결과 청·일 양국 간에 조선에서 철수하고 장차 파병할 경우 상대국에 미리 알릴 것을 내용으로 하는 톈진조약이 체결되었다.

## 17 정답 ①

**[정답해설]**
원의 만권당에서 원의 학자들과 교류한 인물은 고려 충선왕 때의 학자 이제현이다. 그는 귀국 후 이색 등에게 영향을 주어 성리학 전파에 이바지하였고 고려국사, 역옹패설 등을 비롯해 역사서인 사략을 저술하였다.

**[오답해설]**
ㄴ. 공민왕이 중영한 성균관의 대사성이 된 인물은 이색으로 정몽주, 정도전 등의 신진 사대부를 길러냈다.
ㄷ. 충렬왕 때 원으로부터 고려에 성리학을 본격적으로 소개한 인물은 안향이다.
ㄹ. 역사서 『사략』을 저술한 인물은 이제현으로, 고려 말 성리학이 전래되면서 정통 의식과 대의명분을 중시하는 성리학적 유교 사관에 입각하여 저술하였다.

## 18 정답 ①

**[정답해설]**
제시된 〈보기 1〉의 선언문은 노태우 정부 시기에 발표된 남북기본 합의서의 내용으로 상호 화해와 불가침, 교류 및 협력 확대 등을 규정하고 있다(1991).
ㄱ. 노태우 정부 때에 제46차 유엔 총회에서 개별 회원국으로 남북한이 유엔(UN)에 동시 가입하였다(1991).
ㄴ. 노태우 정부 때에 동서 양 진영 160개국이 참가한 제24회 서울 올림픽 대회가 개최되었다(1988).

**[오답해설]**
ㄷ. 김영삼 정부 때에 금융 거래의 투명성을 확보하고자 금융 실명제가 대통령 긴급 명령으로 실시되었다(1993).
ㄹ. 전두환 정부 때에 6월 민주항쟁의 결과 노태우의 6·29 민주화 선언에 따라 5년 단임의 대통령 직선제 개헌안이 통과되었다(1987).

## 19 정답 ③

**[정답해설]**
김원봉이 이끈 조직은 신채호의 조선 혁명 선언을 활동 지침으로 한 의열단으로, 1920년대 국내와 상하이를 중심으로 활발한 의거 활동을 전개하였다. 한편, 상하이 훙커우 공원에서 열린 일본군의 상하이 점령 축하 기념식장에 폭탄을 던져 일본군을 살상한 인물은 한인 애국단 소속의 윤봉길이다.

**[오답해설]**
① 독립지사들에게 잔인한 고문을 일삼던 종로경찰서에 폭탄을 던져 큰 피해를 준 인물은 의열단 소속의 김상옥이다.
② 동양척식주식회사에 들어가 그 간부를 사살하고 경찰과 시가전을 벌이기도 한 인물은 의열단 소속의 나석주이다.
④ 일제 식민 지배의 중심기관인 조선총독부에 폭탄을 던진 인물은 의열단 소속의 김익상이다.

## 20 정답 ②

**[정답해설]**
조선 고종 때 흥선 대원군은 왕권 강화의 일환으로 비변사를 폐지한 후 일반 정무는 의정부가, 국방 문제는 삼군부가 전담하게 하였다.

**[오답해설]**
① 비변사는 임진왜란 이후 군사 문제뿐만 아니라 행정·외교 등 국정 전반을 총괄하였다.
③ 비변사는 조선 중종 때 3포 왜란을 계기로 여진족과 왜구에 대비하기 위하여 설치되었다.
④ 비변사는 임진왜란을 계기로 기능 및 구성원이 확대되고 국정 전반을 총괄하는 국정 최고 기구로 성장하였다.

## [보충해설]

**▌ 비변사의 기능 변화**

- **설치** : 3포 왜란(중종 5, 1510)을 계기로 여진족과 왜구에 대비하기 위하여 설치
- **상설** : 을묘왜변(명종 10, 1555)을 계기로 상설 기구화되어 군사 문제를 처리
- **강화** : 임진왜란을 계기로 기능 및 구성원이 확대
- **변질** : 19세기 세도 가문의 권력 유지 기반으로서 세도 정치의 중심 기구로 작용
- **폐지** : 1865년 흥선 대원군의 개혁 정책으로 비변사는 폐지되고, 일반 정무는 의정부가, 국방 문제는 삼군부가 담당

## ▌ [서울시] 2022년 06월 | 정답

| 01 | ④ | 02 | ③ | 03 | ② | 04 | ① | 05 | ① |
|---|---|---|---|---|---|---|---|---|---|
| 06 | ③ | 07 | ① | 08 | ② | 09 | ③ | 10 | ③ |
| 11 | ④ | 12 | ② | 13 | ① | 14 | ④ | 15 | ④ |
| 16 | ② | 17 | ④ | 18 | ③ | 19 | ④ | 20 | ② |

## ▌ [서울시] 2022년 06월 | 해설

### 01　　　　　　　　　　　정답 ④

**[정답해설]**

제시된 〈보기〉에서 벼농사가 보급되고 빈부 차이와 계급이 발생한 것은 청동기 시대의 특징이다. ④의 '슴베찌르개'는 '자루'를 의미하는 슴베가 달린 찌르개로, 주로 사냥을 하는데 사용된 구석기 시대의 유물이다.

**[오답해설]**

① 청동기 시대에는 많은 인력을 동원하여 지배자(족장)의 무덤인 고인돌을 축조하였다.
② 청동기 시대에는 벼농사가 시작되어 반달 돌칼을 이용하여 곡식을 수확하였다.
③ 민무늬 토기는 청동기 시대의 대표적인 토기로, 모두 납작바닥이며 그릇에 목이 달려 있는 토기가 많은 점이 특징이다.

### 02　　　　　　　　　　　정답 ③

**[정답해설]**

병부와 상대등을 설치하고 금관가야를 정복한 신라의 왕은 법흥왕이다. 법흥왕은 백관의 공복(公服)을 제정하여 귀족을 관료로 등급화시켰다.

**[오답해설]**

① 신라 진흥왕은 백제 성왕과 동맹하여 고구려가 장악했던 한강유역을 차지했다.
② 신라 지증왕은 이사부를 보내 우산국으로 불리던 울릉도를 정복하여 신라의 영토로 편입하였다.
④ 신라의 전성기를 이끈 진흥왕은 신라 역사상 최대의 영역을 확보하고 마운령, 황초령 등에 순수비를 세웠다.

**[보충해설]**

**▌ 신라 법흥왕의 업적**

- **제도 정비** : 병부 설치(517), 상대등 제도 마련, 율령 반포, 공복 제정(530) 등을 통하여 통치 질서를 확립하였으며, 각 부의 하급 관료 조직을 흡수하여 17관등제를 완비
- **불교 공인** : 불교식 왕명 사용, 골품제를 정비하고 불교를 공인(527)하여 새롭게 성장하는 세력들을 포섭
- **연호 사용** : 건원(建元)이라는 연호를 사용함으로써 자주 국가로서의 위상을 높임
- **영토 확장** : 대가야와 결혼 동맹을 체결하고(522), 금관가야를 정복하여 낙동강까지 영토를 확장(532)

### 03　　　　　　　　　　　정답 ②

**[정답해설]**

일본은 문화통치기인 1920년대부터 식량생산을 대폭 늘려 일본으로 더 많은 쌀을 가져가기 위해 이른바 산미증식계획을 세워 추진하였다. 그러나 증산량보다 훨씬 많은 쌀을 수탈하여 만주산 잡곡의 수입이 증가하는 등 식량 사정이 악화되고 농촌 경제가 파탄에 빠졌다.

**[오답해설]**

① 일본은 1910년대인 무단통치기에 토지 약탈과 식민지화에 필요한 재정 수입원을 마련하기 위해 토지 조사령을 발표하고 토지 조사 사업을 실시하였다.
③ 일본은 1930년대인 민족말살통치기에 침략 전쟁을 확대하고 전쟁에 필요한 필수품 조달을 위해 군수공업을 위주로 하는 공업화정책을 추진하였다.

국어 영어 한국사 국어 영어 한국사

④ 일본은 1930년대에 우리민족을 일본국민으로 동화시키기 위해 창씨개명, 신사참배, 황국신민서사 암송 등의 민족말 살정책을 추진하였다.

## 04 정답 ①

[정답해설]
ㄱ. 국군과 유엔군은 맥아더 장군의 인천 상륙 작전을 계기로 전세를 역전시키고 압록강 인근까지 북진하였다(1950. 9)
ㄴ. 유엔군의 인천 상륙 작전으로 서울이 수복되자 중공군이 개입하여 대규모 병력을 파견하기 시작하였다(1950. 10).
ㄷ. 소련이 유엔 대표를 통해 휴전을 제의하자 미국이 이를 받아들이고 중국과 북한에 휴전 회담을 제의함으로써 판 문점 부근에서 휴전회담이 열리기 시작하였다(1951. 6).
ㄹ. 이승만 정부는 6·25 전쟁 당시 유엔군의 휴전 협상 진행에 반대하여 거제도에 수용된 반공 포로를 석방하였다 (1953. 6).

[보충해설]

### ▌6·25 전쟁의 경과

전쟁 발발(1950. 6. 25) → 서울 함락(1950. 6. 28) → 한 강 대교 폭파(1950. 6. 28) → 낙동강 전선 후퇴(1950. 7) → 인천 상륙 작전(1950. 9. 15) → 서울 수복(1950. 9. 28) → 중공군 개입(1950. 10. 25) → 압록강 초산까지 전진 (1950. 10. 26) → 흥남 철수(1950. 12) → 서울 철수(1951. 1. 4) → 서울 재수복(1951. 3. 14) → 정전 회담(1951. 6. 23) → 정전 협정 체결(1953. 7. 27)

## 05 정답 ①

[정답해설]
숙종 대에 국자감에 목판 인쇄 기관인 서적포를 두어 출판을 담당하게 하였다.

[오답해설]
② 구재(九齋) → 칠재(七齋)
예종 대에는 관학 진흥을 위해 국자감에 전문 강좌인 7재 (여택재, 대빙재, 경덕재, 구인재, 복응재, 양정재, 강예재) 가 설치되어 운영되었다.
③ 문종 → 예종
예종은 국립 교육 기관인 국자감 내에 관학을 진흥하고자 장학재단인 양현고를 설치하여 운영하였다.
④ 충선왕 → 충렬왕

성종 대에 설립된 국립대학인 국자감은 충렬왕 대에 국학 으로 개칭되었다.

## 06 정답 ③

[정답해설]
조선 시대에도 고려 시대와 마찬가지로 음서제도가 있었으 나 2품 이상 관리의 자손으로 그 대상이 축소되었다. 또한 음 서제도로 뽑힌 관리는 관직 승진에 제한을 두어 고위 관리직 진출이 어려웠다.

[오답해설]
① 생원과 진사를 선발하는 사마시의 1차 시험(초시)에서는 각각 700명을 각 도의 인구에 비례해 뽑았다.
② 문과의 정기시험에는 이미 관품을 가진 현직 관원도 응시 할 수 있었으며, 장원으로 합격하면 관품을 4계까지 올려 주었다.
④ 무과 식년시는 3년에 한 번씩 시행하였고, 문과와 달리 서 얼도 응시할 수 있었다.

## 07 정답 ①

[정답해설]
최초의 민간신문인 동시에 처음으로 한글 전용과 띄어쓰기를 시도한 신문은 독립협회가 발간한 독립신문이다. 또한 우리 나라 최초의 근대적 민중대회인 만민공동회를 개최한 단체도 독립협회이다. 한편, ①의 대한국국제는 아관파천 후 환궁한 고종이 대한 제국을 선포한 후 반포한 대한 제국의 헌법이다.

[오답해설]
② 러시아가 저탄소 설치를 위해 절영도의 조차를 요구하자 독립협회는 만민 공동회를 개최하고 반러운동을 적극적으 로 전개하였다.
③ 독립협회는 자주 독립의 상징인 독립문 건립과 독립공원 조성을 추진하였다.
④ 독립협회는 민중 계몽을 위해 계몽적, 사회적, 정치적 주 제의 토론회와 강연회를 개최하였다.

**[보충해설]**

▌ **독립협회의 활동**
- **이권 수호 운동** : 러시아의 절영도 조차 요구 규탄, 한·러 은행 폐쇄
- **독립 기념물의 건립** : 자주 독립의 상징인 독립문을 세우고, 모화관을 독립관으로 개수
- **민중의 계몽** : 강연회·토론회 개최, 독립신문의 발간 등을 통해 근대적 지식과 국권·민권 사상을 고취
- **만민 공동회 개최** : 우리나라 최초의 근대적 민중 대회 → 외국의 내정 간섭·이권 요구·토지 조사 요구 등에 대항하여 반환을 요구
- **관민 공동회 개최** : 만민 공동회의 규탄을 받던 보수 정부가 무너지고 개혁파 박정양이 정권을 장악하자, 정부 관료와 각계각층의 시민 등 만여 명이 참여하여 개최
- **의회 설립 추진** : 의회식 중추원 신관제를 반포하여 최초로 국회 설립 단계까지 진행(1898. 11)
- **헌의 6조** : 헌의 6조를 결의하고 국왕의 재가를 받음 → 실현되지는 못함

---

**08**                                            정답 ②

**[정답해설]**
만주가 일본의 지배 하에 놓이자 일본이 연해주 한인(고려인)들을 밀정으로 포섭할 것을 염려한 소련의 스탈린이 고려인들을 연해주에서 우즈베키스탄과 카자흐스탄 등의 중앙아시아로 강제 이주시켰다. 그러므로 〈보기〉의 ㉠은 연해주(블라디보스토크)이다. 연해주에는 1905년 이후 민족운동가들이 독립운동을 위한 정치적 망명을 시작해 여러 곳에 한인 집단촌이 형성되었다. 또한 대한 광복군 정부가 수립되고 권업회가 조직되는 등 많은 민족 단체와 학교가 설립되었으며, 항일 의병 및 독립운동이 활발히 전개되었다.

**[오답해설]**
① 봉오동 전투와 청산리 전투에서 패배한 일본군이 독립군을 토벌한다는 명목으로 조선인들을 대량학살한 경신(간도)참변이 일어난 곳은 만주이다.
③ 1923년 일본의 관동 대지진 때 계엄령이 시행되는 사회 혼란 속에서, 조선인들이 우물에 독을 탔다는 유언비어로 적어도 6,000여 명의 조선인들이 학살당했다.
④ 태평양전쟁 발발 후 수백 명의 조선인 청년들이 하와이와 미국 본토에서 미군에 입대하여 일본군과 싸웠다.

---

**09**                                            정답 ③

**[정답해설]**
주어진 〈보기〉에서 종친 등용, 진관체제, 직전법, 호패법 등은 모두 조선 세조와 관련된 내용이다. 세조는 계유정난 때 조카인 단종을 폐위시키고 왕위를 차지했으나, 육조 직계제를 부활하여 왕권을 안정시키고 중앙집권체제를 강화하였다.

**[오답해설]**
① 조선 태종 이방원은 왕자들의 권력투쟁이 일어난 경복궁을 피하여 응봉산 자락에 이궁인 창덕궁을 새로 건설하였다.
② 조선 세종 때 대일 강경책의 일환으로 이종무를 파견하여 왜구의 소굴인 쓰시마(대마도)를 정벌하게 하였다.
④ 조선 성종 때 조선의 기본 법적인 『경국대전』 편찬을 완성·반포하고, 우리나라 통사인 『동국통감』 편찬을 서거정이 완료했다.

**[보충해설]**

▌ **세조의 왕권 강화 정책**
- 육조 직계의 통치 체제로 환원, 공신·언관의 견제를 위해 집현전을 폐지, 종친 등용
- 호적 사업을 강화하여 보법을 실시
- 직전법 실시 → 과전의 부족에 따라 현직 관료에게 토지를 지급
- 경국대전 편찬에 착수해 호조전, 형조전을 완성 → 성종 때 전체 완수
- 전제 왕권 강화와 부국강병을 위해 유교를 억압하고, 민족종교와 도교, 법가의 이념을 절충

---

**10**                                            정답 ③

**[정답해설]**
1894년 1차 갑오개혁 때 국정 전반에 걸쳐 개혁을 수행하기 위해 신설된 기관은 군국기무처이다. 1차 갑오개혁 때 김홍집 친일 내각은 초정부적 정책 의결 기구인 군국기무처를 설치하고 과거제 폐지, 공사 노비법 혁파 등의 개혁을 추진하였다.

**[오답해설]**
① 교전소는 고종 황제가 대한국 국제를 반포함에 따라 근대의 법제 도입으로 인한 혼란을 해결하기 위해 중추원에 설치한 기관이다.
② 동학 농민 운동 당시 청·일군의 개입으로 전주 화약이

성립한 후, 농민군은 전라도 일대에 집강소를 설치하고 폐
정 개혁안을 실천하였다.
④ 임술 농민 봉기가 발발하자 삼정의 폐단을 시정하기 위해
안핵사 박규수의 건의로 삼정이정청이 설치되었다.

## 11 　　　　　　　　　　　　　　정답 ④

**[정답해설]**
조선 후기 일기 형식으로 국정 운영의 내용을 매일 정리한
기록물은 일성록이다. 정조가 세손 시절부터 쓴 일기에서 유
래한 일성록은 영조 때부터 기록되기 시작하였으며, 조선의
역대 임금의 동정과 국정을 기록하였다. 일성록은 현재 유네
스코 세계기록유산으로 등재되어 있다.

**[오답해설]**
① 승정원일기는 국왕의 비서 기관인 승정원에서 조선 시대
　왕명의 출납, 행정 사무, 의례 등에 관해 기록한 일기로 현
　재 세계 기록 유산에 등재되어 있다.
② 비변사등록은 조선 중기 이후 비변사에서 논의 · 결정된
　사항을 날마다 기록한 책으로 비국등록이라고도 불렸다.
③ 조선왕조실록은 조선 태조 때부터 철종 때까지 472년의
　역사를 편년체 형식으로 기록한 것으로, 왕의 사후 사초
　(史草)와 시정기(時政記) 등을 바탕으로 춘추관에서 편찬
　되었다.

## 12 　　　　　　　　　　　　　　정답 ②

**[정답해설]**
주어진 〈보기〉에서 조선이 러시아를 막을 책략으로 중국과
친하고 일본과 맺고, 미국과 연결함으로써 자강을 도모할 것
을 주장한 것은 황준헌의 『조선책략』이다(1880). 한편, 제물포
조약은 임오군란으로 조선이 일본 공사관 경비병의 주둔을
인정하고 배상금 지불과 군란 주동자의 처벌을 약속한 조약
으로, 황준헌의 『조선책략』과는 직접적인 관련이 없다(1882).

**[오답해설]**
① 이만손을 비롯한 영남 유생들이 김홍집의 조선책략 유포
　에 반발하여 만인소를 올리고 그의 처벌을 요구하였다
　(1881).
③ 고종은 영남 만인소와 유생들의 상소를 무마하기 위해 척
　사윤음을 내려 유생들의 불만을 달랬다(1881).
④ 『조선책략』은 청의 주일 참사관인 황준헌이 지은 책으로,
　2차 수신사인 김홍집이 일본에 갔다가 귀국할 때 반입하
　였다(1880).

**[보충해설]**

> **▌ 황준헌의 『조선책략』**
> · **도입** : 청의 주일 참사관인 황준헌이 지은 책으로, 김
> 　홍집(2차 수신사)이 도입
> · **내용** : 조선의 당면 외교 정책으로 친중(親中) · 결일
> 　(結日) · 연미(聯美)를 주장
> · **목적** : 일본 견제, 청의 종주권을 국제적으로 승인
> · **영향** : 미국 · 영국 · 독일 등과의 수교 알선 계기, 개화
> 　론 자극, 위정척사론의 격화 요인

## 13 　　　　　　　　　　　　　　정답 ①

**[정답해설]**
고려의 식목도감은 중서문하성의 재신과 중추원의 추밀의 합
좌 기구로 구성되어 법제 논의와 각종 시행 규정을 다루고
국가 중요 의식을 관장하였다. 고려 시대 국가의 재정회계를
관장한 기관은 삼사(三司)로, 화폐와 곡식의 출납 및 회계 그
리고 녹봉 관리를 담당하였다.

**[오답해설]**
② 고려는 상서성의 6부(이부 · 병부 · 호부 · 형부 · 예부 · 공
　부)가 각기 국무를 분담하였지만, 국정 총괄 기구인 중서
　문하성에서 국가의 중요한 정책을 결정하였다.
③ 추부라고도 불린 추밀원은 고려의 중추원으로 군사 기밀
　을 담당하는 2품 이상의 추밀과 왕명의 출납을 담당하는
　3품 이하의 승선으로 구성되어 있다.
④ 고려는 중서성과 문하성을 합해 중서문하성이라는 단일기
　구를 만들어 국정을 총괄하는 최고 관부로 삼았다.

## 14 　　　　　　　　　　　　　　정답 ④

**[정답해설]**
ㄹ. **위군의 침략으로 환도성 함락(246)** : 고구려 동천왕 때 위
　(魏)의 관구검이 이끄는 군대의 공격을 받아 한때 수도 환
　도성이 함락되었으나 밀우 · 유유의 결사 항쟁으로 극복
　하였다.
ㄷ. **고구려의 낙랑군 · 대방군 축출(313~314)** : 고구려 미천
　왕은 낙랑군과 대방군을 축출하여 서로는 요하, 남으로는
　한강에 이르는 영토를 확장하였다.
ㄴ. **백제군의 평양성 공격(371)** : 백제의 전성기를 이끈 근초
　고왕의 평양성 공격으로 고구려의 고국원왕이 전사하
　였다.
ㄱ. **고구려의 평양 천도(427)** : 장수왕은 도읍을 국내성에서

평양으로 옮기고 백제와 신라를 압박하는 남진 정책을 펼쳤다.

## 15              정답 ④

[정답해설]

제시된 〈보기 1〉은 『선조실록』에 수록된 방납의 폐단과 관련된 내용이다.

ㄴ. 광해군은 방납의 폐단을 바로잡고자 공물을 토지의 결수에 따라 쌀, 무명, 동전 등으로 납부하게 하는 대동법을 경기도에 처음 시행하였다.

ㄷ. 대동법의 실시로 조선 후기에는 정부에 관수품을 조달하는 공인(貢人)이 등장하였다.

[오답해설]

ㄱ. 조선 인조는 풍흉에 관계없이 전세를 토지 1결당 4~6두로 고정하는 영정법을 제정하였다.

## 16              정답 ②

[정답해설]

조선 후기 호락논쟁은 심성론 문제를 둘러싸고 전개된 노론 내부의 성리학 이론 논쟁이다. 인물성동론(人物性同論)을 주장한 낙론은 자연과학을 중시하는 북학과 이용후생 사상을 바탕으로 조선 후기 실학운동으로 이어지는 사상적 기반이 되었다.

[오답해설]

ㄱ. 호론은 조선을 중화로, 청을 오랑캐로 보는 화이론과 대의명분론을 강조하여 북벌론과 위정척사 사상으로 연결되었다.

ㄷ · ㄹ. 호론은 충청도 지역을 중심으로 송시열의 제자인 권상하, 한원진, 윤봉구 등이 주도하였다.

[보충해설]

### ■ 호락논쟁(湖洛論爭)

| 구분 | 호론(湖論) | 낙론(洛論) |
| --- | --- | --- |
| 주도세력 | 충청도 지역을 중심으로 송시열의 제자인 권상하 · 한원진 · 윤봉구 등이 주도 | 서울 · 경기 지역을 중심으로 김창협 · 이간 · 이재 · 어유봉 · 박필주 · 김원행 등이 주도 |

| | | |
| --- | --- | --- |
| 본성론 | • 인간과 사물의 본성이 다르다는 인물성이론(人物性異論)을 주장<br>• 기(氣)의 차별성 강조(주기론)<br>• 성인과 범인의 마음이 다르다는 성범성이론(聖凡性異論) 강조 → 신분제 · 지주 전호제 등 지배 질서 인정 | • 인간과 사물의 본성이 같다는 인물성동론(人物性同論)을 주장<br>• 이(理)의 보편성 강조<br>• 인간의 본성을 자연에까지 확대<br>• 성범성동론(聖凡性同論) 강조 → 일반인 중시, 신분 차별 개혁 |
| 계승 | 화이론 · 대의명분론을 강조하여 북벌론과 위정척사 사상으로 연결 | 화이론 비판, 자연 과학 중시, 북학 사상 · 이용후생 사상으로 연결 |

## 17              정답 ④

[정답해설]

제시된 〈보기〉의 선언문은 '국민적 여망인 개헌을 일방적으로 파기한 4 · 13 폭거'를 통해 1987년 6월 민주항쟁 당시 발표된 6 · 10 국민대회 선언문임을 알 수 있다. 국민들의 대통령 직선제 요구를 거부하는 전두환 정부의 4 · 13 호헌 조치 발표로 호헌 철폐, 독재 타도를 요구하는 6 · 10 국민 대회가 개최되었고, 그 결과 노태우의 6 · 29 선언으로 5년 단임의 대통령 직선제 개헌이 이루어졌다.

[오답해설]

① 박정희 정부 때에 김종필과 오히라 간의 한 · 일 회담 후 해방 이후 단절되었던 일본과의 국교가 정상화되었다.

② 4 · 19 혁명으로 이승만 대통령이 하야한 후 민의원과 참의원의 양원제 국회와 내각 책임제인 장면 내각이 출범하였다.

③ 박정희 정부 때에 장기적인 경제 발전을 위해 4차에 걸쳐 경제 개발 5개년 계획이 수립되었다.

## 18              정답 ③

[정답해설]

제시된 〈보기〉에서 백제와 더불어 고구려를 공격한 왕은 신라의 전성기를 이끈 진흥왕이다. 황룡사는 진흥왕 때 건립되었지만, 자장의 건의를 받아들여 황룡사 9층 목탑이 건립된 것은 선덕여왕 때의 일이다.

[오답해설]

① 진흥왕은 고령의 대가야를 정벌하여 가야 연맹을 소멸시키고 낙동강 유역까지 영토를 확장하였다.

② 진흥왕은 원시 청소년 집단인 화랑도를 공인하고 인재를 양성하기 위해 국가 조직으로 개편하였다.

④ 진흥왕은 거칠부로 하여금 신라의 역사를 정리하여 국사(國史)를 편찬하였으나 현재 전하지는 않는다.

---

**▌신라 진흥왕(540~576)의 업적**

- 남한강 상류 지역인 단양 적성을 점령하여 단양 적성비를 설치(551)
- 백제 성왕과 연합하여 고구려가 점유하던 한강 상류 지역을 차지(551)
- 백제가 점유하던 한강 하류 지역 차지(553)
- 북한산비 설치(561)
- 고령의 대가야를 정복하는 등 낙동강 유역을 확보 → 창녕비(561)
- 원산만과 함흥평야 등을 점령하여 함경남도 진출 → 황초령비 · 마운령비(568)
- 화랑도를 공인(제도화)하고, 거칠부로 하여금 국사를 편찬하게 함 → 전하지 않음
- 황룡사 · 흥륜사를 건립하여 불교를 부흥하고, 불교 교단을 정비하여 주통 · 승통 · 군통제를 시행
- 최고 정무기관으로 품주를 설치하여 국가기무와 재정을 담당하게 함

---

### 19     정답 ④

[정답해설]

ㄱ. 일제 강점기 때 음식 조리과정에서 일본식 제조 간장인 왜간장과 음식의 맛을 내는 조미료 등을 사용하였다.

ㄴ. 일제 강점기 때 도시 인구 급증의 후유증으로 빈민과 걸인들의 거처인 토막(土幕) 집이 등장하였다.

ㄷ. 일제 강점기 때 일본식 노동복인 몸뻬를 입은 여성들이 근로보국대에서 강제 노동을 하였다.

ㄹ. 일제 강점기 때 경성의 인구가 폭발적으로 증가하였고, 일종의 불문율처럼 북촌에는 조선인이, 남촌에는 일본인이 주로 거주하였다.

---

### 20     정답 ②

[정답해설]

제시된 〈보기〉의 내용은 당나라에서 벌어진 발해와 신라 간의 외교상 서열 다툼인 쟁장 사건으로, ㉠은 발해이다. 대조

영이 동모산에서 건국한 발해는 선왕(대인수) 때 발해 최대의 영토를 형성하고 중흥기를 이루어 당으로부터 해동성국이라는 칭호를 들었다.

[오답해설]

① 양길(梁吉)을 몰아내고 송악에서 후고구려를 건국한 궁예는 마진, 태봉 등의 국호를 사용하였다.

③ 상주 지방의 호족인 견훤이 전라도 지역의 군사력과 호족 세력을 중심으로 완산주(전주)에서 후백제를 건국하였다.

④ 통일신라는 지금의 황해도 지역인 한반도 서북부에 패강진이라는 군진을 개설하였다.

---

## ▌[서울시] 2021년 06월 | 정답

| 01 | ④ | 02 | ① | 03 | ① | 04 | ③ | 05 | ④ |
| 06 | ② | 07 | ① | 08 | ④ | 09 | ② | 10 | ② |
| 11 | ④ | 12 | ④ | 13 | ① | 14 | ③ | 15 | ① |
| 16 | ③ | 17 | ② | 18 | ③ | 19 | ② | 20 | ③ |

---

## ▌[서울시] 2021년 06월 | 해설

### 01     정답 ④

[정답해설]

〈보기〉에서 설명하는 시대는 신석기 시대이다. 신석기 시대에는 주로 해안이나 강가에 움집을 짓고 생활하고 농경생활을 시작하였다. 신석기 시대의 대표적 토기인 빗살무늬 토기는 회색으로 된 사토질의 토기로, V자형의 토기이다.

[오답해설]

① 고인돌은 청동기 시대의 대표적인 무덤으로 지배층의 무덤이다.

② 청동기 시대 후반 이후 비파형동검은 세형동검으로 발전하였다.

③ 거친무늬 거울은 청동기 시대의 주요 예술품이다.

## 02                 정답 ①

### [정답해설]
(가) 대통령 간선제 / (나) 대통령 직선제
1980년 제8차 개헌은 대통령 간선제와 7년 단임제를 시행하였다. 1987년 제9차 개헌은 6월 민주 항쟁의 결과로 대통령 직선제와 5년 단임제가 이루어졌다.

### [보충해설]

▌ 6월 민주 항쟁
- 원인 : 4·13 호헌 조치
- 전개 과정 : 박종철·이한열 사망 → 전국적 시위 → 계엄령 발동 안 함
- 결과 : 대통령 직선제, 정권 교체 실패(노태우 정부)

## 03                 정답 ①

### [정답해설]
이 법은 군적수포제에서 1년에 군포 2필을 부담하던 것을 1년에 군포 1필로 경감한 균역법이다. 균역법은 영조 26년 1750년에 시행되었다. 영조는 1746년에 『경국대전』을 개정하여 편찬한 법전인 『속대전』을 편찬하였다.

### [오답해설]
② 정조 때 『경국대전』을 원전으로 하여 통치 규범을 전반적으로 재정리하기 위하여 『대전통편』을 편찬하였다.
③ 고종 집권 시기에 흥선대원군은 『대전회통』을 『경국대전』, 『속대전』, 『대전통편』 등을 보완하는 의미에서 편찬하였고, 이들 법전의 모든 내용에 새로운 내용을 추가하였다.
④ 『경국대전』은 세조 때 편찬되기 시작하였고 성종 때 반포되었다.

## 04                 정답 ③

### [정답해설]
청·일 전쟁(1894)은 주도권을 잡은 일본이 내정 간섭을 강화하자, 이에 대항해 대규모로 제 2차 동학농민전쟁이 일어났다. 따라서 청·일 전쟁이 발발한 시기는 (다)시기이다.

### [보충해설]

▌ 동학농민운동

| 구분 | 중심 세력 | 활동 내용 | 성격 |
|---|---|---|---|
| 1차 봉기 (고부 민란~전주 화약) | 남접 (전봉준, 김개남, 손화중 등) | • 황토현 전투<br>• 집강소 설치, 폐정 개혁안 | 반봉건적 사회 개혁 운동 |
| 2차 봉기 | 남접(전봉준) + 북접(손병희) | 공주 우금치 전투 | 반외세, 항일 구국 운동 |

## 05                 정답 ④

### [정답해설]
백제의 수도 한성을 함락한 것은 고구려 장수왕(20대, 413~491) 때이다. 장수왕은 남진 정책을 추진하여 백제의 수도인 한성을 점령하고 백제 개로왕이 전사하였다. 이 시기에 장수왕은 중국 남북조와 교류하는 외교 정책을 펼쳤다.

### [오답해설]
① 성왕은 신라 진흥왕과 연합하여 한강 유역을 부분적으로 수복하였지만 곧 신라에 빼앗기고, 성왕 자신도 554년 관산성(옥천)에서 전사하였다.
② 법흥왕(23대, 514~540) 때 건원(建元)이라는 연호를 사용함으로써 자주 국가로서의 위상을 높였다.
③ 을지문덕이 이끄는 고구려군은 612년 살수에서 수의 군대를 물리쳤다.

## 06                 정답 ②

### [정답해설]
발해는 건국 주도 세력과 지배층, 사신이 대부분 고구려인이고 일본과의 외교 문서에서 고려 및 고려 국왕이라는 명칭을 사용하기도 하는 등 고구려 계승 근거를 보여준다.
ㄱ. 발해 궁전의 온돌 장치는 고구려 계승 근거를 보여준다.
ㄷ. 대표적인 굴식 돌방무덤인 정혜 공주 묘는 고구려 양식을 계승한 것이다.

### [오답해설]
ㄴ. 벽돌무덤인 정효 공주 묘는 당의 영향을 받은 것이다.
ㄹ. 당의 수도인 장안성을 모방하여 주작대로를 건설하였다.

## 07 　　　　　　　　　정답 ①

**[정답해설]**

(가)는 1945년 미 전략 사무국(OSS)의 지원과 국내 정진군의 특수 훈련을 통해 국내 진공 작전을 계획하지만 일제의 패망으로 실현하지 못하였다.

**[오답해설]**

② (나)는 김구가 조직한 의열단체이며, 중국 관내 최초의 한인 무장 부대는 조선 의용대로 1938년 한커우에서 창설되었다.

③ (다)는 지청천이 인솔하며, 중국의 호로군과 한 · 중 연합군을 편성하여 쌍성보 전투(1932) · 사도하자 전투(1933) · 동경성 전투(1933) · 대전자령 전투(1933)에서 승리하였다.

④ (라)는 양세봉의 지휘로 중국 의용군과 연합, 영릉가 전투(1932) · 흥경성 전투(1933)에서 대승을 거두었다.

## 08 　　　　　　　　　정답 ④

**[정답해설]**

〈보기〉와 관련된 집권자는 노비 출신으로 정계에 진출한 이의민이다. 이의민은 경대승 이후 정권을 잡았지만 최씨 형제(최충헌 · 최충수)에게 피살되었다.

**[오답해설]**

① 최충헌은 이의민을 제거한 후 무신 간의 권력 쟁탈전을 수습하여 강력한 독재 정권을 이룩하였다.

② 김준은 최의를 제거한 후 최씨 무단 정치를 타도하였다.

③ 임연은 고려시대 무신이자 권신이었고 김준 이후 정권을 잡았다.

**[보충해설]**

> ▌**무신정변의 전개**
> • 무신정변의 발발(의종 24, 1170)
> • 이의방(1171~1174) : 중방 강화
> • 정중부(1174~1179) : 이의방 제거, 중방을 중심으로 정권 독점
> • 경대승(1179~1183) : 정중부 제거, 사병 집단인 도방 설치
> • 이의민(1183~1196) : 경대승 병사 후 정권을 잡음, 최씨 형제에게 피살
> • 최충헌(1196~1219) : 이의민 제거, 1196년부터 1258년까지 4대 60여 년간 최씨 무단 독재 정치

## 09 　　　　　　　　　정답 ②

**[정답해설]**

〈보기〉는 유신 헌법의 긴급 조치권에 대한 것임을 알 수 있다. 유신 헌법에 반대하는 재야 인사들은 명동성당에 모여 「3 · 1민주구국선언」을 발표하였다(1976).

**[오답해설]**

① 3선 개헌 반대운동은 박정희 정부의 장기 집권을 위해 3선 개헌이 강행되자 학생들의 시위가 거세게 전개되고, 여 · 야 국회의원들 사이에는 극심한 대립과 갈등이 발생하였다.

③ 4 · 13 호헌 조치에 반대하고, 6월 민주 항쟁을 주도하였다.

④ 대통령 간선제를 반대하기 위해 신민당은 서명운동을 전개하였다.

## 10 　　　　　　　　　정답 ②

**[정답해설]**

〈보기〉의 밑줄 친 왕은 노비 안검을 통해 고려 광종임을 알 수 있다. 노비 안검법은 양인이었다가 불법으로 노비가 된 자를 해방시켜 줌으로써, 호족 · 공신 세력을 약화시키고 국가 재정 수입 기반을 확대한 것을 말한다. 광종은 국왕을 황제라 칭하고 광덕 · 준풍 등의 독자적 연호를 사용하였다.

**[오답해설]**

① 고려 정종(3대, 945~949)은 서경 천도 계획을 세워 풍수도참을 명분으로 훈신 세력의 제거를 시도하였으나, 공신의 반대와 정종의 병사로 실현하지는 못하였다.

③ 고려 성종(6대, 981~997)은 12목을 설치하여 지방관(목사)을 파견하고 향리 제도를 정비하였다.

④ 고려 태조(1대, 918~943)는 지방 호족 세력의 회유 · 견제를 위해 기인 제도를 활용하였다.

**[보충해설]**

> ▌**광종(4대, 949~975)의 왕권 강화 정책**
> • 개혁 주도 세력 강화
> • 군사 기반 마련
> • 칭제 건원 : 국왕을 황제라 칭함, 광덕 · 준풍 등 독자적 연호 사용, 개경을 황도라 함
> • 노비 안검법 실시
> • 과거 제도 실시 : 후주 사람 쌍기의 건의로 실시
> • 백관의 공복 제정 : 지배층의 위계 질서 확립을 목적으로 제정, 4등급으로 구분
> • 주현공부법, 불교의 장려

• 율령 반포(373) : 중앙 집권 국가로서의 체제를 강화 (고대 국가의 완성)

## 11 정답 ④

**[정답해설]**

(가)는 대한제국, 전제정치를 통해 대한국제(대한국국제)임을 알 수 있고, (나)는 관민이 동심합력과 전제황권을 견고케 할 것을 통해 독립협회의 헌의 6조임을 알 수 있다.

대한국제는 1899년에 공포되었고, 독립협회는 1898년에 이미 해산되었다.

**[오답해설]**

① 대한국제(대한국국제)는 광무정권이 1899년 제정한 일종의 헌법으로, 대한제국이 전제정치 국가이며 황제권의 무한함을 강조하였다.

② 헌의 6조 중 3조에 '국가 재정은 탁지부에서 전관(專管)하고, 예산과 결산을 국민에게 공표할 것'이 있다.

③ 독립협회가 제시한 헌의 6조를 보완 및 수정하여 「조칙 5조」를 반포하였다.

## 12 정답 ④

**[정답해설]**

(가)의 고국원왕 전사는 371년이고, (나)는 신라에 침입한 왜를 낙동강 유역에서 토벌한 400년이라고 볼 수 있다. 고국원왕 뒤를 이은 왕은 소수림왕으로 태학을 설립(372)하고, 율령을 반포(373)하여 중앙 집권 국가로서의 체제를 강화하였다.

**[오답해설]**

① 장수왕은 수도를 통구(국내성)에서 평양성으로 천도(427)하여 안으로 귀족 세력을 억제하여 왕권을 강화하고 밖으로 백제와 신라를 압박하였으며, 서쪽 해안으로 적극 진출하는 계기를 마련하였다.

② 미천왕 때 낙랑군 축출(313)과 대방군을 축출(314)하여 서로는 요하, 남으로는 한강에 이르는 발판을 마련하였다.

③ 영양왕 때 수의 세력 확대에 위협을 느껴 요서 지방을 공략(598)하였다.

**[보충해설]**

### ▌소수림왕(17대, 371~384)의 업적

• 국가 체제를 개혁하고 새로운 발전 토대를 마련해 고대 국가를 완성

• 전진과 수교 : 백제 견제를 위해 전진(前秦)과 수교하고 대외 관계를 안정시킴

• 불교 수용(372) : 전진의 순도가 전래(삼국 중 최초로 수용), 고대 국가의 사상적 통일에 기여

• 태학 설립(372) : 중앙의 최고 학부(국립대학)로서, 인재 양성·유학 보급 및 문화 향상에 기여

## 13 정답 ①

**[정답해설]**

(가)의 인물은 후백제를 건국하였던 견훤이다. 견훤은 신라 경애왕을 제거하고 고려와 공산 전투에서 승리하였으며 고창 전투에서 고려에게 패하였다. 견훤은 중국 오월(吳越)·후당(後唐)과 통교(적극적 대중국 외교)하였다.

**[오답해설]**

② 궁예는 송악에서 철원으로 도읍을 옮겼다.

③ 궁예는 기훤, 양길을 몰아내고 세력을 키웠다.

④ 태조 왕건은 예성강을 중심으로 성장하였다.

## 14 정답 ②

**[정답해설]**

ㄴ. 1919년 2월 8일 최팔용을 중심으로 조선 청년 독립단을 구성하여 2·8 독립선언을 발표하였다.

ㄱ. 1920년 조선·동아일보의 발행을 허가하였으나 검열, 기사 삭제, 발행 정지를 당하였다.

ㄷ. 1926년 순종의 사망을 계기로 민족 감정이 고조되고 일제의 수탈 정책과 식민지 교육에 대한 반발로 6·10만세 운동이 일어났다.

ㄹ. 1933년 조선어학회는 한글 맞춤법 통일안을 발표하였다.

## 15 정답 ①

**[정답해설]**

ㄱ. 현종 15, 1674년 제2차 예송 논쟁인 갑인예송은 효종 비의 사망 시 남인과 서인이 자의대비의 복상 기간을 두고 벌어졌다. 남인의 주장이 수용되어 남인이 집권하고 서인이 약화되었다.

ㄷ. 숙종 6, 1680년 서인이 허적(남인)의 서자 허견 등이 역모를 꾀했다 고발하여 남인을 대거 숙청한 경신환국이 일어났다.

ㄹ. 숙종 15, 1689년 숙종이 희빈 장씨 소생인 연령군(경종)의 세자 책봉에 반대하는 서인(송시열, 김수항 등)을 유배·사사하고, 인현왕후를 폐비시켜 남인이 재집권된 기사환국이 일어났다.

ㄴ. 숙종 20, 1694년 폐비 민씨 복위 운동을 저지하려던 남인
이 실권하고 서인이 집권하여 남인은 재기 불능이 되고,
서인(노론과 소론) 간에 대립하는 일당 독재 정국이 전개
된 갑술환국이 일어났다.

---

### 16 　　　　　　　　　　정답 ③

**[정답해설]**
ㄴ. 부석사 조사당 벽화의 사천왕상은 고려시대 대표적인 불
화이다.
ㄷ. 예성강도는 고려시대의 회화로 이령과 그의 아들 이광필,
고유방 등이 그렸다.

**[오답해설]**
ㄱ. 고사관수도는 조선 전기의 강희안의 작품으로 선비가 무
념무상에 빠진 모습을 담고 있는데, 세부 묘사는 생략하고
간결하고 과감한 필치로 인물의 내면세계를 표현하였다.
ㄹ. 송하보월도는 조선 중기의 노비 출신으로 화원에 발탁한
이상좌의 작품이다.

---

### 17 　　　　　　　　　　정답 ②

**[정답해설]**
'몽골군, 충주, 오직 노군과 잡류만이 힘을 합하여 쳐서 이를
쫓았다.'를 통해 몽골의 침입시기를 보여준다. 진주 공·사노
비의 반란군이 합주의 부곡 반란군과 연합한 것은 1200년 무
신집권기의 봉기이다.

**[오답해설]**
① 몽골의 2차 침입(1232) 당시 처인성 전투에서 살리타가 김
윤후가 이끄는 민병과 승병에 의해 사살되었다.
③ 몽골의 2차 침입(1232) 당시 몽골의 무리한 조공 요구와 내
정 간섭에 반발한 최우는 다루가치를 사살하고 강화도로
천도하여 방비를 강화하였다.
④ 몽골의 3차 침입(1235~1239) 당시 속장경과 황룡사 9층탑
을 불태워 소실시켰다.

**[보충해설]**

▌**몽골의 침입**
• **1차 침입**(고종 18, 1231)
  − 몽고 사신 일행의 피살을 구실로 침입
  − 고려가 몽고의 요구 수용, 몽고군 퇴각
• **2차 침입**(1232)
  − 몽고의 무리한 조공 요구와 내정 간섭에 반발한 최

우는 다루가치를 사살, 강화도로 천도
  − 처인성 전투에서 살리타가 사살되자 퇴각
• **3차 침입**(1235~1239)
  − 최우 정권에 대한 출륙 항복 요구
  − 안성의 죽주산성에서 민병이 승리
  − 팔만대장경 조판 착수
• **4차 침입**(1247~1248) : 원 황제의 사망으로 철수
• **5차 침입**(1253~1254) : 충주성에서 김윤후가 이끄는
  민병과 관노의 승리
• **6차 침입**(1254~1259) : 6년간의 전투로 20여만 명이
  포로가 되는 등 최대의 피해가 발생

---

### 18 　　　　　　　　　　정답 ③

**[정답해설]**
〈보기〉는 보법으로, 보인 지급과 정남 2명을 1보로 한다는 점
에서 조선 전기의 군사제도임을 알 수 있다. 지방군은 세조
이후 실시된 지역(군·현) 단위의 방위 체제(요충지의 고을에
성을 쌓아 방어 체제를 강화)인 진관 체제(鎭管體制)를 바탕
으로 조직되었다.

**[오답해설]**
① 조선 후기 서울과 외곽지역을 방어하기 위해 편제된 5개
의 군영이다. 훈련도감, 총융청, 수어청, 어영청, 금위영이
이에 해당한다.
② 고려 시대의 군사 제도로서 2군은 응양군·용호군, 6위는
좌우위·신호위·흥위위·금오위·천우위·감문위로 구
성되어있다.
④ 조선후기 지방 군사 제도로 양반부터 노비까지 향민 전체
가 속오군으로 편제되었고 후기로 갈수록 양반의 회피가
증가하였다.

---

### 19 　　　　　　　　　　정답 ②

**[정답해설]**
〈보기〉는 박지원의 '한전론'이며 토지 소유의 상한선을 설정
하여 일정 이상의 토지를 소유하지 못하게 하는 토지 개혁론
이다. 박지원은 「양반전」, 「허생전」, 「호질」을 통해 양반 사회
의 모순과 부조리·비생산성을 비판하였다.

**[오답해설]**
① 박제가는 청에 다녀온 후 『북학의』를 저술하여 상공업의
육성, 청과의 통상을 강화하였다.
③ 이익은 『곽우록』에서 화폐가 고리대로 이용되는 폐단을

지적하며 폐전론을 주장하기도 하였다.

④ 정약용은 한 마을(1여)을 단위로 하여 토지를 공동으로 소유하고 경작하여 수확량을 노동량에 따라 분배하는 일종의 공동 농장 제도인 여전론을 주장하였다.

## [보충해설]

> **▌ 박지원(1737~1805)**
> - **열하일기(熱河日記)** : 청에 다녀와 문물을 소개하고 이를 수용할 것을 주장
> - **농업 관련 저술** : 「과농소초(課農小抄)」·「한민명전의(限民名田議)」 등에서 영농 방법의 혁신, 상업적 농업의 장려, 수리 시설의 확충 등을 통한 농업 생산력 증대에 관심
> - **한전론의 중요성**을 강조하면서 농업 생산력의 향상에 관심을 가짐
> - **상공업의 진흥**을 강조하면서 수레와 선박의 이용, 화폐 유통의 필요성 등을 주장
> - **양반 문벌 제도 비판** : 「양반전」, 「허생전」, 「호질」을 통해 양반 사회의 모순과 부조리·비생산성을 비판

## 20          정답 ③

### [정답해설]

〈보기〉는 제2차 갑오개혁 때 발표한 홍범 14조의 내용이다. 고종은 종묘에 나가 독립 서고문을 바치고 홍범 14조를 반포하였다(1895. 1). 제2차 개혁의 내용은 의정부 80아문을 7부로(내각으로) 개편하고, 지방관제를 8도에서 23부 337군으로 개편하였다.

### [오답해설]

① 훈련대를 폐지하고 중앙군(친위대 2개)과 지방군(진위대)의 설치, 건양(建陽)이라는 연호의 사용은 을미개혁의 내용이다.

② 내각 제도를 수립하고, 문벌의 폐지와 사민평등, 조세제도의 개혁을 추진한 것은 갑신정변의 내용이다.

④ 동학 농민 운동에서 전주 화약의 성립 후 농민군은 전라도 일대의 민정 기관인 집강소를 설치하였다.